Für meine Enkel

Mein tiefer Dank gebührt meinen Helfern und Mutmachern:

Gabi, Berni, Bingo, Anna, Judith, Leonie, Jessica, Jörg, Bernd, Johannes, Susanne, Pit, Ingrid und Katha

Nelly Stockburger

Briefe von Draußen

Über Liebe und Revolution

Ein autobiografischer Roman

voxverlag

ISBN 978-3-9812215-2-7

Umschlagillustration: Judith Umbach

www.voxverlag.de

Vorwort

„Briefe von Draußen“ erzählt das Leben einer ungewöhnlichen Frau. Sie war eine der ersten Feministinnen, eine der Ersten, die ein neues Weltbild in Kommunen zum Leben erweckte, eine der Ersten, die ihre Kinder antiautoritär erzog, die öffentlich über Sexualität und die freie Liebe sprach - und sie auch lebte. Die Uschi Obermaier der kleinen, katholischen Stadt Trier. Emanze. Vollweib. Revolutionärin. Kurz: Eine Provokation.

Und doch greift kein Klischee, wenn es um das Leben Nelly Stockburgers geht. Ihre geliebte Mutter hatte sie gelehrt, stolz, wild und frei zu sein, während die Brutalität des Vaters sie zum Opfer machte. Erfahrungen, die ihre Persönlichkeit, ihr Leben und ihre Beziehungen für immer prägen sollten. Von alledem berichtet die studierte Sexualtherapeutin in ihrem Briefroman. Mal so anschaulich, dass der Leser sich zwischen Sandelholzduft, Trommelmusik und schönen Chaoten in einer der ersten Kleinstadtkommunen wiederfindet. Einer Welt, die ganz neuen Regeln gehorchte. Mal so philosophisch, dass er (oder natürlich sie) das Buch lange weglegen muss, um über das eigene Leben nachzudenken.

Nelly Stockburger würde ihr selbstbestimmtes Leben für kein anderes aufgeben. Sie schreibt selbstbewusst, selbstkritisch und so humorvoll, dass der Leser auch die bitteren Pillen gerne schluckt. Und davon gab es genug.

Der Versuch, in einer normalen Ehe zu leben, scheiterte an ihrer Andersartigkeit. Sie brach mit ihren drei Kindern aus und begann ein Leben, das nur noch den Bedürfnissen ihrer Kinder und ihren eigenen Idealen gehorchte. Egal, was die anderen dachten. Und so fühlte sie sich selbst in der von ihr mitbegründeten Subkultur oft als Fremde. Eine schöne Fremde. Eine begehrte Fremde. Doch ihre erste große, revolutionäre Liebe ließ sie mit dem bewusst gezeugten Wunschkind sitzen. Ein anderer schöner Wilder bat sie kurz darauf, der Vater des verlassenen Mädchens sein zu dürfen. Einfach so. Weil er seine kleine Mitbewohnerin lieb gewonnen hatte. Glücklich gründete Nelly eine Wahlfamilie, in der sich schnell auch die Eltern liebten. Dieses Glück endete nach zehn Jahren. Ein Ende, das mit dem Gefühl einherging, von Frauen verraten worden zu sein. Frauen, die sie doch als bessere Menschen verehrte! Und so waren es die Frauen, die sie dazu brachten, Glück und Freundschaft bei den Männern zu suchen. Nicht nur bei einem, sondern bei vielen. Sie fand es und erschuf dabei in drei Phasen ihr eigenes Konzept der freien Liebe.

Brief - November 2004
Der Vater

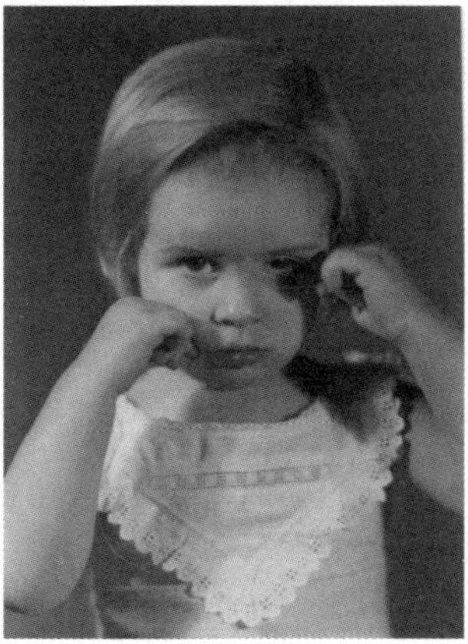

Lieber Freund!

Seit Wochen warte ich auf den guten Tag, an dem ich Dir einen fröhlichen, selbstbewussten, wenig neurotischen Brief schreiben kann. Ich hatte schon mehrere davon ins Auge gefasst, und schwupps ... kommt von irgendwoher wieder Salz in meine Wunden, der Tag ist getrübt. Jetzt schreibe ich einfach los, weil ich es mir vorgenommen habe ... egal wie.

Du hast mich in der Talsohle eines Trennungstiefs kennengelernt. So schwach, wie ich zu Beginn unserer Bekanntschaft war, möchte ich Dir nicht in Erinnerung bleiben. Damit ich Dir auch meine erwachsene Seite zeigen kann, erzähle ich Dir, wie ich die letzten Monate verbracht habe.

Das Verlassenwerden reißt wohl bei jedem Menschen die tiefsten Wunden seiner Geschichte auf. Weil ich es nicht zum ersten Mal durchmache, weiß ich schon, welche Strategien ich anwenden muss, um mich nicht im Dunkel meiner Traumata zu verlieren. Selbst wenn es mir total schlecht geht, halte ich an bestimmten Leitsätzen fest. Der wichtigste Wert darin lautet, dass die Lebenszeit das wertvollste Geschenk ist, dem täglich neu Achtung und Dankbarkeit gebührt. Daher fühle ich mich auch an den ganz dunklen Tagen verpflichtet, den Tag mit einer sinnvollen Handlung zu ehren.

Selbst wenn ich keine Lebensfreude mehr empfinde, weil ich eben nur noch hoffnungslos bin, fange ich gerade dann an, systematisch zu arbeiten. Ich erledige jeden Tag eine wichtige Sache, am nächsten wieder eine, und so weiter. Mit dieser Technik sichere ich mein Leben auch aus dem schwächsten Zustand heraus. Weil dieser Sommer so traurig war, schuftete ich besonders viel. Von morgens bis tief in die Nacht pflegte ich mit großer Sorgfalt die aktuellen Projekte: „Das öffentliche Kinderfest mit Streichelzoo“. Die Stallarbeit und Pflege der Tiere, Esel, Ziegen, Schweine, Hasen, Enten, Vögel und Katzen. Die Neugestaltung des Gartens. Die Renovierung des Hau-

ses. Nicht zu vergessen die Pflege der Freundschaften mit den Menschen, die mich mögen und in Freud und Leid für mich da sind.
Nach wochenlangem Großeinsatz glänzt mein Haus nun, als gälte es, eine Hochzeit zu feiern. Vom Dach bis zum Keller habe ich jede Ecke aufgeräumt, alles repariert und restauriert und jeden Raum geschmückt. Die Krönung ist der Keller. Er hat einen Lehmboden, den ich in den fünfundzwanzig Jahren, die ich schon hier wohne, noch nie wirklich gesehen hatte. Bisher waren in diesem Haus immer die Männer für den Keller verantwortlich gewesen. Die sahen es so, dass ein standesgemäßer Freak-Keller grundsätzlich zugemüllt und voll chaotisch aussehen darf.
Jetzt war ich dran!
Zum Beweis meiner potenten Autonomie räumte ich den Keller total gut auf. Ich entsorgte überflüssige Vergangenheit, fegte dem Jetzt den Boden sauber und streute ihm ein einladendes Nest aus frischem Heu auf den Lehm. Dann schmückte ich den Raum für die Zukunft mit Obst und Blumen. Mein Kunstwerk riecht nun nach Quitten und Gras und macht Lust, barfuß darin umherzugehen. Ja, ich renne zurzeit mehrmals täglich in den Keller und rufe mir zu: „Ich bin gerettet!“

Damit Du mich vor unserem nächsten Treffen noch besser kennenlernen kannst, möchte ich heute über meinen Vater sprechen.

Der Vater

Wie du Dir sicher denken kannst, ist die Prägung durch einen lieblosen Vater die Quelle meiner späteren Liebesdramen. Damit ich mich nicht allzu lange mit dem belastenden Thema beschäftigen muss, lege ich Dir eine Kurzbiographie bei, die Siegbert Zurheide über meinen Vater schrieb.

Leiden und Leben des Tübinger „Maler-Arztes“ Alfred Georg Stockburger
Ein Tier, das sich zum Winterschlaf anschickt
Siegbert Zurheide (Tübinger Blätter, 1989)

Bilder und Skizzen türmen sich im Atelier, ebenso die Erinnerungen: Briefe, Tagebuchaufzeichnungen, Fotografien und Notizen. Hier hat jemand gelebt, den in Tübingen jeder kannte. Alfred Georg Stockburger, am 12. Mai 1907 als fünftes Kind des Wankheimer Oberlehrers Georg Johann Stockburger geboren, war Künstler und Arzt, beides zu gleichen Teilen, denn Halblebiges gab es für den couragierten Tübinger nicht. Nach qualvollem Krebsleiden hinterließ der geschätzte Arzt, der sich selbst so wenig helfen konnte, einen überreichen künstlerischen Nachlass, den in der Hauptsache seine Tochter Katrin ordnet. Der Kunstmarkt kennt ihn bislang kaum, weil der eigenwillige Maler-Arzt das moderne Marketing ablehnte; Interessenten gibt es hingegen zur Genüge, die Zahl der Stockburger-Ausstellungen nimmt ständig zu.
Der Expressionist Stockburger, der dem Leben mit Form und Farbe zu Leibe rückte, ging während seiner letzten Jahre mit wuchtiger Konsequenz an die Umgestaltung seiner eigenen Kunstwerke. Die Übermalung und Auslöschung der Stockburgertypischen, von vielerlei Zungen so hochgelobten Gesichter musste von dem bescheidenen Rest der ihm nahe stehenden Personen geduldet werden. „Wir sahen das nicht gern, und verstanden haben wir es bis heute nicht", meint Tochter Katrin.

Künstlerische Freiheit

Angebahnt hatte sich dieser äußerste Akt künstlerischer Freiheit, die Zerstörung des Geschaffenen, schon in früheren Phasen. Bereits in den Sechzigerjahren entstanden bunte Bilder mit menschlichen, tierischen und maskenhaften Visagen. Der Blick ins Gesicht, ins Zentrum menschlicher Existenz, hatte schon den jungen Studenten der Stuttgarter Kunstakademie begeistert.
Als Arzt, während seiner Hirrlinger Zeit von 1945 bis 1952, ebenso wie in der Tübinger Praxis an der Neuen Straße, führte er immer wieder erbitterte Auseinandersetzungen mit den High-Tech-Medizinern der Kliniken. „Er war ein Diagnostiker, technische Apparate hatten wir nur die Notwendigsten", erinnert sich seine Tochter. Seinen Patienten las Stockburger die Krankheiten vom Gesicht ab, und auch die schönen Dinge des Lebens brachte er nach einem tiefen Blick in die Augen seines Gegenübers zu Papier. Aus den Stuttgarter und den folgenden Berliner Jahren ergab sich eine Fülle schöner Augenblicke, die in den verschiedensten Techniken realisiert wurden.
Ein jähes Ende fand diese positive Weltsicht beim Beginn der Naziherrschaft. Der verfemte Künstler Stockburger musste mit anschauen, wie die Werke großer Maler durch die blinde Zerstörungswut der Nationalsozialisten vernichtet wurden. Als leuchtende Vorbilder hatten die Verbannten ihr Gesicht gewahrt, ganz im Gegenteil zu den Duckmäusern, die Stockburger Zeit seines Lebens verachtete. Konsequent wollte auch er leben, jedoch war an eine künstlerische Laufbahn für den hartnäckig parteilos bleibenden jungen Stockburger vorerst nicht zu denken. Er wandte sich seinem begonnenen Medizinstudium zu; während eines Sonderurlaubs vom Kriegsdienst schloss er 1940 mit der Approbation zum Arzt ab. Für einige Monate hatte der gleich zu Kriegsbeginn als Sanitätsoffizier Eingezogene die Schrecken des Kampfes in Frankreich erlebt. Dass Stockburger dem nicht tatenlos zuschaute, ist typisch für ihn: Schon in Metz richtete er für die Bevölkerung ein Seuchenlazarett ein.

Stockburger im Krieg

Und dann, nach Abschluss seiner Promotion im Jahr 1941, kam die bitterste Zeit seines Lebens: Als Bataillonsarzt wurde Stockburger einer Pioniereinheit in Russland zugeteilt; nach deren Auflösung pendelte er in einem Lazarettzug zwischen den Fronten. Was dem Tübinger Arzt bis zum Kriegsende vor Augen kam, beschäftigte ihn fortan auch als Künstler. Im eigenen Bahnabteil schnitzte er Figuren oder hielt die frischen Eindrücke in Skizzen fest. Der Mediziner kannte keine Grenzen, wenn es um die Hilfe für den Einzelnen ging. Toleriert von den Partisanen versorgte er sogar die russische Bevölkerung medizinisch. Gegenstand seiner künstlerischen Arbeit war deshalb die Zivilbevölkerung, Soldaten fehlen völlig in seinem Werk. Die Sinnlosigkeit des Krieges ging ihm nicht aus dem Kopf, und noch bis zu seinem Tode fesselte ihn vor allem eine Person: ein alter, blinder Russe mit einem Holzbein, bei dem er einquartiert war und der von den deutschen Soldaten auf dem Rückzug erschossen wurde. Der Mensch war zur Sache geworden.

Die Familie

Die bittere Enttäuschung und die heftigen Wunden, die der Krieg ihm bereitete, versuchte Stockburger gleich nach 1945 zu verarbeiten. Die Tätigkeit als Landarzt in der schönen Hirrlinger Umgebung ließ den in den Grundfesten der menschlichen Existenz erschütterten Künstler zur Ruhe kommen. Die grüne Malperiode setzte ein.
Die räumliche Enge für die Arztfamilie mir den drei Töchtern Anna-Maria, Katrin und Cornelie im Domizil an der Tübinger Neuen Straße und die täglichen Herausforderungen der Universitätsstadt sorgten ab 1952 wieder für Unruhe. Nachts verwandelten eigens installierte Lampen das Wartezimmer in ein Atelier, in dem Stockburger Erinnerungen an die russische Zeit wach werden ließ. Das Evangelische Stift, dessen ärztliche Betreuung ihm oblag, war ein geschätztes Forum geistiger Auseinandersetzung. Die bohrende Frage nach dem Ebenbild Gottes, das von seinesgleichen entstellt worden war, suchte nach einer Beantwortung.
Und die fand Stockburger immer mehr im Bereich der Kunst. Schon vor seiner Pensionierung im Jahr 1972 hatte er sich stark zurückgezogen. Gesellschaftliche Kontakte waren immer eher zufällig und vereinzelt, ganz im Gegensatz zu seiner bereits 1967 geschiedenen Ehefrau Lore (Tochter des bekannten Tübinger Arztes Otto Henke), die ab 1971 im Nonnenhaus wohnte.

Feste als Ärgernisse

Feiern und Feste, insbesondere das Weihnachtsfest, waren ihm ein ständig wiederkehrendes Ärgernis. Nur einige wenige seiner Lieblingspatienten durften ihn am Geburtstag besuchen, zu ihnen gehörte vor allem eine kleine Gruppe von Hagellochern. Gäste im Atelier waren junge Leute, für die sich der Künstler Zeit nahm. Eine Tasse Tee, den er selbst in Mengen trank, hatte er stets bereit.

Eingebungen

Inspiration zog Stockburger aus dem steten Wandel seiner Techniken, dem Experimentieren mit selbst gerührten Farben und den skizzenhaften Kriegserinnerungen. Besuche bei Kunstausstellungen waren ebenso selten wie Urlaubsreisen, jedoch immer verbunden mit nachhaltigen Eindrücken. Dem Leben selbst konnte der Künstler nicht mehr viele Neuigkeiten abgewinnen, alles drehte sich für ihn im Kreise, um die zentrale Wahrheit, dass der Mensch des anderen Wolf ist.
Dieser Lebensweisheit sah sich Alfred Georg Stockburger machtlos gegenüber, eine perspektivlose Situation, die ihn immer mehr in die Vereinsamung trieb. Erst zum Schluss seiner langwierigen Krankheit zeigte sich der eigensinnige Künstler versöhnlich seinen Mitmenschen gegenüber; zu spät, denn viele Freunde und auch Verwandte hatten sich längst abgewandt. Der Tübinger Bildhauer Ugge Bärtle, mit dem Stockburger schon die Schulbank gedrückt hatte, zählte zu den treuesten Besuchern am Krankenbett.
Bärtle brachte in einer Rede zur Eröffnung einer Ausstellung in der Tübinger Galerie „Altes Schlachthaus" am 6. Juli 1980 die Auseinandersetzung seines Jugend- und Malerfreundes mit dem gepeinigten Menschen auf den Begriff der Darstellung des „Noch-Menschseins". Ein Bogen, der sich vom Tode Stockburgers am 5. April 1986 bis zum Kriegseinsatz spannt. Im Mai 1941 heißt es in einem Brief Stockburgers: „Mir ist nicht nach Frühling zumute. Ich nehme ... die Haltung ein wie ein Tier, das sich zum Winterschlaf anschickt. Ich tue einfach nicht mit, denn ich müsste mich über das Grün der Bäume und der Wiesen freuen, aber ich will nicht. Ich streike aus Protest gegen das mir aufgezwungene Leben."

Der Vater als Täter

So, nun kennst Du meinen Vater in seiner öffentlichen Fassade. Innerhalb seiner Familie lebte er sein traumatisiertes Selbst in einer unkontrolliert bösartigen Form aus.

In meinen ersten achtzehn Lebensjahren lebte ich eingesperrt und ausgeliefert in dem Machtbereich dieses kranken Mannes. Weil wir seine Kinder waren, musste er uns ernähren. An keinem Tag hatte er sich wirklich mit seiner Vaterrolle abgefunden. In seinem Inneren interessierte ihn sein ganzes Leben lang nur der Gesichtspunkt, dass er selbst ein Opfer seines schweren Schicksals sei. Seine Selbstbezogenheit war absolut. Die Tatsache unserer leiblichen Existenz nährte in ihm unstillbaren Hass. Familie bedeutete für ihn ausschließlich den Verlust seiner Freiheit. Er wollte nur für die Kunst leben. Das sah er als einziges, lustvolles und sinnvolles Ziel in seinem Leben an. Den Arztberuf erlebte er als Zwang. Er wollte kein Versorger der Familie sein. Bürgerliches Statusdenken war ihm völlig gleichgültig. Deshalb trösteten ihn die Vorteile seines beruflichen Ansehens nicht besonders. In seiner Sicht hatten die Nazis sein ganzes Leben zerstört, weil er durch sie die ersehnte Künstlerkarriere verloren hatte. Bis zu seinem Tod malte er vor allem gequälte, misshandelte und sterbende Menschen. Uns Kinder quälte er besonders dann, wenn wir lebendig und lustig sein wollten. Wenn er uns laut lachen hörte, riss er die Tür auf, schrie uns an, wir sollten sofort aufhören. Wenn wir mit Spielen, Basteln oder Lesen beschäftigt waren, dabei in eine schöne oder zufriedene Stimmung hineinkamen, unterbrach er uns, beleidigte uns mit bösen Ausdrücken und nahm uns unsere Sachen weg. Besonders bösartig wurde er, wenn wir die Chance ergreifen wollten, unsere Begabungen zu einem Beruf zu machen. Ohne jeden Anlass stieß er regelmäßig Drohungen aus, uns „rauszuwerfen“, sobald er dazu gesetzlich berechtigt sei. Grundsätzlich seien wir „enterbt“, warum auch immer. Er schämte sich nicht, seine Wut mit gelegentlichen Drohungen zu krönen, dass er uns am liebsten alle umbringen würde.

Meine Kindheit war eine einzige Leidenszeit. Die Wohnung durfte ich nur für den Schulbesuch verlassen. Ich wuchs in meinen selbstgestalteten Phantasiewelten heran, die mir Hoffnung bedeuteten. Täglich dachte ich daran, dass mein Leiden vorbei sei, wenn ich endlich GROSS wäre. Das Leiden war so stark, dass mein Körper mir half, vorschnell erwachsen zu werden. Ich war geistig und körperlich auffallend frühreif. Um die Langeweile der häuslichen Gefangenschaft aufzufangen, las ich sehr viel. Mit etwa zwölf Jahren hatte ich die Reihen schön gebundener Weltliteratur „durch“, die ich in den Bücherregalen meiner gebildeten Mutter fand. Nebenher las ich die Stadtbücherei leer. Als ich den Trick herausgefunden hatte, wie ich in das „wahre Leben“ dringen könnte, las ich nicht mehr. Da war ich dreizehn.
Nähe zu Menschen hatte ich in der Kindheit nur mit meiner Schwester Katrin und seit der Kindergartenzeit mit einer jeweils allerbesten Freundin. Mit den Freundinnen erlebte ich eine geistig-seelische Symbiose. Mit ihnen besprach ich alle Gedanken und Gefühle. In kreativen Spielen bewegte ich mich mit den Freundinnen durch die Phantasiewelten schöner Hoffnungen.

Erwachsenen vertraute ich grundsätzlich nicht. Deshalb interessierten sie mich auch nicht. Meinen Vater sah ich ganz klar als Täter an, dem ich ausschließlich entfliehen wollte.
Mich selbst sah ich als ein gelungenes Geschöpf in einer eigenen, von mir geschaffenen Welt an. Darin fand ich mich normal und gut. Es gelang mir, die Feindseligkeit meines Vaters nicht in meine Selbstaussage zu übernehmen. So etwas gelingt gequälten Kindern normalerweise nicht. Es ist möglich, dass dieses Phänomen durch den Einfluss meiner Mutter erklärbar ist.

Als ich achtzehn Jahre alt war, wurde ich schwanger. Für meinen Vater wurde erkennbar, dass ich es gewagt hatte, Kontakt zu einem männlichen Wesen aufzunehmen. Das durfte es in seiner kranken Welt nicht geben. Deshalb eskalierte die Situation derart, dass ich mithilfe des Jugendamtes ausziehen musste und wollte. In meinem Erwachsenenleben besuchte ich den Vater dreimal. Ich erzwang fünf- bis zehnminütige Gespräche mit ihm. Einmal brachte ich meine Kinder mit. Er sah sie kurz an und fragte: „Ist das Deine Brut?“ Ich beendete den Besuch. Ein andermal stürmte ich in Entschlossenheit, ihn zu konfrontieren, in sein Atelier und warf ihm vor, Schuld an meiner zwanghaften Liebe zu psychopathischen Männern zu sein. In einer völlig überraschenden Berührung legte er seine Hand auf meine und sagte: „Seit 2000 Jahren werden Frauen von Männern unterdrückt und misshandelt. Wieso solltest du es besser haben?“ Ich beendete den Besuch.

Wiederholungszwang, die Wunde der Ungeliebten

Ich war achtunddreißig Jahre alt, als mein Vater starb. Während meine Schwestern in der Hoffnung an sein Sterbebett geeilt waren, er würde in den letzten Stunden Verant-

wortung für die Tatsache seiner Vaterschaft übernehmen, blieb ich weg. Ich wusste, dass die Hoffnung vergebens wäre. Cool und sachlich wollte ich zu der Beerdigung meines Erzeugers gehen, der mich nie wirklich kennengelernt hatte. Und ich ihn auch nicht. Wenige Wochen nach der Beerdigung brach meine Fassade zusammen. Ich bekam schwere Angstzustände. Da musste ich eine meiner traurigsten Lebenslügen aufdecken.
Obwohl ich über Jahre als radikale Feministin gegen die Abhängigkeit von Männern gekämpft hatte, erkannte ich plötzlich, dass mein ganzes bisheriges Leben auf die neurotische Liebeswerbung um diesen verlorenen Menschen aufgebaut war. Die große Anstrengung meines kämpferisch radikalen Lebensstils galt im Verborgenen einer romantischen Idee, der „Wiedergutmachung". Ich gab mein Bestes, damit mein Vater STOLZ auf mich sein könnte, wenn er eines Tages schauen würde, wer ich bin. Wie könnte ein Mensch wegsehen, wenn ich Körbe voller Qualitäten anbiete? Tüchtig, klug und schön würde ich unter seine Augen treten, eindrucksvoll. Tatsächlich war der Motor für meine bisherigen Entwicklungen die Sehnsucht nach REHABILITATION gewesen. Diese Idee begleitete weiterhin auch jede meiner drei wichtigsten Liebesbeziehungen. Besonders quälend wurde sie, wenn die Partnerschaft beendet war. Die neurotische Hoffnung verhinderte, dass ich mich realitätsgerecht von den geliebten Männern lösen konnte. Die Rehabilitationshoffnung lautet:
Mein Vater würde an sich arbeiten ...,
er würde seine Störung erkennen und sie bedauern ...,
dann würde er in der Lage sein, seine 3 Töchter wahrzunehmen.
Und er würde sagen: „Es tut mir leid, was ich euch angetan habe. Aber jetzt freue ich mich, das es euch gibt!"

Leider starb mein Vater genauso verrückt und so böse, wie er in all den Jahren war, seit ich ihn kannte.

Der Wiederholungszwang, der sich durch meine Liebesgeschichten zieht, wird von dem Wunsch genährt, eine einzige, bitte bitte, wenigstens EINE meiner „großen Liebesgeschichten" dürfte ein GUTES Ende nehmen!
Es ist so, ich kann nicht aufhören zu lieben. Das führt dazu, dass ich auch nach einer vollzogenen Trennung beharrlich weiterliebe, als hätte sich nichts verändert. Mein Organismus produziert Hoffnung, wo sie nicht hingehört. Er lernt an der Stelle nicht. Über Jahrzehnte bleibe ich empathisch für die Männer und natürlich verletzbar. Gegen jeden Verstand und gegen die Fakten der Wirklichkeit hüte ich für die verlorenen Geliebten meine große Treue, ... damit ich „noch da bin", wenn es dann soweit wäre, ... dass der Geliebte an sich gearbeitet hätte, zu mir zurückkommt und folgende Sätze sagt: „Es tut mir leid, was ich dir angetan habe. Aber jetzt erkenne ich deinen Wert. Ich liebe dich und will mit dir zusammen sein."

Jedem der geliebten Männer hätte ich wieder ein gemeinsames Leben angeboten. Hätte mein Bestes gegeben, um der neuen, tröstlichen Realität fruchtbaren Boden zu bereiten.
Natürlich konnte es nicht zu der ersehnten Tröstung kommen. Die Männer haben sich getrennt, weil sie mich gerade NICHT mehr lieben wollten. Und erst recht nicht an sich arbeiten! Den Psychoscheiß waren sie ja endlich los, ... mit mir!!! Neuanfang wollten sie! Mich vergessen! Das sage ich jetzt so, als würde ich es verstehen. Glaub mir lieber kein Wort. Ich kann nicht loslassen.

Und immerhin, EINER kam tatsächlich zurück! Jiry erkannte die Chance, die in meiner unheilbaren Wunde liegt. Mit ihm durfte ich erleben, dass er weinend an meine Schulter sank und sagte, wie leid ihm alles täte. Ich würde ihm so fehlen in seinem Leben. Da war ich verrückt vor Freude über „das Geschenk des Himmels", das ich so empfand. Alles wollte ich geben, damit wir aus den Wunden unserer Kinderschicksale in eine neue Chance heilen könnten, die uns Trost und Würde gibt. Wie Du weißt, nahm die Beziehung einen unschönen Verlauf. Als Jiry gerade wieder „abgehauen" war, haben wir beide uns kennengelernt.

So, damit wäre das Vaterkapitel vorerst geschafft. Nächstes Mal sollst Du die andere Nelly kennenlernen. Die stolze, selbstbewusste, autonome und baumstarke Nelly, die Muttertochter! Sie lebt in wilder Lust auf alles, was das Leben reich macht. Unermüdlich steht sie aus jeder Krise auf und geht ihren Weg. Warts nur ab!

Der Leitsatz

Heute möchte ich mich von Dir mit meinem Leitsatz für alle Stunden der Not verabschieden. Mit diesem Satz stehe ich aus jedem Tief auf, setze Schritt für Schritt geradeaus. Wissend um die Freude, die hinter den Bergen wohnt.
Der Satz stammt aus der Schlussszene des Films „KAMASUTRA". Die Filmheldin hat gerade ihren Geliebten in den Tod begleitet, der beim Beharren auf romantische Ideen ein tragisches Ende fand. Er wurde verurteilt, von einem Elefanten zu Tode getrampelt zu werden. Unsere Heldin war durchaus auch eine Freundin der romantischen Liebe, aber sie kannte auch noch weitere Denkmöglichkeiten über Liebe. Sie war eine Schülerin des „Kamasutra", einer Liebesschule aus der Hochkultur des alten Indien. Dort hatte sie gelernt, eine Ethik zu pflegen, die größer ist, als in abhängiger Weise am Mythos der romantischen Liebe zu kleben. Nachdem sie den Geliebten mit der Weisheit ihres Herzens in die andere Welt gebracht hatte, verließ sie ungebrochen den Ort ihres bisherigen Lebens. Sie drehte sich nicht um, als sie mit ruhigen Schritten geradeaus ging. Laut sprach sie den Satz in die ungesicherte Zukunft: Das Leben hat immer recht.

Dir wünsche ich eine angenehme Vorweihnachtszeit mit Deiner Familie. Vielleicht findest Du nach den Feiertagen die Zeit für ein Wiedersehen?

Mit herzlichen Grüßen

Nelly

Brief - Februar 2005

Die Mutter

Lieber Freund!

Schade, dass wir uns nicht sehen konnten. Vielleicht klappt es ja mit einem Frühlingstreffen.
Das klingt noch besser als ein Wintertreffen. Überhaupt bin ich jahreszeitlich wenig festgelegt. Stattdessen habe ich Dir innerlich wieder ein halbes Buch geschrieben. Das finde ich ziemlich übertrieben. Vergebens versuche ich, die Wortflut wegzuschieben und durch eine Kurzfassung zu ersetzen. Aber mitteilen muss ich mich, weil es mir so wichtig ist, dass Du mehr als die beschädigte Seite meiner Person kennenlernst. Deshalb will ich Dir heute meine Mutter vorstellen. Glaub mir, alles was an mir stark und schön ist, alles was mich lebendig und lustvoll macht, alles was mich zu einer guten Mutter, einer guten Freundin und zu einem verantwortungsvollen politischen Menschen macht, ist meine Mutter in mir.
Genauso ist sie aber auch die, die mich so furchtbar ANDERS gemacht hat. Unverständlich und scheinbar unerreichbar für ANDERE. Und somit einsam.
Die Persönlichkeit und Weltsicht meiner Mutter beeinflusst bis heute meinen Lebensstil. Es ist daher wenig verwunderlich, dass auch meine Liebesprobleme Parallelen zum Ehedrama meiner Eltern aufweisen. Doch weil ich ungern mit diesem tragischen Themen beginnen möchte, fange ich mit der Kindheit und Jugend an, von der meine Mama so gerne ausführlich erzählte.

Die Mutter - Über das Leben von Lore Stockburger

Meine Mutter war das erste von zwei Kindern des Arztes Otto Henke (1876-1936) und seiner Frau Berta Henke, geborene Fritz (1877-1964). Sie wurde im Jahre 1909 in Tübingen in eine sehr angesehene Familie des gehobenen Bildungsbürgertums hineingeboren. Der gute Ruf der Familie rührte daher, dass sie über Jahrhunderte hinweg einzelne, hochbegabte Menschen hervorbrachte, die wegen ihrer eindrucksvollen Persönlichkeiten und wissenschaftlichen Leistungen bekannt wurden. Tatsächlich sind auch noch bei meinen Kindern Merkmale dieser Genstruktur zu finden. Die Begabungen haben sich bunt über viele Generationen gestreut. Meine Mutter und meine älteste Schwester waren besonders sprachbegabt. In ihrer Begeisterung für schöne Literatur sprachen beide auch in jeder Alltagssituation so perfekt, als läsen sie aus einem guten Roman vor. Mich befriedigt der Wert ästhetischer Sprache nicht so sehr. Tiefe Leidenschaft erlebe ich in meinen visuellen Wahrnehmungen. Ich liebe Bilder und bin selbst sehr kreativ. Farben können mich glücklich machen, deshalb male ich gerne. Ich suche die Schönheit des Lebens in allem, was ich sehe. Selbstverständlich bin ich auch eine gute Fotografin. Seit meinem elften Lebensjahr fotografiere ich am liebsten Menschen. In meinen Porträts drückt sich meine warmherzige Menschenliebe aus. Obwohl die mathematische Begabung meiner Ahnen an mir restlos vorbeiging, lebt in meiner Tochter Lara die Mathematik. Unglaublich, aber wahr, wenn Lara sich als Jugendliche freuen oder entspannen wollte, ging sie in ihr Zimmer und machte Mathematik. Sie wurde eine begeisterte Bauingenieurin, die auch noch nach Feierabend ein bisschen rechnet, um „es sich richtig gemütlich zu machen“. Meine Tochter Julia erbte, genau wie ich, die gestalterische Kreativität. Sie ist Grafikerin, gestaltet aber am liebsten Innenräume. Die jüngste Tochter, Jessica, ist ein streng logischer Forschertyp mit großer analytischer Begabung. Sie arbeitete lange an der Universität, ist Doktor der Psychologie und wechselt gerade in die Praxis. Mein Sohn Sven hat einen kreativen, sehr witzigen Denkstil. Er ist vor allem ein Erfindertyp.

Und wozu dieser Ausflug in die Genstruktur meiner Vorfahren?
Um meine Lebensgeschichte nachzuvollziehen, brauchen wir ein Verständnis dafür, wie es dazu kam, dass meine Mutter gleichzeitig in selbstbewusster intellektueller Arroganz verharren konnte, die sie in ihrer gutbürgerlich privilegierten Familie gelernt hatte und trotzdem zu einer radikal anarchistischen Denkerin wurde. Lore lehrte mich ein utopisches Modell weiblicher Identität, das zu ihrer Zeit des traditionellen Patriarchats absolut unerwünscht war. Aber auch ich, die Muttertochter, bekam trotz der Zeitgeistwende und der Gleichstellung der Frau reichliche Probleme mit dem „frechen“ Gedankengut, das in meiner Muttermilch war. Muttermilch, die mich groß, stark und ANDERS werden ließ. Die mich nach DRAUSSEN schob.

Lore, Liebling und Partnerersatz des Vaters Otto Henke

Lore war das Lieblingskind meines Großvaters, Otto Henke. Er war der jüngste Spross aus einer sehr elitären Familie, die sich über viele Generationen an den Vorteilen ihres großbürgerlichen Wohlstands und an ihrer ausgezeichneten Bildung erfreut hatte. Warum mein Großvater zum Aussteiger aus der „besseren Gesellschaft“ wurde, ist mir nicht bekannt. Ich vermute, dass er damit seinen Vater ärgern wollte, der ein äußerst erfolgreicher Karrierist und auch ein großer Narzisst war. Otto hatte „reich und schön“ geheiratet, fühlte sich aber sehr gelangweilt von der „Normalität“ in seiner Ehe. So zog er seine Tochter zu einer unterhaltsamen Gesellschafterin heran, die ihn überallhin begleiten durfte, wo Otto sich mehr amüsierte als zu Hause. Weil privilegierte Vergnügungen damals den Männern vorbehalten waren, war Lore meist das einzige Mädchen unter erwachsenen Männern. Weil die hübsche und kluge Tochter natürlich auch Ottos ganzen Stolz genoss, wuchs in meiner Mutter das sichere Gefühl heran, sie sei mindestens so viel Wert wie ein Mann. Das autonome und sehr selbstbewusste Profil meiner Mutter ähnelte also viel mehr einem Mann als einer Frau. Der Vater schulte und förderte ihren Intellekt, damit sie eine ebenbürtige und interessante Gesprächspartnerin für ihn sein konnte. Um ihm zu gefallen, sollte das Kind auch noch besonders wild und mutig denken. Lore wusste genau, dass sie keinesfalls „oberflächlich“ und „langweilig“ sein durfte, denn so sah der Vater bereits seine bedauernswerte Ehefrau. Als bevorteilte „Ersatzfrau“ und überlegene Konkurrentin der Mutter wuchs Lore begeistert in die Rolle der brillanten Intellektuellen hinein.

Lore, die Frau

Lores äußere Erscheinung war keineswegs männlich. Sie war ein wunderschönes Weib. Auch von der Natur bevorteilt, mit einem tollen Gesicht und schöner Figur. Hätte sie die Möglichkeit gehabt, auch die Vorteile der Frauenrolle zu sehen, wäre ihre Schönheit vielleicht zu einem nützlichen Faktor in ihrem Leben geworden. Doch meine

Mutter konnte nicht mit Geschlechterrollen spielen. Sie musste strengen Idealen folgen. So konnte sie sich keinesfalls in die „minderwertige" Rolle einer vermeintlichen Zweitfrau im Patriarchat fügen. Lore verachtete Frauen, die sich unterwerfen. Wegen der Unlösbarkeit ihres Geschlechterrollenkonflikts entschied sie sich lieber für ein Leben in den höheren Sphären des „reinen Geists". Lore lebte ganz in den Schätzen der Kultur und in der Kunst, die sie lustvoll genoss. Sie interessierte sich ganz und gar nicht für den Lebensplan einer bürgerlichen Frau. Weil die Ehe mit meinem Vater leider zu einem Dauerkrieg wurde, konnte sie die schönen Seiten am Frausein nicht erleben. Ihr blieb das Spiel mit der Lust, mit dem Charme und das unbeschwerte Loslassen in der körperlichen Intimität dauerhaft versagt.

Lore war eine eindrucksvolle, aber sehr unnahbare Frau.

Lore Stockburger, geborene Henke (1909-1986)

Wie Lore ihre Töchter erzog

Uns Töchtern wollte Lore die Kraft ihres unbeugsamen Selbstbewusstseins weitergeben.
Bei mir hat es funktioniert. Keiner kann mir das Gefühl nehmen, dass ich mindestens so viel Wert bin wie ein Mann. Mein Selbstwert ist so stabil, dass ich mich anderen Menschen sehr selten unterlegen fühle. Ich vergleiche mich erst gar nicht. Ich bin ich, fühle mich grundsätzlich gut genug.
Lore lehrte uns auch den Grundsatz des prinzipiellen Selbstbestimmungsrechts eines jeden Menschen. Das beinhaltet auch die absolute Gleichstellung von Mann und Frau.
Weil meine Mutter eine radikal antiautoritäre Denkerin war, vermittelte sie uns das Recht auf eine anarchische Verweigerung jeglicher Anerkennung von Machthierarchien. Wir lernten nicht, dass man Respekt vor Autoritäten haben müsse. Den habe ich auch nicht. Ich fühle weder Angst noch Unterlegenheit, wenn ich mit „ranghohen" Menschen zu tun habe. Machthierarchien sind zwar überall gegeben, wo sich Menschen zusammenfinden, aber sie stellen für mich nur „Spielzüge" dar und erhöhen nicht den Wert eines Menschen. Autoritäten erkenne ich an, wenn es um Fachkompetenz geht.
Natürlich schenkte uns die Mutter nicht nur ein Bündel edler Werte, sondern auch den fetten Narzissmus, der einen nicht unbeträchtlichen Teil ihrer „Übergröße" ausmachte.
Lore schämte sich nicht für ihre narzisstische Selbstherrlichkeit, denn das elitäre Größenselbst war eine Tradition ihrer Herkunft. Weil es in ihrer Familie so häufig vorkam, war Lore völlig überzeugt davon, dass ihre Kinder „per Geburt" begabt und tüchtig sein müssten. Einfach nur deshalb, weil wir in einem „edlen Bauch" herangewachsen waren.
Ich gebe zu, dass mir diese Mythen arroganter Selbstüberschätzung durchaus nicht fremd sind.

Ach, lieber Freund, Du kannst Dir inzwischen bestimmt vorstellen, dass mir Lore die Möglichkeit der weiblichen Unterwerfung grundlegend versaut hat! Wie hätte ich die Rolle der braven Frau im Patriarchat von ihr lernen können? Frauen, die sich fügsam den Erwartungen ihrer Männer anpassen, nannte Lore kurz „strohdumm". Ach, wie oft habe ich dieses Wort gehört! Sag mir, wie hätte ich es je schaffen können, mich auf dem bürgerlichen Heiratsmarkt „passend" anzupreisen?

Die Muttertochter

Hell wie eine Flamme leuchtet in mir das Recht, ein absolut freier Mensch zu sein. Diese Wertehaltung ist für mich zwingend mit der Verpflichtung verbunden, das Leben aktiv, bewusst und selbstverantwortlich zu gestalten. Die prinzipielle Gleichstellung als Frau mit jedem männlichen Wesen lebe ich kompromisslos, weil ich sie existenziell in jeder Körperzelle spüre. Von der Mutter übernahm ich in der ersten Lebenshälfte eine engagierte Parteilichkeit für Frauen. Genau wie sie, liebte ich es, mit beißendem Humor die geistige und soziale Überlegenheit des weiblichen Geschlechts herauszuheben. Heute sehe ich die Frauen zwar noch als ein kraftvolles und tüchtiges Geschlecht an, aber ich idealisiere sie nicht mehr. Wegen meiner früheren Verklärung von Frauen habe ich schmerzhafte Erfahrungen gemacht, in denen ich auch Opfer wurde. Traumatische Wunden haben mich dazu gebracht, den Tanz der weiblichen Selbsterhöhung aufzugeben. Am schwersten war es, die kindliche Idealisierung meiner Mutter loszulassen, ihre Schwächen und Fehler zu sehen. Ich liebe meine Mutter sehr. Aber weil ich Frauen inzwischen auch in ihren bösen Spielen kenne, reicht es mir, sie mit Gelassenheit und Abstand zu betrachten. Parteilichkeit ist mir zu viel. Trotz allem liebe ich ganz bestimmte Frauen immer noch vertrauensvoll. Meine Freundinnen zum Beispiel. Denen schenke ich mein ganzes Herz.

Die Ahnengalerie

Entschuldige, darf ich gerade noch ein bisschen angeben, bevor wir in die krummen Gassen meiner Lebensgeschichte abbiegen? Mir zum Spaß und Trost möchte ich Dir ein paar Köpfe meiner Ahnen zeigen, allesamt Vorväter meines Großvaters Otto Henke. Wenn ich schon wegen der Tragik meiner Kindheit gezwungen bin, oft genug DRAUSSEN ZU BLEIBEN, so erlaube mir, nur eine Seite lang, die Menschen zu nennen, die mir im bürgerlichen Sinn das Recht geben, stolz auf meine „Herkunft" zu sein.

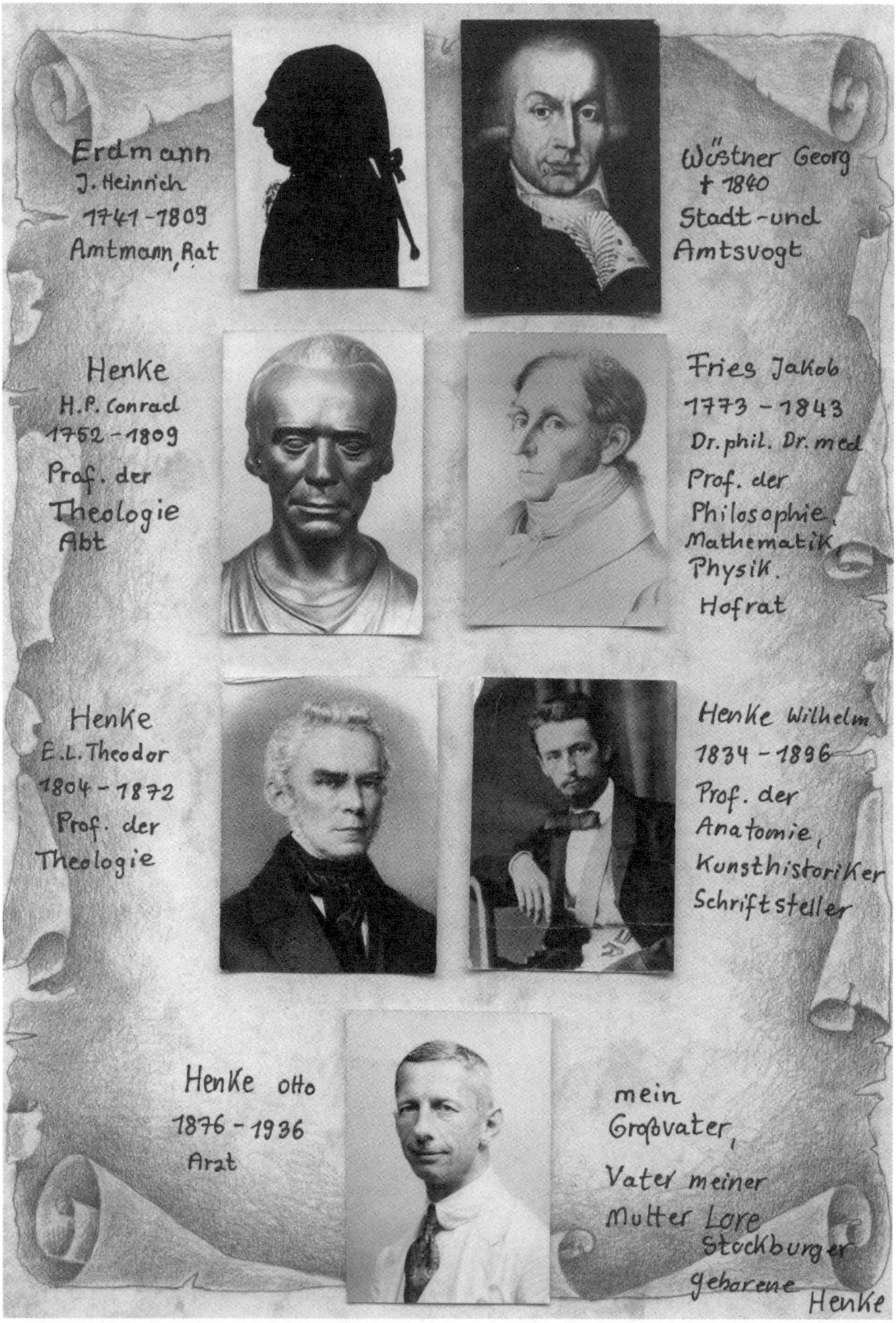

Erdmann
J. Heinrich
1741-1809
Amtmann, Rat
Wüstner Georg
† 1840
Stadt- und
Amtsvogt
Henke
H.P. Conrad
1752-1809
Prof. der
Theologie
Abt
Fries Jakob
1773-1843
Dr. phil. Dr. med
Prof. der
Philosophie,
Mathematik,
Physik.
Hofrat
Henke
E.L. Theodor
1804-1872
Prof. der
Theologie
Henke Wilhelm
1834-1896
Prof. der
Anatomie,
Kunsthistoriker
Schriftsteller
Henke Otto
1876-1936
Arzt
mein
Großvater,
Vater meiner
Mutter Lore
Stockburger
geborene
Henke

Über Lores Unfähigkeit, sich anzupassen

Lore verbrachte ihre Kindheit und Jugend mit den Privilegien des reichen Großbürgertums. Versorgt wurde sie von Kindermädchen und einer Köchin. Wie es damals in wohlhabenden Kreisen üblich war, nahm die Mutter die Rolle einer Chefin ein, die den Haushalt mithilfe von Angestellten organisierte, während sie selbst den Luxus genoss, sich die Zeit mit anderen „feinen Damen" beim Gesellschaftsspiel zu vertreiben.

Lore, ein Kind der „besseren" Gesellschaft

Großmutter Bertas Frauenleben im Stil der „feinen Dame" erklärt vielleicht teilweise, wieso meine Mutter die Rolle der Ehefrau nicht mit dem Auftrag in Verbindung brachte, einen Haushalt zu führen. Wir Kinder hatten später etwas darunter zu leiden, dass Lore annahm, ein Haushalt würde sich „irgendwie von alleine erledigen". Jedenfalls nicht mit ihrer Hände Arbeit, darauf kam sie einfach nicht. Mit einem schönen Buch über der Kaffeetasse pflegte meine Mutter am liebsten den reinen Geist. Sehr früh lernte ich, selbst meine Wäsche zu waschen, damit ich sauber zur Schule gehen konnte. Willig lernte ich kochen, damit ich mir nach der Schule ein warmes Essen machen konnte, als sich Lore in der Schlussphase ihrer Ehe dem Haushalt vollends verweigerte. Die meist als „normal“ empfundene Erwartung an eine Ehefrau, sie möge zu ihren Kindern hinzu auch noch den Ehemann „versorgen“, empörte meine Mutter. Die „Dienstleistungen“, die eine Hausfrau und Mutter ihrer Familie „wie selbstverständlich“ zu geben hat, stellten für Lore eine Form der „Selbstverachtung“ dar, zu der sie sich keinesfalls herabließ.

Das Leben meiner Mutter lief „über den Wolken“ ab. Sie war eine radikal anarchische Denkerin. In messerscharfer Satire erhob sie sich über den Denk- und Sprachstil der Klein- und Großbürger, die dumm genug wären, nicht einmal zu merken, dass sie sich geistig nur in fremdbestimmten Normen bewegten. Weil Lore ziemlich gebildet war, fiel es ihr nicht schwer, ihre Positionen mit stichhaltigen Argumenten zu untermauern. Ja, deshalb hat sich in meinem Gehirn das peinliche Bild des „deutschen Gartenzwergs“ so tief verankert, dass es sofort jede Motivation erschlägt, den Weg in die bürgerliche Integration auch nur zu versuchen.

Meine Mutter hatte anscheinend eine autarke Persönlichkeit, denn sie selbst schien keine Integration zu brauchen. Trotzdem kam sie mir nicht einsam vor. Ihre intellektuellen Himmelswelten schienen sie ausreichend auszufüllen. Die verwöhnte Vatertochter nutzte Ottos Liebe wie einen Schutzschild gegen Schmerz und Selbstzweifel. Die narzisstische Ausbeutung durch ihren Vater wurde Lore ein Leben lang nicht bewusst. Stolz blieb sie dabei, dass sie es nicht nötig hätte, zu einer Herde zu gehören.

Mir geht es darin ganz anders.
Muttertochter bin ich nicht immer und überall. Oft fühle ich meine eigene Unfähigkeit, mich zu integrieren, als bittere Tatsache, die mich einsam macht. DRAUSSEN lässt. Mir reicht es nicht, wenn Menschen mich bewundern und idealisieren. Im Gegenteil. Ich fühle das Sterben meiner Chance im Kreistanz narzisstischer Inszenierung. Ich will das Vergnügen des gleichberechtigten Miteinanders. DABEISEIN will ich! Ich bin Warmblüter und Herdentier. Ich brauche Austausch, Wärme, Anfassen und noch viel mehr!

Wie kam der privilegierte Otto zur Anarchie

Wie schon erwähnt könnte es einen Generationskonflikt gegeben haben, den Otto mit seinen ehrwürdigen Vorfahren austragen wollte. Otto selbst war Arzt, was in der Gesellschaft sicherlich als „gutgestellt“ gilt. Aber Ottos Vater, Wilhelm Henke, war als Professor der Medizin und Anatomie in Tübingen hoch angesehen. Möglicherweise hat die stattliche Zahl der begabten Wissenschaftler in der Familie einen Standesdünkel geschaffen, in dem ein gewöhnlicher Mediziner „nichts Besonderes“ war. Vielleicht wollte Otto mit neuen Werten glänzen, um sich vom Ruhm der Verwandtschaft abzugrenzen.
Otto Henke lebte mit seiner Familie in der großbürgerlichen Villa des Vaters in bester Lage von Tübingen. Dort hatten sich, über mehrere Generationen hinweg, Kunstschätze, Antiquitäten und andere Bildungsgüter angesammelt. Die Familie war wohlhabend. Weil der Name „Henke“ in der Stadt einen so guten Ruf hatte, konnte sich mein Großvater über lange Zeit Dinge herausnehmen, die dem „einfachen“ Mann nicht

so leicht verziehen worden wären. Otto liebte es, öffentlich zu provozieren. Gerne spielte er den antibürgerlichen Aussteiger, profilierte sich als Atheist und sozialkritischer Querulant.

Er pflegte einen hedonistischen Lebensstil. Dabei ließ er in überheblicher Weise seine Verachtung für die Normen der gutbürgerlichen „Sitte" durchschimmern. Otto war ein Lebemann, der am liebsten außer Hause feierte. Wenn er nach durchzechter Nacht betrunken war, was häufig vorkam, ließ er sich von seinem Pferd nach Hause führen. Dabei sang er gerne lauthals „schlimme" Lieder. Kein Zweifel, Otto war ein Bürgerschreck!

Otto als Ehemann

Otto Henke und seine Frau Berta, geborene Fritz

Mein Großvater fühlte sich wenig an den bürgerlichen Ehevertrag gebunden. Wie mir erzählt wurde, soll meine Großmutter sehr hübsch gewesen sein. Umsonst. Meine arme Oma Berta Henke hatte sich ihr Leben bestimmt ganz anders vorgestellt, als sie bei ihrer Hochzeit den romantischen Traum vieler Frauen wahr machen durfte. Strahlend wie ein Rauschgoldengel entstieg sie der väterlichen Luxuskutsche, die zu einer rosaroten, sich öffnenden Muschel umgearbeitet worden war. Durch die Ehe mit meinem Großvater sollte zum Ruhm des Geldes, denn Bertas Familie lebte in satter Gutbürgerlichkeit, auch noch der Ruhm „gehobener Bildung" dazukommen. Doch Otto dachte gar nicht daran, seiner Frau diese Ehre zu geben. Anstatt mit ihr auszugehen, sie zu verwöhnen, oder wenigstens zu achten, bevorzugte er die Gesellschaft seiner

Tochter Lore, die sein ganzer Stolz war. Die Ehe von Berta und Otto war sicherlich ein großes Unglück. Mein Großvater mochte seine Frau einfach nicht. Er schämte sich nicht einmal, sie vor der Tochter als „dumme Trine“ darzustellen, die man einfach links liegen lassen könne. Er verhöhnte Bertas brave Bürgerlichkeit und verdarb ihr die Chance auf ein ganz „normales“ Familienleben.

Meine Großeltern hatten zwei Kinder. Meine Mutter war die ältere Tochter, dann wurde ein Sohn geboren. In dem ehelichen Kampf, den die Großeltern gegeneinander führten, nahm sich Otto die Tochter zum Partnerersatz, Berta nahm den Sohn. Lore eignete sich mehr für die Rolle der Lieblingsprinzessin, denn sie war schön und hochbegabt. Es machte ihr keine Mühe, von klein an in die Rolle einer intellektuellen Partnerin hineinzuwachsen. Mit Lore teilte mein Großvater seine reiche innere Welt, so, wie sie es später mit uns Kindern wiederholte. Die gekränkte Ehefrau ließ Otto am liebsten bei ihrem Kaffeekränzchen im Hause zurück. Berta wiederum rächte sich, indem sie ihren Sohn parteiisch gegen den Vater und die Schwester aufhetzte. Der junge Mann starb als junger Soldat im Krieg. Es ist klar, dass sich unter diesen Umständen keine gute Beziehung zwischen den Geschwistern aufgebaut hatte. Lore hatte keine Gefühle für den Bruder und auch nicht für die Mutter. Die Frauen blieben sich fremd, solange sie lebten. Lore musste ihre Mutter im Familiengrab ihrer ehrwürdigen Ahnen bestatten. Vor Kurzem entdeckten meine Schwestern und ich, dass Lore es nicht für nötig gehalten hatte, den Namen ihrer Mutter auf dem Familiengrab anbringen zu lassen. Da schämten wir uns für sie.
Ja, meine Mutter erfüllte den Auftrag ihres Vaters treu, nur ihn alleine zu verehren. In unbeirrbarer Treue behielt sie für ihr ganzes Leben den Vater als wichtigsten Mann im Herzen. Der idealisierte Vater im Inneren half ihr allerdings auch erfolgreich dabei, sich über alle Widrigkeiten des Lebens hinweg, stark und unschlagbar zu fühlen. Sie war durchaus bereit, auf die lebendigen Menschen ihrer realen Umwelt zu verzichten, wenn sie es wagten, ihre Träume zu stören. Was selten vorkam. In ihren höheren Sphären unterhielt sie einen stetigen Dialog mit dem inneren Vater. So schützte sie sich vor Einsamkeit.

Du kannst jetzt sicher nachvollziehen, wieso Lore für ihre eigene Selbstergänzung keinen wirklichen Mann brauchte, schon gar nicht im Sinne des bürgerlichen Lebensplans. Obwohl sie in der hedonistischen Ideologie meines Großvaters freigeistig, antichristlich und durchaus sexualfreundlich erzogen worden war, konnte sie den Eros in einem realen Männerkörper nicht erkennen. Leider war gerade mein frauen- und sexualfeindlicher Vater der Letzte, der Lore davon hätte überzeugen können, wie schön der lustvolle Körper mit dem reinen Geist spielen kann.

Wie Otto seine Tochter zu einem „intellektuellen Mann“ erzog

Otto nahm Lore von Kind an zu allen Anlässen mit, bei denen Männer sich treffen, um sich gebildet zu unterhalten. Stelle Dir Anlässe wie Reitertreffen, sonntägliche Frühschoppen unter Akademikern, Gesprächskreise und Kulturveranstaltungen vor. Nur durch ihre bloße Anwesenheit lernte Lore, den differenzierten Denk- und Sprachstil der Intellektuellen zu verstehen und zu sprechen. Otto legte großen Wert darauf, seine Tochter auch in exklusive Clubs einzuführen, in denen eigentlich nur Männer verkehrten. So entwickelte sie ein selbstbewusstes Identitätsgefühl, das mit dem eines mächtigen und erfolgreichen Patriarchen vergleichbar ist und nicht mir der Frauenrolle einhergeht.
Doch gleichzeitig bereitete es meinem Großvater besondere Freude, meiner Mutter das Provozieren mittels gezielter Normenverletzung beizubringen. Er wollte eine baumstarke, wirklich WILDE Tochter haben. Die beiden unternahmen zusammen viele Reitausflüge. Die nutzte Otto, um seine Philosophie über das Brechen von Grenzen an sie weiterzugeben. Beim Ausreiten vermied er es beispielsweise, vorgeschriebene Wege zu benutzen. Vater und Tochter ritten grundsätzlich querfeldein, wie sie gerade Lust dazu hatten. Dabei übte Otto mit seinem Kind den Satz: Zäune und Grenzen sind dazu da, überwunden zu werden!
In dieser Aussage steckte sein Auftrag, sie möge ihre Handlungen in AUTONOMIE entscheiden, also aufgrund eigener Überlegungen und nach eigenen Kriterien. Keines-

falls sollte sie brav sein und kritiklos das tun, was andere von ihr erwarten. Als Lore älter war, schickte er sie auf ein Jungengymnasium. Wieder einmal konnte er den guten Namen Henke als Machtmittel einsetzen, um die Schule zur Aufnahme seiner Tochter zu zwingen. So machte er meine Mutter glauben, dass eine anarchisch SELBSTBESTIMMTE LEBENSWEISE durchaus möglich sei.
Mit den hohen Idealen der bedingungslosen Selbstverantwortung verpflichtete Otto seine Nachkommen, bis hin zu mir, in radikalem politischem Mut zu leben und erbarmungslose Aufrichtigkeit sich selbst gegenüber aufzubringen.
Die zentralen Werte seiner politischen Weltsicht waren die Idee des WELTBÜRGERTUMS und der Wunsch nach ABSCHAFFUNG DER KLASSENGESELLSCHAFT.
Ein weiteres politisches Ideal lernte Lore von den frühen Kommunisten der Zwanzigerjahre: DIE FREIE LIEBE! Das Ideal basierte auf der Prämisse, dass kein Mensch das Recht habe, einen „territorialen Besitzanspruch" auf den Körper des anderen zu erheben. Auch dann nicht, wenn es der Partner ist. Das will heißen, dass Menschen, die sich lieben, trotzdem keinen Anspruch darauf haben, über den Körper des anderen zu entscheiden. Das sind die Bausteine einer Ideologie über Liebe, in der Eifersucht nicht ein Zeichen „wahrer Liebe" darstellt, sondern als Relikt einer kleingeistigen, monogamen Kultur zu bewerten sei.
„Wahre Liebe" im Sinne der neuen Ideale hieße jetzt, den geliebten Menschen in seiner autonomen Entwicklung zu unterstützen. Er darf für seine körperlichen Entscheidungen nicht mit Liebesentzug bestraft werden. Das ist echt schwer, davon kann ich Dir ein Lied singen! Der hehre Anspruch gipfelt in dem utopischen Ziel, ein Liebender könne es dem Partner GÖNNEN, wenn der gerade vom Leben ein erotisches Geschenk empfangen hat.
In meinem Gehirn, in meinem Über-Ich, steht bis heute in großen Lettern in Leuchtschrift geschrieben, dass „wahre Liebe" nur dort zu suchen sei, wo sie eine größere soziale Idee auf die Welt bringt, als das, was wir bisher unter Liebe verstehen. Am Ziel bin ich zwar noch lange nicht, aber auf den Weg, den ich für mich gefunden habe, bin ich durchaus stolz.

Zurück zu meiner Mutter. In Wirklichkeit war sie auch nur ein ganz normaler Mensch und eben nicht ihr Selbstideal. Nur konnte ich das als Kind nicht wissen. Ohne dass ich die beschriebenen Mythen zwischen Politik, Liebe und Sexualität damals wirklich vollends verstanden hätte, war ich doch sehr enttäuscht von meiner Mutter, als ich einmal beobachten musste, wie sie ein „ganz gewöhnliches" eifersüchtiges Verhalten zeigte. Aufgeregt spionierte sie heimlich meinem Vater hinterher, als sie Hinweise auf eine mögliche Affäre mit einer Patientin bekam. Sie freute sich überhaupt nicht, und von GÖNNEN konnte erst recht keine Rede sein! Mich verwirrten diese unlogischen Verhaltensweisen der Erwachsenen. Es gab nämlich auch eine gegenteilige Erfahrung. Zum Beispiel verehrte mein Vater über mehrere Monate eine junge Schauspielerin, die am Tübinger Theater arbeitete. Lore hatte sie ohne Murren als ein Familienmitglied akzeptiert. Die junge Frau war in dieser Zeit immer dabei, wenn „in Familie" etwas unternommen wurde. Wir Kinder freuten uns über den Familienzuwachs, weil unmissverständlich deutlich wurde, dass der Vater in Gegenwart der Frau viel besser gelaunt war. Kaum war sie unter uns, blieben alle groben Bösartigkeiten aus. Nicht nur das, sondern er suchte offenbar den Zugang zu einem Gefühl der Lebensfreude, die wir sonst nie an ihm bemerkt hatten. Sogar meine Mutter nutzte die Zeit, um das Ausbleiben übler Stimmungen zu genießen. Als sich bald zeigte, dass „Renaterl", so hieß die junge Frau, wenig Lust hatte, wie wir als Sklavin im engen Herzen meines Vaters zu leben, verschwand mit ihr das aufheiternde Phänomen wieder spurlos aus unserer Familie. Leider habe ich vergessen, meine Mutter als Erwachsene noch einmal zu fragen, was sie damals wirklich dachte und fühlte. Doch zurück zur Jugendzeit meiner Mutter ...

Das Ende des privilegierten Lebens von Otto und Lore

Als junges Mädchen führte Lore ein unbeschwertes, abwechslungsreiches Leben in der Prinzessinnenrolle. Trotz ihrer Männeridentität genoss sie es, für ihre Schönheit bewundert zu werden. Sie stand gerne im Mittelpunkt. Stolz erzählte sie uns Kindern immer wieder, wie sie auf einem Ball einer Studentenverbindung zum „schönsten Mädchen von Tübingen" gekürt wurde. Gelogen hat sie nicht, denn selbst als ich schon erwachsen war, sprachen mich noch ältere Tübinger darauf an, dass Lore als junge Prinzessin „die Schönste" gewesen sei. Es schien, als habe sie das Leben auf Rosen gebettet. Doch dann brach auf einmal alles zusammen.

Natürlich hatte sich mein Großvater mit seinem provokanten Lebensstil Feinde gemacht. Sie schlugen zu, als eine Frau in Tübingen wegen eines illegalen Schwangerschaftsabbruchs angeklagt wurde. Sie sagte aus, dass Otto sie nach dem Abbruch ärztlich versorgt habe, was auch stimmte. Die Frau gab aber nicht preis, wer den Abbruch gemacht hatte. So kam es dazu, dass man Otto den Abbruch unterstellte. Zu Unrecht, wie meine Mutter das schilderte. Es kam zu einer Verurteilung, was bei einem Arzt ungewöhnlich ist. Otto hatte es zu weit getrieben, die gute Gesellschaft wollte ihn nicht mehr. Mit seinem Gefängnisaufenthalt endete der Jahrhunderte währende, ruhmreiche soziale Aufstieg seiner Familie. Otto starb wenig später mit nur sechzig Jahren. Vorher hatte er seine geliebte Tochter mit einer edlen Sammlung von Antiquitäten und Biedermeiermöbeln aus dem Familienbesitz ausgestattet und sie in ihr autonomes Leben entlassen. Sein finanzielles Vermögen war zu der Zeit schon verschwunden. Lore war etwa fünfundzwanzig Jahre alt. Sie hatte weder eine Berufsausbildung, noch eine finanzielle Absicherung für ihre Zukunft. Der zweite Weltkrieg vollendete den Niedergang der Familie. Die einzige Bombe, die in Tübingen einschlug, fiel genau in das Elternhaus meiner Mutter und vernichtete alles, was noch an die alte Zeit hätte erinnern können.

Ganz alleine machte Lore sich auf einen unbekannten Weg. Ausgerüstet mit dem „reinen Geist", den Antiquitäten und der Liebe ihres Vaters in ihrem Herzen, begab sie sich in eine Situationen, auf die sie überhaupt nicht vorbereitet war. Gerade jetzt bewährten sich der arrogante Stolz und der wilde Mut, zu dem sie erzogen worden war. Zuerst versuchte sie sich in unterschiedlichen Jobs. Es zeigte sich schnell, dass sie sich viel zu wenig anpassen konnte, um als Dienstmädchen Karriere zu machen. Stattdessen eröffnete sie ein eigenes Fotoatelier. Obwohl sie den Beruf nicht gelernt hatte, war sie als Fotografin sehr erfolgreich. Aufgrund ihrer künstlerischen Begabung konnte sie einfach hervorragend fotografieren. So konnte sich die junge Frau selbstständig ernähren und machte sich in der Stadt schnell einen guten Namen.

Und dann kamen die Nazis. Wieder zerbrachen alle Träume ihres jungen Lebens. Weil sie nicht bereit war, in die Partei einzutreten, musste Lore ihr Geschäft wieder schließen.

Unter dem zunehmenden Druck der braunen Gewalt begannen einige linke Intellektuelle und Künstler damit, sich heimlich zu treffen, um im Schutz ihrer kleinen Gruppe über ihre wahren Gedanken zu reden.
Und so kam es, dass sich in der Wohnung meiner Mutter ein Kreis von politischen Künstlern traf, die Hitler hassten. Darunter war auch mein Vater. Gemeinsam versuchten die Freunde zu überleben, ohne in die Partei zu gehen. Sie nahmen persönliche Kränkungen hin und verbargen sich in anderen Berufen, während sie an sich den Anspruch stellten, politisch aufrechte Menschen zu bleiben. Auch mein Vater musste die Kunstakademie verlassen, weil er nicht in der Partei war. Er galt als entarteter Künstler. Dieses Wertebündnis, das im Untergrund geboren wurde, stellte das wichtigste Bindeglied für die spätere Ehe meiner Eltern dar. Beide hielten sich an denselben Werten fest, die sie aufforderten, stets ihre politische Moral zu bewahren.
In den frühen Jahren der Nazizeit, als Lore ihr Geschäft noch führte, ernährte sie, wenn nötig, auch die Männer ihrer Gruppe. Während meine Mutter arbeitete, kümmerten sich die Männer um den Haushalt. In dieser Situation begann die Liebe meiner Eltern. Sie heirateten in einer Ferntrauung, um sich gegenseitig als politische Menschen zu stützen.

Lore Stockburger an ihrem Hochzeitstag. Mein Vater feierte die Hochzeit in Russland.

Lores Ehe mit Alfred Georg Stockburger

Alfred Georg Stockburger war inzwischen Arzt geworden. Er fuhr in einem Lazarettzug zwischen Russland und Deutschland hin und her, behandelte deutsche Soldaten, aber manchmal auch die russische Zivilbevölkerung. Der Mann zerbrach an den Verbrechen der deutschen Wehrmacht, denen er hilflos beiwohnen musste. Wenn die Truppen aus den Dörfern weiterzogen, in denen sie zuvor gewohnt hatten, kam es nicht selten zur Ermordung der Einwohner. Mein Vater mochte die russischen Menschen, denen er bei seinen Aufenthalten zwar ärztlich helfen durfte, sie aber nicht vor dem Tode retten konnte. Das hat er sich selbst nie verziehen. Er schämte sich zutiefst, ein Deutscher zu sein. Dieses Schamgefühl trage auch ich bis heute in mir.
Die Liebe meiner Eltern bewährte sich nur in der geistigen Symbiose. Sie teilten ein tiefes Interesse an der Kunst und der Pflege von Kultur. Beide waren anarchische, freigeistige Denker. Sie sogen die neuen Ideen in der Kunst und im politischen Denken förmlich auf. Während sie im realen Leben immer trauriger und hoffnungsloser wurden, blühten sie in den politischen Utopien der Wertewende förmlich auf. Ich wuchs mit herrlichen Gedichten von Bert Brecht und Ringelnatz auf, die ich als Kind auswendig lernte. Steinbeck erklärte mir in seiner „Straße der Ölsardinen“, wie die Auflösung der Klassengesellschaft zu vollziehen sei. Ja, ich verwechselte die Literatur lange mit der Wirklichkeit.
Wenn meine Eltern überhaupt andere Leute besuchten, was selten vorkam, waren das immer politische Utopisten oder Künstler. Die hatten tolle Häuser und es gab für Kinder Kekse und nette Worte. Wir durften die ganze Zeit fernsehen, während die Erwachsenen leidenschaftlich über gesellschaftliche Veränderung diskutierten. So blieb die Liebe zur Kunst und Kultur das Beste, was ich aus meiner Kindheit mit in mein späteres Leben nehmen konnte.

Während das reale Leben mit meinen Eltern sehr wenig Freude machte, erschien mir die Welt der hohen Ideale wie Trost und Rettung zugleich. Befriedigende menschliche Beziehungen konnte ich nicht kennenlernen. Meine Eltern waren unfähig zu Intimität und Nähe. Sie rutschten nach dem Krieg zunehmend in eine posttraumatische Depression. Ihre Jugend hatten sie an Hitler verloren und ihre beruflichen Träume aufgeben müssen. Besonders schlimm erschien ihnen in der Nachkriegszeit die Tatsache, dass viele ehemalige Nazis unbeschädigt in ihren alten Machtpositionen weiterarbeiten konnten. Erst nach dem Krieg verloren sie endgültig den Glauben an den Wiederaufbau eines friedlichen und demokratischen Deutschlands.

In ihrer Depression begannen meine Eltern, sich gegenseitig zu bekämpfen. Sie verloren die Fähigkeit zur gegenseitigen Solidarität, die sie zusammengeführt hatte. Nach einigen Jahren ihrer Ehe starben die interessanten Gespräche zwischen den Eltern. Später sprachen sie gar nicht mehr miteinander. Wir Kinder lebten in einem Raum toter Kommunikation. Es fühlte sich wie Einzelhaft im Kerker an. Oft hörte ich meinen Vater, wie er in seinen Räumen laute Selbstgespräche führte. Derweil saß die Mutter mit ihren Kindern zusammen und erzählte in endlosen Wiederholungen Geschichten aus ihrem früheren Leben. Wir lebten symbiotisch mit ihr in ihrer Vergangenheit, so als wären wir dabei gewesen. In der Gegenwart gab es nur den täglichen Krieg, den unsere Eltern führten. In ihrem Drama vergaßen sie uns Kinder oft. Sie waren so gefangen in ihrem persönlichen Leid, dass ihnen niemals einfiel, sich uns zuliebe etwas zusammenzureißen.

Meine Mutter wirkte in ihrer inneren Not stets abwesend. Trotzdem war sie niemals feindselig zu uns Kindern. Ich habe mich immer von ihr geliebt gefühlt. Der Vater ließ seine Lebensenttäuschung in echter Bösartigkeit an uns aus. Weil er den erzwungenen Arztberuf nicht liebte, war er im Thema Beruf besonders verrückt. Grundsätzlich verbot er uns alles, wofür wir begabt waren. Da er sich selbst als einen vom Leben betrogenen Menschen ansah, fühlte er sich im Recht mit seiner unaufhörlichen Wut, die er auch an seinen Kindern ausließ. Er verbot uns in sadistischer Weise einfach alles, was Spaß machte, was Lebendigkeit und Wachstum bedeutete. Wir sollten es keinesfalls besser haben als er. Manchmal stürmte er in unser Zimmer, wenn er uns lachen hörte. Sich freuen war nämlich verboten. Vaters Verbote wurden grundsätzlich nicht begründet. Sie waren einfach Gesetz. Am schlimmsten wurden wir „verfolgt", wenn wir eine angeborene Begabung zum Beruf machen wollten.
Meine älteste Schwester, eine klassische Geisteswissenschaftlerin, machte das beste Abitur an ihrer Schule. Natürlich wollte sie studieren. Da stahl mein Vater ihr Tagebuch, in dem sie von ihrem „Ersehnten" schwärmte. Zur Tat konnte sie ja nicht kommen, weil wir nicht aus der Wohnung durften. Mein Vater erklärte daraufhin, sie sei eine Hure und habe jedes Recht auf eine Ausbildung verwirkt. Sie klagte gegen ihn. Vor Gericht musste sie ihre Jungfräulichkeit nachweisen! Damit gewann sie den Prozess. Er musste sie weiter unterhalten und studieren lassen. Zur Strafe gründete er ein Gefängniszimmer in unserem Haus. Dort musste sie fortan immer bleiben. Meine Mutter musste ihr das Essen in dieses Zimmer bringen. Wir Schwestern durften nicht mehr mit ihr sprechen (natürlich hintergingen wir die Anordnung). Nach diesem Ereignis nahm er meine nächst ältere Schwester sofort von der Schule, damit sie kein Abitur machen konnte. Als ich die mittlere Reife hatte, wurde auch mir der weitere Schulbesuch verboten. Ich konnte sehr gut malen, liebte alles Kreative. Zahlen und wirtschaftliches Denken wehrt mein Organismus mit großer Zähigkeit ab. Doch mit der Unterstützung meiner Mutter legten wir meinen Vater mit seinen eigenen Waffen herein. In der Nachbarstadt Reutlingen war gerade das erste Wirtschaftsgymnasium eröffnet worden. Dort konnte man das Wirtschaftsabitur oder Vollabitur machen. Mein Vater kannte das Schulmodell nicht, weil es ganz neu war. Ich fragte also, ob ich auf diese „Wirtschaftsschule" gehen dürfe. Weil mein Vater dachte, es sei eine Art Handelsschule, die in eine Bürotätigkeit führte, war er sicher, dass es etwas sei, das ich hassen würde (was stimmte!). Also erlaubte er mir den Besuch dieser Schule. Ich machte heimlich und stillschweigend mein Vollabitur.
Wie meine Mutter erzählte, war mein Vater vor dem Krieg ein besserer Mensch. Wie man dem Bericht von Siegbert Zurheide entnehmen kann, verfügte er als junger Mann sogar über ein engagiertes Sozialverhalten. Diesen Charakterzug behielt er auch in der Ausübung seines Arztberufs bei. Er war bei seinen Patienten beliebt, weil er sich ganz besonders für einfache Menschen und Randgruppen einsetzte. Ich habe einmal persönlich miterlebt, wie er „Privatpatienten", die glaubten, er müsse sie gegenüber den gewöhnlichen Kassenpatienten bevorzugt behandeln, mit lautem Geschrei aus der Praxis warf. Doch innerhalb der Familie war er einfach ein Monster. Wie meine Mutter sagte, war dieses Verhalten sofort da, als er aus dem Krieg zurückkam. Er sperrte die ganze Familie ein, keiner durfte die Wohnung verlassen. Auch meine Mutter wurde völlig isoliert. Sie durfte keine Kontakte mehr nach außen pflegen. Dazu nahm er ihre Fotoapparate weg, damit sie sich beruflich nicht mehr verwirklichen konnte. Grundlos und unkontrolliert misshandelte er uns alle schwer. Das war sein Ventil, um seine Aggressionen und innere Not abzuleiten. Und nun wird diese Geschichte vollends verrückt!

In mir bleibt hartnäckig das Gefühl, als hätten sich meine Eltern immer geliebt. Trotzdem blieben sie einfach unfähig, die Liebe in ein gegenseitiges Geben und Nehmen umzusetzen. Beide waren so narzisstisch, dass jeder nur alleine im Mittelpunkt stehen wollte. Es fiel ihnen nicht ein, dass man sich abwechselnd zurücknehmen könnte, um den anderen besser zu beachten. So konnten sie leider gar nichts zusammen machen. Die Freuden, die aus einem gemeinsamen Tun hätten entstehen können, waren beiden nicht bekannt. Heimlich bewunderte mein Vater den elitär-souveränen „Stallgeruch“ meiner Mutter. Er war neidisch auf das unbeugbar Selbstbewusste in ihrer Persönlichkeit. Weil meine Mutter ihren inneren Vater lebenslang als Stütze für sich nutzen konnte, blieb sie in jeder Situation psychologisch die Stärkere. Mit der Kraft ihrer alten Rolle der Prinzessin, der Vatertochter, blieb Lore aufrecht und stolz bis zum Tod.

Tatsächlich war mein Vater ebenfalls eine eindrucksvolle Erscheinung. Dazu genoss er noch einen hohen Status als Künstler, Arzt und Exot. Obwohl auch er stets von Bewunderern und Ko-Narzissten umgeben war, bestand er auf sein Selbstbild als „begabter Unverstandener“. Er war der Jüngste von fünf Kindern eines puritanischen Lehrers, der ihn viel misshandelte.
Die Familie pflegte rigide Erziehungsmethoden und ein kleinbürgerliches Denken. Die Mutter war eine traditionell unterworfene Frau. Mein Vater fühlte sich als jüngstes Kind zu wenig beachtet und gefördert. Besonders übel nahm er die Weigerung der Familie, seine kreative Begabung lobend zu erkennen und angemessen zu fördern. Tatsächlich drücken die ganz frühen Bilder, die vor seiner tragischen Persönlichkeitsveränderung entstanden, deutlich aus, dass hier ein sensibler junger Mensch der Welt bewegende Bilder schenken möchte. Seine Begabung zum Maler war sehr deutlich. Die stumpfe Ignoranz seiner Familie fixierte das Selbstbild meines Vaters, er käme immer zu kurz. Das Drama war vollendet, als die Nazis ihn zum „entarteten Künstler“ erklärten. Nun war er sicher, dass das Leben ihm nur Böses wolle. In dieser Haltung gärte das Gefühl von Neid und Eifersucht gegenüber seiner Frau und sogar gegenüber seinen Kindern. Er hasste uns manchmal richtig dafür, dass unsere angeborenen Begabungen in einer Zeit des Wertewandels die Chance gehabt hätten, mit uns zu blühen, wenn er das nicht zielsicher verhindert hätte. Obwohl er ein wirklich intelligenter Mann war und einen heilenden Beruf ausübte, kam er nicht auf die Idee, dass die Fähigkeit zu Geben auch ihn selbst hätte heilen und trösten können.
Du kannst Dir bestimmt vorstellen, wie empört so ein angeblich benachteiligter Mann auf die Erkenntnis reagieren musste, dass er eine Frau geheiratet hatte, die sich glatt weigerte, ihn zu bemuttern. Es fiel ihr überhaupt nicht ein, ihm zu dienen. Obwohl er es jahrelang versuchte, gelang es ihm nicht einmal mit den gröbsten Fäusten, ihr den weiblichen Auftrag einzuprügeln. Tatsächlich wusste sie ja wirklich nicht, was unter einer guten Hausfrau zu verstehen sei. Das wird in der hohen Literatur nämlich nicht genau beschrieben! Zudem interessierte sie das Thema nicht im Geringsten! Gelassen öffnete sie Dosen, anstatt zu kochen. In den letzten Ehejahren ging sie dazu über, dreckiges Geschirr unter den Schränken zu verstecken, sobald mein Vater das Haus verlassen hatte, um in seine Praxis zu gehen. Zufrieden entwischte sie zur Nachbarin, um mit ihr Karten zu spielen. Am liebsten las meine Mutter gute Bücher. Dabei rauchte sie Zigaretten, trank Kaffee und diskutierte mit meiner ältesten Schwester über hohe Literatur.
Gegen das kleinbürgerliche Ansinnen meines Vaters, sie per Frauenrolle zu unterwerfen, konterte sie mit messerscharfen zynischen Bemerkungen. Lore konnte jeden Menschen sprachlich so klein machen, wie sie wollte. Weil mein Vater ihrer sprachlich

eleganten Rhetorik nicht gewachsen war, schlug er sie aus Wut oft zusammen. Fluchend, mit Ausdrücken. Wenn sie sich seiner Körpergewalt letztlich doch ergeben, also schweigen musste, ... zog sie kurz die Nase hoch und schaute ihn dabei mit großer Verachtung an. Natürlich raste mein Vater dann umso mehr. Der Krieg ging weiter. Er war unser tägliches Brot.

Als ich mit achtzehn Jahren mithilfe des Jugendamtes ausziehen konnte, nahm ich meine Mutter mit. Ihre früheren Scheidungsversuche waren vergeblich gewesen, weil die Richter meinem charmanten Vater glaubten, dass er kein gewalttätiger Mensch sei. Damals musste noch ein Schuldiger benannt werden, bevor eine Scheidung erfolgen konnte. Vor Gericht gab mein Vater an, dass sämtliche Gewalttaten von meiner Mutter frei erfunden wären. Da sähe man schon, dass die Frau auch noch richtig verrückt sein müsse, wenn sie derartige Behauptungen kundtäte. Sie könne wahrhaftig froh sein, dass er, als guter Mensch und Arzt, so nachsichtig sei, dieses verquere Weib wieder mit nach Hause zu nehmen. Die Richter sahen das alles genauso wie er. Uns Kindern berichtete meine Mutter, dass das alles eine Folge des bösen Patriarchats sei. Solange die Männer die Macht hätten, würde es Frauen nicht gelingen, in Ruhe und Würde zu leben. Doch da mein Vater in den juristischen Verfahren gegen meine ältere Schwester und mich so deutlich abartig erschien, glaubten die Richter erstmals uns Kindern. Daraufhin mussten sie auch einem erneuten Scheidungsversuch meiner Mutter nachgeben.

Es kam selten vor, dass ich als Kind versuchte, den Freundinnen in der Schule von den Ereignissen in unserer Familie zu erzählen. Es war das Allerschlimmste, wenn uns keiner glaubte. Stattdessen hörte ich Sätze wie „so redet man nicht über seinen Vater“ oder „so etwas gibt es doch nicht“. Wir wurden bestraft und isoliert, zu Nestbeschmutzern gemacht. Deutlich musste ich erkennen, dass privilegierte Menschen Kinder lieber untergehen lassen, als an einem Image zu kratzen, das ihnen Vorteile verspricht. Erbarmungslos wurden wir zum Schweigen gebracht, wenn wir versuchten, unsere Leiden öffentlich zu machen. Selbst unsere Nachbarn, Doktoren und Professoren, die mithörende Zeugen der Gewaltorgien waren, weigerten sich, für meine Mutter auszusagen. Sie wollten sich mit meinem Vater nicht anlegen.

Diese Erfahrungen sind der Grund, warum ich als Kind das gehobene Bildungsbürgertum, dem ich entstamme, als eine feige, klägliche Masse erlebte, konturlos und ohne Zivilcourage. So habe ich meine Achtung vor dem Bildungsbürgertum verloren. Bis heute empfinde ich Verachtung und leisen Ekel, wenn ich an diese Ereignisse denke.

Jetzt ist es für Dich bestimmt nachvollziehbar, warum ich mich wenig bemüht habe, den notwendigen Ehrgeiz zu entwickeln, in der Gesellschaft „nach oben“ zu streben. Ich kam ja von da. Ich brauche die praktizierte Mitmenschlichkeit, wo immer sie auftaucht. Tolle Menschen gibt es in allen gesellschaftlichen Klassen. Leere Hülsen auch. Klugheit ist für mich nicht das Gleiche wie Bildung. Für mich ist das Leben bunt und reich. Ich genieße es, wahrzunehmen, wie vielfältig immer neue Erscheinungsformen menschlicher Intelligenz und Kreativität auftauchen. Ich akzeptiere die Selbstgefälligkeit der „gehobenen Klassen“ einfach nicht! Jeder Mensch hat dasselbe Recht auf Wertschätzung, egal in welche Wiege er geboren wurde!

Lores Leben nach der Scheidung

Nach der Trennung von meinem Vater, mit sechsundfünfzig Jahren, lebte meine Mutter noch einmal richtig auf. Sie starb mit sechsundsiebzig Jahren. Weil mein Vater ihr viel zu wenig Unterhalt bezahlte, musste sie bis ins hohe Alter etwas dazuverdienen. Sie jobbte in Antiquitätenläden, restaurierte altes Spielzeug und Puppen für Sammler. So bekam sie viel Kontakt zu Menschen, die ihre Interessen teilten. Sie hatte sehr viel Besuch, vor allem von jüngeren Menschen. Täglich konnte sie viel über ihre Lieblingsthemen, Kultur und Literatur, gesellschaftskritisches Denken kommunizieren. Ihr Leben im Alter war genauso bunt und ausgefüllt, kulturell geistreich, wie sie es mochte. Mit ihrer brillanten Sprache und den stets interessanten Themen stand sie in allen Sozialkontakten im Mittelpunkt, was sie eben gerne hatte.
Beide Eltern wurden bis zu ihrem Tod von vielen Menschen bewundert und verehrt. Mir als Tochter hätte es aber besser gefallen, wenn ich einmal hätte bemerken dürfen, dass sich meine Eltern auch für andere Menschen interessieren. Mir fällt keine einzige Situation ein, in der sie bei jemand angerufen hätten, um nach dem Befinden zu fragen oder irgendeine Gefälligkeit und Hilfe anzubieten. Sie hatten es niemals nötig, auf andere Menschen zuzugehen.

Bei meiner Mutter stellten wir Kinder die Ausnahme dar. Sie liebte uns treu auf eine warme Art, die sie allerdings nicht körperlich ausdrücken konnte. Auch in der Liebe zu anderen Kindern hielt sich meine Mutter streng an ihre Werte, dem grundsätzlichen Respekt vor der Eigenart eines jeden Menschen. Sie versuchte, die stark unterschiedlichen Wesen ihrer Kinder zu verstehen, nicht zu bewerten. Sie achtete unsere Würde, indem sie uns nicht dressierte und uns nicht aufforderte, ihren Wunschbildern zu entsprechen. Ich brauchte nie Angst zu haben, ihre Liebe zu verlieren, wenn ich ihr widersprach, sie kritisierte oder einfach Wege ging, die ihr nicht gefielen. Sehr angenehm war auch, dass sie nicht mit ihren Kindern konkurrierte. Wir waren einfach vier Frauen in einem Boot, bedroht von einem Aggressor, aber alle gleich viel wert. Sie war so selbstbewusst, dass sie es einfach nicht nötig hatte, zu uns ein elterliches Autoritätsgefälle aufzubauen. Sie behandelte uns partnerschaftlich gleichberechtigt. Sie förderte unser Recht auf eigenständige Entwicklung. Wir durften ein Profil und eine eigene Meinung haben.
Ich bin ihr sehr dankbar, dass sie mir das starke Gefühl für Würde ließ, das sich in der großen Akzeptanz ihrer Kinder widerspiegelte.
Als Vorteil empfinde ich auch, dass es in der Liebe meiner Mutter zu ihren Kindern keine leistungsorientierten Bedingungen gab. Wir lernten nicht wie die Bürgerkinder, dass wir uns Liebe durch Leistung erkaufen müssten.
So freidenkend, wie sie selbst erzogen worden war, ersparte sie uns selbstredend die Aufforderung zu normativer Anpassung. Im sozialen Vergleich fühle ich mich angenehm frei von Minderwertigkeitsgefühlen. Für alles, was ich tun will, bin ich mir gut genug. In meinem Inneren gibt es keinen Blick „nach oben". Dank meiner Mutter fühle ich mich gleichberechtigt mit allen anderen Menschen. Weil ich nun mal in die Gesellschaftsschicht des gehobenen Bildungsbürgertums hineingeboren wurde, kenne ich selbstverständlich die Sprache und die sozialen Strategien der „oberen Klassen". Ich durchschaue ihre Fassaden, denn ich kenne die Wünsche und Nöte ihrer gut versteckten Seelen. Selbstbewusste Menschen machen mir keine Angst.
Jetzt kannst Du bestimmt verstehen, dass ich bei allen Schwierigkeiten, die ich durch meine Kindheit mit in mein Leben nahm, auch viele wertvolle Kompetenzen aufbauen

konnte, die meinem autonomen Lebensstil das nötige Rückgrat geben. All das verdanke ich meiner Mutter.
Am Ende ihres Lebens brachte meine Mutter ihre besten menschliche Qualitäten hervor. Sie betreute ihre Enkelkinder mit herzlichem Engagement. Sie konnte jetzt endlich mit den Kindern schmusen und lachen, was wir so an ihr nicht gekannt hatten. Weil sie uns in ihren verzweifelten Jahren aufgezogen hat, war sie damals oft unnahbar. In ihrer eingesperrten, quälenden Situation entwich sie eben „nach oben" in den Schutz ihres toten Vaters. Egal wie schlecht es meiner Mutter ging, sie verlor nie ihre perfekte, geistreiche Sprache.

Meine Mutter hatte ein sehr schweres Sterbejahr. Es begann mit einem Schlaganfall. Dazu kam ein Raucherbein, das im Folgejahr dreimal nacheinander amputiert werden musste. Sie hatte oft unglaubliche Schmerzen. Dann starb sie nach einem weiteren Schlaganfall. Während des Sterbejahres pflegte ich sie mehrfach für mehrere Wochen, wenn ich Urlaub nehmen konnte. In dieser Zeit gab sie mir noch das Wichtigste von ihr für mein Leben mit. Dafür liebe ich sie sehr. Ich bin zutiefst dankbar, wenn ich nur an sie denke. Sie schaffte es tatsächlich, knapp vor ihrem Tod bewussten Abschied von ihrer Arroganz zu nehmen. Obwohl sie kaum noch sprechen konnte, war es ihr ungeheuer wichtig, mir diese letzte Einsicht mit in mein Leben zu geben. Sie hatte das Wort „Dankeschön" begriffen, in seiner ganz großen Bedeutung. Sie wollte nicht aus dieser Welt gehen, ohne mir mitzuteilen, dass sie endlich den Wert des gegenseitigen Gebens und Nehmens verstanden hatte. Durch dieses wichtige Geschenk an mich wurde ich plötzlich wunderbar frei in meiner Liebe zu ihr und überhaupt zu allen Menschen. Wenn ich auch weiß, dass Lore die Quelle meiner Einsamkeit ist, durch die ich mich oft schmerzhaft DRAUSSEN fühle, verzeihe ich ihr einfach alles.

Gebete

Meine Eltern waren überzeugte Atheisten. Wir Kinder wurden antikirchlich erzogen. Der Begriff der Sünde war für uns nur ein blödes Wort, mit dem Kirchenmacht Menschen klein und dumm halten will. Wir akzeptierten keinerlei Macht „von oben". Menschen sind in diesem Denkmodell ganz alleine für ihre Lebensgestaltung verantwortlich. Wenn sie ihre kurze Zeit auf der Erde nicht nutzen, haben sie eben wenig davon gehabt. Es gibt kein Danach. Die Idee der Machbarkeit des Lebens ist natürlich eine gute Voraussetzung für linke Politik. In meiner langen Berufserfahrung musste ich allerdings wesentlich bescheidener werden in der Einschätzung dessen, was ein Mensch wirklich an sich verändern kann.
Heute denke ich, dass wir von unserer Ausgangslage her nur ganz kleine Schritte gehen können. Hauptsache, wir bleiben nicht stehen. Leben ist für mich die Chance der Weiterentwicklung. Doch gehen wir zurück zu meiner Mutter.

Obwohl ich dazu erzogen wurde, Spiritualität zu belächeln, bete ich manchmal mit Heiterkeit zu meinen Ahnen. Dann rede ich mit meiner Mutter im Himmel. Es wirkt gegen das Alleinefühlen. Bestimmte Lieblingstiere und bestimmte Menschen, die schon gestorben sind, setze ich auf Lores Schoß und bitte sie, gut auf sie aufzupassen. Ich frage die Gemeinschaft gelegentlich, ob sie mir in meinem anstrengenden Leben auch ein bisschen helfen könnten? Bis wir dann alle wieder zusammen sind. Ja, ich will meine Mutter wirklich gerne wiedersehen.

Ach, jetzt merke ich, dass die Muttergeschichte gar nicht wirklich lustig war. Aber Du wirst sehen, lieber Freund, meine Briefe werden bestimmt noch heiterer. Ich möchte Dich mit meinem Leben nicht erschlagen, sondern eher erheitern. Nein, jetzt habe ich aber gelogen! In Wirklichkeit will ich vor allem von Dir verstanden werden. Du wirst dich fragen, warum gerade Dir dieser große Wunsch gilt, wo wir uns noch gar nicht lange kennen? Das weiß ich selbst nicht so genau. Jedenfalls bist Du mir durch unsere Gespräche sehr wichtig geworden. Deine kurzen, aber sehr treffsicheren Antworten haben in mir die Hoffnung auf gute Kommunikation geweckt. Ich wünsche mir, dass Du es vielleicht ein wenig länger als andere aushalten kannst, trotz meiner Andersartigkeit einen offenen Geist und ein warmes Herz für mich zu bewahren.

Ich danke Dir für Deine Aufmerksamkeit.

Bis bald.

Nelly

Brief - März 2005

Kindheit und Jugend

Lieber Freund!

Vielen Dank für Deine Nachricht. Es tut mir leid, dass Du so viel arbeiten musst. Ich weiß, wie anstrengend Dein Beruf ist. Nach meinem letzten Brief habe ich mich irgendwie schlecht gefühlt. Es erschien mir aufdringlich, Dich ungefragt auf eine Reise in mein Leben mitzunehmen. Weil Du aber gesagt hast, dass es in Ordnung ist, wenn ich Dir viele Geschichten erzähle, fahre ich jetzt fort. Es erleichtert mich, zu wissen, dass ich Dich nicht anstrenge oder langweile. Trotzdem möchte ich Dir sagen, dass mir ein Austausch mit Dir lieber wäre als einseitige Selbstdarstellung. Wie gerne würde ich auch Dich näher kennenlernen. Ich möchte Dir eine Bereicherung sein.

Heute fange ich mit meiner eigenen Geschichte an. Der Schwerpunkt meiner Erzählungen soll sich auf die Frage konzentrieren, ob, und wenn ja wie, sich eine Liebesfähigkeit in mir entwickelt hat, die über die Grenzen dessen hinausgeht, was mir beigebracht wurde.

Gehen wir jetzt los auf einen langen Weg.

Meine Kindheit zwischen Gewalt und Fluchtversuchen

In der kranken Welt meines Vaters war es allen Töchtern streng verboten, einen Freund zu haben. Es sollte nur einen einzigen Mann auf der Erde für uns geben, nämlich ihn. Ich war die einzige von uns Geschwistern, die sich entschied, seine Macht zu unterlaufen. Weil der Widerstand gegen ihn sehr gefährlich werden konnte, musste ich einen für ein Kind ungewöhnlichen Mut entwickeln. Es gelang.

Eine meiner ersten Erinnerungen betrifft die wild entschlossene Absicht, von zu Hause abzuhauen. Schon bevor ich vier Jahre alt war, wohnte das Gefühl in mir, mein Leben retten zu müssen. Es gäbe dafür nur einen einzigen Weg, meine Familie „für immer" zu verlassen. Die dazugehörige andere Erinnerung sind Vaters Prügelorgien, die er an meinem Körper vollzog, denen ich nach jedem meiner Fluchtversuche gnadenlos ausgesetzt war.

Das Hirrlinger Schloss

Nach Kriegsende zogen meine Eltern in das kleine Dorf Hirrlingen, wo ihnen eine Wohnung mit einer Arztpraxis in dem kleinen Schloss zur Verfügung gestellt wurde. Das Schloss war mit einer hohen Mauer umbaut, durch die vom Dorf her ein großes Tor Einlass gewährte. Uns Kindern war es streng verboten, den Hof hinter dem Tor zu verlassen. Trotzdem begann ich mit etwa drei Jahren, wiederholt abzuhauen. Ich kann mich an das Gefühl der Hoffnung, irgendwo DRAUSSEN in der Welt Zuneigung und Wärme zu erfahren, noch ganz deutlich erinnern. Offenbar hatte ich eine spezielle Vorstellung über die „passende Kleidung", die bei solch wichtigem Anlass zu tragen sei. Wie meine Mutter erzählte, verließ ich das Schloss bei meinen Ausbrüchen grundsätzlich splitternackt. Ich vergaß aber nicht, mir jedes Mal eine Kette aus großen roten Holzperlen anzuziehen, die ich offenbar so liebte, dass sie mir Schutz und Sicherheit versprach. Gerade fällt mir ein, dass ich mich sogar als Erwachsene einmal dabei ertappte, wie ich mit einem inneren Schmunzeln angewurzelt vor einem Schaufenster stehen blieb, in dem die selbe Holzperlenkette ausgestellt war, wie ich sie als Kind besessen hatte. Wie so oft in jener Zeit steckte ich gerade in einer meiner Liebeskrisen. Und ich glaubte wieder einmal, ich könnte mit einer klaren Entscheidung zu meiner Selbstrettung beitragen. Begeistert kaufte ich die Kette, um sie zum würdigen Anlass der „Befreiung" meines Lebens anlegen zu können. Aber leider reicht die Magie der roten Perlen früher wie heute nicht vollends, um meine Lebensprobleme zu lösen!

Gehen wir zurück nach Hirrlingen.
Wann immer ich also losmarschiert war, ... nackt, mit roter Kette um den Hals, ... mitten auf der Straße, ... zielstrebig zum Dorfende hin, dauerte es nicht besonders lange, bis besorgte Dorfbewohner meinen Vater anriefen, er möge schnell seine Tochter einfangen, denn sie bewege sich gerade zum Dorf hinaus. Aber einmal, und das ist meine Lieblingserinnerung, schaffte ich es bis zu dem letzten Haus am Ortsausgang. Ein Traumhaus wie aus dem Märchenbuch, so schildert es die Erinnerung. Ein niedri-

ges Bauernhäuschen sehe ich vor mir, inmitten einer grünen Wiese. Dahinter fließt ein kleiner Bach. Vor dem Haus spielte ein blonder Junge mit einem Ball. So hübsch wie ein Prinzlein erschien er mir. Verzückt bleib ich stehen und fragte ihn sogleich, ob er mit mir in die Welt hinausgehen wolle, denn da müsse ich hin. Er sagte sofort ja. Heiter spielten wir noch eine Weile am Bach, bevor wir dann aufbrechen würden.
Das gemeinsame Spiel mit dem blonden Jungen ist das erste Bild in meinem Leben, das ich mit dem Begriff GLÜCK verknüpfen könnte.
Nicht lange.
Die nächste Erinnerung folgt abrupt. Der Vater. Riesige Fäuste sehe ich vor mir, die auf meinen Körper einprasseln, während ich etwas weiter weg an der Decke des Zimmers schwebe, um die Ereignisse von DRAUSSEN zu betrachten. Tief einsam. Verlassen.
Ein Schluchzen versickert in der Grabeskälte der dicken Schlossmauern hinter meinem Kinderbett.

Wo war meine Mutter?

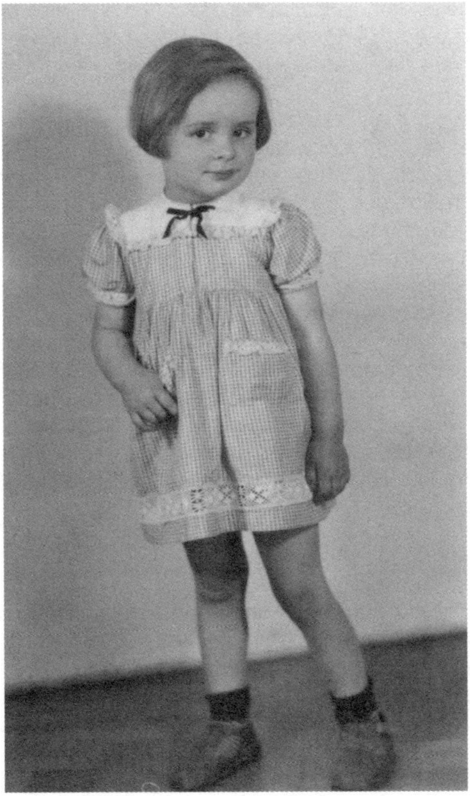

Irgendwann muss ich doch einmal begriffen haben, dass ich für die Flucht noch zu klein sei. Ich verschob weitere Ausbrüche auf die Zeit, wenn ich „größer“ wäre.
Damit es nicht so furchtbar lange dauern würde, reifte ich extraschnell. Weil ich mit fünf Jahren in eine französische Schule kam, konnte ich schon mit neun aufs Gymnasium. Jetzt kam meine zweite Chance. Mein Vater dachte nämlich, mein Interesse an Jungen käme erst einige Jahre später. Für ihn hatte ich noch den Kinderstatus, in dem er die Töchter noch nicht so extrem kontrollierte wie später. Also nutzte ich diese Zeitspanne mit einem weitreichenden Plan, der mein späteres Doppelleben fundierte. Früh genug fälschte ich meinen Stundenplan, damit er auch später noch glaubhaft wäre. Wir mussten nämlich zu Beginn eines jeden Schuljahres unsere Stundenpläne beim Vater abliefern, damit er kontrollieren konnte, ob wir auch so zügig nach Hause kämen, dass uns keine Zeit bliebe, mit anderen Kindern zu spielen. Weil ich jedoch sehr wohl die Absicht hatte, als Jugendliche Freunde und Freundinnen zu haben, mit denen ich die aufregende Welt erkunden könnte, baute ich erfundene Schulnachmittage in den Stundenplan ein, sogenannte Arbeitsgemeinschaften. An die Vormittage hängte ich vorne und hinten Stunden an, um Freizeit für meine Freunde zu gewinnen. So kam es dazu, dass ich im Alter zwischen neun und zwölf wegen meines gefälschten Stundenplans viele Stunden unter Brücken oder in Parks verbringen musste. An guten Tagen auch mal in einem kleinen Bäckereicafé. Letzteres war deshalb schwierig und selten, weil ich immer zuerst Geld stehlen musste, bevor ich einen Kakao bezahlen konnte. Natürlich gab uns der Vater kein Taschengeld, denn das hätte ja der Freude dienen können!
Ja, ich fühlte mich richtig gut als „Gassenkind“! War es auch noch so kalt und langweilig unter den Brücken, so war ich wenigstens KEIN OPFER! Neugierig wartete ich darauf, wann es endlich soweit wäre, dass ich „in der Gosse enden“ würde. Mir erschien die Gosse als geeigneter Platz, um endlich einmal mit den ANDEREN zusammen zu sein. Ich rechnete mir aus, dass dort die meisten zu finden wären. Dann wäre ich endlich nicht mehr so alleine. Ich sah mich dort inmitten einer gemütlichen Runde lustiger Menschen in einer Rinne sitzen. Wir würden Karten spielen, trinken und lachen, Musik machen, zusammen tanzen. Aus der Literatur wusste ich schon, dass es immer da spannend wird, wo etwas „schräg“ verläuft. So freute ich mich auf die Zukunft, die meine Kreativität, meinen Mut und meine wilde Lebensfreude herausfordern würde. Zwischen 12 und 14 begann dann die erste Phase erotischer Abenteuer. Ich kann Dir nicht sagen, wieso ich schon damals so überzeugt davon war, dass das „wirkliche Leben“ in der Erotik zu suchen sei. Meinen Eltern hätte ich gesagt, das käme davon, wenn man kleine Mädchen einsperrt und sie nur gute Bücher lesen lässt!

Immer wieder Abhauen

Da das Leben ja nicht zu mir kommen konnte, musste ich raus, um es zu suchen. Ich lernte, nachts „abzuhauen“. Weil es bei meinem lebensgefährlichen Vater einfach unmöglich war, auf den Tag zu warten, an dem mir nach solch einem Ausflug zumute gewesen wäre, musste ich, nach einem mit mir geschlossenen Vertrag, damit beginnen, mich zu entscheiden, wann ich mich zum Ausbruch verpflichten wollte. Alleine schon bei dem Gedanken, erwischt zu werden, produzierte mein Körper eine derart heftige Angst, dass ein spontanes Wollen gar nicht aufkommen konnte. Nur mithilfe meines Verstandes konnte ich die Überzeugung halten, dass mein Vorhaben wichtig sei. Wenn der Tag und der Zeitpunkt entschieden waren, versteckte ich tagsüber kecke Kleider und Schminke im Keller. Solche Sachen braucht man in der Gosse, das wusste ich schon. Dann wartete ich auf die Nacht, bis alle schliefen. Ich erhob mich im Nachthemd aus meinem Bett und legte eine Bettwurst aus meinen Kleidern hinein. In diesem Zimmer schliefen auch meine Schwestern und nebenan meine Mutter bei offener Tür. Als Nächstes musste ich unbemerkt durch das Wartezimmer der Praxis schleichen, in dem die alten Holzdielen todsicher knarrten. Daneben, genau vor der Wohnungstür, befand sich das Schlafzimmer meines Vaters. Neben der Wohnungstür lag die Toilette. Also konnte ich im Falle des Aufgegriffenwerdens noch behaupten, ich wolle auf die Toilette. Beim Öffnen der Wohnungstür gab es jedoch kein Zurück mehr. Es war die gefährlichste Stelle. Bis ich an dieser Tür angekommen war, hatte ich schon dermaßen viel Angst durchgemacht, dass es gar keine andere Möglichkeit gab, als zuerst die Toilette aufzusuchen. Spätestens dort hatte ich auf nichts mehr weniger Lust als auf meinen Plan. Nur zurück in mein Bett wollte ich. Aber da hatte ich einen Trick. Nach der Toilette öffnete ich die Wohnungstür nur einen ganz kleinen Spalt. Die hätte ich dann immer noch schnell zumachen können, wenn mein Vater aus seinem Zimmer käme. Durch den Spalt zog aus dem alten Haus ein ganz spezieller Geruch in meine Nase. Mit der kühlen Nachtluft rief er mir zu, was alles draußen „interessant" sein könnte. Es war wie eine Botschaft vom Leben, die ich riechen konnte. „Komm nur", rief sie, „du stirbst da drin! Du musst dich retten!". Mithilfe dieser Luft konnte ich mir den entscheidenden Ruck geben. Ich öffnete die Tür und war DRAUSSEN! Nun gab es kein Zurück. Im Nachthemd schlich ich in den Keller, verwandelte das angstvolle Kind in eine freche kleine Nutte und begab mich mit klopfendem Herzen in die unbekannte Nachtwelt. Klar musste ich bis zu den frühen Morgenstunden durchhalten, bis ich wieder zurückschleichen konnte. Und das war natürlich die allerschlimmste Angst. Aber die kam ja erst später. Also los.

Wie immer hatte ich kein Geld in der Tasche. Aber ich war ein hübsches Kind (war ich je ein Kind?). Zielsicher marschierte ich in meiner lockeren Kleidung in eine Kneipe, die ich vorher als „sehr übel" in Erfahrung gebracht hatte (der „Storchen" war's, in der „unteren Stadt" von Tübingen). Dort musste die Gosse sein, vermutete ich. Freudig ging ich hinein, und es klappte! Da war Licht, Musik, lautes Lachen. Ich tanzte vor mich hin. Dann kamen Männer, Männerhände, Männermünder. Sie brachten mir Getränke. Sie streichelten und küssten mich. Sie drückten mich an sich und sagten, wie schön ich sei. Glaub mir, das war wirklich eine großartige Erfahrung, die ich von zu Hause gar nicht kannte.

Immer gab es einen Mann, der mit mir vor die Türe gehen wollte. Getragen von den Glücksgefühlen, die in mir wuchsen, ging ich sogleich mit. Es war schön in diesen Nächten, mich an die engen, modrigen Wände der Tübinger Altstadt zu drücken und die Gerüche der Nacht zu genießen. Das modrige Wasser der Ammer, Hundepisse an den Mauerecken ... Rauch und Alkoholgeruch, der aus Männermündern kam, Männerschweiß und ein anderer wilder Geruch aus ihren Hosen, der mir sagte, dass das Abenteuer jetzt wirklich da sei. Und immer wieder dieser Wind, der die Erinnerung wachrief: „Trau dich! Du lebst! Die Liebe ist auch für dich da!"

Und wenn Du denkst, dass jetzt die Stelle kommen müsste, an der mir etwas zustößt, täuschst Du Dich! Bestimmt wartest Du darauf, dass ich jetzt die Stimme senke und Dir mit den brechenden Augen eines sterbenden Rehes von „meinem Missbrauch" erzähle. Ich denke gar nicht dran! Denn es war ganz, ganz anders!

Das Phänomen

Um meine Person herum gibt es ein Phänomen. Es ist eine Aura, die mich bis heute in allen erotischen Kontakten begleitet. In meinen frühen Jahren war ich grenzenlos naiv. In der „echten“ Welt konnte ich mich nicht auskennen, weil mir in allen Kindheits- und Jugendjahren verboten worden war, an ihr teilzunehmen. Wie hätte ich mich vor bösen Menschen schützen können? Ich hätte sie ja gar nicht erkannt. Mich schützte nur das Phänomen. Früher hätte ich es weder erklären, noch in Worte fassen können, doch heute kann ich das Spezielle schon beschreiben, das meinen Eros ausmacht.
Durch die Kraft meines Geistes, ... der durch meine warmen Hände fließt, ... der meine Haut zu einer Quelle des Vertrauens macht, ... der aus meinem Mund Herzensgeschenke fließen lässt, ... und mein Geschlecht in einen Brunnen der Freude verwandelt, ... werde ich unberührbar für das Böse im Menschen.

Meine Überzeugung, dass in der Sexualität der wertvollste Schatz liegt, der Menschen gegeben wurde, auch wenn viele von ihnen das noch gar nicht von sich wissen, ist so stark, dass sie sexualfeindliche- und frauenfeindliche Kräfte um mich herum einfach auslöscht. Konkret sieht das so aus: Ohne dass die Männer mich immer verstehen, geschweige denn einordnen könnten, stehen sie meiner erotischen Liebesfähigkeit häufig überrascht gegenüber. Sie erleben mich zwar zu Recht als ein Geschenk, aber als eines von einem anderen Stern. Das Fremde an mir empfinden sie oft bedrohlich, sodass sie sich scheuen, es vollends auszupacken und ganz genau anzusehen.
Bei dem Eros, den sie mit mir erleben, bricht fast alles zusammen, was ihre patriarchalen Gehirne bisher über Sex und Frauen dachten. Die erlernten Programme unserer erotisch primitiven Kultur verklirren im sexuellen Kontakt mit mir für kurze Zeit wie in einem hellen Licht. Die Männer mögen dieses unbekannte Gefühl durchaus, bemerken aber schnell, wie die Selbstsicherheit ihres freudesuchenden Penis in diesem Licht erlahmt. Das ist kein Wunder. Wie könnte so ein armer Penis, der jahrhundertelang als Machtinstrument und Träger des Bösen missbraucht wurde, plötzlich aufrecht in der warmen Sonne stehen? Natürlich will er sich vor der fremdartigen Erfahrung verstecken. Die freundlichen Tröstungen meiner warmen Hände locken ihn nicht immer zurück. Es ist schwer für Männer, sich ohne jeglichen Machtvorteil, den sie von der patriarchalen Kultur gewöhnt sind, auf eine gleichberechtigte Frau einzulassen. Gerade besonders nette Männer reagieren häufig verwirrt auf das Phänomen, weil sie sich für die bedrohliche Leere, die sie bei erlebtem Machtverlust empfinden, auch noch schämen. Das Herz der netten Männer, und das sind viele, spürt durchaus die Freude an dem Land der Liebe, in das ich sie locken möchte. Sie wissen, dass mein Eros den Männern eine Chance gibt. In Freundschaft zerstöre ich traditionelle Bilder der Erotik, die bisher nichts anderes zeigen können, als die abgelatschte Pornographie des alten Patriarchats. Im Land der Freundschaft zwischen Männern und Frauen wartet das Erlebnis der vertrauensvollen HINGABE auf unsere Freunde. ANKOMMEN bei einer Frau, die sie weder beherrschen, noch besitzen müssen. Ratlos und verwirrt, aber keinesfalls böse, packen meine Liebhaber die gewohnten Begriffe von „Männlichkeit“ weg und fügen sich staunend in das neue Erleben.

Die Engel kommen

Doch wie konnte mich das Phänomen in der Zeit schützen, als ich zwölf war? Wir waren gerade noch an der Stelle, wo ich mich mit den Männern in nächtliche Mauerecken drückte, und dann ...
Nennen wir das Phänomen von damals doch einfach „Engel". Als wäre ich umgeben von etwas „Heiligem", veränderten sich die Männer, sobald sie mich anfassten. Ich hatte in dem jungen Alter noch keine Ahnung, was ich mit einem Männerkörper anfangen sollte. Ich öffnete einfach die Arme, strahlte meine unschuldige Wärme hinaus, ... und da erkannten die Männer meine hilflose Situation. Sie wurden nicht grob, sie bedrängten mich nicht. Stattdessen fragten sie mich betreten, wie sie mich beschützen könnten? Keiner wollte mich schädigen, demütigen oder verletzen. Im Gegenteil, die Männer bestanden darauf, mich persönlich nach Hause zu bringen, ... damit mir nur nichts zustieße!!!
Ich glaube nicht, dass ich je versucht habe, einem von ihnen zu erzählen, dass es für mich noch nie einen sicheren Ort gab. Schon gar nicht „zu Hause".

Die erste Liebe

In das Alter von zwölf bis vierzehn fiel auch meine erste große Liebe, ... oder was ich darunter verstand.
Mit dem heutigen Erfahrungshintergrund könnte ich auch sagen, dass zum ersten Mal die Beziehungssucht auftauchte, die ich als Folge der traumatischen Wunden meiner Kindheit mit Liebe verwechseln musste. Aber mit so einer unromantischen Sichtweise der Liebe muss sich ein junger Mensch wirklich nicht auf das Leben vorbereiten. Natürlich hoffte ich, wie alle anderen jungen Mädchen auf der Welt, auf meine große Chance in der Liebe. Wie jeder glaubte ich den Mythen gängiger Liebesfilme, die mir sagten, in welchen Anzeichen ich „wahre Liebe" erkennen könnte. Genau so kam es dann auch.
Das Mädchengymnasium, das ich mit zwölf Jahren besuchte, lag direkt neben einem Jungengymnasium. In der großen Pause und auf dem Nachhauseweg fanden die aufregenden Spielchen statt, mit denen sich die Geschlechter aufeinander vorbereiten. Hingucken, weggucken, bis der Andere das merkt, aufgeregtes Tuscheln mit Freunden, auffällige Veränderungen in der Körperbewegung und im Gesicht zeigen, (als stünde man kurz vor einem kleinen Schlaganfall), wenn man am Anderen „vorbei muss". Ganz oft.
Und siehe da, es passiert dann tatsächlich etwas im Körper! Plötzlich rast das Herz, die Knie werden weich, durch den Bauch geht eine seltsame Welle, der Magen krampft. Man kann nicht mehr essen.
Genauso traf es mich, wenn ich Richard sah. Er war vier Jahre älter als ich, also sechzehn. Zufrieden bemerkte ich, dass diese Gefühle auch dann auftraten, wenn ich nur sein abgestelltes Fahrrad sah oder wenn ich seinen Namen hörte.
Da wusste ich Bescheid ... die LIEBE war da!
In der mir eigenen Konsequenz wollte ich sofort irgendetwas „Lebendiges" daraus machen. Es war mir noch nie genug, ein abstraktes Leben zu führen, im Reich des Träumens zu bleiben, anstatt den Boden zu probieren, der mich trug. Das abgehobene Leben in den Wolken des Geistes erinnerte mich unschön an meine Eltern. Ich wollte in meinem eigenen Leben stets beweisbar DA sein ... und bitteschön LEIBLICH!

So begann, ich zügig um Richard zu werben, soweit es bei meinen eingeschränkten Möglichkeiten zu organisieren war. Ich stand in Hauseingängen herum, an denen er auf seinem Nachhauseweg vorbeikam. Wenn er mich im Vorbeigehen kurz ansah, errötete oder erblasste ich automatisch. Es war ganz leicht. In den Freistunden, die ich mir zu Hause erlogen hatte, hing ich in der Milchbar herum, in der Richard mit seiner Clique verkehrte. Ich freundete mich mit seinen Freunden an.
Ich glaube kaum, dass mein kindliches Glühen irgendwie zu übersehen war. Jeder in der Clique wusste auch, wem es galt. Die Gäste in der Milchbar waren alle ganz nett zu mir. Jeder plauderte mal mit mir, setzte sich ein wenig zu mir hin, fragte nach, was ich so mache.
Stundenlang hockte ich da herum, machte Schularbeiten, las Bücher und wartete auf IHN. Der kam auch wirklich täglich herein, einmal oder öfters. Ein Stammgast, wie ich. Tatsächlich aber war er der einzige Mensch dort, der mich absolut ignorierte. Er schaute nur ganz kurz herüber, wenn überhaupt. Er unterhielt sich gar nicht mit mir. Auch wenn wir mit seinen Freunden gemeinsam an einem Tisch saßen, nahm er mich nicht wahr.
Ich dagegen nahm alles genau wahr, was ihn als Person ausmachte, - wie er lachte, wie er sich bewegte, worüber er sprach, wofür er sich interessierte, mit wem er flirtete. Treffsicher erkannte ich, dass er mich für ein „Kind“ hielt, erotisch uninteressant!
Durch konsequente Beobachtung seiner Mimik erschloss ich als erstes den Frauentyp, den er erotisch anziehend fand. Eine Weiblichkeit in den gängigen Klischees der damaligen Zeit. Von oben nach unten: Weißblond gefärbtes, hochtoupiertes Haar. Schwarz ummalte Augen. Schmollmund. Enger Pulli mit V-Ausschnitt und Busen drin. Kurzer, enger Rock. Seidenstrümpfe. Hohe Schuhe mit Pfennigabsätzen. Trippelnder Schritt.
So sah ich einfach nicht aus, das war schon klar. Aber ich erkannte meine Chance in einem entscheidenden Punkt seines Frauenideals: Das „Verruchte“. Etwas leicht ins „Ordinäre“ gehende musste an mich dran! Das war sein Kick, ganz klar! Das musste ich hinkriegen.
Gezielt arbeitete ich an meinem neuen Image. Ich rauchte und schürzte dabei die Lippen. Schwarze Ringe unter den Augen hatte ich sowieso immer, Busen und einen hübschen Körper auch. Stöckelschuhe und Trippeln gingen leider gar nicht. Ich konnte es einfach nicht. Also musste das „Verruchte“ anders inszeniert werden.
Ich verbreitete gut durchdachte Gerüchte über mich, die auf ein „moralisch minderwertiges Mädchen“ hindeuteten. So eines, das „leicht zu haben“ wäre. Das zog sofort. Richard guckte jetzt länger zu mir herüber und redete auch schon mal kurz mit mir. Ich hielt wacker die Linie. Du wirst Dich fragen, was ich eigentlich wollte und ob ich mich nicht geschämt hätte für den schlechten Ruf, den ich mir erlog? Nein, denn ich hatte ein großes, ehrwürdiges Ziel.
In einer undefinierten, aber tief verwurzelten Idee in mir, war ich überzeugt davon, dass SEX und LIEBE in einer mystischen Verbindung stehen. Ich spürte doch meine Engel um mich. Mit ihnen blieb ich ohne jede Angst vor dem Weg in die Erotik. Das Körperliche würde mich mit einer Zauberkraft versehen, mir die Macht geben würde, das Leben genau dorthin zu rufen, wo ich es haben wollte. Die LIEBE würde durch Sex ganz von selbst dazukommen, ... so dachte ich. Denn sie war das große Ziel. Mit ihr dürfte ich ankommen, dazugehören. Endlich. Wie im Wunderland der Märchen würde die Liebe mich und all die anderen „Verlorenen“ wärmen und trösten. Die Liebe sei wie ein schützender Mantel im Frost. Daran glaubte ich fest.

Eines Tages näherte sich mir die große Chance, ... wie es aussah. Es war auf dem Heimweg nach der Schule. Richard schob sein Fahrrad an mir vorbei, während ich, wie sonst auch, „unauffällig" in einem Hauseingang lehnte. Dunkler Blick. Lippen schürzen, Zigarette raus! Unglaublich, heute blieb er wirklich stehen, schaute kurz rüber und sagte: „Kommst du mit?" Ich hätte losrennen können vor Freude, aber wegen des Trippelns entschied ich mich für einen coolen, schlendernden Gang. Schweigend gingen wir nebeneinander her bis zu seiner Wohnung. Ich sagte lieber auch kein Wort, bevor womöglich der Zauber bräche. Und ich müsste entdecken, dass das Ganze nicht aus Wirklichkeit wäre!
Richard wohnte mit seiner Mutter in einer ärmlichen Erdgeschosswohnung in der „unteren Stadt". Sie war alleinerziehend. Durch Kriegsereignisse aus dem Osten geflohen. In Flüchtlingslagern untergekommen. Dort hatte Richard als kleiner Junge ungute sexuelle Erfahrungen gemacht, wie mir sein Bruder später erzählte. Das sollte erklären, weshalb der Junge so früh schon „verdorben" erschien. So redete man damals über Kinder, die es wagten, sexuelle Neugier zu zeigen. Weil Richards Mutter in einer Fabrik arbeitete, musste sie ihren Jungen viel alleine lassen. Er war ein sogenanntes Schlüsselkind, das sich tagsüber alleine in der Wohnung aufhielt. Stumm betraten wir also diese Wohnung. Stell Dir ein Wohnzimmer mit Möbeln aus den Fünfzigerjahren vor. Grau und ärmlich. Vor dem abgeschabten Klappsofa steht ein Nierentisch. Depressives braun erstickt die Hoffnung. Geschmackloser Kleinkitsch soll trösten.
Jetzt legte sich Richard mit dem Rücken auf das Sofa. Er fingerte an seiner Hose herum. Ich stand dumm da. Angstvoll bemerkte ich meine Ahnungslosigkeit in Bezug auf das, was von mir erwartet wurde, denn das „Genaue" kam in den verdammten Büchern nicht vor.
Ich wusste einfach nicht, was genau ich in solch einer Situation nun tun sollte. Vorsichtig setzte ich mich etwas näher zu Richard an den Sofarand. Da nahm er meine Hand und führte sie zu seinem Glied, das in Erscheinung getreten war. Ich war froh, dass er überhaupt etwas tat. Ich betete darum, dass mir einfiele, was ich bei der Sache zu tun hätte! Richard sagte ja auch kein Wort! Doch dann sagte er plötzlich: „Scheiße!" Es wurde warm und feucht in meiner Hand. „Zu früh", das weiß ich jetzt. Damals nahm ich nur eine tiefe Trauer darüber wahr, dass ich schon wieder ohne Chance geblieben war, obwohl ich nicht einmal wusste, wie die hätte aussehen sollen.

Richard packte alles Persönliche weg. Er schob mich eilig aus der Wohnung, nahm sein Fahrrad und schob es in Richtung Milchbar. Ich lief einfach neben ihm her und schaute ihn fortwährend an. Er ignorierte mich wieder völlig. Das tat sehr weh.
Als wir an der Straße vorbeikamen, in der ich wohnte, bog ich ab. Für dieses Mal musste ich aufgeben. Nach Hause gehen.

Ich schämte mich sehr für meine Unwissenheit. Irgendetwas hatte ich ganz „falsch" gemacht. Ich würde es rauskriegen. Dann würde ich das lernen. Und dann käme die LIEBE eben etwas später, ... so hoffte ich.
Wie es weiterging?
Wie ich schon erwähnt habe, führte ich während meiner ganzen Kinderzeit innige Beziehungen zu einer jeweils allerbesten Freundin. Als ich zwischen zwölf und vierzehn war, war das Melanie. Sie war wenig älter als ich, lebte in einer kinderreichen Familie auf dem Dorf. Auch ihr Vater war Arzt. Manchmal durfte ich sie zu Hause besuchen, weil mein Vater zu feige war, einem anderen Arzt gegenüber zuzugeben, dass

er seine Kinder einsperrte. Wenn also Melanies Vater bei ihm anrief, durfte ich manchmal sogar bei ihr übernachten.
Meine Freundin war groß und blond. Sie hatte ganz lange Zöpfe, Grübchen und Sommersprossen. Ich liebte sie sehr. Wir kuschelten gerne miteinander. In sexuellen Dingen war sie ebenfalls „erfahren". Der Verlobte ihrer ältesten Schwester kam gelegentlich nachts in ihr Zimmer und zeigte ihr die „Details". Ich war zwar von meiner Mutter auch aufgeklärt worden, aber ich hatte das Wichtige einfach wieder vergessen. Und selbst bei gut gemeinter Aufklärung durch die Eltern sagt einem doch keiner genau, „wie es tatsächlich geht". Jedenfalls musste ich das Ganze auf sehr umständliche Weise lernen.
Gerne erinnere ich mich an einen bestimmten, sonnigen Herbstnachmittag. Ich war zu Besuch bei Melanie. Wir kuschelten in einem Heuhaufen, schauten händchenhaltend in die Abendsonne. Natürlich hatte ich Melanie von meinem schmachvollen Versagen mit Richard erzählt. Ich hatte sie dringlich gebeten, mich auf künftige Situationen besser vorzubereiten. Geduldig und lieb erklärte sie mir zuerst den Vorgang des Knutschens. Das sei die Einleitung zum Geschlechtsverkehr. Also zuerst irgendwie die Zungen hin und her bewegen. Dann bei kleinen Seufzern darauf warten, bis ein unruhiges Herumgreifen der Hände das Übergleiten des Vorgangs in etwas „anderes" ankündigt, was Männer am allerliebsten machen. Nämlich, ihr Ding bei den Frauen unten reinschieben. Das erschien mir logisch und war leicht zu merken.
Melanie sagte mir auch, es fühle sich spannend und kribbelig an, das alles zu tun. Zärtlich lagen wir uns bei dem schönen Gespräch in den Armen. Zur Probe küssten wir uns auch ein bisschen. Ich freute mich auf alles, was kommen würde. In Bezug auf Richard waren wir zu dem Schluss gekommen, dass es unklug sei, mich ihm als „Jungfrau" anzubieten. Das passe vermutlich nicht zu ihm. Immerhin war ich inzwischen dreizehn Jahre alt geworden.
Aber wie um Gottes willen wird man in diesem Alter seine Jungfräulichkeit los?
Ich hatte einen Plan.
Melanies Familie wohnte auf einem Dorf. Dort gab es aufregende Feste in großen Zelten, wo zu bestimmten Anlässen „über die Stränge gehauen" wurde. Sie hatte mir viel davon erzählt.
Das könnte passen.
Ich entschied, an welchem Tag ich meine Jungfräulichkeit verlieren wollte. Ein älterer Schulfreund musste meinen Vater in der Rolle von Melanies Vater anrufen. Schließlich brauchte ich eine freie Nacht.
Es klappte! Ich packte meine lockere Kleidung ein, meine Schulsachen, ein Buch. Dann fuhr ich mit dem Bus in das Dorf, in dem abends ein großes Fest stattfinden sollte. In angenehmer Gesellschaft meiner Engel saß ich stundenlang in einer Dorfkneipe, bis es draußen endlich los ging. Ich las ein gutes Buch und machte Schularbeiten. Natürlich ahnte ich nicht, wie eigenartig meine Erscheinung auf die schwäbische Dorfbevölkerung wirken musste. Ich sah nur, wie die Menschen mit mir lächelten. Alles war gut.
Als die Nacht endlich da war, ging ich zum Festzelt und schlenderte ein wenig umher. Ich entdeckte ein Schild, auf dem „Sektbar" stand. Das klang festlich und erotisch. Strahlend setzte ich mich auf einen Barhocker und schon fing das „Programm" an. Nette junge Männer stellten sich um mich herum. Es dauerte nicht lange, bis sie mich küssten. Ich achtete jetzt auf alles, was Melanie mir erzählt hatte. Das mit den Zungen und so. Es funktionierte einwandfrei. Ich war sehr froh. Das Leben erschien so schön mit all diesen Schätzen. Aber da war es schon wieder, das PHÄNOMEN!

Die nette, küssende Clique hatte schon wieder etwas gemerkt. Von wegen Entjungferung! Ärgerlicherweise beeilten sich die Jungs wie gewohnt, mich beschützerisch nach Hause zu bringen. Das war diesmal der Keller des Hauses, in dem Melanie wohnte. Dort musste ich mich hineinschleichen und morgens wieder hinaus, bevor ihre Eltern etwas merkten.

Nun ja, ein Anfang war gemacht, aber es war wirklich sehr anstrengend, dies alles zu organisieren. Ich übte das Küssen noch ein paar Mal bei nächtlichen Ausflügen. Dann wollte ich endlich loslegen mit der LIEBE. Denn die konnte nur Richard gelten, das war klar.

Ich beschloss nun, meine Jungfräulichkeit einfach zu verheimlichen, um ihn zu verführen. Danach wären wir ja sowieso für immer zusammen. Ich bräuchte mich also nur um den Anfang zu kümmern, die Liebe käme nach, ... glaubte ich fest. Nachdem ich den Eindruck hatte, ich hätte genug gelernt, um das mit dem Sex diesmal in der Prüfungssituation „richtig" zu machen, entschied ich mich für einen weiteren Versuch zur Entjungferung.
Nun doch mit dem Jungen, den ich liebte.
Ostern war immer mein Lieblingsfest. Es bringt uns den Frühling, die Hoffnung, das Aufblühen der Herzen. Dieser Zeitpunkt sollte den angemessen feierlichen Rahmen bieten, wenn ich in Würde mein Leben als Frau begänne.
Vor meinen Augen erschienen wunderbare Bilder.
Zwitschernde Vögel am strahlend blauen Himmel. Kleine Schäfchen auf hellgrünen Wiesen. Lieblicher Frühlingswind, der mit verträumten Gerüchen die Sehnsucht der Menschen nährt. In den hügeligen Gärten stillgelegter Weinberge würden mich Tulpen und Narzissen mit wilden Farben begrüßen. Kleine Gartenlauben wären da, um mir Schutz und Gemütlichkeit zu schenken, ... wenn die LIEBE mich endlich gefunden hätte!

Am Stadtrand von Tübingen hatte ich die geeigneten Hügel entdeckt. Dort gab es verlassene, verwilderte Gärten, die aussahen, als seien sie reizende Verstecke für die Schätze von kleinen Prinzessinnen.
Leider waren die Holzhütten, die dort standen, fast alle verschlossen. Aber nach einigem Suchen fand ich doch noch eine offene Hütte, die sogar eine Veranda hatte. Die Hütte war umgeben von alten Obstbäumen und stand auf einem Hügel. Von der Veranda aus hatte man einen tollen Blick ins Tal. Wir würden von dort den Sonnenaufgang beobachten. Kennen wir nicht alle die Bilder von Liebenden, die, aneinandergeschmiegt, die aufgehende Sonne erwarten, der an diesem Tag nur sie alleine zu krönen scheint? Ich dachte, es sei dabei wenig wichtig, ob sie gerade auf- oder untergeht. Morgensonne war okay.

Wieder bemühte ich meinen älteren Schulfreund wegen des Anrufs bei meinem Vater, der zähneknirschend ja sagte, um mich für die Ostertage zu meiner Freundin zu entlassen. Also hatte ich etwa vier Tage frei.
Es ging los! Ich packte einen kleinen Sack mit Utensilien, ging zur Milchbar und schaute, ob Richard dort sei. Keiner da. Ich marschierte zu seiner Wohnung und klingelte. Er öffnete. Ich erklärte ihm, dass ich sein Fahrrad bräuchte. Und seinen Schlafsack. Ich sei für ein paar Tage unterwegs. Ich schliefe in einem hübschen Garten, da und da ...

(ich beschrieb genau den Weg und den Standort). Weil es zu Fuß ein bisschen weit sei, möge er mir für die Zeit sein Fahrrad ausleihen. Im Übrigen sei das doch sehr günstig, dass ich nun etwas mehr Zeit für meine Freunde hätte. So könne man endlich auch einmal etwas mit mir unternehmen.
Mit sehr knappen Worten gab er mir sein Fahrrad und den Schlafsack und machte die Tür wieder zu.
Nun ja, vielleicht ist die LIEBE auch manchmal etwas zögerlich ... dachte ich ... wenn es um wichtige Anlässe geht.
Kein Problem. Schließlich sollte ich ohnehin nicht zu romantisch werden, fiel mir wieder ein, denn das war ja nicht sein Ding. Also weiter.

Ich fuhr zu „meiner" Laube. Die war eigentlich ein vergammelter Geräteschuppen. Darin gab es aber einen Besen. Mutig entschlossen, nicht die Hoffnung zu verlieren, räumte ich alle Geräte in eine Ecke, fegte den Boden und packte meine Utensilien aus. Zuerst rollte ich den Schlafsack aus und legte ihn auf den Boden. Das war nun mein Bett. Ans Kopfende stellte ich einen Kerzenleuchter, den ich extra mitgebracht hatte, wegen der Romantik. Ich hatte für jeden Tag eine Kerze dabei und eine Schachtel Streichhölzer, die ich danebenlegte.
Jetzt kam das Wichtigste: Ein Kind, das in einer museumsähnlichen Wohnung voller Kunst und Antiquitäten aufwächst und dazu noch mit hoher Literatur gefüttert wird, hat ein tiefes Empfinden für kultische Feierlichkeit. Aus den gewöhnlicheren Erotikstudien, bei denen mir Schulfreunde behilflich waren, wusste ich, dass ein Liebesakt in „besonderer Kleidung" zu vollziehen sei. Ich stellte mir darunter etwas Festliches vor, das aber auch partielle Nacktheit erlaubt. Ganz klar, ein Nachthemd, was sonst!
Bestimmt hast Du in Museen schon mit Stapeln selbstgewebter Tücher gefüllte Bauerntruhen gesehen, die reichen Töchtern als Aussteuer mitgegeben wurden. Darin befanden sich auch deren erotische Schätze. Tatsächlich fand ich in den antiken Schränken meiner Mutter genau so ein altes Bauernnachthemd aus sehr zartem, weißen Leinen. Es hatte lange Ärmel mit Bündchen. Vorne am Hals konnte es ein Stück aufgeknöpft werden. Das Besondere an meinem Nachthemd war der Kragen. Er war ganz und gar umhäkelt mit prächtiger weißer Spitze. Sehr stolz und glücklich faltete ich dieses wirklich besondere Nachtkleid zu einem kleinen weißen Päckchen zusammen und legte es zu der Kerze neben meinen Schlafsack. Jetzt war alles bereit.

Mit dem Fahrrad eilte ich zurück zur Milchbar, um mich Richard in Erinnerung zu bringen. Er beachtete mich so wenig wie immer. Aber da waren andere junge Männer, die meine frühlingsbereite Ausstrahlung schnell bemerkten. Die streichelten und küssten mich sehr lieb. Ich mochte das doch so sehr, freundlich angefasst zu werden, denn zu Hause erlebte ich das nie.
Richard schaute nun doch interessiert von der Seite auf diese Vorgänge. Nichts passierte weiter. Es wurde Nacht. Ich musste zur Hütte. Weil ich vor der dunklen Nacht doch ziemlich Angst hatte, ließ ich mich gerne von einem Begleiter bis vor den Schuppen bringen. Den Mann schickte ich aber gleich wieder weg, denn ich wollte mich ganz auf die LIEBE und Richard einlassen!
Es war schon ein bisschen schwer, so ganz alleine auf einem Fußboden einzuschlafen, ... aber für die LIEBE ...
Alles war irgendwie härter, als ich es mir vorgestellt hatte. Morgens kroch die Kälte in meine Knochen und in mein Herz. Das Alleinsein tat richtig weh. Sobald sich die Türen in der Stadt wieder geöffnet hatten, eilte ich in die Wärme der Milchbar zurück, wo ich

Menschen kannte. Tatsächlich traf ich dort gleich Richard, der mich fragte, wie es war. „Gut“, antwortete ich, und versuchte, mit einem leicht verdorbenen Gesicht die Engel zu verstecken. Heute Nachmittag wäre noch der X dran, alles liefe prima, sagte ich noch. Da öffnete Richard tatsächlich seinen Mund: „Ich komme heute Nacht um halb zwölf zu dir.“ „Okay“, sagte ich und entfernte mich schnell, bevor das Jubeln meiner Engel alles verraten hätte.

Ab morgen wäre ich also Richards Freundin. Mein schönster Traum würde sich erfüllen.

Ich weiß wirklich nicht, wieso ich bei der zynischen Weltsicht, die mich täglich umgab, so fest daran glaubte, dass Sex immer zur LIEBE führt. Beides sah ich als Gottesgeschenk an. Wenn das damals auch nur Ausdruck kindlicher Naivität war, so hat sich doch eine Kernaussage in mir erhalten: Tatsächlich sehe ich bis heute deutlich das Göttliche im Sex, wenn ich es überhaupt irgendwo sehe!

Zurück zu meinem großen Tag!
Mit Richards goldenen Worten im Herzen blieb ich den ganzen Tag in einem Zustand aufgeregten Glücks. Endlich kam der Abend. Ich lieh mir eine Armbanduhr, damit ich auch genau wusste, wann es halb zwölf sein würde. Natürlich war ich lange vorher in meiner Hütte, um mich vorzubereiten.
Vom Frühling hatte ich an diesen Ostertagen bisher noch nichts bemerkt. Es war eiskalt in der Nacht. Wie hätte ich bei meiner Planung auch an eine Federdecke denken können oder an dicke Socken etwa, wo es doch um eine Liebesromanze ging? Wenn ich darüber in den schönen Büchern gelesen hatte, fror ich nicht. Ich las am liebsten im Bett.
Egal ... In froher Erwartung, von der Liebe gewärmt zu werden, begab ich mich auf den Schlafsack. Hinein konnte ich nicht, denn dann käme das Nachthemd ja nicht zur Geltung. Zudem braucht ein Liebesakt vermutlich auch die Freiheit der Bewegung. Also ein wenig frieren, bis er käme!
Ich zündete die Kerze an, schlüpfte in mein Nachthemd und legte mich auf dem Schlafsack auf den Rücken. Ich öffnete die oberen Knöpfe. Nun wartete ich. Hin und wieder blickte ich verstohlen auf die Armbanduhr, die neben mir lag.
Du wirst es nicht glauben, aber genau zur vereinbarten Zeit hörte ich Schritte. Aus dem Dunkel löste sich ein Mann und betrat schweigend meine Hütte. Es war der Richtige. Alles war gut. Wir blieben völlig wortlos. Richard legte sich auf mich. Er küsste mich. Dafür war ich ihm sehr dankbar. Dann schob er mein Nachthemd etwas hoch, damit er besser an mich käme. Er tat das, was zum Sex dazugehört. Wegen meiner großen seelischen Freude konnte ich nicht darauf achten, was mein Körper zu dem Ganzen sagte. An den kann ich mich am wenigsten erinnern. Schließlich erlebte ich ja gerade das wichtigste Symbol der LIEBE!
So fühlte ich das!

Es ging anscheinend sehr einfach mit mir. Richard schob mein Nachthemd wieder herunter. Er sagte nichts. Dann nahm er die Streichholzschachtel in die Hand. Er zündete ein Streichholz an, das er ganz nah an mein Gesicht hielt. Er wollte mich ein paar Sekunden genau betrachten. Ich lag dabei noch immer auf dem Rücken. Wieder wusste ich nicht genau, was ich sonst noch tun könnte. Diese Sekunden, als er mich ansah, waren die persönlichste Geste, die ich mit Richard je erlebte.

Das Streichholz erlosch. Richard stand auf und bewegte sich zur Tür. Bevor ich begriffen hatte, was geschah, war er einfach weg.

Ich kann mich nicht erinnern, ob er womöglich noch „Tschüss“ gesagt hatte, oder auch nicht. Ganz unvergessen bleibt aber das Gefühl danach, als habe mich jemand unglaublich betrogen. Es lebt in mir wie ein körperlich empfundenes Drama, das ich auch in späteren Liebesdramen wieder und wieder erlebte. Der Schmerz wuchs zu einer Kette heran. Bei mir heilt Zeit keine Wunden.
Verwirrt und gedemütigt lag ich nun also alleine auf dem Schlafsack. Wo war denn jetzt die LIEBE? Und wo war mein Richard? Wieso lag ich hier erbarmungslos alleine auf einem Fußboden? Wieso war es so scheißkalt? Wo waren meine Engel?

Auch diese Nacht ging vorbei. Am Morgen setzte ich mich auf die Veranda. In einem letzten Aufbäumen der Hoffnung wollte ich glauben, der Sonnenaufgang könne mich trösten. Den hatte ich mir doch ganz besonders schön vorgestellt!
Es wurde hell. Die Farben kamen auf. Und da traf mich die Klarheit wie ein Schwert: Ich hatte mich getäuscht. In allem.
Da war ein nebliger, feuchter Morgen. Ich fror entsetzlich. Vor mir lag keine hellgrüne Wiese, sondern nur braunes, struppiges Gras. Überall sah ich dunkle, faulige Farben und wirres Gebüsch. Keine einzige Tulpe. Keine Sonne. Kein Schaf. Keine LIEBE für mich.

Von zu Hause her war ich es wahrhaftig gewohnt, einsam zu sein. Eigentlich war das Gefühl immer da, aber doch gleichzeitig auch die Hoffnung, die ich auf ein SPÄTER setzte. Wenn ich endlich eine Chance hätte! Ganz fest glaubte ich an ein schönes Leben für mich. Wenn ich endlich GROSS wäre. Ach, so lange hatte ich mich mit der Wärme meines eigenen Vertrauens getröstet. Hatte mich mit dem Mut meines jungen Herzens immer wieder aufgehoben. In Freundschaft mit meinen Engeln war ich uneingeschränkt liebesfähig geblieben. Bereit, die Welt in Frieden zu umarmen. Ich war ein so freundlicher Mensch.

Und jetzt war mir so etwas passiert! Gleich der erste Geliebte, der mir die Tore zur Welt öffnen sollte, wollte mich einfach nicht! Das konnte ich nicht verstehen.

Hilflos saß ich auf der Veranda. Wie Splitter aus zerborstenem Glas bohrte sich das Wissen in mein Herz, dass ich vollkommen einsam in dieser Welt stand. Der Schmerz war unerträglich.
Ich erkannte, dass ich mich noch einmal ergeben musste, nach Hause gehen. Alles Unerträgliche weiter ertragen.
Wieder hatte ich mich zu früh hinausgewagt. Wieder hatte ich die Welt nicht richtig verstanden. Ich musste noch viel lernen. Zum Beispiel, dass an Ostern nicht immer Frühling ist. Dass ein Geräteschuppen nicht durch meine Träume romantisch wird. Dass Sex eine für mich undurchschaubare Handlung ist, die nicht logisch zur LIEBE gehört. Wohin dann? Dass Richard vielleicht gar nicht nett ist. Wer könnte er sein, wenn nicht die Lichtgestalt meiner Illusion? Nein, die letzte Frage stellte ich mir nicht. So schnell nimmt ein Mensch nicht Abschied von seinem schönsten Traum.
Klein, gedemütigt und in der Tat erst dreizehn Jahre alt, schlich ich mich mit dem Fahrrad den Berg hinunter. Zur Milchbar musste ich. Heim konnte ich noch nicht, weil mein Vater sonst misstrauisch geworden wäre.

Außerdem gab es doch abends eine Party bei einem Freund von Richard. Und überhaupt ... vielleicht war das Ganze ja auch nur ein Missverständnis? Vielleicht hatte ich nur etwas falsch interpretiert? Vielleicht musste Richard ganz schnell heim in der Nacht, weil seine Mutter auf ihn wartete?
Ja ... das konnte sein! Vielleicht wollte er mir heute Abend bei der Party feierlich sagen, dass er mich liebt ...? Denn das gehört doch dazu, ... oder etwa nicht?

Mir ging es langsam ein bisschen besser. Ich wusch mich in der Toilette der Milchbar. Ach ja, heute Morgen hatte ich einen kleinen Blutfleck auf dem Nachthemd gesehen. Es ist also alles richtig gelaufen.
Sorgfältig schmückte ich mich für eine neue Rolle. Hübsch wollte ich sein für die Party, für IHN.

Und nun kommt das vorletzte Erinnerungsbild. Eine Wohnung voller Jugendlicher. Ich bin dabei. Alle trinken und rauchen. Ich auch. Meine erste Party. Und ich bin endlich dabei!
Spät kommt Richard. Er begrüßt mich nicht. Er schaut nicht nach mir. Er redet nicht mit mir. Aber er hat eine Frau dabei. Die ist seine Freundin. Sie ist blond. Sie hat hochtoupiertes Haar, einen engen Rock und sie stöckelt.
Es ist aus. Ich griff nach einer Flasche mit süßem Likör. Dann weiß ich von dem Abend nichts mehr.
Das letzte Bild zeigt den nächsten Morgen. Ich sehe einen langen Weg. Er führt von der Wohnung, in der die Party war, zu meiner Holzhütte. Neben mir schleppt und keucht Peter, Richards Freund, an einer schweren Last. Diese Last bin ich, die er des Weges zieht. Ich war wohl sehr krank. Peter ließ mich nicht alleine. Dafür war ich ihm zutiefst dankbar.
Ende der Geschichte.

Ja, und wenn Du jetzt denkst, dass ich endlich einmal zugeben könnte, wie sehr ich ein Opfer war, dann sage ich, dass es für die damalige Situation vielleicht zutrifft. Ich war hilflos, weil zu jung für die Erkenntnis der Gefahr. Doch vergiss nicht meine Engel! Sie schämten sich, weil sie sich anderswo amüsiert hatten, als ich sie brauchte. Dafür brachten sie mir am anderen Tag ein wunderbares Geschenk für mein ganzes Leben. Ich konnte mich nach diesem Ereignis nie mehr betrinken! Kein Stoff kann mich trösten. Bis heute. Habe ich da nicht ein unglaubliches Glück gehabt?

Wie ich für ein paar Jahre brav wurde

Aus Trotz und Stolz machte ich noch eine kurze Zeit mit meinem Image als „verdorbenes Mädchen“ weiter. Aber ich erhoffte mir nichts mehr davon. Hie und da in den nächsten Jahren küsste mich Richard noch einmal hinter irgendeiner Toilettentür, aber er wollte einfach nicht mit mir sprechen. Ich hingegen liebte ihn noch viele Jahre weiter auf dieselbe Weise, die mich als ein Symptom meiner Beziehungssucht auch nach jeder späteren Trennung schmerzhaft begleitete. Auch wenn ich das Symptom des „nicht aufhören können, zu lieben“ in meinen jungen Jahren noch nicht deuten konnte, sagte mir mein Instinkt doch unmissverständlich, dass es gegen das Leben sei und gegen meine Würde. Daher übte ich, ein zweites Leben neben dem Symptom aufzubauen. Äußerlich führte ich überhaupt nur das zweite Leben. Aber innerlich blieb der

chronische Liebesschmerz dominant. Weil ich mich sehr dafür geschämt hätte, das schöne Leben an ein Trauma zu verraten, gab ich mir eiserne Mühe, den Selbstrettungsgedanken mit vernünftigem Verhalten zu stärken.
Vernünftig fand ich beispielsweise, mich mit vierzehn Jahren zu „verloben". Mike hieß mein Verlobter, ein wenig älterer Schüler aus dem Nachbargymnasium. Unsere Beziehung hielt zwei Jahre. Mike war ein lustiger, temperamentvoller, ganz „normaler" junger Mann. Mit dem bürgerlichen Konstrukt der Verlobung wollte ich ein Zeichen setzen, dass ich willig geworden war, ein braves Mädchen zu sein. Ich arbeitete an einem neuen Lebensentwurf.
Das Bild von dem „gemütlichen Rinnstein voller lustiger Leute und mittendrin sitze ich!" war ja ein echter Fehlschlag geworden. Das hatte ich verstanden. Außerdem war ich erschöpft von all dem Mut und all der Alleinverantwortung, die ich zu früh und zu einsam trug. Ich konnte nämlich mit niemandem über meine Gefühle reden. Melanies Vater hatte ihr verboten, weiterhin Kontakt zu mir zu haben, weil ich sie angeblich verderben würde. Dabei bin ich sicher, dass der Verlobte ihrer Schwester noch viele Jahre Gelegenheit hatte, sie im „gutbürgerlichen" Sinne aufzuklären. Ich musste damit zurechtkommen, dass einfach niemand wirklich wissen wollte, wer ich war und was ich fühlte. Auch bemerkte ich langsam, dass meine Schulkameraden mich zunehmend fremdartig und unverständlich fanden. Sie wollten nichts von den tiefgründigen Fragen hören, die mich ständig umtrieben. Lustig und froh wollten sie sein. Die Zeit der Partys in schummrigen Kellern der Eltern fing an. Wir Gymnasiasten besuchten die Tanzschule, lernten Walzer und Tango. Beim Abschlussball trugen die Jungs einen Anzug und die Mädchen glitzernde Oberteile mit Ausschnitt. Darunter ganz weite Röcke über einem Petticoat. Das betonte die Wespentaille. Zu den guten Bürgerpartys wurde man aber nicht eingeladen, wenn man einen „schlechten Ruf" hatte. Ich gehörte nicht mehr wirklich zur Klassengemeinschaft, denn ich war ANDERS. Aber ich hätte ja ohnehin nicht zu den Partys hingehen dürfen, ... versuchte ich mich zu trösten.
Weil ich Hoffnung aber bitter brauchte, sagte ich mir, dass ich nur warten müsse, SPÄTER, wenn ich weg von den Eltern wäre, würde ich bestimmt den Ort finden, wo ich auch dazugehören dürfte. Ich entwarf dafür den - für mich, als Muttertochter - wirklich revolutionären Gedanken, dass BRAVSEIN möglicherweise ein Weg wäre, der zur Integration führt. Woher sollte ich wissen, ob wirklich alles wahr war, was meine Eltern über „hirnlose Kleinbürger" gesagt hatten? Hatten sie selbst etwas Besseres zu bieten? Plötzlich wünschte ich mir ein Leben hinter weißen Vorhängen, die ich auch hinter den Fenstern der ANDEREN hängen sah. Warm und friedlich sah das von DRAUSSEN aus. Womöglich hatten die ein viel schöneres Leben als das, was ich davon kannte? Befremdlich erschien mir nur, dass die Vorhänge offensichtlich so regelmäßige Falten haben mussten. Das hatte etwas Militantes an sich, diese Faltenfront. Aber mussten die dahinter verborgenen Menschen deshalb alle Nazis sein? Ich würde einfach nachsehen.
Also hörte ich auf mit dem provokativen Wild sein. Ich wollte jetzt erfahren, ob die Welt lieber zu mir wäre, wenn ich brav und freundlich auf sie zukäme?

Mike, mein Verlobter, war der Sohn einer alleinstehenden Mutter, die hart arbeiten musste. Mike war ihr kleiner Prinz, um den sie sich sehr bemühte. Er hatte keinen Grund, das Leben schwerzunehmen. Er wollte seine Jugend genießen, lustvoll und ungehemmt in sein aufblühendes Männerleben hineinwachsen. Dabei kam ich ihm gerade recht. Mit der Experimentierfreude gesunder Jugendlicher erfreute er sich an seiner jungen, freizügig denkenden Freundin. In seinem Kinderzimmer, das einfach nur aus einem Dreieck aus Wänden mit einem schmalen Bett darin bestand, probierten wir die körperliche Liebe aus. Mike tat mir gut, so unbeschwert und lebendig wie er war. Mit ihm träumte ich vom Aufbruch in die Bequemlichkeit des bürgerlichen Lebens. Im traditionellen Eros, den Mike aus seiner Welt kannte, lag die Freiheit des Mannes im Ausprobieren von Stellungen. Zuerst fand ich das Neue daran auch spannend, aber es war nicht wirklich mein Weg. Meine unruhige, verletzte Seele sehnte sich nach Verständnis, Tröstung und Empathie. Ich war noch nicht bereit zu einer erotisch-akrobatischen Karriere. Wenn der von Erwachsenen so lockend angepriesene Sex bedeuten sollte, dass FRAU sich in ein Turngerät verwandeln musste, dann sollten sie das gerne ohne mich machen, sagte ich mir. Ich wollte zärtlichen Austausch, vertrauen lernen. Ausflüge machen. Mein Körper hatte bisher noch keine Gelegenheit gehabt, eine Richtung auszuprobieren, die mich begeistert hätte. Also freute ich mich in Bescheidenheit daran, beim Sex ein Gänseblümchen zu bleiben, auf dem gerade keiner herumtrat. Die unglaublichen Geschenke, die in der menschlichen Sexualität verborgen sind, entdeckte ich erst viele Jahre später in der Liebe zu Florian, mit dem ich auch einen geistigen Aufbruch erlebte.

Mit sechzehn Jahren wechselte ich die Schule. Weil ich täglich nach Reutlingen fahren musste, um in die neue Schule zu kommen, verlor ich den Kontakt zu all meinen bisherigen Schulkameraden. Auch die Beziehung mit Mike nahm ihr Ende.

Die neue Umgebung mit neuen Schulkameraden half mir, einen neuen Anfang für die Hoffnung zu finden. Zudem war es jetzt einfacher, meinen Vater zu umgehen, weil ich durch das Pendeln mehr unkontrollierte Freizeit hatte. Die Schule schwänzte ich nur noch im Sommer, um mit meinem neuen Freund, Herbert, meinem späteren Ehemann, herrliche Ausflüge zu unternehmen.

Wir durchstreiften den Wald, um in moosigen Lichtungen Liebesnester zu bauen. Wir liebten uns auch inmitten blühender Wiesen, an Bächen und zwischen dem Schilf am Baggersee. Ich liebte es, leckere Picknickkörbe zusammenzustellen. Niemals vergaß ich meine große Freude an der Kultur. Sogar im Wald tranken wir Wein nur aus schönen Gläsern. Passend zur Jahreszeit bedruckte Papierservietten gaben dem Picknick das stilgerechte Design. In der Harmonie schöner Landschaften mochte ich den Sex am allerliebsten. Vorher oder nachher lasen wir Gedichte, fotografierten oder führten schöne Gespräche. Herbert wurde bald mein liebster Freund und enger Vertrauter. Ich mag ihn sehr. Er ist bis heute ein sehr lieber Mensch mit einem durchweg guten Charakter geblieben. Weil er seine Jugend fern von seinen Eltern in Internaten verbrachte hatte, war er, genau wie ich, gewohnt, sein Innenleben nur mit Jugendlichen zu teilen, nicht aber mit Erwachsenen. Wir gingen in dieselbe Klasse. Bis zum Abitur verbrachten wir eine harmonische, unkomplizierte und solidarische Zeit miteinander. In den Armen dieses lieben Menschen konnte ich mich endlich erholen.

Puh, beim Durchlesen dieses Briefes musste ich feststellen, dass ich doch einen ausgedehnten Ausflug in meine Jugendzeit unternommen habe. Dabei dachte ich ursprünglich, dass es wenig Interessantes darüber zu sagen gäbe. Meistens fühle ich mich nämlich so, als hätte mein Leben erst mit fünfundzwanzig begonnen. Jetzt merke ich erst, wie ähnlich ich dieser kleinen Nelly noch immer bin. Die war ja wirklich sehr mutig. Und dann finde ich meine Bereitschaft, schon das Kinderleben in größtmöglicher Selbstverantwortung zu gestalten, eher ungewöhnlich. Klar musste mir dabei einiges misslingen, die Aufgabe war zu einfach groß. Woher sollte ich denn wissen, was alles zum Thema Verantwortung dazugehört? Zum Beispiel Kondome beim Einpacken von Entjungferungsutensilien. Ich glaube, dass ich gezwungen war, so früh autonom zu empfinden, weil ich keinen Grund hatte, Erwachsenen zu vertrauen. In mir wohnte einfach keine Hoffnung, dass mich irgendjemand besser beschützen würde, als ich mich selbst. Jedenfalls ziehen sich die Wesenszüge Mut und Selbstverantwortung wie ein roter Faden durch mein Leben. Klar ist es die Muttertochter, die hier kämpft. Mal sehn, wie weit sie kommt.
Für heute möchte ich mich von Dir verabschieden und Dir danke sagen für die Begleitung auf den verschlungenen Wegen meiner Kindheit.
Ich träume davon, mit Dir gemeinsam ein paar Schritte auf dem Pfad der Gegenwart zu gehen. In meinem Garten zeigen sich rechts und links des Weges kleine Spitzen neugieriger Frühlingsblümchen. Auf schöne Blüten werden wir aber noch ein bisschen warten müssen, weil die Sonne fehlt. Vielleicht sitzt sie ja gerade in Deinem Herzen und ruht sich noch aus.

Ich wünsche Dir eine angenehme Zeit.

Mit herzlichen Grüßen

Nelly

Brief - März 2005

Die Ehe

Lieber Freund!

Vielen Dank für Deinen Anruf. Es war an der Zeit, dass wir noch einmal ins Gespräch miteinander gekommen sind. Vermutlich fragst Du Dich angesichts meiner Schreibflut ohnehin schon, was ich eigentlich von Dir will und wieso gerade Du das Ziel meines kreativen Sprudelns bist?
Wahrscheinlich gibt es dafür mehrere Gründe. Sicher bin ich mir nur über den einen Aspekt, dass Du mir deshalb so wichtig geworden bist, weil Du nicht auf mein „Verlieren" wartest. Was ich damit meine?
Leider erlebe ich häufig, dass Menschen mich „bedrohlich" finden. Sie setzen meinen Lebensstil in Konkurrenz zu ihrem eigenen. Selbst, wenn ich das zu verhindern suche, werde ich dennoch oft ausgegrenzt. Die ANDEREN meinen das nicht einmal böse, sie wollen einfach nur Ruhe in ihrem Weltbild bewahren. Traurig bin ich trotzdem darüber. Mit uns beiden fing alles anders an. Obwohl Du, genau wie die anderen, in einem fest gefügten Rahmen lebst, stolz auf die Integration in einen gesicherten Lebensplan bist, warst Du mir gegenüber sehr offen. Du hast Dich darauf eingelassen, mich in meiner Lebensphilosophie erst einmal besser kennenzulernen, ohne sofort Deine Werthaltungen dagegenzusetzen. Das zeigt Deine Toleranz und Klugheit. Deshalb gefällst Du mir so gut, das möchte ich einfach einmal aussprechen.

Mithilfe meiner Geschichten möchte ich Dir zeigen, dass ich eigentlich ein genauso braves Kind meiner Eltern bin, wie die anderen. Ich wurde nur in einen anderen Wertekontext hineingeboren. Niemand von uns hat sich für seine Wiege entschieden. Alle leben wir gleichermaßen mehr und weniger in elterlichen Aufträgen.
Genau wie viele andere strenge ich mich an, die misslungene Liebesgeschichte von Mutter und Vater zu einem „Happy-End" zu bringen, so, als könne man Trost nachholen. Genau wie andere Ungeliebte höre ich nicht auf, das Ersehnte in Menschen zu suchen, die mir genau das nicht geben können, was ich brauche. Weil sie es gar nicht in sich tragen.

Worin soll ich bitteschön anders als alle anderen sein? Bin ich anders als Du?
Es wird auch in Deiner Kindheit einen logischen Grund dafür geben, warum du unablässig arbeitest, Dir keine Ruhe, geschweige denn Ausschweifungen gönnst. Aber Deine Geschichte hat auch Vorteile. Natürlich gibt es einen Grund, warum Du mit einer selbstbewussten, lebenstüchtigen Partnerin gleichberechtigt und glücklich zusammenlebst. Euer Leben ist ein gelungenes, gemeinsames Projekt. Das gönne ich Dir sehr.

Kehren wir jetzt zurück in meine Jugend. Mit achtzehn Jahren heiratete ich den lieben Herbert. Ich wollte ein ganz normales Leben führen, damit ich endlich sei wie alle anderen. Ich wollte nur DAZUGEHÖREN.

Die Ehe mit Herbert

Mit neunzehn Jahren bekam ich unseren Sohn Sven, mit dreiundzwanzig unsere Tochter Julia, mit fünfundzwanzig Lara. Du weißt, dass Herbert und ich uns in einer Schülerliebe zusammengefunden hatten. Wir waren froh, dass wir das Leben ohne weitere Pläne genießen konnten. An später wollten wir überhaupt nicht denken, geschweige denn an Ehe. Wir gingen jugendlich locker mit dem Thema Verhütung um. Dann kam eben, was kommen musste, ... plötzlich war ich schwanger.
Da ich im erwähnten Zustand nachweislich gegen das „göttliche" Gesetz meines Vaters verstoßen hatte: „Es gäbe nur einen einzigen Mann auf der Erde, nämlich ihn!", kam es zu schweren Eskalationen. Sein krankes Gehirn produzierte einen bösartigen Plan, wie er zur Strafe für mein Vergehen meine gesamte soziale Existenz vernichten könnte. Mir blieb nichts anderes übrig, als mich mit öffentlicher Hilfe zu wehren. Ich schilderte beim Jugendamt meine Situation. Nach dem abstrusen Prozess gegen meine ältere Schwester glaubten die Ämter so langsam doch, dass mein Vater im Kopf nicht ganz in Ordnung sei. Meinen Schilderungen wurde endlich geglaubt. Innerhalb kürzester Zeit konnte ich zu Hause ausziehen, weil ich mit einer öffentlichen Eheerlaubnis für volljährig erklärt wurde. Der juristische Akt war notwendig, weil man damals erst mir einundzwanzig Jahren volljährig war.
Herbert und ich zogen in eine kleine Wohnung am Stadtrand von Tübingen. Wenige Wochen später kam meine Mutter dazu. Dadurch, dass meine Schwester und ich Akten „produziert" hatten, die nicht mehr ignoriert werden konnten, hatte meine Mutter die Hoffnung, dass ein weiterer Scheidungsversuch nun doch gelingen könne.
So war es auch. Sie musste zwar einen schändlich kleinen Betrag an Unterhaltsleistung akzeptieren, aber sie war frei!
Im August 1967 heirateten Herbert und ich.
Im Oktober wurde unser Sohn geboren. Meine Mutter betreute ihn und den Sohn meiner Schwester tagsüber, damit wir alle unsere Ausbildungen fortsetzen konnten. Natürlich wollte meine Mutter ihre Töchter nicht über die Sicherheit in einer Ehe absichern, sondern ausschließlich über eine eigene Berufstätigkeit. Nach dem Abitur hatte ich eine Fotografenlehre begonnen. Herbert machte eine kaufmännische Ausbildung. Seine Eltern lebten in Trier. Dort hatten sie einen gut gehenden Großhandel aufgebaut. Sie waren in der damaligen Zeit sehr wohlhabend.
Herberts Eltern boten uns an, unsere junge Familie so lange finanziell zu unterstützen, bis wir unsere Berufsausbildung abgeschlossen hätten. Danach sollten wir eine große Wohnung in dem Geschäftshaus der Familie beziehen. Herbert sollte sich dort einarbeiten, um später mit seinem Bruder das Geschäft zu übernehmen.
Die gemeinsame Zeit von Herbert, meiner Mutter, Sven und mir in Tübingen dauerte vier Jahre. Es war eine ruhige, harmonische und freundliche Zeit.

Alle drei liebten wir den erstgeborenen Sohn Sven sehr. Es gab keine Konflikte wegen unterschiedlicher Erziehungsvorstellungen. Die Beziehung zu meiner Mutter verlief ohne Autoritätsprobleme. Wir waren einfach zwei Frauen, die das gleiche Kind liebten und versorgten. Sofort nahm ich klaglos meine Frauenrolle ein, wie ich sie mir im bürgerlichen Lebensplan als glücksbringend vorgestellt hatte. Schon acht Wochen nach der Geburt endete der Mutterschutz. Ich musste dann wieder ganztags arbeiten gehen. Das fand ich sehr hart, denn viel lieber wäre ich länger nahe bei meinem Kind geblieben. Aber ich hinterfragte die Doppelbelastung einer jungen Mutter damals nicht. Abends kochte ich für alle, erledigte den Haushalt, beschäftigte mich mit meinem Kind.

So kam es, dass ich, abgesehen von den kurzen Jahren in der Oberstufe des Gymnasiums, nach einer dunklen Kindheit wiederum keine Jugend hatte. Da gab es kein Ausgehen, keine Konzerte, keine Reisen. Jeder Tag war randvoll ausgefüllt mit Alltagsverantwortung. Aber all das war völlig in Ordnung für mich. In den ersten Jahren nach meinem Auszug aus dem Elternhaus reichte anscheinend das Ausbleiben des Gequältwerdens, um mich zufrieden und symptomfrei zu halten.
Um Dir anschaulich zu machen, wie wenig ich in Wirklichkeit vom bürgerlichen Leben und von dessen Normen und Sitten verstand, erzähle ich Dir kurz die Geschichte unserer Hochzeit.

Mein Hochzeitstag

Während meiner Schulzeit hatten wirklich alle Jugendlichen Sex. Im Gegensatz zu heute. Natürlich war Sex für uns gänzlich verboten. Wir mussten kreativ werden, um Orte dafür zu finden. Das Verbotene an dem Ganzen begünstigte das abenteuerliche Kribbeln, das unsere Jugendbeziehungen munter hielt.
Meine Schwiegereltern freuten sich durchaus über das Enkelkind. Aber sie glaubten, dass es sittlich erforderlich sei, uns für die schwere Sünde des Geschlechtsverkehrs zu bestrafen. Sie dachten sich eine in ihren Augen furchtbare Strafe aus: Wir sollten um das große Glück einer bürgerlichen Hochzeitsfeier betrogen werden!
In einer „Armutsfeier" sollten wir uns klein und gedemütigt fühlen! Ausgestoßen vom Glück einer großen Familienzusammenkunft!
Ich muss hier erwähnen, dass ich erst einige Jahre später die ersten Hochzeitsfeiern von Schulkameraden miterlebte. Noch viel später, im Rahmen meiner Berufstätigkeit als Psychologin, bekam ich endlich ein geschlossenes Bild davon, in welche Rituale dieser „schönste Tag" einer jungen Braut häufig eingebettet wird. Bei meiner eigenen Hochzeit war ich bezüglich der bürgerlichen Sitten derart ahnungslos, dass ich nicht einmal bemerkte, dass sie nicht „normal" verlief. So konnte ich auch die „schwere Strafe" nicht erkennen. Die böse Absicht wurde mir erst Jahre später deutlich, als ich den sozialen Vergleich mit dem Üblichen ziehen konnte. In meiner vollen Unschuld gefiel mir meine Hochzeit genau so wie sie war. Es gab einen Termin auf dem Standesamt. Meine Mutter machte ein Doppelporträt von Herbert und mir. Das Foto klebte ich auf ein paar Einladungen an meine Schulfreunde.
Herberts Familie würde auf jeden Fall wegbleiben, so lautete deren triumphale Strafankündigung.
Das erleichterte mich, denn ich fand, dass sie ohnehin nicht so gut zu den Schulfreunden passten. Zudem standen mir für das Fest nur 100 Mark zur Verfügung. Dieses Geld war nämlich das einzige Hochzeitsgeschenk der wohlhabenden Schwiegereltern. Der Betrag sollte die „Demütigung" symbolisieren. Ich aber war hocherfreut über das Geld, weil ich damit viel Essen einkaufen konnte.
Am Tag meiner Hochzeit stand ich in der Annahme auf, ich hätte bedeutungslosen Papierkram auf dem Rathaus zu erledigen.
Danach hätte ich dann den ganzen Tag Zeit, die Party für unsere Schulkameraden vorzubereiten. Die würden deshalb zu Besuch kommen, weil sie uns mochten. Voll in Ordnung fand ich das Ganze! Meine Mutter wäre zufällig auch dabei, weil sie schließlich mit uns zusammenwohnte. Umfangreicher war mein inneres Bild von einer Hochzeit nicht.

Morgens schlüpfte ich in ein ballonförmiges, rosarotes Umstandskleid. Immerhin war ich schon im achten Monat. Der Bauch einer Schwangeren durfte damals keinesfalls in seiner Form zu erkennen sein. Wir Schwangeren ähnelten im fortgeschrittenen Stadium den riesigen geschmacklosen Schlafzimmerhängelampen der Fünfzigerjahre, umwallt von blumigen Stoffen mit Rüschen darum herum. Ich fand mich schön so. Strümpfe brauchte ich keine, es war ja Sommer. Da reichten Sandalen. Auf dem Standesamt musterten mich meine lieben Trauzeugen, nette ältere Verwandte aus der Familie meiner Mutter, mit Sorge und wenig verhohlenem Entsetzen. Sofort drückten sie mir die Blumen in den Arm, die sie mitgebracht hatten. So erkannte ich, dass mir keiner gesagt hatte, dass ich einen Brautstrauß bräuchte. Doch das Problem war nun gelöst.
Nach der Trauung machte ich mit den 100 Mark einen tollen Großeinkauf. Dann rührte, brutzelte und schnippelte ich den ganzen Tag in meiner Küche herum, bis ich ein wunderschönes kaltes Buffet zubereitet hatte. Die Freunde konnten kommen. Gegen Abend waren dann auch alle da. Wir aßen und tranken und plauderten gemütlich. Gegen halb zehn überkam mich eine große Müdigkeit. Meine Beine schmerzten, ich wollte so gerne ins Bett. Wegen des besonderen Tags hielt ich dann noch eine Weile aus, bat dann aber doch darum, schlafen gehen zu dürfen.
Die Freunde gingen heim. Ein schöner Tag war das! Für mich. Aber ... wieso hat mich eigentlich keiner aufgeklärt? Meine Mutter und mein Mann mussten doch gewusst haben, dass etwas fehlte? Blumen hätten sie schon besorgen können, denke ich heute.
Aber die bürgerliche Hochzeit ist in meinem Leben auch später nie wichtiger geworden. Diesbezüglich fehlt mir nichts.

Die Symptome kommen

In den ersten Ehejahren hoffte ich, dass ich vor den bösen Folgen meines Kinderschicksals bewahrt wäre. Ich dachte, dass Leid dadurch verschwindet, indem man die äußere Situation verbessert. Ich wusste noch nichts von den hirnorganischen Programmierungen der Traumata und den geheimnisvollen Gesetzen der Wiederholungszwänge. Wie tief meine traumatischen Wunden waren, ahnte ich in keiner Weise. Ich wollte einfach nur ein braves, gut angepasstes, bürgerliches Frauchen sein. DRIN sein. Zuversichtlich malte ich mir aus, wie die Menschen hinter den weißen Vorhängen in ihren Wohnungen, die ich bisher nur von außen kannte, ruhig und glücklich zusammenlebten. Genauso wollte ich es auch machen.

NELLY und SVEN

Ich stellte mich dumm. Vergessen hatte ich, wovon mir die hohe Literatur längst berichtet hatte. Von der Gespaltenheit, dem Doppelleben der Bürgerlichen, ihrem Zwang zum Lügen, der Lust an Intrigen. Von der Feigheit und der Heuchelei. Von einer ausweglosen Gefangenschaft hinter der bürgerlichen Fassade.
Trotz meiner gutwilligen Absichten klappte meine Integration in die „Normalität" nicht. Weder kannte ich die Normen und Regeln dieser mir fremden „Subkultur", noch ihre Rituale, ihre Umgangsformen und ihre Sprachgewohnheiten. Demzufolge konnte ich nicht wahrnehmen, wie groß der subkulturelle Graben war, der mich von den ANDEREN trennte, wie fremd und seltsam ich ihnen ebenfalls erscheinen musste.
Trotzdem hatte ich in den Tübinger Ehejahren noch keine deutlichen Depressionen. Heute weiß ich, dass es daran lag, dass ich täglich mit meiner Mutter zusammen war. Sie füllte alle meine Kommunikationsbedürfnisse aus. Mit ihr war ich nicht einsam. Sie

achtete und liebte mich. Sie setzte sich mit mir auseinander. Zudem war sie auf hohem Niveau unterhaltsam. Man konnte sich mit ihr geistig sättigen.
Mein Mann Herbert war ein weicher, durchweg gutartiger Mensch. Mit seiner unbegrenzten Wärme und Zuverlässigkeit ist er ein treuer, solidarischer Freund für Menschen, die sich auf ihn einlassen.
In unseren gemeinsamen Jahren war ich lange Zeit auch nur LIEB.
Ich arbeitete vom Aufstehen bis zum Schlafengehen. Wollte ich vorher noch eine halbe Stunde auf einem Stuhl sitzen, weil zum Beispiel Besuch da war, weil ich noch lesen, plaudern oder fernsehen wollte, schlief ich übergangslos auf diesem Stuhl ein. Wachbleiben ging nicht.
Du erinnerst Dich, dass meine Mutter keinen Haushalt führen konnte und wollte. Ich musste von Anfang an alle Organisationsverantwortung für unsere Gemeinschaft tragen.
Um sechs Uhr stand ich auf, fütterte das Baby und legte es frisch angezogen in das Bett meiner Mutter. Dann ging ich zu Fuß eine Dreiviertelstunde bis zu meinem Arbeitsplatz. Dort arbeitete ich ohne Mittagspause durch. Dann marschierte ich denselben Weg wieder zurück und kaufte unterwegs das Essen ein. Zu Hause wusch ich als erstes die Tageswindeln meines Sohnes aus (feine Frauen aus den Kreisen meiner Mutter sahen solche Kleinigkeiten einfach nicht). Dann bereitete ich eine Kaffeepause für alle. Anschließend ging ich mit meinem Sohn für eine Stunde ins Freie oder spielte zu Hause mit ihm. Danach bereitete ich das Abendessen zu. Nach dem Essen brachten Herbert und ich gemeinsam unseren Sohn zu Bett. Freudig und furchtbar „schräg" sangen wir „Alle meine Entchen" und „Kommt ein Vogel geflogen". Dabei waren wir stolz und glücklich. Danach räumte ich überall auf und wusch und putzte das Nötigste.
Am Wochenende erledigten Herbert und ich alle Arbeiten, die in der Woche liegengeblieben waren. Wir aßen den Kuchen, den ich gebacken hatte und freuten uns über die gemeinsame Zeit mit unserem Kind. Das war's.
Und was bedeutete in dieser jungen Ehe das Ehebett? Was war aus unserer Feld-, Wald- und Wiesenerotik geworden?
Wahrscheinlich denkst Du Dir schon, dass eine Frau, die gegen 21.30 Uhr schlafend vom Stuhl fällt, geringe Chancen hat, nach dem Zähneputzen der Leidenschaft zu verfallen. Recht hast Du.
Hinzu kommt die Situation der Ehe an sich: Wenn ein Gemeinschaftsleben gut funktionieren soll, müssen die alltäglichen Aufgaben gut organisiert werden. Standardisiert. Alle anfallenden Arbeiten werden in dazugehörige Rollen und Verantwortlichkeiten aufgeteilt. Jeder kennt seinen Bereich und füllt ihn aus. Identifiziert sich mit ihm. Ist verlässlich. In diesem Sinn waren Herbert und ich sehr gute Eheleute.
Leider mag die Erotik ehelich zweckmäßige Ritualisierungen nicht besonders. Zum Beispiel: „Samstags nach der Sportschau haben wir Sex." Oder: „Sonntags nach dem Frühstück müssen wir es tun, schnell, schnell, solange die Kinder noch schlafen." Genau wie bei vielen anderen jungen Ehepaaren versank unsere Leidenschaft schleichend in einem Sumpf aus Überforderung und Pflichtbewusstsein. Trotzdem waren wir harmonisch und immer lieb zueinander.

Meine sexuelle Entwicklung stagnierte bedauerlicherweise gründlich im „braven Lebenskonzept". Meine Engel waren einfach davongeflogen. Wahrscheinlich war es ihnen bei mir zu langweilig geworden. Sexuell war ich ein harmloses und freundliches Gänseblümchen, das ganz langsam vertrocknete. bis nur noch ein kleiner brauner Stumpf übrig blieb. So fühlte ich mich nämlich. Wenn ich in den Spiegel schaute,

konnte ich mein Gesicht nicht richtig erkennen. Da war zwar eine hübsche junge Frau zu sehen, doch mit mir hatte die nichts zu tun. Die „kleine wilde Nelly“ war mit den Engeln abgehauen. Ich hatte sie verloren. Stattdessen versank mein junger Körper in bleierner Resignation. Ohne Schmerz und ohne Gefühl. Fremd zu mir. Klaglos und freundlich funktionierte ich in allem, was ich tat. Aber ich fühlte keinen Sinn in meiner Existenz. Mein Leben war ein Plan ohne Inhalt. Wessen Plan?
Bevor ich die bedrohlich heranschleichende Depression zu erkennen bereit war, bekam ich schnell noch einmal ein Kind. 1971, in unserem letzten Tübinger Jahr, wurde Julia geboren. Dann riefen uns meine Schwiegereltern nach Trier.

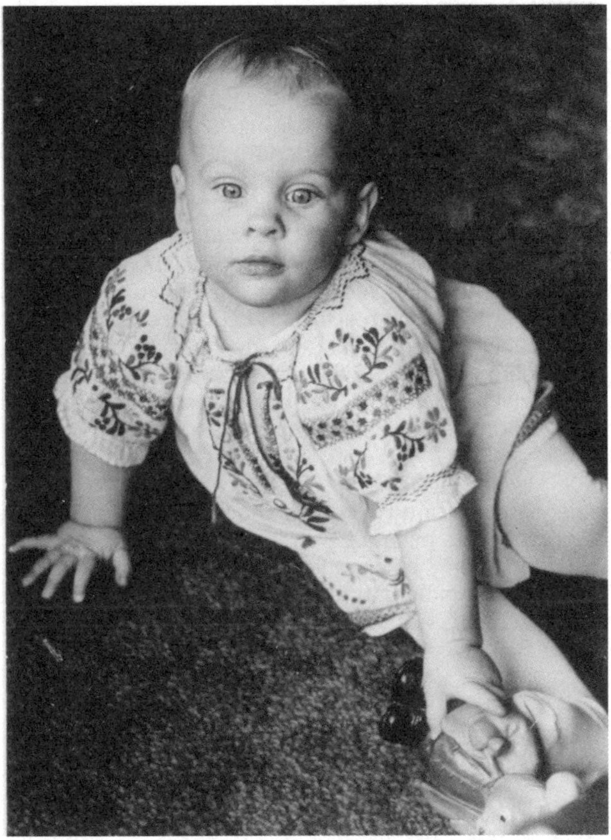

JULIA

Doch bleiben wir kurz beim Thema „Körper“. Zuerst das Äußere: Nach Julias Geburt nahm ich brav die tägliche Antibabypille. Sie machte mich rund und schwammig. Ich quoll regelrecht auf. Da bot mir meine Schwiegermutter mit leuchtenden Augen an, mir in ihrem Fachgeschäft so ein Gummikorsett zu besorgen, wie es für Frauen schicklich wäre, die Mutterfiguren hätten. Sie trüge das auch. Wenig später bekam ich dann von

den Schwiegereltern das erste grüne Dirndl geschenkt. Man schickte mich zum Frisör. Nun war ich soweit, dass man mich in ihre Kreise einführen könnte ... so hofften sie. Ich machte alles mit.
Bevor ich Dir die Ehezeit in Trier schildere, möchte ich Dir vorher den Hintergrund meiner scheinbar haltlosen „Kinderkriegerei“ erklären.

Kinderwunsch als Selbstrettungsversuch

Natürlich war mir als junger Frau noch nicht bewusst, welches innere Drama mich dazu trieb, etwa alle drei Jahre einem heftigen Kinderwunsch zu verfallen.
Mir war auch in meinem späteren, eher chaotischen Leben völlig egal, ob ich finanziell abgesichert war, ob die Väter verlässlich erschienen, oder wie ich, möglicherweise alleinstehend, künftige Herden von Kindern ernähren und betreuen sollte. Ich wollte beim Kinderwunsch nicht vernünftig denken. Da war einfach so ein Rufen in mir. Mit einer neuen Schwangerschaft verschaffte ich mir eine neue Hoffnung. Nur wenn ich glaubte, als Mutter das Anrecht auf Eingliederung in eine Gemeinschaft zu erwerben, fand ich innere Ruhe. Dann konnte ich wieder für ein paar Monate frei atmen. Von der sozialen Gruppe der Eltern durften die ANDEREN mich nicht ausgrenzen, … so dachte ich. Dann wäre ich endlich GLEICH. Ich würde mit anderen Frauen zur Geburtsvorbereitung gehen. Wir würden Bäuche vergleichen und winzige Kleidungsstücke ansammeln. Im Krankenhaus läge ich mit den anderen in einem Zimmer, bekäme Besuch, genau wie die. Ich hätte auch Leute, die zu mir gehören, das würde bestimmt so kommen. Ich würde am Kindergarten stehen, wie andere auch. Später würde ich mich mit anderen Eltern in Schulprojekten engagieren. Täglich säße ich mit kleinen und großen Menschen, die mich bestimmt lieben würden, an einem Tisch. Weil ich ja auch sehr nett zu denen wäre, gäbe es keinen Grund, mich zu verlassen. Und ich hätte endlich eine Familie!

Doch das Kinderkriegen stabilisierte mich auch noch auf eine andere Weise. Es machte mich erwachsen. Ich konnte mich nämlich in einem Punkt sehr auf mich verlassen: ich würde niemals „versagen“, solange ich für Kinder Verantwortung trug! Dieses Wissen um meine Zuverlässigkeit gab auch meiner eigenen Existenz ein Gefühl von Sicherheit. Heute weiß ich, dass es tatsächlich meine Kinder waren, die mein Leben in jungen Jahren vor der Selbstvernichtung gerettet haben.

Zum Thema Elternverantwortung, christliche Lehre und Hedonismus

Trotz meiner Weltfremdheit und Naivität besaß ich die Instinkte einer Löwenmutter. Im Gegensatz zu meinen Eltern hatte ich ein tiefes Bedürfnis, meine Kinder vor jeglicher Verletzung zu schützen. Niemand durfte sie bedrohen, kränken, ängstigen, geschweige denn nur ein einziges Haar krümmen. Ich verabscheue jede Gewalt gegenüber Kindern.

Bis heute ärgert es mich sehr, dass in den Zehn Geboten der Christen steht, dass Kinder ihre Eltern „ehren“ sollen! Wieso fällt es keinem gottgefälligen Menschen auf, dass da nicht steht: „Die Würde eines Kindes ist unantastbar!“. „Weil es dir machtlos

ausgeliefert ist, sollst du ihm nur dein Bestes geben!" „Lass das Kind in deiner verantwortlichen Liebe gedeihen, denn es kam ungefragt auf die Welt." Nun hat es ein Recht auf unseren Schutz. Es muss doch nicht seinen Eltern dienen! Die haben dafür zu sorgen, dass Angst und Gewalt fern von Kindern bleibt. Jedes Baby wird GUT und seelisch unversehrt geboren. Am liebsten würde es immer so bleiben. Kein Kind ist „schuld" daran, warum es Verhaltensstörungen entwickelt. Egal wie schlimm ein Kind erscheint, so spiegelt es doch nur die Probleme seiner Bezugspersonen wieder. Es gibt keine schlechten Kinder, daran glaube ich fest.
Wäre ich nicht gleich „als Heidenkind konzipiert" gewesen, so wäre ich alleine schon wegen der Beleidigung von Kindern aus der Kirche ausgetreten. Ich sehe darin eine Bestätigung, dass christliche Moral vor allem daran interessiert ist, in Menschen dumme Autoritätshörigkeit zu züchten. Wie abstrus scheint Ethik, die den Schutz von Kindern vergisst!

Pädagogischer Leitsatz aus dem Hedonismus

Ich sehe die Geburt in ein Leben als einen großartiges Geschenk an, das allerdings einen anspruchsvollen Auftrag an uns richtet. Der sagt, dass das Leben sinnlich und in seiner ganzen Fülle zu genießen sei. In meiner Ethik haben Eltern die Pflicht, ihren Kindern den Genuss am Leben als höchsten Wert der Dankbarkeit und der Verantwortung zu vermitteln. Natürlich müssen Eltern diese Haltung auch VORLEBEN! Das habe ich versucht.

Offenes Denken

Ich ehre das Leben in der Freude, die ich mir und anderen bereiten möchte. Mein hedonistisches Gebet ist ein jauchzendes Dankeschön für all die Schätze, die das Leben zu unseren Füßen legt. Falls wir in der Lage sind, hinzuschauen. Ich habe kein Interesse daran, das Leben zu kontrollieren. Ich mag es, dass es sowieso klüger ist als ich. Mich macht es nicht weniger sterblich, wenn so tue, als könnte ich „gottähnlich" denken. Meine begrenzte Lebenszeit möchte ich hauptsächlich MIT Gefühlen erleben. Ich bin davon überzeugt, dass der menschliche Geist reicher am Fühlen wächst als an bildungsbürgerlichen Vorstellungen vom „Wissen". Die Leistungsgesellschaft produziert vielleicht tüchtige, menschliche Automaten, aber das kann mich wirklich nicht interessieren.
Übrigens bin ich sicher, dass auch Dein Kopf nicht immer abgetrennt über Deinem Körper schweben mag! Er würde in guter Freundschaft mit seinem Körper noch viel besser denken! Probier's doch mal aus!
Das „abgesicherte Leben" ist für mich kein attraktiver Begriff. Munteres und selbstbestimmtes Hineinlaufen in „ungesicherte Ereignisse" schenkt die bessere Information. Das Unerwartete hilft, festgefahrene Bilder und Haltungen neu zu überprüfen. So wird Denken und Wahrnehmen zu einem kreativen Prozess und öffnet die weite Sicht auf die volle Schönheit des Lebens. Weil offenes Denken zu immer besseren Wahrnehmungsmöglichkeiten führt, kann auch das Altern ein lebhafter, sinnlicher Prozess werden. So fühle ich es jedenfalls.

Die schöne Umwelt als heilender Ort

Weil ich meine Kinder von klein an die Dankbarkeit für die Schätze des Lebens lehren wollte, bemühte ich mich trotz meiner eigenen seelischen und sozialen Einschränkungen in der Lebensfreude immer sehr, das Schöne und Lustvolle im Leben der Kinder zu fördern. Wegen der Entschlossenheit, für meine Kinder das Positive in allen Dingen herauszuheben, erschuf ich, sozusagen als Nebenergebnis, überall, wo ich lebte, „subkulturelle Oasen“. Durch die unbeirrbare Disziplin, meinen Kindern Heimat und Schutz in einem kindgerechten „Nest“ zu geben, wuchsen um mich Lebensräume heran, die auch für uns Erwachsene zu heilenden Orten wurden. Die pädagogische Verantwortlichkeit für meine Kinder und die Disziplin bewahrten mich vor dem Weg in die Sucht, in die Psychiatrie oder in den Selbstmord.
Bei dem letzten Satz fällt mir erst auf, wie weit ich mit meinem Ausflug in die ethischen Fragen meiner Ehe abgeschweift bin. Eigentlich weißt Du ja noch kaum etwas darüber, warum mein Leben oft so schwer war. Entschuldige, ich eilte der Zeit gerade weit voraus. Kehren wir jetzt wieder zu den letzten Jahren meiner Ehe zurück.

Warum machte mich das „normale“ Leben nicht glücklich

Herbert und ich lebten in Trier nur noch drei Jahre zusammen. Dort angekommen, dauerte es nämlich nicht mehr lange, bis schwere Symptome aus mir herausbrachen. Mir wurde nicht erspart, noch viele Jahre lang die Traumata meiner Kindheit wieder und wieder zu erleben, bis ich endlich Wege gefunden hatte, ihnen geschickter auszuweichen. Nach dem Auszug aus dem Elternhaus brauchte ich tatsächlich noch einmal zwanzig Jahre, bis ich über eine relativ stabile Lebensfreude verfügte.
Ich erinnere mich allerdings, dass ich auch schon in den frühen Ehejahren traurige Ahnungen hatte, dass irgendetwas nicht mit mir stimmte. Obwohl ich durchaus Nähe, Wärme und Vertrauen mit meinem Mann empfand, blieben meine Gefühle immer seltsam flach, als wäre eine dicke Glasscheibe zwischen mir und ihm. Alles Hauchen und Küssen änderte nichts an der schmerzhaften Kälte auf der Zunge, wenn ich die Isolation überwinden wollte.
Ich war eingesperrt. In mir.
Nach einigen Jahren gemeinsamen Lebens fragte Herbert mich einmal, warum ich ihm noch kein einziges Mal gesagt hätte, dass ich ihn liebe? Wahrheitsgemäß antwortete ich, dass ich schon echt begeistert davon wäre, dass wir beide so umgänglich und kooperativ zusammenleben könnten. Was jedoch andere vom tiefen Erglühen in der Liebe zu berichten hätten, könne ich in mir nicht vorfinden. Ich würde mich fragen, ob „wahre Liebe“ vielleicht überhaupt nur eine Erfindung der Literatur sei?

Als ich zum ersten Mal echte Liebe spürte

Angesichts solcher Zweifel kannst Du Dir bestimmt vorstellen, wie glücklich ich war, als ich in der Schwangerschaft mit Sven ein eindeutiges Liebesgefühl verspürte, das mich mit dem Baby in meinem Bauch verband. Es war das allererste Mal, dass ich so etwas Warmes, Tiefes und Inniges fühlte. Dazu kam die Hoffnung, das kleine Wesen würde mich auf gleiche Weise zurücklieben. Und das vielleicht für immer! Ach, wie glückselig dieses naive Bild einer Achtzehnjährigen!

Jedenfalls machte mich mein innerer Zustand derart froh, dass ich andauernd lauthals singen musste. Ich arbeitete damals in einem Fotolabor in der Dunkelkammer. Die Arbeitsräume waren nur durch Pappwände voneinander getrennt. Meine lieben Kollegen rissen sich über Wochen zusammen, um mein Glück nicht zu stören. Aber eines Tages sahen sie sich doch gezwungen, mit mir „darüber“ zu sprechen. Sie bedienten sich dabei ihrer allerweichsten Töne, um mich in freundlicher Weise zu bitten, ob ich nicht trotz meines großen Glücks etwas weniger singen könne!
Das Komische in meiner Familie ist nämlich, dass wir alle schrecklich falsch singen. Bei all den schönen Genen, die in uns verbreitet sind, wurde die Musikalität konsequent ausgespart. Die Folgen sind so schlimm, dass wir oft schweigen mussten, wenn wir im Schulchor hätten mitsingen sollen. Jetzt ahnst Du, was meine Kollegen in der Zeit meiner Schwangerschaft durchmachen mussten.
Ich hingegen erinnere mich an meinen Gesang so, als wäre meine Stimme in diesen Monaten wundersam von jedem Missklang befreit, nachtigallengleich zum Himmel in eine frohe Zukunft gestiegen. Sicher ist, dass ich nie schöner gesungen habe als damals!

Die Ankunft in Trier

Bei meiner Ankunft war ich dreiundzwanzig Jahre alt. Herbert sollte in das väterliche Geschäft einsteigen, damit er sich für eine spätere Übernahme einarbeiten könne. Wir bekamen eine riesige Wohnung in dem Geschäftshaus der Eltern. Sie wohnten selbst auch dort. Arglos freute ich mich auf mein „normales“ Leben.
Herbert hatte mir wunderbare Dinge über Trier erzählt. Dort gäbe es zwei ganz lange Straßen, die nur alleine dem Einkaufen dienten. Ein Geschäft läge neben dem anderen. Und alle Kaufhäuser wären da, die ich mir nur denken könne! (In Tübingen gab es damals nicht ein einziges Kaufhaus.) Im Geiste sah ich mich schon, bepackt mit endlosem „Glück in Plastiktüten“, durch die Straßen von Trier schlendern.
Doch noch viel schöner als dies alles stellte ich mir vor, wie es wäre, bald nur noch Mutter zu sein. Endlich, endlich dürfte ich wie andere Mütter den Kinderwagen schieben und mich den ganzen Tag der Hausarbeit widmen. Dazwischen gäbe es Kaffeepausen mit meinem Mann. Abends würde ich ihn mit netten Gesten überraschen. Im neuen, weiß gestrichenen Schlafzimmer stand ein neues französisches Bett. Das würde unserer Ehe bestimmt erotischen Auftrieb geben. Hatten wir „braven Eheleute“ uns das nicht ehrlich verdient?
An den Wochenenden würde ich besonders liebevoll Essen zubereiten und interessante Kuchenrezepte ausprobieren. Natürlich wollte ich die Schwiegereltern zum Essen einladen. Für mich war klar, zu meinem neuen, normalen Leben bekäme ich mit Herberts Familie eine „normale“. Verwandtschaft. Was ich mir nur angenehm vorstellte.
Tatsächlich gaben sich die Schwiegereltern größte Mühe, uns die Ankunft in großzügiger Weise leicht zu machen. Wir brauchten keine Miete, kein Wasser und keinen Strom, weder Telefon noch Benzin zu bezahlen. Wir bekamen ein knallgelbes Auto geschenkt, das so schön aussah wie Osterglocken. Und vor unserer Ankunft war die Wohnung perfekt renoviert worden.
Stell Dir das so vor: Die Schwiegereltern legten mir eine Reihe dicker Kataloge vor. Mit einem Fingerzeig durfte ich aussuchen, was ich alles haben wollte.
Die geräumige Fünfzimmerwohnung wurde komplett mit neuen Teppichböden ausgelegt, das Schlafzimmer in jugendlichem Chic möbliert. Die Küche wurde zu einer „Or-

gie“ von Statussymbolen, die sich damals nur Privilegierte leisten konnten. Ich bekam einen programmierbaren Einbauherd, eine Geschirrspülmaschine, eine Bügelmaschine, meterweise Einbauschränke und eine gemütlich gepolsterte Sitzecke. Doch am allerliebsten waren mir Badezimmerkataloge. Nur das Feinste von Villeroy und Boch stand zur Wahl. Ich entschied mich für ein Bad mit türkisblauen Ornamentkacheln, die vom Boden bis zur Decke reichten. Dazu zwei Waschtische, einen für die Dame und einen für den Herrn, eine Duschkabine und eine große Badewanne. Klar, durfte eine extravagante Toilette nicht fehlen und, Du glaubst es nicht, als Krönung des Ganzen ein Bidet, was schon immer mein Traum war! Nun war ich völlig sicher, dass ich fortan nur noch glücklich sein würde!
Das Wohnzimmer, das Arbeitszimmer und die Kinderzimmer richtete ich stilgerecht mit den Antiquitäten ein, die mir meine Mutter aus den Schätzen ihrer Familie geschenkt hatte. Auf Flohmärkten sammelte ich Ölbilder, alte Stiche, Gläser und Porzellan, um der Wohnung eine würdige Atmosphäre zu verleihen. Die Biedermeierkultur, mit der ich mich umgab, empfand ich deshalb spontan als Heimat, weil ich in diesem Wohnstil aufgewachsen war.

Und nun, zu guter Letzt, muss ich Dir gestehen, dass die gesamte Vorderseite dieser Prachtwohnung mit einer Vorhangfront verschlossen war. Schneeweißer Prunk von einer Seite zur anderen, von oben bis unten. Nirgends eine winzige Lücke. Das war die einzige Gestaltungsbedingung meiner Schwiegermutter, der ich mich zu fügen hatte. VORNE bestimmte sie alleine. Ihrem normentreuen Lebens- und Denkstil entsprechend war sie der Meinung, dass ich von nun an keinen AUSBLICK mehr bräuchte. Blindes Funktionieren würde reichen. Hinter der Front unendlicher Meter schnurgerader Senkrechtfalten (oder waren es Gitterstäbe?) sollte ich den Beweis liefern, dass ich eine „normale“ Frau sei. Was ich genau so vorhatte.
Doch warum wurde ich plötzlich ganz furchtbar depressiv?
Ich fange mit einer meiner Eigenheiten an, meinem Problem mit Sprache und Kommunikation. Während ich in Tübingen völlig eingebettet in die kraftvolle Kommunikation meiner Mutter lebte, stürzte kommunikative Leere in Trier völlig unerwartet auf mich herab. Da war kein Mensch weit und breit, mit dem ich in der Weise reden konnte, wie ich es im Kontakt zu meiner Mutter gewohnt war. Die Einsamkeit, die ich in einem Leben ohne Sprache empfand, bereitete mir einen solchen Schmerz, dass ich mit Selbstmordgedanken darauf reagierte. An meine ersten Spaziergänge am Moselufer erinnere ich mich nur ungern. Das sind Bilder einer jungen Frau, die völlig verzweifelt aussieht, während sie einen Kinderwagen vor sich herschiebt und ein älteres Kind hinter sich herzieht. Sie kann nicht mehr mit den Kindern sprechen, weil sie zwanghaft darüber nachdenken muss, wieso es schwer erscheint, zu sterben, wo es offensichtlich unerträglich ist, „normal“ zu leben. Aber ich war zu feige zum Sterben. Also hielt ich weiterhin alles aus. Und warum diese Einsamkeit?
Stell Dir einfach vor, dass ich über zwanzig Jahre sehnsüchtig darauf gewartet hatte, ein willkommener Mitmensch unter ANDEREN zu sein. Mein warmes Herz suchte Kontakt und Nähe. Ich mochte die Menschen und glaubte fest an meine Ankunft in ihrer Mitte, ... in Trier.
Doch da ich von dem Denk- und Sprachstil meiner Mutter einseitig trainiert war, konnte die Sprache nur eine Falle für mich werden. Sobald ich in meiner neuen Umwelt von gutbürgerlichen Menschen nett plaudern wollte, taten sich Abgründe auf. Mir war der „Small Talk“, der in einer Gesprächsrunde zur gemeinsamen Entspannung dient, gänzlich unbekannt. Draußen diskutierten meine Eltern vielleicht mit anderen Intellektuel-

len, aber sie plauderten niemals. Nett waren sie nicht und höflich auch nicht. Sie waren kunstvolle Selbstdarsteller, die ihre Gegenüber in der Regel begeisterten. Natürlich dachte ich auch, dass ein Gesprächsbeitrag immer eine qualitativ hochwertige Selbstinszenierung sein müsse. Also benutzte ich die Sprache genau wie meine Mutter. Ungefragt gab ich zu jedem Thema fundiert untermauerte, geistreich geschmückte Stellungnahmen ab. Ich dachte, es sei das richtige Verhalten, um geliebt zu werden. So kam es aber nicht. Ich bemerkte eher ein Erblassen und Verstummen in der Runde, während ich sprach.
Erst Jahre später half mir mein Beruf, Kommunikationsfallen zu erkennen und zu vermeiden.
Hier kann ich es mir nicht verkneifen zu erwähnen, wie gerne ich DIR zuhören würde, wenn Du etwas von Dir erzählen wolltest! Es wäre mir eine Ehre und ein großes Vergnügen.

Zurück zu den Problemen bei meiner Ankunft in Trier.
Mich brachte die Sprache der ANDEREN wirklich zur Verzweiflung. Ja, ich hatte mir die Welt ganz anders vorgestellt. Sie war nicht so, wie ich es in den Büchern gelesen hatte.

Stell Dir vor, wie ich auf dem Spielplatz saß, begehrlich nach Kontakt mit anderen Müttern äugte und, ... fassungslos bemerkte, dass sich die Frauen neben mir auf der Bank tatsächlich über Waschmittel, Windeln und Kinderärzte unterhielten. Ich hätte vorher geschworen, dass so ein Frauenbild nur eine Erfindung böser Werbespots sein könne, die Frauen diffamieren sollen. Jetzt waren die echt! In behäbiger, selbstgefälliger „Dummstellerei" hockten sie auf den Bänken und blubberten „Muttergespräche" heraus, knurrte die Muttertochter böse in sich hinein. Ich wechselte sofort die Bank.
Auf den Festen der Schwiegereltern lernte ich deren Freunde kennen. Trierer Geschäftsleute, die stolz ihre großbürgerlichen Privilegien beschrieben. Was sie sich alles leisten könnten. Man sprach über die letzte Reise auf dem Luxusdampfer, über neue Bauvorhaben, über jüngste Anschaffungen, die teuer waren. Plötzlich wurde mir bitter klar, wozu uns die Schwiegereltern so „luxuriös" ausgestattet hatten. Wir waren Statussymbole, die zu der Inszenierung gehörten, die bei geselligen Treffen mit den „Freunden" in andauernder Konkurrenz ausgetragen wurden. Die „Erfolge" der Kinder wurden ständig verglichen, um die Position der Eltern zu erhöhen. Dabei galten „gebildete" Titel als die höchsten Treffer. Weil Herbert und ich damit nicht glänzen konnten, mussten wir materiell „aufgepeppt" werden. Wir waren also zu Statisten im Lebensentwurf meiner Schwiegereltern geworden.
Dummerweise hatte ich aber von meinen Eltern gelernt, dass Menschen zu verachten seien, die sich über Reichtum darstellen. Die wären böse, weil sie ihr Geld sowieso nur anderen Menschen weggenommen hätten. Oder sie haben „geerbt", ein Wort, das von meinen Eltern nur mit angewidertem Ton ausgesprochen wurde. Eine meiner Schwestern, die zur Zeit meiner Ankunft in Trier Aktivistin in der aufblühenden Studentenrevolte war, erklärte mir am Telefon, dass sie wenig Interesse hätte, mich in der neuen Wohnung zu besuchen. Schließlich hätte ich in die soziale Gruppe „eingeheiratet", welche von der Ihrigen „an den Laternen aufgeknüpft" werden sollte. Da war ich echt geknickt.
Von allen Seiten unverstanden verstummte ich mehr und mehr. Ich wollte meine neue Familie gar nicht verachten, ich hatte mich doch auf sie gefreut! Meine Herkunftsfamilie brachte bekanntlich ohnehin nur spärliches Interesse an mir auf. In dem Kon-

flikt zwischen zwei weit auseinanderliegenden Subkulturen fand ich alles, was ich erlebte, nur peinlich.
Meinen Mann wollte ich nicht gegen die ANDEREN aufhetztten. Im Zusammenleben mit meiner Mutter hatte er sich gut gefügt. Jetzt war ich dran. Und was hätte ich davon gehabt, wenn er sich für Eltern schämt, die doch bisher nur „nett" zu uns waren?
Also verdrängte ich alles. In mir wuchsen nebligen Wände heran. An manchen Tagen fehlte mir die Luft zum Atmen, so sehr fühlte ich mich zu Boden gedrückt. Und immer wieder diese Selbstmordgedanken.
Einmal besuchte mich meine Mutter. Die Schwiegereltern luden zu einem prächtigen Mahl mit gutbürgerlichem Protz ein. Das war ein Angebot. Meine Mutter benahm sich, wie zu erwarten, schlecht. Mit provozierender Freude schoss sie ihre treffsicher vernichtenden, ätzenden Bemerkungen über das „Gartenzwergdenken" los. Brütende Stille breitete sich über dem Esstisch aus. Ich schämte mich für alle zusammen.
Wo war mein Glück geblieben? Die Hoffnung? Die Lebensfreude? Wo waren meine Engel? Verarscht, verarscht war ich. Sonst nichts.

Auf der Suche nach meinesgleichen

In meiner Not begann ich, in politischen Gruppen nach Menschen zu suchen, von denen ich mir mehr Nähe erhoffte, weil es im Rahmen gemeinsamer Ideale vielleicht leichter für mich wäre, mit ihnen zu sprechen. Stark links sollten sie sein, gerne noch „wild und frei"!
Den ersten Besuch machte ich bei der DKP. Das Wort „Kommunismus" war in meiner Familie ein hoch angesehener Begriff gewesen. Aber oh weh, selbst dort grinste die Mama in meinem Gehirn böse in die Runde. Diese netten Menschen verbreiteten zwar eine für mich angenehm familiäre Stimmung, aber was trugen die denn da Hässliches auf ihren Köpfen? Rote Gartenzwergmützen! Rot wäre ja gut, aber doch bitte nicht „spießig"! Wenigstens lernte ich in der Gruppe meine erste langjährige Freundin kennen. Han-nah. Gemeinsam wanderten wir in den folgenden Jahren durch die ganze Palette feministischer Fragestellungen. In Wärme und Herzlichkeit teilten wir Freud und Leid auf den verschiedenen Stationen unseres gemeinsamen Wegs.
Bei einem Treffen der DKP begegnete mir auch der erste, bunt leuchtende „Zukunftsstrahl" auf eine Szene, die AUSSTEIGERKULTUR, die wenig später meine neue Heimat wurde. VERA war die erste Frau aus dieser Subkultur, die mir wie eine wundersame Erscheinung der neuen Art ins Auge sprang. Sie machte zufällig am selben Tag einen Besuch bei der DKP wie ich. Ich traute meinen Augen kaum, als ich mitten in der rotbemützten Gemütlichkeit ein sehr junges Mädchen erblickte, das selbstbewusst über irgendetwas sprach. Sie trug eine völlig durchsichtige Bluse, die das Göttliche eines sehzehnjährigen Busens provozierend in die politische Mitte trug. Das fand ich mutig. Die Muttertochter in mir jubelte, ... ich erahnte eine Perspektive für mich. Irgendwo musste es einen anderen Menschenschlag geben, Menschen, die so wären wie ich, ... so hoffte ich. Ich wollte sie suchen. Und fand sie auch.

Bunte Gestalten auf der Straße

Wundersame Glücksgefühle ereilten mich, wenn ich, mit Plastiktüten behangen und meinen Kinderwagen schiebend, darin ein Baby und oben drauf eine Zweijährige, den

Fünfjährigen an der Hand hinter mir herziehend, durch die Innenstadt trottete und auf weitere der erfreulichen „Erscheinungen“ stieß. Da saßen nämlich Gestalten am Straßenrand, die ich nie zuvor gesehen hatte. Vor sich hatten sie bunte Tücher ausgelegt. Darauf lag Schmuck, den sie an Passanten verkauften. In bunte, patchworkartig übereinandergezogene Kleider gehüllt, warfen sie wilde, freche Blicke in die Gegend. Die Männer hatten lange, lockige Haare wie Engel. Sie trugen Armbänder und auffällige Ketten am Hals. Sie hatten ein breites Lächeln im Gesicht und klimperten auf Instrumenten. Die Frauen trugen Opaunterhemden, schrill bunt gefärbt wie Ostereier. Motorradlederjacken wurden lässig über Blumiges, Seidiges und Nacktes geworfen. Mir gefielen das Weibliche an den Männern und das Wilde an den Frauen sehr. Ganz sicher waren diese Erscheinungen über jeglichen „Gartenzwergverdacht“ erhaben. In meinem inneren Jubel glaubte ich, ich hätte meinesgleichen gesehen. Sprechen konnte ich mit diesen „Erscheinungen“ jedoch so wenig wie mit anderen Leuten, aber ich fühlte etwas Neues auf mich zukommen. Hoffnung.

Ich lese wieder

In einem Fernstudium der pädagogischen Psychologie hatte ich über Hospitalismus in Heimen gelesen. Die Diskussionen über neue Erziehungskonzepte interessierten mich brennend. So stieß ich auch auf die Literatur über die Alternativkultur. Ich verschlang alles, was ich finden konnte. Die Bücher machten mich mit „Kommunenleben“ und „antiautoritärer Erziehung“ bekannt. Diese neue Welt erlebte ich sofort als meine eigene. Mir war, als hätte ich ganz viele Geschwister bekommen, mit denen ich bald ganz toll würde spielen können ...
So kam es auch. Toll war es nicht immer. Aber ganz genau mein Leben!
Aber noch war ich mit Herbert verheiratet.
Auf dem Weg durch die organisierte Linke war ich bei den Jusos hängengeblieben. Parteipolitik interessierte mich eigentlich nicht wirklich. Aber aus der Jusogruppe schälte sich bald eine Elterninitiative heraus, die den ersten und einzigen Kinderladen in Trier eröffnete. In diesem Projekt fand ich meine erste politische Heimat. Im Kinderladen fusionierte die größere Gruppe der bürgerlichen Linken, meist Pädagogen, mit einer kleinen Gruppe der Trierer „Straßenanarchos“, wie ich die damals entstandene „Urgruppe“ gerne nannte. Durch den Kinderladen lernte ich die „Erscheinungen“ bald sehr nah kennen.

Lass uns abhauen

So, jetzt erzähle ich Dir zum Abschluss noch, wie meine angeheiratete Familie hilfreich dazu beitrug, meine Ehe zu beenden. Wie Du Dir denken kannst, erschien ich den Schwiegereltern schon kurz nach meiner Ankunft als gefährlich unkontrollierbar und andersartig.
Einmal fand mein Schwiegervater „ganz zufällig“ in meiner Post die Beitrittserklärung zu den Jungsozialisten. In heller Empörung zitierte er mich vor den Riesenschreibtisch in seinem Chefbüro. Ohne dass er glaubte begründen zu müssen, wieso er meine Post gelesen hatte, drohte er mir ernsthaft, dass wenn ich mich weiterhin in dieser Art schlecht benähme, denn ein Mitglied „seiner“ Familie habe CDU zu wählen und sonst gar nichts, müssten Herbert und ich das ganze Geld zurückzuzahlen, das sie in den

letzten Jahren „in uns gesteckt" hätten. Tatsächlich hatte er jeden Betrag genau notiert. Er las es mir vor. Es war in der Tat eine hohe Summe.
Aber ich hörte ihm gar nicht weiter zu. Wortlos stand ich von meinem Stuhl auf, nahm sämtliche Bilder von den Kindern und mir von den Wänden und eilte schnell in meine Wohnung. Dort erklärte ich meinem Mann sehr aufgeregt, dass wir sofort fliehen müssten. Wir würden nämlich erpresst und manipuliert!
Herbert beruhigte mich in seiner liebevollen, diplomatischen Art und klärte mich auf, dass das Verhalten seiner Eltern in der bürgerlichen Welt völlig normal sei. Es sei dort üblich, die Kinder mit materieller Unterstützung lebenslang zu manipulieren. Das würde auch bei ihm gut wirken. Er sei dadurch nämlich so feige und bequem geworden, dass er sich gar nicht in der Lage sähe, das Gewohnte zu verlassen. Er könne deshalb nicht mit mir fliehen. Er müsse bleiben. Aber er wisse im Grunde schon länger, dass ich in seiner Familie immer unglücklich bleiben müsse, weil ich einfach so ANDERS wäre. Obwohl es ihm viel ausmachen würde, mich und die Kinder zu verlieren, wolle er mich aber nicht im Unglück festhalten. Falls ich wirklich weggehen wolle, würde er sich mir nicht in den Weg stellen. Er wolle für immer mein Freund bleiben.

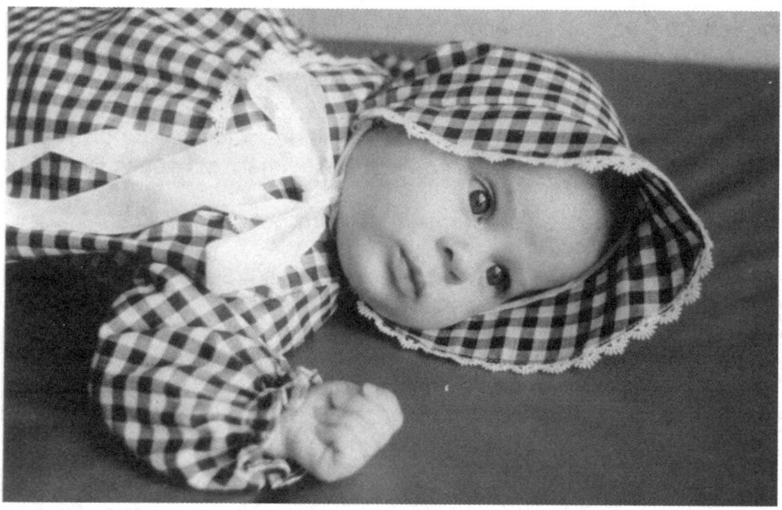

LARA

Obwohl ich gerade erst mein drittes „Eherettungskind", die liebe LARA, bekommen hatte, plante ich nach diesem Ereignis endgültig den Absprung vom bürgerlichen Lebensplan.

Im nächsten Brief werde ich Dir erzählen, wie es dazu kam, dass ich wenige Monate später ohne jede Absicherung in ein neues Leben sprang. Mit sechsundzwanzig Jahren begann das Leben für mich, das ich trotz all seiner Probleme immer als MEINES empfunden habe. Bis heute. Alles, was vorher war, war etwas, das ich „aushalten" musste. Ich hatte es nicht gewählt und nicht entschieden.
So, ... dieser Brief wäre geschafft!

Es ist schon spät am Abend. Ich freue mich auf nächste Woche, wenn wir uns noch einmal treffen. Mit Dir reden ist viel schöner als Briefeschreiben.

Bis bald.

Nelly

Brief - April 2005

Die Kinderladengruppe, erste Kontakte zur Aussteigerszene

Lieber Freund!

Ach, war das schön, Dich zu treffen!
Mir gefällt die Leichtigkeit in unseren Gesprächen.
Es hat mich beruhigt, dass Du mir erneut versichert hast, dass Du Dich durch meine Briefe nicht belästigt fühlst. Natürlich erwarte ich nicht, dass Du mir ausführlich antwortest. Mir reicht die respektvolle Aufmerksamkeit, die Du mir entgegenbringst.
Die intensive Art, wie du Menschen betrachtest, fasziniert mich jedes Mal neu und macht mich gleichzeitig verlegen. Mit Deiner Zurückhaltung sorgst Du gut dafür, dass ich nicht hinter das Dunkel deiner Augen schauen kann. Deshalb macht es mir manchmal sogar ein wenig Angst, wenn Du mir mit einem Blick wie ein Raubvogel am Himmel, der ein Mäuschen erspäht hat, folgst.
Nun bin ich aber absolut kein Mäuschen, ... schiebe deshalb locker das Bild beiseite und recke mich in Augenhöhe zu Dir. Ich freue mich auf den Austausch mit einem Mann, der ebenso stark ist wie ich. Ich bin richtig gespannt, wer Du wirklich bist ...
Weil es wahrscheinlich länger dauern wird, bis wir uns wieder treffen, erzähle ich Dir in der Zwischenzeit die nächste Geschichte.

Heute wirst Du Florian kennenlernen, mit dem mich eine dramatische Liebe verband. Ich war sechsundzwanzig Jahre alt, als wir uns kennenlernten. Florian war dreiundzwanzig. Wir waren dreieinhalb Jahre zusammen. Am Ende der Beziehung kam unsere Tochter Jessica zur Welt.
Diese Liebesbeziehung hat mich tief geprägt. Bis heute lebt sie in mir wie ein Feuer, das mit seiner Energie alle Entwicklungsstufen meines späteren Lebens mitbestimmt. Die Liebe zu Florian war die Basis meines schöpferischen Aufbruchs in ein revolutionäres Leben, das ich auch nach dem Ende unserer Beziehung in den gemeinsam entwickelten Idealen weiterlebte. Florian und ich lernten uns über das Kinderladenprojekt kennen. Eine unserer Kindergärtnerinnen lebte mit Florian zusammen in einer Kommune. Als ich die Gruppe einmal besuchte, begann unsere Beziehung. Doch vorab einige Informationen über den Kinderladen.

Die Kinderladengruppe

Die Kinderladengruppe steckte zu der Zeit, als ich Florian kennenlernte, in einer chaotischen Phase. Unsere naiven Experimente mit neuen Liebeskonzepten ließen die Ehen der Reihe nach zusammenbrechen. Wir Frauen waren aufmüpfig geworden. In vielen Gesprächen bestärkten wir uns gegenseitig darin, die Altlasten des Patriarchats zu verdammen! Wir waren jung und hatten nicht die geringste Absicht, unseren Männern zu dienen. Wir wollten viel Neues erleben. Keinesfalls brav sein. Kämpferisch stellten wir die Kleinfamilie infrage. Einige meiner Freundinnen begannen neben ihrer Ehe, die Idee der sexuellen Selbstbestimmung zu praktizieren. Die ungeübten Hauruckmethoden der frühen „Eros-Aktivisten“ führten zu Stress und zur Überforderung aller Beteiligten. In der Folge trennten sich fast alle Paare aus der Gruppe. Die tradi-

tionelle Kleinfamilie wurde durch die Idee der Wahlfamilie abgelöst, wobei auch die getrennten Elternteile gleichberechtigt in der großen „Gemeinschaft Kinderladenprojekt“ integriert blieben. So erlebten unsere Kinder diese Trennungen eher als Umzüge in andere Wohnungen, während die Menschen um sie herum nicht plötzlich „weg“ waren. Pflicht war, dass alle Elternteile gleichermaßen in der Gruppe aktiv mitarbeiten mussten, egal wie die jeweiligen Liebeskonstellationen aussahen. Der Kinderladen war in allen Aufgaben selbstverwaltet. Die Eltern trugen die gesamte Verantwortung. Jeder Elternteil musste wöchentlich Dienst im Kinderladen machen. Männer genauso wie Frauen. Man konnte wählen zwischen Kochen und Putzen oder in der Kinderbetreuung mitarbeiten. Ein Elternabend in der Woche diente der Beziehungs- und Konzeptdiskussion sowie der Organisationsplanung. Natürlich entstand bei dieser Kontakthäufigkeit unter allen eine lebendige Gruppendynamik. Unsere stärkste Seite bestand in unserer Zuverlässigkeit und Treue zum Gemeinschaftswesen, das trotz aller Krisen ein heimatlicher Rückhalt für Erwachsene und Kinder blieb.
Obwohl mir das politische Ideal der freien Liebe schon von meinen Eltern her bekannt und sympathisch war, drängte es mich keineswegs in die Praxis. In der depressiven Grundstimmung, die mich seit der Umsiedlung nach Trier beherrschte, fühlte ich mich ohnehin weit entfernt von erotischen Gelüsten. Ich schaute dem Treiben meiner Freunde zu, ohne dass ich den Drang verspürte, „mitmachen“ zu müssen. Auf Gruppenzwänge und kollektive Normenbildung habe ich immer sehr autonom reagiert. Ich folgte nur meinen eigenen Wahrnehmungen und traf selbstgewählte Entscheidungen. Dank meines freidenkerischen Großvaters fühlte ich mich in keinem Lebensalter verpflichtet, irgendetwas nachzumachen, was andere gerade als „neue Wahrheit“ ausriefen.
Doch eines Tages lockte mich das Leben mit einer unerwarteten Überraschung in das Treiben hinein. Meine beste Freundin in der Gruppe fragte mich bei einer gemütlichen Tasse Kaffee plötzlich, ob ich etwa sexuell „behindert“ sei? Bei mir liefe ja gar nichts Spannendes mit Männern und so ... Das saß! Ich war getroffen.
... Da habe sie sich schon etwas „Nettes“ für mich ausgedacht, ... setzte meine Freundin das Gespräch mit einem charmanten Lächeln fort ... Sollte ich meine Rückständigkeit etwa mit „Üben“ verringern wollen, wäre sie gerne bereit, mir für solch eine hehre Aufgabe ihren Liebhaber auszuleihen ... Sie würde inzwischen auf meine Kinder aufpassen, damit ich etwas Ruhe bei der Sache hätte. Bei aller Überraschung ... das klang doch total nett!

Frauensolidarität als Basis des erotischen Aufbruchs

Außerdem war ich sofort von der Idee begeistert, dass Frauen in der Lage sein könnten, durch mutige und intelligente Solidaritätskonzepte das Patriarchat zu unterwandern oder gar aufzulösen! Bis zum heutigen Tag löst dieser Gedanke das größte Freudenfeuer in mir aus, das mein Körper überhaupt zu empfinden vermag. Ich liebe die Utopie, in der es mit einer echten Solidarität unter Frauen sehr einfach wäre, den Männern die unerwünschte Macht zu nehmen. Die Macht des Patriarchats lebt nämlich davon, dass Männer sich gegenseitig schützen und verteidigen, sobald die gemeinsamen Vorteile ihres Patriarchats angegriffen werden. Ein nützliches Prinzip! Das könnten wir Frauen theoretisch genauso gut machen. Doch sind wir leider noch lange nicht so weit. Ich möchte das an einem Beispiel verdeutlichen.

Über das bürgerliche Fremdgehen

Die Frauen:
Ein Ehemann liegt mit seiner Geliebten im Bett, die er für sich begeistern möchte. Er wird ihr sagen, wie geil der Sex mit ihr wäre ... wogegen die Freude an der Ehefrau schon jahrelang hinüber wäre. Man sei nur noch wegen der Kinder zusammen, sonst wäre da „gar nichts" mehr.
Die Geliebte sagt dazu keineswegs, er solle sofort aus ihrem Bett verschwinden, denn ein Mann, der die Frau, mit der er hundert Tage und Nächte geteilt hat, noch immer nicht wirklich WAHRNEHMEN kann, hätte zwischen ihren Schenkeln schon gar nichts zu suchen!
Nein, nein, im Gegenteil, die Geliebte seufzt recht zufrieden in sich hinein. Sie wittert ihre große Chance ..., die nahende Erfüllung eines Versprechens, dass Frauen weltweit in einem beliebten Märchen kultivieren. Darin heißt es, es gäbe für jede Frau, verborgen in einem unsichtbaren Safe, einen Prinzen, der nur ihr alleine versprochen sei. Kaum nennt ein munteres Fröschlein die Geliebte in seinen Armen „Du, meine einzige, allerschönste, wunderbarste Prinzessin!", glaubt sie, der Safe wäre geknackt. Bereitwillig nennt sie den Liebsten auch nur noch „Prinz", und dann nimmt das Märchen seinen Lauf.
Die Erniedrigung ihrer Vorgängerin ist der willkommene Beweis dafür, dass sie jetzt die Hauptrolle in der großen Romanze bekommt.

Die Männer:
Eine Ehefrau liegt mit ihrem Geliebten im Bett, den sie für sich begeistern möchte. Auch sie sagt, dass der Sex mit ihm so unglaublich sei, wie sie es bisher noch nie erlebt hätte. Doch wehe, wenn sie anfängt, des Ehemannes körperliche Ausstattung zu schmähen. Das mag der Geliebte gar nicht. Die Demütigung anderer Männer verschafft Männern keinen Kick.
Wenn die Ehefrau ihrem Geliebten dann auch noch genüsslich schildern will, wie außerordentlich trickreich sie ihren Mann belügt, geht er auf misstrauische Distanz. Sagt sie zu guter Letzt noch, der Gatte sei bestenfalls noch zur „Absicherung" zu gebrauchen, ansonsten sei die Beziehung höchstens ein gelangweiltes Gähnen wert, dann schaut der Geliebte schon zur Tür. Er freut sich nicht an der Entwürdigung eines Rivalen, denn er bezieht sie auch auf sich selbst. Indem der Geliebte die kollektive Ehre des Patriarchats verteidigt, stellt er die Macht der Männerbünde klug in den Vordergrund. Durch deutlichen Rückzug zeigt er der Dame, dass er mit ihr kein verächtliches Bündnis gegen andere Männer eingehen wird.

Erste Übung in freier Liebe

Ach wie schön wäre es, wenn auch die Frauen darüber nachdächten, wie die erotische Fülle ihr Leben bereichern würde, wenn sie in Solidarität teilten, was ihnen ohnehin nicht „gehört". Für dieses Lieblingsideal hätte ich damals wie heute Wüsten durchwandert!
Doch zurück zum Angebot meiner Freundin. Von wegen Wüste, hier ging es um eine durchweg angenehme Mutprobe. Her damit! Und, du wirst es nicht glauben, zu allem Überfluss hatte dieser Liebhaber auch noch ein edles römisches Profil, mandelförmige Glutaugen und schwarze Locken! Wer hätte hier gezögert?

Bald trafen wir drei uns zu einem Entscheidungsgespräch. Die Freunde brauchten nicht lange, um mich davon zu überzeugen, dass nur praktische Übungen in der Lehre des „Hedonismus“ mich von meinem gravierenden Mangel an Bildung in der griechischen Kultur befreien könnten. Klar wollte ich mich neben dem revolutionären Aktionismus auch gerne im Studium der griechischen Ethik verbessern. Also los!
Ach, welch eine Fülle an aufregender Erlebnisqualität kam auf mich zu, wenn die Musik von Janis Joplin in meinen Körper zog, während sie mit ihren leidenschaftlichen Schreien meine Eingangsübungen zur sexuellen Revolution begleitete. Doch der entscheidende Befreiungsschlag für meine eingesperrte Person fand in dieser Übungsaffäre noch nicht statt. Meine Freunde mochten mich zwar als Statistin in ihren eigenen erotischen Spielen, aber sie scheuten den Aufbruch in ein gemeinsames Wachstum.
Von der politischen Klugheit unserer griechischen Vordenker, die uns ernst gemeinte Entwürfe über FREIE LIEBE überliefert hatten, rieselte wenig auf unsere Anfängerübung herab. So versandete die gemeinsame Freude recht bald in der irdischen Begrenztheit der Ungeübten. Mir blieb die große Freude, dass mein Eros zum Leben erwacht war. Meine Engel hatten es sofort bemerkt und beschlossen, dass es an der Zeit sei, mir einen Mann für den großen Sprung an die Seite zu stellen. Sie öffneten die Tür für die geniale Figur FLORIAN, der mir half, mein neues Leben zu gebären.

Florian kommt

Wenn unsere Liebe auch tragisch endete, so bleibe ich dem Mann doch immer dankbar dafür, dass ich durch die Kommunikation mit ihm unerwartete Schätze in meinem Gehirn entfalten konnte. Einige Erkenntnisse meines erwachenden Geistes blieben für mich bis heute richtungweisend und wertvoll wie funkelnde Sterne am Nachthimmel. Den Lebensweg, den ich mit Florian begann, erlebte ich durchgehend als selbst gewählt und selbst verantwortet. Darauf bin ich stolz. Ich mag mein Leben sehr.

Meine Suche nach Gemeinschaft findet eine große Liebe

Bevor ich Florian kennenlernte, hatte ich meine Flucht aus der bürgerlichen Ehe schon konzeptionell geplant. Ich wollte nicht mehr in einer Kleinfamilie, sondern in einem „Gemeinschaftswesen“ leben. Darunter stellte ich mir ein Projekt vor, das eine Lebensgemeinschaft mit einer Mischung unterschiedlicher sozialer Gruppen aufbauen würde. Dort hätten alleinstehende Mütter, alte Menschen, Menschen aus Randgruppen und Paare, die neue Lebenskonzepte ausprobieren wollten, Freude am solidarischen Zusammenleben. Sie würden sich in einer Art Nachbarschaftshilfe gegenseitig unterstützen, was für alle von großem Vorteil wäre. So lautete die Zielvorstellung.

Während ich also mit den ersten Entwürfen meiner „Weltveränderungsideen“ im Rahmen unseres Kinderladens experimentierte, machte Florian seine ersten Revoluzzerschritte in der jungen Anarchoszene, die sich gleichzeitig in Trier zusammengefunden hatte. Er lebte schon einige Zeit mit seinen Freunden in der historisch neuen Form von Lebensgemeinschaft, die damals unter dem Begriff KOMMUNE bekannt wurde. Da ich für die Entwicklung meines Zukunftsprojekts die Erfahrung von Menschen heranziehen wollte, die schon Praxiserfahrung im Gemeinschaftsleben hatten, besuchte ich eines

Tages Florians Kommune, um von den Leuten zu lernen. Nach einem netten Geplauder in seiner Gruppe fuhr mich Florian nach Hause.

Als wir im Auto saßen, erzählte ich ihm von meinen eigenen Projektideen. Schnell verwickelten wir uns in eine spannende Diskussion über Ziele und Methoden der Gemeinschaftsgründung. Das Herumspielen mit neuem Gedankengut, das Gestalten utopischer Projekte, die wir im Selbstversuch in die Praxis umsetzten, blieben später in unserer Partnerschaft unsere produktivsten Lieblingsspiele. Mit tiefer Leidenschaft für soziales Engagement suchten wir den Weg zur REVOLUTION. Florian und ich lehnten die traditionelle Spaltung zwischen Theorie und Praxis, zwischen Kopf und Herz ab. Wir wollten das NEUE auch mit unserer Haut, unseren Händen, unseren Nasen und unsren Lippen erfassen. Wenn zu allem Überfluss die Erotik auch noch mitmischen wollte, begrüßten wir sie als eine Bereicherung unserer revolutionären Energie.
In stundenlangen Gesprächen verglichen und bewerteten wir historisch bekannte Konzepte. Weil wir jung und wild waren, erfanden wir sofort unsere eigenen Projekte dazu. In unserer jugendlichen Arroganz waren wir nämlich sicher, dass wir ohnehin alles besser machen würden als die „Alten". Also legten wir gleich los. Wir wollten keine Zeit verlieren, denn es galt ja, eine ganze Welt zu verändern!

Die mühelose Leichtigkeit, in der zwischen Florian und mir kreativer Gedankenaustausch floss, erlebten wir wie den Tanz zweier Vögel, die mit dem Wind spielen, während sie die schöne Welt von oben betrachten. Utopische Gedanken sprudelten aus uns heraus wie Kunst.

Während andere Menschen uns in unserer großen Lust am Denken oft als „anstrengend" empfanden, genossen Florian und ich das Schöpferische in der Kombination unserer Denkstile sehr. Es eröffnete für uns Welten vielseitiger Wahrnehmung. Auch hatten wir großen Spaß an ausgefeilter Metakommunikation, mit der wir alles Erlebte diskutierten, prüften und neu entschieden. Die geistige Symbiose schenkte unserer Beziehung die schillernde Farbigkeit eines Seifenblasenspiels. Wir waren voneinander wirklich tief berührt.

Ach, Entschuldigung! Da siehst Du es …
Kaum denke ich an diese Liebe, klettere ich sogar dreißig Jahre später wieder mit dem Mann ins Wolkenkuckucksheim, als wären die Himmelsleitern nur für uns erfunden worden! Schluss jetzt mit der narzisstischen Selbstbeweihräucherung!

Eigentlich wollte ich ordentlich und brav „vom Erdboden her" berichten, welche riesigen Schwierigkeiten Florian und ich mit der Bodenhaftung hatten. Fange ich also noch einmal von vorne an:
Florian und ich saßen also im Auto und begegneten überrascht der Faszination unserer besonderen Kommunikation. Natürlich verabredeten wir uns für ein weiteres Treffen, an dem wir „weiter an der REVOLUTION arbeiten" wollten.
Und noch einmal!
Doch bei diesem Treffen drängte es uns schon zum Küssen, weil die geistige INNIGKEIT zwischen uns einen körperlichen Ausdruck brauchte. Dann sahen wir uns fast täglich.
Florian schenkte mir „Die Möwe Jonathan" als Leitidee für eine neue Welt. SANTANA begleitete mit „Samba Pa Ti" das Wunder unserer körperlichen Vereinigung. Schlagar-

tig wurde ich zu einer Frau, die leidenschaftlich lieben kann. Florian hatte das „Kind im Kühlschrank“ hinter sich gelassen und war nun ein sexuell neugieriger und heißblütiger Mann. Innerhalb von nur wenigen Wochen verschmolzen wir in einer SYMBIOTISCHEN LIEBE.

Natürlich brachen wegen der großen Nähe zwischen uns auch alle traumatischen Wunden auf, die zuvor noch tief verborgen in uns ruhten. In der Wucht unserer Liebe erlebten wir neben tiefer Freude auch die Überforderung an der Aufgabe, so blitzschnell aus den alten Verletzungen heraus zu reifen, die wir ineinander wach riefen, sodass sie keine Zeit hätten, unsere Liebe zu töten. Das konnten wir einfach nicht schaffen.
Hilflos und wütend standen wir am Rande der Krater, die uns als Folge der frühen Misshandlungen trennten. Obwohl wir so schön zusammen fliegen konnten, zogen uns die giftigen Dämpfe der Vergangenheit erbarmungslos in Krankheit und Verzweiflung herunter. Wir scheiterten an der Tiefe dieser Liebe.

Doch sprechen wir zuerst über ihre schöne Seite!
Der Kontakt mit Florian hatte mich erstmals im Leben von geistiger Einsamkeit befreit. Ein chronischer Schmerz, den ich vorher NUR in mir kannte. Das Erlebnis war so tiefgreifend und befreiend, dass für mich nichts anderes mehr vorstellbar war, als mit diesem Mann mein ganzes Leben zu verbringen.
Auch in Florian passierte etwas aufregend Neues. Er schilderte die Zeit, bevor er mich kannte, in folgendem Bild:
Da saß das verlorene Kind Florian ganz alleine in einem großen Kühlschrank, dessen menschenleere Kühle er für seine einzige und endgültige Welt hielt. Durch meine Liebe habe sich die Tür geöffnet und er wäre hinausgetreten aus der Kälte. Ja, und nun könne er sogar wild und heiß empfinden! Männlich beträte er die Welt. Dafür danke er mir sehr.
Die schöpferische Kraft, die in unserer Verbindung so lebendig wurde, wirkte sich tatsächlich heilend auf die Resignation in unseren traumatisierten Körpern aus. Wunderbar leicht und angstfrei trat der Sex in unser Leben. Erotisch beschenkt spielten wir wie zwei glückliche Kinder miteinander, die Zeit und Raum vergessen in allem, was sie tun.
Damals wusste ich noch gar nichts über die geistige Kraft des Eros. Ich betrachte es als ein besonderes Geschenk des Lebens ... oder waren es meine Engel? ..., wie begnadet Florian und ich durch die erotischen Himmelstore fliegen durften.
Meine Dankbarkeit dafür begründet auch die Leidenschaft und Ernsthaftigkeit, mit der ich über mein ganzes Leben an den Konzepten einer EROTISCHEN REVOLUTION weiterarbeitete.
Zum besseren Verständnis dieses Liebesdramas brauchen wir auch Florians Kindergeschichte. Sie wird Dir helfen, das Extreme in seiner Persönlichkeit nachzuvollziehen.

Das Opfer-Täter-Thema

Es gibt noch einen weiteren Grund, warum ich Dir meine Lebenspartner mit den prägenden Ereignissen ihrer Kindheit vorstellen möchte. Meine Liebesgeschichten haben alle eine Neigung zum Drama. Während ich als junge Frau gerne auf der Sicht des Opfers beharrte, tränenreich erzählte, was mir alles Schreckliches passiert sei, so mag

ich das heute gar nicht mehr. Die Frage, wer in den Dramen als Opfer oder als Täter zu bewerten sei, bringt keine würdige Antwort hervor.
Das Leiden ist immer ein dynamischer Prozess, in dem die Beteiligten ihre Rolle so inszenieren, wie sie es in der Kindheit gelernt haben. Wir sind alle gleichermaßen wenig in der Lage, uns weit von den elterlichen Vorgaben zu entfernen. Was immer wir auch im „freien Willen“ zu tun glauben, ist letztlich doch eine logische Folge der vorhergegangenen Ereignisse. Unsere Verhaltensstörungen in der Liebe sind geschichtlich geprägt. Sie sind kein Zeichen böser Absicht.
Natürlich gaben meine Männer ihr Bestes, genau wie ich auch.
Weil es halt verdammt lange dauert, in der Liebe zu einem zufriedenen Menschen heranzureifen, sind die ungestümen Erwartungen der Jugend als Ideale zu betrachten, die sich selten erfüllen.
Als junge Frau stellte ich mir unter Liebe die bekannte Geschichte von „Prinz und Prinzessin“ vor, die auf einer romantischen Wolke in ihr Liebesschloss schweben und dort für immer glücklich werden. Klar wollte auch ich ALLES von der Liebe. Meine Prinzen sollten meine anspruchsvollen Wünsche erfüllen. Wie alle Frauen konnte ich die rhetorisch perfekt moralisch einklagen. Getragen vom aufblühenden Feminismus kämpfte ich für parteiliche Ideologien.

Die Muttertochter mag Parteilichkeit

Leitsätze:

- **Frauen sind auf jeden Fall die besseren Menschen.**
- **Allen enttäuschten Gefühlen der Frau geht ein Fehlverhalten des Partners voraus.**
- **Die Kränkung einer Frau erlaubt den sofortigen, moralischen Angriff auf den „tumben Täter“.**
- **Weil Frauen eigentlich Prinzessinnen sind, dürfen sie ihre Ansprüche an den Partner mit allen Mitteln durchsetzen, als natürliches Recht sozusagen.**
- **Wir Frauen haben es nicht nötig, darüber nachzudenken, ob unser Geliebter noch andere Interessen haben könnte als die einzige Aufgabe zu verfolgen, UNS glücklich zu machen! Sind wir es nicht, hat er versagt!**
- **Dass Prinzessinnen IMMER recht haben, weiß sowieso jedes Kind!**

Mit solchen Prämissen im Kopf ist es nicht mehr schwer, einen heißblütigen Geschlechterkampf zu führen. In diesem Sinne konnte ich mit Florian, und danach in der Beziehung mit Richie, ausgiebig meine töchterliche Wut pflegen. Ich hatte Spaß dabei, die Fehler der Männer erbarmungslos aufzudecken. Die ideologische Arroganz der „besseren Menschen“ gab mir das Recht, im Gewand der moralischen Überlegenheit unbewusste Rache an meinem Vater zu nehmen. Mutig wie ich immer schon war, wurde ich als feministische Kämpferin eine besonders wilde Frau, leidenschaftlich in allem, was ich tat.
Auf wilden Pferden ritt ich in den Schwertkampf gegen meine Männer. Groß und lebendig fühlte ich mich dabei. Wir Feministinnen liebten den Blick auf die Kümmerlichkeit der Männer. Lustvoll seufzten wir bei jedem neu erbrachten Beweis, wie UNGENÜGEND das männliche Geschlecht im Ganzen beschaffen sei. Nelly, die Unerbittliche, ganz die Muttertochter.

Nun ja, meine geliebten Männer Florian und Richie waren auch nicht von schlechten Eltern. Natürlich gab ich ihnen mit meiner Radikalität reichlich Gelegenheit, ihrerseits Mutterhass abzuarbeiten. Alle zusammen waren wir ebenbürtige Kämpfer. Meine Männer ließen ihre Kinderwut durchaus wirkungsvoll an mir aus. Womit wir wieder bei den Dramen angekommen wären.
Weil Du meine Eltern, die Quellen meiner töchterlichen Wut, schon gut kennst, begeben wir uns jetzt in Florians harte Kinderjahre. Danach wirst Du auch seine Kämpfe verstehen.

Florians Kindheit und Jugend

Florian kam in einer gutbürgerlichen Familie zur Welt. Die Eltern legten großen Wert auf normentreue, unauffällige Angepasstheit. Alles sollte ordentlich und „richtig" gemacht werden.
Florians pflichtgetreue Mutter wird ihrem Sohn nach seiner Geburt ein perfektes Nest geboten haben. Aber als er ein Jahr alt war, passierte ein großes Unglück. Ein Mieter, der einen Stock höher im selben Haus wohnte, steckte Florian mit einer offenen Tuberkulose an.
Florian wurde furchtbar krank. Er kam für lange Zeit ins Krankenhaus auf eine Isolierstation, wo er ganz alleine im Zimmer bleiben musste. Wie schrecklich muss der Abschied von der Mutter für so ein kleines, krankes Kind sein! Und was passiert danach mit dem hilflosen kleinen Menschen, der körperliche Not und Nähe zum Tod in traumatischer Verlassenheit durchmachen muss?
Ja, daraus kann leicht ein „Monster" werden.
Florian erzählte mir, dass seine ersten Erinnerungen an Menschen vermummte Gestalten waren, die wie Geister sein Krankenzimmer betraten und wieder hinausgingen. Sie gaben keinen ihm Schutz und trösteten ihn nicht. In dieser Kälte verlor er die Fähigkeit, ein empathischer Mitmensch zu sein.
Um zu überleben, mutierte er in ein undefiniertes DENKGESCHÖPF. Als solches flog er körperlos im Universum herum, ganz frei ... überall hin ... aber eben total einsam, EINZIG.
Das Kind, das sich auf diese Weise selbst gerettet hatte, ließ in seinem Gehirn wunderbare Welten aufblühen. Dort konnte es spielend alles finden, was es brauchte, um seine Freude am Leben zu erhalten.
Florian hat das große Glück, mit einer genialen Intelligenz und kraftvoller Kreativität ausgestattet zu sein. Seine Begabungen retteten sein Leben in Form einer schöpferischen Umgestaltung seiner Identität. Als ein vom Körper befreiter Geist sprühte Florians Organismus vor Ideen wie eine Quelle. Seine inneren Welten befruchteten sich selbst zu immer neuen Entwürfen und Kombinationen. Die waren intellektuell hochdifferenziert und dazu beeindruckend lebendig. Wie Kunst vom Feinsten. Zweifelsohne war in Florians Innenwelt immer so viel los, dass ihm sein Leben auch ohne Kontakte spannend genug erschien. Für ihn war es ein ersehnter Trost, als es ihm endlich gelang, wirklich keinen anderen Menschen mehr zu brauchen.
Leider war damit auch eine unersetzliche Kompetenz abgestorben, die den Mensch erst beziehungsfähig macht. Florian konnte kein Mitgefühl für andere empfinden. Besonders auffällig war bei ihm das Fehlen jeglicher Anbindung an ein MORALSYSTEM. So ein Mensch ist gefährlich für andere.
Als ich Florian kennenlernte, spielte er mit Menschen wie mit Schachfiguren. Er beobachtete ihr Miteinander und kopierte ihre Strategien. Auch die Wiedereingliederung in

seine Familie führte nicht mehr dazu, dass er die Menschen wichtig fand, die seine Nähe suchten. Lieber spielte er mit den Welten, die er erfunden hatte.
Den meisten Menschen erschien Florian unnahbar. Zudem war er erschreckend intelligent. Man fand ihn bedrohlich und merkwürdig „fremd".
Natürlich fiel Florian in der Schule durch seine geniale Intelligenz auf. Aber weder die Lehrer noch seine hilflosen Eltern verstanden sein Wesen. Stattdessen wurde er narzisstisch aufgeblasen.
Papst sollte er werden, der gute Junge! Wen wundert es da, dass Florian anstelle eines verbesserten Sozialverhaltens einen fetten Größenwahn entwickelte?
Papst wollte er aber ganz und gar nicht werden!
Das Spiel der Macht in Autoritätssystemen langweilte ihn zutiefst. Mit seiner leidenschaftlichen Forschermentalität vertiefte er sich lieber in selbstgewählte Themen, die er wissenschaftlich genau untersuchte. Doch weder Inhalte, noch Ziele, noch Menschen, konnten ihn für längere Zeit verbindlich interessieren. Er blieb in allen Dingen ein SPIELER, frei vom Gefühl der Verantwortung und von lästigen Prüfungen des Gewissens.
Florian konnte unglaublich charmant sein. Doch auch sein Charme und seine Zuwendung waren Strategien, die nur den Zweck verfolgten, die „Spielfiguren" auf seinem Schachbrett zu kontrollieren. Einziges Ziel war immer sein Vorteil.

Nach einem kurzen Ausflug ins Studentenleben beendete Florian, zum großen Ärger seiner Eltern, den Weg in eine bürgerliche Berufslaufbahn. Als Abiturient hatte er die aufblühende Trierer Anarchoszene kennengelernt. Klar gefielen seinem phantasievollen Wesen die lustigen „Räuber- und Gendarmspiele" der frühen „Haschrebellen" viel besser als die autoritären Strukturen einer Universität. Bald wurde er eine Führungsfigur in den frühen Trierer Anarchogruppen. Ständig erfand er hoch kreative Projekte, mit denen er andere Menschen anfänglich schwer beeindrucken konnte. Sein Charme und seine geniale Intelligenz faszinierten alle Menschen, die ihn neu kennenlernten. Stell Dir Florian wie eine Märchenfigur vor. Ein Rattenfänger, der pfeift, und viele laufen magisch angezogen hinterher.
Weil ihm aber im Verwirklichen seiner Projekte der Realitätsbezug fehlte, konnte er nicht mit der politischen Relevanz seiner Ideen überzeugen.

Die letzten Wochen in der ehelichen Wohnung

Mit seinem Aussehen fiel Florian ziemlich auf. Auf seinen dicken, langen, pechschwarzen Haaren trug er einen breiten Cowboyhut. Darunter blickten durch eine große Brille unternehmungslustige schwarze Augen in die Welt. Mitten aus seinem pechschwarzen Bart konnte Florian ein charismatisches Strahlen „hervorzaubern", wenn er, mit seinem riesigen Mund, von einem Ohr zum andern, grinste. Sein lebendiges Gesicht erzählte ständig Geschichten, die so phantasiereich wirkten wie der ganze Mann selbst. Um seinen Hals wehte ein buntes Seidenschälchen. Nach unten hin gipfelte das Männliche an ihm in schwarzen Lederhosen, die in groben Bundeswehrstiefeln steckten.

Florians Erscheinungsbild, das mir eines angehenden Revolutionärs als würdig erschien, gefiel mir sehr gut. Stell Dir bitte das Entsetzen meiner Schwiegereltern vor, wenn sie diesen schwarzledernen Anarcho mit Westernhut in ihrem gutbürgerlichen Geschäftshaus ein- und ausgehen sahen. Ich, die Muttertochter, fand nichts dabei, wenn man den anarchischen Humor liebte und die bürgerlichen Sitten böse attackier-

te. In meinem jungen Gehirn war noch nicht einmal eine Idee davon angelegt, wozu „gutes Benehmen" nützlich sein sollte. Deshalb wollte ich mit meinem Verhalten niemanden wirklich provozieren, doch ich war, frisch heruntergefallen von einem anderen Stern, einfach noch nicht in der Lage zu ermessen, wie ätzend ich auf traditionsbewusste Normalbürger wirkten musste. Im Sinne meiner Lieblingsideale, der „absoluten Ehrlichkeit" und der „bedingungslosen Authentizität" versus der Anpassung an bürgerliche Rollenerwartungen, war es mir wichtig, meine erotischen Aktivitäten öffentlich darzustellen, damit das Volk über neue Begriffe von „Freiheit und Selbstbestimmung in der Liebe" aufgeklärt werden würde. Ich dachte damals tatsächlich noch, andere würden sich womöglich freuen, wenn „Frau" ihnen FREIHEITEN zeigt.
„Politisch heroisch" küsste ich den Liebhaber zum Abschied am Abend VOR der Haustür und nicht dahinter, wie es sich normalerweise für damalige Verhältnisse gehörte. Mein Schwiegervater erfuhr von meinen „Taten" spätestens am nächsten Morgen. Besorgte Nachbarn hatten ihn angerufen, um das Unglaubliche zu berichten. Dies erfuhr ich wiederum spätestens am Nachmittag durch meinen armen Mann. Der wurde nämlich jedes Mal ins väterliche Chefbüro zitiert, um dort schwere Standpauken über sich ergehen zu lassen, da er offenbar seine Frau „nicht im Griff hatte". Es war wirklich eine abstruse Situation!

Und es kam noch schlimmer: Wenn mein lieber Ehemann abends erschöpft von der Arbeit kam, lagerte auf seiner heimeligen Küchenbank der wilde Florian und empfing ihn kumpelhaft mit kernigen Sprüchen.
Um die Gesetze des alten Patriarchats zu unterlaufen, war es für die „neuen Männer" wichtig, erotische „Nebenbuhler" mit warmherzigen Schulterschlägen und wohlwollenden Kernsätzen in „Freunde" und „Mitstreiter" zu verwandeln. Obwohl Herbert keinerlei Begeisterung zeigte, wurde er als „Freund" in alles mit einbezogen, was er gar nicht wissen wollte.
RADIKALE EHRLICHKEIT war ein zentrales Ideal in den neuen Konzepten der freien Liebe. Heimliches Fremdgehen hingegen verachteten wir als eine primitive Unsitte des Bürgertums. Unsere Handlungen sollten im „Heiligenschein politischen Mutes" erstrahlen. Anarchisch geblendet muteten wir uns selbst und anderen Unglaubliches zu. Im Nahkampf der Ideale feierten wir eine narzisstische Olympiade unter dem Deckmantel neuer Ideologien.
Da mich die Natur aber mit einem warmen, sozial empfindsamen Herzen ausgestattet hat, bemerkte ich die narzisstischen Entgleisungen recht schnell. Ich litt unter dem Gefühl meiner Unverfrorenheit. Kalt fand ich mich und egozentrisch. Weder toll, noch heilig. Also entschied ich mich, die gemeinsame Wohnung so schnell wie möglich zu verlassen. Ich wollte meinen Mann, den ich wirklich sehr mochte, nicht länger quälen.

Florian beleuchtete die Situation von einer ganz anderen Seite: Er dächte nicht daran, als Liebhaber in einer bürgerlichen Ehe zu fungieren, so sagte er. Sollte ich ernsthaft an der „Weltrevolution" interessiert sein, so müsse ich den ehelichen Sumpf verlassen und damit zeigen, dass mein reiner Geist in den revolutionären Idealen bestehen könne. Die „Kleinigkeit" der offenen Frage, wie ich mit Idealen drei Kindermünder stopfen sollte, tauchte in seiner Argumentation einfach nicht auf.
Wenn ich also bereit wäre, eine mutige Mitstreiterin für eine bessere Welt zu werden, wolle er mir gleich etwas Interessantes zeigen ... Ich machte mich bereit.

St. Urban

St. Urban, erste Station des neuen Weges

Es war Winter. Florian führte mich an seiner Hand zu einer leer stehenden Jugendstilvilla. Umgeben von alten Kastanienbäumen, die aus einem verwilderten Park in den Himmel ragten, stand da ein schlossähnliches Gebäude. Darin befanden sich etwa fünfundzwanzig Zimmer, eine riesiger Saal und mehrere Küchen. Das Haus fügte sich malerisch in die Fassade der roten Sandsteinfelsen von Pallien ein. Alle vorderen Fenster erlaubten einen herrschaftlichen Blick auf die Mosel und auf das Panorama von Trier dahinter.
Die Villa stand schon über zehn Jahre leer. In ihrem menschenleeren Schlaf strahlte sie geheimnisvolle Märchen vergangener Zeiten aus.
Um auf das Gelände zu gelangen, mussten Florian und ich über eine große Mauer klettern. Gleich, als ich den ersten Fuß in den verwilderten Garten dahinter setzte, bezauberte mich ein heiß ersehnter Traum, der nur meinen Mut brauchte, um ihn Wirklichkeit werden zu lassen.
Hand in Hand gingen Florian und ich glückselig durch das Anwesen. Wir stiegen unzählige Treppen hinauf, betraten das halb in den Fels gebaute Haus und gelangten über noch viel mehr Treppen nach oben bis in das verwinkelte Dachgeschoss. Von dort aus konnte man seitlich in die Wipfel der Kastanienallee blicken. Nach vorne schwebte der Blick mit einem Gefühl der Unwirklichkeit über das Moselpanorama hinweg, als flöge man auf einer Wolke.
Wen wundert es, dass ich mich auf Anhieb so fühlte, als sei ich mit Dr. Schiwago im Liebesnest des Eispalasts angekommen. Trotz winterlicher Kälte wuchs mein verliebtes Herz zu einer glühenden Sonne heran. Florian fragte mich, ob ich bereit sei, an

diesem Ort mit der REVOLUTION zu beginnen? Dann würden wir dieses Haus herrichten, um darin die „neue Welt“ für „neue Menschen“ aufbauen. Keiner bräuchte auf die Revolution zu warten. Man könnte sie täglich selbst entscheiden. Darin hatte Florian recht.
Für mich Muttertochter war sein Vorschlag ein Antrag, der mich glückseliger machte, als es je ein Heiratsantrag, der in der Regel bürgerliche Liebesgeschichten krönt, hätte tun können. Natürlich sagte ich JA. Mein zweites, „eigentliches“ Leben hatte damit begonnen.

Umzug und erste Erfahrungen

Florian, der ein geschickter Organisator war, fand die Adresse der Luxemburger Firma heraus, die das Gebäude verwaltete. Wir holten uns dort einen Termin. In dem ungetrübten Selbstbewusstsein, das ich meiner naiven Weltfremdheit zu verdanken hatte, stellte ich engagiert unseren Weltveränderungsplan vor. Ich muss wohl eine ungewöhnliche, aber doch sympathische Erscheinung gewesen sein, denn unser Gesprächspartner, ein schnittiger Finanzmensch, vermietete mir das ganze Anwesen für 450 DM. Ein Spottpreis. Doch wer weiß, ... vielleicht sah die Firma in uns auch die einmalige Chance, das Haus durch „asoziale Elemente“ verwüsten zu lassen, um einen geplanten Abriss besser durchsetzen zu können? Heute ziert jedenfalls eine Art Plattenbau das vorletzte Glied der hübschen Perlenkette von Jugendstilhäusern am Moselufer Palliens.

Nun, vielleicht hatten wir das Haus auch einem der Wunder zu verdanken. Wir jungen Chaoten der 68er Revolution brachten so manche kluge Köpfe durchaus zum Grübeln. Nicht wenige ältere, politisch integrierte Vordenker würden schon gerne als Erste dabei gewesen sein, falls das neue Gedankengut verwertbare Früchte getragen hätte. Wie oft habe ich in meinen politisch aktiven Jahren in Trier erlebt, dass unsere Aktivistenszene benutzt wurde, um unsere Risikobereitschaft und unseren Ideenreichtum in die Frühphase riskanter Projekte zu lenken. Begeisterungsfähig wie wir waren, gaben wir gleich ALLES. Wenn dann in den von uns vorerprobten Konzepten absehbar wurde, dass ein „Gelingen“ der Projekte möglich wäre, das der Stadt Ruhm und Ehre einbringen könnte, wurden wir ruckartig entsorgt und als „die mit den dreckigen Hälsen“ ins Abseits geschoben. An unsere Plätze traten dann städtische Angestellte, seriöse Vertreter etablierter Vereine und Parteien, die dafür sorgten, dass ihrer Mühe Lohn dorthin floss, wo er traditionell hingehörte, in die vorgepolsterten Taschen des Establishments!

Zur Zeit meines Aufbruchs sanken meine Kinderladenfreunde gerade in die Phase schweren Ermüdens. Erschöpft und schockiert von einigem Unsinn, den wir gemeinsam inszeniert hatten, schlichen sich die meisten mit eingezogenen Schwänzen in die sichere Bürgerlichkeit zurück. Dieselben Leute, die sich kurze Zeit zuvor noch vehement gegen die „gefährliche“ Auswirkung der Kleinfamilie auf Kinder eingesetzt hatten, interessierten sich nun nicht mehr besonders für meinen neuen Weg. Sie distanzierten sich von ihren eigenen Experimenten, wollten die turbulente Zeit lieber wieder vergessen. Weil wir aber eine wirklich SOLIDARISCHE Gruppe waren, zudem echt muskulös geworden durch die vielen Umzüge, die wir in den Jahren zuvor gemeinsam gestemmt hatten, waren die Freunde natürlich sofort bereit, auch mir beim Umzug zu helfen. Der krönte das bisher Dagewesene eindrucksvoll. Von der Straße am Moselufer bis hoch in den Dachstuhl meines Traumschlosses bildeten wir eine ganz lange Schlange von Menschen. Mit solidarischer Leichtigkeit brachten wir die „paar Tausend Sächelchen“ nach oben, die ich um mich zu brauchen glaubte.

Komischerweise waren es immer meine Freunde, die anpackten, wenn es ums Helfen ging. Wo blieben nur die „neuen Menschen“? Nun ja, vielleicht hatte die REVOLUTION sie in derart wichtigen Verpflichtungen gefangen, dass sie einfach keine Zeit hatten, mit bei den „gewöhnlichen“ Dingen zu helfen? ... dachte ich, ... halt mal so.

Für meine Schwiegereltern war mein Abgang jedenfalls eine Erlösung. Sie versuchten, die Erinnerung an meine enttäuschende Existenz zu vernichten, indem sie mich durchsichtig machten. Wenn ich sie auf den Straßen Triers traf, was in einer so kleinen Stadt unvermeidlich ist, sahen sie grußlos durch mich hindurch. Ich nahm ihnen ihr Verhalten nicht besonders übel. In ihrer Sichtweise der Welt war ich einfach ein Geschöpf außerhalb ihrer Wahrnehmungsmöglichkeit. Ein Fremdling. Ein Kontrollverlust. Einfach ein Alptraum. Das nahm ich nicht persönlich.

Doch schwerer traf mich das Verhalten meiner eigenen Familie. Es kränkte mich, dass gerade meine ach so anarchische Mutter mich für genauso verrückt erklärte wie das bürgerliche Umfeld, in das ich eingeheiratet hatte. War ich denn nicht ihr ganz BRAVES Kind, das nach genau den Idealen leben wollte, die sie in mein Über-Ich eingearbeitet hatte? Warum zeigte sie gerade jetzt dieses Desinteresse an meiner weiteren Entwicklung?

Trotzig begab ich mich nun erst recht in die Idealisierung der „neuen Welt“ und ihrer Menschen. Mit einer heimlichen Träne gestand ich mir ein, dass mich meine Familie wie gewohnt behandelte. Niemand hatte mich je gefragt, wohin ich wollte und warum? Geschweige denn, wie ich mich dabei fühlte? So, als wäre ich gar nicht da.

Zu guter Letzt fremdelten sogar Florians Freunde mit mir. Ich wäre sehr ANDERS, fanden sie. „Wieso das schon wieder?“, sagte mein Schmerz. Doch dann gaben Florians Freunde ihr Okay. Glücklicherweise!!! Vielleicht brauchten sie auch nur meine Waschmaschine und sonst noch dies und jenes?

Ich meinte es ernst. Wer noch?

Noch vor meinem Umzug traf mich ein Warnsignal. Nur weil ich so stark geblendet von meinem Verliebtsein in Florian war, gelang es mir, die dunklen Ahnungen fürs Erste zu verdrängen. Ich wollte die Hoffnung doch nicht schon vor dem ersten Schritt verlieren! Da rief ich meine Engel, damit sie mir helfen, standzuhalten. Sie hoben mich auf ihre Flügel und trugen mich in der schützenden Hülle meiner bodenlosen Naivität hinüber in das neue Leben.

Was war passiert?

Florian hatte mich zu einem netten Ausflug in eine alte Schule in Talling, einem Dörfchen im Hunsrück, eingeladen. Dort hatten er und seine Freunde eine Zeit lang gelebt. Sicher wären dort noch ein paar Sachen zu finden, die wir in unserem Projekt gut brauchen könnten.

Das Haus stand schon lange Zeit leer. Als wir hineinkamen, schockierte mich der Anblick von Zerstörung, der mich wie eine Warntafel durch alle weiteren Jahre begleitete. Überall im Haus waren die Böden knöchelhoch mit einer Schicht von Liegengelassenem bedeckt. Kleidung, Essensreste, Müll, Flaschen, Bilder. Persönliche Dinge von verschwundenen Menschen. Papierkram. Einfach alles war da.

Florian fischte gut gelaunt in den Sachen herum. Dies hier sei das Werk von „Junkies", ließ er mich wissen. Vor denen solle ich mich lieber hüten. Man könne nicht mit ihnen befreundet sein. Er und seine Freunde hätten versucht, in der Schule eine Aufnahmestation für Heroinabhängige zu eröffnen, die sie „Release-Verein" nannten. Sie nahmen die ersten Trierer Junkies bei sich auf, um das böse Heroin aus der Stadt herauszuhalten. Sagten sie. Irgendwie sei ihnen das Projekt über den Kopf gewachsen. Weiter nichts.
Während Florian weiter in sich hineingrinste, gab er noch die Anekdote preis, dass einer der „Unrettbaren" so gerne nach Amerika telefoniert hätte. Dummerweise hatte Florian ausgerechnet seinen Vater dazu überredet, das Vereinstelefon auf sich anzumelden. Und jetzt sei der Vater arg verärgert über die unbezahlte Schlussrechnung von mehreren hundert Mark!

Der Schaden in Florians Persönlichkeit zeigt sich an diesem Beispiel besonders gut, nämlich, dass er es schaffte, seinem Vater gegenüber völlig gefühllos zu bleiben. Das half ihm dabei, sich nach Belieben seiner Verantwortung zu entziehen, wenn sich seine Vorteile gerade wieder anderswo ergeben hatten. Er ging darin sehr weit.

Ich hingegen erstarrte sofort in Entsetzen. „Meine Menschen" in „meiner schönen neuen Welt" würden so etwas nie tun! ... So dachte ich. Wie konnten die ehemaligen Bewohner dieser Schule andere Menschen derart schädigen, verletzen, bestehlen, belügen und betrügen? Nein, so wollte ich mit der REVOLUTION nicht beginnen!

Florian spürte meine Krise. Aufgeregt forderte ich ihm das Versprechen ab, dass unser Haus niemals so aussehen dürfe wie dieses. Da rollte mein Liebster mit satirischem Lächeln seine schwarzen Augen und sagte: „St. Urban ist doch nur ein Sprungbrett. In zwei Jahren werden wir wieder mit einer ganz neuen Idee unterwegs sein." Das war die falsche Antwort! Nun bezog ich Position: Keinesfalls würde ich dauernd umziehen. Meine Projekte sollten nicht ständig von neuen Ideen vertrieben werden. Sie sollten in ihrer Anbindung an die Realität erblühen. Ihr Wachstum würde durch unser KOLLEKTIVES LERNEN gesteuert. Meine revolutionäre Zukunft würde nicht in Illusionen zerplatzen. Der politische Sinn meiner Projekte müsse durch ihren Erfolg bewiesen werden. Um den würde ich kämpfen, ... zur Not auch gegen IHN, den „fliegenden" Florian! Das hörte er nicht gerne. Ich jedoch bin in meiner ganzen Identität auf Realitätsüberprüfung angewiesen, in allem, was ich tue. Ich bin ernsthaft und bodenständig. Durchaus nicht verrückt. Verwurzelt und treu.

Mein „SO SEIN" war genau der Punkt, der zu allen Trennungen von meinen geliebten Revolutionären führte. Wenn sie nämlich beim Höhenflug ihre Masken verloren hatten und kläglich zu Boden plumpsten, liebten sie MICH am allerwenigsten. Einfach nur, weil ich sie wirklich kannte. Welch ein Schmerz für mich! Wieder und wieder.

Doch nun kam der Tag, an dem Florian und ich endgültig ins Traumschloss eingezogen waren. Mit uns meine beiden jüngeren Kinder, die vierjährige Julia und die knapp

zweijährige Lara. Den siebenjährigen Sven hatte ich für einige Wochen bei meiner Mutter untergebracht. Da er damals häufig krank war, wollte ich ihn aus dem Umzugsstress heraushalten. Er sollte erst dann kommen, wenn das „Nest" fertig eingerichtet wäre. Renovieren und „Nestbau" gehören zu meinen Lieblingsaktivitäten. Alle Häuser, in denen ich lebte, wurden innerhalb von 2 Wochen in schnuckelige Nester verwandelt. In St. Urban war es das Dachgeschoss, das wir zuerst als unsere Wohnung herrichteten. Zudem mussten im ganzen Haus größere Instandsetzungsarbeiten vollbracht werden. Schrotthändler hatten alle Treppengeländer im Haus entfernt. Florian installierte Notgeländer im Haus. Ich strich dicke Schichten „Elefantenhaut" auf die Decken, dort, wo der Regen durchtropfte.
Wir schleppten zahlreiche Kohleöfen heran, die man damals noch geschenkt bekam. Mit der Hilfe meines lieben Exmanns zauberten wir ein Badezimmer in das Gebäude. Aber oh weh, plötzlich lief das Wasser nicht mehr ab. Die Kanäle waren verstopft. Da musste eine Firma her. Das kostet viel Geld. Ich bezahlte die Kanalreinigung, das Wasser, den Strom und die Müllabfuhr. So kam es, das ich schon im ersten Monat so „blank" war, dass kein Geld mehr fürs Essen übrig blieb. Das sei doch kein Problem, meinte Florian und küsste mich. Er würde alles in die Hand nehmen, mit Geld und so.

In den nächsten Tagen würden bestimmt die anderen Revolutionäre zu uns stoßen. Weil wir ja alle fixen Kosten des Hauses trügen, sei es nur normal, dass die anderen eben ihr Essen mit uns teilen würden. Logisch. Das fand ich auch.
Schnell unterschrieb ich für Florian eine Kontovollmacht, um aufkeimende Ängste in mir zu ersticken. Wie gut, wenn ich über Geld nicht mehr nachdenken müsste! Das lag mir sowieso nicht besonders.

Tatsächlich erschien nach wenigen Tagen ein „furchtbar" lieber Mensch, Florians Lieblingsfreund JUPP. Der suchte sich in der mittleren Etage ein schönes Zimmer mit einer Küche aus. Das wäre gut so, sagte Florian, denn sein Freund hätte eigentümliche Gewohnheiten bei seinem täglichen Spaghettiessen. Aus Armut habe er sich angewöhnt, die Soße mit Hundefutter zuzubereiten. Schon war ich völlig einverstanden, von Jupp kein Essen anzunehmen.

Als nächstes erschien ein Pärchen mit einem Kleinkind. Die wollten unbedingt in unsere Etage ziehen, wo es noch ein unbewohntes Zimmer gab. Das revolutionäre Solidaritätsprinzip war der Grund. Weil Florian und ich wegen der Kinder sowieso morgens früh aufstehen mussten, würden wir sicher gerne ihr Kind mitversorgen. Die Eltern bevorzugten nämlich den ausgiebigen Morgenschlaf. Weil es sehr stressig war, die Kohlensäcke unter das Dach zu schleppen, fanden die beiden es auch sinnvoll, die Kohlen gleich aus unserem Sack zu nehmen. Und ein von uns vorbereiteter Morgenkaffee in der geheizten Küche erweckte ihre revolutionären Kräfte viel eher, als ein grausames Zähneklappern in leerer, kalter Küche nach den süßen Morgenträumen aus grünem Gras.

Ja, doch jetzt, ein paar Tage später, kamen sie tatsächlich alle! Innerhalb weniger Wochen hatte sich das Haus von unten nach oben gänzlich bevölkert. Ich war glücklich. Mit so vielen Menschen würde es ein Leichtes sein, alles zu reparieren, den Garten anzulegen ... und ... und ... und ... zusammen zu ESSEN! Wer kam? Und wo kamen die überhaupt her? Beginnen wir mit der zweiten Frage, denn in ihr hatten wir tatsächlich etwas gemeinsam.

Wir kamen alle von DRAUSSEN

Ja, in St. Urban hätte der Kinderkreuzzug seinen Anfang nehmen können. Keiner, der in diesem Haus ankam, war nicht vorher im Leben von irgendwo „verstoßen“ worden. Jeder von uns hatte eine schmerzhafte Geschichte hinter sich, in der die Hoffnung allzu früh verloren gegangen war. Wir alle mussten erleben, dass unsere Kinderseelen, unsere Körper, unsere Würde nicht von denen geschützt wurden, denen wir ausgeliefert waren.
In einem bunten Haufen versammelten sich hier die „Schwarzen Schafe“, die „Rothaarigen“, die „Sargnägel“, die „Hätt-ich-dich-nur-abgetrieben“, die „Dein-Bruder-macht-alles-viel-besser-als-du“, die „Aus-dir-wird-sowieso-nichts“, die „Du-bist-doch-nur-ein-Mädchen“. Wir wären dumm, frech und böse ... Das hatten wir alle gesagt bekommen. Aber wir glaubten denen nicht! Daher verließen wir die „bösen Bilder“ und schufen uns ein eigenes Leben.

Wer kam?

Für die Beantwortung dieser Frage brauche ich vor allem Deine Phantasie, denn wir waren wirklich „unbeschreiblich“ ... verschieden. „Einzigartig“ war jeder von uns, ...ein Kunstwerk aus seiner selbstgestalteten Welt. Ich zeichne Dir ein paar Figuren, und Du denkst sie Dir fertig. So, wie Du es magst ...

Das bunte Volk kannte sich vermutlich selbst nicht viel besser, als Du es sehen kannst. Wir mussten nämlich nicht alles ganz genau wissen. Und wir hatten nicht über alles die Kontrolle. Die Menschen fanden es am Einfachsten, wenn sie sagten, sie wären nur zufällig da, einfach, weil Platz da war. Sie trafen keine Entscheidung, sie sprudelten herein wie ein Bach.

Treten wir nun von unten durch den Haupteingang ins Haus. Aus der Portierstube begrüßt uns mit wärmstem Lachen ein kleiner Wikinger. Große blaue Strahleaugen über seinem freundlichen Lachmund. So einer, den jede Großmutter küssen will, weil er so kuschelig und ungefährlich aussieht. Unaufhörlich gut drauf, bis er sich, als einer der ersten von uns, totgesoffen hatte. Genau in das Zimmer des Kleinen drang eines Nachts ein baumlanger, dünner Mensch ein, der überhaupt nicht redete. Rechts und links von ihm lagen seine beiden Doggen. Wenn das Bild nicht reichte, um lästige Frager abzuschmettern, konnte der Mann blitzschnell an seinen Gürtel greifen und zwei lange Messer herausziehen, die er neben seine Frühstückstasse legte. Keiner von uns bemühte sich, ihn näher kennenzulernen. Auch der Wikinger räumte wortlos sein Bett für den Gast. So stumm wie er angekommen war, verschwand er eines Tages wieder. Uns war es recht.

Zu den beliebteren der wortkargen Menschen gehörte einer von unseren zahlreichen Rothaarigen. Die Häufung der „Roten“ lag daran, dass sie, aufgrund ihrer Haarfarbe, von Kind an ganz besonders DRAUSSEN waren. Also dieser Rothaarige umgab sich mit einer rätselhaft mystischen Ausstrahlung. Ein Einzelgänger. Er verkaufte selbstgemachte Gürtel auf der Straße und war damit einer der wenigen, die sich selbständig ernähren konnten. Obwohl er das Leben auf der Straße richtig mochte, baute er sich bei uns ein liebevolles Nest. Weil er uns auch mochte. Aber der Zauber der roten Felsen hinter dem Märchenschloss hielt ihn am längsten fest. Als das Haus abgerissen wurde, bezog er eine Höhle in den Felsen nebenan und wurde Eremit. Da ist er immer noch.

Eine halbe Treppe über den Männern hatte sich ein Pärchen ein Liebesnest gebaut. Unsere Nester sahen alle recht ähnlich aus. Die Romantik wohnte eingebettet in einem Gewimmel aus edlen Kissen, die auf vielen Teppichen, Fellen und Flokatis herumlagen. Man saß und schlief auf selbstgebauten Holzpodesten oder auf dem Boden. Stühle oder Betten brauchten wir nicht. Aber ganz viele Kerzenständer, Tücher und Spiegel, die den Blick auf unsystematisch hingestreute Sammlungen von Döschen, Schmuck, Muscheln, Steinen, Ästen, Federn und Selbstgebasteltem verzauberten. Dazu gehörte zwingend der Geruch bevorzugter Räucherware: Patchouli, Sandelholz, Amber, Gras. Das Pärchen lernte ich kaum kennen, weil sie meist mit sich beschäftigt waren.

Ein paar Schritte weiter lag der Gemeinschaftsraum der Motorradfahrer. Die konnten mit mir auch nichts anfangen. Ich erinnere mich nur an ein Gewühle aus Armen und Beinen in schwarzem Leder. Dazwischen wogten wilde Bärte. Aus den Mündern strömten markige Sprüche. Politische Vereinnahmungsabsichten verstanden sie extra nicht. Ungeniert und autonom feierten sie mitten unter uns ihre Dauerparty.

Gehen wir eine Etage höher. Rechts und links von dem gemeinsam genutzten Wohnsaal lagen zwei idyllische Erkerzimmer.

Ein Erker beherbergte in der beschriebenen Romantikausstattung ein weiteres Liebespaar. Die kannten sich allerdings schon länger. Als Florians ehemalige Kommunarden mit Gruppenerfahrung begaben sie sich gleich routiniert an den Aufbau von Gemeinschaftsleben. Stell Dir den Mann schön und sanft mit südländischem Aussehen vor. Er spielte sehr gut Gitarre. Er bereicherte das Haus mit Musik aus einem sanftmütigen Herzen. So etwa im Cat Stevens-Stil. Seine Frau war, konträr zu ihm, eher ein angriffslustiger Typ. Zäh und zielorientiert pflegte sie ein pragmatisches Verhältnis zur Macht. Jedes Mittel war ihr recht, ihre Führungsabsicht in die Tat umzusetzen. Dummerweise sah sie gerade in mir einen lästigen Eindringling in „ihre“ Szene, der eingespielte Machtverhältnisse durcheinanderbringen könnte. Sie mochte mich nicht. Also weg mit mir. So lautete der Plan. Davon später.

Gehen wir rüber in das andere Erkerzimmer. Dort lebte ein weiterer, supersanfter „Teddybärmann“. Den küsste immer noch die eigene Mama. Brachte Fresspakete und frische Wäsche. Hatte der ein Glück! Er mochte Harmonie und Frieden. Wie war er bloß hierhergekommen?

Bevor wir ins Wohnzimmer schauen, müssen wir noch eine Treppe hoch. An einem langen Flur lagen ganz viele Einzelzimmer. Hier verlor ich den Überblick über die Einwohner. Aber Einzelne kannte ich gut.

Zuerst fällt mir da mein Liebling unter den Rothaarigen ein. Einer unserer seltenen Intellektuellen. Mit seiner bissigen Rhetorik verschaffte er sich Respekt und Abstand vom romantischen Gesülze. Er war ein politischer Klardenker, bereit, sich für jeden autonomen Gedanken maßlos unbeliebt zu machen. Risikofreudig und frech wie er war, bevorzugte er gefährliche Wege. Unsere besonders klugen Leute rutschten oft in den

Größenwahn, weil ihre Freunde sie nicht in Bodenhaftung halten konnten. Der hier glaubte, alles mit der ausgeprägten Wendigkeit seines Gehirns kontrollieren zu können. Er nahm einen für ihn lustvollen Kampf mit den Drogen auf, die er zu beherrschen hoffte. Er verlor das Spiel.
Jedenfalls war er damals schön und lebendig wie eine Wildkatze. Ihn küsste eine liebenswürdige, ruhige Unterstützerfrau, die ihm jeden narzisstischen Vortritt ließ. Das mochten unsere Männer.

Und da war auch ein „Seeräuber" auf der Etage. Braun gebrannt, mit ausgebleichten Locken, sah er aus, als käme er gerade von Bord. Weil er frisch von einer Reise durch fremde Länder kam, hatte er Einiges zu erzählen. Das war natürlich etwas Besonderes. Trotz gut gemachter Seeräubermanier, in der er unzweifelhaft als „ganzer Mann" dastand, konnte er, kaum dass ein Weib in Sicht war, nicht verhindern, dass auch aus ihm ein furchtbar gutmütiger Teddy herauslugte, den die Frauen angstfrei knuddeln durften, ... wenn sie wollten. Ich wollte.

Mitten in seinen freundlichen Schoß sprang unsere jüngste Einwohnerin. Zerrupft wie ein kleines, mutterloses Äffchen tauchte sie von irgendwoher bei uns auf. Ein Straßenkind, das eine neue Familie suchte. Die hat sie bekommen. Wir freuten uns alle daran, zu sehen, wie aus dem Äffchen, das sich schutzsuchend in des Seeräubers Brustfell gekrallt hatte, ein hübsches junges Mädchen wurde. Tausend Locken sprangen ihr vom Kopf. Im Gesicht trug sie unablässig ein winziges Schmunzeln. Es erlosch einfach nicht. Dafür liebten wir sie alle. Sie war sehr geschickt darin, die baumwollenen und wollenen Omaklamotten, die wir damals bevorzugten, in mehreren Schichten übereinander zu tragen. Dann sah sie aus wie eine Lieblingspuppe, die ein Kind besonders liebevoll und kreativ angezogen hat. Heute ist sie eine selbstbewusste Vollblutfrau. Eine BIG MAMA, die das Glück der Erde in ihrem eigenen Schoß birgt. Sie braucht keine Seeräuber mehr.
Unvergessen begeistert mich die Erinnerung an einen Mann mit der besonderen Anarchie eines sehr einfachen Menschen. Er war ein blondlockiger Gemütsmensch mit grobschlächtigem Gesichtsausdruck über seiner zarten Seele. Er mochte mich. Auf eindrucksvolle Weise lehrte er mich eines Tages, Respekt vor seiner Andersartigkeit zu empfinden.
Das war so: Ich lag, wie so oft, laut diskutierend mit Florian im Bett. Der Lockige wollte uns etwas fragen. Wir konnten unser rhetorisches Gefecht nicht unterbrechen, weil jeder schnell noch recht haben wollte. Klar hatten wir den Besucher schon lange gesehen. Auch wie er mehrfach den Mund geöffnet hatte wegen seines Anliegens. Was könnte das schon sein, im Vergleich mit der Wichtigkeit der gerade diskutierten Weltveränderungsidee? Da stellte sich der Mann einfach ganz nah vor unser Lager, zog mit beiden Daumen sein Gesicht breit, streckte die Zunge heraus, stellte sich auf ein Bein und hüpfte darauf, während er ein lautes „WÄH, WÄH, WÄH" ausstieß.
Florian und ich verstummten sofort beeindruckt und fragten ihn mit gebührender Achtung, was er uns noch sagen wollte. Diese Situation blieb eine meiner schönsten Lernerfahrungen gegen bildungsbürgerliche Arroganz.

In der bunt gemischten Etage tauchten auch exotische Gäste auf ... oder unter, je nachdem, was sie gerade hinter sich hatten, ... oder vor.
Da war zum Beispiel eine mächtige Frau mit dem Namen Tamara. Eine Russin. Die konnte mit den Männern Schnaps trinken und dann tiefe Laute aus einer rauen Kehle ausstoßen. Beeindruckend fremd.

Eher unbeliebt machte sich ein anderer Besuch. Eines Morgens wachten wir ungewohnt früh durch ein hartnäckiges Geklingel auf. Einige Hausbewohner traten schlecht gelaunt auf die Flure, um das Geräusch abzustellen. Staunend und machtlos mussten wir hinnehmen, wie das ganze Gebäude von zahllosen klingelnden Geschöpfen in wehenden Gewändern durcheilt wurde. Ohne uns weiter zu beachten, durchkämmten sie die Küchen, bedienten sich mit allem, was nützlich erschien, nahmen hier und da noch ein Kleidungsstück vom Haken, bis sie ohne jede Eile klingelnd aus dem Haus verschwanden. Die Hare-Krishnas waren dagewesen.

Zuletzt möchte ich Dir noch einen Ehrengast vorstellen, einen alten Hasen aus der Trierer Urszene, der zusammen mit einigen Freunden in Berlin zum Großstadtrevoluzzer aufgestiegen war. Die mussten dort für ein paar Jahre untertauchen. Sie hatten in der Aufbauphase des RELEASE-Projekts (Du erinnerst Dich noch an die vollgemüllte Dorfschule?) ein großartiges Robin-Hood-Spiel erfunden. Mit selbst gebastelten Sparbüchern hoben sie Geld von der Bank ab, um es in wohltätiger Absicht an ihre Schützlinge zu verteilen. Aber Horden von selbstsüchtigen Junkies telefonieren nicht nur, sie fressen ihren Wohltätern auch die Haare vom Kopf. Da muss viel Geld her. Leider kam mitten im Spiel die böse Polizei und beendete das Lustige an der guten Idee. Die Hälfte der unglücklichen Räuber begab sich ins heimatliche Gefängnis, die andere Hälfte tauchte in Berlin unter. Dort bildeten sie, mit tollen Ideen und politischem Witz, eine potente Keimzelle für den alternativen Überlebenskampf. Jahre später bauten sie mit anderen Aktivisten zusammen ein Berliner Vorzeigeprojekt der Gegenkultur auf: Die UFA-FABRIK. Wenn die gestressten Kämpfer zwischendurch „Urlaub" brauchten, versteckten sie sich gerne bei uns in den Trierer Kommunehäusern.

Unser Besuch war auch ein Rothaariger. Hätte Pippi Langstrumpf einen Bruder gehabt, wäre er das gewesen. Treu würde er mit ihr durch dick und dünn gehen, stets den Schalk im Nacken und ein verschwörerisches Lachen im Gesicht.
Wenn sie vorne allzu kühn „herumgeabenteuert" hätte, würde er schlau ein paar Schritte zurückbleiben. Umsichtig würde er einen gemütlichen Platz suchen, wo man in Ruhe „eine drehen" kann. Käme Pippi dann keuchend und ausgepowert zurück vom „Wildsein", dürfte sie in seinen Armen auspusten und glücklich sein. Dann würde er ihr lustige Abenteuergeschichten erzählen, bis sie eingeschlafen wäre.
Zu uns kam der Gast allerdings in ernster Mission. Die Kunde von unserem geräumigen Märchenhaus war bis nach Berlin gedrungen. Die dort lebenden Ex-Trierer hatten uns Erfahrung in der revolutionären Nutzung und Bewirtschaftung großer Häuser voraus. Deshalb wollten die Freunde uns „Landeiern" unter die Arme greifen, um unsere neue Zelle zu „professionalisieren", was auch immer darunter zu verstehen sei. Also ich freute mich gleich, dass endlich ein echter „Politischer" aufgetaucht war. Nur stellte ich mich beim Unterricht ziemlich blöd an. Dauernd verfehlte ich das Thema, wenn ich mitreden wollte ...

Es ging um den interessanten Aspekt revolutionärer Autarkie. Die Absicht, sich mit selbstbestimmter Arbeit zu ernähren, sollte uns gegen die Ausbeutung durch einen kapitalistischen Staatsapparat absichern. Die Idee an sich ist gut.

Der Gast wollte also mit uns ein „Handwerkerkollektiv" aufbauen, eine Projektidee, die in Berlin schon gute Früchte getragen hatte. Täglich sprachen wir darüber.

Weil in den nächtlichen, rauchgeschwängerten Diskussionen regelmäßig wieder neue gute Ideen geboren wurden, konnten die Aktivisten morgens nicht allzu früh aufstehen. Irgendwann zwischen zehn und zwölf Uhr tröpfelten sie am Frühstückstisch ein. Überhaupt liebten wir ausgedehnte Frühstücke über vollgeschnitzelten Müslischalen. Das dauert schließlich auch seine Zeit, bis das ganze Zeug zubereitet ist! Mit jedem Neuen, der morgens in der Küche eintrudelte, tranken wir gerne auch noch ein weiteres Tässchen Kaffee. Das zog sich.

Um die Mittagszeit fielen endlich die ersten Entscheidungen, wer heute noch etwas „checken" sollte: Aufträge einholen. Material organisieren für die gute Idee von gestern. Am Auto basteln, ohne das nicht losgefahren werden kann. Und Ähnliches.
Manchmal gab es Reibereien über Zuständigkeiten und wer überhaupt schuld daran sei, dass gestern schon wieder nichts geschafft worden war. Anstrengend. Einzelne warfen die Frage dazwischen, was die Gruppe am Abend essen solle und wer dafür zuständig sei?

Spätestens an dieser Stelle des Tages verfiel ich in eine depressive Lähmung. In diesem Chaos würde ich verhungern müssen, ... das ahnte ich schon.

Schlechte Stimmungen aller Art prallten aufeinander. Meine kassandrischen Klagen mochte schon gar niemand hören. Gefragt waren die Menschen, die wussten, wie es weitergeht, wenn dazu noch der Kaffee ausging. Geliebt wurde der, der eine versteckte Ration Kaffeebohnen auf den Küchentisch legte. Aber wie wird aus Bohnen Kaffee? Keine Kaffeemühle da.
Geliebt wurde der, der die Bohnen in ein Tuch einwickelte und mit einem Holzscheit so lange draufhaute, bis eine Art Kaffeepulver übrig blieb. Stolz und lustig wurde die Runde erst wieder beim Nachmittagskaffee. Derweil neigte ich schon zum Weinen. War schmollend in mein Gemach verschwunden.

Am Spätnachmittag kam in der Küche Entspannung auf! Es lohnte sich für heute nicht mehr, zur Arbeit aufzubrechen! Ein Glückseliger hatte den Tag gerettet. Ging bei seinen Eltern vorbei ... Essen schnorren für alle. Während ich weinend in meinem Bett lag und Sätze murmelte wie: „Wer wirklich arbeiten will, könnte morgens einfach früher aufstehen und es dann tun. Nur das ergäbe Sinn!" So liebte mich keiner.
Mit meinen ketzerischen Sätzen brauchte ich erst gar nicht in der Küche zu erscheinen.
Wie der Tag dann weiterging, erzähle ich Dir lieber im nächsten Brief. Jetzt bin ich gerade fix und fertig von diesem Brief. Heulen könnte ich vor Stress. Ist es nicht seltsam, wie mich diese Geschichte nach dreißig Jahren noch immer mitnimmt? Ich hoffte tatsächlich, ich könnte Dir die paar bewegenden Jahre flott und locker rüberbringen. Doch kaum lasse ich mich auf die Zeit mit Florian ein, bin ich wieder mittendrin, als wäre es gestern gewesen. Ich fühle Chance und Schmerz in einem. Einzelne Ereignisse brennen wie Male auf meiner Seele, die nicht verblassen wollen, auf andere bin ich stolz.

Ha, aber jetzt, wo ich todmüde mein Bett aufsuche, weiß ich genau, dass wir den Sommer 2005 vor uns haben. Ich reiße die Fenster auf, atme die schöne Nachtluft ein und sage mir jubelnd: „Liebe Nelly, nichts stößt dir zu, was du dir nicht selber zufügst! Bleibe ruhig und genieße dein Leben! Sofort."

Ich werde ein Bad nehmen und hülle meine Haut danach in Wildrosenduft. Alles wird gut, wenn ich es will!

Dir wünsche ich eine friedliche Nacht. Du weißt gar nicht, wie dankbar ich für Dein geduldiges Ohr bin.

Herzliche Grüße

Nelly

Brief - Mai 2005

Prinzip Hoffnung, ein Leitfaden im Methodenstreit

Lieber Freund!

Das war aber total nett, dass Du einfach so bei mir vorbeigekommen bist! Ich mag es, dass Du aus Fleisch und Blut bist und nicht etwa ein Phantom.
Bei der Seltenheit unserer Kontakte passiert es mir immer häufiger, dass ich Dich zu einer Projektionsfläche mache. Mein sehnsüchtiges Gehirn hat Dich in eine Kinoleinwand verwandelt, auf der sich mein Leben zunehmend ausbreitet. Ich bin aber nicht begeistert von meiner einseitigen Kommunikation. Du bist wirklich nicht sehr mitteilungsbedürftig. Aber immerhin haben wir uns wiedergesehen. Wir haben geplaudert. Wir haben uns umarmt.
Es gibt Dich, ... eindeutig!
Weil ich immer noch wenig von Dir weiß, nehme ich eben meine Phantasie zu Hilfe, ... etwa so: Mag sein, dass Du gerade die dritte Bahn mit dem Rasenmäher durch deinen Garten ziehst. Oder Du sitzt gemütlich auf Deiner Terrasse und liest eine Zeitschrift, während Deine Frau Dir aus dem Hintergrund die Neuigkeiten des Tages zuruft. Vielleicht hast Du auch einen kleinen Hund, der sich an Deinem Hosenbein reibt, weil er Dir sagen möchte, wie schön ein kleiner Spaziergang für ihn wäre. Wieso weiß ich nicht, ob Du einen Hund hast oder nicht? Nächstes Mal, wenn wir uns treffen, werde ich Dich danach fragen. Nun gut, ich weiß ja doch etwas Wesentliches von Dir. Du hast eine tolle Frau!
Auch nach vielen Ehejahren seid ihr immer noch ein eindrucksvolles Liebespaar. Ihr habt Glück. Seid beide gleich klug und gebildet. Ihr interessiert euch für soziale, kulturelle und politische Themen. Fast könnte ich neidisch sein, wenn ich mir die angeregten Gespräche vorstelle, die euer Leben würzen. Die Liebe zur Natur, zur Musik und zur Kunst bietet viel gemeinsame Erlebnisqualität.
Hm, hier fällt mir auf, dass es ja möglich sein könnte, dass Du mich im Grunde gar nicht mehr brauchen kannst in Deinem Leben? Weil Dir einfach nichts fehlt. Gibt es das? Wenn ja, so sei Dir Dein Glück von Herzen gegönnt. Aber trotzdem könntest Du eine Position zu mir beziehen. Das nähme mir das unangenehme Gefühl, lästig zu sein. Ich höre auch sofort auf, zu schreiben, wenn Du nur einmal sagst, dass Du keine Post mehr möchtest. Versprochen! Weil Du bei unserem Treffen aber noch einmal betont hast, dass Dich mein Leben interessiert, mache ich jetzt weiter.

Meine Güte, ja, … gerade ist mir mein letzter Brief wieder eingefallen!
Der wäre mir beinahe ins Steinschwere gerutscht. Ich könnte mir denken, dass Du schon Angst gehabt hast, ich könnte Dir einen Roman vom endlosen Warten auf die REVOLUTION schreiben, die, wie jeder weiß, nie stattgefunden hat. Und dann hast Du dazu noch den Haufen Chaoten kennengelernt, die meine „neuen Menschen" werden sollten. Wetten, Du traust mir jetzt schon gar nichts mehr zu? Wartest mit einem heimlichen Gähnen auf mein Jammern, bevor ich endlich einsehe, dass es doch besser wäre, in den Schoß bürgerlicher Realitätssicht zurückzukehren.
Wenn Du aber die Augen aufmachst und mich anschaust, ... was Du ja intensiv tust, wenn wir uns treffen, ... müsste Dir der Verdacht kommen, dass ich dort augenscheinlich nie angekommen bin.

Du könntest mich fragen, auf welchen Wegen ich mich gerettet habe, nachdem ich von der ersten Revolutionswolke fiel. Und wo ich heute stehe?

Wohin zurückgehen? Hinter mir war nie etwas.

Überleg doch mal! Ahnst Du nicht, dass es für mich überhaupt keinen Rückweg gab? Hinter mir war nie ein Schoß. Kein Nest. Kein Ankommen. Da gab es kein Zurück. Also ging ich nach vorne. Wenn ich auch nicht absehen konnte, wohin mich ein autonomes Leben führen würde, so sah ich doch meinen inneren Weg immer sehr deutlich. Auch wenn ich mich in schlimmen Stunden vom Rest der Welt verlassen fühlte, stärkte mich das sichere Gefühl zu wissen, wer ich war und was ich wollte: Eine sichtbare Treue zu den Werten leben, für die ich mich entschieden hatte. Ich wollte mein Leben dem Aufbau sozialer Netzwerke widmen. Ich wollte kein „Schwätzer" sein wie so viele Linke, die ich bisher getroffen hatte. Ich wollte auch nicht in der narzisstischen Falle meiner Eltern steckenbleiben, die sich nur theoretisch profilieren konnten, aber im Alltagsleben jede Moral vermissen ließen, die Anspruch und Wirklichkeit ihrer Ideale hätte verknüpfen können. Wie konnten sie nur das Wohl ihrer Kinder vergessen?
Meine Kinder wollte ich der Revolution nicht zum Fraß vorwerfen. Sie sollten so schnell wie möglich wieder ein sicheres Nest bekommen. Ich LÖWENMUTTER erlaubte mir nicht, in der Verantwortlichkeit für meine Kinder zu versagen. Deshalb war klar, dass ich St. Urban verlassen musste! Natürlich war ich verletzt, enttäuscht und entmutigt. Meine romantischen Hoffnungen auf die neue Welt waren brutal geplatzt. Gut so. „Revolutionsgeschwätz" wollte ich fürs Erste überhaupt nicht mehr hören.
An ihren Taten wollte ich Revolutionäre messen, die ich künftig noch ernst zu nehmen gedächte. Solange es in einer Kommune nicht möglich war, zuverlässig für einen kinderfreundlichen Haushalt zu sorgen, vertraute ich den Leuten nicht mehr.
Ich fand es moralisch unhaltbar, über den bedingungslosen Schutz von Kindern hinwegzugehen. Ich bestand darauf, gute Kinderbetreuung an die Spitze jeder Wertehierarchie zu stellen. Für mich machte sich die Qualität einer Systemveränderung genau daran fest, ob sie als Erstes für Kinder eine bessere Zukunft schafft.
In St. Urban schämte ich mich sehr dafür, dass ich meine Kinder unbeabsichtigt einer chaotischen Situation ausgesetzt hatte. Das wollte ich schnellstens ändern.
Florian war leider nicht in der Lage gewesen, mit den Bewohnern zu regeln, dass sie uns eine kleine Miete oder Nahrungsmittel abgeben sollten, weil wir alle fixen Kosten des Hauses trugen. Miete, Wasser und Strom, Müllabfuhr, Instandsetzung. In dem Konflikt mit den Hausbewohnern spielte die Intrigantin aus der mittleren Etage eine große Rolle. Sie hatte bei sich eine zusätzliche Küche eingerichtet. Dort fütterte sie die Bewohner, wenn die nur einsehen wollten, dass ich ein unverschämter Eindringling aus der Front der kapitalistischen Feinde sei. Florian und ich wollten den armen Leuten im Haus nur das Geld aus der Tasche ziehen. Da müsse man uns das Handwerk legen! Am besten sollten die Bewohner alles Essen in ihre Küche bringen, da würde es wenigstens gerecht an Bedürftige verteilt. Die machthungrige Dame beeinflusste die Leute wirkungsvoll.
Ein Beispiel: Erinnerst Du Dich an das schmunzelnde Mädchen auf dem Seeräuberschoß? Die war auf die Gunst der Intrigantin sehr angewiesen, weil sie wegen ihrer Jugend in der Gruppe noch nicht ernst genommen wurde. Sie musste den „Mächtigen" nach dem Munde reden, um ihren Platz im Hause zu sichern.

Ich kam also eines Nachmittags nach Hause und traf auf dem Flur vor meinem Schlafzimmer das liebe Mädchen. Unter dem Arm trug sie meine Biedermeiernachttischlampe. Verlegen schaute sie weg und versuchte, an mir vorbeizukommen. Ich fragte, was das Ganze zu bedeuten hätte. Die Kleine antwortete unsicher, sie habe den Auftrag, den Gegenstand aus meinem Zimmer zu holen, weil er auf dem Flohmarkt verkauft werden sollte. Auftraggeberin war die Intrigantin. Ich nahm ihr meine Lampe wieder ab und eilte erbost ins gegnerische Lager. Dort wurde ich mit überheblicher Fassade empfangen. „Eigentum ist Diebstahl!", lautete die Erklärung zur Situation. Da war für mich klar, dass Krieg war.

Ich entschied mich für den Abschied vom Projekt St. Urban. Weder unter meinem despotischen Vater noch in den Jahren mit meinem harmoniebedürftigen Ehemann hatte ich Gelegenheit gehabt, Konfliktstrategien zu erlernen, die mich befähigt hätten, mich in der rauen Realität der jungen Anarchoszene zu behaupten. Bei jedem neuen Schock versteckte ich mich stundenlang weinend im Bett. Aber da lag auch Florian, ... der ausgefuchste Rhetoriker, den ich liebte!
Mit dem konnte ich streiten. Ich war ihm nicht unterlegen. In Sprache und Denken hatte mich meine intellektuelle Mutter bestens trainiert. Ich schärfte meine Kampfeskraft also zuerst an ihm. Florian und ich stritten unerbittlich über Strategien zur Weltveränderung. Einig waren wir oft über die Ziele, dachten aber meist konträr über die Methoden, die den Weg zum Ziel freimachen sollten.

In unsere Küche kamen immer weniger Freunde zum Essen. Aber auch bei den Treuesten von ihnen stand die Liebe zum „Dope" an oberster Stelle. Staunend musste ich beobachten, dass selbst die nettesten Leute im Haus „private" Eier unterm Bett versteckten, um sie nicht teilen zu müssen. In der Küche schworen sie dann, dass sie keine „Kohle" zum Einkaufen hätten. Wenn aber die große Unruhe im Haus ausbrach, ... „Brösel" waren eingetroffen, die man kaufen konnte, ... holten die Freunde zügig das Geld aus der Tasche, das sie dafür gebunkert hatten. Während ich bei meinem Eintreffen in der Szene anfänglich noch glaubte, ich hätte besonders „soziale" Leute getroffen, ... weil der Joint nämlich immer im Kreis herumging und jeder daran mitrauchen durfte, ... entwickelte ich später eine andere Wahrnehmung über KIFFER. Zweifelsohne machte diese Droge die Menschen freundlich und angenehm ehrlich in der Sprache. Aber was wäre, wenn sie womöglich dieselbe Entwicklung nähmen wie ihre Hunde? Die waren nämlich nach wenigen Jahren ihres Hundedaseins in vollgekifften Wohnzimmern so dämlich, dass sie nicht einmal mehr bellen konnten. Dumm, lieb und faul lagen sie auf den Flokatis herum.
Einfach nur noch warten, bis die Zeit vergeht? Was soll daran interessant sein?
Vergeblich schaute ich auf Hinweise, die die angebliche Bewusstseinserweiterung bei den Freunden belegen konnten. Wenn ich selbst rauchte, fühlte ich mich nur schlecht. Noch viel einsamer, als ohnehin schon. Hoffnungslos. Nach wenigen Versuchen, irgendetwas Netteres dabei zu fühlen als tiefe Trauer, hörte ich auf, an dem kreisenden Joint zu ziehen. Die Leute gewöhnten sich daran und ließen mich in Ruhe. Mein Nichtrauchen war kein Problem.

Zurück nach St. Urban. Nachdem ich meine ausweglose Lage erkannt hatte, teilte ich Florian und dem Vermieter mit, dass ich ausziehen würde. Florian sagte, er wolle mit mir zusammenbleiben und auch ausziehen. Auch sein lieber Freund Jupp würde uns begleiten. Nach sechs ungemein aufregenden Monaten verließen wir das Märchenschloss wieder.

Ich bereue nichts

So, jetzt denkst Du vielleicht, dass ich mit Bitterkeit daran zurückdenke oder das Abenteuer womöglich bereue? Ganz im Gegenteil!

Ich erinnere mich daran, dass das halbe Jahr in dem Haus so reich für mich war, als seien es zehn gewesen. Ich war überwältigt von der Fülle an Eindrücken, die mich noch Jahre bewegt haben. Selbst heute noch. Bei allem Schmerz, der aus dem Chaos kam, mochte ich die wilde Mischung völlig unterschiedlicher Menschen trotzdem sehr. So ein brodelnder Kochtopf von Menschen aus ganz verschiedenen sozialen Herkunftsfamilien macht mich kreativ in den Gedanken und erweitert meine Wahrnehmung. Damals bemerkte ich zum Beispiel, dass weniger gebildete Menschen oft spontaner und wendiger mit sozialen Konflikten umgehen als Bildungsbürger. Mir waren die Menschen aus dieser Szene in der Lebens- und Überlebenskunst anfänglich völlig überlegen. Es lockte mich deshalb, noch mehr von ihnen zu lernen. Zwar war ich vorsichtig geworden, was die Einschätzung ihrer Zuverlässigkeit in Projekten anging, aber dennoch liebte ich viele von ihnen von ganzem Herzen. Für mich waren sie meine Geschwister geworden!
Um einen wertschätzenden Abschied von St. Urban zu wählen, möchte ich Dir jetzt das Wertvollste schildern, was ich in diesem Haus erlebt habe, bis heute eine Lieblingserinnerung.

Beim Gang durch St. Urban habe ich Dich an unserem Wohnsaal vorbeigeführt. Jetzt gehen wir hinein. Auf dem Foto vom Haus siehst Du zwei riesige halbrunde Fenster zwischen den beiden Erkern. Dahinter lag der Saal. Er war unglaublich groß. Weil wir Freaks damals meistens auf selbst gebauten Podesten schliefen, hängten wir dafür Türen aus, die wir auf alte Nachttischchen legten, und schon war das Bett fertig.
So ein Bettlager für zwei bis drei Personen stand in einer Ecke des Saals. Im Verhältnis zu der Größe des Raums wirkte es wie Spielzeug. Auf dem Podest schliefen immer ein paar Leute, die sich noch nicht entscheiden konnten, ob sie sich ein Zimmer einrichten wollten oder nicht. Solche Wohnzimmerschläfer gab es in allen Projekten, die ich kannte. Sie sorgten dafür, dass es zu allen Tages- und Nachtzeiten Kaffee, etwas zu rauchen, Musik und Gespräch im Gemeinschaftsraum gab. Deshalb waren sie in der Regel wichtige und gute Kommunarden. Einer von unseren Wohnzimmerschläfern, an den ich mich besonders gerne erinnere, war der kleine „rote“ Bruder unseres großen rothaarigen Ehrengastes. Als „kleiner Bruder“ war er es gewohnt, unauffällig präsent zu sein. Still war er, und immer total angenehm. Sein Lächeln wirkte auf mich wie eine gemalte Sonne in einem Zimmer, wo sie sonst nicht hinkommt. Auch wenn er gar nichts machte, tat er den Menschen gut. Einfach so.
Später schluckte er an einer Grenze einen Brösel, der ihm nicht bekam. Zwar erlosch das Lächeln nicht in seinem Gesicht, aber sein eigenes Zimmer wurde nie mehr hell. Er blieb für immer krank. Furchtbar schade.

An der Wand gegenüber der Schläferecke lag eine lange Reihe von Matratzen. Davor hatten wir einen Tisch gebaut, der ungefähr vier Meter lang war. Wenn wir wollten,

konnten alle Mitbewohner um den Tisch herumsitzen. Tische und Sitzgelegenheiten blieben nicht unbesetzt. Unsere Subkultur war immer reich an schönen Stoffen, Teppichen und Fellen. Zwischen den beiden Panoramafenstern, die den Blick auf die Mosel veredelten, hingen zwei kolorierte Kupferstiche. Jagdszenen aus dem 18. Jahrhundert. Schätze aus dem Familienerbe meiner Mutter. Ich hatte sie dort hingehängt, weil ich davon überzeugt war, dass Kulturpflege das Herz jeder Neuschöpfung sei. Wichtig für jede Revolution. Nach dem Enteignungsversuch mit meiner Nachttischlampe hängte ich die Bilder enttäuscht wieder ab und versteckte sie. Meine Kommunarden waren offenbar zu blöd, um meine anarchischen Witze zu verstehen. Oder sie lachten lieber über andere Sachen. Jedenfalls hingen die Bilder in den ersten Wochen noch da und „würzten" den Raum feinsinnig.
Und jetzt das Schöne!
Es war die Musik.

Die selbst gemachte Musik

Jeden Abend versammelten sich fast alle Hausbewohner um den großen Tisch herum. Immer waren gute Musiker unter uns. Mindestens einer spielte Gitarre. Andere konnten trommeln. Oder Maultrommel und Mundharmonika spielen. Oder Flöte. Viele konnten singen.
Zuerst saßen alle nur herum. Scheinbar träge. Es gab ein bisschen Gespräch. Mal auch gemütliches Schweigen. Rühren in Kaffee- oder Teetassen. Bröseln und Tütenrollen auf dem Tisch. Dann fing irgendeiner an, an einem Instrument zu zupfen oder auf einen Gegenstand zu klopfen. Ein anderer machte ein paar Takte lang mit. Jemand summte. Und dann kam plötzlich Musik auf. Wie eine kleine Welle, die zart an den Strand spült, schufen die Töne zuerst ein Gefühl. Daraus wuchs eine neue Welle. Dann kam der Rhythmus und dann „rauschte plötzlich das Meer".
Da stiegen wir auf wie Vögel und sangen mit dem Wind. Jubelnd flogen wir über die Wellen. Der große Raum trug uns mit Würde. Singend und spielend wurden wir EINS und kamen dabei überallhin, wo wir zusammen SEIN wollten.
Die neue Welt war in uns und um uns herum.

Die Revolution war da!

Das war wunderschön. Ich gehörte zu den Unmusikalischen, die meist nur mit Löffeln auf Kaffeetassen und Tischkanten klopften. Aber das war ganz egal. Ich war ein Teil unserer Musik, wie jeder am Tisch. Das machte mich sehr glücklich. Die Erinnerung an die Musik blieb wie eine ewige Sehnsucht in mir.
Ähnliches habe ich später immer wieder erlebt, aber nur in den kurzen Phasen, in denen Gemeinschaft wirklich gelang. Anscheinend kommt die Chance, dass selbst gemachte Musik in einer Gruppe wächst, nur solange auf, wie sich die Menschen füreinander öffnen. Sie braucht wohl die Echtheit der Gefühle. Dann können die Menschen plötzlich von innen her singen und tanzen. Geborgen in einem WIR treten sie ganz nahe an sich selbst heran und verlieren dabei doch nicht die anderen. Ich bin dem Leben so dankbar für die Stunden, in denen ich das erleben durfte.
So, jetzt können wir endgültig gehen, ohne Wut und ohne Wehmut. Es kommt ein neuer Schritt. Doch wohin?

Das Haus auf dem Berg

Glaub nur nicht, dass es einfach war, ein Haus in einer Zeit zu mieten, als „Langhaarige“ noch als „Kinder des Bösen an sich“ betrachtet wurden. Aber wir hatten Glück.
Ganz oben, auf der Spitze eines Hügels über Trier, dem Kernscheider Höhenweg, fanden wir einen kleinen Bungalow beziehungsweise ein größeres Gartenhaus.
Florian war vom Anblick des Horizonts ganz entzückt. Sein Geist könne nicht in Tälern wohnen, meinte er. Menschen seines Formats bräuchten einen herrschaftlichen Ausblick, um auf wirklich gute Gedanken zu kommen. Herrschaftlich war die Aussicht allemal.
Nach drei Seiten gab das Häuschen den Blick auf Gärten, Weinberge, Täler, Wäldchen und eine Siedlung auf den gegenüberliegenden Hügelketten frei. Ähnlich wie im Herrschaftshaus St. Urban nährt solch ein privilegierter Blick von oben das Gefühl, etwas Besonderes zu sein. Leider kommen davon nicht zwangsläufig nur großartige Gedanken, sondern es kommt auch gerne Größenwahn auf.
Auf jeden Fall war das kleine Haus mitten in der Natur, das direkt am Stadtrand von Trier lag, sehr reizvoll. Rechts vom Haus lag eine offene Terrasse, direkt an den angrenzenden Weinbergen. Auf der anderen Seite schaute man von einer überdachten Terrasse durch Büsche und Bäume hindurch auf den Kernscheider Höhenweg.
Uns hingegen konnte niemand sehen. Im Sommer schlief ich hier wochenlang im Freien, denn man wurde auch bei Regen nicht nass. Mit meiner Tochter Jessica, die drei Jahre später geboren wurde, saß ich auch gerne hier. Auf der Hollywoodschaukel verbrachte ich Stunden mit dem Baby und erzählte ihr lange Geschichten, während ich sie sanft wiegte. Voller Lust auf ihr junges Leben quietschte, brabbelte und sang sie mit mir in dem sanften Wind, der um das Haus strich.
Die vordere, breite Fensterfront erlaubte den Blick auf den Garten. Dort stand eine kleine Holzhütte, in der unsere liebenswerte Schäferhündin Bella wohnte.
Von den Podesten unter den Fenstern unseres Wohnzimmers konnten wir zuschauen, wie Bella ihre „Liebhaber“ aus der nahen Siedlung empfing. Nachdem sie ein paar gemütliche Tage mit den „Gästen“ verbracht hatte, wurde ein paar Monate später ersichtlich, wer ihre Gunst errungen hatte. Dann schenkte sie uns einen Haufen entzückender Hundekinder. Die Hunde liefen bei uns frei herum. Sie kamen nur zum Schmusen ins Haus, lebten aber ansonsten im Garten. Gerne unternahmen sie eigenständig Badeausflüge zu einem nahegelegenen Tümpel oder spielten im Weinberg. Unvergessen ist mir der Anblick von Bella, wie sie ihren Kindern zeigte, wie man Ausflüge unternimmt. Dabei ging sie entschlossen vorneweg. Im Gänsemarsch folgten ihr alle Kinder mit senkrecht erhobenen Schwänzchen. Es sah herrlich aus, wie sich dieser lange Hundezug zwischen den Rebpfählen hindurchschlängelte.
Beeindruckend war auch der Tag, als sie ihren Jungen das Haus zeigen wollte. Die Hündin gebar ihre Welpen in ihrer Hütte auf einer geschützten Wiese. Dort blieb sie in den ersten Wochen, bis ihre Kinder einiges Wichtige gelernt hatten. Um von der Wiese aus zu unserer Haustür zu gelangen, musste man zunächst eine steile Steintreppe erklimmen. Bella wartete also geduldig, bis alle Welpen alleine die Treppe hochklettern konnten.
Eines Tages scharrte sie an der Tür. Wir öffneten und herein kam die ganze Hundeschar, im Gänsemarsch mit steil aufgerichteten Schwänzen. Nachdem sie ihren Kindern das ganze Haus gezeigt hatte, marschierten sie genauso wieder zurück auf ihre Wiese. Das war sehr lustig.

Von der Rückseite des Hauses führte ein Weg viele Kilometer über Wiesen, Felder und Wald am Nachbardorf Kernscheid vorbei. Dorthin wanderten wir fast täglich, um beim Bauern unsere Milch zu holen.
Am höchsten Punkt des Grundstücks befand sich ein rundes Schwimmbecken von sechs Metern Durchmesser. Weil der Garten abschüssig angelegt war, ragte die vordere Seite des Beckens, wenn man im Wasser stand, scheinbar in den Himmel. Wer also nach vorne auf den Horizont zuschwamm, konnte sich einbilden, er könne vom Wasser aus direkt in den Himmel schwimmen. Ein tolles Erlebnis!
Was glaubst Du, wie großartig es ist, sich mit dem Kosmos vereint zu fühlen, wenn man abends direkt in die untergehende Sonne hineinschwimmt?
Zurück zum Einzug.
Mich entzückte das Haus nicht weniger als Florian. Nur aus anderen Gründen. Vor allem, weil es so KLEIN war! Randvoll mit Florian, Jupp, drei Kindern und mir.
„Da passt keiner mehr rein!", ... dachte ich, ... mit einem kleinen Gefühl des Triumphes.
Ich konnte mir wahrhaftig nicht vorstellen, wie es hier noch einmal passieren könnte, dass „fremde Völker" unkontrolliert in mein Leben eindringen würden?
Weit gefehlt! Zu spät erkannte ich, dass der Fehler in Florians Person selber lag.
Das „trojanische" Pferd lag in meinem Bett!

Methodenstreit auf dem Weg zur Revolution

Es dauerte nicht lange, da krochen aus seinem Bauch neue Mischungen chaotischer „Freunde" heraus. Da ich keinesfalls gleich wieder abhauen konnte, versuchte ich, mich erstmals durchzusetzen, ... so gut es eben ging. Weil die Leute vor allem zu Florian kamen und weil er mir andauernd in den Rücken fiel, kam ich nur langsam voran. Aber dennoch erlernte ich nach und nach die Fertigkeiten, die mir ein glücklicheres Leben in der Szene erst möglich machten. Nach dem Ende der Partnerschaft mit Florian war ich endlich in der Lage, ein Leben in Gemeinschaften so aufzubauen, dass diese auch gelangen. Ich wurde später eine erfahrene Gruppenführerin, die Projekte zielsicher in die Praxis umsetzen konnte.
In meinen ersten Szenejahren mit Florian musste ich mich seiner Dominanz oft fügen. Ein Mensch, der sich, so wie Florian, gerne als schillernde Führungspersönlichkeit sieht, bevorzugt ein Publikum, das ihn kritiklos idealisiert. Es zeigte sich, dass ich denkbar ungeeignet für diese Aufgabe war. Ich bin keine Ko-Narzisstin. Störrisch, eigensinnig und unbelehrbar verweigerte ich folgsame Unterwerfung. Bewunderung ging schon gar nicht. Ich wollte Florian gleichberechtigt ernst nehmen, denn ich liebte ihn ja!
Aus der Denkschule meiner Mutter heraus forderte ich gut begründete Inhalte von ihm, differenzierte, intelligente Konstrukte, ... eben keine Sprüche!
Wegen meiner enttäuschenden Kindheit war ich zur scharfen Kritikerin narzisstischer Links-Ideologen geworden. Damit ich linke Projekte ernst nehmen konnte, mussten sie mir besonders authentisch erscheinen. Um mich von meinen Eltern abzugrenzen, die zwar große Ideale formulierten, diese jedoch in keiner Weise lebten, wollte ich politische Relevanz in der Praxis bewiesen sehen. Weil mich Revolutionsgeschwätz ohne Realitätsbezug sofort wütend machte, nagelte ich die narzisstischen „Kopfgeburten" meiner Genossen mit derselben Schwerttechnik an die Wand, die ich bei meiner Mutter gelernt hatte, wenn sie sich über sogenannte Kleinbürger lustig machte. Kompro-

misslos, sarkastisch und angriffslustig. Unerbittlich forderte ich Prüfkriterien für die politische Relevanz unserer Projekte. Lästig und bissig bis zum Umfallen.
Da kannst Du Dir wahrscheinlich leicht vorstellen, dass Florian sich lieber mit Freunden umgab, die ihn nicht infrage stellten, als sich hinter mich zu stellen.
Trotzdem möchte ich noch einmal betonen, dass mein Kampf mit Florian aus meiner Sicht ein Zeichen größter Liebe war, denn ich sah uns beide tiefernst als Revolutionäre an. Es war ein Zeichen von Respekt, wenn ich um seine Glaubhaftigkeit rang. Mir wäre es damals einfach nicht möglich gewesen, ihn von vornherein als größenwahnsinnigen Narzissten abzutun, denn meine Liebe hatte Zugang zu seiner inneren Schönheit. Und ich fand ihn wunderschön!

Mein Konzept

Ich sah schon, dass wir ein paar Fehler machten, das ja ... aber ich war sicher, dass wir aus allem lernen und bald zu guten Erfolgen kommen würden.
Überhaupt glaubte ich fest daran, dass das LERNEN in einem offen, interagierenden Organismus revolutionäre Kraft produziert.
Die Fortschritte in unserer kleinen revolutionären Zelle würden in der Vernetzung mit anderen lernenden Zellen zwangsläufig zum kollektiven Lernen in der neuen Gesellschaft beitragen.
So dachte ich.
Der patriarchale Denkstil, der auch in unseren revolutionären Konzepten weit verbreitet war, interessierte mich überhaupt nicht. Die zunehmende Radikalisierung militanter Gruppen in der linken Szene empfand ich als eine menschliche Tragödie, die ich mir gruppendynamisch erklärte. Ich sah, wie sich überall Inselprozesse abzeichneten, die Menschen in ihrer Entwicklung stagnieren ließen, bis hin zu einem Realitätsverlust, an dem viele von uns zerbrachen.

Kritik an ideologischen Inselkulturen

Meinen Begriff der INSELKULTUR muss ich kurz erklären.
Es geht um ein Phänomen, das in allen ideologischen Gruppen zu finden ist, nicht nur in der linken Bewegung. Es kann genauso in der Wirtschaft, in der Parteipolitik, an Arbeitsplätzen, in Vereinen auftauchen, ... einfach überall da, wo Menschen zu Macht kommen, wo sich Hierarchien bilden. Hier die schematisierte Kurzdarstellung dieses Vorgangs: Der Prozess beginnt mit einer eindrucksvollen, charismatischen Person, die mit guten Ideen und interessanten Projektvorschlägen in den Vordergrund tritt. Bald wird sich um sie herum eine stützende Clique bilden, die Ko-Narzissten. Mithilfe engagierter Überzeugungsarbeit nach außen sorgen sie dafür, dass sie zusammen mit ihrer Leitfigur als etwas „Besonderes" bekannt werden.
Aus dem unerschöpflichen Basisbecken der Mitdenker, Wahrheitssucher, Familienersatzbraucher, Guruanhänger, Mitläufer und Nachmacher drängeln sich die Menschen unter die prüfenden Augen der offenbar begehrenswert erscheinenden Clique. Durch die Werbung der Neuen entsteht ein Feld der Macht, weil die Clique darüber bestimmt, wer mitmachen darf und wer nicht. So wird eine anfänglich offene Gruppe zu einem Projekt mit Grenzen. Bestimmte Eintritts- und Aufstiegsregeln bilden eine Hierarchie, die zuordnet, wer dazugehört und wer nicht. Die Hierarchie legt auch den sozialen

Status fest, den Menschen im Projekt erringen können. Die Neuen unterwerfen sich solchen Regeln willig, weil sie hoffen, durch ihre Anpassungsbereitschaft bald selbst zu den Privilegierten aufzusteigen. Schade ist, dass in angeblich linken, sogar in „anarchischen“ Projekten die Eingliederungsformel verlangt wird: Das „Nachbeten“ der Thesen der Leitfigur. Die meisten Menschen lieben das Nachbeten, weil es ihnen eine kindliche Existenz erlaubt. Ihr BRAVSEIN lässt sie hoffen, bald unter die Flügel einer idealisierten Mutter oder eines idealisierten Vaters schlüpfen zu dürfen. Das erspart ihnen die Unannehmlichkeit, vor ihrem Eintritt in ein Projekt nachschauen zu müssen, wer sie eigentlich selbst sind. Es erspart ihnen, Verantwortung für sich selbst zu übernehmen, sondern sich hinter einem WIR zu verstecken. Die Clique um die Leitfigur herum sorgt für alles, was die begabte Gründerperson braucht und mag. So wird die Leitfigur langsam bequem. Sie gewöhnt sich willig daran, narzisstisch aufgebläht zu werden. Aufgrund einer kreisförmigen Kommunikation, die kulthaft ausgeschmückt wird, entsteht langsam eine „soziale Insel“. In ihr entwickeln sich spezifische Gesetzmäßigkeiten, die das Gemeinschaftsleben anfänglich voranbringen. Ganz unbemerkt verflachen sich die guten Gedanken der verwöhnten Leitfigur in thesenhaft formulierte Scheinwahrheiten. Missionarisch werden sie von Projektmitgliedern und „Anhängern“ nach außen getragen. Niemand merkt, wie das narzisstisch geprägte Zentrum der Insel im Kreis herumdenkt. Die Leitfigur ist mittlerweile von der Verwöhnung und Bewunderung durch ihre Ko-Narzissten abhängig geworden. Ihre Identität hat sich jetzt mehr mit den Fragen der Macht im Projekt als mit Inhalten verknüpft. Sie ist geistig reduziert. Weil sich das Ganze aber schleichend und unbewusst aufbaut, schützt auch die größte Intelligenz die Leitfigur nicht davor, dass sie mangels Auseinandersetzung mit gleichstarken Außenstehenden menschlich verflacht oder sich sogar in abstruse Größenideen verstrickt.
Während die Leitfigur und die Clique ihre Statusprivilegien genießen, verrichten die Neuen an der Basis fleißig die weniger angesehenen Arbeiten. Weil sie sich dabei extrem ausbeuten lassen, sind sie für die Ökonomie eines Projekts sehr wichtig. Mit der freiwilligen Selbstausbeutung erarbeiten sie ihren Aufstieg im Projekt und sichern sich dadurch einen persönlichen Statusgewinn. Das funktioniert zwar nicht immer, aber die meisten fleißigen Aufsteiger treten doch irgendwann in die privilegierte Clique ein. Die wächst also auch. Die Machtverhältnisse bleiben nicht gleich, sondern sie unterliegen einer lebhaften Dynamik. Intrigen und Putschversuche stellen immer wieder neue Hierarchien auf. Solange die Gruppe wächst, erarbeitet die fleißige Basis beachtliche Finanzpotenzen. Die erfolgreiche Expansion lässt die Mitglieder und Anhänger des Projekts glauben, dass die Thesen ihrer Ideologien WAHR seien. Dieser logische Schluss ist falsch. Gruppendynamik beweist keine Wahrheiten. Sie ist einfach nur menschlich, so subjektiv wie jeder einzelne von uns. Wenn eine von der Außenwelt isolierte Leitfigur keine Reibung mit von ihr unabhängigen Menschen erfährt, kann es auch den Lautersten unter ihnen passieren, dass ihr Inselgehirn im Sog des Größenwahns Scheiße produziert. Ihre „tollen“ Gedanken verwandeln sich in neurotische Mondraketen. So ein Inselprozess kann die abhängigen Projektmitglieder aus einem selbstbestimmten Leben hinauswerfen. Sie enden im Leiden der abhängigen Selbstzerstörer. Ihr Schmerz unterscheidet sich nicht von dem eines bürgerlichen Alkoholikers oder dem eines zwanghaften Karrieristen. In der Sucht sind wir alle gleich.

Psychologen müssen DRAUSSEN bleiben

Nun, mit solch einer psychologischen Sichtweise machte man sich damals wie heute in der linken Szene sehr unbeliebt. Die Psychologie wurde als böses Anpassungsinstrument des feindlichen Staatsapparates gesehen. Sie war einfach indiskutabel. Weil ich Psychologie studierte, blieb ich in meiner Szene immer „verdächtig". DRAUSSEN?
In den ersten Jahren hielt ich mich in Diskussionen zurück, weil ich wegen meiner Unerfahrenheit noch unsicher war. Später kam ich immer häufiger in die Situation, mich als autonome, gleichberechtigte Besucherin, denn so sah ich mich, mit potenten Leitfiguren großer Projekte auszutauschen zu wollen. Zu meiner Überraschung wurde ich regelmäßig entsorgt, sprich, zum Schweigen gebracht, bevor ich die Gelegenheit gehabt hätte, die Leute durch meine autonomen Gesprächsbeiträge zu bereichern. Ich war gedanklich nicht gefügig, das stimmt so.
Es ist mir wirklich peinlich, zugeben zu müssen, dass die AUTONOMEN in unseren eigenen Reihen oft ähnlich abgelehnt und sanktioniert wurden, als hätten wir versucht, die CSU oder den örtlichen Schützenverein zu unterwandern.

Prinzip Hoffnung

Würden wir uns mehr mit Gruppendynamik beschäftigen, müssten wir bald der Hypothese glauben, dass Menschen die Gesetze der Macht vielleicht „von Natur aus" interessanter finden als Kriterien der Vernunft. Dann verlöre der Appell zur Gleichstellung der Wertigkeit aller Menschen seinen Sinn. Darauf zu beharren, wäre naive Verschwendung von Lebenszeit. Wenn ich aber bereit wäre, der Macht den Raum zu geben, den sie erfahrungsgemäß immer beansprucht, würde mich das in eine resignative Haltung zwingen, die jedes politische Engagement zu Grabe tragen muss. Ich will das einfach nicht.
Also habe ich mich für das PRINZIP HOFFNUNG entschieden. Es rettet meine Würde als Mensch, so zu tun, als gäbe es sie! Das Handeln in einem positiven Denken erlaubt die lustvolle Übernahme von Verantwortung und ehrt das Leben.

Vernetzung als Methode gesellschaftlicher Veränderung

Hui, jetzt habe ich mich ein bisschen verirrt da draußen! ... Eigentlich wollte ich doch nur erklären, weshalb ich den „bösen Bauch" des trojanischen Pferdes nicht verriegeln konnte, ... mich gegen Florian durchsetzen und die Tür des kleinen Hauses fest verschlossen halten!
Das lag, neben dem PRINZIP HOFFNUNG, an einer weiteren politischen Grundidee der damaligen Zeit, dem VERNETZUNGSGEDANKEN.
Weil ich, wie viele von uns, das Vernetzen von interaktiven Lernerfahrungen als wichtigen Baustein der Weltveränderung ansah, konnte ich Florian und mich keinesfalls als Kleinfamilie definieren. Das wäre ein Verrat an der Revolution gewesen. Ich wollte unbedingt die OFFENE GEMEINSCHAFT leben. Deshalb fehlten mir die Argumente, wenn Florian gegen meinen Willen immer wieder Leute in das kleine Haus mitbrachte, die eigentlich nur von uns profitieren wollten.

Florian, der Verräter

Die wenigsten von den Gästen wollten Gemeinschaften bilden, geschweige denn interaktiv lernen. Sie hatten einfach keine Wohnung. Weil sie natürlich mit aus unserem Kühlschrank aßen, kamen in mir schnell üble Erinnerungen auf. Dringlich versuchte ich jetzt, klare Regeln über die Aufteilung von Geld, Wohnraum und Hausarbeit aufzustellen. Florian unterlief meine Versuche regelmäßig. Er verhöhnte meine Strukturierungsversuche als ein Zeichen kleinbürgerlicher Schwäche. Dadurch gab er den Gästen die Macht, es sich respektlos „auf mir" bequem zu machen. Hauptsache, sie verehrten ihn als Gönner, Wohltäter und Utopisten.
Das konnte ich mir, als Tochter meiner Mutter, keinesfalls gefallen lassen. Ich kämpfte erbittert gegen Florian, denn es ging um einen Angriff auf meine Würde. Er verriet mich regelmäßig an seinen blöden Narzissmus. So eine Beziehungskonstellation verhinderte natürlich, dass sich zwischen den Gästen und mir tiefere Beziehungen aufbauten. Sie lernten mich eigentlich nie richtig kennen. Ihnen war es egal, ob es mich gab.

Halt, denk jetzt nur nicht, dass es gleich wieder losgeht mit den „Keiner versteht mich!"- und „Ach, ich bin so enttäuscht!"-Geschichten! Natürlich will ich nicht, dass Zorn in Dir aufkommt, weil Du Dich fragst, ob ich Dich eigentlich verarschen wollte, als ich im letzten Brief in großen Tönen anhob, Florian zu meiner „großen Liebe" zu stilisieren. Mit Wolkenkuckucksheim und Himmelstoren und so. Wenn auch mit Vogelschreien anstatt Engelstrompeten, aber doch penetrant „heilig". Entschuldigung! Genau wie Du frage ich mich gerade, wieso ich diese Liebesgeschichte im letzten Brief wie einen Höhenflug beschreiben musste? Während ich Dir heute die enttäuschenden Versuche schilderte, ein realistisches, gemeinsames Leben aufzubauen, ging ich beim Schreiben ganz schön ausgezehrt zu Boden. Lass uns jetzt über nettere Dinge reden, damit wir beide wieder zu Kräften kommen!

Was Florian und ich GUT zusammen machten

Wo lagen unsere Stärken? Florian und ich verloren selbst in den dunkelsten Stunden nicht den tiefen Wunsch, uns liebevoll zu berühren. Kalten Krieg kannten wir nicht. Immer fühlten wir heißblütig und leidenschaftlich füreinander. Weil wir das Streiten nicht als eine Bedrohung der Liebe empfanden, konnten wir darin sehr kreativ werden. Wir erfanden tolle Spiele, um eine kämpferische Eskalation wieder in den Zustand von Entspannung und Liebe zu verwandeln.
Das funktionierte so: Wenn wir uns rhetorisch wieder einmal in einem Thema verwickelt hatten, wenn wir wieder einmal nicht aufhören konnten, beide recht haben zu wollen, oder, schlimmer noch, wenn wir mit schweren Waffen auf empfindsame Gefühle geschossen hatten, bis jeder eine klaffende Wunde unter der Gürtellinie trug, ... dann nahmen wir einfach die KUNST zuhilfe und „brachten uns ganz groß raus"! Jetzt nutzten wir unsere mimischen und theatralischen Talente, nahmen Sprachwitz und sarkastischen Humor dazu. Im Sprung verließen wir den äußeren Rahmen eines Gesprächs. Unsere Körper und Gesichter verwandelten sich in der satirischen Übertreibung unserer Argumente. Wir spielten unsere Standpunkte in Tiergestalten, Fabelwesen oder in verzerrter Selbstironie aus. In phantasievollen Gestalten, die wir miteinander kämpfen ließen, sprangen wir schreiend herum. Mit dem Feuer unserer Wut stei-

gerten wir uns in immer bessere Darstellungen hinein. Am Ende war der Streit zu einer PERFORMANCE geworden, die uns solchen Spaß machte, dass wir uns irgendwann lachend in die Arme fielen. Versöhnt, einig und lustvoll, in der gemeinsamen Freude am anarchischen Witz, fühlten wir wieder große Nähe zueinander. Im Psychodrama passten wir wirklich gut zusammen.

Und was konnten wir noch? Gemeinsame Kinderbetreuung. Wir gaben uns ganz viel Mühe, das kleine Haus im Grünen zu einem liebevollen Nest für Kinder zu gestalten. Lara besuchte noch den Kinderladen, Julia war in der Grundschule, Sven am Gymnasium. Unsere Mädchen waren es vom Kinderladen her gewohnt, sowohl bei andern Kindern zu schlafen als auch viel Besuch mitzubringen. Wir boten unser OFFENES HAUS gerne als Spielplatz für Kinder an. Meine Kinder besaßen hochwertiges Spielzeug. Sie wohnten in den besten Zimmern im Haus und verfügten über reichlich Material für die Förderung kreativer Spiele. Die Gästekinder kamen gerne zu uns, weil wir Erwachsenen viel Zeit hatten, auf ihre Bedürfnisse einzugehen, wir ihr Lieblings-essen kochten und weil wir Kinder mochten und sie ernst nahmen. Ich war die Frau fürs Vorlesen, Geschichtenerzählen, Basteln und Schmusen.
Florian war der Typ zum Balgen, Wildsein, Rumschreien und Mutproben machen. Er vermittelte sein Wissen über die Natur und Tiere und half auch bei den Schularbeiten.

In vielen Gesprächen über Erziehungsmethoden führten wir unsere Verschiedenheit fruchtbar zusammen. Ich war zu der Zeit noch stark von der antiautoritären Bewegung beeinflusst.
Weil ich wegen der Gewalttätigkeit meines Vaters eine ausgeprägte Abscheu vor Gewalt gegen Kinder empfand, war ich besonders kritisch gegenüber allem eingestellt, was ich als „autoritäres Machtmittel" ansah. Wir antiautoritären Eltern der Siebzigerjahre hielten das GRENZENSETZEN noch für einen Ausdruck unberechtigter Machtausübung. Deshalb war auch ich mir noch oft unklar und einfach immer nur konturlos lieb. Ich wusste noch nicht, dass eine erkennbare Führung durch die Eltern den Kindern Orientierung und Halt gibt. Damals überforderte ich besonders meinen Ältesten, den ich so viel wie möglich selbst bestimmen lassen wollte, um ihn nur ja nicht „einzuschränken".
Vollkommen klar, deutlich einschätzbar war ich in meiner Zuverlässigkeit, Fürsorglichkeit und Wärme. Ich war eine körperlich nahbare, zärtliche Mutter, die ihre Kinder gerne lobte, unterstützte und tröstete. Nie im Leben habe ich ein Kind geschlagen und werde es auch weiterhin niemals tun.

Dem armen Florian fehlten wegen seiner tragischen Kindheit anfänglich das Feingefühl und die Zartheit im körperlichen Umgang mit Kindern. Er war ein Raubauz. Seine Bewegungen waren temperamentvoll, wirkten aber auf ein Kind eher grob. Seine Stimme bollerte zu laut. Weil meine beiden Großen an meinen sanften Ehemann gewöhnt waren, lehnten sie Florian in seiner holprigen Art zunächst ab. Die kleine Lara hatte jedoch gar kein Problem mit ihm. Sie war erst eineinhalb Jahre alt, als wir zusammenkamen. Weil Florian sie oft auf dem Arm trug, sie wickelte, ins Bett brachte und lieb mit ihr schmuste, wenn sie zu uns ins Bett kam, erkannte sie seine Art besser. Sie wusste, dass er nicht gefährlich war, sondern einfach nur ungeschickt. Mit ihrer herzlichen Kinderliebe lehrte sie ihn den zärtlichen Umgang mit Kindern. Sie hatte gar keine Angst vor ihm.

Florian hatte eine ausgeprägte Führernatur. Er lehrte mich das Führen in einem positiven Sinn. Bald fand ich zu einem liebevollen Führungsstil bei Kindern, mit dem ich mich gut durchsetzen konnte, ohne dass ich unangenehmen Druck machen oder viel strafen musste.
In Anlehnung an die freie Art meiner Mutter weigerte ich mich, meine Kinder mit dem Machtmittel des moralischen Drucks zu erziehen. Ich machte ihnen kein schlechtes Gewissen, sondern sagte klar, was ich genau wollte und was nicht. Die Kinder durften mir das genauso unverblümt sagen. Auch kritisch. Sie hatten das Recht auf eine eigene Meinung und auf ihre eigene Wahrnehmung. Deshalb lernten sie früh, ihre Persönlichkeit ausdrucksstark zu vertreten. Das Recht der Kinder auf Respekt und Würde verteidigte ich wie eine Löwin gegen jeden, der ihre Unantastbarkeit infrage stellen wollte. Florian hingegen glaubte, dass Strafen ein „notwendiges Erziehungsmittel" seien. Ich sah das anders. Kein Mensch durfte es wagen, meinen Kindern Angst zu machen. Weder psychisch noch körperlich. Meine radikale Verweigerung zu Strafen führte manchmal zu hartem Streit zwischen uns. Trotzdem wusste ich immer, dass Florian mich in dem wichtigsten Wert, des RESPEKTS VOR KINDERN, sehr gut verstand und unterstützte.
Unsere REVOLUTION musste in einem verantwortlichen und liebevollen Umgang mit Kindern beginnen, darüber waren wir uns einig.

Im Sommer machten wir am liebsten Ausflüge mit den Kindern.
Florian besaß ein rotes Motorrad mit einem geräumigen Seitenwagen. Da passten alle Kinder nebst Gepäck hinein. Als erfahrener Motorradfahrer kannte er jede kleine Straße, Waldwege, Bäche, Wälder und schöne Hügel um Trier. Ich weiß, dass Du gerne in der Eifel Urlaub machst, um dort zu wandern. Dann muss ich Dir ja nicht sagen, wie unglaublich schön diese Landschaft ist! Du kannst Dir sicher leicht vorstellen, wie glücklich wir waren, wenn wir, mit den Kindern im Seitenwagen, durch die Dörfer fuhren und mit den Dorfkindern lachten, die uns winkend hinterherrannten. Beim Fahren hielten wir nach besonders schönen Plätzen Ausschau. Am liebsten mochten wir idyllische Wiesen an kleinen Bächen mit einem Waldrand dahinter. Dort packten wir dann unsere Decken und Spielsachen aus. Das Wichtigste am Ausflug war natürlich der Picknickkorb. Alles war darin, was ich unter Esskultur verstehe. Auf einer kleinen Tischdecke muss das Essen in farblich aufeinander abgestimmten Schälchen, Tellern und Tassen angerichtet werden. Keinesfalls in Plastikgeschirr. Ein Patchwork aus schönem Porzellan, handgefertigter Töpferware, selbst gebastelten, von Kinderhand bemalten Gefäßen und von unbekannten Großvätern gedrechselten Holzschüsseln musste es sein. Und kein Picknick ohne bunte Papierservietten! Zuletzt war das „Freilandbuffet" noch mit Blümchen, Steinchen und Gräsern zur seiner künstlerischen Vollendung gebracht worden. Zufrieden war ich erst, wenn das Werk aussah, als hätte Schneewittchen zum Geburtstagsessen im Wald eingeladen. Ich schwöre, Kinder lieben schöne Dinge!

Es war immer ein Fest, wenn wir im Grünen saßen und die Leckereien genossen, die wir mitgebracht hatten. Im Sommer verbrachten wir viele solche Tage in der Natur. Die Kinder spielten entspannt mit allem, was sich ihnen anbot. Sie bauten Dämme am Bach, Burgen aus Steinen, pflückten Blumen und spielten Ball oder erfanden Rollenspiele. Währenddessen führten Florian und ich unter freiem Himmel die allerschönsten Gespräche. Manchmal lockte da auch ein romantisches Nest aus zartem Gras hinter einer Hecke, dann krönten wir das Glück hier und da mit etwas Sex. An diesen Sommertagen waren wir alle zusammen oft richtig glücklich.

Der Eros als schöpferische Kraft

Da bleibe ich doch gerade beim Thema EROS … und erzähle etwas über den Schatz unserer körperlichen Nähe.
Die spielerische Leichtigkeit im Herstellen körperlicher Nähe war ein tröstliches Bindeglied zwischen Florian und mir. Die tief empfundene Liebe in unserem körperlichen Umgang gab mir die scheinbare Sicherheit, dass unsere Liebe, trotz der häufigen kriegerischen Auseinandersetzungen, unauflösbar sei. Egal wie heftig wir uns auch stritten, so blieb trotzdem ein tiefes Vertrauen in jeder kleinen Berührung, die wir austauschten. Unsere Körper kannten kein Gewinnen und Verlieren, sondern ausschließlich die Freude daran, dass wir uns gefunden hatten.
So kam es, dass mich diese Beziehung sexuell enorm aufblühen ließ. Ich erkläre es mir damit, dass ich mich Florian gegenüber radikal autonom und gleichberechtigt verhielt. Ich fühlte mich ihm nicht unterlegen. Wir lebten in jeder Hinsicht „gleichgestellt", waren gleich stark, beide voller Energie, beide radikal freidenkerisch, beide kreativ begabt.
Ich bin davon überzeugt, dass sexuelle Energie unabdingbar mit der inneren Autonomie eines Menschen zusammenhängt. Florian und ich hatten wahrhaftig genug davon in unseren Persönlichkeiten. Wenn Menschen gleichberechtigt geistig miteinander wachsen, kann die körperliche Lust eine Verbindung mit der geistigen Potenz aufnehmen. Die Freisetzung einer schöpferischen Kraft durch sexuelle Interaktion nenne ich „kosmische Sexualität".
Die schöpferische Kraft des Geistes im sexuellen Erleben halte ich für das größte Geschenk der Natur an die Menschen. Menschen, die, geistig offen, lernend bleiben, können auch sexuell wachsen bis zu ihrem Tod. Welch ein Entzücken! Da will ich doch unbedingt dabei sein!

Ich hoffe, dass ich Dich jetzt nicht erschreckt habe und wünsche Dir ein angenehmes Wochenende. Ich muss eine Pause von der Vergangenheit machen. Im nächsten Brief werde ich den „Lebensabschnitt Florian" hoffentlich endgültig hinter mich bringen.

Mit herzlichen Grüßen

Nelly

Brief - August 2005
Die Neuschöpfung der Geschlechterrollen in den 70er-Jahren

Lieber Freund!

Ach, ich muss Dir doch gleich sagen, wie sehr es mich freut, dass Du letzte Woche zu mir gekommen bist. Endlich bist Du ein Mensch der Wirklichkeit für mich geworden, denn an diesem Nachmittag warst Du ganz sicher da! Sehr lebendig, mit Deinen wachsamen Blitzeaugen, und, wie immer, unschlagbar treffsicher in Deinen sparsamen Worten.

Obwohl ein für die Jahreszeit ungewöhnlich kalter Wind um das Haus fegte, als wir uns zusammen den Garten anschauten, spürten wir doch den Ruf des Lebens. Unsere Chance! Begegnung zulassen. Das taten wir.

Wie immer fing ich an. Mein Leben trägt die Verantwortung für Mut. Ungeschützt übernahm ich das Risiko und brachte die Sprache in Position, damit sie den Weg für die Handlung ebnet. Ich öffnete die Gartentore und zeigte die Blumen. Ich sorgte für Duft in der Schönheit des Augenblicks. Dann nahm ich mein Herz und legte es pochend in Deinen Schoß. Du nahmst meine Hand und schwiegst. Dann einfach küssen. Wie schön. Wortlos kamst Du in mein Reich. Ruhig betrachtetest Du meine Schätze. Du legtest Dich in die Wiege meiner Kraft und gabst Dich hin. Lustvoll fanden wir uns und fühlten uns für ein kleines JETZT gemeinsam. Wie schön. Danach eine Tasse Kaffee und ein Lächeln. Auf Wiedersehen. Herzlich gerne mag ich Dich wiedersehen.

So, eigentlich wäre jetzt wieder die Vergangenheit dran. Das Floriandrama, das in eine Katastrophe ausarten will, dritter und letzter Teil der Geschichte. Aber irgendwie bin ich schon wieder nicht in der Stimmung, dieses traumatische Kapitel zu Ende zu bringen. Ich mag noch gar nicht von dem schönen Gefühl Abschied nehmen, das ich von unserem Zusammensein zurückbehalten habe. Deshalb möchte ich heute lieber bei einem schöneren Thema bleiben, der erotischen Liebe.

Bestimmt hast du Dich auch schon gefragt, wieso sich meine Erzählungen immer nur um Liebesfragen drehen? Von meiner beruflichen Entwicklung oder meiner Lust an Gartengestaltung habe ich bisher nur wenig erzählt. Ja, es ist mir besonders wichtig, dass Du mich in meiner Art zu LIEBEN verstehst. Wie sonst könnten wir uns nahe sein?

Damit Du Dich in meine Gedanken über die subkulturelle Abhängigkeit der Entwicklung von Geschlechterrollen einfühlen kannst, erschient mir ein Skript hilfreich, das ich vor einigen Wochen geschrieben habe, als ich über die Frage nachdachte, warum sich meine erotischen Erinnerungen an die Männer aus der Gegenkultur, die mit mir das Lager teilten, grundlegend anders anfühlen als die Erinnerungen an bürgerliche Liebhaber, die erst später in mein Leben traten?

Wie beeinflussen Faktoren des Lebensstils das sexuelle Erleben von Männern und Frauen? Gibt es darin subkulturelle Unterschiede?

Die Neuschöpfung der Geschlechterrollen in den 70er-Jahren

Mit meinem Eintritt in die aufblühende Gegenkultur der 70er-Jahre kam ich in den Genuss, neue Begriffe von Erotik mitzuprägen, die kausal möglicherweise von unserem speziellen LEBENSSTIL abhängig waren.
Dann wären die veränderten erotischen Erlebniswelten gerade von uns geboren worden, weil wir die Ersten waren, die neue Prämissen für die Geschlechterrollen von Mann und Frau schufen. Durch eine historisch neue Art des Zusammenlebens durchbrachen wir die Normen und Gewohnheiten des traditionellen Patriarchats. Wir wollten eine radikale Abgrenzung zur bürgerlichen Kultur demonstrieren, indem wir auf die radikale Neuschöpfung der Geschlechterrollen bestanden.
In meinen Augen war das wirklich „Revolutionäre" an der Jugendkultur meiner „Aussteigersubkultur", dass keineswegs nur die Frauen das Patriarchat als autoritäre Instanz ablehnten, sondern dass auch unsere Männer den Geschlechterrollenaufträgen ihrer Väter kritisch und wütend gegenüberstanden.

Warum gerade wir?

Weil wir uns kollektiv für unsere Eltern schämten! Den Heldenbegriff aus der Nazizeit, der als Männlichkeitssymbol galt, verachteten wir zutiefst.
In der alten Pädagogik, in der die Werte unserer Eltern entstanden waren, sahen wir die Wurzeln des Faschismus, der zu einem kollektiven Verbrechen geführt hatte. Die geduckte Kleinbürgerlichkeit der Nachkriegseltern, die sich hinter ihrer Dummheit versteckten, um sich ihrer Verantwortung über die Eigenanteile an der Hitlerkatastrophe zu entziehen, hassten wir besonders. Wir bekämpften ihre „Wohlanständigkeit", die wir für eine heuchlerische Fassade hielten. Ja, wir wollten den Bürgern die Masken herunterreißen! Darin lag zum Beispiel das Motiv für das historisch absonderliche Verhalten, wenn unsere „Wilden" bei öffentlichen Anlässen ab und zu nackt auftraten. Diese Provokation sollte unsere Reinheitsabsicht im politischen Sinne untermalen. „Schaut nur alle her!", hieß das. „Bei uns könnt ihr bis unter die Haut sehen! Da ist nichts, was wir verstecken müssten. Wir brauchen keine Kleider, um unseren inneren Dreck zu verstecken, so wie ihr, mit euren Spießerklamotten!"

Wenn Du durch mein Haus gehst, wird Dir auffallen, wie viele Fotos von nackten Männern, Frauen und auch Kindern an den Wänden hängen. Die Bilder hängen da nicht, um die pornographischen Sehnsüchte manch eines voyeuristischen Bürgers zu bedienen. Der Appell, der darin steckt, lautet: „Schau her, ich VERTRAUE Dir! Nichts kann mich verletzen, weil ich reinen Geistes bin!" Sollte aber unter den Gästen doch ein Betrachter sein, der sich etwas „Schärferes", gar etwas „bürgerlich Pornographisches" denkt, so gilt ihm die gröbere Formulierung: „Deine dreckige Projektion geht mich einen Scheißdreck an! Sie ist DEIN Problem!"
Sicher ist, dass in meiner Subkultur das Bild der Nacktheit nicht als sexuelle Anmache verstanden wurde. Wir hatten sowieso keine Lust, uns als „sexuelle Objekte" in die

entwürdigende Fleischbeschau einzureihen, die wir in den erotischen Phantasien der Bürger vermuteten. Wir fanden deren Metzgereiveranstaltungen, in denen Menschen mit „günstigen“ Kiloangaben, Umfangzentimetern und Fleischbeschaffenheit hohe Preise erzielen können, denkbar unerotisch. Ja, wir kannten durchaus Scham und Würde!

Eine neue Moral

Mit scheinbar naiver Unschuld legten wir unsere Körper über die bösartigen Begriffe der SÜNDE, mit denen kirchengläubige Menschen jahrhundertelang an sexuellem Wachstum gehindert wurden. Mit der Verletzlichkeit unserer unbefleckten Seelen retteten wir die körperliche Liebe und wuschen ihr den Dreck des „Verruchten“ aus dem Gesicht. Ja, auch die MORAL gedachten wir neu zu erschaffen!
Doch gehen wir zurück zur Verweigerung der Patriarchatskultur durch unsere Männer. Wieso rief gerade die 68er-Revolution diesen gewaltigen Aufstand der Söhne hervor? Wir waren Kinder der Nazigeneration.

Unsere Männer litten schwer an ihren Vätern, die in undurchsichtiger Weise zu Trägern des Naziregimes geworden waren. Wir waren sicher, dass sie ein furchtbares Verbrechen an der Menschheit stillschweigend geduldet hatten.
Ohne, dass wir die Gefahr erahnten, dass sich das Trauma unserer Eltern in geheimnisvoller Weise in unseren Leben wiederholen könnte, kletterten wir weinend auf den Opferstein hinauf, um mit unserem Herzblut ein WUNDER zu erzwingen! Wir hofften, mit unserem Opfer eine neue Welt zu gebären. Mit der von uns geschaffenen Welt wollten wir die Würde des Menschen wiederherstellen. Eine Würde, die uns von dem schrecklichen Versagen unserer Eltern heilen könnte, ... so hofften wir.
Leider konnten wir nicht voraussehen, wie schnell sich auch unsere „Flammen des moralischen Eifers“ in Lanzen verwandeln würden. Wir wollten den Zynismus nicht sehen, der darin lag, dass es gerade die Rigidität in unseren moralischen Argumenten war, die auch uns häufig im Dienst an der Menschlichkeit versagen ließ.
Es gibt unbewusste Gesetze im Menschen, die ihn mit derselben Formel zum Täter machen, die ihm früher schmerzhaft eingebrannt wurde, als er Opfer war. Wiederholungszwang. Das konnten wir in unseren jungen Jahren einfach noch nicht wissen. Zwar hatte ich das Glück, dass meine Eltern nachweislich keine Nazis waren, aber trotzdem bin ich gleichermaßen ein Kriegsopfer in der zweiten Generation. Auch ich wurde von den traumatischen Verletzungen, die die Nazis in meinen Eltern hinterlassen hatten, schwer beschädigt. Allzu lange lebte ich in der vergeblichen Hoffnung, ich könnte das Drama meiner Eltern in eine Geschichte verwandeln, die GUT ausgeht. Als müsse ich alle unschuldigen Opfer persönlich rehabilitieren! Ein mörderischer Auftrag, der neue Generationen verschlingt. Ja, wir trugen schwer an der SCHAM, die unsere Eltern verloren hatten!

Über den Aufstand der Söhne

Mit welchem Männerbild hätten sich die Söhne der Nachkriegsväter identifizieren können? Welchem Vater durften sie wirklich glauben, dass er in der Lage sei, Verantwortung für eine Zukunft zu tragen, in der Menschen RESPEKT voreinander haben? Wir rochen den Dunst des Völkermords in unseren Wiegen!

Die meisten Männer meiner Szene waren keine Intellektuellen. Sie verfassten keine langatmigen Flugblätter, um sie vor Fabriktoren zu verteilen. Keiner von ihnen hätte es geschafft, ein Konzept zu formulieren, das in Worten ausdrücken könnte, was wir gemeinsam dachten und fühlten.
Obwohl wir das so nie ausgesprochen haben, so waren wir uns doch in einer Sache einig: Unsere Männer lehnten es ab, „RICHTIGE“ Männer zu sein! Was sie aber stattdessen sein könnten, das stand in den Sternen.
Mit der Achtung vor ihren Vätern hatten sie auch die Vorbilder und Ziele des Patriarchats verloren. Sie waren gezwungen, alles loszulassen, was bisher als „wahr“ und „richtig“ galt. Hilflos entwurzelt versuchten sie, zu leben, ... was immer das auch sein mochte. Es durfte nur dem nicht ähneln, was die Eltern ihnen vorgaben. Ganz planlos wuchsen aus dem CHAOS in und um uns herum kulturelle Blüten hervor, die ich persönlich als wunderschön und hoch erotisch empfand.

Die androgyne Gestalt, der Kampf unserer Männer um Ganzheitlichkeit

Wir gebaren zum Beispiel die Idee des ANDROGYNEN, die die Hoffnung in sich trug, dass es möglich sein könnte, in echter Gleichberechtigung von Frauen und Männern zu leben!
Weil mich die künstlerische Auflösung patriarchaler Normenzwänge in der androgynen Gestalt besonders entzückte, genoss ich auch besonders die Phase, in der die Männer und Frauen fast gleich aussahen. Ich erlebte diesen erotischen Aufbruch unserer Männer und Frauen als eines der schönsten Geschenke an mein Leben.
Deshalb möchte ich Dir den Buchdeckel zeigen, der seit mehr als dreißig Jahren über meinem Bett hängt und auch bis zu meinem letzten Tag dort bleiben wird.

Unsere Männer trugen lange, wild wachsende Haare. Sich die Haare schneiden zu lassen, sahen wir als einen Akt der Unterwerfung unter bürgerliche Rollenvorschriften an. Wir hassten es, „anständig“ auszusehen! Unsere Männer wollten „ganze Menschen“ bleiben, ein Privileg, das bisher ausschließlich dem weiblichen Geschlecht zugebilligt wurde.
Sie wollten nun auch „nah an ihren Gefühlen“ leben, mit ihren SINNEN den Alltag erfahren, ein TEIL DER NATUR bleiben in allem, was sie taten. Nein, sie wollten ihre Körper nicht mehr zur WAFFE machen!

HALLO, ICH
LIEBE DICH!

Ihre Schwänze sollten mehr sein dürfen als Symbole der patriarchalen Macht

Sie wollten ihre Manneskraft auch nicht der Leistungsgesellschaft opfern, zu einer MASCHINE werden, die lebenslang ackert, um eines Tages stumm und klaglos ins Grab zu kippen. Ja, so ein armer „Leistungsmann“ wird es nie erleben, wie sein Leben gewesen wäre, wenn er es seinen Gefühlen geschenkt hätte.
Genau wie wir Frauen wollten unsere Männer in ihren Körpern wohnen! Küssend, streichelnd, schmusend das Glück erfahren, ein Mitmensch zu sein!
Wir hatten keinen willentlichen Plan zu dem, was wir taten. Trotzdem bildete sich aus unserem gemeinsamen Unbewussten, unserem SOSEIN, das Fundament für die KULTURELLE REVOLUTION heraus. Plötzlich trugen Männer Schmuck wie Frauen. Dicke Ketten, Armbänder, Ohrschmuck und Ringe. Sie liebten bunte Schals, verrückte Stoffe, kreatives Durcheinander. Wer Lust hatte, durfte auch schon mal ein Kleidchen tragen, ... wenn das wirklich Spaß machte.
Die Frauen stiegen in Lederhosen und Motorradjacken. Genussvoll spielten wir wie Kinder mit der KREATIVEN SELBSTGESTALTUNG. Wir mussten uns nicht festlegen, was „normal“ sei oder gar „richtig“ und „falsch“. Ja, für eine kurze Zeit hatten wir wirklich das Herz der FREIHEIT entdeckt!

Die Früchte der Zeitgeistwende

Unsere jugendliche Wildheit brachte die Farbe, die Musik, die Weichheit und den Witz in all das Neue, das den Grundstein für eine Zeitgeistwende legte, der wir bis heute viel zu verdanken haben.
Was?
Wahnsinnstolle Musik!
Eine grundlegend neue Pädagogik, die Kinder schützt und fördert.
Die Liberalisierung der Normen über sexuelle Freiheit unter Erwachsenen.
Die Gleichstellung aller Lebensentwürfe neben der traditionellen Ehe.
Ende der Diskriminierung „unehelicher“ Kinder.
Ende der ungestraften Diskriminierung der Frau.
Ende der beschämenden Diskriminierung gesellschaftlicher Randgruppen.
Ende der Ausgrenzung von Menschen, die durch Krankheit oder Behinderung beeinträchtigt werden.
Und, und ... und.

Drogen, Sprache und Selbstdarstellung

Nein, ich habe nicht vergessen, dass ich über den Eros in unserer Subkultur schreiben wollte. Ich muss diese Variable einbringen, weil ich denke, dass sie das Geschlechterrollenverhalten unserer Männer mitgeprägt hat. Es geht um die Wahrnehmung, die Sprache und das Denken unter dem Einfluss stofflicher Substanzen. Ich glaube nicht, dass es ein Zufall ist, welche Subkultur welchen Stoff bevorzugt. In den Gruppen, in denen ich lebte, wurden, wenn überhaupt, weiche Drogen konsumiert. Alkoholiker und Junkies wurden damals von uns ausgegrenzt. Ich halte es durchaus für möglich, dass das Kiffen die ganzheitliche Identitätsentwicklung unserer Männer unterstützt hat. Ein

bekiffter Mann ist unfähig, die Rolle des „perfekten Machers" zu spielen. In der Hilflosigkeit seines „Puddinggehirns" kann er sich kaum verstellen. Er verliert die Fähigkeit rhetorischer Strategie und ist leicht durchschaubar. Der Mann wirkt nahbar, weil er sich gezwungenermaßen ECHT benimmt. Da sich unsere Männer dem „Leistungsmann" des Patriarchats überhaupt nicht verpflichtet fühlten, schämten sie sich auch nicht für ihre weichen Seiten. Sie spielten gerne mit ihrer „weiblichen" Seite. Da Kiffer zudem noch ziemlich faul sind, vermeiden sie Selbstinszenierungen, die anstrengend sein könnten. Die zwanghafte Profilierung des bürgerlichen „Leistungsmannes", mit der er seinen Status sichert, war unseren Männern „viel zu viel".
Obwohl ich nicht kiffe, nicht faul bin und gerne klar denke, so entzückte mich die „unverstellte Kurzsprache" meiner bekifften Freunde trotzdem, weil sie mich an die Aufrichtigkeit von Kindern erinnerte. Diese Sprache führt direkt ins JETZT. Oft amüsierte ich mich damit, zu beobachten, wie die „normale" Überlegenheit der Bildungsbürgersprache an der Bastion unserer anarchischen Ehrlichkeit zugrunde ging.
Einem unvorsichtigen Rechthaber, der sich bei uns als „gebildet" hervortun wollte, konnte es leicht passieren, dass ihm, anstatt der gebührenden Anerkennung, ein „Halts Maul, du Arsch!" entgegenflog. In den übelsten Fällen schob sich auch schon mal eine Faust hinterher, wenn der überhebliche Kerl etwa noch rhetorisch versteckte Spitzen in seine Rede eingebaut hatte, mit der er einen anderen kleinmachen wollte. Dumm waren wir nicht, aber wir bestanden darauf, dass bei uns das Sprechen und Fühlen den gleichen Weg nahm. Auf unseren Flokatis bekam rhetorische Sprachkunst als ein Privileg der „gehobenen Klasse" keine Macht mehr.
Durch unsere authentische Sprache konnten wir uns gegenseitig leichter erkennen und tiefer wahrnehmen. Und weil „guter Sex" von authentischen Menschen mit feinfühliger Selbst- und Fremdwahrnehmung kommt, weißt Du jetzt, wie das alles zusammengehört ...
Doch ich kann diesen Abschnitt nicht abschließen, ohne ausdrücklich zu betonen, dass ich gegen Missbrauch von Drogen und Alkohol bin. In der Zeit, als sich die Gegenkultur gebildet hat, waren die Leute, über die ich spreche, Anfang zwanzig. Manche kenne ich noch heute. Dazu sage ich nur, dass ein Mensch, der dreißig Jahre lang „Stoff" konsumiert hat, ein verlorener Mensch ist. Natürlich vernehmen schwer kranke Menschen nicht mehr einen einzigen Ton aus den Sphären des Kosmos, der ihre erotischen Begabungen locken könnte. Man braucht dafür ein gesundes Gehirn.

Die Geschlechterrollen und die sexuellen Normen in der bürgerlichen Gesellschaft

Doch jetzt geht es weiter in der Frage nach den Unterschieden zwischen Subkulturen. Vögeln bürgerliche Männer wirklich anders? Wie hat sich die Veränderung der Geschlechterrollen in der bürgerlichen Kultur ausgewirkt?

Zuerst das Lob!
Natürlich bemühen sich die bürgerlichen Männer sehr darum, den Frauen ihr Bestes zu geben. Erst recht beim Sex! Und genau das meine ich! Sie MÜHEN sich nämlich immer! Genauso ehrgeizig, brav und fleißig, wie sie die anderen Aufgaben des bürgerlichen Lebensplans erfüllen, genauso haben sie auch Sex. Wie die Inszenierung einer LEISTUNGSAUFGABE! Wieso sind sie nicht „sexuell befreit"? Schauen wir doch einmal nach, was sich nach der Zeitgeistwende für Männer am Sex verändert hat.

Die Sexualität im alten Patriarchat

Die Zeit nach der Zeitgeistwende, die nach dem Zweiten Weltkrieg begann, nenne ich das „neue Patriarchat". Um diesen Begriff verständlich zu machen, muss ich ihn vom „alten Patriarchat" abgrenzen. Es gab damals eine biologisch begründete Frauenfeindlichkeit, die es möglich machte, Geschlechterunterschiede auf primitive Weise zu erklären. Ich nenne Dir diese Mythen jetzt in den Werten der Kirche und in den Normen der „guten Sitte".

Der Mann hätte einen sündigen Trieb, der aber so unbändig sei, dass er es körperlich nötig hätte, sich ab und zu in die Ehefrau zu ergießen, weil er sonst „dicke Eier" bekommt. Der Ehegatte habe wegen seines menschlich höheren Wertes Anrechte auf das sexuelle Wohlverhalten seiner Frau. Sie habe stumm zu akzeptieren, was immer der Mann von ihr „brauche", denn ihre Rolle als Ehefrau sei eine Dienstleistung an der Familie.

In dieser Rollenverteilung steckt der unverrückbare Machtanspruch der Männer über das „niedere Geschöpf" Frau. Im Gegenzug dazu hatten die Frauen aus der „alten Zeit" ein informelles Recht, ihre Männer „ekelhaft" zu finden. Frauen untereinander, Freundinnen, oder Mütter und Töchter, teilten im Gespräch vergnüglich die moralische Macht der „Wohlanständigkeit". Sie erlaubte ihnen, den Männern den Respekt zu verwehren, indem sie sich über deren körperliche Bedürfnisse lustig machten. In solch einem Wertekontext war es einer Frau natürlich nicht möglich, eine lustvolle sexuelle Identität zu entwickeln. Doch die Frauen der alten Zeit sahen darin kein Defizit, denn ihr Status stieg in der weiblichen Wertehierarchie durch ein erfolgreiches Verleugnen der eigenen sexuellen Bedürfnisse. Logischerweise waren die Frauen auch nicht zur Lust und zum Orgasmus „verpflichtet". Es reichte für die gute Ehe, wenn sie brav ihre Dienstleistung verrichteten. Intimität und Nähe, als Geschenk für ein sexuell glückliches Paar, kannte die damalige Ehe nicht. Spaß mit Nähegefühlen hatten Männer und Frauen in den gesicherten Territorien ihrer Geschlechterrollen. Bis heute finden wir Relikte dieses territorialen Vergnügens bei Männern in Angelsportvereinen, Thekengemeinschaften, Sport- und Kegelclubs und mehr.

Auch die Frauen hüten bis heute ihre angeblich moralische Überlegenheit, indem sie bei geselligen Treffen sofort herauskehren, wer von ihnen die beste Hausfrau, die beste Mutter und die moralisch Unanfechtbare sei. In Abgrenzung dazu werden die „schlechten" Frauen genannt, die den moralischen Standards angeblich nicht genügen. Die überheblichen moralischen Bewertungen verursachen in den Frauen ein wohliges Wir-Gefühl. In der alten Zeit störte die unterschiedliche sexuelle Erlebniswelt der Eheleute keineswegs das gemeinsame Leben. Die Ehe war ein Zweckbündnis, in dem jedes Geschlecht brav die gesellschaftliche Rollenerwartung erfüllte, um sich dadurch einen gemeinsamen sozialen Aufstieg zu erarbeiten. Die sprachliche Tabuisierung der Sexualität war notwendig, damit das reibungslose Verdrängen des „peinlichen Vorgangs" gesichert war.

Geschlechterrollen im neuen Patriarchat

Im „neuen Patriarchat" bildeten sich neue Normen heraus, die das sexuelle Verhalten zwischen Männern und Frauen grundsätzlich veränderten. Historisch revolutionär war die Gleichstellung der Frau in dem Recht auf eine eigenständige sexuelle Identität.

Nach Jahrhunderten des Keuschheitszwangs wurde ihr jetzt die Freude am Sex im selben Maße zugestanden wie dem Mann. Doch dabei blieb es nicht, sondern sie MUSSTE plötzlich übergangslos sexuell leidenschaftlich sein. Ich kann Dir sagen, es war in den vergangenen Jahrhunderten bestimmt leichter, Anständigkeit zu mimen, als heutzutage den erotischen Vulkan. Doch brav, wie die Frauen für gewöhnlich sind, erfüllten sie die neuen Normen, die Erwartung, den geliebten Mann leidenschaftlich zu begehren, sexuell raffiniert zu sein und dabei, ... bitteschön, immer einen Orgasmus zu haben!

Wer genau hinsieht, erkennt schnell, dass auch der modernen Frau weder ihr Körper, noch ihr Orgasmus ganz alleine gehören, sondern dass sie wiederum DIENT. Sie hat gelernt, dass sie den Mann erfreut, wenn sie die narzisstische Bestätigung für seine „Geschicklichkeit“ im Bett darstellt. Ob gespielt oder nicht, ist dabei völlig egal.

Nun ja, seien wir froh, dass die „eheliche Pflicht“ und die „Zweckehe“ wenigstens offiziell verpönt sind. Die neuen Normen erhoben die romantische Liebe zum einzig legitimen Grund, zu heiraten. „Wahre Liebe“ heißt nun das neue Pflichtprogramm. Sie lockt mit romantisch-mystischen Versprechungen, während sie der Realität wenig standhält. Jede zweite Ehe wird mittlerweile geschieden, während die Märchen, die sich um sie ranken, zum Hoffnungsanker des modernen Menschen wurden. Diese Märchen versprechen dem „wahrhaft Liebenden“, ihn für ein ganzes Leben mit „erotischer Glut“ zu versorgen. Die Freude glüht dauerhaft, allerdings nur bei den Medien, die mit dem Weitererzählen dieser Märchen gutes Geld verdienen.

Psychologen und Sexualtherapeuten wie ich haben es schwer, den Menschen zu erklären, dass Liebe nicht einfach so vom Himmel regnet und schöner Sex auch nicht, denn beides sind soziale Kompetenzen des lernenden Gehirns, die geschult und geübt werden müssen. Und das Maß der Liebesfähigkeit und der sexuellen Erlebnisfähigkeit hat viel mehr mit der Lerngeschichte eines Menschen zu tun als mit „wahrer Liebe“. Wenn Liebe aber ein Lernprozess ist und kein Himmelsgeschenk, wird klar, dass ein Mensch, der MEHR von der Liebe haben will, auch immer weiter DAZULERNEN muss. Das Denken und Lernen als Zeichen aktiver Verantwortungsübernahme für das eigene Liebesglück zu sehen, ist für Menschen eine wenig anziehende Sichtweise. Darüber möchten sie nichts hören. Deshalb kann auch kein Mensch reich werden, der seriöses Wissen über Liebe verkauft. Lieber schenken die Menschen den Medien ein kindliches Vertrauen. Sie bestehen auf die Hoffnung, dass Liebesmärchen wahr werden, wenn man nur fest daran glaubt. Also warten sie eisern auf den RICHTIGEN oder die RICHTIGE und denken dabei gar nicht nach.

Tricks und Raffinesse brauche man/Frau in Liebesdingen, nicht Bildung, sagen die Medien. Es reiche daher völlig aus, ihre Ratgeber und Horoskope zu lesen und „Tests“ zu machen. Weil das Warten auf Liebesglück aber häufig allzu lange dauert, schämt sich die moderne Frau nicht, schon mal bei der Wahrsagerin nachzufragen, wo der ersehnte Kerl eigentlich bleibt? Die antwortet darauf, dass sie weit hinten den Schatten eines RICHTIGEN sähe, aber die Dame müsse sich noch eine Weile gedulden, bis er käme. Dann wartet sie brav weiter.

Über die Probleme der „Übergangsgeneration“

Eine radikale Wertewende, wie wir sie in den letzten sechzig Jahren erlebt haben, kann in Menschen nicht einfach einen linearen Lernprozess auslösen, sondern stürzt sie zuerst einmal in eine Konfusion. Die Verwirrung zwischen alten und neuen Normen

kann nur in kleinen Schritten aufgearbeitet werden. Veränderung braucht Zeit. Eine einzige Generation kann den strukturellen Wandel nicht reibungslos vollziehen.
Die neuen Normen haben die Menschen zwar von der Geißel „Sünde" befreit, setzten sie aber sofort wieder unter einen neuen Druck. So erleben wir beim Thema Sexualität derzeit nur eine Verlagerung der Schwierigkeiten. Zu den Überresten der Verklemmtheit und des schlechten Gewissens aus der alten Zeit kommen die Probleme überhöhter Ansprüche aus der neuen Zeit hinzu. So leben wir heute relativ verwirrt in einem Chaos unrealistischer Ideale. Der Eros ist zu einem Medienprodukt geworden.
Doch was würden wir brauchen, um ein offenes Lernen über Sexualität in Gang zu bringen? Wir brauchen eine breite Basis realistischer Daten, viel Kommunikation und die Möglichkeit eigener Wahrnehmungen, die aus einem Spektrum sozialer Vergleiche herausgezogen wird. Daraus würde sich die Chance einer autonomen Positionierung ergeben. Das heißt, der Mensch könnte sich eine individuelle sexuelle Identität aufbauen. Damit wäre er dann endlich ein „befreiter" Mensch, der nicht mehr fremdbestimmt nach Normen liebt. Der „Freiheitsbegriff", den unsere Zeit kennt und der aussagt, dass jeder Erwachsene heutzutage sexuell machen darf, was er will, ist eine Verarschung der Menschen, die ja bisher nur das wollen können, was ihnen in den neuen Normen vorgegeben wird. Im wirklichen Leben ist es den Menschen noch immer furchtbar peinlich, offen und ehrlich über Sexualität zu sprechen. Schon gar nicht über die eigene. Wenn aber alle lügen oder schweigen, gibt es keine realistischen Daten, keine gute Kommunikation und keine sozialen Vergleiche. Deshalb sind moderne Menschen im Sex ganz furchtbar „unfrei", hilflos den Falschbildern der Medien, der Filmindustrie und der Pornoindustrie ausgeliefert.
In diesem verzweifelten Pokerspiel leiden viele Menschen hinter ihrer betont „coolen" Fassade darunter, dass sie glauben, sie wären tatsächlich die Einzigen, die den Medienbildern nicht genügen könnten, während „alle anderen" hingegen die Bilder erfüllen würden.
Neben der alten Gewohnheit, im Sex etwas „Dreckiges" zu suchen, hat die moderne Gesellschaft den Minderwertigkeitskomplex hinzugefügt, in der Inszenierung der leidenschaftlichen Fassade „unzureichend" zu wirken. Da braucht man sich nicht zu wundern, dass die Menschen die Erotik heute lieber im Computer suchen, als das Risiko einer sozialen Interaktion einzugehen. Diese Probleme hatten unsere Großeltern ganz sicher nicht.

Die Unzufriedenheit der „neuen" Frauen

Die Frauen des neuen Patriarchats mogelten die gewohnte Haltung, Männer als ihre VERSORGER zu betrachten, gerne mit hinüber in die neue Zeit. Besonders die Frauen, die die Vorteile erkannten, „emanzipiert" zu argumentieren, kombinierten alte Rollenerwartungen, die bequem für sie waren, mit ihrem neuen Recht auf sexuelle Lust und der damit verbundenen Pflicht zum Orgasmus. Im Namen der „Emanzipation" stellten sie dicke Forderungskataloge zusammen, die sie, wie gewohnt, moralisch unterfütterten. Wenn die Ansprüche nicht erfüllt wurden, genossen sie die neue Macht, den Partner mit Liebesentzug zu bestrafen. Im Katalog der „emanzipierten" Frau steht nämlich, dass sie dem Eros keinesfalls mehr zu dienen hätte (das stimmt!), denn der Partner habe, nach Jahrtausenden der Ausbeutung der Frau, etwas „wiedergutzumachen". Er dürfe ihr, im Falle seines Wohlverhaltens, ein erotisches Gesamtpaket anbieten, so, als sei er ein Pizzaservice. Sie bevorzugt die Marke „Wahre Liebe". Schmeckt

es ihr, ist sie zufrieden, schmeckt es ihr nicht, taugt der Kerl eben auch nichts. Die Frauen dachten nicht daran, den Gatten aus der Rolle des Leistungsmannes zu entlassen. Weil die sexuelle Verweigerung jetzt zum Ausdruck weiblichen Selbstbewusstseins gekürt war, wurde sie auch fleißig eingesetzt. Nämlich immer dann, wenn der Partner nicht den umfangreichen Katalog ihrer „Vorstellungen" erfüllte. Die weibliche Sexualität wurde zu einem Erziehungsmittel für die bessere Anpassung des „ungezogenen" Mannes umgestaltet.
Ja, es war natürlich sehr wünschenswert, dass der Sex die Rolle der einseitigen Machtausübung durch Männer verloren hatte! Nur wuchs aus der neuen weiblichen Macht, ihren Eros wie ein Manipulationsinstrument zu nutzen, wiederum keine eigenständige sexuelle Identität für die Frauen hervor. Da fehlt noch ein Schritt bis zur Freiheit, den die Frauen alleine gehen müssen, ohne Versorger und ohne die Krücke ihrer wendigen, ausschließlich selbstbezogenen Moralvorstellungen. Es ist sehr ungünstig für die sexuelle Entwicklung der Frau, wenn sie über den Eros vorrangig die Straflust bedient, bevor sie Verantwortung für ihre eigene Lust übernimmt. Aus der Sicht der „emanzipierten" Frauen im neuen Patriarchat gab es unzählige Gründe für die eigene Unzufriedenheit, die sie mit dem Fehlverhalten ihrer Männer begründen konnten. Neben den ewig herumliegenden Socken, den schlecht geputzten Zähnen und dem Pupsen im Bett gaben unerzogene Männer so viel Anlass zur Klage, dass FRAU sich, trotz der neuen Freiheit, bald wieder auf die altbekannte Position zurückziehen konnte: „Männer sind eklig".
Doch heimlich waren die Frauen mit sich selbst genauso unzufrieden. Schließlich hatten sie ja selbst an den Dauerrausch im Unterleib geglaubt, den die Liebesmärchen versprechen. Ärgerlich lasen sie noch einmal die 1, 2, 3 Ratgeber, die in Frauenzeitschriften darüber informieren, wie Schmetterlinge im Bauch wiederzubeleben seien. Doch das half nicht wirklich weiter.

Heute genießen junge Frauen in der Werbephase die Freiheit der neuen Normen. Auf der Suche nach dem „Richtigen" geben sie in der erotischen Selbstinszenierung ihr Bestes. Auch in der Frühphase der Familiengründung lebt der Eros noch eine Weile von der Freude, einen „abbekommen zu haben". Doch schon bald, nach der Geburt von ein bis zwei Kindern, köchelt ihr Begehren meist auf kleiner Flamme. Sie kann sich nicht erklären, warum das so ist. Selbstzweifel nagen an ihr. Sie hält sich in Anlehnung an die neuen Normen für „unnormal", wenn es ihr trotz einer gelungenen Partnerschaft nicht gelingt, sich in der Ehe wie ein erotischer Vulkan zu fühlen.
Doch wehe, wenn der Vulkan doch noch einmal ausbricht, … bei einem „anderen", … dann verlässt sie den Ehemann sofort. Denn wäre der wirklich der „Richtige" gewesen, hätte „so etwas" ja gar nicht passieren können, … denkt sie BRAV.

Über die Erotik in der Ehe

Beginnen wir mit der Frage, warum die erotische Spannung gerade in harmonischen Ehen häufig stark nachlässt? Wenn sich „wahre Liebe" so verhalten würde, wie die Märchen es sagen, müsste man doch denken, dass der Eros in einer friedlichen Ehe besonders reich blüht. Nun entstehen gelungene Lebensgemeinschaften aber genau dadurch, dass die Liebenden gut organisierte Rituale entwickelt haben, mit denen sie alltägliche Aufgaben regeln. Diese Rituale bringen Ruhe und Sicherheit in das Leben. Die eheliche Harmonie, verbunden mit dem Gefühl, gut zueinander zu passen, ist die

Folge einer erfolgreichen, partnerschaftlichen Lebensbewältigung. Dummerweise ist ausgerechnet die durchorganisierte Ritualisierung einer Lebensgemeinschaft gleichzeitig der Grund, warum sich die Liebenden beim Sex zunehmend langweilen. Weil der Eros eines Menschen jedoch ein Spannungsfeld braucht, das nur dann entsteht, wenn sich zwei Individuen aus einer eigenständigen und unabhängigen Situation heraus aufeinander zu bewegen, bleibt die Spannung eben aus, wenn die beiden in Dauerharmonie verknüpft sind. Die Situation erlaubt zwar Ruhe, Entspannung, wohlige Sicherheit und Gemütlichkeit, sexuell aufregend ist sie allerdings weniger.
Dieses Nachlassen der sexuellen Lust wird von Männern und Frauen unterschiedlich erlebt und auch unterschiedlich interpretiert, ebenso, wie unsere Mythen die Natur der Frau und die Natur des Mannes erklären, so, als wäre das Geschlechterverhalten eine biologische Tatsache. Tatsächlich jedoch hat ihre inhaltliche Ausformung fast ausschließlich mit Erziehung und Kultur zu tun, am wenigsten aber mit „Natur". In der Natur des Menschen liegt ausschließlich die Tatsache, dass alle Werte und Inhalte, die unterschiedliche Kulturen über Liebe, Glück und Sexualität festlegen, gleichermaßen mit biologischer „Unabänderlichkeit" präsentiert werden. Die Sexualwissenschaft stellt dazu die Hypothese auf, dass das Phänomen ein Trick der Arterhaltung sei. Der Mensch sei eben nicht durch die Geschlechtsorgane festgelegt, sondern fast ausschließlich über die Lerninhalte seiner programmierten Lerngeschichte. Sein Geschlecht wohnt im Gehirn. Mit dem Trick, den Menschen über Lernprozesse geschlechtlich zu formen, sichert die Natur die Arterhaltung. Ein neugeborenes Kind, wie alle anderen Babys der Welt organisch gleich, kann sich durch das lernende Gehirn nahtlos in jede beliebige Kultur einfügen, in die es geboren wurde. Also denken auch die Menschen in unserer zivilisierten Kultur in Liebesfragen gleich „primitiv" wie ein Naturvolk.

Nun möchte ich Dich aber trotzdem ein wenig herausfordern und fragen, ob es wirklich so furchtbar „platt" sein muss, was die Medien unseren Bildungsbürgern zur „Natur" den Mannes und der Frau anbieten? Es schult ja nur unseren „primitiven" Denkstil, das sexuelle Verhalten mit pseudowissenschaftlichen Erkenntnissen über GENE zu schmücken.
Zum Beispiel so: Die Frau schwächelt im sexuellen Erglühen für ihren Mann, weil sie sich biologisch doch mehr zur Mutterschaft hingezogen fühle. Deshalb passt es schon, wenn sie wenigstens mit Leidenschaft seine Socken wäscht. Der Muttertrieb einer liebenden Gattin darf gerne so stark bleiben, dass sie den Ehemann so gut versorgt wie ein Kleinkind.

Wenn sie das Familienglück mit der Geburt eines Kindleins krönt, braucht sie für die Sicherung des gemeinsamen Nests einen Beschützer und Versorger. Sie pflegt jetzt den „Familientrieb" und denkt ganz bestimmt nicht triebhaft an „das Eine". Umso mehr dafür ihr Mann, der jetzt glaubt, er wäre sexuell „benachteiligt". Günstigerweise ist er aber mit einem besonderen „Fremdgeh-Gen" ausgestattet, das seine Frau nicht hat. Die „Natur" wolle ihn, natürlich nur wegen der Arterhaltung, verführen, weiterhin Jungfrauen zu jagen und zu schwängern, während die Gattin frohlockend auf ihren Eiern sitzen bleibt. Die Frauen mögen diese Hypothese nicht besonders. Sie schieben ihre Unlust lieber auf die „Ungezogenheit" ihrer Männer. Wenn Ehemänner sich den „Vorstellungen" ihrer Frauen entziehen, womöglich noch versuchen, ihrer Kontrolle zu entwischen, haben sie doch „Strafe" (Sexentzug) verdient, ... oder nicht?, ... fragt SIE beim Kaffee die Freundin. Die sieht das ganz genauso.

Männer wollen IMMER!

Der Mythos „Männer wollen IMMER!“ hält auch in den „neuen“ Männern ein uraltes patriarchales Machtgefühl aufrecht. Es ist eindeutig die bessere Position, fest an die eigene Omnipotenz zu glauben als an den Muttertrieb. Während die moralisierende Frau ihre Strafsucht hütet, verblüht ihr Eros ungefeiert. Vor allem die älter werdende Frau muss aufpassen, nicht in Bitterkeit zu enden, weil sich ihre „Vorstellungen“ trotz strengster Kontrolle nicht verwirklichen ließen. Ganz anders der älter werdende Mann, der seine Ansprüche an die moralischen Qualitäten einer Frau locker zurückschrauben kann, wenn die Neue viel jünger ist als er. Tatsächlich lebt „sein Trieb“ (oder womöglich nur sein Narzissmus?) stark auf, wenn er sich vorstellt, was die anderen Männer wohl über seine „Potenz“ phantasieren, wenn er seine neue „Barbie“ ausführt. Für den männlichen Narzissmus ist es günstig, wenn der Mann denkt, er wolle viel „öfter“ als er „drankommt“. In den phantasierten Sexualakten ist er ja immer der Größte und das macht ihn geil. Solange es wegen der Verweigerungstaktik der Frauen selten zur Tat kommt, bleibt das männliche Größenselbst unversehrt.
Besonders vorteilhaft ist die Mär vom unzähmbaren Trieb beim Fremdgehen. Sie erlaubt nämlich allen Ehemännern das „naturgegebene“ Recht zur Doppelmoral. Nur wegen des Triebes seien sie dazu „gezwungen“, fremdzugehen, wo sich die „untenherum“ drängende Manneskraft dann kanalisiert. Das sei eine rein körperliche Sache und hätte mit Verrat an der Partnerin nichts zu tun. Eine stille Übereinkunft aller Patriarchatsgesellschaften erlaubt den Situationskick eines erotischen Abenteuers. Ja, es stimmt, DRAUSSEN brodelt das Blut leichter als in der ritualisierten Gewohnheit im ehelichen Schlafzimmer. Da kann MANN sich einfach nicht zurückhalten! Es ist „einfach“ der „Trieb“!
Ich lache gerne darüber, dass tatsächlich ALLE fremdgehenden Ehemänner fest daran glauben, dass ihre Frauen „niemals“ das Gleiche tun würden. Empirische Forschungsergebnisse sagen darüber allerdings etwas ganz anderes aus: Die Frauen hocken NICHT auf ihren Eiern!!!

Die Überforderung des „modernen“ Mannes

Betrachten wir jetzt einen Aspekt, der moderne Männer sexuell unter Druck setzt. Ausgerechnet das emanzipatorische Gedankengut formulierte ein Bündel neuer Normen, die gerade gutwillige, „neue Männer“ unbeabsichtigt in „neue Marionetten“ verwandelte. Wie konnte das passieren?
BERNIE ZILBERGELD (dgvt) schrieb in den 90er-Jahren ein liebenswürdiges Buch darüber: „Die neue Sexualität der Männer“. Einfühlsam beschreibt der Sexualtherapeut die Leiden des neuen Mannes, der es den „neuen Frauen“ bereitwillig rechtmachen will.
Zu meiner Schande muss ich gestehen, dass wir „Radikalemanzen“ der 70er-Jahre (ich war so eine!), gemeinsam mit bürgerlichen Sexualaufklärern (Oswald Kolle, Beate Uhse), dazu beigetragen haben, dass Männer, die ihr patriarchales Machtgehabe ablegten, häufig auch ihr Selbstvertrauen beim Sex verloren. Das konnten wir nicht ahnen, denn auch wir glaubten fest an die Stabilität eines „Triebes“. Doch an der erfolgreichen Domestizierung eines Patriarchen verkümmerte oft auch der Akt. So leicht war es in der Praxis nicht, den Sex zum Freundschaftsgeschenk zwischen Männern und Frauen zu erheben.

Die netten Männer des neuen Patriarchats geben sich große Mühe, die sexuellen Wünsche ihrer Frau zu befriedigen. Solange die aber gar nicht weiß, wer sie sexuell ist, kann sie auch nicht sagen, was sie will. In dieses Loch, das die abrupten Veränderungen der Geschlechterrollen gerissen hatte, füllten gutwillige Aufklärer ein schönes Programm für den domestizierten, frauenfreundlichen Mann. Ein neuer „Leistungsmann“ wurde geboren. Einer, der den erwachenden Lüsten der neuen Frau kompetent entgegentritt. Einer der weiß, was sich gehört!
Ja, Einiges hat sich seit der Zeit geändert, als der Patriarch noch sein „Ding“ im Dunkel der Nacht in das Dunkel des ehelichen Unterleibs schob. Ich glaube nicht, dass noch viele junge Frauen davon wissen, dass ihren Urgroßvätern meist unbekannt war, dass Frauen eine Klitoris haben. Daher konnten sie auch nicht wissen, was man damit macht. Es war also von den mutigen Sexualaufklärern zu Beginn der Zeitgeistwende nur lieb gemeint, wenn sie den „emanzipierten Mann“ des neuen Patriarchats aufforderten, zügig folgende Fertigkeiten zu erlernen.

Anleitung zum „guten Liebhaber“: Beginne den Sex nicht mit Hinweisen auf die Bedürfnisse deines Unterleibs, sondern gehe mit einem einfühlsamen Gespräch auf die Partnerin zu. Frage sie, wie es ihr so geht und versuche, ihr zuzuhören. Dann dürfen deine Hände langsam in Bewegung kommen. Sie grabschen keinesfalls direkt an die bekannten Geschlechtsmerkmale, sondern streicheln die „ganzheitliche Frau“ ordentlich von oben nach unten. Beginne in zärtlicher Weise bei den Haaren und dem Gesicht. Bist du nach geraumer Zeit streichelnd und küssend in ihrer Körpermitte angelangt, wirst du mit einem ausführlichen „Vorspiel“ beweisen, dass du deine Hausaufgaben gemacht hast. Anders als deine tumben Vorväter weißt du nämlich, dass deine Geliebte eine Klitoris hat! Gut informiert über alle erogenen Zonen ihres Körpers fällt es dir leicht, die Dame mit den Händen und dem Mund zu „verwöhnen“. Je länger das Vorspiel dauert, umso mehr gewinnst du ihr Vertrauen. Deine „Geduld“ zeigt nämlich, dass es dir nicht „nur“ auf „das EINE“ ankommt!
Es kommt dann doch irgendwie zum Koitus. Dabei sollst du dich um strenge Selbstkontrolle bemühen. Du musst es nämlich schaffen, deinen Orgasmus über zwölf Minuten lang hinauszuzögern. Die empirische Forschung hat herausgefunden, dass ein Mann durchschnittlich nach zwei Minuten zum Orgasmus kommt, eine Frau braucht dafür aber 12 Minuten. Jetzt zeig, was du kannst! Halte dich zurück und kämpfe satte zehn Minuten gegen deine Art! Hier geht es nicht um deinen Spaß, denn der neue Mann „fickt“ nicht, sondern er befriedigt seine Frau! Ja, wenn du alles richtig gemacht hast, wird dich ihr Orgasmus belohnen.
Obwohl du es nun langsam verdient hättest, auch deine eigene Befindlichkeit zu betrachten, ist das PROGRAMM noch immer nicht zu Ende. Keinesfalls darfst du dich „danach“ von der Dame abwenden, etwa, um leise wegzuschlummern, sondern du leitest jetzt das zärtliche Nachspiel ein. Während du die „Ganzheitlichkeit der Dame“ noch einmal aufwendig streichelst, greifst du sogar die Sprache wieder auf, um dich erneut einfühlsam nach ihrer Befindlichkeit zu erkundigen. Nur Eines solltest du sie wirklich nicht fragen, sonst hast du dir die ganze Mühe umsonst gemacht. Unterdrücke dein brennendes Interesse daran, sie zu fragen: „War ich gut?“
Puh, endlich ist das PROGRAMM zu Ende. Du darfst entspannen. Die Mühe hat sich gelohnt, denn das „Gesamtkunstwerk“, das du vollbracht hast, entlastet dich nachweislich von dem Verdacht, du würdest beim Sex nur an dich selbst denken und hättest die Dame womöglich nur „benutzt“. Gemeint ist dabei der böse, böse Koitus, der bis heute

im Verdacht steht, sich jederzeit in ein gewalttätiges Machtsymbol verwandeln zu können, ganz im Sinne des alten Patriarchats.

Über Hingabe, Vertrauen und Gleichberechtigung

Ach, lieber Freund, ich spüre jetzt Deine Verwirrung. Du wirst dich fragen, was ich, verdammt noch mal, wirklich von den Männern will? Wer kann es mir in dem neuzeitlichen Chaos recht machen? Ja, das ist das Problem, würde ich Dir darauf antworten. Hab ein wenig Geduld mit mir. Du wirst im Laufe der Zeit schon verstehen, auf was es mir ankommt. Das Thema Sexualität ist sehr komplex. Wir werden noch lange zusammen gehen, bevor wir es durchwandert haben.

Sehnsucht nach Frieden zwischen den Geschlechtern

Mit der kleinen Satire wollte ich darauf aufmerksam machen, dass der alte Teufel der Sexualfeindlichkeit unbemerkt durch die Hintertür ins neue Patriarchat geschlichen kam. Im neuen Kleid tut er so, als wolle er den Menschen Freude bereiten, während er sie weiter durch enge Normen jagt. Die falschen Mythen über Sexualität beengen auch sexuell „aufgeklärte“ Menschen und halten sie noch immer von ihrer tiefsten Sehnsucht fern. Das Ankommen in einer Vereinigung, die von gegenseitigem Vertrauen getragen wird. Nähe, die kampflos im Schoss der gleichberechtigten Freundschaft zwischen Männern und Frauen ruht.
Ich finde es schade, wie viele Menschen den Koitus in ihrer paranoiden Angst beleidigen. Sie missachten das schönste Geschenk der Natur. Für mich hat die Vereinigung in gegenseitiger Hingabe einen sehr hohen Wert, den ich achte wie ein Heiligtum. Freiheit und Autonomie als Quelle der sexuellen Kraft.

Doch gehen wir jetzt weg von den Variablen „Werte“ und „Normen“. Vielleicht erinnerst Du Dich, dass ich an einer früheren Stelle schon einmal erwähnt habe, dass ich davon überzeugt bin, dass die sexuelle Kraft der Menschen weder von Instinkten, noch von einem Trieb gesteuert wird, wie wir das von den Tieren kennen, sondern dass sie wie eine Quelle der Lebendigkeit soziale Bedürfnisse, Lebenslust, positives Denken und kreative Schätze in des Menschen Mitte verknüpft. Ich sehe die Potenzen, die die Quelle der sexuellen Energie auszeichnet, neben den Umweltfaktoren als eine Variable der persönlichen AUTONOMIE an.
Die Begabung, die persönliche Autonomie mehr oder weniger stark gegen Umwelteinflüsse zu verteidigen, ist möglicherweise angeboren, benötigt aber für ihr Wachstum eine tolerante und respektvolle Erziehung. Vermutlich gibt es nicht besonders viele Menschen, die das Element von Freiheit, von Selbstbestimmung und von Autonomie so stabil in ihrem Selbstbewusstsein verankern konnten, dass sie den Genuss der HINGABE wie ein Himmelsgeschenk erleben.
Bedauerlicherweise können wir nämlich nicht davon ausgehen, dass die von Leistungsdruck und Konsumzwängen gejagten Menschen der heutigen Zeit genug Gelegenheit haben, ausgerechnet die Freiheit und Autonomie in sich zu pflegen. Lieber „funktionieren“ sie reibungslos, um im bürgerlichen Status „aufzusteigen“. „Gewinner“ ist dann derjenige, der sich viel „leisten“ kann, wofür er viel leisten muss. Die Chance des lebenslangen Wachstums in der Erotik ist ein geistiges Privileg, das auch der

Intellektualität des Menschen bedarf. Die braucht wiederum Zeit für Bildung und kreative Lebensgestaltung, Zeit für Autonomie und Selbstliebe und Zeit für den langen Weg in der Aufgabe, die eigene Liebesfähigkeit zu verbessern. Nur wenige Menschen schmücken ihren Lebensweg mit diesen Zielen.

Besonders bedauere ich das Stagnieren in der Entwicklung von Frauen. Zwar hat die Frauenbewegung in Bezug auf Frauenrechte politisch wichtige Veränderungen erzwungen, blieb aber für unpolitische Frauen wenig interessant. Der persönliche Kampf um Autonomie und Selbstbestimmung ist viel anstrengender als das bequeme Leben in einer ko-abhängigen Existenz. Die heutigen Frauen finden die hohen Ideale meiner Generation eher lästig, denn sie kommen mit Kompromissen gut zurecht. Die Leistungsgesellschaft bietet Paaren die Plattform, ganz gleichberechtigt nebeneinander zu konsumieren. Was will man mehr?
Weil Frauen im alten Patriarchat keine offizielle Macht hatten, wurden sie sehr versiert in der Kunst, mit verdeckter Macht zu agieren. Um ihren Geschlechterrollenauftrag zu erfüllen und ihre Familie „zusammenzuhalten“, nutzten sie erfolgreich das Mittel moralischer Erpressung. Die Frau im neuen Patriarchat liebt es noch genauso, sich „Sorgen“ zu machen, um damit ihre Angehörigen zu manipulieren. Mit einer ständig wertenden Scheinmoral halten sich moderne Frauen auch gegenseitig in Schach, damit nur keine aus dem selbst gezimmerten Käfig der „anständigen Frau“ ausbricht. Die neuen Frauen nutzen die große Freiheit nicht, die der Zeitgeist ihnen bietet, als wären sie einfach zu faul, die Gleichberechtigung zu leben. Sie sind schon lange nicht mehr von Männern unterdrückt, aber sie stehen nicht auf. In der neuen Zeit haben sie neue Wege gefunden, mit ihrer Sexualität zu manipulieren, aber sie sind noch Lichtjahre davon entfernt, den Eros als eine Aufforderung zu ihrem persönlichen Wachstum zu verstehen.
Mag sein, dass es nach zwei Jahrtausenden sexualfeindlicher Patriarchatsgeschichte noch einmal tausend Jahre dauern muss, bis Frauen auf die Idee kommen, dass sie für ihre „erotische Selbstverwirklichung“ auch SELBST verantwortlich sind, genauso wie für alle anderen Aspekte ihrer Lebensgestaltung. So lange wollte ich mit der Entwicklung meines Eros keinesfalls warten! Deshalb habe ich mein Leben im Alleingang einer erotischen Utopie verschrieben. Ihre Wurzeln habe ich zwar in den Ideologien meiner Jugendkultur kennengelernt, machte mich aber später auf einen Weg des sozialen Lernens auf, auf dem ich mir von keinem Menschen und von keiner Ideologie mehr vorschreiben ließ, was für mich „richtig oder falsch“ oder moralisch „gut oder böse“ sei.

Doch für heute will ich bei dem Thema bleiben, was genau in der Vergangenheit unserer Gegenkultur der 70er-Jahre passierte, wie sie möglicherweise zur Plattform wurde, auf der die geistige Voraussetzung dafür wuchs, dass ausgerechnet in unserer Subkultur erotisches Neulernen entstand. Du findest diese Hypothese ziemlich anmaßend? Mag schon sein, … aber ich erzähle Dir trotzdem davon. Immerhin war ich dabei.

Unser Weg in die erotische Utopie

Natürlich war auch unsere Szene nicht frei von den Zwängen einer patriarchalen Denktradition. Hinzu kam, dass viele von uns an traumatischen Einschränkungen litten, die natürlich auch ihr sexuelles Aufblühen erschwerten. Von der Biographie her

hatten wir es bestimmt nicht leichter als die ANDEREN, denn Du weißt ja, ... wir kamen von DRAUSSEN!
Jedenfalls hatte ich das große Glück, in zwei aufeinanderfolgenden Partnerschaften, über einen Zeitraum von etwa fünfzehn Jahren, zu erleben, dass die Tatsache, dass meine Partner und ich in selbstgewählten Lebensentwürfen ANDERS lebten, uns erlaubten, den Eros neu und ANDERS auszuleben, als es in einer patriarchalen Rollenaufteilung möglich ist. Die radikale Auslöschung jeglicher Geschlechterrollentradition befähigte uns, Sex MITEINANDER zu haben.
Welch eine Lust! Ich durfte mit wirklich NEUEN Männern eine wirklich NEUE Frau werden, weil wir die Welt GEMEINSAM mit den SINNEN erfuhren!

Das sinnliche Zusammenleben

Beginnen wir mit den wichtigsten Bausteinen für ein sinnliches Zusammenleben. Wir verweigerten die Trennung von Alltagsaufgaben in Geschlechterrollenzuständigkeiten. Mehrere Männer, Frauen und Kinder lebten in kleineren und größeren Gruppen als Lebensgemeinschaft zusammen. Alle Menschen waren in der Gruppe genau gleich viel wert, auch die Kinder. Weder Geschlecht, noch soziale Herkunft, noch die berufliche Qualifikation, gaben den Menschen in einer Kommune das Recht auf eine „höhere“ Position.
Der Begriff Kommune oder Kollektiv bedeutete, in Abgrenzung zu den Normen der bürgerlichen Leistungsgesellschaft, eine andere Bewertung des Zusammenhangs von Mensch und Arbeit. Bei uns sollte es keine „nieder“ oder „höher“ bewertete Arbeit geben. Besonders verpönt war es, Arbeiten, die man selbst nicht mochte, von anderen Menschen erledigen zu lassen. Doch die Gemeinschaft erwartete durchaus, dass die Mitglieder ihre Kompetenzen für das Wohl von allen einsetzten. Trotzdem blieb jeder Mensch frei darin, zu entscheiden, welche Arbeit er tun wollte. Auch das „wie“ und „wie viel“ blieb in seiner eigenen Verantwortung. Eine hierarchische Machtverteilung in der Person eines Chefs, der bestimmen konnte, was andere tun, wurde nicht akzeptiert. Natürlich entstanden trotzdem informelle Hierarchien. Weil wir Menschen waren, mussten wir den unbewussten Gesetzen der Gruppendynamik genauso folgen wie die Mitglieder eines Kirchenchors. Aber unsere informellen Führungspersönlichkeiten hatten kein anerkanntes Recht, anderen etwas vorzuschreiben. Weil sie aber nützliche Begabungen hatten, durften sie diese einsetzen, indem sie in ihrem Kompetenzbereich mehr Verantwortung trugen. Bürgerliche Titel, die Menschen kategorisieren und bewerten, akzeptierten wir nicht.
Mit der radikalen Gleichbewertung von Menschen wollten wir neue Formen des ganzheitlichen Lernens schaffen. Wir sahen das Lernen nicht nur als eine Funktion des Intellekts an, sondern wir wollten als ganzheitliche Organismen voneinander lernen. Damit hofften wir, ein Höchstmaß an Informationen zusammenzutragen, die uns zeigen würden, welche Methoden geeignet seien, die Lebensqualität in unser aller Körper, Geist und Seele zu steigern.
Unsere Interaktionen und das, was wir dabei erlebten, sollten mithilfe fortlaufender METAKOMMUNIKATION zur BEWUSSTSEINSERWEITERUNG führen. Dabei waren die Erfahrungen der SINNE genauso wichtig wie die Ergebnisse der KOGNITION.

Diese neue Art zu Lernen würde in uns REVOLUTIONÄRE KRAFT erzeugen, ... so hofften wir. Wenn meine Subkultur auch zu keiner Zeit den hohen Ansprüchen genü-

gen konnte, so bin ich doch sicher, dass ich sowohl die Auflösung der Geschlechterrolle als auch die lernende Kommunikation mit den beiden Partnern Florian, später mit Richie, konsequent lebte. Weil ich es ganze fünfzehn Jahre tat, von fünfundzwanzig bis vierzig, haben diese Jahre zumindest MEINE sexuelle Identität stark geprägt.
Zugegeben, meine Hypothesen klingen stellenweise wie mystisch umwölkte Sprüche. Aber vielleicht kennst Du mich ja inzwischen so gut, dass Du Dir schon denken kannst, wie schnell ich Wege finden würde, um die revolutionären Ideale in machbare Wirklichkeit zu verwandeln.
Zu Beginn der Zeit, über die ich jetzt berichte, hatte ich drei Kinder unter zehn Jahren und musste „nebenher" ein Studium „abwickeln". Da war ich in allen „weiblichen" Aufgaben auf die Solidarität meiner Partner sehr angewiesen, die sie auch stolz erfüllten!
Es waren die Kinder, die den Männern den Zugang zu ihren Sinnen schenkten. Die liebevolle Pflege der Kinder veränderte das Selbsterleben der Männer zwangsläufig. Zum Beispiel so: Wenn ein Mann morgens ein Kleinkind aus dem Bettchen geholt, es von seiner Nachtwindel befreit, zärtlich sauber gemacht, frisch angezogen, ein Fläschchen gekocht, den Ofen nachgelegt, Müsli geschnitzelt, Kaffee gekocht ... und mehr ... Frauenarbeit gemacht hatte, bevor in ihm der erste „männliche" Gedanke aufstieg, fühlte er seine SINNE auch noch für den Rest des Morgens deutlich.
Er hatte etwas gefühlt, er hatte gestreichelt, gerochen und geschmeckt. Sein Mund, die Haut, die Nase, die Hände, seine Wärme waren gefragt, bevor sein Kopf die Zeit hatte, eine männliche Position festzulegen.
Selbst wenn ein Freund in die Küche trat, um ihm ein wenig Gesellschaft zu leisten, setzen die beiden lieber eine neue Kanne Kaffee auf und machen die Musik lauter. Zuerst machten sie es sich „gemütlich", bevor sie langsam Lust darauf bekamen, in männlicher Profilierung miteinander zu konkurrieren. Manchmal vergaßen sie es auch ganz.
Natürlich hat sich das Patriarchat in unseren Gruppen nicht gleich in Luft aufgelöst. Auch unsere Männer mochten „Bubenspiele", bei denen sie sich entspannten. Dann erklärten sie einfach strahlend, dass sie heute unbedingt noch etwas „checken" müssten, z.B. auf den Schrottplatz fahren, um ein Ersatzteil für das Kommuneauto aufzutreiben, das schon seit einer Woche morgens angeschoben werden musste. Solche Aktionen waren besonders beliebt, weil man beim Herumfahren Kumpels in anderen Gruppen besuchen, gemütlich über Autos fachsimpeln und einen Kaffee nach dem andern trinken konnte. Die Kommunen der Region kannten sich alle. Es war üblich, sich in vielen Dingen auszuhelfen, Werkzeug auszutauschen und sich bei gemeinsamen Basteleien das Handwerken beizubringen. Es kam schon vor, dass der eine oder andere Kerl im Fluss des Tages auf irgendeinem Seitenweg verlorenging, um nach unbestimmter Zeit von seinem Ausflug wieder zurückzukehren. Das konnten ein paar Stunden sein, ein paar Tage, oder auch Monate. Irgendwann war er einfach wieder da. Niemand fragte ihn, wo er war und warum. Aber wenn er wollte, konnte er in der Gruppe alles erzählen, was ihn beschäftigt hatte, auch seine intimsten Gefühle.

Also, meine Partner kamen mit ihren Ausflügen nie sehr weit, weil immer ein Kind irgendwo hingefahren oder abgeholt werden musste. Ich hatte nämlich noch keinen Führerschein. Nicht zu vergessen, dass ich sie auch beim Einkauf und bei der Zubereitung des Mittagessens brauchte.
Gerne erinnere ich mich noch daran, wie erotisch ich es fand, wenn meine Männer nach solch einem sinnlichen Morgen spannend nach einer Mischung aus Feuerrauch, Babyöl, Frikadelle, Patchouli, Liebemachen, Motorenöl und Lederfett rochen.

Ja, wir liebten uns gerne am Tage, inmitten der alltäglichen Pflichten, die wir lustvoll teilten. Und kaum waren die Männer am Spätnachmittag am Kindergarten angekommen, um die Jüngsten abzuholen, durften sie schon wieder die Arme ausbreiten, um ein glückliches Kind hochzuheben, das sofort gedrückt werden wollte. Wenn das Kind eine ganz goldene Stunde hatte, drückte es dem Mann gönnerisch einen Riesenschmatzer auf das kleine Stück Wange, das aus seinem verwilderten Bart herauslugte. Glaub mir, dann war der Mann auch gleich sehr, sehr glücklich. Auf der Heimfahrt plapperte, kicherte und gluckste es unaufhörlich vom Rücksitz her in des Mannes Ohren, während das Kind ihm berichtete, was es alles erlebt hatte.
Wenn zu Hause das Abendessen fertig war, die Gruppenmitglieder am Tisch eintrafen und große und kleine Menschen munter durcheinanderredeten, hatte unser Mann den Wunsch, einen profilierten Männervortrag zu seiner MEINUNG im „Weltgeschehen" vorzutragen, oft ganz vergessen. So verging der Tag.
Und spät abends beglückte das sanfte Atmen der schlafenden Kinder des Mannes Ohr zum letzten Mal, wenn er den Kopf noch einmal ins Kinderzimmer streckte, um dort nach dem Rechten zu sehen. Die Welt steht still, wenn uns der glückselige Augenblick im Anblick von Kindern begegnet, die mit der ganzen Schönheit eines unverletzten Vertrauens in ihren schlafenden Gesichtern vor uns liegen. Wie stolz fühlte der Mann jetzt sein warmes Herz! Der Tag hatte sich gelohnt.
Während unser erschöpfter Mann die müden Arme um seine Frau legte, fühlte er das Leben in sich deutlich. Er musste niemandem mehr etwas BEWEISEN. Während er beim Einschlafen die Nase zärtlich in den duftenden Nacken seiner Frau schob, entspannte sich sein Geist in dem glücklichen Wissen: Soziales Miteinander ist schöner als in der Einsamkeit der Männerrolle HERUMZUTÖNEN.

Revolution und Mutterschaft

Die Chance zum Neulernen durch drastisch verändertes Geschlechterrollenverhalten entstand besonders um meine Person herum, weil ich von meinen Lebenspartnern Florian, und später Richie, die kompromisslose Solidarität mit meiner Situation als Mutter forderte. Weil ich sie mit ihren revolutionären Idealen ernst nahm, duldete ich keine Form der Frauenfeindlichkeit mir gegenüber. Ich ließ es nicht zu, dass mir wegen meiner Mutterschaft sämtliche Nachteile im alltäglichen Leben zugeschoben wurden. Allen Kommunarden machte ich sehr klar, dass ich zwar gerne alle Verantwortung und Mehrbelastung für meine Kinder trug, aber keiner sollte es wagen, sich selbst noch ein wenig hintendranzuhängen. Ich war weder die Mutter meiner Geliebten, noch die Mutter der Gruppe. Die Leute wurden kompromisslos gezwungen, mich ernst zu nehmen. Ich war mit dem revolutionären Leben, drei (später vier) Kindern und dem Psychologiestudium, das ich noch „nebenher" zu bewältigen hatte, aufs Härteste herausgefordert. Mit meinen Liebespartnern bildete ich das Elternteam, das die Kinder aufs Beste versorgte. Die anderen Gruppenmitglieder blieben in der Rolle von Spielkameraden, denn sie mussten keine Verantwortung für die Kinder übernehmen. Andererseits durften sie auf die Kinder aber auch keine eigenen Erziehungsvorstellungen anwenden. Im Umgang mit den Kindern mussten sich alle streng an meine Regeln halten. Ich wollte nicht, dass die Kinder von den vielen, sehr unterschiedlichen Menschen verwirrt wurden. So viel wusste ich damals schon über Psychologie, dass alle Menschen ihre Neurosen über die Erziehung weitergeben. Ich fand einen Weg, den Gruppenvorteil dahingehend zu nutzen, dass die Gemeinschaft zwar einen Puffer zwischen die Kinder und die Neurosen der eigenen Eltern legte, selbst aber keine Chance hatte, irgendeine Form destruktiver Macht über die Kinder auszuüben. Den bedingungslosen Schutz der Kinder setzte ich alleine durch. Niemals wollte ich so schwach sein wie meine Mutter und zuschauen, wie jemand meine Kinder schädigte. Mit den Partnern jedoch besprach ich alle auftretenden Erziehungsfragen. Sie hatten viel mehr Mitspracherecht als andere Gruppenmitglieder, weil die Männer ja die volle Kinderarbeit täglich mit mir zu gleichen Teilen erledigten. Die Lebensform des eben beschriebenen, solidarischen, ganzheitlichen Lebens mit Kindern und einem festen Liebespartner, mit denen ich innerhalb einer größeren Gemeinschaft lebte, dauerte mit Florian knapp vier, mit Richie zehn Jahre.

Der Eros im ganzheitlichen Leben

In beiden Beziehungen floss der Sex durch die durchgehend gemeinsam erlebte, sinnliche Erfahrung eines ganzen Tagesablaufs wie selbstverständlich „dazwischen". Wir brauchten dafür keine Inszenierung, keine besondere Gelegenheit, schon gar nicht die Nacht. Das bunte Leben verhinderte die Erstarrung in eingeübte Rituale. Sexuell blieben wir so kreativ und lebendig wie in unserer ganzen Lebensgestaltung.
Sex wurde nicht „gemacht". Er war als erotische Energie überall da, wo wir uns wach, aktiv und bewusst um irgendetwas kümmerten. Durch das gemeinsame Arbeiten verbrachten wir so viel Zeit miteinander, dass wir immer genug Gelegenheit hatten, uns darüber auszutauschen, was neben der praktischen Arbeit in unseren Köpfen und Herzen vor sich ging.
Besonders dann, wenn unsere Geister besonders wach im Leben standen, hatten wir Sex, nicht etwa am Ende eines Tages, der schon alle Energie verbraucht hatte. Dann bevorzugten wir das Kuscheln in einem müden, warmen Dankeschön füreinander.
Den Sex musste man bei uns nicht verstecken. Liebespaare wurden von der Gruppe wohlwollend geschützt. Sie durften sich in einem Raum der WÜRDE lieben, die wir gemeinsam um die körperliche Liebe hüllten. Ganz bewusst gaben wir der sexuellen Interaktion eine gleichberechtigte Bewertung zu anderen sozialen Tätigkeiten wie zusammen kochen, Gartenarbeit machen, Kniffel spielen oder „Musik machen.
Indem wir den Eros in den Alltag integrierten, wollten wir die Abspaltung des Sexuellen in etwas „Niederes", „Heimliches" oder „Peinliches" verhindern. Das gelang uns auch. Für meine Partner und mich stellte der Sex eine ethisch hoch geachtete Energiequelle dar. Wenn wir, erschöpft von den Tagesaufgaben, Pause machten, gab uns die Liebe neuen Mut, uns in der Freude am gegenseitigen Geben und Nehmen wieder kraftvoll aufzurichten, um erfrischt und gut gelaunt die Herausforderungen unseres anstrengenden Lebens zu bewältigen. Wir lebten intensiv im Hier und Jetzt. Auf uns drückte kein Plan, schon gar nicht der bürgerliche Lebensplan. Wir hatten unser Leben zum Experiment gemacht. Alles darin war neu.
Im Fluss der täglichen, kommunikativen Auseinandersetzung bildeten sich die Werte und Ziele heraus, für die wir leben und arbeiten wollten.

Eine gemeinsame Zielorientierung innerhalb unserer Subkultur lautete: Nur nicht Opfer in einer menschenfeindlichen Maschinerie des Kapitalismus werden!
Florian und ich waren durch unsere speziellen Denkstile besonders für das experimentelle Leben geeignet. Wir wollten diese Kompetenz in den Dienst der Revolution stellen. Wir sahen unsere politische Verantwortung darin, dass wir die Projekte, die wir

erfanden, auch praktisch an uns selbst ausprobierten. Unsere Organismen setzten wir wie Testpersonen zur Erprobung des utopischen Gedankenguts ein. Mit der Auswertung unserer Lernerfahrungen wollten wir die Frage prüfen, ob unsere Ideen als konstruktive Realitäten zum Aufbau der neuen Welt dienlich sein könnten.

Solche Menschen wie uns gab es damals viele. Wie die Pilze schossen wir alle auf einmal aus dem Boden. Mithilfe großer Netzwerke war es immer möglich, anspruchsvollen Erfahrungsaustausch mit Aktivisten aus anderen Städten und Ländern zu suchen. Unsere Häuser waren grundsätzlich immer offen. Die vielseitige Kommunikation machte unser Leben bunt und spannend. Unser LEBENDIGSEIN stand in völligem Gegensatz zu dem braven Abarbeiten der Stufenleiter des bürgerlichen Lebensplans. Den Begriff der „Absicherung“ gab es in unserem Denken nicht. Wir liebten das Konzept der offenen Entwicklung. Mutig und wild trugen wir die tägliche Verantwortung und das Risiko für unser DASEIN und SOSEIN. Solch ein Leben ist total SEXY!

Das Miteinanderschlafen wurde zu einem lebendigen und selbstverständlichen Teil unseres lustvollen Fließens in ALLEM. In den Armen und in dem Mut unserer Frauen konnten sich die Männer unserer Szene ihr verlorenes Menschenrecht auf Zärtlichkeit und Hingabe zurückerobern, für die Männer ein Akt der Selbstrettung nach Jahrhunderten des Patriarchats.
Für mich als Frau hieß das zentrale Bündnis SOLIDARITÄT, der Boden des utopischen Konstrukts, „Freundschaft zwischen den Geschlechtern“. Nun ja, wie Du bald noch sehen wirst, lief meine Solidarität fast immer ins Leere und die Revolution fand auch nicht statt.
Wer sagt, dass kühne Experimente auf Anhieb gelingen? Trotzdem bestehe ich darauf, die Männer unserer Aufbruchsjahre sehr zu loben.

Die Sinnesfreude und Zartheit unserer Männer war ihr größter Protest gegen ihre Väter. Ich glaube nicht, dass ihnen die Bedeutung davon je selbst bewusst war. Auch nach außen hin blieb der Punkt historisch unverstanden.
Mit dem Absterben unserer Subkultur verschwanden unsere speziellen Lebensgewohnheiten. In der Gestaltung ihrer Liebesbeziehungen kehrten die meisten unserer Männer und Frauen zu den traditionellen Normen zurück. Die erotische Chance war verspielt. Unser Aufstand ist nur noch eine flüchtige Erinnerung.

Aber ich, ich bin noch da, ich war dabei und ich kann noch sprechen!

Du sollst mein Zeuge sein, wenn ich mich hiermit bei all den Männern der Gegenkultur zutiefst bedanke, an deren warmer Haut ich in die geistige Welt getragen wurde, in der ich bis heute lebe. In ihren zarten Händen durfte ich zu einer selbstbewussten, sexuellen Frau heranwachsen, die angstfrei liebt.

Die erotisch glücklichen Jahre von damals haben mich so stark gemacht, dass ich auch viel später meine innere Kraft behielt, wenn ich gezwungen war, meinen Eros ganz alleine in die bürgerliche Kultur zu tragen, wo er wenig verstanden wird. Trotzdem bleibe ich unbeirrbar in der Art, wie ich LIEBE.

Ja, und jetzt bin ich endlich, endlich wieder bei Dir angekommen. Was glaubst Du, wie sehr es mich freut, dass ich gerade Dir ein wenig Eros schenken durfte!

Einwände

Eigentlich bin ich schon sehr erschöpft von meinem Ausflug in die Theorie der Erotik. Wie gerne würde ich mich in Deine Arme legen und ein wenig ausruhen mit all meinen SINNEN, anstatt noch weiter herumzudenken.
Aber so einfach darf ich mich heute nicht verabschieden, denn es gibt noch etwas zu klären zwischen uns. Ich sehe nämlich Dein Stirnrunzeln und Deinen ärgerlichen Blick deutlich vor Augen. Du hast gravierende Einwände, die sich gegen meine romantisch-idyllischen Hypothesen richten.
Nur weil Du so höflich bist, fragst Du nicht, ob ich Dich für dumm verkaufen will? Als gebildeter, bürgerlicher Patriarch hast Du große Lust, mich „anzufahren". Es wäre Dir langsam zu blöd, Dir meine Angriffe auf die romantischen Träume der bürgerlichen Menschen anzuhören, während ich mir locker erlaube, Dir über zwanzig Seiten hoch romantischen Alternativkitsch zu verkaufen. Die Kleinmädchenträume, die durch idyllische Märchen schimmerten, würden sich nur wenig von den Träumen Deiner Sekretärin unterscheiden, die sich eben mehr für Arztromane interessiere als für Revolution.

Nebenbei bemerkt, dürfe ich, bei der Darstellung meiner utopischen Liebesmodelle, ruhig auch einmal den Punkt erwähnen, dass MIR die Männer ja allesamt davongelaufen seien!!!
Du hingegen, als „gut funktionierender" Mann in der Leistungsgesellschaft, hättest das Glück, Deine Frau schon zwanzig Jahre lang in einer sicheren Ehe in den Armen zu halten. Und dabei solle es auch bleiben! Nein, so garstig würdest Du nicht mit mir sprechen. Weil Du mich nämlich magst, würdest Du Deine Rede mit einer freundlichen Einleitung beginnen.
Etwa so: Ja, ich habe deine Sehnsüchte verstanden, die sich hinter der IDEALISIERUNG der Menschen deiner Subkultur verbergen. Es ehrt dich durchaus, wie sehr du in deinen Gedanken über Liebe eine neue Ethik suchst, die dem Menschen ein Leben in Wachstum und Würde erlauben könnte. Aber weil deine Briefe auch den dringlichen Wunsch aufzeigen, von mir ernst genommen zu werden, musst du dir jetzt auch meine Kritik anhören. Ich kann Deine Darstellung nicht unwidersprochen hinnehmen, denn ich kenne aus den Siebzigerjahren nämlich ganz andere Geschichten.
Von wegen, ... harmonische Verschmelzung der Geschlechter! ... Solidarität zwischen Mann und Frau!
Genau aus euren Reihen kamen die „Emanzen", radikale Weiber mit Haaren auf den Zähnen und unverschämt scharfem Intellekt. In wilder Lust am töchterlichen Zorn hattet ihr euch den Geschlechterkampf auf eure Fahnen geschrieben. Ich habe beim Gründungskongress der Grünen in jeder Sitzreihe mindestens einen strickenden Mann gesehen, der sich „einsichtig" mit euren Forderungen solidarisierte. Während der Gute klaglos eure Kinderwagen schob, oder, noch besser, eure Kinder im Beutel vor seinem Bauch trug, habt ihr es euch nicht verkniffen, bei der nächsten Demo mit einem „Lederhosenmacho" hinter den Büschen zu verschwinden. „Mein Körper gehört mir", habt ihr eurem „Latzhosenteddy" mitleidslos zugerufen. Wo war da die große Solidarität mit den Männern, die mit einer sichtbaren Absage an das Patriarchat um euch geworben haben? Ich habe den Spott und Hohn noch deutlich in den Ohren, mit dem ihr Männer zu Regenwürmern gemacht habt, aber gewiss nicht zu „erotisch Beschenkten"!

Und jetzt zu eurer „sexuellen Revolution". Lag der Hauptspaß nicht einfach darin, dass ihr nicht nur den Fasching hattet, sondern 365 Tage im Jahr, um euch in einer groß-

spurigen, narzisstischen Inszenierung selbst zu feiern? Die Bilder, mit denen ihr uns provozieren wolltet, zeigten nicht mehr, als eine Dauerparty, die mich keinesfalls an einen „geistigen Höhenflug“ erinnerte, sondern viel mehr an die Verrücktheit und die Verherrlichung des Drogenrausches.
Wie langweilig muss so ein Dauerrausch sein, dass ihr es nötig hattet, das schöne Thema der Liebe in eine ideologische Waffe zu verwandeln? Wer kennt nicht den Spruch: „Wer zweimal mit derselben pennt, gehört schon zum Establishment“?
Ha, ha, ... die großen Freiheitskämpfer und Menschenbeschützer schwingen einen autoritären Taktstock, mit dem sie bestimmen wollen, wer mit wem vögelt oder nicht. Und du willst mich glauben machen, dass du mittendrin, gleich einem Engelsflug, ... mal eben die „kosmische Liebe“ erfunden hast?
Liebe Freundin, vielleicht kommst du bald wieder auf dem Boden an und erzählst endlich über das schmähliche Ende deiner großen Liebe! Doch ich bin mit meiner Kritik noch nicht am Ende. Da sind noch viel schlimmere Dinge passiert.
In eurer Subkultur entstanden faschistische Sekten, in denen verbrecherische Gurus ihre abhängigen Mitglieder zum Opfer machten. Wir wissen von schauderhaften Entgleisungen in einigen Gemeinschaften. Dort wurden die Mitglieder zu sexuellen Handlungen gezwungen, bis hin zum Kindesmissbrauch. Der ausgeklügelte Psychoterror hatte die Menschen ihrer Persönlichkeit beraubt und ließ sie oft jahrelang wie Sklaven in abgeschotteten Projekten leben. Wie passen diese Geschichten zu deinen „heiligen“ Erzählungen?“

Diskussion

Traurig möchte ich Dir antworten: „Ja, das war AUCH meine Generation. Wir alle krochen zwar gemeinsam aus derselben Ursuppe revolutionärer Ideale, doch danach liefen unsere Wege sternförmig auseinander. Nicht wenige von uns verschwanden in ideologischen Gruppen, die sie in geistige Verarmung und Autoritätshörigkeit führten. Auch die Partymenschen, die sich dem Stoff verschrieben hatten, waren nicht viel besser dran. Auch im stärksten Menschen flieht die Autonomie aus einem tropfenden Gehirn.
Doch wir könnten jetzt mit den Pro- und Kontra-Klischees aufhören. Wir beide sind ja nicht mehr wirklich jung. So wissen wir durch reichlich Erfahrung, wie gerne Menschen ganz freiwillig hinter Gitterstäben leben. Man kann sich daran festhalten und sich damit eine Illusion von „Sicherheit“ verschaffen. Je länger ich darüber nachdenke, desto deutlicher wird mir bewusst, wie weit die anspruchsvollen Ideale der „persönlichen Autonomie“ und der „radikalen Selbstverantwortung“ von dem entfernt sind, was Menschen üblicherweise gewohnt sind. Ich kann wirklich nicht behaupten, dass die Mehrheit meiner Freunde aus der Gegenkultur mit diesen edlen Eigenschaften ausgestattet gewesen wäre. Wahrscheinlich lebten unter uns genauso viele Mitläufer wie in jeder anderen Subkultur auch.“

War ich mit meinen Idealen womöglich ganz alleine?

Wenn auch eine Begabung für Autonomie, verbunden mit dem anarchischen Auftrag meiner Mutter, ausgerechnet in meine Wiege gelegt wurde, ... und wenn ich es auch sehr gerne gehabt hätte, dass meine geliebten „Geschwister“ aus der Szene mir darin

ähneln würden (damit ich nicht so verdammt ALLEINE damit bin!), so muss ich Dir darin recht geben, dass meine Verallgemeinerungen unzulässig sind. Die Geschichten über meine persönlichen Erfahrungen, die Lernerfolge und die mutigen Experimente spiegeln ganz sicher meine subjektive Wahrheit wieder, aber sie können die Vielschichtigkeit meiner Szene nicht angemessen beschreiben.
Hat Dich das WIR und UNS geärgert, auf das ich meine Abhandlung aufgebaut habe? Warum ich nicht gleich nur von MIR geredet habe, könntest Du fragen, wenn ich letztlich nur eine Ausnahme, ein Irrlicht, eine von einem anderen Stern in der Szene war? Du mochtest das Ungenaue in meinem Skript nicht. Ohne Begründung nahm ich das WIR einmal für alle Menschen aus der Subkultur, dann wieder nur für die Frauen, dann wieder für mich in der Beziehung zu meinen Männern, und zwischendurch für mich, als Mitglied einer Wahlfamilie. Was hat dieser Plural zu bedeuten?
Formal hast Du recht, würde ich antworten. Aber ich möchte Dich trotzdem darum bitten, dass ich das WIR überall da verwenden darf, wo ich es so empfunden habe. Die erlebte Solidarität im WIR war das, was MICH ausgemacht hat! Ich möchte noch lange nicht darauf verzichten, mich als Teil eines Ganzen zu fühlen.
Tatsächlich entstanden ungewöhnliche soziale Ereignisse häufig genau um mich herum. Ich war dann besonders glücklich, weil ich jedes Mal glaubte, die REVOLUTION sei DA! Ich sah mich so gerne als einen Teil der kollektiven Wahrheit an, denn dann gehörte ich endlich irgendwo dazu. Weil ich damals glaubte, alle Menschen seien so authentisch wie ich, weil das eben „normal" sei, glaubte ich jedem Menschen das, was er sagte. Ich konnte die Brüder und Schwestern, die ich so liebte, nicht an dem Punkt erkennen, an dem sie manchmal „echt" waren und wann sie nur so taten, „als ob". Immer, wenn wir über die schöne neue Welt sprachen, glaubte ich fest daran, dass WIR all das ernsthaft umsetzen würden, was wir als ZIELE formuliert hatten. Gleich legte ich los, etwas dafür zu tun. Erst viele Jahre später kam mir der Gedanke, dass viele wunderbare Ereignisse nur deshalb zustande kamen, weil ICH sie in meinem festen Glauben an das WIR in Wirklichkeit verwandelt hatte.
Rückblickend muss ich sagen, dass ich, solange ich überzeugt im Prinzip Hoffnung lebte, Projekte, in denen ich lebte, auf einem hohen Niveau prägte. Wenn ich irgendwann, unter der Last frustrierender Ereignisse, die Hoffnung verlor, starben auch die Projekte. Da war dann kein ANDERER, der meine Rolle übernahm.
Heute bin ich auf die Idealisierung von Menschen nicht mehr so sehr angewiesen. Aber das PRINZIP HOFFNUNG liebe ich immer noch sehr. In mir lebt das WIR, weil es glücklich macht, weil es abwechslungsreich und lebendig ist, weil es Chancen birgt, ... weil es POLITISCH ist!

Mein Lieber, jetzt haben wir uns aber den Feierabend verdient! Ich danke Dir für Deine Aufmerksamkeit, für Dein Mitdenken, für Dein Einlassen. Mögest Du eine schöne, warme Stunde in den Armen Deiner Frau finden. Ich nehme so lange meine Autonomie auf den Schoss.

Gute Nacht.

Deine solidarische Freundin

Nelly

Brief - September 2005

Wie eine große Liebe ihr traumatisches Ende fand

Lieber Freund!

Da bin ich wieder!
Schade, dass ich Dich nicht erreichen konnte. Letzte Woche habe ich einen so schönen Ausflug gemacht. Wir hätten uns irgendwo auf eine Tasse Kaffee treffen können. Vielleicht klappt es ja das nächste Mal. Ich werde versuchen, Dich vorher rechtzeitig anzurufen.
Es wäre schön, wenn sich Deine Wanderbeine und mein Ausflugsauto einmal kreuzen würden. Ich fahre nämlich einen unglaublichen „3-Sterne-Renault-Rapid". Vorne Auto und hinten Wohnschlafzimmer mit Kochgelegenheit. Ich kann darin bei jedem Wetter schlafen, lesen, malen, Mahlzeiten zubereiten, und vor allem wunderbar ausruhen! Wenn ich zu viel gearbeitet habe, nervös bin, oder wenn ich mich belohnen möchte, nehme ich mir gelegentlich eine Auszeit. Dann fahre ich ohne genaues Ziel in die herrliche Landschaft um Trier. Nicht weit weg. Ich suche einen einladenden Rastplatz. Auch ich bevorzuge Hügel für die Pflege meines Wohlbefindens. Die Sonne zeigt mir gerne Wiesenflecken, die in besonders warmem Licht leuchten. Dazu „ruft" mir die Aussicht auf ein kleines Dorf, auf eine Weide mit Tieren oder auf einen Bach zu, genau hier sei der schönste Platz der Welt. Der warte nur darauf, bis ein Mensch ihn zu beleben vermag! So einer will ich sein.
Also stelle ich mein Auto so hin, dass die Sonne direkt durch die geöffneten Hecktüren scheint. Vorne bleiben die Fenster und Türen geschlossen, damit kein Wind durchzieht. Dann wird es im Auto nämlich wärmer als draußen. Ich lege mich zurück in die weichen Kissen meines Prachtlagers und lasse mein Gesicht von der Sonne streicheln. Dabei träume ich vor mich hin, höre Radio oder schlafe ein bisschen. Wenn ich mich ausgeruht fühle, koche ich mir einen leckeren Kaffee und verzehre die mitgebrachten Speisen. Ein Stück frischen Kuchen. Ein kleiner Sahnepudding. Salamibrötchen. Tomaten und eine frische Paprika. Gürkchen. Ein Zwiebelchen.
Vielleicht lese ich noch, male oder schreibe etwas. Zwischendurch schaue ich mir alles, was mich umgibt, ganz genau an.
Ich spaziere um mein Auto, fasse einiges an, finde irgendetwas Schönes, das ich mit nach Hause nehme. Wenn ich bereit für Stille bin, schalte ich das Radio aus und lausche lange den Geräuschen in der Natur. Ich muss nur warten, dann zieht nach einiger Zeit das Leben in mich ein. Es trägt mich auf seinen Armen und sagt zu mir: „Ruh dich auf mir aus, mein Liebes. Du hast genug getan. Lass mich dir ein wenig helfen."
Was glaubst Du, wie gut das tut!!
Einmal erlebte ich einen unvergesslichen Nachmittag auf einem Feldweg neben einer Viehweide. Dort graste, unter alten Apfelbäumen, ein brauner Hengst mit einer langen, weißen Mähne. Stundenlang schaute ich ihm zu, wie er versuchte, genau das zu tun, was in seiner Situation das Beste war. Er nutzte alles, was da war. Mal schlummerte er eine Weile im Schatten eines Baumes. Dann spazierte er umher und untersuchte die Grasbüschel, ob sie seinem Appetit entsprächen. Die Wiese war groß, er war nicht sehr hungrig. Geduldig durchforstete er das Gelände, um hier und da neue Kräuter zu entdecken. Zwischendurch wirkte er ein wenig einsam. Dann galoppierte er kurz herum. Und siehe da, auch sein Nachmittag wurde gekrönt, als sich plötzlich eine Reiter-

gruppe näherte, die er lange vor mir bemerkt hatte. Welch ein Geruch in seinen Nüstern! Er stieß wilde Laute aus. Die weißen Haare flogen im Wind, während er am Zaun herumtobte. Er gab einfach alles, um zu zeigen, wie sehr er DA war. Und dazu noch so wunderschön! Vergebens, die Leute zogen an ihm vorbei. Aber mich hatte er zutiefst erfreut. Ich habe an diesem Nachmittag in meinem Auto ein Bild gemalt, was mir großen Spaß machte.

Halt, halt ..., wirf den Brief jetzt nicht weg! Ich habe NICHT vor, Dir auch nur eine einzige weitere Tiergeschichte zu erzählen. Versprochen!

Endgültig und unausweichlich werde ich vom Ende meiner „großen Liebe“ berichten. Ich werde es durchstehen. Heute oder nie. Am besten gleich. Los geht's.

Wie eine große Liebe ihr traumatisches Ende fand

Obwohl Florian und ich uns bis in unsere letzten Stunden hinein zutiefst geliebt haben, wurden unsere Kämpfe immer schlimmer. Es war nicht nur traurig für uns, sondern auch unverantwortlich den Kindern gegenüber. Verzweifelt versuchten wir, das Problem mit unseren Begabungen mit der Metakommunikation in den Griff zu bekommen. Aber wir schafften es einfach nicht.

Der Wiederholungszwang

Erbarmungslos ereilte mich der Wiederholungszwang aus der Ehe meiner Eltern, die eigentlich nur aus den selbstbezogenen Kämpfen zweier Narzissten bestand.

Florian war ja im Umgang mit Menschen keineswegs feinfühlig. Als Folge seiner eigenen Traumatisierung merkte er oft nicht, wann er jemanden kränkte oder wenn er Menschen Angst machte. Ohne bewusste Absicht erzeugte er manchmal emotional „brutale“ Situationen, in denen er nicht verstand, was er den anderen zufügte. Sobald ich mich durch ihn in meiner Würde beschädigt sah, oder noch schlimmer, wenn sich eines meiner Kinder von ihm angegriffen fühlte, erwachte in mir eine Tigerin. Die traumatischen Erinnerungsbilder, wie meine Mutter zusammengeschlagen wurde und wie sie einfach nicht präsent war, wenn wir Kinder zusammengeschlagen wurden, konnten einen Ausnahmezustand der Wut in mir wachrufen, in dem ich, völlig frei von Angst und Schmerzempfinden, zum Angriff überging. Dann attackierte ich Florian verbal so scharf, bis sein Ego meine analytisch-rhetorisch treffsicheren Beleidigungen nicht mehr hinnehmen konnte. Genau wie mein Vater schlug er an der Stelle zu, an der er nicht mehr gewinnen konnte. Wenn er urplötzlich so klein und mies vor mir stand, wie er sich selbst niemals sehen wollte, ... dann half nur noch Gewalt. Da hättest Du die Tigerin einmal erleben sollen! Die ist kein Opfer! Sie kämpft mit Krallen und Zähnen. Da nützt auch die überlegene Körperkraft eines Mannes nichts, wenn er gebissen wird. Er kann es noch mit Würgen versuchen, aber auch das ist kein Sieg.
Schockiert und tief verwundet mussten Florian und ich uns eingestehen, dass die große Nähe zwischen uns nicht nur eine innige Liebe nährte, sondern uns genauso gut in Monster verwandeln konnte. Unsere Dramen hinterließen in mir immer große Scham, Schuldgefühle und Depression. Natürlich versuchte ich immer einmal wieder,

Florian „für immer und ewig“ zu verlassen. Die Kraft dafür hielt aber nur für wenige Stunden, bevor mich die tiefe Sehnsucht (Beziehungssucht) nach meinem Mann zur Umkehr trieb.

Florian geht in Konkurrenz zu mir

Etwa im dritten Beziehungsjahr kam ein weiteres Thema hinzu, das Florian schleichend von mir entfernte. Als ich ihn kennenlernte, hatte ich gerade mein Studium begonnen. Es zeigte sich, dass ich durch die übergroßen Belastungen meines täglichen Lebens nicht in der Lage war, in der üblichen Weise zu studieren. Weil ich sowieso auf jedem Stuhl gleich einschlief, auf dem ich länger „ruhig“ saß, verzichtete ich schon bald auf die uneffektive Teilnahme an den Vorlesungen. Ich hatte einige gute Studienfreunde, die meine schwierigen Lebensumstände kannten. Diesen liebenswürdigen, solidarischen Menschen habe ich es zu verdanken, dass ich mein Studium trotz aller Probleme zuverlässig durchziehen konnte. Die Freunde organisierten alle wichtigen Formalitäten für mich mit. Sie riefen mich an, wenn ich bei Pflichtveranstaltungen anwesend sein, mich in Teilnehmerlisten für Seminare eintragen oder zu Prüfungen anmelden musste.
Zweimal im Jahr, vor jeder Prüfung, verließ ich für zwei Wochen das Haus und wohnte bei meinen Freunden in ihrer Studentenwohngemeinschaft. Da wir über Jahre alle Prüfungen gleichzeitig machten, wuchsen wir zu einer sehr effektiven Arbeitsgruppe zusammen. Während der zwei Wochen meiner Abwesenheit versorgten meine Kommunarden die Kinder. Mithilfe einer Literaturliste, die zu jeder Prüfung gehörte, musste ich mir in der kurzen Zeit den Stoff eines ganzen Semesters aneignen. Das schaffte ich mal besser, mal schlechter, doch manchmal sogar richtig gut.
Als ich mit meinem Studium in der Phase der letzten Diplomprüfungen steckte, erwachte in Florian eine Art neidischer Ehrgeiz. Er hatte nur ein oder zwei Semester lang die Uni besucht und noch nie einen Schein gemacht. Jetzt wollte er mich übertrumpfen, indem er die Literatur von etwa sechs Semestern anforderte, um eine „Gesamtprüfung“ abzulegen. Natürlich konnte das nicht gelingen, weil er nicht trainiert war, die dazugehörige Disziplin über längere Zeit aufzubringen. Zwar besorgte er sich alle Bücher, stapelte sie übereinander und redete groß über sein Vorhaben, aber die Energie, sie auch zu lesen, brachte er dann nicht mehr auf. Daher brauchte er erst gar nicht zu der Prüfung anzutreten. Sein „Versagen“ muss ihn mehr getroffen haben, als ihm anzumerken war.

Wenn ich in der Zeit danach eine meiner weiteren Studienaufgaben erfolgreich bewältigt hatte, beobachtete ich bei ihm ein verstärktes Bedürfnis, mich zu quälen. Plötzlich wandte er sich auf eine sehr provozierende Weise anderen Frauen zu. Das Verhalten demütigte mich, weil ich damals noch nicht fähig war, mich angemessen abzugrenzen. Der Kick des Quälens machte Florian zwar wieder „groß“, aber er brauchte trotzdem immer mehr die Bewunderung durch andere Frauen. Weil er sich von mir „entlarvt“ fühlte, war meine Liebe anscheinend nicht mehr Trost genug für ihn. Mit Deiner großen Lebenserfahrung kannst Du Dir sicher vorstellen, wie schnell die Liebe eines Narzissten schrumpft, der sich grundlegend infrage gestellt fühlt.
Dabei fand gerade ich ihn auch ohne diese blöde Prüfung herrlich genug. Damals brauchten echte „Revolutionäre“ doch nichts weniger als einen Universitätsabschluss. Ich selbst studierte nur deshalb so hartnäckig, weil ich mit dem hohen Anspruch der

NEUEN Frauen in der Lage sein wollte, männerunabhängig für meine Kinder zu sorgen. Außerdem interessierte mich die Psychologie sehr. Und ich wollte mit der Macht bürgerlicher Papiere sinnvollen Dienst am Menschen verrichten.

Wir „machen“ ein Kind der Liebe

Wahrscheinlich spürte mein kluger Organismus den schleichenden Verlust meines Geliebten, lange, bevor mein Bewusstsein den großen Schmerz betrachten konnte. Denn gegen jeden Verstand wuchs in mir ein Kinderwunsch. Genau, wie so viele andere Liebende das auch tun, griffen wir also kurz entschlossen nach diesem „vorletzten“ Versuch, unsere Beziehung zu retten, ... wir „machten“ ein Kind!

Weil ich mich mit einer gewissen Eitelkeit an die Selbstüberhöhung meiner Mutter gewöhnt hatte, die uns Kindern oft erzählte, aus ihren Genen könnten nur „Wunderkinder“ entspringen, fand ich es also nur normal, als Florian mir erklärte, ein Kind von ihm müsse, über die irdische Handlung hinaus, im „Kosmos“ gezeugt werden. Ich solle mich bei der Sache entsprechend konzentrieren, damit meine geistige Kraft, in die Seinige fusionierend, die Götter zum Liebesspiel rufen könne. Nun, als Tochter meiner Mutter zweifelte ich wenig daran, dass „Höhenflug“ eine für mich natürliche Bewegungsart war. Meine spirituellen Neigungen bargen allerdings nie den tiefen Ernst der Frömmigkeit, sondern sie entgleisten lieber in die Sphären des Humors. Natürlich war ich sofort bereit, mit meinen ehrwürdigen Ahnen zu sprechen, um sie um die Segnung meines konzeptionellen Kindes zu bitten, während Florian und ich den Akt der Zeugung vollzogen. Aber das hinderte mich nicht daran, gleichzeitig meinem frechen „Anarcho-Opa“ zuzuzwinkern, der sofort begriff ... und eine Prise sarkastischen Witz vom Himmel herunterstreute, um der „heiligen Sache“ die Schwere des Kitsches zu nehmen. Also das war wirklich ein Spaß, auf diese Weise ein Kind zu zeugen!

Auch wenn ich der Geschichte hier vorgreife, so muss ich Dir doch gleich berichten, wie sehr sich unsere Mühe gelohnt hat. Jessica ist ein wahrhaftig unglaubliches Weib geworden. In ihr paaren sich geistige Kraft und intellektuelle Schärfe mit tänzerischem Humor und eleganter Souveränität. Da haben DIE „oben“ wirklich alle mitgeholfen, kein Zweifel!

Ups, ... jetzt habe ich womöglich ein bisschen übertrieben. Angegeben. Da brach der Narzissmus meiner Mutter gerade unverblümt durch mich hindurch. Und wenn auch Angeben eigentlich eher eine peinliche Sache ist, so bitte ich Dich um eines: Lass mir bitte meinen Stolz auf dieses Kind! Er gibt mir die Kraft, die schweren Wunden aus der Zeit ihrer ersten Lebensmonate zu heilen.

Was war passiert?
Als ich schwanger war, verschlechterte sich die Beziehung zwischen Florian und mir dramatisch. Mein Bedürfnis, den Nestbau für das Kind in einer bodenständigen Weise anzugehen, interessierte Florian wenig. Während er in den vergangenen drei Jahren wirklich gerne bereit gewesen war, Verantwortung für die Pflege meiner drei Kinder mit mir zu teilen und sich wirklich hingebungsvoll um die kleine Lara gekümmert hatte, machte ihm der Gedanke an die Verantwortung für ein eigenes Kind anscheinend große Angst. Er verwirrte mich mit Fluchtneigungen, die ich vorher so heftig nicht an

ihm kannte. Sein Verhalten beunruhigte mich sehr. In meiner Panik verstärkte ich den Druck auf ihn, was ihn nur noch weiter von mir entfernte.

Nikolaus intrigiert

Diese Situation nutzte ein neuer Ankömmling im Hause für seine berechnenden Pläne. Um den Größenwahn des neuen Gastes zu beschreiben, den es anscheinend unglaublich nach „oben" zog, möchte ich erwähnen, dass sich der Kerl selbst JESUS nannte. Ich möchte ihn aber lieber Nikolaus nennen, denn der Mann war wirklich nur mit Humor zu ertragen.
Als Florian ihn mitbrachte, kam Nikolaus frisch aus dem Knast. Er hatte keine Bleibe und kein Geld. Florian kannte ihn aus seinen Aufbruchsjahren in der Trierer APO-Szene. Er sah in dem Mann einen Freund. Nikolaus war ein paar Jahre älter als die anderen Jungs, die sich im Palastgarten zusammengefunden hatten. Er hatte schon Übung im Sitzenlassen einer kleinen Familie. „Abenteurer", „Revoluzzer" oder am allerliebsten „Guru" zu spielen, fand er besser, als ein „langweiliger" Familienvater zu sein. Aus mir unerklärlichen Gründen bewunderten ihn die antiautoritären Jungs der „Urszene" gerne und gaben ihm auch zeitweise die Rolle eines Anführers. Eigentlich konnte der „Selbsternannte" überhaupt nichts richtig und er hatte auch nichts Besonderes zu sagen. Seine Hauptkompetenz lag darin, dass er ein Hochstapler „aus Leidenschaft" war. In seiner unermüdlichen Begeisterung für sich selbst wirkte er so überzeugend, dass sein Publikum einfach nicht erkannte, dass vor ihnen nur eine „leere Dose" stand. Nikolaus verfügte über einen prollig-pfiffigen „Bubencharme" und eine spritzige Lebendigkeit, die ihn durchaus attraktiv machte. Bewundern könnte man an ihm, wenn es schon sein muss, höchstens seine rattenhafte Klugheit, mit der es der Überlebenskünstler immer wieder schaffte, andere Menschen dazu zu bringen, für ihn zu sorgen. Ich denke, dass er sein Leben noch immer vielseitig genießt. Ich muss ihn aber nicht besonders leiden können, denn er hat in meinem Leben wirklich Schaden angerichtet. Als der windige Gast in unser kleines Haus zog (ich wurde nicht gefragt, ob ich das mag), baute ihn Florian zu seinem neuen Partner für die revolutionäre Zukunftsvision auf. Nikolaus nervte nämlich nicht mit ständiger Realitätsüberprüfung, ... so wie ich. Im Gegenteil. Nikolaus ermunterte Florian fleißig, mich mit dem „lästigen Kinderhaufen" sitzenzulassen. Dann würde Florians Leben bestimmt wieder lustig, so ähnlich wie bei ihm. Ja, Nikolaus frohlockte beim Fressen, Saufen, Ficken und Kiffen. Er war wirklich oft „gut drauf".
Es ist kaum zu glauben, aber mein von mir „genervter" Freund schubste mich, trotz meiner Schwangerschaft mit dem kosmisch erzeugten Kind, provozierend an den Rand unserer gemeinsamen Revolutionswolke. Dickbäuchig klammerte ich mich verzweifelt an deren Rändern fest. Von wegen „Möwe Jonathan". Mir schwante Böses. Zähneknirschend schaute ich zu, wie sich Florians intellektueller Größenwahn mit der pragmatischen Straßenköter-Intelligenz eines Kleinbetrügers paarte. Die hatten echt Spaß miteinander. Um die Sache rund zu machen, fand Nikolaus sogleich ein junges Weib, das eine kleine Mitgift zu vergeben hatte.
Sofort wurde sie geheiratet!
Kurze Zeit hoffte ich noch, der Mensch verzöge sich jetzt mit seiner kleinen Familie, aber stattdessen zog auch die Ehefrau mit ihrem Kind bei uns ein (ich wurde wieder einmal nicht gefragt). Eine sehr nette Frau. Warmherzig, sensibel und sozial. Aber ihre Mitgift leitete bald unser beider Unglück ein.

Schon die Hochzeit ließ es stark an der Romantik fehlen, die die nette Braut durchaus verdient hätte. Ich war die Trauzeugin. Kaum hatten wir das Standesamt verlassen, wollten Florian und Nikolaus auch schon gleich zu „männerbündlerischen Aktivitäten" ohne uns Frauen übergehen. Das ließ ich so nicht durchgehen. Als ich merkte, dass es für die Braut nicht einmal ein Fest geben sollte, nahm ich die Sache in die Hand. Auf dem Heimweg vom Standesamt kaufte ich Kuchen und Sahne, Pudding und Bonbons zum Dekorieren. Zu Hause deckte ich schnell den Kaffeetisch mit festlicher Dekoration. Die Kinder waren sehr erfreut. Während wir Frauen mit den Kindern feierten, lungerten die Männer im Abseits herum. Sie machten ätzende Bemerkungen über die Spießigkeit unserer „Veranstaltung". Doch wir ließen uns nicht beirren. Keinesfalls wollte ich mir, der Braut und den Kindern diesen netten Nachmittag verderben lassen. Weil vom Kaffeetisch her lecker duftete und lockte, setzte sich Florian dann doch irgendwann gönnerisch zu uns. Mit einem knorrigen Männerspruch, den er über seiner Kaffeetasse noch loslassen musste, wollte er seinem Freund Nikolaus zeigen, dass er wirklich nur wegen des Kuchens und nicht etwa den Frauen zuliebe „weich" geworden war. Da musste ich kontern.
Um der Sache endlich einen echt „anarchischen" Humor zu verleihen, ergriff ich die Schüssel mit der halbflüssig gewordenen Sahne und goss sie fröhlich über Florians pechschwarze Haare. Es sah einfach hervorragend aus, wie ihn Teile noch fester Sahne seinen Kopf krönten, während der flüssige Anteil langsam über seine Stirn herunter tropfte, ... an den Sprüchen vorbei, ... um dann in seinem wilden Räuberbart zu versickern. Ha!!! Das war Aktionskunst vom Feinsten. Ich amüsierte mich köstlich. Da erfassten auch die Kinder die Gunst der Stunde. Sie sprangen auf und ergriffen die weichen, bunten Kuchenreste vom Tisch, um sich gegenseitig damit zu bewerfen.
Und endlich, endlich begriff mein kluger Florian, was ich ihm sagen wollte. Er lachte los, griff in die Sahne und beteiligte sich an der lustigen „Schlacht". Wir hatten großen Spaß. Nikolaus war machtlos. Das Fest war gerettet.
In Eintracht machten die junge Ehefrau, Florian und ich danach alles wieder sauber. Dann war die Hochzeit vorbei. Und der Spaß auch.

Ein Größenwahnsinniger und ein Gauner „machen zusammen Quatsch"

Übergangslos gaben Florian und Nikolaus die ganze Mitgift für „Quatsch" aus. Hilflos und wütend schauten wir Frauen zu, wie sie unsere Zwangsgemeinschaft in absurdes Theater verwandelten. Florian und Nikolaus gründeten etwa zehn fingierte Vereine, die sie alle ins Handelsregister eintragen ließen. Mit einem Teil der fiktiven Vereine planten sie die verdeckte Unterwanderung der Weltwirtschaft. Dann, ... schwuppdiwupp, ... kaum hätten die Banken um sich geguckt, wären sie von den restlichen Vereinen umzingelt, und mit einem letzten, raffinierten Trick hätten die Revoluzzer dann das Geld an sich abgeschafft! Dann herrschte endlich Chancengleichheit auf der Welt! Die Menschen würden den glorreichen Erfindern, Florian und Nikolaus, für die Befreiung von der kapitalistischen Geißel auf Knien danken, ... so dachten sie!
Um dem nahenden Ruhm „stilgerecht" entgegenzutreten, kauften sich die Männer im teuersten Bürogeschäft von Trier zwei Designerkoffer aus Edelstahl, die ihr mobiles Büro darstellen sollten. Und eine elektrische Schreibmaschine. Teuer, teuer.
Stolz trugen die beiden „verwegenen" Gestalten, ein Nikolaus und ein Hotzenplotz, diese glitzerigen, hässlichen Dinger mit sich herum, wenn sie „in Sachen Geschäfte"

unterwegs waren. Zum Beispiel, wenn sie für jeden der Vereine einen Stapel Briefpapier drucken ließen, natürlich mit einem aufwendigen Logo darauf und einer Kontonummer darunter. Oder wenn sie auf die Bank marschierten, um die Konten zu eröffnen, auf die die Gelder fließen sollten, wenn der zersetzte Kapitalismus endlich in der Gauner Taschen bröseln würde. Weil wir bürgerliche Papiere ja ohnehin als „Toilettenpapier" ansahen, konnte man ruhig gleich mit „Hotzenplotz" und „Rumpelstilzchen" unterschreiben, Hauptsache, man war in edler Absicht unterwegs!

So lustig der Anblick der Herren auch war, so verging uns Frauen doch jedes Lachen beim Ernst unserer Lage. Die Revoluzzer hatten kein Interesse mehr an Familienausflügen ins Grüne, an zärtlichen Morgenstunden mit lustvollem Flüstern von Nettigkeiten, geschweige denn am Bezahlen von Großeinkäufen im Supermarkt oder dem Reinigen der stark frequentierten Kommunetoilette. Während die junge Ehefrau alsbald in stumme Depression versank, tobte ich herum, machte wütende Szenen und kränkte die Herren mit „Ausdrücken". Ich verhöhnte sie mit scharf formulierten Beschreibungen ihrer geistigen Beschaffenheit und versuchte mich mittels arroganter Argumentation „oben" zu halten, ... ganz in der Art meiner Mutter. Das machte mich sehr unbeliebt. Bald war ich nur noch gut brennendes Öl im Feuer der Nikolauspläne. „Komm, wir hauen ab, die Alte nervt doch nur!" „Was willst Du noch von dieser Kapitalistenkuh?" Oder: „Die mit ihrem Bauch ist sowieso nur ein Klotz am Bein, die keifende Spießerin können wir nirgends gebrauchen!", hetzte der unwillkommene Gast bei seinem Freund.

Mit der Kraft einer hochschwangeren Frau, die in Ruhe niederkommen will, warf ich eines Tages die ganze Bande aus dem Haus. Wenig später schlenderten sie einfach grinsend wieder herein.

Ich ließ es zu. Weiß der Teufel, warum. Florian liebte ich noch immer unglaublich. Ich war abhängig von ihm, zweifelsohne. Außerdem stand ich kurz vor der Niederkunft. Wahrscheinlich wollte ich mein Kind der Liebe doch nicht ganz alleine auf die Welt bringen.

Florian liebte mich auch. Das glaube ich sogar heute noch. Er sagte, er wolle zu mir zurückkommen, um mich bei der Geburt zu unterstützen und ein engagierter Vater zu werden. Es täte ihm leid, dass er mich so provoziert hätte. Er bestand darauf, dass seine kosmische Leibesfrucht in einer Hausgeburt die Erde beträte. Dann eröffnete er mir eine weitere Bedingung, ich solle das Kind nämlich „heimlich" zur Welt bringen, damit es später nicht zur Schule gehen müsse. Sein Kind dürfe keinesfalls in die Hände des bösen Staatsapparats geraten, postulierte er. „Der spinnt komplett", dachte ich bei mir, aber ich wollte Florian doch sehr gerne als Vater für mein Baby „behalten". Also dachte ich nach. Nikolaus hatte uns anschaulich vermittelt, wie schnell Väter ins Gefängnis kommen, wenn sie nicht für ihre Kinder bezahlen wollen. Also befürchtete ich, dass ich am Ende selbst die Alimente für mein Kind aufbringen und nicht vorhandene Einkünfte „nachweisen" müsse, wenn ich mir den Kindsvater erhalten wolle. Und das hatte ich vor. Also löste ich das Problem.

Mein kosmisches Kind soll aber nicht DRAUSSEN bleiben!

Ich sagte zu Florian, dass ich erstens kompromisslos auf die Integration meines Kindes in eine „irdische Schule" bestünde. Ich hätte keineswegs die Leiden meiner Kindheit vergessen, in der die ideologische Verbohrtheit meiner Eltern mich in die Rolle des

„ewigen Außenseiters“ gezwungen hatte. Mein Kind solle nicht DRAUSSEN bleiben. Mir sei es unendlich wichtig, dass meine Kinder in ihrem späteren Leben die freie Wahl hätten, selbst zu entscheiden, in welcher Subkultur und in welcher Weltanschauung sie letztendlich leben wollten. Um eine angemessene Flexibilität zu erlernen, die ihnen später ermöglichen sollte, sich sowohl in der Gegenkultur als auch in der bürgerlichen Kultur wohlfühlen zu können, sollten sie unbedingt mit „stinknormalen“ Kindern zur Schule gehen. Der Einblick in die Normen und Gewohnheiten anderer Familien würde sie befähigen, sich in einer multikulturellen Gesellschaft frei zu bewegen. Die Toleranz gegenüber der Verschiedenheit der Menschen sei ein wichtiges Lernziel für meine Kinder. Ich wolle ihnen unbedingt zeigen, wie schön das Bunte an der Welt ist! Aufgrund meiner eigenen Leidensgeschichte als Kind wisse ich genau, dass Kinder überhaupt nur GLEICH sein wollten wie die anderen, damit sie auch mitspielen dürften. Nein, meine Kinder sollten wirklich nicht so bitter DRAUSSEN bleiben müssen wie ich!
Zweitens, fügte ich hinzu, spüre ich einen Verdacht in mir, Florian wolle vielleicht weniger sein Kind als sich selbst vor staatlichen „Zugriffen“ schützen, falls er zur väterlichen Verantwortung herangezogen werden solle. Wenn das sein eigentliches Problem sei, könne ich ihm gerne anbieten, ihn von vornherein aus den bürgerlichen Papieren (Toilettenpapier!) herauszuhalten. Ich würde seinen Namen als Kindsvater nicht auf den amtlichen Urkunden angeben. In meinem Stolz als „neue Frau“ und AUTONOME Mutter könne ich sowieso nur einen Kindsvater akzeptieren, der FREIWILLIG bei seinem Kind bleibt und der gerne für es sorgt! Erleichtert und zufrieden nahm Florian meinen Vorschlag an.

Die Geburt

Als es dann endlich soweit war, dass mir heftige Wehen Jessicas Geburt ankündigten, fühlte ich mich sehr alleine. Während ich mit Schmerzen durch den Garten des kleinen Hauses rannte, saß Florian entspannt mit Freund Nikolaus vor dem Fernseher. Sie waren gebannt von einem Western, den sie nicht unterbrechen wollten. Das mit mir hätte ja noch Zeit, meinten sie genervt.
Ich aber geriet in Panik. Ich wollte nicht mehr so schrecklich alleine sein. Da kam glücklicherweise eine Freundin vorbei. Die fuhr mich ins Krankenhaus. Kurz darauf war das Baby da. Zu guter Letzt war Florian doch noch mitgefahren, denn jeder Western geht einmal zu Ende. Großzügig hielt er bei der Geburt meine Hand und rief immer wieder meinen Namen. So war er mir ein großer Trost.

Die ersten Wochen mit dem neuen Baby waren wunderschön. Frieden lag über dem Haus. Die „Nikolausfamilie“ hatte sich für ein paar Wochen verdrückt.
Florian und ich kamen endlich zur Ruhe. Wir freuten uns sehr über das hellwache Baby. Gemeinsam sorgten wir jetzt für ein gemütliches Nest für alle Kinder. Das Glück hielt etwa fünf oder sechs Wochen an.

Eines Tages kam ein ruheloser Kumpel auf seinem Motorrad vorbei, den es just nach Norwegen zog. Ob Florian sich nicht mit aufs Motorrad schwingen wolle, um ihn zu begleiten? Dann möge er sogleich sein Bündel packen und weg wären sie! Der wollte, und weg waren sie.
Ich behielt die Ruhe, denn ich wusste, dass mein Mann wiederkommen würde. Es war ja nur ein Urlaub. Tatsächlich stand Florian bald wieder strahlend in der Tür. Er habe mich vermisst, sagte er im ersten Satz. Da fühlte ich mich sehr geliebt.

IDYLL auf der Terrasse, mit einem lieben Mitbewohner, Baby Jessica und Julia

Die freie Liebe kommt mit ideologischer Gewalt ins Haus

Doch mitten in unseren Frieden platzte wenige Wochen später die FREIE LIEBE. Und zwar genau mit der Egozentrik, die damals in der Szene durchaus üblich war. Florian und ich saßen gerade gemütlich auf dem Küchenpodest und blickten in den Horizont, als der unglückbringende Besuch auftauchte. Nennen wir die Dame „DIE SCHÖNE", denn dieser Titel gebührte ihr wirklich. Sie war voller erotischer Energie, denn in ihr gärte die Rache an einem wenig treuen Ehemann. Sie plante eine Reise nach Berlin in die revolutionäre Zelle unserer Ex-Trierer. Bei der Großstadtbande würden sich erotische Abenteuer leichter anschieben lassen als in der Provinz, ... dachte die Schöne. Weil sie die weite Fahrt sicherlich anstrengen würde, brauche sie allerdings noch einen Mitfahrer zum Abwechseln. Dabei habe sie an Florian gedacht, ob der vielleicht mitwolle?
Der wollte und stand auf. Weg waren sie. Ich behielt die Ruhe, denn ich dachte, dass mein Mann bestimmt wiederkäme.

So war es auch. Nur, dass er, wider mein Erwarten, Hand in Hand mit der Schönen, die Treppen zum kleinen Haus heraufhüpfte und mir schon an der Haustür strahlend den ersten Satz sagte: „Wir werden jetzt alle vier zusammenleben!" Ein Schock für mich. Denn den Ehemann der SCHÖNEN hatten die beiden netterweise gleich auch mit hineingedacht. Doch der wollte gar nicht, was seine Äußerungen zu diesem Thema unschwer erkennen ließen. Und ich wollte auch nicht.

Mir war klar, dass jetzt große Gefahr aufzog, die mich zu schnellem Handeln zwang. Weil ich eben auch ideenreich und mutig bin, fiel mir ein eleganter, erotischer Gegenvorschlag ein, der nicht einmal eine intrigante Absicht enthielt, sondern meinem reinen, revolutionären Herzen entsprang. Weil ich dabei gefühlvoll und echt war, gewann ich die SCHÖNE als Freundin dazu, während Florian sie verlor. Was da genau zwischen uns passierte, erzähle ich Dir beim Thema „FREIE LIEBE 2". Jetzt ist nur wichtig, dass ich Florian zwar nicht an die SCHÖNE verlor, aber gleich danach ...

Ein Narzisst rächt sich

Mein Mann nahm mir die narzisstische Kränkung zutiefst übel, dass ich ihm die Schöne abgejagt hatte, denn so sah er den Umstand, dass die Frau, die eigentlich IHN krönen sollte, plötzlich die FREIE LIEBE in meiner Person suchte.
Augenblicklich griff er zur nächst fassbaren Rache. Das war eine alleinstehende Mutter mit einer kleinen Tochter, die auch zum Kinderladen gehörte. Mechthild war gleich bereit, Florian engagiert zu trösten. Sie interessierte sich nicht für politische Utopien. Dafür war sie sehr potent im Durchsetzten ihrer kleinbürgerlichen Idee, wie „FRAU einen Mann für sich alleine kriegt". Meinen Mann. Die scheinbare moralische Überlegenheit des bürgerlichen Lebensplans, den sie voll durchzog, ersparte ihr die Verpflichtung zur Empathie für meine Situation als liebende Frau von Florian und Mutter seines erst wenige Wochen alten Kindes.
Sie sei sowieso die bessere Frau für Florian, verkündete sie ungeniert. Ich hingegen sei eine alternde Frau (ich war erst neunundzwanzig Jahre alt, sie vierundzwanzig und Florian sechsundzwanzig), die endlich ihre Finger von jungen Männern lassen und mich auf die Mutterrolle beschränken solle, wie sich das für eine ordentliche Frau „gehöre". Und außerdem wäre es gar kein Wunder, dass Florian mich verlassen wolle, denn ich sei ja nicht einmal in der Lage, ihm einen ordentlichen Haushalt zu führen. Sie habe nämlich mit eigenen Augen gesehen, dass sowohl in meinen Schränken als auch in meinen Schubladen chaotische Unordnung herrsche. Bitte, was suchte sie denn dort? Jedenfalls sei sie, die GUTE Mechthild, in den Schubladen viel besser als ich. Das stimmte.

Mit der Strategie einer bürgerlichen Geliebten verwöhnte Mechthild Florian mit allem, was ihm gut tat. Warmherzig streichelte sie ihm all den Schmerz hinweg, den ihm meine bösen Szenen bereiteten. Tief litt sie mit ihm an der Ungerechtigkeit, die er von seiner „ätzenden" Nelly erfuhr.
Glaube mir, mit jeder Stunde wurde ich tatsächlich noch ätzender, geradezu wildwütig angesichts der Aufmerksamkeit, die Florian seiner Neuen entgegenbrachte. Der schämte sich auch gar nicht, gleich jedes Wochenende in Mechthilds geordnetem Schoß zu verbringen, wo er die Annehmlichkeiten des bürgerlichen Lebens durchaus genoss. Derweil saß ich verzweifelt alleine auf meinem Berg. Gequält von der fragwürdigen Gesellschaft der Nikolausfamilie.
Fassungslos betrachtete ich mein kleines Baby, das, kaum geboren, Florian schon nicht mehr wichtig erschien. Jessica war damals etwa sechs Monate alt. Da schwor ich meinem Kind ewige Treue und versuchte, ihr mein Bestes zu geben, doch mein Leben wurde bald tonnenschwer.
Schlecht ging es mir. Meine bitteren Klagen verhallten erfolglos an Florians bösartiger Rhetorik. Ebenso, wie viele andere statushohe Narzissten aus unserer Szene, argu-

mentierte er beim Fremdgehen „politisch“. Der Trick ermöglicht den Feiglingen, ihr asoziales Verhalten zu einer Tugend zu stilisieren. Zynisch sahen sie dabei zu, wie sie damit den sicheren Zusammenbruch des verhöhnten Opfers erreicht hatten.
Selbstverständlich ist es für die geduldige Geliebte in solch einem Kontext ganz leicht, abzuwarten, bis die andere am Boden liegt.
Dazu schmückte Florian seinen Rachefeldzug mit Geschmacklosigkeiten aus, die nur ein psychopathischer Mensch so hervorzubringen vermag. Zum Beispiel kam er einmal von einem „Wohlfühlwochenende“ bei Mechthild zurück und bat sie zum Abschied auf einen Kaffee in unser Haus. Ich hätte „nett“ zu ihr zu sein, forderte er mich arrogant heraus, sonst hätte ich politisch „versagt“!
Niemals werde ich vergessen, mit welchem Blick er mich fixierte, während er sich neben der Geliebten auf unserem Küchenpodest herumräkelte. Dabei öffnete er den oberen Knopf seiner Lederhose, um sich genüsslich zwischen seinen Beinen zu kratzen. Auge in Auge mit mir zwang er mich, wahrzunehmen, wie er seinem Geschlecht nach einem erotisch erhitzten Nachmittag Luft verschaffte. Ja, da hasste ich ihn wirklich! Und ich blieb nicht ruhig. Das Ende kam bald.

Das Trauma frisst mich

Meine Wochenenden wurden unerträglich. Unter meinem Dach lebten inzwischen sechs Kinder. Und zu meinen eigenen kam das Kind der in stummer Depression erstarrten Nikolausfrau hinzu. Dann war uns noch ein etwa zehnjähriger Straßenjunge zugelaufen. Einer, der aus allen Heimen abgehauen war. Als er bei uns ankam, meldete ich das beim Jugendamt. Daraufhin schauten die sich bei mir um. Im Gegensatz zu Mechthild fanden sie es richtig nett bei mir, denn mein Haushalt war ordentlich. Und so wünschten sie mir „viel Glück“ mit dem Kleinen.
Ganz unberührt von dem offensichtlichen Unglück der Frauen im Hause hockte Nikolaus ganztägig mit seiner Klampfe vor dem Panoramafenster und schlug in die Saiten. Mit einem gleichförmigen Grinsen leierte er endlos hintereinander den „Cocain-Song“ von Hannes Wader herunter. Ich hätte ihn erwürgen können. Den Song hasse ich bis heute. Doch Nikolaus wurde von Tag zu Tag fröhlicher, denn seine Pläne verliefen zufriedenstellend.

Es war an einem Sonntagabend, als wieder einmal die Tür aufging. Ich war den ganzen Tag alleine mit den sechs Kindern über die Hügel gelaufen und hatte das Gefühl, am Ende zu sein. Freitagnachts hatte Florian mich noch geweckt, mich mit ungewöhnlicher Innigkeit geliebt und gesagt, er werde den quälenden Zustand für mich beenden. Er würde das Verhältnis mit Mechthild beenden und sich endlich seiner Vaterverantwortung stellen. Er wolle etwas mehr arbeiten, damit unsere Schulden bezahlt würden. Er wolle, dass es uns allen wieder besser ginge. Ich fühlte seine Liebe und schenkte ihm vertrauensvoll meine. Am Samstagmorgen verließ er das Haus, um in einer Werkstatt ein Auto zu reparieren, das er verkaufen wollte. Dort rief Mechthild ihn an, er möge sie zum Arzt fahren. Sie würde ihn brauchen. Er kam an diesem Tag nicht mehr zurück, und auch nicht am nächsten Morgen.
Und dann kam der Sonntagabend. Florian trat mit dem verhassten Grinsen seines Rachegesichts ein. Vielleicht sollte dieses Grinsen aber auch nur sein schlechtes Gewissen überspielen, doch das war letztendlich egal. Als er mir in arroganter Pose ein gedehntes „Na?“ entgegengrunzte, brach der Drache aus mir heraus. Seine Kral-

len zerrten das Grinsgesicht in meine Spuckweite. Meine Knie stießen hart und lustvoll in Florians Körpermitte. Aaaah! Florian wehrte sich. Logisch. Wir kämpften. Da kam Nikolaus dazu und feuerte seinen Freund an, es mir doch „richtig zu geben!".
Meine armen Kinder weinten sehr. Als ich beim Kämpfen mitbekam, wie Nikolaus meinen verzweifelten Sohn, der ständig „Hört auf, hört auf" rief, als „Muttersöhnchen" verhöhnte, wurde meine Wut stark genug, diese widerwärtige Geschichte zu beenden. Mit der Kraft einer Löwenmutter schüttelte ich den bösen Florian ab. Ich ergriff einen harten Gegenstand und stieß ihn Nikolaus brachial in den Bauch. Das Ding war zwar nicht spitz, sondern nur hart, aber sehr wirkungsvoll. Ich hatte ihn gedemütigt!
Jetzt musste ich abhauen. Ich raste in das einzige abschließbare Zimmer im Haus. Während die Männer an der Tür rüttelten, fiel mein Blick auf den halben Kubikmeter Briefpapier der erfundenen Vereine, das die Männer säuberlich geordnet unter meinem Schreibtisch gestapelt hatten.
Mit einer unglaublich befreienden „Frau Holle-Geste" warf ich den ganzen Krampf der letzten Monate mit vollen Armen zum Fenster hinaus. Es sah großartig aus, wie das Zeug im ganzen Garten herumflog. Ha!!!
Als die Florian und Nikolaus durch die Tür brachen, sprang ich dem Papier hinterher und versteckte mich im Gebüsch. Dort fühlte ich deutlich, dass es AUS war. Ich hatte Florian verloren. Es war wie ein Sterben.
In meinem Versteck wartete ich gespannt, was nun weiterhin passieren würde. Offensichtlich musste Florian wohl sofort Mechthild angerufen haben, sie möge ihn retten, denn es dauerte nicht länger als eine halbe Stunde, bis die sanfte Geliebte erschien. Eifrig half sie den Männern, das Papierzeug im Garten einzusammeln, ein paar Klamotten für Florian einzupacken und natürlich die Managerkoffer. Dann verschwand Florian in ein neues Leben mit IHR. Die Nikolausfamilie trottete hinter ihm her.
Als sie weg waren, ging ich zurück ins Haus. Dort beruhigte und tröstete ich zuerst meine armen Kinder. Dann rief ich Freunde an und bat um Hilfe, bevor ich für einige Zeit in einem tiefen, schwarzen Loch verschwand. Mein soziales Netz trug mich in den ersten Tagen. Alleine wäre ich nicht wieder hochgekommen. Es war ganz, ganz schlimm.

Ach, mein lieber Freund, vielleicht ahnst Du jetzt, wieso Du längere Aufsätze und dann auch noch Tiergeschichten lesen musstest, bevor ich endlich am Rand dieses Loches ankommen konnte, an dem wir jetzt stehen. Es ist dreißig Jahre her, aber der Schmerz kommt dennoch hoch, wann immer ich daran denke. Ganze zehn Jahre lang musste ich sofort losheulen, wenn ich jemandem von dieser Geschichte erzählte. Ein Trauma.

Und als ich gestern Abend mit meinem „Bericht" endlich fertig war, wollte ich losjubeln und schreien, ich hätte es endlich geschafft! Vorbei, vorbei, wollte ich rufen. Morgens wachte ich ganz schlecht gelaunt auf. Nichts war vorbei! Es wird nicht gemogelt, murmelte ich geknickt. Die Scham ist nicht vorbei, sie wird durch eine Peinlichkeit gekrönt. Wohnte hinter meinem „politischen" Idealismus, mit dem man mich so gut hinters Licht führen konnte, nicht eher ein gut versteckter Masochismus? Kein Mensch hat mich gezwungen, Florian zu lieben. Ich hätte ihn jederzeit verlassen können. Wer aus Abhängigkeit leidet, kann nicht behaupten, dass er liebt. Ich hasse diesen Gedanken. Ich will kein Opfer sein!
Weil Du mein Freund bist, wie ich hoffe, mute ich Dir auch noch das allerpeinlichste Pünktchen auf dem „i" dieser miesen Geschichte zu. Ich mache es wirklich kurz, versprochen!

Wie es bei Trennungen des Öfteren üblich ist, kam Florian noch ein paar Mal vorbei, um vergessene „Sachen“ abzuholen. Wenn er dann da war, schlug ich nicht mehr sofort zu, sondern begann tatsächlich, erneut um ihn zu werben. Ich war unfähig, anzuerkennen, dass er mich nicht mehr wollte. Meine Wahrnehmung wurde auch dadurch getrübt, dass Florian mir ebenfalls noch Gefühle entgegenbrachte. Mit Zärtlichkeit. Mit lieben Worten. Bis hin zum „Liebemachen“. So „kosmisch“, wie wir es immer konnten. In meinem Herzen blieb er einfach „mein Mann“. Anders kam ich nicht zurecht. Klar fragte ich auch, wann er wieder zu mir zurückkäme, denn ich konnte mir gar nichts anderes vorstellen. Er sagte, Mechthild hätte seinetwegen die Kündigung ihrer Wohnung erhalten und einige Schulden gemacht. Ich, die überzeugte Feministin, wolle doch sicherlich nicht einen Mann zurückhaben, der eine andere Frau ausbeutet und mit Schulden sitzen lässt. Und, ... weil ich sowieso „Schuld“ wäre an dem ganzen Unglück (wegen meines bockigen Benehmens), stünde mir jetzt die Rolle zu, mich absolut „brav“ zu verhalten, damit er die Angelegenheit in Ruhe in Ordnung bringen könne. Ich dürfe ihn nicht anrufen, denn er wolle Mechthild keinesfalls beunruhigen. Sobald er eine Wohnung für sie gefunden und die Schulden bezahlt hätte, käme er in Liebe zu mir zurück. Folgsam wartete ich.

Florian verkauft sein Kind

Einige Monate später traf ich per Zufall die „Nikolausfrau“, die nicht mehr in Mechthilds Wohnung wohnte. Wir plauderten, wie es ginge und so. Ich berichtete, dass bei mir bald alles in Ordnung käme. Wenn Mechthilds Schulden endlich getilgt wären, käme mein Liebster bestimmt zu mir zurück.

Die sanfte Nikolausfrau, die mich eigentlich mochte, holte nun tief Luft. Sie fragte mich, wie weit ich es mit meinem SAUDUMMSEIN denn überhaupt noch treiben wolle? Sie wäre persönlich bei einigen Gesprächen dabei gewesen, in denen die neuen Schwiegereltern Florian anboten, ihm ein Studium zu bezahlen, falls er mit ihrer Tochter ein seriöses Bürgerleben beginnen wolle. Seitdem plane er mit Mechthild die gemeinsame Zukunft. Ich käme darin mit keinem Wort mehr vor. Mein Kind auch nicht. Mechthild wisse nicht einmal, dass Florian überhaupt noch Kontakt zu mir hätte.

Mein Blut kochte! Verräter!!! Betrüger!!! Der Kerl, der mir mit seiner „politischen Argumentation“ eine Geliebte aufgezwungen hatte, ging jetzt mit mir, seiner Frau und Mutter seines Kindes, heimlich fremd. Das ging zu weit!

Vor einem Gerichtsgebäude, vor dem ich die beiden abfangen konnte, inszenierte ich die Situation, in der ich Florian und Mechthild zu einem Gespräch unter sechs Augen zwingen konnte. Ich forderte von Florian eine offene Stellungnahme, in der beide Frauen künftig Bescheid darüber wüssten, was er mit jeder von uns zu tun haben wolle und wie seine weitere Vaterschaft aussehen würde. Ich wollte für alle Beteiligten eine gerechte Lösung. Mein Angebot lautete: Florian lebt sechs Tage in der Woche mit Mechthild zusammen, wobei ich die beiden nicht störe. Für einen Tag in der Woche kommt er zu mir. An dem Tag sei er auch mein Mann und könne dann auch die Beziehung zu unserem Kind pflegen. Florian sah die Vorteile meines Angebots. Mechthild heulte und wollte weglaufen. Florian hielt sie fest und sagte ihr in einem deutlichen Ton, dass sie mein Angebot akzeptieren müsse, denn er wolle die Beziehung zu mir nicht abbrechen.

Mein Tag war der Mittwoch. Am folgenden Mittwoch kam Florian zur vereinbarten Zeit. Wir kochten zusammen und gingen danach lange mit unserem Baby spazieren. Dabei

erzählte er mir, dass Mechthild die ganze Woche „Stress gemacht“ hätte, um die Vereinbarung zu unterlaufen. Sie bestünde darauf, sofort ein Kind von ihm zu bekommen. Außerdem hätten ihre Eltern auf Wunsch der Tochter versprochen, ihm sehr bald ein Haus auf seinen Namen zu kaufen, falls er bereit sei, mich und das Kind nie mehr zu treffen. Schockiert und wütend fragte ich Florian, wie er zu den intriganten Plänen seiner Mechthild stünde. Seine Antwort: Seine Kinder kämen von Gott und nicht wirklich von ihm. Gott streue auch den blinden Hühnern ein Korn, so wäre er gewiss auch bereit, mein Kind zu ernähren. Er selbst neige mehr dazu, sich für Mechthild zu entscheiden, denn die könne viel besser „Geld machen“ als ich. Er überlege daher, ob es nicht sinnvoll wäre, mit Mechthild schnell reich zu werden, um auf eine Insel auszuwandern (Die beiden zogen tatsächlich nach La Palma!). Wenn sich die Frau um seine Existenz kümmern würde, dann sei es nur fair, auch ihren Kinderwunsch zu befriedigen.
Doch weil ich das alles ganz anders sah und schon wieder ins Zetern geriet, meinte Florian, der dabei ungeduldig wirkte, ich solle endlich damit aufhören, mich so kleinkariert zu verhalten. Es sei an der Zeit, dass ich ihm gebührend vertraue. Ich könne ihm glauben, sobald er mit Mechthild eine Existenz auf der Insel aufgebaut hätte, würde er Tickets für mich und die Kinder schicken, damit wir sofort nachkommen könnten. Maximal fünf Jahre würde das dauern. Danach müsse Mechthild damit klarkommen, dass er wieder zwei Frauen hätte (die Tickets kamen übrigens nie bei mir an).
Falls ich, was er hoffe, „für immer“ seine geliebte Frau bleiben wolle, müsse ich jetzt fest daran glauben, dass unsere Liebe größer sei als Zeit und Raum. Da käme es auf ein paar Jährchen doch nicht an! Doch wehe, wenn ich weiter so garstig an ihm zweifeln würde, ... dann hätte ich ihn schnell verloren, ... so drohte er zum Abschied.

In der nächsten Woche kam er nicht zum vereinbarten Termin. Ich rief ihn an. Seine Worte am Telefon: „Ich habe jetzt ein Haus. Ich komme nie mehr.“ Und so war es dann auch.
Wenige Tage später hatte Jessica ihren ersten Geburtstag. Ich wartete vergeblich auf ihren Vater. Florian fragte zu keiner Zeit nach seinem Kind. Wenn ich auf der Straße mit dem Kinderwagen an ihm vorbeifuhr, drehte er den Kopf weg. Er zahlte nie einen einzigen Pfennig Unterhalt, denn weil er nicht in den Papieren stand, musste er das auch nicht. Diese besondere Situation nutzte er zu einer weiteren Sauerei, die ich, glücklicherweise, erst einige Jahre später zugetragen bekam, denn sonst hätte ich dem sauberen Pärchen womöglich doch noch irgendetwas angetan. Weil die Sache so schlimm ist, haben meine Freunde mir vorher nichts davon erzählt.

Mechthilds böse Tat

Es war so: Nachdem Florian bei Mechthild eingezogen war, wollten sie bei seiner und ihrer Familie und bei einzelnen wichtigen Personen aus der Szene, von denen sie unterstützt werden wollten, „moralisch“ gut dastehen. Auf den Druck von Mechthild hin wollte Florian sein Kind loswerden, ohne dass die beiden deshalb einen schlechten Ruf bekommen sollten. Bei „anständigen“ Menschen kommt es ja eigentlich nicht gut an, wenn einer so „abhaut“, wie Florian es zu tun gedachte. Da dachten sich die beiden einfach eine Lügengeschichte aus, die sie strategisch verbreiteten, um mich wegen „moralischer Wertlosigkeit“ zu isolieren. Die Geschichte besagte, dass Florian mich notwendigerweise verlassen musste, weil ich so haltlos in der Gegend „herum-

gehurt“ hätte, bis dabei auch noch ein Bastard entstanden sei. Als ich ihm dieses fremde Kind auch noch unterjubeln wollte, wäre das Fass voll gewesen. Da hätte er sich endlich von mir befreit und könne nun mit seiner sauberen Mechthild ein anständiges Leben führen. Ich vermute auch, dass er sich die Tatsache zunutze machte, dass ich ihn nicht als Vater angegeben hatte. Er könnte argumentiert haben, ich hätte offensichtlich nicht gewusst, wer der Kindsvater sei, sonst stünde der doch wohl in Jessicas Papieren. Kein bürgerlicher Mensch würde diese Logik anzweifeln, wenn er nicht über die wahren Hintergründe aufgeklärt würde.
Stell Dir vor, mit welch idiotischer Treue ich an den gemeinsamen Idealen festgehalten habe, nämlich keinen Unterhalt von ihm zu fordern, während sich der Kerl über meine Dummheit wahrscheinlich totgelacht hat.
Welche Rolle spielte Florians Familie dabei? Die hatten Jessica doch schon als ihr Enkelkind angenommen? Jedenfalls folgten sie dem bösen Paar in der bewussten Verleugnung von Jessicas Existenz und fragten auch nie mehr nach dem Kind.
Ich kann Dir sagen, als ich von dieser Intrige erfuhr, fühlte ich eiskalte Verachtung für alle an dieser Sache beteiligten, „sauberen“ Bürger. Ich wünschte sie zur Hölle mit ihrer ekelhaften Doppelmoral. Ganz „gutbürgerlich“ haben sie mit voller Absicht gemeinsam mein Kind entsorgt, die Schweine!!!
Und jetzt ist endlich Schluss mit dieser Geschichte.

Es tut mir leid, dass Du Dir das anhören musstest. Aber ich brauchte für den Frieden in meinem Herzen einen Zeugen, dem ich zutraue, dass er auch dieses Leid mit mir tragen kann, wenigstens für die Zeit, in der Du die Geschichte gelesen hast. Ich danke Dir dafür. Jetzt habe ich das Gefühl, dass ich endlich vergessen darf.

Ich freue mich auf mein Leben in der Gegenwart. Es gibt so viel Schönes, das ich erleben, denken und fühlen kann. Jeder Tag schenkt mir die Chance, an allem teilzunehmen, was lebt. Das will ich tun. Das Leben hat immer recht.

Gute Nacht.

Nelly

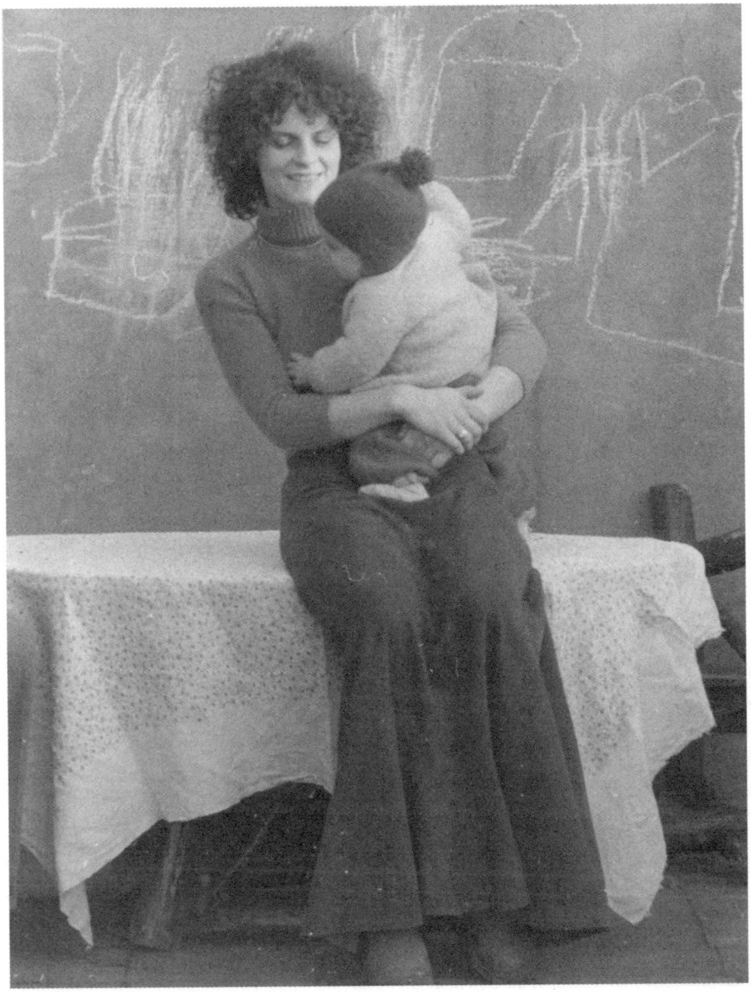

Wir wurden schwer verraten

Brief - Januar 2006

Freie Liebe, das naive Ideal

Hallo, mein Lieber!

Einige Monate hast Du nichts von mir gehört. Und ich nichts von Dir.
So sehr ich mich auch dagegen gewehrt habe, aufgrund der schmählichen Floriangeschichte in ein Loch zu fallen, so konnte ich es doch nicht wirklich verhindern. In den letzten Monaten hielt mich eine depressive Grundstimmung gefangen, die mich so lähmte, dass ich nicht weiterschreiben konnte.
Außerdem fördert es meinen Sprachfluss nicht, wenn ich denken muss, dass Dir die Lust auf mich und meine Lebensgeschichte inzwischen vergangen sein könnte. Bitte sag doch einfach, ob Du weitere Briefe möchtest oder nicht? Keinesfalls möchte ich zur „wortreichsten" Stalkerin gekürt werden, die ihren Liebsten mit einem Buch erschlagen hat.

Doch zurück zur Scham über die Floriangeschichte.
Wenn ich meinen Niedergang darin auch mit meiner unverschuldeten Weltfremdheit, mit dem Extremismus meiner Subkultur, oder am allerliebsten mit den Charakterfehlern des bösen Florian entschuldigen möchte, so komme ich doch nicht umhin, einen gewissen Masochismus in meiner Rolle als „Opferschaf" zu erkennen. Ich hing am „heiligen Weiß" meines idealisierten Schafspelzes offenbar so sehr, dass ich die Peinlichkeit der Rolle nicht erkannte. Noch während meiner „Schlachtung" mystifizierte ich mich als politische Märtyrerin. Mit der moralischen Überhöhung des unbefleckten Gutmenschen wollte ich meinem Opfersein einen tröstlichen Sinn geben.
Es war nicht effektiv, nicht klug, aber besser konnte ich es einfach nicht.
Natürlich quält mich auch die Scham darüber, dass ich meine Kinder während der Kriege gegen Florian ebenso wenig vor traumatischen Erlebnissen schützen konnte wie seinerzeit meine Mutter mich und meine Geschwister. Doch glaube mir, während meine Mutter immerhin mehr als zwanzig Jahre in einer tragischen, unglücklichen Ehe verharrte, so war ich schon nach dreieinhalb Jahren „fertig". Wenn es mir auch bis heute nicht vollends gelungen ist, aus allen Beschädigungen meiner Person hinauszuwachsen, so bemühe ich mich doch zäh, weder dem „bösen Schicksal", noch meiner eigenen Neurose in einer passiven Haltung zu begegnen. Ich stehe dem Leiden wach und kämpferisch gegenüber, stets selbstverantwortlich in der Absicht, eine Verbesserung meiner Lage zu erzielen!
Bitte, hab ein bisschen Geduld mit mir, denn bald darf ich Dir von einer Zeit erzählen, in der ich viele verantwortungsbewusste und liebevolle Menschen traf, die mich darin unterstützten, meinen Kindern die Sicherheit eines gut geschützten Nestes zu gewähren.
Doch bevor ich mit meiner Geschichte fortfahre, möchte ich Dir, wie versprochen, einige Projekte vorstellen, die im Chaos der 70er-Jahre geboren wurden. Du sollst nicht denken, dass wir nur quatschten, herumsumpften, herumvögelten, kifften und verrückt sein konnten.

Projekte der 70er-Jahre, die in unserer Subkultur geboren wurden

Den KINDERLADEN kennst Du ja schon. Er lebte von den Ideen der antiautoritären Erziehung und experimentierte mit der Kritik an der Lebensform der Kleinfamilie.

Durch die Zusammenarbeit im Kinderladen wuchsen in meinen Freundinnen und mir die neuen Gedanken der späteren FRAUENBEWEGUNG heran.

Einige von uns „Kinderladenfrauen“ wollten auch nach dem Schuleintritt der Kinder verbindlich an neuem Gedankengut weiterarbeiten. Über viele Jahre schufen wir in wöchentlichen Treffen ein Forum, in dem wir uns, fern von der Kinderarbeit und ganz ohne Einmischung unserer Männer, über Fragen der weiblichen Identität und über frauenfreundliche Lebensentwürfe unterhielten.
Mithilfe ritualisierter Kommunikationstechniken entwickelten wir uns zu einer SELBSTERFAHRUNGSGRUPPE.
Wir verfolgten politische und psychologische Interessen. Obwohl damals die Problembeschreibung der Ko-Abhängigkeit und der Beziehungssucht der Frauen im Patriarchat noch nicht bekannt waren, fühlten wir deutlich das Begehren in uns, mehr zu sein, als die Mütter unserer Kinder oder die Frau von X und Y. Lange bevor sich die Begriffe des neuen FEMINISMUS von den Universitäten her in der Öffentlichkeit verbreiteten, saßen wir Kinderladenfrauen schon Woche für Woche zusammen und suchten nach alltagstauglichen Veränderungsvariablen. Die gemeinsame Entwicklung vertiefte die Bindung unter uns. Die Frauengruppe wurde für mich eine innere Heimat. Wir setzten die Gruppe als Hilfskonstruktion gegen unsere Ko-Abhängigkeit ein. Durch unsere kollektive Kraft wurden wir eine lebenslustige, schlagkräftige und potente Gruppe. Bei unserem feministischen Aufbruch kultivierten wir die töchterliche Wut auf alles, was an traditionelle, patriarchale Machtverhältnisse erinnerte. Besonders unsere Partner, als Träger männlicher Geschlechtsmerkmale, wurden schärfsten Kontrollen unterzogen. Klar genossen wir das aufblühende Gefühl kollektiver Macht. Ich war sehr begeistert von der Idee, das Patriarchat mittels FRAUENSOLIDARITÄT zu stürzen.
Wie gewohnt glaubte ich wieder fest an all das, was wir gemeinsam formulierten, und begann, es zu leben. Reden wir später darüber, wie das ausging.

Viele Männer und Frauen in der Szene setzten all ihre Kraft in den Versuch, einen ALTERNATVEN ARBEITSMARKT auf die Beine zu stellen. Besonders in der Eifel und im Hunsrück entstanden zahlreiche Hofprojekte, die Selbstversorgung anstrebten. Wir Städter hingegen versuchten uns im Straßenhandel. Während der Handel mit selbst gebasteltem Schmuck, selbst Gemaltem, Getöpfertem und selbst Genähtem wenig satt machte, entwickelte sich das Geschäft mit Flohmärkten gut. Auch die Handwerkerprojekte, die in der Lage waren, ihre Kunden wirklich zu bedienen, konnten sich etablieren. Einzelne von uns kamen als Kleinkünstler und Musiker zu Ruhm und Ehre.
Nicht wenige kleine und größere Gruppen wanderten ins Ausland ab. Wenn sie nicht gerade die militante Anarchie suchten, hatten sie vor allem romantische Träume vom Weg zurück zur Natur. Sie besiedelten verlassene Dörfer in Südfrankreich oder Spanien.
Neben der landwirtschaftlichen Selbstversorgung bemühten sich die AUSSTEIGER vor allem um mehr Freiraum für Selbsterfahrung und Kunst.
In den Städten entstand eine alternative Subkultur der politischen Sozialberufler. Sie jobbten in ganz unterschiedlichen Berufsrichtungen. Viele arbeiteten in Kneipen oder

machten sich in der Gastronomie selbstständig. Von den bürgerlichen Kollegen grenzten sie sich darin ab, indem sie nicht nur für ihren persönlichen Konsum arbeiteten, sondern mit ihren Einnahmen auch soziale Projekte ins Leben riefen: Schülerläden, Hausaufgabenhilfe in sozialen Brennpunkten, Nachbarschaftsläden, Gleichstellungsprojekte für diskriminierte Randgruppen und Wohnprojekte, in denen traditionelle Grenzen zwischen Helfenden und Klientel aufgehoben wurden.
Das antiautoritäre Gedankengut prägte viele Arbeitszusammenhänge. Teamarbeit wurde ohne hierarchische Gliederung und ohne die Figur eines Chefs konzipiert. Die Idee autonomer Selbsthilfegruppen blühte auf. Linke Frauen erzwangen in allen Projekten neue Aufmerksamkeit für feministische Themen.

Die SOZIALPROJEKTE mischten sich häufig mit KULTURPROJEKTEN, die ebenfalls sozialpolitische Ideale verfolgten. Die Kleinkunstbühne wurde zum Forum für zahlreiche Theatergruppen, Kabarettisten und Literaten. Werkstattprojekte für Kinder und Erwachsene sollten Kunst auch den Menschen zugänglich machen, die nicht in Bildungsbürgerwiegen hineingeboren worden waren. Wir verweigerten die Anerkennung der Klassengesellschaft. Kunst und Kultur als edles Privatspielzeug der privilegierten Klassen zu sehen, war uns zuwider.

Studentische Aktivisten fusionieren mit unserer „Urszene“

Gegen Ende der 70er-Jahre traf erstmals eine kleine Gruppe studentischer Aktivisten in unserer anarchischen Chaosszene ein. Unser gemeinsamer Nenner war der blinde Idealismus und die Unerfahrenheit bezüglich der Einschätzung der drohenden Gefahren, die in den ideologischen Extremen dieser wilden Jahre lauerten.
Meine neuen Freunde hatten, wie wir alle, private Schmerzerfahrungen hinter sich, die sie dazu verführten, Trost und Hoffnung in moralischen Schwarz-Weißbildern der neu zu erschaffenden Welt zu suchen. Aber sie waren fleißiger als wir und nicht so stark „stoffabhängig“. Weil sie sich als revolutionäre Wissenschaftler verstanden, lasen sie auch die dickeren Bände der damaligen „Revolutionsliteratur“:

- Dieter Duhm, Angst im Kapitalismus,
- Herbert Marcuse, Der eindimensionale Mensch,
- Simone de Beauvoir, Das andere Geschlecht,
- Jean Paul Sartre, Der Ekel, Das Spiel ist aus,
- Albert Camus, Der Fremde, Die Pest,
- Anja Meulenbelt, Feminismus und Sozialismus, Die Scham ist vorbei,
- Kate Millet, Im Basement, Sexus und Herrschaft,
- Ulricke Meinhof, Bambule,
- A.S.Neill, Summerhill,
- Alan Watts, Zen-Buddhismus,
- Timothy Leary, Politik der Ekstase,
- Carlos Canstaneda, Die Lehren des Don Juan, eine andere Wirklichkeit,
- A.P. Kropotkin, Das Prinzip der gegenseitigen Hilfe, Wohlstand für alle,
- Erich Fromm, Haben und Sein, Die Kunst des Liebens,
- Wilhelm Reich, Massenpsychologie des Faschismus, Funktion des Orgasmus,
- Karl Marx, Das Kapital,
- Frantz Fanon, Die Verdammten dieser Erde,

- Erich Mühsam, Fanal,
- Hermann Hesse, Das Glasperlenspiel, Der Steppenwolf,
und mehr …

Die neuen Freunde quälten sich auch brav durch die langatmigen Flugblätter der radikalen Linken. Ich neigte dazu nicht. Weil rigide moralische Appelle und fanatische Aufrufe zur disziplinierten Einhaltung der neuen Normen die Menschen wiederum uniformieren und entmündigen, in mir unweigerlich den Hohn meiner „ungezähmten“ Mutter hervorriefen, bevorzugte ich es, mit dem ausschweifenden Schriftgut Feuer zu machen oder zugige Löcher im desolaten Gemäuer zu stopfen. Trotzdem muss ich hier offen zugeben, dass es mich freute, wenn ich mit den Neuen endlich wieder einmal in der Sprache und im Denkstil meiner Herkunftsgruppe diskutieren durfte. Die Freunde nutzten die Bildungsbürgersprache gerne, um sich in langen Debatten über das weitere Vorgehen im Entwurf der neuen Welt zu einigen.
Doch genau wie meine „Geschwister“ aus der „Straßenanarcho-Szene“ glaubten auch die Studenten an die Gefahr, die in der autoritären Charakterstruktur läge. Auch sie wollten das geknechtete Selbst in einer sinnlichen Ganzheitlichkeit befreien und lehnten die Kleinfamilie ab, die der „Befreiung der Liebe“ im Wege stünde. In unserem naiven Größenselbst, das uns glauben machte, wir könnten alle die Ziele erreichen, wenn wir nur ernsthaft genug VORANGINGEN, lag unser gemeinsames Unbewusstes. Es gab eine schöne Zeit, in der die mehr und weniger Intellektuellen, die mehr und weniger Gebildeten und die mehr und weniger politisch Bewussten für eine Weile Hand in Hand gingen.
Und wir waren dabei, wahrhaftig, „todernst“. So „ungeschützt“ ehrlich! Nah an unseren Gefühlen. Daran sind nicht wenige von uns gestorben.

Dir, lieber Erich, lege ich hier eine Rose ins Grab. Du bist unvergessen in meinem Herzen. Ein junger Mensch, erfüllt von brennender Solidarität. Du gabst den neuen Idealen alles. Das Opfer war zu groß.
Ja, ... nicht alle, die in diesen Jahren in der Explosion unserer glühenden Herzen voller Liebe und Wut hochgeschleudert wurden, kamen auch wieder herunter. Viele von uns sind einfach verglüht. Wir dürfen sie nicht vergessen!

Ich hatte Glück. Mein Leben ging weiter. Ich mochte die neuen Freunde sehr, denn sie waren mir ähnlicher als die „Revolutionäre", die ich bisher kennengelernt hatte. Genau wie ich wollten sie Probleme anpacken und lösen, Utopien sofort leben, kreatives Gedankengut mutig in Leben verwandeln. Sie waren glaubwürdig und sehr sympathisch. Die Solidarität dieser jungen Menschen tröstete mich in der schweren Zeit nach Florian. Mitten in meiner schwersten Krise nahmen sie meine Hände und streichelten mich. Sie sagten, WIR würden es schon schaffen. Sie nahmen mein Baby auf den Arm und küssten es in den Nacken. Da stand ich wieder auf.
Ein besonderes DANKE an Chris, Erich und Ulla!!!

Machen wir jetzt also weiter in dem Haus auf dem Berg.
Was geschah nach Florian?

Das symbiotische Nest

Das „symbiotische Nest" war eine wichtige Zwischenstufe, die von den Chaosgruppen, in denen ich mit Florian lebte, zu den gut strukturierten Lebensgemeinschaften führte, die für die nächsten fünfzehn Jahre mein Leben prägten. In dem kleinen Haus auf dem Berg lebte ich nach Florians Auszug noch knapp ein Jahr. Die wichtigste Person, der ich in dieser Zeit meinen Wiederaufbau zu verdanken hatte, war John. Die gruppendynamische Situation, die in den letzten Monaten im Haus auf dem Berg entstand, nenne ich „das symbiotische Nest". Danach zogen fast alle Mitglieder der Nestgruppe gemeinsam in die Innenstadt. Dort bewohnten wir ein Haus in der Feldstraße, das wieder genügend Raum für alle hatte. Doch bleiben wir jetzt bei John.

Mein lieber Freund JOHN

Auch er war eine zentrale Führungsfigur in der Urszene und einer der mutigen Vorreiter in Fragen des Geschlechterrollenwandels, den ich Dir in meiner Abhandlung über die sinnliche Revolution unserer Männer beschrieben habe.
Aufgewachsen war John in der Enge eines winzigen Hauses in einem winzigen Dorf, umschlungen von der Enge einer untröstlichen Mutter. Als jüngster Sohn der jungen Kriegerwitwe hatte er an den speziellen Problemen der Nachkriegszeit schwer zu tragen. Viele der verwitweten jungen Mütter hatten gar keine Chancen mehr, ein neues Familienleben aufzubauen, denn es gab einfach nicht mehr genug Männer. Wenn sie dann auch noch „anständige" Frauen waren, und die meisten waren es, dann blieb ihnen unter Umständen nichts anderes mehr übrig, als sich schon mit dreißig als Frau aufzugeben. Von da an lebten sie in der Pflicht, sich für ihre Kinder „aufzuopfern". Die armen sollten das Opfer danken, indem sie das Leben der Mutter mit Sinn zu füllen hatten.

Wir beide wissen nur zu gut, wie schwer es ist, täglich mit der Trauer einer Mutter zu leben, die sich von ihrem Kind Erlösung erhofft, was es jedoch nicht leisten kann und was auch nicht seine wirkliche Aufgabe im Leben ist. Trotzdem werden viele von diesen Kindern ein Leben lang von Schuldgefühlen getrieben sein und von der schlimmen Idee, sie könnten in der Liebe nicht genügen.
So blieb es auch bei John nicht aus, dass er zum Zwecke der Wiedergutmachung ein großartiges Helfersyndrom entwickelt hatte, mit dem er sich und andere aus besonders ekligen Sumpflöchern zog. Und in einem davon steckte ich damals.

Doch bevor ich zu unserer gemeinsamen Zeit komme, noch etwas zu Johns Vorgeschichte. Temperamentvoll und stark, wie es seiner Persönlichkeit entsprach, wuchs John zunächst zu einem „dörflichen Jungmann" heran, der seine Geschlechterrolle brav erfüllte. Er profilierte sich als trinkender „Prolet" an den Theken der örtlichen Kneipen. Laut tönte er mit den dörflich trainierten Männersprüchen herum und schlug auch mal an der richtigen Stelle zu. Auch auf der Arbeit stellte er seinen Mann und klotzte schwer ran. Er wollte ja „hochkommen", denn ein Kleiner war er nicht. Wirklich nicht.
Groß und schön war er, der John, ein Prachtkerl eben. Aber in dieser Rolle wurde er wenig mehr als zwanzig Jahre alt. Dann erhob er sich und fegte den dörflichen Männerpanzer verächtlich zur Seite.

John schnappte sich seine hart erarbeitete Musikanlage, die, so wie er, volle Power brachte, und setzte sich damit in die Mitte unseres Trierer „Palacegardens". Dann drehte er auf. Staunend schlenderten die jungen Freunde der Urszene herbei und lagerten im Kreise um den imposanten Typ herum.
Klar, lockte dieser Anblick auch einige junge, abenteuerlustige Mädchen an, die äußerst willkommen waren. John nahm sich gleich die Schönste von allen. Nun konnte es losgehen mit dem neuen Leben. Er gründete das erste Kommunehaus in Trier. John schenkte den Freunden Musik. Wo immer er war, „weckte er Tote". Mal hielt er laute Reden, mal lachte er kompromisslos über sich und andere. Mal war er zynisch, mal voller Wärme und Lebenslust. Mal tobte er herum und schmetterte den Lotterhaufen seiner Kommunarden fluchend an die Wand, mal wanderte er mit seiner Gitarre durch die Küchen und sang uns die allerschönsten Lieder.

Ich lebte fast drei Jahre mit ihm zusammen. In seiner Gegenwart fühlte ich mich wohl und sicher. John gab gerne ALLES. Mit seinen Stärken und Schwächen war er gleichermaßen energievoll DA, immer durchschaubar und ehrlich.

Ein toller Mensch.
John sehnte sich nach künstlerischer Selbstverwirklichung. Er suchte darin die Befreiung aus der Enge seiner Kindheit. Während er sich nur schwer aus seinen Fesseln löste, beobachtete er neidvoll die wenigen Bildungsbürgerkinder unter uns, die mit erlernter Lockerheit mit den Privilegien der künstlerischen Selbstdarstellung spielten. Zum Beispiel ich. Kaum wollten wir diesbezüglich ein bisschen arrogant des Weges kommen, gab uns John ganz sicher dafür aufs Dach. Das fand ich gut so.
Für die nächsten beiden Jahre wurden John und ich dicke Freunde und großartige Gruppeneltern. Wir hatten viel Liebe und Wärme füreinander, ohne dass wir uns verliebten oder den Sex miteinander brauchten. Klar haben wir das auch mal probiert, aber darin lag nicht unser Pakt. Wir passten viel mehr darin zusammen, dass wir völlig

pragmatisch und realitätsbezogen Gruppen aufbauen konnten. Spielerisch, lustig und undogmatisch gründeten wir die nächste Gemeinschaft, die, wie ich glaube, die Schönste für uns alle war.

Zurück zum Anfang.
John zog wenige Wochen nach meinem Verlassenwerden bei mir ein. Auch er hatte gerade seine Frau und sein Kind durch Trennung verloren. Er verarbeitete seinen eigenen Schmerz, indem er mich in den ersten Wochen auf unsere Fensterbank vor dem Panoramafenster setzte und knurrte: „Mach, dass du wieder hochkommst!" Dann krempelte er die Ärmel hoch, putzte die Küche, setzte Essen auf, schmiss den Bügelkorb samt Inhalt in den Abfall, scherzte mit den Kindern und warf die im Hintergrund herumschleichenden Gäste hinaus, die dachten, bei uns gäbe es die Suppe so einfach wie zuvor. Mein Pflegekind verschwand so wortlos wieder wie es gekommen war; es hasste anscheinend männliche Autoritäten. Viel später, als aus dem Kind ein junger Mann geworden war, sprach er mich einmal in der Stadt an, erklärte mir, wer er war und dankte mir für die Zeit in unserem Haus.

Freunde kommen ins Haus

Dann ging alles ganz schnell. Während ich noch ein paar Wochen lang wie eine hölzerne Puppe auf der Fensterbank saß, kaum essen oder sprechen wollte, füllte sich das Haus mit neuen Bewohnern. Wir wurden eine Gruppe von „Frischverletzten". Obwohl man John und mir ansehen konnte, dass wir nicht in bestem Zustand waren, wirkte die Wärme und Solidarität, die wir gegenseitig aufbrachten, auf andere so anziehend, dass sie auch etwas davon abbekommen wollten. In den nächsten Monaten

erlebte ich etwas Wunderbares, das möglicherweise nur in einer Notsituation geboren werden konnte. Bevor ich es schildern kann, muss ich Dir die räumliche Situation des Hauses erklären.
Als sich das kleine Haus in der „Florianzeit“ zu überfüllen drohte, sicherten wir uns ausreichend Lebensraum für die Kinder. Wir gaben ihnen das geräumige Wohnzimmer, das attraktivste Zentrum des Hauses. Eine Glastür gab den Blick auf eine große, umwaldete Veranda frei. Gegenüber konnte man durch ein anderes Fenster auf die Südterrasse schauen, hinter der direkt die Weinberge lagen. Das große Wohnzimmer gestalteten wir zu einem Schlaf- und Spielzimmer für die drei Mädchen um. Das angrenzende „Elternschlafzimmer“ bewohnte mein Sohn, der immer seinen persönlichen Rückzugsraum bekam. So teilte sich das Haus in eine komfortable Kinderregion und in einen „kleinen Rest“ für die Erwachsenen auf. Ich hätte es nie geduldet, dass die Kinder wegen der vielen Erwachsenen eingeschränkt würden. Neben der kleinen Küche lag ein weiteres Schlafzimmer mit einem Bett, in das maximal drei Personen passten. Der wichtigste Wohn- und Schlafraum war jedoch ein Podest, ein schmaler Streifen von etwa eineinhalb Meter Tiefe und etwa vier Metern Länge. Über die ganze Länge erstreckte sich das Panoramafenster. Dort spielte sich Tag und Nacht das soziale Miteinander der Erwachsenen ab. Wenn die Kinder es wollten oder brauchten, kamen sie zu uns herüber auf das Podest, um zu plaudern und zu schmusen. Warme Schöße und freundliche Worte fanden sie dort immer, und viel leckeres Essen, denn wir nahmen alle Mahlzeiten auf dem Podest ein.
Bei den Mahlzeiten stand eine kleine Tischplatte auf Rollen auf dem Boden, darauf stellten wir dann die Schüsseln und Töpfe. Die Menschen aßen im Schneidersitz, den Teller auf dem Schoß, denn für Sitzmöbel war kein Platz. Wenn dann die Schlafenszeit kam, verteilten sich die Erwachsenen folgendermaßen: Drei konnten ins Bett neben der Küche und vier schliefen auf dem Podest. Wir klappten den Tisch hoch und zwei Leute legten sich in die eine, zwei in die andere Richtung.
Außerhalb des Hauses gab es ein weiteres Zimmer zum Schlafen. Es war nur so groß wie ein Doppelbett. Dorthin konnten sich jeder hinlegen, der ganz alleine schlafen wollte.
Du ahnst es schon, dass unter solchen Umständen keiner von uns ein eigenes Zimmer und nicht mal ein eigenes Bett mehr für sich beanspruchen konnte. Also stapelten wir tagsüber sämtliches Bettzeug zu einem Turm in eine Ecke des Flurs. Wer zuerst müde wurde, legte sich auf einen ihm angenehmen Schlafplatz, der Nächste machte es genauso. Und die letzten nahmen die Plätze ein, die übrig waren. An einem anderen Tag nahm sich ein anderer den ersten Platz, am dritten Tag war es wieder anders. Auf diese Weise ergab es sich, dass nach einiger Zeit jede Frau und jeder Mann irgendwann einmal neben jedem Gruppenmitglied geschlafen hatten. Die Platzwahl für die Nacht ergab sich durch angenehme Nähe und nicht durch sexuelle Anziehung oder durch die Suche nach territorialen Vorteilen. Weil wir über mehrere Wochen in allen Stunden des Tages und der Nacht in solch extremer, räumlicher Nähe verharren mussten, wurden wir uns bald so vertraut wie Geschwister. Wir alle verrichteten die Hausarbeit gemeinsam, unternahmen zusammen Spaziergänge und redeten sehr viel miteinander. Morgens begannen wir den Tag mit bioenergetischen Übungen, die wir auf einem Selbsterfahrungswochenende gelernt hatten.
Von Anfang an nutzten wir die körperliche Nähe als eine Chance für Trost. Und wieder entstand das Wunder der selbst gemachten Musik. Während wir darin zusammenschmolzen, vergaßen wir die seelischen Schmerzen, die jeder von uns mit sich trug. Bald waren wir uns körperlich und seelisch sehr tief vertraut. Jeder hatte neben jedem

schon Nächte verbracht, jeder kannte jeden nackt. Jeder wusste, wer wie roch, wie jeder von uns lachte, weinte und vögelte. Wir lernten, Sex zu haben neben und zwischen den anderen, weil eben kein anderer Platz da war. Nach kurzer Zeit mochten wir uns alle sehr. Wir schliefen kreuz und quer, ganz ohne Plan, nur in der Spur unserer Gefühle. Aufrichtig wie Kinder lagen wir uns oft herzlich und spielerisch in den Armen.
Die meisten von uns fanden den Weg in unser „Nest“, weil ihnen vorher etwas zugestoßen war, was noch immer aus einer offenen Wunde blutete. Andere befanden sich in Lebenskrisen der Orientierungslosigkeit und brauchten Zeit, sich neu zu finden. Wieder andere waren gerade auf dem Sprung in eine abenteuerliche Welt, die sie zu genießen trachteten. Und manche suchten das Gruppenleben auch nur deshalb, weil sie nicht gerne alleine waren. Egal wie, wir hielten uns aneinander fest, was uns tröstete und wärmte. Deshalb nenne ich die gemeinsame Zeit im Haus auf dem Berg das „symbiotische Nest“.

So jetzt fühle ich mich langsam in der Lage, mich dem Begriff der FREIEN LIEBE zu nähern.

Weiß einer, was eigentlich mit FREIER LIEBE gemeint ist?

Ich nehme einmal an, dass Du über den Begriff FREIE LIEBE bisher ebenso wenig nachgedacht hast wie ich, als er in den frühen 70er-Jahren erstmals in mein Leben trat. Wozu auch, denn Du hast mir erzählt, dass Du Dich ohne größere Probleme für die Monogamie entschieden hast. Trotzdem streiften die zwei kleinen Worte irgendwann auch Eure Liebe, genauso wie es in fast jeder Ehe einmal passieren kann. Von irgendwo taucht plötzlich der Begriff auf, ... ein reizvoll gefährlicher Gedanke!
Locker fliegt er wie ein Windhauch daher, löst Angst und Neugier gleichzeitig aus und entschwindet dann in den meisten Fällen, ohne die Gelegenheit der Anwendung, wie-

der am Horizont. Vermutlich habt Ihr Euch erleichtert in die Arme genommen, als die Gefahr vorüber war. Ihr braucht das Spiel mit dem Feuer nicht, so sagtest Du.
Wer konnte auch wissen, dass so ein Weib wie ich daherkommen würde und Dich zu locken beginnt? Wohin?
Ich fürchte, es wird ein Buch daraus werden, bis ich Dir vollends erklärt habe, was ich wirklich von Dir wollte. Es ist mir unmöglich, eine Auseinandersetzung über Konzepte der Liebe, die ich seit dreißig Jahren durchdenke und erprobe, in wenigen Sätzen darzustellen. Bleiben wir fürs Erste bei der Sprache und gehen vom Bild des gefährlichen Windhauchs zum Denken über.

Was genau ist unter FREIER LIEBE zu verstehen?
Wer oder was soll durch Liebe befreit werden? Oder soll die Liebe selber befreit werden, aber wovon? Oder ist eigentlich der Sex gemeint, der von der Liebe befreit werden möchte? Würde Freiheit im Sex dann heißen, dass die Liebe von Verantwortung und Sozialverhalten befreit werden muss? Nennen wir es „befreite Liebe", wenn wir hoffen, dass Sex ohne Bindung geiler wäre als die moralisch-soziale Verpflichtung, einen Partner durch engagiertes Einlassen glücklich zu machen? Aber wie könnte Sex pur in solch einer antisozialen Konzeption irgendwen oder irgendwas befreien?
Wenn wir hier ganz falsch liegen, wie ich meine, geht es womöglich um etwas ganz anderes? Um etwas Theoretisches vielleicht? Wollen wir uns von den traditionellen Normen über Liebe und Sexualität befreien, die in Zeiten des schnellen Wertewandels zu eng geworden sind? Aber wie lange bliebe die FREIE LIEBE wirklich frei, wenn sie nur als neue Norm daherkommt? Schlimmer noch, ganz unerprobt kann der frei flottierende Begriff die Liebe und Freiheit auf einmal töten. Schleichend kann er sich unbemerkt in eine Waffe verwandeln, die „blind um sich schlägt", wenn sie Machtraum in fragwürdigen Ideologien erhält. Ist FREIE LIEBE in Wirklichkeit ein höhnischer Begriff, der eine große Gefahr verschleiert?

Als Psychologin muss ich noch einen weiteren Aspekt aufgreifen. Ist der Mensch überhaupt in der Lage, sich für neue Erlebniswelten zu öffnen, auf die er weder durch Erziehung, noch durch Bildung, noch durch experimentelle Lernerfahrung vorbereitet wurde?
Dazu die letzte Frage: Wieso setzen wir undiskutiert voraus, dass der Mensch über die prinzipielle Möglichkeit verfügt, FREI zu denken, zu empfinden und zu handeln? Wissen wir doch aus der Gehirnforschung, dass alles, was wir wahrnehmen, denken und fühlen können, zuvor in spezifischen Vorprogrammen unseres Gehirns gefiltert wurde. Wir sind also gar nicht in der Lage, neue Daten, unabhängig von unserer lerngeschichtlichen Vorerfahrung, auszuwerten. Was nutzt dann eine Theorie der Freiheit, wenn wir beim ersten Versuch, sie zu leben, garantiert an der Enge unserer hirnorganisch einprogrammierten Vergangenheit zerbersten?

Also Vorsicht, Vorsicht, so kommen wir nicht weiter. Du siehst, das Denken alleine macht unser Gespräch nicht fruchtbar. Das Thema braucht anscheinend einen „praxisbezogenen Lernvorgang". Weil ich aber vermute, dass Du Dich bei unserem ersten Versuch schon erschreckt hast, fahre ich lieber fort, Dir Geschichten zu erzählen.
An meinem Leben lässt sich ein langsamer Weg des Lernens verfolgen. Er verlief nicht linear, er bescherte mir auch keine nachweislichen „Erfolge", aber er wurde immer mehr zu einer BEWUSSTEN ENTSCHEIDUNG. Der Weg spiegelt mein tiefes Wollen, im Thema der Liebe zu WACHSEN.

Die FREIE LIEBE 1, 2, 3 so anzukündigen, als könne ich sie schnell in drei Punkten definieren, war wirklich nur ein Scherz. Ich wollte das Thema die ganze Zeit aufschieben, weil es so komplex ist. Und es passte bisher nirgends richtig rein. Weil es aber sein könnte, dass Du langsam am Lesen ermüdest, ... und ich am Schreiben, beginne ich eben mit der groben Gliederung dieses filigranen Themas.

Freie Liebe 1

Das erste „Freie Liebe1-Erlebnis", das so überraschend wie eine kleine Sternschnuppe in mein Leben fiel, ereignete sich in der Zeit meiner frühen Verliebtheit mit Florian.
Wir waren gerade erst in St. Urban eingezogen, das winterliche Haus war noch fast ganz leer. An einem Abend, als wir von einer netten Veranstaltung nach Hause gekommen waren, Arm in Arm, mit kicherndem Glucksen, und gut gelaunt die vielen Treppen nach oben in unser Wolkenkuckucksnest stiegen, hörte uns Freund Walter. Der war so ein weicher, furchtbar lieber Mann, ... so ein echter „Frauenversteher", was dazu führte, dass er vom weiblichen Geschlecht vorzugsweise als Kumpel und nicht als „erotischer Held" wahrgenommen wurde. Das kränkte ihn schon, und so kam es, dass Walter, mit einer Mischung aus halbbeleidigtem bis sehnsüchtigem Gesichtsausdruck, wie ein „verlorenes Menschlein" am Geländer des gewaltigen Treppenaufgangs stand und uns traurig hinterherschaute. „Ihr habt's gut" seufzte er bescheiden in seinen kleinen Bart. Da blieb Florian plötzlich stehen und drückte mich fest an sich, während wir uns noch einmal zu Walter umdrehten, und lachte ihn mit seinem breiten Grinsen strahlend an. „Dann komm doch mit", sagte er.
Mein Gehirn rief nun ohne zu zögern mein anarchisches Über-Ich herbei. Es sprach: „Wer von der Liebe gesegnet ist, hat die Chance zu teilen. Eine gute Revolutionärin gibt ihr Bestes, damit ein benachteiligter Mitmensch liebevolle Gerechtigkeit erfährt." Ja, so sah ich es auch!
Ein heiliges Kränzlein schien über meinem Haupt zu schweben. Ich lächelte hold, streckte die Arme nach unserem Freund Walter aus, und schon hüpfte er herbei. Wir nahmen Walter in unsere Mitte und erklommen Arm in Arm den letzten Teil der Treppe. Froh kletterten wir auf unser gemütliches Schlafzimmerpodest. In der Wärme und Vertrautheit der beiden Freunde, die sich schon lange kannten, war es für mich einfach, zu entspannen. Beide küssten und streichelten mich. Mit sanfter Leichtigkeit verwandelte sich mein Leib in ein revolutionäres Geschenk. Danach schliefen wir alle zufrieden ein. Am nächsten Morgen frühstückten wir zusammen wie gewohnt. Wir sprachen nie mehr darüber, aber wir fühlten uns als Freunde für immer.

Trotzdem war mein Geist im Nachhinein nicht wirklich zufrieden mit meiner allzu naiv und fast kitschig klingenden Über-Ich-Melodie.
Ich stellte mir offene Fragen: Ist es nicht eine vordringliche Sehnsucht des Menschen, „heiß" begehrt zu werden? Braucht nicht jede Geilheit den Pfeffer einer Herzensliebe? Und wird das Begehren vielleicht nur dann „heiß" genug, wenn eine radikal monogame Aussage vorausgeht: „Ich will dich ganz alleine! Ich will nur dich und keinen anderen! Ich will dich ganz und gar! Für immer!" Wenn es auch selten so kommt wie verkündet, kann es ja trotzdem sein, dass wir einsamen, kleinen Menschlein genau das, und nur das hören wollen? Finden wir den Trost des Sexuellen vielleicht nur in der Idee des Ausschließlichen, in der Mystifizierung des Unvergleichlichen und des Besonderen? Also ich begehrte „meinen" Florian monogam und ausschließlich. Etwas anderes

kannte ich damals noch nicht. Wie konnte ich also glauben, zu „teilen“, während ich einem bedürftigen Mitgeschöpf nur Brosamen abgab? Lag in der gönnerischen Geste eines verliebten Paares, anstelle einer revolutionären Tat, nicht eher eine verborgene Demütigung für den „Benachteiligten“?
Da erahnte ich die gewaltige Dimension, die sich hinter all diesen Fragen verbirgt. Jung und unerfahren wie ich war, konnte ich nicht eine Einzige davon beantworten. Da entschied ich mich, vorerst von weiteren Taten abzusehen und abzuwarten, bis das Leben mir „klarere“ Aufgaben schickt, die ich besser verstehen könnte.

Das Leben schickte mir das „symbiotische Nest“. Jetzt war ich nämlich in der Rolle des einsamen, verlorenen Menschleins, das irgendwie Zuwendung brauchte. Brauchte ich Sex? Jedenfalls nicht das, was wir in unserer monogamen Kultur darunter verstehen. So verletzt wie ich war, konnte mich das Programm „wahre Liebe“, mit seinem angeblich „rauschhaften Sex“, keinesfalls erreichen. Stattdessen begegnete mir ein neuer Sinn in der erotischen Interaktion. Sie kann sehr „mitmenschlich“ sein, vor allem dem TRÖSTEN und MUTMACHEN dienen. Dabei ziehen sich die narzisstischen Größen selbst von „Prinz“ und „Prinzessin“ zurück, ohne dass das besonders schmerzhaft wäre. Ich nahm die „gewöhnlichen“, mitmenschlichen Tröstungen jedenfalls dankbar an. Mir war, als würde mich das Leben durch die Hand von Männern streicheln, weil es mich nicht so zerstört sehen wollte. Die Erinnerungen an die letzten Monate im kleinen Haus hüte ich wie einen Schatz in meinem Herzen. Den Punkt der „Demütigung“ können wir also sofort streichen.

Also, was geschah?
Die vertraute und kuschelige Atmosphäre in der Nestgruppe löste bei den Besuchern und im „Informationsnetz“ der Szene (Klatsch) Neugier und erotische Phantasien aus. Seit Jahren wurde die Wohnform der Kommune in den bürgerlichen Medien mit pornographischen Vorstellungen von Gruppensex belegt. Weil die BÜRGERLICHE PORNOGRAPHIE einen Spiegel ihrer Subkultur darstellt, aufgebaut auf Elemente der inneren Spaltung, der sexuellen Abhängigkeit vom Bild der Verruchtheit, des Dreckigen, des Verlogenen, des charakterlich Minderwertigen, der Frauenverachtung, und weil sie sexuelles Glück auf die patriarchale Penisverherrlichung reduziert, passte das mediale Phantasieprodukt zu den sinnlich-erotischen Ereignissen unserer Jugendrevolution wie eine Faust aufs Auge. Aber dass in dem kleinen Haus auf dem Berg etwas „wirklich Ungewöhnliches“ geschah, sprach sich in unserer Subkulturszene schnell herum. Wir bekamen viel Besuch. Unsere neugierigen Gäste brachten neues Leben in unser Nest. Freudig drängelten sie sich zwischen uns und wollten mitspielen. Bald konnten wir gar nicht mehr unterscheiden, wer da wohnte und wer Gast war. Gäste hatten in unseren Häusern ohnehin keinen Sonderstatus. Sie wurden nicht bedient, sondern mussten mitarbeiten wie jeder andere auch. Dadurch integrierten sie sich nahtlos in das alltägliche Leben. Einige von uns gingen abends gerne in die Szenekneipen und brachten schon mal einen Nachtgast mit. Dann wurde es noch enger in den Betten! Die Schläfer rückten klaglos ein Stück auf die Seite, damit die Liebe ihren Platz fand. Wortlos drehten sie sich um und schliefen weiter. Gruppensex war das nicht, aber nett, gemütlich und sehr menschlich.
Das Besondere an uns war eben nicht die erotische Inszenierung der im Bürgertum verbreiteten Normen der erotischen Liebe, sondern das Ausbleiben derselben. Doch wie konnten wir uns dieses Verhalten erlauben, ohne dass die Gruppe sofort an den Folgen von Eifersucht, Neid und Konkurrenzgefühlen zerfiel?

Genau kann ich Dir das nicht beantworten, denn ich habe das „Phänomen“ unserer solidarischen Freundlichkeit weder vorher noch später in irgendeiner anderen Gruppe wieder erlebt. Ich vermute, dass ein Aspekt auf jeden Fall in dem Umstand lag, dass es so ENG bei uns war. Räumlich gesehen war es einfach unmöglich, dass ein Gruppenmitglied isoliert, verlassen, ausgestoßen oder übersehen werden konnte. Ja, wir waren einander Tag und Nacht „sicher“. Das war ein herrliches Gefühl.

Nun, mein lieber Freund, können wir daraus schließen, dass FREIE LIEBE dann leicht zu leben wäre, wenn zwei Menschen, die sich verbindlich lieben, sich keineswegs verlassen wollen, es dazu noch schaffen würden, sich gegenseitig wirklich zu VERTRAUEN?
Bleib ganz ruhig, ich weiß ja, dass Du jetzt denkst, ich wolle Dich vollends verarschen! Wenn ich die monogame Liebe, den Träger unserer jahrtausendealten Kultur, als ein Produkt des Mangels in der Fähigkeit zu VERTRAUEN darstelle, erscheint Dir das wahrscheinlich extrem frech! Doch ich meine das tatsächlich ernst. Begründen werde ich es Dir später, denn in meinen frühen Geschichten war ich vor allem traumatisiert. Das ist bestimmt die schlechteste Basis für das hohe Maß an Vertrauen, das die freie Liebe braucht. Also musste ich noch ziemlich viel lernen.
Machen wir also weiter. Wo findest Du mich in dem großen „Knuddelnest“? Als Du zuletzt von mir hörtest, saß ich noch wie eine hölzerne Puppe auf der Fensterbank. Weil ich in den ersten Wochen nach meinem Trauma nicht mehr gut essen konnte, hatte ich die rundliche Form eines Trauerkloßes verloren und war stattdessen ein zu einem geraden „Schmerzstab“ geworden. Das ist nicht besonders erotisch. Ich ging auch nicht mehr mit in die Stadt, und ich brachte auch niemanden mehr aus der Kneipe mit. Ich war ziemlich fertig und sah auch so aus. Oft war ich sehr müde und ging als Erste schlafen. Manchmal schlief ich in einem Einzelbett, um mich besser ausruhen zu können.
Und da passierte es. Ab und zu lichtete sich mein Schlaf, weil sich die Bettdecke hob und ein Menschlein hinein in meine Wärme glitt. Es passte nicht in solche Zauberstun-

den, abrupt zu erwachen, um mit Sätzen um sich zu schlagen, ... wie etwa: „In welcher Absicht besuchst du mich hier? Wäre nicht zuvor eine Einladung vonnöten gewesen?“ Oder: „Wohin mag uns diese Situation führen? ... Wir sollten das diskutieren.“ Oder gar der abgelatschte Lieblingssatz der Frauen: „Mir schwant, du willst nur meinen Körper, du, du, du ...!“
Nein, ich dachte nicht daran, den Frieden der Nacht mit solchen Sprüchen zu beleidigen. Schweigend, mit fest geschlossenen Augen, übergab ich die Situation an die Welt der Gefühle. Die würden mich beizeiten wissen lassen, WER mein Gast war. Solange erzählte mir mein Organismus in der Gemütlichkeit meiner vertrauensvollen Mitte eine hübsche Geschichte: „Fühlst du den Arm“, fragte er mich, „der sich vorsichtig auf deine Hüfte legt? Da kommt ein weiches Gesicht ganz nah an deine Wange. Hörst du den Wellenschlag seines Atmens? Schau, wie schön die Finger auf dir tanzen. In kleinen, federleichten Schritten wecken sie dich auf.“ „Willst du mit uns spielen?“ fragen sie und drängen sich mit einem kleinen Zittern in die Höhle deiner schläfrigen Hand.

Was glaubst Du, lieber Freund, wie schön es für mich ist, wenn ich endlich einmal mitspielen darf?

Glücklich machten sich meine Finger auf den Weg und suchten die Begegnung. Sie erkannten … einen Mann! Wie fühlt sich das an? Irgendwie lebendig und spannend. Langsam wollte ich wach sein, denn ich wusste inzwischen, wer mein Gast war. Ein „vertrauter Mensch“, mit dem ich vielleicht an diesem Nachmittag eine Stunde gespült hatte, oder wir waren zusammen mit den Kindern zum Bauern gewandert, um Milch zu holen, oder wir hatten den Hund gebürstet oder das Bad geputzt. So kommt man sich nah.
Warum nicht in der Nacht? Warum nicht sexuell? Meine Engel flogen deutlich um mich herum. Sie fächerten mit ihren Flügeln einen sanften Windhauch in die Stube und öffneten den Sternenhimmel über uns. Da fanden meine Lippen die seinen und wir erschufen zusammen eine kleine Glut. Ich erlebte den Sex in solchen Nächten wie das goldene Licht der Abendsonne, wie das Plätschern eines Baches, der über große Steine springt, oder den Geruch der Tiere eines nahen Gehöfts, der an einem heißen Augusttag über die Felder fliegt.
Die Sprache meiner Sinne folgte nicht der Inszenierung einer „Vorstellung“, schon gar nicht der bürgerlichen Definition von Eros. Ich erlebte ein DA SEIN dürfen, ein ANKOMMEN für eine kleine Zeit, in einem kleinen WIR, mit einem lieben DU. Ruhe finden. Freundsein. Das tat mir gut.

Bald konnte ich wieder essen. Aus dem „Schmerzstab“ brachen wieder die Rundungen einer jungen Frau hervor. Ich lachte wieder mit meinen Kindern. Mein verlassenes Baby drückte ich jetzt fest an mich. Ich würde diesem Kind immer TREU bleiben, das hatte ich mir geschworen!
Ich pfiff, sang und trommelte mit meinen Freunden, genauso falsch und froh, wie ich es vorher auch getan hatte. Ich hatte die Fensterbank verlassen und war zurück in die Verantwortung für mein Leben gekommen. Doch auch meine nächtlichen Gäste trugen ein neues Glänzen in den Augen. Sie schwangen sich in den Hüften. Auch sie kehrten in ihre Leben zurück und wanderten weiter. Wir winkten uns lange beim Abschied zu. Ich habe keinen vergessen, denn sie wohnen fest in meinem dankbaren Herzen. An mich dächten sie auch gerne zurück, ... sagten mir manche, … nach Jahren.

Ach, lieber Freund, vielleicht fragst Du Dich jetzt, ob Du etwa auch nur ein „Tröster“ für mich warst? Falls ja, solltest Du das „NUR“ vernichten und unserer kleinen Liebe stattdessen ein herzliches DANKE schenken. Aber so sehe ich unsere Geschichte nicht. Keiner von uns beiden hat sich bisher verabschiedet. Noch nie habe ich einem Mann einen Roman geschrieben. Daher passt das Modell „Freie Liebe 1“ nicht zu unserer Geschichte. Warten wir lieber ab, was weiterhin passiert. Zusammen sind wir fast 120 Jahre alt. Da kann man schon eine gewisse Reife von uns erwarten. Wenn es nach mir ginge, würde ich mich mit Dir gerne in die Kategorie „Freie Liebe 3“ „einfügen“. Aber die würdest Du jetzt noch nicht verstehen. Gehen wir also noch eine Weile auf dem langen Weg der Liebe weiter.

Fürs Erste danke ich Dir sehr fürs Zuhören. Bald melde ich mich wieder mit einem neuen Lebensabschnitt.

Mit herzlichen Grüßen

Nelly

Brief - Februar 2006
Kommune „Feldstraße“

Lieber Freund,

ja, es geht flott weiter ...

Der Umzug der Nestgruppe

An diesen Umzug denke ich besonders gerne. Dieses Mal fanden sich nicht nur die treuen Kinderladenfreunde zum Kistenschleppen ein. Sie waren einfach alle da, ... versprengte Exoten aus der Urszene, Kinderladenfreunde, meine lieben Kommilitonen, mit denen ich gemeinsam Prüfungen ablegte, meine Frauengruppe, die neu eingetroffene studentische Aktivistengruppe und viele andere Sympathisanten der Nestgruppe. Wir waren wohl total „in“. Genau wie beim Umzug ins Traumschloss bildeten wir wieder eine Menschenschlange, in der wir von einer Hand in die nächste arbeiteten. Auf diese Weise scheinen die Kisten zu fliegen.
Neben der Gartentreppen war die Musikanlage aufgebaut. Aus großen Boxen donnerten unsere Lieblingslieder über Liebe und Revolution. Wir wurden eins mit Janis Joplin, Patty Smith, Cat Stevens, Rio Reiser mit „Ton, Steine, Scherben“ ... wieder und wieder ... **Keine Macht für niemand!**

Kommune „Feldstraße“

Die Feldstraße liegt in der Innenstadt von Trier. Dort stand das wunderschöne Haus, in dem wir alle auch unsere schönste Kommunezeit erlebten, wie ich glaube. Der dreigeschossige Prachtbau hatte zwar keinen Garten, aber einen geräumigen Innenhof mit einem separaten Nebengebäude. Das Haus nannten wir „die Feldstraße". Darin waren 13 Zimmer, zwei Toiletten, ein Bad und eine Küche. Indem jetzt jeder von uns wieder ein eigenes Zimmer bezog, veränderte die „Nestgruppe" ihre Struktur.

Ich bekam ein tolles Zimmer, groß und lichtdurchflutet. Rechts und links von mir lagen die geräumigen Kinderzimmer. Der Älteste hatte wieder ein Einzelzimmer, die drei Mädchen schliefen zusammen. Zu ihrem Zimmer führte ein Flur, den ich zu einem Arbeitsplatz für die Kinder umbaute. Da konnten sie basteln und Schularbeiten machen. Julia schlief in einem Hochbett über einem Holzpodest, das die Hälfte des Zimmers ausfüllte. Es war Schlaf- und Kuschelecke, Puppenwohnung und Theaterbühne zugleich. In der Mitte des Podests schlief Lara an einem Fenster mit Blick auf den Innenhof. Daneben stand das Gitterbett von Jessica, eingebaut in eine Fensternische. Von ihrem Bettchen aus konnte sie direkt in die Wipfel eines riesigen Baumes schauen, in dem ganze Vogelschwärme wohnten. Mit dem Spiel des Windes, der die Blätter des Baumes tanzen ließ, und mit den Figuren, die die Vögel beim Ankommen und Abfliegen in den Himmel zeichnen, wachte mein Kind morgens auf und schlief abends wieder ein.
Doch bevor alle Zimmer fertig eingerichtet waren, bedurfte es der solidarischen Zusammenarbeit.

Die Renovierungsphase

Vor uns hatte eine Studentenwohngemeinschaft das Haus regelrecht „zerwohnt". Sie traten es nur deshalb an uns ab, weil sie es für „nicht mehr bewohnbar" hielten, doch davon ließen wir „Freaks“ uns schon gar nicht abschrecken. Im Gegenteil. Chaos machte uns ganz besonders lebendig, weil es Raum ließ für Ideenreichtum. Tatsächlich brauchte unsere potente Nestgruppe wenig mehr als zwei Wochen, um die Gemeinschaftsräume wieder herzurichten.

Beim Renovieren bin ich die Spezialistin für Flure und Toiletten. Da ich weiß, dass die anderen diesen Räumen keinen Wert beimessen, mache ich meinen Perfektionismus hier zur „Waffe“. Mit der ästhetischen Betonung der von anderen als „gering“ bewerteten Räume setzte ich meine Mitbewohner in einer freundlichen Art und Weise unter Druck. Ich „markierte“ die Räume derart, dass klar wurde, dass im Flur keinesfalls Müll, Kleider und Schuhberge aufgehäuft werden durften, weil er der „niveauvollen Raumkunst“ dienen sollte. In der Feldstraße verwandelte ich den Eingangsbereich in einen Ausstellungsraum. Eine Fotowand stellte unsere vielseitigen, politischen Aktivitäten dar. Unzählige Bilder zeigten die Geburt unserer „Alternativkultur“.

Auch in der Toilette setzte ich meine persönlichen Interessen durch. Unbeugsam bestehe ich an diesem Ort auch heute noch auf ästhetische Appetitlichkeit. Hast Du schon einmal eine Kommunetoilette gesehen, die wie ein „Kunstwerk“ aussieht, ... die zudem noch supersauber und aufgeräumt ist und in der es genügend Toilettenpapier und immer frische Handtücher gibt? Hast Du nicht, weil es das normalerweise einfach nicht gibt, außer da, wo ICH wohne!

Nelly, die „Toilettenchefin“

Mit eisernem Unterdrückungswillen war ich in allen Häusern die „Toilettenfrau“. Zunächst wurde der Raum künstlerisch aufgewertet, bemalt, bebildert und geschmückt. Dann putzte ich die Toilette täglich aufs Feinste. Ich hängte keine Zettel auf, dass

Männer nicht im Stehen pinkeln dürfen und dass die Toilettenbürste zu benutzen sei. Das wissen erwachsene Menschen nämlich alle. Trotzdem versauen sie Gemeinschaftstoiletten in infantiler und unwürdiger Weise, weil ihnen keiner zusieht. „Böse Reste der autoritären Charakterstruktur“ ziehen sich in schwarzen Streifen durch den Toilettenboden. Doch nicht bei mir! Wehe, wehe!!! Ich sehe nämlich in der „Toilettenschmutzkultur“ die Verachtung einer ganzen Gesellschaft für „Mütter an sich“. Gerade dann, wenn man Frauen „anonym“ bestrafen kann, lässt man gleich die „ganze Sau“ raus. Soll die „dienende Mutter“ doch für immer den „alten Patriarchenarsch“ nachputzen, ... lauten die wenig verschleierten Gesetze!
Aber ich bin keine Toilettenfrau des Patriarchats, sondern ein Mensch mit großem Sinn für Würde. Deshalb gelang es mir mühelos, meinen freien Geist genau dort RADIKAL zu verbreiten, wo andere Körperfeindlichkeit und Frauenverachtung kultivieren.
Glaube mir, von den Leuten, mit denen ich zusammenwohnte, traute sich wirklich keiner, mein Kunstwerk zu verderben. Brav verließen die Freunde die Toilette genau so sauber, wie sie sie vorgefunden hatten.

Während ich also auf meinen „Spezialgebieten“ tätig war, hatten die anderen unsere Sauna ins Badezimmer eingebaut und die Küche und das Wohnzimmer hergerichtet. Dort bollerte, neben einem bequemen Sessel, den wir im Sperrmüll gefunden hatten, ein Kohleofen für die Zeitungsleser. Das obligatorische Holzpodest war mit Teppichen, Kissen und Decken ausgestattet, weil es zum Herumliegen, Kuscheln, Teetrinken, Diskutieren, als Kinderspielplatz und zum Feste feiern variabel genutzt wurde. Wir feierten ständig, weil natürlich immer irgendeiner Geburtstag hatte. Für die Feierlichkeiten im Wohnzimmer wurde ein großes Tischtuch auf dem Podest ausgebreitet. Darauf bauten wir schön dekorierte Buffets auf. Die Leute saßen dann im Schneidersitz um die Tafel herum. Natürlich musste im Wohnzimmer unbedingt eine gute Musikanlage stehen. Dann gab es noch ein Regal für die Spielsachen der Kinder. Mehr brauchten wir nicht.

Doch kehren wir noch einmal zum Einzug zurück.

Abschied von der Nestgruppe

Bei der Ankunft im Haus hatten wir zuallererst ein Riesenpodest in meinem Schlafzimmer aufgebaut. Darauf schlief die ganze Gruppe in den ersten Nächten eng zusammen, wie Sardinen in einer Dose. So waren wir es gewohnt.
Als Erstes wurden die Kinderzimmer vollkommen hergerichtet. Alle halfen mit. Die Nestgruppe fand es ganz normal, dass Kinder bevorzugt versorgt werden müssen. Dann meldete sich der erste Erwachsene, der in sein Zimmer einziehen wollte. Auch ihm half die ganze Gruppe beim Renovieren. Dann halfen wir dem Nächsten, und dann wiederum dem Nächsten, und so weiter. Bis ich eines Tages ganz alleine in meinem großen Bett lag.

In den letzten Nächten, in denen wir noch Arm in Arm einschliefen, führten wir „seltsame“ Gespräche. Jedes Mal, wenn wieder ein Freund ins eigene Bett abgezogen war, mussten wir uns vorher noch einmal gegenseitig versprechen, dass wir uns ganz bestimmt weiterhin in der Nacht besuchen würden wie zuvor, ... und dass wir sowieso nie, nie damit aufhören wollten, uns zu wärmen und zu trösten, ... genauso, wie wir es im Haus auf dem Berg gelernt hatten. Doch kaum hatten wir unsere EIGENEN Türen hinter uns geschlossen, kam es einfach nicht mehr vor. Wir fragten nicht „warum“, und wir redeten auch nie mehr über das, was damals zwischen uns war. Trotzdem glaube ich, dass wir Freunde aus der Nestgruppe gerade deshalb in der Feldstraße eine besonders schöne und fruchtbare Zeit erlebten, weil wir durch das körperliche Vertrauen, das wir vorher „geübt“ hatten, auf besondere Weise verbunden waren.

Ein Spaziergang durchs Haus

So, jetzt habe ich Dir lange genug Geschichten von Nähe und Freundschaft erzählt und bin auch schon wieder in das „WIR“ gefallen, ohne, dass Du, außer JOHN, auch nur einen einzigen weiteren Menschen kennengelernt hättest. Gehen wir also einmal zusammen durch das Haus, damit ich Dich mit weiteren Freunden bekanntmachen kann. Genau wie im Haus auf dem Berg war es in der Feldstraße nicht immer klar, wer genau dazugehört. Wir hatten immer Besuch, Leute zogen dazu und wieder weg, wie es in größeren Gruppen üblich ist. Deshalb mache ich Dich bei einem Gang durch die Zimmer nur mit den Bewohnern bekannt, die von Anfang bis zum Ende bei uns blieben.

Fangen wir ganz unten an. Im Erdgeschoss befanden sich die Küche und das Wohnzimmer für alle. Dazu gab es zwei Einzelzimmer, in denen je ein Mann wohnte. Gleich neben der Haustür wohnte RICHIE, der Neue in der Gruppe, den Du bald noch viel besser kennenlernen wirst, denn er wurde später mein Lebenspartner für weitere zehn Jahre. Jetzt schauen wir uns einfach nur sein Zimmer an. Wenn wir die Tür öffnen, stehen wir unter einem Hochbett, das einer mittelalterlichen Festung gleicht. Nur geladene Gäste dürfen sie über eine kleine, wacklige Leiter erklimmen. Wir können von unten nicht sehen, wie es oben aussieht. Vielleicht müssen wir vorerst auch nicht alles wissen, was da oben los ist ...
Der Neue hatte „Privatleben“ mitgebracht. Der Mann kam einfach ungeheuer gut bei Frauen an. Wir können sicher sein, wenn FRAU sich einen Weg durch den unwegsamen Zimmergrund gebahnt hatte, an der kleinen Leiter ankam und fröhlich hinaufstieg, um dem „Lockruf“ des MANNES zu folgen, fand sie oben einen sehr lustbegabten, unverklemmten Abenteurer vor, der sie ausgiebig alles genießen ließ, was ihr an ihm gefiel. Doch wehe, wenn sie dabei „haltlos“ wurde und ihn fest in ihr romantisches Herz „einzubinden“ gedachte, wenn ihre verliebten Erwartungen einen fordernden, gar beleidigten Unterton bekamen, ... dann war die Leiter wieder ganz schnell hochgezogen. Kein Lockruf mehr!
Und schon bahnte sich die nächste Dame ihren Weg. Kam die Leiter wieder runter. Und hoch. Und runter. Hoch und runter. So war Richie sein junges Leben gewohnt.

Schauen wir uns zwischenzeitlich den unteren Teil des Zimmers an. Was ist da los? Ein Meer aus Papier schwappt durch dieses Zimmer. Kein Zweifel, unser Abenteurer ist ein Intellektueller. Der liest gerne. Er denkt gern. Und er macht etwas daraus. Augenscheinlich genießt er das schöpferische Chaos. Wir können den Fußboden nicht sehen. Er ist übersät mit Schriftgut aller Art. Viele, viele Bücher. Natürlich auch viele der linken Politklassiker und was Vordenker neu herausbringen. Anarchie bevorzugt. Zeitgenössische Literatur. Moderne Kunst. Drüber und drunter Notizen, Merkzettel, Textentwürfe, Briefe, Zeichnungen und Zeitungsausschnitte. Und überall dazwischen

ragen die kleinen Schätze unserer Subkultur heraus. Hier eine Feder, da ein trockener Ast, ein zerrissener Seidenschal, ein Strumpf und eine Unterhose. Die schöne neue Welt in Form von Schmetterlingen, Blumen, Tieren und Herzen, bunt gemalt in wilden Farben, von Kinderhand auf ein Stück Pappe.
So viele Ideen, so viele Gedanken, altes Wissen, neues Wissen, revolutionäre „Flammen", Träume, zum Greifen nah, ... und überall der Duft der Frauen. Ein aufregendes Zimmer, wohl wahr! Schleichen wir uns diskret wieder hinaus und schließen leise die Tür. Bis später ...

Ganz hinten, am Ende des unteren Flures, befindet sich in angenehmer Ruhezone die zweite Männeroase. Ein großes Zimmer mit romantischem Blick auf einen winzigen Hof, das genau zu WERNER passte, einem ruhigen, gemütlichen Menschen, der gerne still seine innere Welt pflegte. Obwohl er nicht an der Küste geboren wurde, weder Nordsee- noch Moselfischer war, sondern Psychologiestudent, erinnerte sein uriges Erscheinungsbild doch eher an einen alten Fischer aus dem Märchenbuch. Machen wir doch gleich ein kleines Fischerhäuschen aus seinem Zimmer! Rauschebärtig sitzt Werner da im Sessel und zieht an seiner Pfeife. Setzen wir ihm in Gedanken noch ein gestricktes Seemannsmützchen auf die zerzausten Locken, und schon ist der Prachtkerl fertig. Einige wenige rustikale Möbel stehen im Raum, kein Firlefanz. Ein alter Bierkrug auf dem Regal, ein selbst gebasteltes Segelschiff, eine Tabakdose, ... was Fischer eben so brauchen. Herb gemütlich. Über dem Schreibtisch ein paar Bücher für den Psychologiestudenten. Lederklamotten für das schwere Wetter. Wenn die Schiffe nicht ausfahren können, nimmt er eben das Motorrad. Wenn mal ein „Fischerkumpel" bei ihm hereinschaut, wechseln sie kurz ein paar knurrige Sätze und schweigen dann wieder ausgiebig zusammen. Man mag sich.

Auch bei uns sprach Werner nicht viel. Er war kein Selbstdarsteller. Aufmerksam und freundlich nahm er überall teil, wo in der Gemeinschaft etwas los war. Zuverlässig und hilfsbereit stand er seinen Mann, wenn es sein musste. Genauso gerne ließ er es bleiben, wenn es nicht sein musste. Er liebte es, sich ausgiebig mit der Zeitung im Wohnzimmersessel zu räkeln. Und wenn dann ein köstlich duftender Luftzug seiner Nase verriet, dass bald ein opulentes Mittagessen geboten würde, war er vollkommen glücklich. Die Revolution war ihm relativ egal, die konnten andere besorgen. Stattdessen nahm er sich Zeit für meine Kinder. Die mochten den bärigen Kerl im Sessel sehr gerne. Sie durften auf ihm herumklettern, ihm Bilderbücher unter die Nase halten oder ihn fragen, ob er ein bisschen bei den Schularbeiten helfen könne. Dann half er ihnen gerne. Ja, Werner war uns allen ein treuer Freund.

Gehen wir nun zurück durch den „Ausstellungsflur“ und steigen die geräumige Treppe hoch. Weißt Du eigentlich, wie wunderbar es in ganz alten Treppenhäusern riecht? Nun, Du würdest mir vielleicht gerne sagen, dass dies der Grund sei, warum Du lieber in einem fein geputzten Reihenhaus lebst. Und wenn dort überhaupt etwas riechen würde, dann sei es höchstens das Reinigungsmittel im Putzwasser Deiner Frau.
Ja, und ich muss Dir sagen, dass es der Geruch der alten Häuser ist, der mich ganz leidenschaftlich werden lässt, wild auf Liebe zum Leben. Jahrhunderte steigen vor meinem geistigen Auge auf, in denen Menschen lebten, liebten, kämpften, frohlockten und starben, vergessen wurden, ... so wie auch ich und Du, ... in Bälde. Aber die Steine sind alle noch da, und die Handwerkskunst, das Wissen von Generationen, die geschickte Arbeit ihrer Hände, ihr Fleiß und ihre Bescheidenheit. Wie viele Menschen gingen wohl vor uns diese Treppe hinauf, dem hölzernen Handlauf folgend? Auch sie nahmen diesen Geruch wahr, sie hörten dasselbe Knarren der Dielen wie wir. Ihre Herzen schlugen im Abenteuer ihrer Lebensgeschichten im selben Takt wie Deines. Fühlst Du, wie uns ihre Hoffnungen umtanzen? Heiß ersehnt und bitter verloren. Oder tröstend illusionär? Oder in Weisheit gereift zum lächelnden Abschied?

Entschuldigung, ich wollte Dich nicht so hart angehen. Weil wir nämlich gleich an meinem Schlafzimmer vorbeikommen, hat mich kurz eine „kleine Verzweiflung“ gepackt ...
Wieso, verdammt noch mal, wollen die meisten Menschen darauf warten, bis SPÄTER das „Wesentliche“ käme, das Schöne am Leben? JETZT ist es nie! Was würde es Dich kosten, wenn wir uns liebten? JETZT.
Aber nein, sofort höre ich damit auf, Dich in mein „Ungewisses“ zu locken! Ich habe Dein Herz schon stolpern hören. So geht es nicht. Das hab ich von Dir verstanden, ... glaube ich. Lassen wir lieber diesen gefährlichen Wohnraum weg, der mich allzu leibhaftig machen könnte.

Gehen wir also in der ersten Etage an meinen Gemächern vorbei, nach rechts. Am Ende des Flures wohnt YVONNE. Wir klopfen an der Tür. Yvonne öffnet mit einem knappen Lächeln. Sie hat auf uns gewartet. Vor der Matratze auf dem Boden, die uns als Sofa dient, steht ein Tablett. Darauf hat Yvonne ihre schönsten handgetöpferten Tassen neben ein Glas dekoriert, in dem sich ein bizarrer Ast aus einem Bett aus Steinen und Glasmurmeln aufrichtet. Puschel aus bunter Wolle bringen ihn zum Blühen. Auf dem Ofen dampft eine Kanne mit Kräutertee, die das Zimmer mit einem feinen Duft erfüllt. Wir fühlen uns willkommen. Yvonne schenkt uns Tee ein. Sie müsse allerdings gleich weg, sagt sie, wir könnten uns aber gerne bei ihr umsehen.
Yvonne ist eine aparte Frau, eine knabenhafte Schönheit. Ihr stets rätselhaft verschlossenes Gesicht ruft Neugier beim Betrachter hervor, und auch den Wunsch, sie etwas näher kennenzulernen. Doch so einfach ist das nicht. Mit scheuen, flüchtigen

Bewegungen durcheilt Yvonne den Raum, und … weg ist sie! Sie hat immer etwas vor. Wir spüren den Hauch von Angst in ihrem Rücken. Wann ist JETZT und sind wir überhaupt die Richtigen? Wird sie wegen uns etwas Wesentliches versäumen?

Während wir in ihrem Zimmer eine Weile alleine herumsitzen und warten, bis der Tee kalt wird, begrüßt uns Yvonnes Wesen in Form ihrer eigenwilligen Kreativität. Überall um uns herum entdecken wir kunstvoll angeordnete Textilien, die den Raum wie Schmuckstücke veredeln. Plötzlich sehen wir das Kind Yvonne, das gerade auf den Speicher des Bauernhofs ihrer Eltern steigt. Dort hat sie einen Schatz gefunden. In verstaubten Kästen, Körben und Truhen ruhen die Jugendträume ihrer Großmutter. Zusammen schauen wir in die Körbe hinein. Da liegen unzählige Knäuel aus Wolle, Baumwolle und Kordeln aller Art, fein geordnet nebeneinander. In verschiedenen Schachteln, mit bunten Bildchen aus alten Poesiealben beklebt, finden wir Spitzen, Bordüren und Knöpfe. Eine ganze Truhe ist gefüllt mit bedruckten Baumwollstoffen, deren Muster uns sofort an Blumenwiesen, zart gestreifte Biedermeierzimmer oder einen Schwarm knallbunter Papageien im Zoo erinnern. Ein Koffer voller raschelnder, seidig glänzender Stoffe führt uns in die Welt der Tanzschulen, Abschlussbälle, ersten Küsse und schwitzigen Hände am falschen Platz. Ordentlich auf einem Bügel und fest in Plastikfolie verpackt, finden wir ein kurzes Pelzjäckchen. Und ganz unten im Koffer endlich ein Brautkleid!
Offenbar hatte ihre Großmutter den Schatz zu sammeln begonnen, als sie noch ein ganz junges Mädchen war. Sie war eine begabte Schneiderin. Mit großer Leidenschaft nähte sie sich einige modische Kleider von einer Eleganz, die sogar zu der Arbeit auf dem Hof passte. Doch wenn sie nähte, war die Großmutter froh, denn sie träumte dann vom goldenen Weg in die „bessere Gesellschaft“. Sie hatte das Zeug dazu, sich ein besseres Leben zu erobern, das wusste sie. Aber dann wurde geheiratet und die

Kinder kamen schnell. Und dann der Krieg und all die Not. Schamhaft versteckte die junge Frau ihre verlorenen Träume auf dem Speicher. Als brave Frau ihrer Zeit schenkte sie den Rest ihres Lebens dem Dienen und der Pflichterfüllung.

Viele, viele Jahre später bekam der vergessene Schatz eine neue Chance. Jetzt brachte er die Enkelin zum träumen. Anders als die Großmutter war sie in eine Jugendrevolte hineingeboren worden, die Frauen endlich erlaubte, in ihren eigenen Entwürfen zu leben. Yvonne weigerte sich, brav zu sein! Sie schneiderte sich mit normensprengender Kühnheit in ein neues Zeitalter hinein. Schwungvoll nahm sie sich das Recht auf die eigene Linie. Im unkonventionellen Materialmix suchte sie Farbigkeit und Freude am Leben. Ihre Kleider verweigerten die Anpassung an Anstand und Sitte. Jedes ihrer Werke wurde zu einer abenteuerlichen Neuschöpfung zwischen den Polen Idee, Mensch und Material.
Yvonne heiratete nie und Kinder bekam sie auch nicht. Als berufstätige Frau beschützte sie ihre schwer erkämpfte Autonomie. Die ersehnte Wertschätzung seitens ihrer bäuerlichen Familie konnte sie auf ihrem Lebensweg nie wirklich erringen, doch dafür fand sie den goldenen Weg zur inneren Ruhe. Heute huscht sie nicht mehr durch Räume. Würdig sitzt sie mit ihrem schönen, ernsten Gesicht auf einem Meditationskissen. Unerreichbar wirkt sie immer noch, den Blick fest in andere Sphären gerichtet. Schade, wir werden sie nun doch nicht besser kennenlernen.

Und was machte die Frau damals in der Feldstraßengruppe?
Also ich schätzte Yvonne von Anfang an sehr. Eine nahbare Kuschelfreundin war sie allerdings ganz und gar nicht. Anders als viele von uns mochte sie intime Frauengespräche, die ihre Opfersolidarität im Kampf gegen die Machoübermacht herausforderten, nicht besonders. Yvonne war eine Einzelgängerin. Wenn überhaupt, hatten nur Männer eine Chance, ihre Nähe mittels einer warmen Hand auf ihrem klopfenden Herzen zu ertasten. Also mühten sich unsere Männer der Reihe nach, ihre Rätsel zu entschlüsseln. Keiner erfuhr, wie erfolgreich sie darin waren, denn Yvonne blieb verschwiegen.
Ich erkannte Yvonne vor allem an ihren Taten. Sie war eine wunderbare, treue Frau mit einer hohen Bereitschaft für praktische Solidarität. Genau wie ich vertraute sie den weitschweifigen Reden unserer Paraderevoluzzer nur wenig. Und genau wie ich wollte sie lieber greifbare Ergebnisse sehen. Mit ihrer bodenständigen, handwerklichen Vielseitigkeit packte sie überall dort an, wo sie ein Projekt nach vorne bringen konnte. Ruhig, verlässlich und fleißig nahm sie ihren Platz in der Gruppe ein. Es war einfach schön, mit ihr zusammenzuarbeiten. Weil sie direkt neben den Kinderzimmern wohnte, durfte ich sie bitten, nach den Kindern zu schauen, wenn ich abends nicht zu Hause war. Manchmal brachte sie die Kinder auch ins Bett, weil sie sie gerne hatte. Sie kümmerte sich liebevoll um die Kleinen und las ihnen eine Gutenachtgeschichte vor. Yvonne nahm unsere gemeinsame Suche nach der besseren Welt sehr ernst. Dafür liebte ich sie.
Wenn wir jetzt noch eine Treppe höher steigen, gelangen wir in den offenen Dachstuhl, der in der Mitte nicht ausgebaut war. Wir betreten also die Pracht eines uralten Gebälks. An den Rändern und in den Ecken des Dachstuhls waren einige Nischen zu Zimmern ausgebaut. Wie Nester in einem hohen Baum lagen sie um die weiträumige Speichermitte herum. So ein alter Dachstuhl verzaubert die meisten Menschen sofort. Er entfachte bei uns „Freaks“ tausend kreative Ideen, begeisterte unsere Kinder und war ein Paradies für die traditionellen „Wohnzimmerschläfer“. Die haben sich hier oben

gerne vom Zwang sozialer Verbindlichkeit und der Kontrolle in den Gemeinschaftsräumen ausgeruht.

Komm, setz Dich mal hin, dann erzähl ich Dir schnell, wie man einen Speicher in ein „Idyll“ verwandelt. Zuerst fegen wir den Dreck weg. Keinesfalls fahren wir in den Baumarkt, kaufen weder Bodenbeläge noch Rigipsplatten. Wir verputzen nicht, denn wir müssen nicht alles ganz gerade machen. Dafür fahren wir zum Sperrmüll, klappern die Gebrauchtmöbelhändler ab und fragen Freunde, was sie Nützliches zu verschenken hätten? Falls wir auf der Straße nichts finden, kaufen wir für ganz wenig Geld einen alten Perserteppich bei der Arbeiterwohlfahrt, dem Rotens Kreuz oder der Nothilfe. Wir tanzen barfuß auf ihm herum und spüren in unseren Füßen die Feinheit seines edlen Materials. Hochzufrieden stellen wir fest, dass man, auch ohne das „Buckeln“ im bürgerlichen Lebensplan, „privilegiert“ sein kann. Deshalb ärgert es uns auch nicht, wenn der Teppich bald ein paar Rotweinflecken hat oder die Kinder mit ihren matschverschmierten Schuhen darüberlaufen. Und wenn wir finden, dass der Teppich zu schmutzig geworden ist, machen wir ihn einfach wieder sauber.
Dann sammeln wir die Reste von Farben bei Freunden, die auch gerade umgezogen sind. Wir malen Blumen, Käfer, Hanfblätter oder indianische Masken auf einzelne Balken und demonstrieren damit unsere Geschmacksrichtung. Du hängst Dein Lieblingsplakat auf, das Du auf der letzten Kunstausstellung, die Du mit Deiner Frau besucht hast, gekauft hast. Dann fällt Dir noch ein, dass Deine Nachbarin ihre zu hoch gewachsene Yuccapalme und den verhassten Gummibaum, der sie immer an ihre Schwiegermutter erinnert, verschenken will. Bring die Bäumchen schnell her! Schon eilen auch unsere Hausbewohner herbei und bringen uns ihre ungeliebten Zimmerpflanzen. Mit dieser Sammlung arrangieren wir kleine grüne Inseln um die tragenden Balken, die wuchtig zum Dach hinaufragen. Sollten die Kübelpflanzen allzu kahl und hässlich wirken, stecken wir frische Äste und so viel Krimskrams dazwischen, bis es dann wieder gut aussieht. Den Pflanzen flüstern wir mit einem warmen Lächeln zu, dass sie von nun an zwar wenig Licht, dafür aber viel Liebe bekämen. Sie mögen bitte möglichst lange durchhalten, genauso, wie wir es auch tun müssten. Zusammen ginge es uns dabei bestimmt besser. Manche Pflanzen verstehen so etwas und lassen danach neue Blätter sprießen.

Jetzt hängen wir noch eine Hängematte zwischen die Balken. In einer anderen Ecke bauen wir ein „Kissennest“. Natürlich brauchen die Schläfer auch ein Matratzenlager und Wolldecken. Daneben stellen wir eiserne Laternen für die Kerzen auf. Den Kindern richten wir eine Puppenecke ein. In einer alten Kiste finden sie Klamotten zum Verkleiden. Eine verzierte Schachtel dient als Schatzkiste, daneben steht ein Koffer mit Vorhängen, mit denen sie ein Theater aufbauen können. Vorne dann noch die Holzeisenbahn. Das war's! Den Rest erledigen die Wohnzimmerschläfer. Du wirst sehen, wie schnell es hier „heimelig“ wird, wenn die Gäste ihre „privaten“ Schätze aus den Rucksäcken holen, sie um die Matratzen legen oder ins Gebälk stecken. Ein zerknittertes Babybild, ein Porträt vom Lieblingshund, ein Urlaubsfoto, eine verbeulte Landkarte von Australien. Sicher ist für die Schläfer nämlich nur, dass sie ihr Glück immer weit WEG suchen müssen! Indien geht also auch.
Da war ich immer ganz anders. Die von mir tief empfundene Verantwortung, das Leben zu genießen, zwang mich damals wie heute zu der aufregenden Aufgabe, das Glück NUR da zu suchen, wo ich gerade bin. In diesem Fall in Trier! Ach übrigens, ... hast Du schon einmal auf einem Dachboden eine Frau in einer Hängematte verführt,

während Euch vom Dachfenster her Lichtstrahlen schmückten, in denen Tausende von Staubteilchen wie verrückt herumtobten? Nein? Das dachte ich mir. Doch ich hatte schon das Vergnügen, ... ziemlich gut ist das! ... Doch nun müssen wir zwei endlich zügig weitergehen!

Hinten in der Ecke finden wir eine Tür. Dahinter wohnen JOHN und DAVID. Sie teilen sich einen Doppelraum am höchsten Punkt des Dachstuhls. Zuerst betreten wir den größeren Schlafraum von John. Neben dem einladenden Schlaflager (John mag Frauen!) ist noch genug Platz für einen Schreibtisch und Bücherregale, auf denen John phantasievolle „Altäre“ für die Kunst, die Musik und die Revolution aufgebaut hat. Davor steht ein Schaukelstuhl, der ihn daran erinnern soll, dass er seine innere Mitte pflegen muss, bevor ihn die Muse küsst. Aber John hat leider keine Zeit. Mit seinem „Helferwesen“, der übergroßen Verantwortung als Gruppenvater, einem Job zum Geldverdienen und der weiteren Projekte, in denen er wegen der aufblühenden Aktivistenkarriere unersetzlich ist, ist er überall zugleich, nur nicht in seinem Zimmer.

Ein paar Schritte nach vorne und wir kommen in DAVIDS Reich. Dazwischen teilen sich die Männer einen kleinen Vorratsraum, in dem alles untergebracht wird, was Männer so brauchen. Während sie ihren Besitz beim Aufbruch der Straßenanarchos noch in den Hosentaschen unterbrachten, benötigten sie jetzt schon ein Regal. Vorbei an der Vorratskammer erblicken wir jetzt einen Rundbogen, der die Wand an der höchsten Stelle des Dachgiebels durchbricht. Über dem Bogen begrüßt uns eine zart gemalte Blumenranke, die unter einem Wolkenhimmel auf einem Regenbogen ruht. Uns Anarchisten ist es egal, ob wir uns unter oder über dem Regenbogen ranken. Hauptsache, es sieht gut aus. Das Gemälde verrät uns, dass hier ein Naturromantiker wohnt. Wir klettern durch die Öffnung auf ein Podest, das den dahinterliegenden Raum ganz ausfüllt. Den Dachfirst zierte ein kreisrundes Mauerloch in der Größe eines Bullauges. David hatte es von innen verglast, sodass das Zimmerchen bewohnbar wurde. Hier fühlte man sich genau wie in einem Vogelnest. Der Giebel überdachte das Bett wie ein Zelt, auf dem Bettpodest die übliche Mischung aus Fellen, Kissen und Decken. Auf der anderen Seite waren in den schrägen Balken auf kleinen Brettern Davids Schätze aufgebaut: Ein verschnörkelter Messingleuchter neben einer Gruppe selbst gemachter Bienenwachskerzen, drei Einmachgläser mit Bienenhonig, eine orientalische Glaskaraffe mit Lavendelöl und getrocknete Kräutersträußchen. Auf einem serviettengroßen, orientalischen Miniteppich lag eine „Purpfeife“ mit einem geschnitzten Löwenkopf aus Elfenbein, daneben eine Holzschatulle mit duftendem Gras, ein Handbuch über Bienenzucht, eingebunden in goldenen Satin, Ringelblumensalbe, ein Kunstdruck von Chagall, ein Foto, dass David in den Armen einer Schulfreundin beim letzten Schulausflug zeigte, ein gepresstes Hanfblatt in einem vergoldeten Rähmchen unter Glas und ein paar Postkarten und Briefe.
Davids Wohn-/Schlafpodest ist genau in der Höhe aufgebaut, dass wir von seinem Bett aus über die Dächer von Trier schauen können. Ja, David konnte dieselben Vogelschwärme durch die Abendsonne fliegen sehen, die auch einen Stock tiefer meine kleine Tochter erfreuten.
David war ein überzeugter Träumer. Von dem klaren Blick auf die Welt erhoffte er sich viel zu wenig. Große Freude bereitete ihm die Beobachtung der Natur. David war in einem vom Dorf abgelegenen Häuschen im Hunsrück groß geworden. Durch den Garten der Eltern verlief ein kleiner Bach. Das sensible Kind freute sich an den Geräuschen des Wassers und des Waldes. David lernte früh, Beeren, Kräuter und Pilze zu

sammeln und half der Mutter, sie zu kochen. Wenn er die Schule schwänzte, was oft vorkam, besuchte er einen alten Schäfer, der ihm zeigte, wie man Schafe schert und ihnen die Klauen schneidet. Von seinem Großvater erlernte er die Kunst der Bienenzucht. Schon als Jugendlicher versuchte er, die Bienenzucht zum Broterwerb zu betreiben, denn er glaubte, man könne sich nur in den Wäldern seiner Heimat glücklich und frei fühlen.

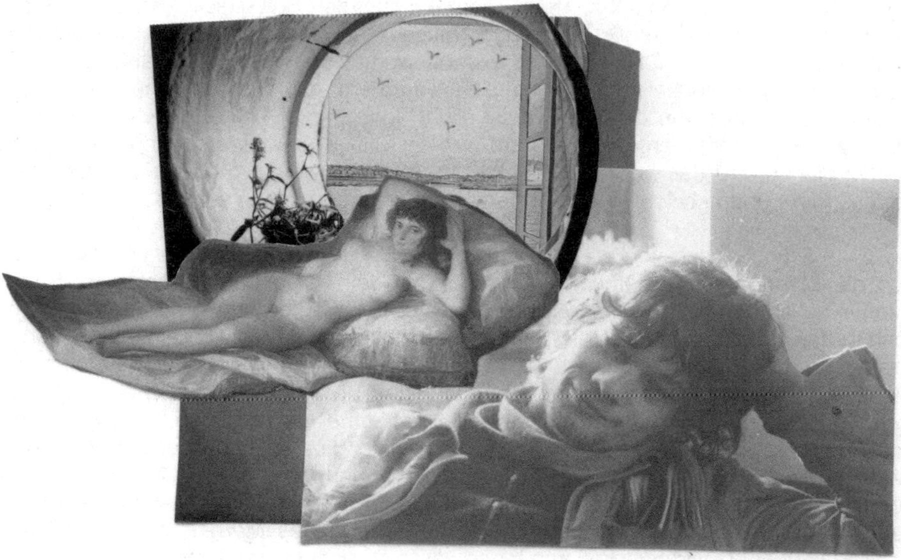

Davids Gesicht war so zart und schön wie seine Seele. Kastanienbraune, sanft gewellte Locken vollendeten seine Erscheinung. Er hatte das Äußere eines androgynen Engels, der aus Versehen in den Hunsrück gestürzt war, als er sich, beim Zusammenstoß mit einem ungeschickten Kranich, den Flügel gebrochen hatte. Danach blieb er eben das Kind David, dessen Vater so gar nichts von Engeln verstand. Stets war der Vater enttäuscht von seinem fremdartigen Sohn. Er sei einfach kein KERL, herrschte er den Kleinen häufig barsch an. Man bräuchte ihn doch nur anzusehen, da wisse man schon, dass aus ihm nie ETWAS werden könne! Eines Tages entschwand der heranwachsende Sohn traurig aus den heimatlichen Wäldern und kam zu uns.

Wir Frauen mochten diesen scheuen, zärtlichen David mit der weiblichen Seele sehr gerne. Sein tiefdunkler Blick, ähnlich dem verwundeten eines verwundeten Rehes, brachte, neben dem Eros, auch gleich unsere mütterliche Schutzbereitschaft zum Vorschein. David erschien uns als ein gänzlich ungefährlicher Spielkamerad. Und ein bildschöner Jüngling war er, von oben bis unten! Du kannst Dir wahrscheinlich schon denken, dass mich solch ein Mann, mit der Erotik eines Engels, durchaus anzog. Und dann noch dieses himmlische Nest, in dem er wohnte! Es dauerte tatsächlich nicht lange, bis ich hinaufstieg, um mit ihm in dem roten Licht der Abendsonne über den Dächern von Trier zu vögeln. Wir blieben einige Monate zusammen.

Ja, David und ich harmonierten gut in Sachen „Freie Liebe 1". Wir forderten nichts voneinander und versprachen uns auch nichts. Respektvoll und freundlich nahmen wir gerne an, was der andere zu geben hatte. Was er nicht geben konnte, suchten wir klaglos anderswo. Ich liebte das Sinnliche und Weiche an diesem Mann. Seiner depressiven Seite musste ich mich entziehen, da ich selbst noch sehr darum kämpfen musste, meine Lebensfreude wiederzufinden. David verharrte oft in einem depressiven Beleidigtsein über so vieles, was ihm an der Welt missfiel. Auch ich litt noch sehr unter dem Schock, Florian verloren zu haben; ich konnte mich daher nur begrenzt einlassen. Aber weil ich unbedingt zum Leben zurückfinden wollte, kämpfte ich AKTIV für die Herausforderung, mich aus der Depression „herauszuwühlen". Ich setzte mich sehr unter Druck, weil ich mich den Kindern gegenüber verpflichtet fühlte, ihnen möglichst bald wieder ein glaubwürdiges Modell einer POSITIVEN Lebensgestaltung vorzuleben. Dabei konnte mich Davids hartnäckige Passivität nur herunterziehen. So kam es, dass David und ich uns trotz aufrichtiger Zuneigung gegenseitig wenig trösten konnten.

David war kein „sprachlicher Mensch", kein Stratege. In der Gruppe verkörperte er eines unserer wichtigsten, politischen Lernziele, die „persönliche Autonomie". Unangepasst und zäh machte er auch bei uns nur genau das, was er als DAS SEINE spürte. Er war immer echt und kompromisslos. Er hasste das bürgerliche Patriarchat. Aber genauso lehnte er das Machogehabe in den Reihen unserer eigenen, „wichtigen" Männer ab. Gleichzeitig sehnte er sich nach Nähe und Freundschaft unter Männern. Deshalb fasste er sie auch einfach zärtlich an, ... wenn ihm danach war. Ich bewunderte und liebte David am meisten, wenn ich ihm dabei zuschauen durfte, wie er, mitten in einer hitzig geführten Revolutionsdebatte, plötzlich den Arm um einen „Genossen" legte und ganz ruhig und mit einem fast schläfrigen Blick darauf wartete, dass dessen Redeschwall endlich versiegte. Ich mochte es, wenn er beim gemeinsamen Kaffeetrinken auf dem Wohnzimmerpodest den Kopf auf die Schulter seines Sitznachbarn legte und wenn er seine Freunde tröstete und streichelte, wenn sie es brauchten. Und er tat es auch dann, wenn die gar nicht wussten, dass sie es brauchen. Das ist revolutionäres Männerverhalten!!

Du kannst Dir ja denken, dass so ein bunter Haufen von autonomen Wilden sich durchaus nicht sofort freut, wenn sie einen „engelsgleichen" Autonomen unter sich haben! David musste oft ruppige Bemerkungen einstecken, aber er gab nicht nach. Er zwang die Männer, der weichen Seite in sich zu begegnen. Ich bin sicher, dass einige David heimlich um das beneideten, was sie selbst lange nicht so gut konnten wie er.

Versuche erst gar nicht, mir jetzt zu sagen, der Junge sei einfach nur schwul gewesen! War er nicht! Ich, eine leibhaftige Zeugin seines heterosexuellen Eros sage: David war ein durch und durch ganzheitlich fühlender Mensch!!!

Ich sehe schon, dass Du langsam ein wenig müde wirst. Lass uns runtergehen in die Küche. Dort gibt es bestimmt heißen Kaffee für Dich. Und dann entlässt Dich unsere Gemeinschaft in Deinen wohlverdienten Feierabend.

Ich freue mich, dass Du Dich auf unseren Rundgang eingelassen hast. Danke auch für die Mühe, die Du Dir gibst, meine Kultur zu verstehen. Zum Abschied möchte ich Dir noch mein Lieblingsgedicht mitgeben, das mir in der Feldstraße sehr nahe war.

Lasst Euch nicht verführen!
Es gibt keine Wiederkehr.
Der Tag steht in den Türen,
Ihr könnt schon den Nachtwind spüren,
es kommt kein Morgen mehr.

Lasst Euch nicht betrügen,
dass Leben wenig ist.
Schlürft es in schnellen Zügen!
Es wird Euch nicht genügen,
wenn Ihr es lassen müsst!

Lasst Euch nicht vertrösten!
Ihr habt nicht zu viel Zeit!
Lasst den Moder den Erlösten!
Das Leben ist am Größten,
es steht nicht mehr bereit.

Lasst Euch nicht verführen,
zu Fron und Ausgezehr!
Was kann Eure Angst noch rühren?

Ihr sterbt mit allen Tieren.
Und es kommt nichts nachher.

- Bertolt Brecht -

Ich küsse Dich, bis bald!

Deine Freundin

Nelly

Brief - März 2006

Über Führung und Regeln, die Feldstraße als Ort politischer Vernetzung

Lieber Freund!

Über unser Telefongespräch habe ich mich sehr gefreut. Du hast gesagt, wie gerne Du meinen letzten Brief gelesen hast. Durch die Menschen, die ich beschrieben habe, sei Dir unsere Kultur viel näher gekommen. Das freut mich. Es gibt so viele Möglichkeiten, ein Leben sinnvoll zu gestalten. Welche Richtung ein Mensch einschlägt, ist wohl bei uns allen davon abhängig, was wir überhaupt noch sehen konnten, nachdem wir in den Entmutigungen einer Kindheit den Weitblick verloren haben. Wir beide sind fast gleich alt. Als ich in meiner Jugend die bürgerlichen Sicherheiten verließ, weil ich sie als Gefängnis empfand, hast Du Dich zielstrebig dorthin gekämpft. Auch Du wurdest in Deiner Kindheit überfordert und ausgebeutet. Auch Dich hat niemand beschützt und gefördert. Aber Du hast gerade deshalb in der bürgerlichen Absicherung Trost und einen Ausweg für Dich gesucht. Dein ganzer Ehrgeiz galt der Aufgabe, ein „gut integriertes" Leben zu führen. Mit dem Erfolg in Deinem Beruf und der Harmonie in Deiner Ehe hast Du bewiesen, dass ein Mensch auch ohne Hilfe „weit" kommen kann. Und Du hast das Glück, nie mehr alleine sein zu müssen! Mit Deiner kontaktfreudigen Frau kannst Du Geselligkeit leben, so viel Du möchtest. Und wenn Du nicht möchtest, bleibt Dir die Frau trotzdem eine sichere Heimat. Was glaubst Du, wie gut ich verstehe, dass Du ihr zum Dank Deine ganze Loyalität geben willst. Du willst sie nicht verletzen und keinesfalls verlieren. Langsam begreife ich, warum es für Dich nicht möglich zu sein scheint, meine Angebote als einen Zugewinn in Deinem Leben zu verstehen. Ich denke, dass man mit mir recht gut über solche Themen sprechen kann. Schade, dass Du es so selten versuchst. Dann spreche ich halt weiter mit Dir ...

Als Du Dich nach unserer ersten (und hoffentlich nicht letzten) erotischen Begegnung von mir verabschiedet hast, fandest Du keine netten Worte für mich, sondern Du sagtest nur den einen Satz: „Ich liebe meine Frau". Obwohl ich in dem Moment schon hätte wissen müssen, dass Du mich nicht in Deinem Inneren ankommen lassen wolltest, rettete ich die Situation mit einer umgänglichen Antwort, die Dir einen Weg offenhalten sollte, das peinliche Männerspiel „... einmal ist keinmal!" wieder auszubremsen. Aber Du hattest schon kein Ohr mehr für mich. Deshalb habe ich Dir kommentarlos weitergeschrieben, um möglichst bald zu dem Punkt vorzudringen, wo ich mich zum Thema „Ehefrauen in meinem Lebenskonzept" genauer äußern kann. Die differenzierte Antwort auf Deinen Satz erhältst Du also, wenn ich bei dem Kapitel meiner Positionierung zu anderen FRAUEN bin.
In unserem Telefonat hast Du noch erwähnt, dass Du meine Liebesgeschichten zwar schon unterhaltsam fändest, aber Du würdest gerne noch ein paar weitere Frauen aus unserer Szene kennenlernen, nicht nur Männer. Da hast Du recht. Ich werde künftig besser darauf achten.

Diesen Brief möchte ich allerdings mit Organisations- und Methodenfragen beginnen, weil ich die Frage so wichtig finde, welche Faktoren unsere Gemeinschaft in der Feldstraße so stark gemacht haben.

Über Führung und Regeln

In einem früheren Brief habe ich schon einmal erwähnt, dass John und ich hervorragende „Gruppeneltern“ waren. Was ist darunter zu verstehen?

JOHN und ICH werden gute „Gruppeneltern“

Ich meine mit dem Elternbegriff die Verantwortungsübernahme für das FÜHREN einer Gemeinschaft. Eine Führung, die den Zweck hat, die existenziellen Grundlagen der Gemeinschaft zu sichern. Ich weiß, ich habe Dich jetzt etwas überrascht. Du willst mich fragen, wieso ich die ganze Zeit mit gewissem Stolz von unserer „anarchischen Wildheit“ erzählt habe, und jetzt füge ich die Horde gerade mal so in bürgerliche Begriffe wie „elterliche Verantwortungsübernahme“ und „Führungskompetenz“ ein? Ja, ganz unerklärt geht das wirklich nicht!
Entscheidend für das Weiterlernen in unserer Gemeinschaft war, dass wir einen DENKFEHLER in den antiautoritären Prämissen der frühen Chaosgruppen entlarven und auflösen konnten. In unseren damaligen Radikalhypothesen setzten wir jede Art von Dominanz, die eine Person zeigen muss, die führen will, mit der Machtergreifung über andere Menschen gleich. Wir sahen also im Führen eine absichtliche, böswillige Grenzüberschreitung. Wir glaubten, dass persönliche Machtsucht das einzige Motiv eines Menschen sein könne, der Führungsrollen beanspruche. Aus der Verletzung und Herabsetzung anderer zögen solche Menschen einen narzisstischen Gewinn, der ihnen nicht zustünde.

Wie JOHN und ich das gemeinsame FÜHREN lernten

Gerade wir beide hatten in den frühen Chaosgruppen häufig schmerzhaft miterleben müssen, wie die „anarchische Basisdemokratie“ unsere geliebten Ideale und die Gemeinschaftswesen mit geliebten Menschen so schnell in Schutt und Asche legte, dass kaum Zeit blieb, irgendetwas wirklich „Revolutionäres“ in die Tat umzusetzen. Deshalb suchten wir neue Wege, neue Methoden. John und ich führten REGELN in die Gemeinschaft ein und sorgten auch für deren DURCHSETZUNG.

Um mich selbst zu einer guten Führerin zu entwickeln, musste ich mich noch von einzelnen anarchischen Thesen meiner Mutter trennen. Da wäre zum Beispiel der Satz: „Jeder darf ALLES machen, was er will, weil er grundsätzlich ein FREIER Mensch ist!“ Meine Mutter verkörperte zwar glaubhaft das „Recht auf Autonomie“ eines jeden Menschen, aber für die Gesetze eines Gemeinschaftswesens interessierte sie sich wenig. Als narzisstische Einzelgängerin hatte sie den Posten des Sozialverhaltens vergessen. Für mich ist jedoch das Erlebnis eines sozialen Miteinanders viel wertvoller als die Durchsetzung meines individuellen Glücks, auch wenn mich das zum Alleingang zwingen würde. Ich bin davon überzeugt, dass Menschen von ihrer Art her „Herdentiere“ sind, die sich nur innerhalb einer Gemeinschaft wirklich wohlfühlen. Eine Gemeinschaft kann aber nur von Menschen aufgebaut werden, die REGELN nicht als „Freiheitsberaubung“ ansehen.
Und überhaupt hätte mir das Denken an einem „egozentrischen Lustprinzip“ entlang einfach deshalb nicht sympathisch sein können, weil es für eine vierfache Mutter zum „Killer-Argument“ geworden wäre. Eine „Laisser-faire-Erziehung“ bei vier Kindern, die mitten in einem Haufen chaotischer Erwachsener leben müssten, wäre zur sozialen Katastrophe geworden.
Als mittlerweile erfahrene Mutter leitete ich nämlich meine Kinder klar an, ohne dass ich befürchtete, ihnen damit ihre Persönlichkeitsrechte oder gar ihre Würde zu nehmen. In der Pädagogik war ich sicher, dass eine wohlwollende, interessierte Führung sein muss, um den Kindern das Gefühl zu geben, „beschützt“ zu werden. Zu einer guten Führung gehört auch Organisationstalent. Als chronisch überlastete Mutter hatte ich schon lange gelernt, den Alltag durch eine gut strukturierte Organisation abzuwickeln. Anders hätte ich meine vielschichtigen Verantwortlichkeiten überhaupt nicht bewältigen können.
So richtig stark wurde ich aber erst nach der Trennung von Florian, denn der war mir ja immer in den Rücken gefallen, wenn ich unsere Probleme auf dem Boden der Realität und nicht „im Himmel“ lösen wollte. In dem geschwisterlichen Team mit John wuchs ich bald zu einer potenten Führungsfigur heran.

John und ich waren pragmatisch und bodenständig in allem, was wir taten. In unserer Verschiedenheit ergänzten wir uns so gut, dass wir die Säulen einer Gruppe bilden konnten. John übernahm dabei den wichtigen, aber lästigen Teil des Ausfechtens unvermeidlicher Autoritätskonflikte. Er ließ sie unbeirrbar und recht humorvoll an sich abperlen. Dadurch hatte ich den großen Vorteil, dass ich in Konfliktsituationen die liebenswürdigere, harmonisierende Rolle einnehmen durfte. Mit meiner Löwenmuttermentalität führte ich allerdings dominant in allen Haushaltsfragen. Natürlich brauchte ich für meine Kinder ein zuverlässig gepflegtes Nest. Weil ich mich in meinem feministischen Widerstand gegen patriarchale Geschlechterrollen keinesfalls als „Mutter für alle“ sah, schon gar nicht als „Pflegerin für vollgekiffte Faulpelze“, sorgte ich in der Verteilung der Hausarbeitsverantwortlichkeit radikal für die Gleichstellung der Geschlechter.

Ein weiterer Punkt war meine strenge Kontrolle der Umgangsformen mit Kindern. Weil ich als angehende Psychologin gut einschätzen konnte, welche unerwünschten Folgen es haben würde, wenn ich jedem Gruppenmitglied erlauben würde, seine persönliche

Neurose bei meinen Kindern abzuladen, stellte ich für den Umgang mit meinen Kindern strenge, „klar formulierte Regeln“ auf. Ich behielt die pädagogische Führung fest in der Hand und blieb so die zentrale und wichtigste Bezugsperson meiner Kinder. Die anderen Erwachsenen waren für sie eher „Spielkameraden“. Sie sollten sich nur dann mit den Kindern beschäftigten, wenn es für beide Seiten angenehm war. „Elterliche Rechte und Pflichten“ an den Kindern teilte ich in der Gruppe nur mit den Liebespartnern, die ich als Lebenspartner ansah. Doch auch die wollte ich in ihrem Verhalten zu den Kindern kontrollieren. Du wirst Dich fragen, wieso ich an dem Punkt so „rigide“ war?
Nun, in meiner Familie hat mein Vater uns drei Kinder ziemlich verletzt, ohne dass meine Mutter es verhinderte. In unseren Gruppen lebten ja nur Menschen zwischen zwanzig und dreißig Jahren, die ihre eigene Kindheit noch lange nicht aufgearbeitet hatten. Natürlich hätten sie, wenn auch ohne böse Absicht, aber eben doch Blut aus ihren Wunden auf meine Kinder tropfen lassen, wie es in den unterbewussten Wiederholungszwängen Gesetz ist (Alice Miller, „Am Anfang war Erziehung“). Deshalb durfte ich den Freunden keine pädagogische Macht geben. Weil ich natürlich auch wusste, wie schrecklich neurotisch ich selbst noch war, schützte ich die Kinder mit Hilfe der Gemeinschaft auch vor mir. Die Gruppenmitglieder nahmen dabei die Rolle eines konstant freundlichen, „neutralen Feldes“ ein. Sie halfen den Kindern, indem sie mit ihnen spielten und lachten, wenn ich wieder einmal in depressivem Weinen oder in Erstarrung versank. Meine traumatischen Liebesdramen ließen mich damals leider oft in depressive Löcher fallen. Für die solidarische Hilfe war ich den Freunden sehr dankbar.

John klärte die Geldfragen. Weil er als Mitbegründer der Urszene mehr Gruppenerfahrung mit Chaoten hatte als ich, identifizierte er schnell die „Schmarotzer“, die sich besonders gerne in linke Gruppen einschleichen. Er konnte offen und deutlich über Geld und Pflichten sprechen und warf die Leute unter Umständen persönlich hinaus, wenn sie sich nicht eilig änderten. Mit „Hinauswerfen“ meine ich den praktischen Vorgang, den einfach jemand „erledigen“ muss, auch wenn das sehr unangenehm ist. Die Entscheidung, wer rausfliegt und warum, trafen wir natürlich alle zusammen, streng basisdemokratisch.

Weil John in seiner Rolle die größten Lasten trug und weil sie ihn manchmal einsam machten, ihn zu einer Art Männlichkeit verpflichteten, die er eigentlich seit Jahren loswerden wollte, gab ich ihm zum Ausgleich mein Bestes. Als solidarische Freundin stellte ich mich treu an seine Seite. Ich war ihm eine verlässliche Gesprächspartnerin, fasste ihn gerne an und gab ihm Zärtlichkeit. Dabei musste ich beachten, ihn nicht mit meiner Nähe zu überfordern, denn ich kannte die Empfindsamkeit hinter seiner rauen Schale. Die langen Jahre am Küchentisch der „untröstlichen Mutter“ hatten ihn gezwungen, sich vor „zu viel“ weiblicher Emotion zu schützen. Er verschaffte sich Ruhe, indem er zum „Grobian“ wurde, wenn er sich dem Trubel der Emotionen entziehen wollte, die in so einer Kommuneküche tagtäglich über den Küchentisch schwappen.

Die Haushaltkasse

Jeder Erwachsene bezahlte denselben festen Betrag in die Gemeinschaftskasse. Für die Kinder bezahlte ich die Hälfte. In diesem Monatsbetrag war einfach alles enthalten, was den direkten Lebensunterhalt betraf. Wohnen, Nebenkosten, Telefon, Essen, Putz- und Waschmittel. Nur die Zigaretten, Alkohol oder Drogen mussten die Leute alleine finanzieren. Der monatliche Beitrag für alle war ein Erfahrungswert. Nach wenigen Monaten des Zusammenlebens konnten wir unsere Ausgaben schon so gut einschätzen, dass wir mit den Beiträgen fast immer zurechtkamen. War es doch einmal zu wenig, wurde eben noch etwas nachbezahlt. Dieses System behielten wir auch in allen späteren Gruppen bei, weil es immer funktionierte. Wir hatten es nie nötig, irgendwelche Zettel abzurechnen oder Pfennigbeträge aufzulisten. Wir lebten in VERTRAUEN zueinander. Wir hätten uns geschämt, uns gegenseitig mit Abrechnungen zu kontrollieren. Durch den gemeinsamen Haushalt lebten wir ohnehin viel billiger, als wenn jeder für sich eingekauft hätte.
In der Feldstraße erlebte ich zum ersten Mal, wie schön es ist, wenn sich in der Gemeinschaft ein verlässliches Sozialverhalten festigt. Keiner von uns belastete die Gruppe mit unverschämtem Verhalten. Keiner musste ausgedehnt telefonieren oder stundenlang duschen. Keiner hätte mal eben sein Zimmer mit einem Heizlüfter erwärmt, weil er zu faul war, den Kohleofen anzumachen. Manchmal übernahmen Leute, die gerade mehr Einkommen hatten, freiwillig Kosten für Sonderausgaben. Wenn jemand für eine überschaubare Zeit gar kein Geld hatte, entschieden wir gemeinsam, ob und wie lange wir die Person finanziell mittragen könnten. Menschen, die grundsätzlich nichts bezahlen wollten, konnten erst gar nicht einziehen.

Kommunikation und Konflikte

Bei uns wurde Kritik an einzelnen Mitgliedern möglichst im Beisein aller angesprochen, meist am Küchentisch. Dort wurden auch die Lösungen diskutiert. Es gab also immer Betroffene und das neutrale Feld der Nichtbetroffenen, die aktiv an der Konfliktlösung mitarbeiteten. Das neutrale Feld sorgte dafür, dass sich Konfliktpartner nicht in neurotische Übertreibungen verbissen. Wir mochten es gar nicht, wenn sich Konfliktpartner parteiliche Fraktionen suchten, um aus dem Hintergrund heraus zu manipulieren. Wenn wir das bemerkten, wurden die Intriganten erst recht über den Küchentisch gezerrt, was sicher unangenehm war. Aber das kam selten vor. Das direkte Ansprechen von Konflikten wurde zu einer gut eingespielten Regel. Auf diese Weise blieb die Gruppe bei Streit nur kurz, wenn überhaupt, in negativen Energien stecken. Wenn es nicht gleich „wieder gut" wurde, stritten wir eben so lange weiter, bis es dann etwas später „wieder gut" war. Danach zeigten wir sofort wieder ein warmes und freundliches Verhalten zueinander. Alle hatten wir ein großes Interesse daran, dass es den anderen psychisch GUT ging. Deshalb suchten wir immer versöhnliche Wege zueinander. Ich habe ja schon einmal erwähnt, dass ich glaube, dass die besonderen Ereignisse in der Nestgruppe die Tiefe und Aufrichtigkeit in der gegenseitigen Zuneigung angelegt haben. Wir hatten das große Glück, für eine gewisse Zeit gemeinsam in einer sozialen und sicheren Heimat zu leben, die wir uns selbst geschaffen hatten.

Alltägliches Leben

Morgens standen die Leute zu unterschiedlichen Zeiten auf. Ich war immer als Erste in der Küche, weil ich mit den Schulkindern aufstand. Außerdem war Jessica erst knapp zwei Jahre alt, ein Alter, in dem Kinder morgens sehr früh wach sind. Nachdem die Schulkinder weg waren, ich die Jüngste angezogen und gefüttert hatte, begann ich, die ersten der großen Kannen Kaffee zu kochen, die mir in meiner Erinnerung bis heute noch warme Gefühle bereiten. Bis spätestens um elf Uhr waren alle Kommunarden in der Küche eingetrudelt. Bis dahin hatte ich mindestens viermal gefrühstückt und wusste von allen, wie sie geschlafen und wovon sie geträumt hatten. Jessica hatte zahlreiche „Schöße ausprobiert", ihre Finger in die verschiedensten Marmeladebrote gesteckt und ihre Spielsachen auf dem Wohnzimmerpodest ausgebreitet, falls sie uns gerade einmal langweilig fand. Bevor ein Vormittag vergangen war, hatten Mutter und Tochter schon Kontakt, Zuwendung, Gespräch und viel buntes Leben in und um uns herum genossen. Was glaubst Du, wie GLÜCKLICH und dankbar ich war, dass ich mit meinem Kleinkind nicht alleine und verlassen in einer viereckigen Betonkiste sitzen musste, ... mit Luftlöchern darin und Geranien davor, ... um auf nichts anderes zu warten, als dass die Zeit vergeht! Meine Lebenszeit!

Ich war so dankbar für die Kommunikation und Wärme meiner Freunde, dass ich freiwillig etwas mehr für die Gemeinschaft arbeitete. Mir war völlig bewusst, dass ich nur wegen der Zuwendung, die Freunde mir gaben, so viel Kraft bekam, dass ich konstant und treu meine herzliche Liebe an meine Kinder abgeben konnte. Doch auch die Kommunarden waren über mich und die Kinder froh. Mein engagierter Einsatz, die Zuverlässigkeit im Alltäglichen und die fröhliche Lebendigkeit der Kinder gaben der Gruppe ein Gefühl von Sicherheit und Wärme. Mit der Basis meiner bodenständigen Präsenz konnten die Freunde „flippig" bleiben und viel nach dem Lustprinzip leben, ohne dass sie befürchten mussten, ihr ZUHAUSE zu verlieren.

An allen Wochentagen gab es um die Mittagszeit, wenn die Schulkinder nach Hause gekommen waren, ein warmes Essen für alle. Am Mittag und Abend aßen die Erwachsenen, die im Haus anwesend waren, grundsätzlich zusammen. Keiner sollte sich etwas alleine kochen, nur, weil er die anderen nicht sehen wollte. Wann immer jemand in der Küche Kaffee- oder Teewasser für sich aufsetzte, fragte er die anderen, ob sie auch etwas trinken wollten. Das gemeinsame Essen war die wichtigste Regel und das wichtigste Ritual für den sozialen Zusammenhalt der Gruppe. Neben einer gesunden Ernährung für die Kinder und die Erwachsenen war damit auch die gute Qualität der Kommunikation garantiert. Die gemeinsamen Mahlzeiten schufen den Raum und die Zeit, sich täglich über Organisationsfragen und persönliche Anliegen zu unterhalten. Aufgrund der hohen Kontaktdichte konnten Probleme nicht für längere Zeit unter den Teppich gekehrt werden und Intrigen kamen somit gar nicht erst auf. Die Termine für das Mittag- und Abendessen wurden zu Beginn einer jeden Woche abgesprochen und verbindlich festgelegt, damit die „Kochdienste" ihren Arbeitstag auch gut planen konnten. Das warme Mittagessen hielten wir wegen der Kinder konsequent ein. „Nur" für uns Erwachsene wären wir nie so diszipliniert gewesen.

An den Wochenenden hielten wir es mit der Zubereitung der Mahlzeiten relativ spontan. Von den Leuten, die im Hause geblieben waren und essen wollten, kochte einer freiwillig. Natürlich für alle ...

Die Pflichten am Haushalttag

Alle Erwachsenen, die im Hause lebten, wurden auf einen der fünf oder sieben Tage in der Woche aufgeteilt, je nachdem, ob das Wochenende mitgerechnet wurde oder nicht. Ein eisernes „Grundgesetz" besagte, dass Männer und Frauen genau die gleiche Hausarbeit machen müssen. Geschlechterunabhängig übernahm also jeder Erwachsene einen „Kochtag" in der Woche. Das bedeutete, dass er an diesem Tag die Verantwortung für den kompletten Einkauf und für die Zubereitung eines warmen Mittagessens hatte. Das schulte auch unsere Männer, an unspektakuläre, aber doch notwendige Dinge wie Toilettenpapier, Waschmittel und Weiteres zu denken, das „normalerweise" nur in Gedanken von „Müttern" existiert. Durch das Einkaufen lernten Männer wie Frauen gleichermaßen zu beurteilen, wie viel Geld die Nahrungsmittel, die wir brauchten, kosteten. Wenn neue Leute unerfahren „Haushaltstag" machten, gaben sie regelmäßig zu viel Geld aus. Das entstandene Defizit wurde dann von den Köchen an den darauffolgenden Tage wieder eingespart. Deshalb hatten alle ein Interesse daran, den Neuen beizubringen, wie es besser funktionierte. Dabei vermieden wir jedoch das gegenseitige Kontrollieren. Wir unterbreiteten Vorschläge und boten Hilfe an, falls jemand das wünschte. Wenn es, was wirklich selten vorkam, mit neuen Leuten zum Streit wegen Geld oder Regeln kam, setzte sich die ganze Gruppe zusammen und erklärte denen noch einmal in aller Ruhe, warum wir uns für ein „strukturiertes Leben" entschieden hatten. Wenn ein neuer Mitbewohner nach seiner Eingewöhnungsphase feststellte, dass er unseren Lebensstil doch nicht mochte, zog er einfach wieder aus. Das war sehr einfach. Man packte seine Sachen und ging.

Wenn die Kinder um die zehn Jahre alt waren, wurden sie langsam daran gewöhnt, dass sie, als Nutznießer einer Gemeinschaft, auch kleine Pflichten übernehmen mussten. Beispielsweise sollten je zwei Kinder einmal in der Woche das Abendbrot auf dem Tisch anrichten. Einkaufen brauchten sie nicht, denn diese Aufgabe wäre noch zu komplex für sie gewesen. Es ging nur um das Tischdecken, denn der Haushaltsführer des Tages hatte das Abendessen bereits eingekauft.

Weil die Erwachsenen auf diese Weise sechs Tage in der Woche viel freie Zeit für sich hatten, erledigten sie den einen Haushaltstag richtig gerne. Jeder kochte liebevoll das, was er am Besten konnte und auch selbst am Liebsten aß. Niemand hätte den Köchen dabei Vorschriften gemacht. Und weil wir alle unterschiedliche Vorlieben hatten, wurden wir angenehm vielseitig ernährt.

Du wirst es nicht glauben, aber besonders gemütlich war es bei uns, wenn GESPÜLT wurde. Spülen mussten immer zwei von denen, die mitgegessen hatten, aber niemals der Koch. Der durfte die Füße hochlegen und sich am satten Wohlbefinden der Leute erfreuen, die, genau wie er, entspannt um den Küchentisch herumlagerten, plauderten, Musik machten, rauchten und Kaffee tranken. Um das fröhliche Gelage herum wuselten gutgelaunt die beiden Spüler. Sie arbeiten zwar, blieben aber in die gute Stimmung eingebunden, waren also ganz nah „dabei". Weil das Spülen also „spaßig" war und niemanden isolierte, galt es auch nicht mehr als „niedere" Arbeit. Auf diese Weise löste sich die Diskriminierung der Hausarbeit auf und damit auch die Minderbewertung der „Hausfrau". Und siehe da, obwohl nie geregelt wurde, wer wie oft spülen musste, war da keiner mehr, der sich unbedingt drücken musste. Die Freunde sorgten tatsächlich von alleine dafür, dass halbwegs gerecht abgewechselt wurde.

Putzen

Auch auf die Gefahr hin, dass Du mir jetzt überhaupt nicht mehr glaubst, sage ich Dir doch, dass das gemeinsame PUTZEN ebenfalls zu den besten Erlebnissen in der Woche gehörte! Wir machten es immer samstags. Ja, Du hörst ganz richtig, wir wollten unser Wochenende in einem sauberen Haus verbringen. Und samstags hatten eben alle Zeit. Beim Frühstück machten wir den Putzplan. Wir teilten die gemeinschaftlich genutzten Räume wie Küche, Wohnzimmer, Flure, Bad und Toiletten in Einheiten auf, die beim Saubermachen nur etwa eine halbe Stunde Zeit in Anspruch nahmen. Wieder zählten wir, wie viele Erwachsene mitmachen würden und teilten dann die Einheiten auf sie auf. Das ergab pro Person ein oder zwei Einheiten. Die größeren Kinder mussten auch mithelfen. Sie sollten etwa die Hälfte einer Erwachseneneinheit putzen. Auch wenn sie oft nur eine Viertelstunde Arbeit hatten, versuchten sie fleißig, zu entkommen, wie Erwachsene in „normalen" Wohngemeinschaften meistens auch. Doch nicht bei uns. Jeder Kommunarde sagte brav, welche Einheit er putzen wollte. Das ging so lange im Kreis, bis alle Posten verteilt waren. In der nächsten Woche suchte man sich wieder etwas anderes aus. Oder auch das Gleiche, wenn man diese Arbeit besonders liebte. Gerügt wurde man, wenn man sich vor „unbeliebten" Arbeiten regelmäßig drücken wollte. In unserer revolutionären Moral galt es als ethisch verwerflich, wenn jemand versuchte, „Drecksarbeit" auf andere zu schieben. Gerade die unangenehmen Arbeiten sollten „gerecht" aufgeteilt werden. Da freuten sich die Leute aber, dass ich so gerne „freiwillig" die Toiletten putzte, denn sie fielen dann nämlich nicht mehr unter die Kategorie „unangenehm". Also durfte ich den Job so oft machen, wie ich wollte.

Und jetzt fragst Du Dich wahrscheinlich, wo bei diesem samstäglichen Ritual die „besonderen" Gefühle gewesen sein sollen?

Das kam so. Wir setzten eine Zeit fest, beispielsweise 15 Uhr am Nachmittag, wann alle Leute mit den Putzeinheiten fertig sein sollten. Bitte, stell Dir jetzt einmal einen riesigen Altbau vor, in dem viele muntere Chaoten an einem Samstagmorgen etwa eine halbe Stunde lang irgendetwas putzten.

Und jetzt ist es 15 Uhr. Wir haben Dich eingeladen. Du betrittst das Haus und staunst schon sehr über die frisch geputzten Fliesen auf dem Boden des Flurs (Ha, ha, warst Du Dir nicht sicher, dass „Freaks" saubere Fußböden nur spießig finden können?). Dann gehst Du in die Küche. Dort ist alles sauber. Der Herd ist geputzt und der Fußboden auch. Auf dem Tisch liegt ein festlich anmutendes Tuch. Neben einem Blumenstrauß steht ein frischer Kuchen. Es riecht nach Kaffee. Im Wohnzimmer sitzt ein lächelndes Kind, das, genau wie Du, auf das Anschneiden des Kuchens wartet. Weil sonst noch keiner in der Küche ist, gehst Du noch schnell zur Toilette. Es würde Dich heute nicht wundern, wenn Du noch eine Schleife an der Toilettenbürste vorfinden würdest, murmelst Du hämisch auf dem Weg dorthin. Aber nein, so weit gehe ich nicht! Die Toilette war einfach nur sauber und roch frisch. Bis Du wieder in der Küche zurück bist, sind die anderen inzwischen alle eingetroffen. Aus allen Ecken des Hauses eilten sie plötzlich zur die Küche.
Ja, unser Samstagnachmittagskaffee nach dem Putzen machte uns immer total gut gelaunt. Und heute darfst Du dabei sein. Wir quatschten wild durcheinander, hüpfen herum und singen, stolz auf unser schönes Haus. Zusammen sind wir glücklich!

Die Vorteile einer strukturierten Gemeinschaft

Mag sein, dass Dich die Abhandlung über Haushaltsregeln etwas gelangweilt hat, aber ich finde das Thema existenziell wichtig. In allen nachfolgenden Gruppen, in denen ich später lebte, organisierten wir uns in gleicher Weise nach den bereits erwähnten Regeln. Unabhängig von der Verschiedenheit der vielen Menschen, die mit mir zusammenlebten, brachte diese Struktur zuverlässig immer wieder dieselben Vorteile hervor. Doch welche?

Einerseits war da einfach die viele ZEIT, die dadurch jeder für sich alleine gewann. Man konnte sich stressfrei dem Job, eigenen Interessen und den Außenkontakten widmen. Andererseits blieb dann auch noch reichlich Zeit für die Pflege der KONTAKTE innerhalb der Gruppe. Sechs Tage in der Woche wurden wir gut versorgt und einen Tag lang versorgten wir die anderen. Das sind sechs freie Tage in der Woche. Ist das nicht äußerst PRIVILEGIERT? Bedenken wir dazu noch, dass an keinem einzigen Tag eine Frau zur „Gruppenmutter“ gemacht, also AUSGEBEUTET wurde. Nicht einmal ich, die ja „eh schon Mutter“ war! So wollte ich für immer leben.

Weitere Vorteile waren die NÄHE und die GUTE KOMMUNIKATION innerhalb der Gruppe, die alle Mitglieder vor Einsamkeit bewahrte.

Küche und Wohnzimmer waren Tag und Nacht eine Quelle von Kontakt, Zuwendung und GEISTIGER ANREGUNG. Große Gruppen bekommen immer viel Besuch. In solch einem Haus muss einfach keiner alleine sein. Selbst nachts war es möglich, noch ein paar Takte zu plaudern. Du weißt ja schon, dass wir uns nachts nicht mehr gegenseitig in den Betten besuchten. Dafür gingen wir nach unten in die Gemeinschaftsräume. Was läuft dort nachts?

Na, da schlurfen die einen aus dem Bett hinunter, weil sie plötzlich das unstillbare Verlangen verspüren, ihre Finger in ein Glas Nutella zu tauchen. Andere kommen mit einem Schwips aus der Kneipe, gucken schnell noch unten rein, ob etwa noch was „los“ wäre. Wenn Du Dich nicht wehrst, greifen sie nach Dir und wollen laute Lieder mit Dir singen. Oder, noch schlimmer, sie wollen Dir ihre philosophischen Einsichten des Abends vortragen. Vielleicht „schwebt“ sogar eine romantisch verliebte Frau (wieso eigentlich nie ein Mann?) mit ihrem Kerzenleuchter und einem Bündel feinstem Briefpapier in den Händen herein. Sie kuschelt sich auf den Sessel neben dem Ofen und schreibt einen Liebesbrief. Dir sagt sie, dass sie vor lauter Aufregung einfach nicht einschlafen könne. Dann will sie unbedingt erzählen, wie alles anfing ..., bis Du ganz viel gähnst und irgendwann zufrieden und müde in Dein Bett abziehst.

Der letzte Punkt zum Thema „Vorteile“ ist die günstige Ausgangslage für die Befriedigung elementarer Sehnsüchte nach PARTNERSCHAFT, LIEBE und SEXUALITÄT. Monogam, nicht monogam, abenteuerlich, spirituell und alles dazwischen.

Ohne, dass sich die einzelnen Menschen persönlich dafür anstrengen mussten, bekamen sie eine Vielzahl von Kontaktmöglichkeiten ins Haus „geliefert“, die sie nutzen konnten oder auch nicht. Wenn ich an die „Oder auch nicht-Menschen“ denke, meine ich die neurotischen Hinderungsgründe, die auch Mitglieder einer guten Gemeinschaft nicht daran hindern können, letztendlich doch ganz alleine mit dem „Einsamer Wolf-Modell“ oder mit den „Mich darf nie wieder einer enttäuschen!-Waffen“ unter dem Kopfkissen einzuschlafen. Falls sich die mutigeren Hoffnungsvollen aber doch dazu entscheiden konnten, die Stufenleiter der Nähe, die bis hin zur Liebe reicht, zu betreten, gab es dafür einen PARADIESISCHEN MARKT guter Gelegenheiten: Zusammen

kochen, spülen, Flugblätter schreiben, Hochbetten bauen, Zimmer anstreichen, Demos vorbereiten, gemeinsam am Waffelstand brutzeln, spazieren gehen, Tee trinken, Ausflüge zu anderen Gruppen machen und vieles, vieles mehr.
Du kannst Dir denken, dass bei so viel Angebot auch die „Hartgesottenen" nicht allzu lange alleine blieben.

So, jetzt haben wir das trockene Thema Organisation und Regeln endgültig hinter uns gebracht. Du hast eine Belohnung verdient! Daher werde ich Dir nun eine unserer wunderbaren Frauen vorstellen.

Beim Kuchenessen letzten Samstag hattest Du Dich in der Kommuneküche mit einer Frau unterhalten, deren tolle Ausstrahlung Dich so beeindruckt hat, dass Du mehr über sie erfahren wolltest. Das war ANNA. Ich will sie Dir jetzt vorstellen.

ANNA

Anna gehörte zu den Frauen der ersten Stunde in der Trierer Urszene. Sie wuchs in einem Winzerclan an der Mosel auf. Du kennst diesen Menschenschlag wahrscheinlich nicht so gut, weil Du nicht aus unserer Gegend kommst. Stell Dir vor, dass der Weinbau an der Mosel seit Jahrhunderten das gehobene Selbstbewusstsein der Winzer prägt. Die Großfamilie, die man braucht, um einen Winzerbetrieb zu bewirtschaften, und die Dorfgemeinde, die fast ausschließlich aus Winzerfamilien besteht, stellen eine selten homogene NORMENGRUPPE dar, die sich einig darüber ist, dass sie ihre Weltsicht nicht von „Fremdeinflüssen" stören lassen. Die Winzer waren über lange Zeit eine ausgesprochen wohlhabende Bevölkerungsgruppe. Deshalb haben sie sich angewöhnt, sich, im Vergleich mit den meist armen Landwirten in der Region, als „etwas Besseres" zu fühlen. Weil das Moseltal eine bezaubernde Landschaft ist, kommen viele Touristen hierher. Die Begeisterung der Fremden schmeichelt natürlich dem Selbstbild der Einheimischen. Es ist auch wirklich etwas Besonderes, an den Moselufern entlangzufahren und die unzähligen Weingüter zu sehen, die allesamt aussehen wie kleine Schlösser. Nun würde man, von außen betrachtet, hinter einer derart gepflegten, reichen Weinkulturlandschaft auch die Liebe zur Bildung und Kultur vermuten, was auch zum Umgang mit den vielen Touristen passen würde. Eine gewisse Weltoffenheit nämlich. Doch der Eindruck täuscht, denn hinter dem vermeintlich großbürgerlichen Flair der gastlichen Region verbirgt sich ein besonders STURES Völkchen, das mit Hartnäckigkeit an der Enge kleinbürgerlicher Tradition festhält.
Ganz „normal" für unsere Region, bestand also auch die Familie der armen Anna unerbittlich darauf, genau zu wissen, was für den Rest der Welt RICHTIG oder FALSCH sei. In der autoritären Hierarchie einer Großfamilie war ein Kind nur „richtig", wenn es BRAV war, nicht etwa „eigen". Die junge Anna geriet leider früh in die Schublade der „Falschen", denn sie dachte über alles nach und stellte „ungewöhnliche" Fragen. Zu guter Letzt bestand sie auch noch auf ihr Recht auf eine EIGENE Meinung. Das gab Ärger! Viel Ärger!
Ungeliebt und unverstanden, wie Anna sich von Kind an fühlte, zog es sie häufig zu den „langhaarigen Rebellen", die sie im Palastgarten traf, als auf die Feste der dörflichen Jungpatriarchen. Mit den neuen Freunden durfte sie diskutieren und gemeinschaftlich nach neuen Gedanken und neuen Zielen im Leben suchen. Gekränkt von der kleinbürgerlichen Feindseligkeit ihrer Familie geriet sie schnell in die radikale Ecke

des „antibürgerlichen“ Lebens. In trotziger Abgrenzung zu ihrer Familie verliebte sie sich in RED, einem kompromisslosen Extremisten unserer Szene. Neben ihm fand sie ihre Rolle als eine anpackende, erdige Frauenfigur, geliebt und geachtet für die Glaubwürdigkeit und Ernsthaftigkeit, mit der sie PRÄSENT war. Anna war verantwortungsvoll und hilfsbereit. Red und Anna bauten in einem der ersten Kommunehäuser der Urszene einen Schreinereibetrieb auf. Red stammte aus einer Arbeiterfamilie, die im „Wilden Westen“, einem ehemals berüchtigten Ghetto in Trier, wohnte. Mit dem Erscheinungsbild eines schlecht gelaunten Schwergewichtboxers konnte sich Red schon in jungen Jahren großen Respekt verschaffen. Unter der stets bedrohlich gerunzelten Stirn funkelten kleine, lebendige Augen wachsam und angriffslustig in die Welt hinaus. Red war sehr intelligent. Kein Spinner. Kein „Quatscher“. Anna und Red wurden wertvolle Mitglieder der frühen Szene, weil sie, fleißig und engagiert, die Realität zu dem aufbauten, wovon andere lieber nur träumten. So liegt es nahe, dass Anna in ihrer ehrlichen Suche nach der besseren Welt Ähnliches durchmachen musste, wie ich in meinen Jahren mit Florian. Auch ihre Liebe zu Red zerbrach an zunehmender Entkräftung und Enttäuschung über das MISSLINGEN vieler Projekte. In der Urszene hängten sich viel zu viele Chaoten an einzelne wenige, die für alle arbeiten mussten.

In der Feldstraße suchte Anna nach der Trennung von Red Ruhe und Unterstützung. Sie lebte bei uns, bis sie glaubte, einen neuen Entwurf für ihr Leben gefunden zu haben. Mit einem neuen Mann zog sie in die Anonymität einer fernen Großstadt. Dort bekam sie eine kleine Tochter, die ihr für ein paar Jahre inneren Halt gab. Doch die großen Fragen nach dem Sinn bohrten sich immer wieder quälend in die junge Frau hinein. So ernsthaft, wie Anna war, durfte sie sich keine leichtfertigen oder bequemen Antworten erlauben. Wir „Feldstraßenhedonisten“ blieben zwar ihre guten Freunde, doch unsere antiautoritär, anarchische Wildheit konnte ihre zunehmende Sehnsucht nach Geborgenheit bei einer „spirituellen Leitfigur“ nicht befriedigen.
Da passierte es, dass sie in der Großstadt auf die verführerischen Verlockungen eines betrügerischen Gurus hereinfiel. Solche Leute schossen in den 80er-Jahren wie Pilze aus dem Boden. Es war die Zeit, in der sich auch gefährliche spirituelle Sekten bildeten. Die frühen Gurus jener Jahre nutzten die Verwirrtheit und Entkräftung der jungen Menschen für sich aus, die sich in den revolutionären Aufbruchsjahren zu weit über den großen Opferstein gebeugt hatten und dem „politischen Märtyrertum“ erlagen. Anna war eine davon. Eines Tages übergab sie ihr Kind einer Person ihres Vertrauens und verschwand in einer Sekte. Keiner weiß, was dort geschah. Wir haben die liebe Anna niemals wiedergesehen.

Doch was glaubst Du, wie sehr ich mich freute, als ich vor ein paar Tagen ihr liebes Gesicht in der Erscheinung einer jungen Frau wiedererkannte. Siebenundzwanzig Jahre alt ist ihre kleine Tochter nun schon. Es ist genau das Alter, in dem uns auch Anna damals verließ. Annas Tochter hat ihr Gesicht, sie hat ihr Lachen und ihr warmes Herz. Feinfühlig und klug ist sie, wie ihre Mutter, ... und hoffnungsvoll! Ach ja, Annas Tochter lebt mit den Chancen der heutigen Zeit! Sie nutzt ihre junge Kraft, um in einer neuen Jugendkultur FRIEDEN mit den Themen zu schließen, an denen ihre Mutter sterben musste.

Auch RED starb viel zu früh. Aufrecht und selbstzerstörerisch, ein mutiger, radikaler Realist. In seinem Leben folgte er den Zeilen von Bert Brecht: „Lasst euch nicht betrügen ...“.

Red wusste genau, wie schnell das Leben vergeht. Er nahm es in VOLLEN ZÜGEN. Mit dem Wissen um eine unheilbare Erkrankung lebte er kurz und heftig, heißblütig und klug. Von Kind an gezwungen, sich im „harten Männerpanzer" zu schützen, ging er von uns „wie ein Mann".

Über politische Identität, Narzissmus und Massenphänomene

In einem meiner letzten Briefe gab ich Dir einen Überblick über die verschiedenen Richtungen, die unsere Bewegung über die Jahre eingenommen hatte. Heute will ich die Aktivitäten der Feldstraßengruppe zusammenfassen. Wir waren keine homogene Gruppe. Keiner war verpflichtet, an politischen Projekten teilzunehmen. Es gab auch keinen indirekt ausgeübten, moralischen Druck. Die Leute entschieden sich ganz im Sinne ihrer persönlichen Motivation für unterschiedliche Schwerpunkte in ihrem Engagement. Doch alle Aktivitäten können ideologisch der „undogmatischen Linken“ zugeordnet werden. Wenn Du an die damalige Zeit denkst, werden Dir Begriffe wie „umherschweifende Haschrebellen“, „Chaoten“ oder „lila Schwestern“ einfallen, die einzelne Subgruppen der Gegenkultur stigmatisieren sollten. Also wenn wir schon nach Klischees suchen, die uns nahekommen könnten, würde ich den Begriff „Spaßguerilla“ vorschlagen.

Im Gegensatz zu einigen radikalen Gruppen in den Großstädten nahmen wir Trierer uns selbst nicht so ernst, dass wir glaubten, „gefährlich“ werden zu müssen. Uns inspirierten vor allem die witzigen Aktionen. Schweine ins Rathaus treiben und so etwas. Wir wollten Politik mit Spaß verbinden. Unsere Gruppe blieb immer spielerisch und humorvoll. Es konnte schon vorkommen, dass einer mal etwas „Böses“ auf eine Hauswand sprühte. Oder unsere Männer schwärmten konspirativ in die Nacht hinaus, um Transparente an die roten Felsen von Pallien zu hängen. Wilde Texten standen drauf, wie: „Schlagt die Bosse, nicht die Kinder!“. Wer glaubte, dass ihm ein militantes Profil besser stünde, spendete eben Geld für Waffen nach Nicaragua. Wir brauchten die Dinger jedenfalls nicht. Unsere Gewaltneigung hielt sich absolut in Grenzen.

Oh, da fällt mir ja doch eine „Gewalttat“ ein, die ich damals begangen hatte! Es war an einem Abend, als die Frauenszene eine Fete im Balkensaal im Exhaus Trier veranstaltete. Ein mir unbekannter Mann begehrte Einlass in den Festsaal. Der wurde ihm verwehrt. Der Mann stürmte trotzdem mit voller Körperkraft hinein. Wie dumm von ihm. Die Frauen wiesen ihn empört hinaus. Als er nicht ging, schoben wir ihn vor die Tür. Ja, und dabei klammerte er sich mit seinen blöden Fingern am Türrahmen fest. Und ich packte ihn so fest an „seinen Teilen“, bis er aufgab. So viel zum Thema „Gewaltbereitschaft“. Ich gebe zu, dass es mir in dem Moment Spaß machte, in der heiligen Legitimierung durch eine ideologische Gruppe Männer „hauen“ zu dürfen. Wenig später winkte noch einmal so eine Chance. Einige Freundinnen aus meiner Frauengruppe und ich liefen mit Eimern und Pinseln durch die nächtliche Stille der Stadt, um feministische Parolen an diverse Gemäuer zu malen. Da kam ein Kerl des Wegs und rief uns, „im Namen seines Geschlechts“, Ausdrücke zu. Noch so ein Dummer! Da stürmten wir aber los, ... um ihn gut zu verhauen! Da konntest Du das Männlein aber laufen sehen! Wir kriegten ihn nicht, so schnell konnte der rennen.

Ich persönlich hatte nichts gegen „Räuber- und Gendarmspiele“. Immerhin durfte ich mitspielen, gehörte endlich „dazu“. Trotzdem bemerkte ich gleichzeitig mit Unbehagen, wie unkritisch viele Freunde in den Trends unserer Subkultur mitschwammen.

Zu der Zeit fing ich gerade an, mich mit Narzissmus und den dazugehörenden Rollen der Ko-Narzissten auseinanderzusetzen. Einzelne „IN-Gruppen“ waren mit ihren charismatischen Führungsfiguren schnell zu Ruhm und Ehre gelangt. Überall in der Szene waren Eskalationen der Profilierungssucht zu beobachten. Um die „neuen Helden“ scharte sich jeweils eine geltungsbedürftige Fangruppe, die Ko-Narzissten.

Auch unsere „Feldstraßengruppe“ wurde zu einem Mittelpunkt der Trierer Szene. Ich erinnere mich gut an das Gefühl von Rausch, das uns beflügelte, wenn wir merkten, wie TOLL man uns fand.
Ja, auch ich war damals noch voll die Muttertochter, narzisstisch ungebrochen. Ich fand, dass mir Ruhm und Ehre nur zu Recht gebührt. Schließlich war ich ja die Tochter der Mutter, die nur „Königskinder“ gebar, wie sie uns oft versichert hatte. Sie hatte mir zwar ein paar nette Gene, aber noch viel mehr einen fetten Narzissmus in mein Fleisch und in mein Blut „gesteckt“. Wendig wie ein Fisch im Wasser glitzerte ich stolz in allen Farben meiner Schuppen.
Doch die Weltsicht meiner klugen Mutter beschränkte sich nicht nur auf Märchen und Selbstbeweihräucherung. Wegen den unerträglichen Tatsachen, die sie, als junge Frau im Dritten Reich, erleben musste, gab sie mir ein Schwert in die Hand, mit dem ich um ein besseres Leben für künftige Generationen kämpfen sollte. Ich sollte mich überall dort einmischen, wo sich unbemerkt der „kleine Faschismus“ in ideologische Gruppen einschleichen wollte. Der anspruchsvolle Auftrag machte mein Leben nicht gerade leicht und führte auch gleich wieder in die Isolation. Ich kam nämlich selten in den ungetrübten Genuss, mich am „Rausch der Massen“ zu laben. Klar ist es lustvoll, wenn sich in der Menge Stimmungen aufheizen. Aber dann geht es mir wie mit dem Alkohol. Bevor ich dazu käme, betrunken mitzufeiern, tut mir der Magen schon weh. Die Menge johlt und ich bekomme eine „Blockade“. Einmal rannte ich bei einer Großdemonstration, „im Strom“ mit vielen Menschen, eine breite Straße hinunter. Wir schrien laute Parolen, die ich heute längst vergessen habe. Nicht vergessen habe ich jedoch den Schreck, der mich „mittendrin“ beim Schreien und Rennen überfiel. Mit hoch erhobenem Zeigefinger war da plötzlich meine Mutter in meinen Gedanken, die mir das „Hurraschreien“ als eine menschliche Scheußlichkeit der „Braunen“ beschrieben hatte. Voller Verachtung hatte sie von den Mitläufern erzählt, die durch die Anonymität der Masse vom Gefühl persönlicher Verantwortung befreit waren und im Namen des „Hurra“ entsetzliche Dinge taten. Mitten im „Rudelrennen“ schämte ich mich plötzlich für mein „Kreischen“ in der Rotte. Während die anderen das gemeinsame Bad in der Menge genossen, das WIR-GEFÜHL beim Rufen ideologischer Sprüche verankerten, verstummte ich wieder und geriet in eine Beobachtersituation. Meine Mutter hatte mich nach DRAUSSEN geführt. Plötzlich konnte ich mich nicht mehr ungehemmt mitfreuen. Ich, Muttertochter, durfte mich an keiner einzigen Ideologie wärmen, wenn ich nur wegen des ersehnten Gefühls der Zugehörigkeit das kritische Denken einstellen musste. Könnte es auch in meiner geliebten Gegenkultur die infantile Lust des Menschen geben, sich, versteckt in der Masse, der Selbstauflösung hinzugeben, ... so argwöhnte ich? So etwas durfte sich die Muttertochter nicht erlauben!
Sobald ich also in den eigenen Reihen „Mitläufertum“ und „Autoritätshörigkeit“ zu bemerken glaubte, legte ich sofort los. Kaum wollten unsere Führungsfiguren anfangen, Glaubenssätze und Verhaltensvorschriften zu verkünden (was sie durchaus gerne taten), mit denen ihre Fans angeblich „endlich vorwärts“ kämen, wurde ich total sauer. Mein Inneres grenzte sich sofort ab. Und weil ich damit auch das Gefühl verlor, „ein Teil eines Ganzen“ zu sein, hatte ich auch das Motiv verloren, mich BRAV verhalten und in der Spur laufen zu müssen. Ich suchte den direkten Kontakt zu den ärgerlichen Autoritäten und rief sie auf, sich sofort freiwillig vor ihrem gläubigen Volk zu „entmystifizieren“. Rhetorisch bin ich in diesem Thema sehr gut. Die zu Unrecht gekrönten Narzissten sollten sich der Huldigung durch ihre Ko-Narzissten AKTIV widersetzen, forderte ich; ... ich bezog mich dabei auf die anarchische Auffassung von Revolution. KEINE MACHT FÜR NIEMAND! Mein Verhalten erschien naiv, doch das war mir egal, denn

ich nannte es „GERADE“. Ohne Rücksicht auf mich selbst schimpfte ich dazu noch das „gläubige Volk“ aus. Es sei dumm und faul, „geduckt“ herumlaufen zu wollen. Und ob sie denn vergessen hätten, dass Feigheit und Anpassung ein schwammiges Rückgrat erzeugen, das DIREKT zum Faschismus führe, ... und so weiter ...

Ach, Du ahnst es, ... solche Auftritte machten mich wirklich UNBELIEBT. Sie führten mich jedes Mal nach DRAUSSEN. Die wenigen anarchischen Intellektuellen aus unserer Szene hätten mich durchaus verstehen können, aber mitten aus dem schönen Rausch heraus wollten sie mich schon gar nicht nach DRAUSSEN begleiten. Lieber stellten sie sich dumm und nannten mich „Ruhestörerin“ und „Nestbeschmutzerin“.
Die Rückkehr in die Einsamkeit machte mich oft sehr traurig, denn sie öffnete alte Wunden. Doch ich konnte mich einfach nicht beugen. Tatsächlich wohnt in mir nicht der Hauch eines „Autoritätsprinzips“. Die Muttertochter eben!

Die hedonistische Feldstraßengruppe

Zurück in meine glückliche Zeit in der Feldstraße, denn damals war ich noch DRIN, eingebunden in eine Gemeinschaft, die ich liebte.
Der hedonistische, ganzheitliche Politikbegriff unserer Gruppe grenzte uns klar von den rigiden Dogmen der alten K-Gruppen ab, von der bürokratischen Langeweile in politischen Parteien, von der Wahrheitssuche sektiererischer „Besserwisser“, von den in „höheren Mächten“ tanzenden Esoterikern, von gewaltbereiten Extremisten und von allen traditionellen Vorstellungen, was überhaupt unter POLITISCH zu verstehen sei.
Mit unserer Ganzheitlichkeit meine ich psychologische Kriterien, die gedanklichen Vorläufer der späteren Selbsterfahrungskultur. Sie werfen die Frage auf, ob Menschen überhaupt in der Lage sind, „vernünftige“ Entscheidungen zu treffen und ob sie „konstruktive“ Problemlösungen anstreben können, solange sie sich weigern, ihre subjektive „Wahrheit“ so relativ zu betrachten, wie sie wirklich ist. Dann verliert das Rechthabenwollen seinen Sinn. Wer die Subjektivität des eigenen Denkens anerkennt, die eigene Meinung als logische Folge der subjektiven Programmierung des Gehirns ansieht, kann einfühlsamer mit anderen Menschen kommunizieren. Uns erschien es wichtig, den Körper und die Gefühle als gleichwichtige Informationsquellen neben die Kognition zu stellen. Wir hofften, dadurch unser BEWUSSTSEIN zu schärfen, damit es unterbewusste Störungen der Gedanken besser erkennt. Um unsere Wahrnehmung zu schärfen und zu erweitern, nutzten wir alle Ereignisse des alltäglichen Lebens. Ich habe zu keiner Zeit an eine Bewusstseinserweiterung durch Drogen oder Spiritualität geglaubt. Besonders wichtig war mir die offene Kommunikation über INTIME Themen, die im bürgerlichen Leben als „privat“ verstanden werden. Meine Freunde und ich sahen in der öffentlichen Kommunikation über PRIVATES ein Forum, das gesellschaftspolitisch notwendige Bewusstseinsarbeit in Gang setzen würde. Für uns galt der Satz: „Das Politische ist privat, das Private ist politisch“, ganz und gar.

Weil wir nach dem Einzug in die Feldstraße das gemeinsame Kuscheln verlernt hatten, suchten wir jetzt das körperliche WIR im gemeinsamen Sport. Wir machten zusammen Karate. Ich muss gestehen, dass wir im Sport nicht besonders „vorankamen“. Wir aßen und feierten viel lieber. Die Aktion schlief bald wieder ein.

Die Feldstraße als Ort politischer Vernetzung

Eine Funktion der Feldstraßengruppe für die Politisierung der Trierer Szene lag hauptsächlich darin, dass wir unsere kreativen, sinnlichen und organisatorischen Talente zur Verfügung stellten, damit sich in unserem Haus, mithilfe unseres breiten Netzwerks, unterschiedliche Aktionsbündnisse organisieren konnten. Weil uns die einzige Tageszeitung der Stadt damals konsequent ignorierte und beleidigte und uns den „guten" Bürgern zum „Abschuss" freigab, indem sie fleißig bestätigte, dass „die mit den dreckigen Hälsen" überhaupt kein Recht hätten, sich öffentlich zu äußern, brauchten wir andere Möglichkeiten der öffentlichen Information. Deshalb organisierten wir zahlreiche Veranstaltungen, kleine und große Demonstrationen, Spontanaktionen, Feste und Kunstaktionen, die unsere Anliegen in die Öffentlichkeit tragen sollten. Die Themen befassten sich mit dem ANTIFASCHISMUS, mit den politischen Verhältnissen in der DRITTEN WELT, mit der Idee einer GLOBALEN FRIEDENSPOLITIK, mit der Kritik an der Nutzung von ATOMKRAFT und deren Entsorgung, mit ökologischen Themen und UMWELTSCHUTZ. Natürlich sorgten die mittlerweile gut organisierten Feministinnen dafür, dass das Thema der FRAUENDISKRIMINIERUNG alle genannten Projekte wie ein roter Faden durchzog. Mit neuem Selbstbewusstsein verschafften sich die Feministinnen überall dort Gehör, wo sie es für nötig erachteten.
Einige Feldstraßenaktivisten bereiteten die Gründung der Trierer „Alternativen Liste" vor und organisierten Fahrten zu den Vorbereitungstreffen der Grünen Partei. Weil wir die Medien eben nicht nutzen konnten, brauchten wir stattdessen Orte und Anlässe, wo sich die ganze Szene treffen konnte, um sich, je nach Projekt, neu und anders zu organisieren. So ein Treffpunkt war die Feldstraße. Unsere Feste waren besonders beliebt, weil man dort fast die ganze Szene traf. Man konnte leicht neue Leute kennenlernen, Politisches mit Privatem verbinden. Wenn wir Großaktionen planten, bildeten wir Telefonketten, mit denen alle Aktivisten schnell über Konzepte, Ereignisse, Treffpunkte und Termine informiert wurden.

Doch nun zu meinen politischen Aktivitäten in der Feldstraße. Dort stand ich wegen der „Floriangeschichte“ noch immer unter Schock. Deshalb hielt ich mich auch aus den Großprojekten heraus, die vor allem unsere Männer vorbereiteten. Ich glaubte nicht mehr so leicht daran, dass aus dem Planungsgerede der Männer auch Wirklichkeit werden würde, denn ich war mittlerweile misstrauisch geworden. Mein revolutionäres Herz sollte nicht mehr durch narzisstische „Männerfürze“ verschlissen werden. Wenn sich allerdings zeigte, dass eine konkrete Aktion dennoch konkrete Formen annahm, zu der ich stehen konnte, nahm ich gerne daran teil. Ich war stolz und glücklich über alles, was durchgeführt wurde und funktionierte.

Unsere Projekte, meine Liebe zur Frauenbewegung

Mein eigener Schwerpunkt lag in der Frauenbewegung. Ich glaubte fest an die Solidarität unter Frauen und war jederzeit dazu bereit, dem Patriarchat Schuld an allem Bösen auf der Welt zu geben. Als eine zur „Königin“ heranreifende Muttertochter gedachte ich, mit meinen Freundinnen eine klügere Welt zu erschaffen, in der Männer unseren Anleitungen folgen sollten, damit sie künftig nicht mehr so viel Schaden anrichten könnten. In einem gelungenen MATRIARCHAT würden sie einen noblen Platz als Liebhaber bekommen, einen Spielplatz für Reiterspiele, Motorradrennen und was sie sonst noch für ihre Männlichkeit brauchen. Sie dürften gerne für uns kochen und auch die Kinder versorgen. Aber DENKEN wollten wir sicherheitshalber lieber ohne sie.

Weil mein damaliger Freund, der sanfte David, sich nicht unbedingt als Mann sehen wollte und schon gar nicht als „mein Mann“, fühlte ich mich in dieser Beziehung nicht als seine Partnerin, sondern als autonome Frau mit Kindern. David war ein von mir hoch geschätzter LIEBHABER, ein Begriff, den ich bis heute super finde. Emotionale Sicherheit in treuen, langjährigen und tief empfundenen Beziehungen empfand ich vor allem mit den Freundinnen aus meiner Frauengruppe. Seit der Kinderladenzeit trafen wir uns wöchentlich in unserer SELBSTERFAHRUNGSGRUPPE. Darüber hinaus engagierten wir uns in der politischen Frauenszene. Eines unserer sozialen Projekte war die „WÜHLMAUS“, ein Second-hand-Laden, in dem wir preiswerte Kinderkleidung an Bedürftige verkauften.

Zusammen mit anderen feministischen Gruppen organisierten wir die ersten öffentlichen Frauenfeste und Demonstrationen. Weil wir die Frauenrolle grundlegend neu definieren wollten, griffen wir die traditionelle SEXUALPÄDAGOGIK an und legten neue Erziehungskonzepte zur GLICHSTELLUNG von MÄDCHEN und JUNGEN vor. Wir halfen bei der Gründung der „PRO FAMILIA“, um auch die Lebensqualität der Frauen zu verbessern, die sich nicht selbst organisieren konnten oder wollten. Die SELBSTBESTIMMUNG der Frau bezüglich ihrer SEXUALITÄT war ein Reizthema, auf das die bürgerlichen Patriarchen mit Angst und Entsetzen reagierten. Um sie zu provozieren, griffen wir das alte Bild der HEXE auf und setzten es neu in einen selbstbewussten Rahmen. Einige Frauen fassten das Bild der Hexe nicht nur kämpferisch auf, sondern sahen sich darin auch gerne als HEILERIN. Wenn wir zu Beginn vor allem noch das Patriarchat von seiner „Dummheit“ heilen wollten, so entglitt das Hexenbild bald in weniger aufrührerische Bahnen. Dominant setzte sich die „Auferstehung der Kräuterhexen“ durch, die, als beliebtes Leitbild, den „Bioboom“ der gesunden Ernäh-

rung und Alternativmedizin anführten, der bis heute anhält. Genauso beliebt wurden kultische Hexenbilder, die in vielfältiger Form in der späteren „Esoterikwelle“ mündeten.
Bevor sich auch meine Frauengruppe ganz in diese Richtung entwickelte, kümmerten wir uns noch einige Jahre um kulturelle Themen. Wir führten feministische Theaterstücke auf, machten bissiges Frauenkabarett oder luden externe Künstlerinnen nach Trier ein. In jenen Jahren schwappte eine Welle von Frauenselbsterfahrungsliteratur auf den Markt. Wir lasen eifrig darin und diskutierten über die Bücher. Weil uns die Beschäftigung mit Literatur großen Spaß machte, stellten wir auch schon mal eigene „Ergüsse“ zusammen und veröffentlichten Hefte mit Werken von Trierer Frauen. Wir organisierten auch Ausflüge zu Ausstellungen von interessanten Künstlerinnen. Ich erinnere mich noch gerne an eine Fahrt zu Meret Oppenheims „Pelztasse“. Lustvoll ließen wir uns von der KUNST inspirieren, suchten neue Entwürfe der Weiblichkeit in der zeitgenössischen Kunst und beschäftigten uns mit Biographien großer Frauen wie Paula Modersohn, Frida Kahlo, Tina Modotti, Camille Claudel, Niki de Saint Phalle und anderen.

Die Malschule

In der Feldstraße leitete ich ein „Lieblingsprojekt“, das ich zuerst ganz alleine realisieren musste. Ich gründete eine Malschule für Kinder. Mir bedeutet KUNST von KINDERN sehr viel. Die politische Relevanz des Projekts sollte in der pädagogischen Unterwanderung der Klassengesellschaft liegen, die ich „nebenbei“ erledigen würde, so dachte ich. Meine Kommunarden hatten nicht die geringste Lust, mir zu helfen. Für sie war eine Kindermalschule einfach nur „gaga“, nicht „spektakulär“ genug, denn sie führte in ihren Augen nicht zu Ruhm und Ehre. So war es auch, denn sie hatten zu dieser Zeit viel bessere Gelegenheiten, bei denen man sich fahnenschwingend und Parolen schreiend an vorderen Fronten inszenieren konnte. Null Bock auf Häschen und Sonnenblumen malen.
Doch bald schon meldete sich meine liebe Freundin HANNE aus der Kinderladenzeit, die Lust hatte, meine Teampartnerin in der Malschule zu werden. In der Feldstraße lebten zu der Zeit viele Familien aus der Unterschicht. Einige hatten zehn oder mehr Kinder, die sie unzureichend betreuen und schon gar nicht fördern konnten. Sie besuchten dieselbe Grundschule wie meine beiden großen Töchter. Die wiederum waren sehr mit den „gutbürgerlichen“ Kindern von Geschäftsleuten aus der Innenstadt befreundet. Ich gebe zu, meine Kinder hatten eigentlich keinerlei Bedürfnis, die „Unterschichtkinder“ näher kennenzulernen, weil sie Angst vor ihnen hatten. Auf dem Schulweg verprügelten die armen Kinder die Bürgerkinder oftmals „aus Prinzip“. In ihren Elternhäusern hatten sie gelernt, dass aus ihnen ohnehin nichts „Rechtes“ (Reiches) werden könnte, während die ANDEREN unverdient „alles“ hätten. So gesehen stimmte das auch, und ich wollte es „ändern“. Ich wollte die Ebene des besseren Kennenlernens dazwischen stellen, damit die eine Seite für die andere „empathiefähig“ würde. Ich glaubte damals fest daran, dass Menschen nach einem Solidaritätsprinzip leben könnten, wenn sie sich kennenlernen und für einige Zeit etwas zusammen machen würden. Wenn ich meine Kinder heute frage, was sie von dem Projekt gehabt hätten, sagen sie, dass sie die Einzigen waren, die auf dem Nachhauseweg von der Schule NICHT mehr verprügelt wurden. Die Unterschichtkinder kann ich heute leider nicht mehr fragen, denn sie verließ das soziale Elend nicht wirklich. Die Wut auf die ANDE-

REN wird auch heute noch da sein, vermute ich. Was genau wir in der Malschule gemacht haben?

Du erinnerst Dich doch sicher noch an das kleine Fachwerkgebäude, rechts auf dem Foto im letzten Brief? Es stand im Innenhof neben dem Haupthaus. Unten darin war ein Schuppen. Darüber lagen zwei winzige Zimmer mit Fenstern zum Hof, die aussahen, als wären sie extra für Kinder gebaut worden. Obwohl das Gebäude nicht bewohnbar erschien, gab es doch Wasser und Strom. Natürlich war es verkommen und zugemüllt. Ich musste viel renovieren. Von unseren Männern half mir nur Richie, der sich nie vor „schlimmen" Arbeiten drückte, wenn er ein Projekt gut fand. Tagelang brachten wir den Müll weg, reparierten bauliche Mängel und strichen die Zimmerchen in fröhlichen Farben. Richie arbeitete gerne mit mir, aber nur so lange, bis wieder etwas Aufregendes unter den wilden Männern im Haupthaus zu besprechen war. Da ließ er sich von meinem „Kleinkram" nicht aufhalten. Bei einer Veranstaltung traf ich einen Freund aus der Stadtverwaltung, der sich für meine Aktivitäten interessierte. Er organisierte mir einen Spendenbetrag, mit dem ich die Grundausstattung an Farben, Pinseln, Kreiden, Scheren und Papier einkaufen konnte. Nach der Auflösung des Kinderladens hatte ich die Kinderstühle und kleinen Tische aufbewahrt, die jetzt wieder

gebraucht wurden. Nun konnte es also losgehen. Ich entwarf ein Flugblatt, das ich in unserer Straße in alle Briefkästen warf. Die „armen" Kinder, die ich vom Sehen her kannte, lud ich persönlich ein. Meine Kinder wurden von mir „gezwungen", an dem Projekt teilzunehmen, weil sie am Allerliebsten ohne die ANDEREN gemalt hätten, denn bei dem Thema SOZIALER AUSGRENZUNG konnte ich „bitterböse" werden, das wussten sie schon. Den Ärger sparten sie sich lieber. Und wie beseitigt eine gute Revolutionärin Klassenunterschiede zwischen Kindern? Sie backt Kuchen! Und dieser Trick führte tatsächlich zu einem Gelingen des Projekts!
Auf meiner Einladung für die Kinder war nämlich zu lesen, dass jede Woche um dieselbe Zeit im kleinen Häuschen in unserem Hof eine MALSCHULE angeboten würde. Zwei Stunden lang dürfte gemalt und gebastelt werden. Dazu bekämen die Kinder Kuchen! Und alles wäre „umsonst". Da kamen die „armen" Kinder auch, wirklich brav, Woche für Woche. Und wir lernten uns tatsächlich kennen. Meine Kinder spielten jetzt viel lieber mit den ANEREN. Manchmal wurden sie sogar zu deren Kindergeburtstagen eingeladen. Hanne und ich krönten den Erfolg, indem wir einmal im Monat einen „Elternkaffee" organisierten, zu dem die Kinder mit und ohne Eltern kommen durften. Da wuchs bei meinen Kommunarden erstaunter Respekt davor, dass in unserem Hof buntes Leben, über alle Klassenschranken hinweg, entstanden war. So eine Revolution war genau nach meinem Geschmack. Woche für Woche standen meine Kuchen zuverlässig auf den Kindertischen. Am Anfang schlangen die Kinder noch schnell alles herunter und malten danach ein bisschen herum. Doch bald schon vertrauten sie dem Projekt, meiner Freundin und mir, und ließen sich mehr darauf ein. Es machte großen Spaß, den Kindern zuzusehen, wie sie sich in der KUNST entspannten. Als wir einschätzen konnten, wie GUT sie tatsächlich waren, wagten wir ein Großprojekt. Ich räumte unseren Hof auf und befreite alles von Gerümpel. Dann zeigte ich den Kindern die schönsten Urwaldbilder von ROUSSEAU und fragte sie, ob sie das auch könnten? „Na klar", sagten sie. Und tatsächlich schafften wir es, mit der Malschule aus unserem dreckigen, alten, einen bunten Urwald zu kreieren, in dessen reichem Grün riesige Blumen, Schmetterlinge und wildes Getier auftauchten. Es war der schönste alte Hof, den ich je gesehen habe. Wir feierten danach ein großes Fest. Wenn Rousseau noch gelebt hätte, hätte er sich bestimmt sehr gefreut, mit unseren kunstbegabten Kindern im Hof Kaffee zu trinken.

Als sich die Feldstraßengruppe auflöste, musste ich auch die Malschule schließen. Und die Revolution machte sich auch wieder „dünn". Ich war richtig enttäuscht, als ich beim Einpacken der Kindersachen bemerkte, dass die „armen" Kinder vorsorglich einige Lieblingsspielsachen meiner Kinder weggeschafft hatten. Die ohnehin geringe Begeisterung für meine ethischen Ideale hingegen ließen sie achtlos im Müll zurück. Meine Kinder sagten mit einem kleinen Triumpfgefühl, sie hätten mir das gleich sagen können. Sie wurden nicht gerne in Sozialprojekte „gezwungen".

Du weißt wahrscheinlich noch, dass meine „Tage der offenen Gartentür mit Streichelzoo" ein ähnliches Projekt sind. Ich locke jetzt mit frischen Waffeln und wünsche mir, dass Kinder aus allen Schichten in meinem Garten miteinander spielen. Doch die Welt hat sich nicht geändert, denn die „armen" Kinder klauen immer noch ungeniert, selbst dann, wenn sie nach einem wunderbaren Nachmittag beschenkt nach Hause gehen. Sie halten „Gutmenschen" sowieso für Trottel. Sie wollen überhaupt keine Revolution, sondern nur Spielsachen in ihrer Taschen verstecken, um sie mit nach Hause zu nehmen. Wovon sie dann länger etwas haben, so sehen sie das. Manche Kinder stehlen sogar Tiere, um sie Tage später verletzt und verdreckt wieder zurück in den Garten zu werfen. Revolution „von unten“ scheint wirklich nicht zu funktionieren.

Warum ich dann trotzdem nicht aufhöre, Kinderprojekte zu organisieren, fragst Du mich? Ach, weißt Du, ich war selbst einmal ein ganz armes Kind. Wenn ich nach den seltenen Glücksmomenten in meiner Kindheit suche, fällt mir sofort eine kleine Kneipe am Stadtrand von Tübingen ein. Man konnte dort an einem Biertisch im Hof sitzen und auf einen Käfig blicken, in dem ein armer, verlauster Affe lebte. Für mich blieb es ein unvergessenes Glück, wenn ich mit meiner Mutter den Affen besuchen und eine Limo trinken durfte. Ich glaubte dann, dass das Leben schön sei. Weiß der Teufel, warum?

Nachdem ich den Glauben an die Revolution schon länger verloren habe, reicht es mir heute, wenn ich mir vorstelle, dass ich irgendeinem Kind, das vermutlich eine schreckliche Kindheit hat, mit meinem Garten und meinen Tieren eine bleibende Erinnerung sein darf.

Doch kehren wir noch einmal in die „ruhmreichen Zeiten“ der Feldstraße zurück. Da hat mir doch der Aktionismus unserer Männer ein Erlebnis beschert, das auch einen unvergesslichen Schatz in meinem Leben darstellt.

Die Dombesetzung

Diese Aktion wurde von unseren Männern ins Leben gerufen. Sie stellte eine Blüte der Aktionen dar, die von sämtlichen Aktivisten in der Stadt gemeinsam getragen wurde. Während ich wieder einmal NICHT zuhörte, als diese Aktion an unserem Küchentisch heranreifte, war ich dann doch sehr beeindruckt, als es plötzlich hieß, wir sollten am nächsten Tag alle früh aufstehen, ... bitte pünktlicher als sonst, ... die Dombesetzung stünde an! Die Aktion sollte unserem Protest gegen das Atomkraftwerk in CATTENOM nachhaltigen Ausdruck verleihen. Tatsächlich eilte die ganze Szene herbei. Den ganzen Tag lang besetzten wir den Eingang zum Dom. Und weil die Aktion länger als 24 Stunden dauern sollte, schliefen wir auch dort.

Mir war klar, dass ich nur ein einziges Mal in meinem Leben auf dem Fußboden dieses großartigen Gebäudes schlafen würde. So antiautoritär, wie ich auch in den „eigenen Reihen“ war, interessierte mich an der Aktion nicht vordergründig der Widerstand gegen die atomare Bedrohung, nein, ich wollte die Nacht in dem Begriff von „Lust und Würde“ genießen, den ich in meinem Elternhaus gelernt hatte. Habe ich Dir in meinem letzten Brief nicht von den leidenschaftlichen Gefühlen erzählt, die der Geruch von altem Gemäuer in mir aufsteigen lässt? Nun, so ein Dom ist viel mehr als nur altes Gemäuer, denn in seiner versteinerten Würde steckt die Kultur von Jahrhunderten. Immer, wenn ich über Kultur nachdenke, fühle ich die Liebe und Hoffnung von unzähligen Generationen, die vor mir auf der Erde ankamen und wieder vergingen. Mich trösten ihre Werke, als wären sie Liebesgeschenke, die mir zwar die eigene Vergänglichkeit zeigen, mich aber auch aus Einsamkeit erlösen, weil mich Kunst mit der inneren Schönheit aller Menschen verbindet. Die Auseinandersetzung mit kulturellen Schätzen kann mich sehr glücklich machen.
Es tut mir leid, wenn ich Dich gleich enttäuschen muss. Du möchtest mir vielleicht sagen, dass eine Kirche vor allem eine heilige Stätte ist? Ach, es sieht fast so aus, als

sei ich, von überzeugten Atheisten erzogen, unfähig, Ehrfurcht vor dem GLAUBEN zu empfinden. Ich möchte andere Menschen nicht ärgern, die sich im Bedürfnis nach einem Glauben wohlfühlen, doch mir spendet dieser Begriff keinen Trost. Die Geborgenheit im Glauben ist vermutlich ein „Erziehungsprodukt", aber kein Ausdruck der Gnade eines „lieben Gottes", so denke ich. Mir wurde diesbezüglich nichts beigebracht.
Im Alter von etwa zehn Jahren hatte ich ein Erlebnis, das mich von meinen christlich erzogenen Freundinnen unterschied. Sie hatten mir erzählt, dass sie häufiger von „Schuldgefühlen" geplagt seien, wenn sie etwas „Böses" angestellt hätten, zum Beispiel der Mutter Geld zu stehlen oder mit einem Jungen „Zeig mir Deins, dann zeig ich dir Meins" zu spielen. Dann drängte es sie, in die Kirche zu gehen, um dort von der „Sünde" befreit zu werden. Neugierig stellte ich mich in der Kirche manchmal neben sie und beobachtete, was passierte. Erst stellt man sich murmelnd vor eine „heilige" Figur. Die macht dann, dass es einem wieder besser geht. Und das schien auch zu funktionieren, denn meinen Freundinnen ging es danach tatsächlich besser. Doch ich konnte es einfach nicht wirkungsvoll nachmachen. Ich habe es wirklich versucht! Schon der Anfang passte nicht zu mir. „Sünde" war für mich ein lächerliches Wort, eine Erfindung böser Menschen, die andere quälen wollen. Und der Begriff der „Erbsünde" ärgerte mich besonders. Wie dumm müssen Erwachsene sein, um so ein Märchen zu glauben, dachte ich? Und dann wollen sie mit der Geschichte kleinen Kindern Angst machen! Hilflosen Kindern, die sie angeblich lieben. Das fand ich nur böse und gemein. Dafür kommt bestimmt keiner „in den Himmel". Ich ließ mir solche Angstmachergeschichten erst gar nicht erzählen. Aus der Hölle würde ich auch DRAUSSEN bleiben, warum sollte das anders laufen als sonst? Wenn es einen wirklich „üblen" Ort gab, an dem ich verharren musste, so war das vielleicht mein Elternhaus. Danach würde mein Leben nur noch besser werden. Und sollte es doch einen Himmel für die „Guten" geben, so stünde mir der auf jeden Fall offen! Ich hatte ja nichts anderes vor auf der Erde, als „ein wirklich guter Mensch" zu sein.
Weil ich aber mit zehn Jahren manchmal unerträglich einsam war, versuchte ich es halt doch manchmal mit Beten. Einmal schlich ich mich in die Kirche meiner Freundinnen. Ich stellte mich vor die heilige Figur und murmelte ihr zu, dass ich gekommen wäre, weil ich Hilfe sehr gut gebrauchen könne. Ich sei eigentlich ein ziemlich liebes Kind. Ungefragt und gänzlich schuldlos sei ich in eine allzu harte Wiege geworfen worden. Ich bäte nun um Heilung für die Wunden, die ich dabei erlitten hätte, denn sie würden mich häufig schmerzen. Ich gab mir Mühe beim Beten und versuchte fest an das Glauben zu glauben. Dann wartete ich, ob der Schmerz nachließe, so, wie bei meinen Freundinnen? Nichts passierte. Alles war wie vorher auch.
Schon beim Verlassen der Kirche war ich mir sicher, dass es nicht an meinem Mangel an Glauben lag, wenn Maria nicht half. An mir war nichts falsch. An meinen Freundinnen auch nicht. Die waren eben zum „Glaubenkönnen" erzogen worden und ich nicht. Meine Eltern hatten in meinem Gehirn eben etwas anderes verankert, das war der einzige Unterschied. Ich sollte meine Zeit nicht mit Glauben vertrödeln, sondern so gut wie möglich für mich selbst sorgen. Ich müsse alles selber machen, wenn ich es schöner haben wolle im Leben. Keiner käme, mich zu retten. Da wollte ich ganz schnell groß werden, damit ich alles machen könnte, was im Leben schön ist. Mir blieb der christliche Glaube fern.

Zurück in den Dom. Ich kann Dir die Schätze, die dieses eindrucksvolle Gebäude beherbergt, nicht in einem Brief beschreiben. Sie sind ganz sicher eine Reise wert.

Vielleicht können wir uns den Dom einmal zusammen anschauen? Für heute bleiben wir in einem Nebenschiff. Über uns ragt ein gotisches Deckengewölbe zum Himmel hinauf. Unter uns liegt die Prämisse für eine wunderbare Nacht, die Fußbodenheizung. Ohne die kann sich kein Mensch auf einem tausendsiebenhundert Jahre kalten Steinfußboden wohlfühlen. Doch heute sind die Steine ganz wunderbar warm.

Stell Dir vor, wie etwa dreißig junge Menschen mit ihren Schlafsäcken auf dem Boden ein kreisrundes Nest bilden. Nach vielen Stunden des Wisperns unter dem Dach hoher Ideale, die uns mit dieser Stätte verbinden, werden wir müde. Wir legen uns alle ganz eng nebeneinander, denn wir suchen in der Berührung den Schutz der Gruppe. Anders als sonst, sind wir weder laut noch wild, sondern feinfühlig und irgendwie gerührt. Wahrscheinlich denkt jeder von uns in anderer Weise darüber nach, warum ihn sein Leben an diesen seltenen Schlafplatz geführt hat? Um den Schlafkreis herum flackern Kerzen. Dazwischen ein paar Thermoskannen mit Kräutertee. Überall der Geruch von Räucherstäbchen, denn wir wollen in der Dominanz unserer Herberge nicht vergessen, dass wir aus einer anderen Subkultur kommen. Unser Nest raschelt wie Seide. Das müssen die vielen Schlafsäcke sein, die sich aneinander reiben. Über uns schwebt noch immer das Wispern, das sich jetzt, noch leiser geworden, anhört wie zärtliche Musik. Die nächtliche Würde des Doms macht uns sehr friedlich. Niemand will provozieren. In diesen Stunden sind wir EINS mit diesem zeitlosen Ort. Und der ist EINS mit unserem Anliegen, unser Leben und das unserer Kinder für weitere Jahrhunderte vor atomarer Zerstörung zu bewahren. Neben dem Flackern der Kerzen schlafen wir langsam ein.

In der Mitte des Nests lag ich ganz eng neben David. Der Geruch seiner lockigen Haare, die Wimpern seiner schlafenden Augen und sein weicher, gefühlvoller Mund waren mir sehr vertraut. Zum Einschlafen legten wir unsere Wangen aneinander. Aber der Schlaf war in dieser Nacht anders als gewohnt. Als es bei den Schlafenden um uns herum endlich ganz, ganz still war, wurde es „besonders“ zwischen uns. Ganz unbemerkt von den anderen zog David seinen „gebrochenen Flügel“ aus dem Schlafsack heraus und zeigte mir die schlecht verheilte Wunde. Für das Weitere brauchten wir keine Worte. Ja, ich war entschlossen, ihn zu trösten. Aber hier war es dafür viel zu eng. Und weil wir die anderen nicht stören wollten, mussten wir irgendwie hier weg. Weil ich ja selbst ganz ohne Flügel bin, rief ich meine Engel. Sie kamen schnell. Zuerst küssten sie David auf die Wunde an seinem Flügel. Da war sie einfach geheilt. Dankbar erhob sich David, er wurde ganz groß und leicht. Schön wie ein Licht schwebte er nach oben und verschwand durch das gotische Dach in die Nacht hinaus. Weil ich auch mitkommen wollte, nahm mich einer der Engel auf den Rücken und wir folgten Davids Lichtgestalt. Keiner bemerkte unser Verschwinden. Wir flogen direkt in den Hunsrück, mitten in die Wälder von Davids Kindheit, in sein verlorenes Glück. Als wir uns dort niederließen, war es taghell, sonnig und warm. Mit der Freude gänzlich unverletzter Kinder spielten wir alle zusammen. Die Engel waren jetzt Kinder wie wir. Wir legten uns auf den Waldboden und rochen an der Erde. Mit den Händen befühlten wir die Rinden der Bäume, wir streichelten feine Gräser und große Blätter. Wir pflückten dicke Büschel von duftenden Kräutern, mit denen wir uns gegenseitig überall dort streichelten, wo wir gerade nackt waren. Die Engel zeigten uns ihre wunderbar weichen Bäuche, an denen sie ganz kitzelig wurden, wenn unsere Finger sie berührten. David versprachen sie Freundschaft für immer. Mich legten sie behutsam in ein Bett aus Moos und schlossen meine Augen. Dann streichelte mich David überall mit seinen Flügeln. Wie glücklich schlief ich in seiner Liebe ein. Als ich wieder aufwachte, lag ich wieder neben ihm im Dom auf dem Fußboden. Keiner hatte unseren Ausflug mit den Engeln bemerkt. Aber David und ich schauten uns wach in die Augen und lächelten uns liebevoll an.

Der Morgen war gekommen. Genauso ruhig, wie sich die Gruppe niedergelassen hatte, verließen wir den würdigen Ort auch wieder. Noch viele Stunden danach blieb alles „besonders“ in mir. Glücklich.

Meine Güte, wie eilig habe ich Dich in diesem Brief durch die Blüten unserer Subkultur gejagt, die so schnell verblüht sind, dass man heute fast glauben mag, es habe sie nie gegeben …
Ich möchte mich nicht von Dir trennen, ohne diesen Brief mit einer Hoffnung abzuschließen, die heute noch lebt. Das ist meine Freundin LEA. Du sollst ihre Geschichte hören, damit du weißt, dass nicht alles vorbei ist, was damals wichtig und schön war.

LEA

Ja, Lea ist bis heute eine politisch engagierte Frau geblieben, eine gesellschaftskritische Denkerin, die sich mutig einmischt, wo sie es für nötig hält. Der Kampf gegen soziale Ungerechtigkeit ist ihr Lebensthema, denn ihr Kinderleben wurde schmerzhaft von der bitteren Armut geprägt, die zum Schicksal vieler Kleinbauern gehörte, die in den abgelegenen Dörfern der Eifel lebten. Leas Mutter war als kleines Kind, von den mit einer „Überzahl“ von Kindern „gestraften“ Eltern, zu kinderlosen Verwandten „weggegeben“ worden, damit die es mit der jungen Hilfskraft etwas leichter im Leben haben sollten. Sie lernte, den neuen Eltern zur Hand zu gehen wie eine kleine Magd. Glaub nur nicht, dass solch eine informelle „Umverteilung“ von Kindern in unserer Region selten war oder gar als unseriös galt. Mir sind während meiner dreißigjährigen Berufstätigkeit mehrere dieser Fälle begegnet, die in der Regel vor den Nachkommen verschwiegen werden, weil so eine pragmatische Verleugnung der Schutzrechte von Kindern heute als ein Verbrechen gilt. Doch in der ersten Hälfte des vorigen Jahrhunderts wurden Kinder aus landwirtschaftlichen Großfamilien ganz selbstverständlich und ausschließlich als nützliche Arbeitskräfte angesehen, über deren Einsatz im Betrieb alleine die Eltern entschieden. Eine Pädagogik, die Kindern ein Recht auf die individuelle Entwicklung und Förderung ihrer Talente gibt, kannten die Menschen damals einfach nicht. Es war daher auch nicht sittenwidrig, wenn Eltern ein Kind, das „zu viel“ war, irgendwohin schoben, wo eines „gebraucht“ wurde. Man sprach nicht weiter darüber, es fragte auch keiner. Selbst die Kinder wussten genau Bescheid darüber, wonach sie nicht zu fragen hätten. Und wenn sie in ihren rebellischen Jahren doch einmal zu „bohren“ wagten, gab es nur eine mögliche Antwort: „Es war halt so.“

Als Leas Mutter ein junges Mädchen war, verliebte sie sich in einen stattlichen Mann aus dem Nachbardorf. Einer, dessen Familie „etwas auf sich hielt“, weil sie „etwas mehr hatten“. Der junge Mann liebte die kraftvolle junge Frau, eine dunkle Schönheit, die ihre Leidenschaftlichkeit sorgsam hinter der Stille eines tiefernsten Blicks verbarg, sehr. Er stellte sich gegen seine Familie und heiratete Leas Mutter. Trotzig grenzten sich die jungen Leute von ihren Herkunftsfamilien ab, von denen sie wenig unterstützt wurden. Mit großem Fleiß schuftete das junge Paar an dem ersehnten Ziel, für ihre fünf Kinder und sich selbst ein „besseres Leben“ aufzubauen. Während der ersten Ehejahre konnte man die junge Mutter des Öfteren herzlich lachen sehen. Stolz und glücklich waren die jungen Eltern, wenn sie an Feiertagen einmal nebeneinander auf der Gartenbank saßen oder sogar die Zeit fanden, auf ein Tanzfest zu gehen. Doch das Leben der beiden geriet bald wieder in eine große Überforderung. Leas Vater arbeitete hart in einem Industriebetrieb. Nach Feierabend und an den Wochenenden baute er unermüdlich an dem neuen Haus, das auf einem schönen Hügel am Rande des Dorfes lag, dort, wo die „besseren Leute“ wohnten. Wen mag es da wundern, dass der Mann zunächst seltener und dann immer öfter spät abends nach Hause kam, weil er mit seinen Kollegen noch ein Bier trinken „musste“? Weil er seiner Frau zu Hause kaum helfen konnte, musste die sich alleine um die bescheidene Landwirtschaft und um die Kinder kümmern. Natürlich erwartete die überforderte Familienmutter von ihren Kindern das gleiche Verhalten, zu dem sie selbst von Kind an gezwungen worden war, nämlich eine bedingungslose, fast sklavische Solidarität mit dem Projekt „Familie“, was in der Landwirtschaft nur eines bedeutet, … arbeiten, … arbeiten, … arbeiten.

Lea, das erstgeborene Mädchen, tat bereitwillig alles, was von ihr erwartet wurde. Ausgestattet mit einem lebendigen, heißblütigen Temperament, liebte sie ihre Eltern und ihre jüngeren Geschwister. Sie liebte den Garten, die Tiere und den Geruch des Dorfes. Und trotzdem erschien sie den Eltern merkwürdig „anders“ als ihre Geschwister. Es war nämlich wieder einmal passiert, dass „ein kleiner Stern vom Himmel gestürzt“ war, und in dem Gehirn eines unschuldigen Kindes eine Hochbegabung entzündet hatte. Als hätte es nicht gereicht, dass die Kleine, strohblond und blauäugig wie ein lichter Engel, in den Armen ihrer Eltern lag! Wohin mit dieser Hochbegabung? Wie kann solch ein Kind zwischen lauter Menschen gedeihen, die das Bildungsbürgertum als einen „affigen Club großköpfiger Städter“ diskriminieren?

Lea schuftete mit der Kraft ihres solidarischen Herzens im Haus und auf dem Hof der Eltern. Auf dem Gymnasium versuchte sie sich nebenbei an der Idee, für sich einen Weg zu suchen, der ganz anders wäre als alles, was sie bisher kannte. Nur raus aus dem Dorf! Leas Gedanken konnten tanzen, springen und fliegen. Sie vergnügten sich in zeitgenössischer Kunst, in alter und neuer Literatur, in den Schriften antiker Philosophen und utopischer Vordenker und in den Idealen der neuen Linken. Die Neugier und der Lebenshunger der kreativen Denkerin waren so groß, dass sie nirgends lange verweilte, denn sie hätte die Wunder einer neuen Erfahrung ungern versäumt. Wenn sie, wie ein fröhlicher Wind, an den Menschen vorbeiwirbelte, die sie liebte, hinterließ sie im Zimmer eine Spur bunter Blütenblätter für diejenigen, die zu schätzen wussten, was sie gab. Doch dazu waren nicht alle in der Lage. Die autonome Denkerin eignete sich keinesfalls dafür, sich brav in den Normenkontext eines Eifeldorfes zu fügen. Ganz sicher fühlte sich Lea nur in der Liebe ihres Vaters. Er sprach mit zärtlicher Stimme zu ihr und seine Blicke zeigten liebevollen Stolz, wenn sie der Tochter folgten. Während sie heranwuchs, hatten die harten Winde dörflicher Realität, der tägliche Zwang, die große Familie und den Hof zu pflegen, die jugendlichen Hoffnungen der Mutter zunehmend niedergedrückt. Wieder war sie das letzte Glied in einer Kette von Pflichten geworden, denen sie sich zu fügen hatte. Anders als für die Tochter gab es für sie kein zweites Leben, keine Alternative, keine Wahlfreiheit in der Frage nach dem Sinn und den Zielen im Leben. Die Frau war keineswegs böse, ihr Herz war nicht hart. Sie litt. Still.

Wenn sie auf ihre blonde Tochter blickte, die hellwach und temperamentvoll und voller Lust auf Leben ihre Chancen suchte, wurden die Augen der Mutter wieder stumpf und schwarz. Schweigend wie ein nachtschwarzer Berg erhob sie sich vor dem Kind und versperrte ihm den Weg zu ihrem Herzen. Doch das lebensfrohe Kind resignierte nicht. Es suchte und fand schließlich den Weg nach DRAUSSEN!

Durch die Freundinnen, Kinder von Bildungsbürgern, die sie auf dem Gymnasium kennengelernt hatte, machte sie neue Erfahrungen. Bei Besuchen in deren Elternhäusern spürte sie die Vorteile der Kinder, die schon in Facetten der neuen Pädagogik groß werden durften. Die radikale Neuorientierung im Umgang mit Kindern war während der Wertewende der 70er-Jahre zuerst in die Häuser der „Gebildeten“ eingezogen. Doch Lea, das hochbegabte Kind, wartete nicht auf die Gnade einer guten Erziehung. Sie nahm sich selbst, was sie an der Welt gut fand.

Ihre Sinne genossen den guten Geschmack in den Wohnungseinrichtungen der Häuser der Freundinnen. Sie bemerkte Unterschiede in der Auswahl von Möbeln, in der Qualität von Tischdecken und Vorhangstoffen, im Design der Tapeten und der Kücheneinrichtungen und vor allem bei den Bildern, die sich Menschen an die Wände hängen. Sie stöberte in den Bücherschränken der „anderen“ und freute sich über gelegentliche Gespräche über neue Literatur. Doch glaube nur nicht, dass LEA ihre Wurzeln verriet. Sie ist eine unbeugsam treue Frau.

Wenn sie von ihren Ausflügen nach Hause kam, schoss ihr Liebe durchs Herz, sobald sie die stille Würde ihrer Eltern erblickte. Menschen, die nicht klagten, die mit Mut und trockenem Realismus hinnahmen, was nicht zu ändern war und mit beharrlicher Kraft dort aufbauten, wo sie ihre Chance sahen. Und genau wie bei fast allen Nachkriegseltern galt als größtes Ziel im Leben das selbst erbaute, vom Munde abgesparte Eigenheim. Der Umzug in den Neubau war der große Triumph der Eltern, die mit den Kindern bis dahin in der bedrückenden Enge eines ärmlichen Häuschens gelebt hatten. Lea fühlte sich in dem Neubau nicht besonders wohl, aber sie setzte gleich beim Ein-

zug viele Blumenzwiebeln in den Vorgarten, damit die Mutter im Frühjahr beim Blick aus dem Küchenfenster spüren könnte, wie sehr die Tochter sie liebte.
Doch wenn auch jetzt endlich die Sonne in das Wohnzimmer der Familie dringen konnte, so erhellte sie das Leben der dunklen Mutter nur für eine kurze Zeit. Kurz vor Leas Abitur starb ihr Vater bei einem Arbeitsunfall. Nun waren die Hoffnungen der Mutter endgültig verloren, es wenigstens später Leben schön zu haben. Äcker und Vieh abschaffen, Blumenbeete anlegen, Ausflüge und natürlich auch Urlaub machen. Genauso leben wie die anderen, die nicht immer nur arbeiten müssen. Das war vorbei. Natürlich war der schöne Neubau noch nicht ganz abbezahlt. Da blieb der Familie nur noch ein Ziel, arbeiten, arbeiten, arbeiten, um das Haus zu halten. Alle Kinder stellten ihre jugendlichen Träume zurück, denn sie hätten es nicht ertragen, die Mutter noch unglücklicher zu sehen.
Auch Lea blieb. Sie vergaß ihre Sehnsucht nach einem Leben in der Stadt. Sie mochte die schönen Farben, die Gerüche der Bücherschränke und das geschmackvolle Porzellan in den Wohnungen der Freundinnen nicht mehr leiden. Während die ausgiebig übten, sich im flippigen Trend der 70er-Jahre exotisch herauszuputzen, zog Lea entschlossen ihre Stallschürze an und verwandelte sich klaglos in eine tüchtige Bäuerin. Sie half der Mutter auf den Feldern und beim Vieh und kümmerte sich um die kleinen Geschwister, wenn die Mutter sich im Schmerz verlor. Lea gab ihr Bestes, um der Mutter ihre volle Solidarität zu zeigen, doch die entwich hinter den dunklen Berg in das Traumland ihrer Jugendjahre. Dort tanzte sie mit ihrem Mann und küsste ihn wieder und wieder. Sie konnte ihre Tochter von dort aus nicht sehen. Und sie wollte auch nicht, denn das Leben erschien ihr allzu ungerecht. Sie hatte nichts mehr zu geben, … so dachte sie.
Eines Tages war Lea weg. Sie war mit einer Freundin in die Stadt gezogen. Eigentlich wollte sie dort studieren, aber die Ereignisse überschlugen sich schnell. Sie hatte die Leute von DRAUSSEN gefunden und war nicht mehr alleine. Und ich auch nicht.
Ich liebte Lea von Anfang an. Ihr kreativer, intellektueller Scharfsinn, durchmischt mit der bäuerlichen Bodenständigkeit, machte sie für mich zu einer sehr interessanten Gesprächspartnerin. Ich mochte einfach alles an ihr und war glücklich, endlich eine Freundin gefunden zu haben, mit der ich so viel teilen konnte. In der Nestgruppe schliefen wir oft ganz nah beieinander, denn wie Du Dich erinnerst, hatte keiner ein eigenes Bett. Doch eines Tages war Lea ohne Abschied verschwunden. Ich war traurig darüber. Heute verstehe ich sie. Es muss unerträglich für sie gewesen sein, mich nach dem Abgang von Florian in derselben traumatischen Starre zu erleben, in der sie gerade eben ihre Mutter verlassen hatte. Doch wenn man Lea nicht festhielt, kam sie immer wieder zurück. Einige Jahre lang blieb sie eng mit der Aktivistenszene verbunden. Sie war eine Bereicherung für Menschen und Projekte, wo immer sie auftauchte. In unseren neuen Ideen sprang sie vergnügt herum wie ein junges Fohlen. Wo immer etwas los war, war sie dabei, packte tatkräftig mit an und sorgte dafür, dass die inhaltlichen Diskussionen in die Ecken drangen, wo sie fruchtbar werden sollten.
Als Lea den elterlichen Hof und Garten für immer verließ, hatte sie nicht vergessen, sich selbst mit allen Wurzeln mitzunehmen. Wo immer sie in ihrem unsteten Leben für eine Weile siedelt, legt sie sofort einen Garten an. Kaum setzt sie ein Pflänzlein in den Boden, sprießt das Grün so lebhaft heraus, als nährte es sich direkt von Herzensliebe. Nein, meine Freundin weint nicht mehr um ihre dunkle Mutter. Sie feiert ihre Wurzeln in jedem Garten, den sie pflegt, und bekommt dort alles zurück, was sie gibt.
Lea lacht, lebt, liebt und denkt wie ein sprudelnder Bach, den man weder anhalten noch fangen kann. Sie war einfach viel zu munter, als dass sie sich in dem Niedergang

unserer Subkultur verschlissen hätte. Sie mag kein Selbstmitleid. Also züchtet sie auch nicht die Opferschaft der ewig „Unverstandenen".

Mit einem kraftvollen Sprung wagte sie die Neuorientierung und landete in der erfolgreichen Karriere einer engagierten Wissenschaftlerin. Heute ist sie Professorin, lebt im Ausland und lehrt an einer Universität Sozialwissenschaften. Ihre vielseitigen Interessen und ihre guten Kontakte zu Menschen aus allen Gesellschaftsschichten halten ihr Leben so bunt, wie sie es braucht. Sie braucht jetzt nie mehr so einsam zu sein, wie sie es als „kleine Sternschnuppe" in der Eifel durchleiden musste.
Lea und ich sind noch immer Freundinnen, denn uns verbinden so einige Gemeinsamkeiten. Zum Beispiel die Verweigerung des Respekts vor der Hierarchie der Klassengesellschaft. Munter wie die Fische durchschwimmen wir jedes Gewässer und spielen an jedem Strand, der uns gefällt. Nach unseren eigenen Regeln.
Lea ist eine autonome Radikale, eine Intellektuelle, die sich genau dann bürgerlich integriert, wenn sie das möchte. Gleichzeitig ist sie eine Bäuerin aus Liebe, die nie vergisst, dass wir aus Erde sind und in Erde vergehen. Sie ist eine solidarische Freundin für Menschen in Not, eine treu Liebende in ihrer Partnerschaft, Abenteurerin und spontane Liebhaberin, wenn das Leben sie zum Luftsprung ruft. Lea ist eine FREIE FRAU.

Dir wünsche ich für heute eine gute Nacht mit schönen Träumen und Glücksgefühle neben dem sanften Atmen Deiner schlafenden Frau.

Deine Freundin

Nelly

Brief - Juni 2006

Richie tritt in mein Leben

Lieber Freund!

Ich freue mich sehr darüber, dass wir noch einmal miteinander telefoniert haben. Du sagtest mir, wie gerne Du meine Briefe liest und dass es Dich stolz macht, wenn ich Dir vertraue. Auf der anderen Seite quäle Dich ein schlechtes Gewissen. Du möchtest weder Deine Frau verraten (was soll das sein?), noch möchtest Du mich kränken. Du fühltest Dich unwohl, weil unsere Beziehung keine Chance hätte, jemals „gleichschenklig“ zu werden. Du könntest die Intensität, mit der ich Dir schreibe, nicht beantworten. Dazu möchte ich etwas sagen.
Was Deine Frau betrifft, so muss ich mich natürlich raushalten, denn Deine Beziehung ist alleine Deine Angelegenheit. Ganz sicher werde ich jede Entscheidung respektieren, die Du triffst. Was mich angeht, kann ich nur sagen, dass ich mit der Situation gut klarkomme. Lass das mit dem schlechten Gewissen mir gegenüber. Es ist überflüssig und untergräbt unsere Freundschaft.
Nun zur „Gleichschenkligkeit“. Klar, wenn ich eines der ach so beliebten Handbücher mit dem ABC für „gesunde Beziehungen“ aufschlagen würde, fände ich sofort, was in unserer Beziehung „falsch“ läuft. Wie gut, dass wir gar keine Beziehung, sondern ein „Einmal ist keinmal-NICHTS“ miteinander haben. Das sind saubere Verhältnisse. Eigentlich ist nur eine Seite von mir unangemessen „angeschwollen“, weil sich die Briefeschreiberei verselbstständigt hat. Ich finde es ausgesprochen nett, dass Du deshalb „nichts GEGEN mich unternimmst“. Damit hilfst Du mir, in einer gründlichen Auseinandersetzung mit meiner Vergangenheit voranzukommen. Jedes Mal, wenn ich einen Brief abgeschlossen habe, merke ich nämlich, dass er „hinter“ mir liegt und nicht mehr „in mir“. Also bin ich es, die Dir zu danken hat.
Was die Zukunft von uns beiden angeht, so ist für mich alles genau so richtig, wie es kommt, ... denn „das Leben hat immer Recht“ (Kamasutra). Gehen wir also weiter.

RICHIE tritt in mein Leben

Heute geht es um die zweite, unauslöschliche Liebe in meinem Leben. Es ist die Geschichte von Richie und mir, die in den letzten Monaten in der „Feldstraße“ begann.

RICHIE lebte schon ein halbes Jahr lang in unserer Kommune, ohne, dass sich zwischen uns „etwas“ ergeben hätte.
Dieser Mann pflegte einen solch unangenehmen Umgang mit Frauen, dass ich ihn mit meinen „Frauenpoweraugen“ als einen echten „Kotzbrocken“ anzusehen hatte. Es war mir also gar nicht erlaubt, mich für „Macho-Richie“ zu interessieren. Alle Frauen, die die kleine Leiter zu seinem Hochbett herauf- und wieder herabgestiegen waren, saßen nach ihrem letzten „Runterkommen“, je nach Temperament, regelmäßig heulend oder fluchend in unserem Wohnzimmer. Dort wurden sie von mir „parteiisch“ und „frauensolidarisch“ getröstet. FRAU ließe eben besser die Finger von „so einem“, kommentierte ich die Ereignisse besserwisserisch. Was an Richie denn so schlimm sein mochte, willst Du wissen?

Na, ein kurzes Beispiel verdeutlicht Dir die Situation. Richie war ein Künstler darin, die politische Idee der „freien Liebe“ so geschickt für seinen Narzissmus zu nutzen, dass er sich die ärgerlichsten Verhaltensweisen erlauben durfte, ohne dass er deshalb soziale Ächtung erfuhr. Im Gegenteil. Je übler er sich benahm, umso toller fanden ihn die Frauen. Das war natürlich sehr blöd für die jeweils aktuelle Freundin, denn die wurde von ihm und seinen „Fans“ ruck zuck in die Rolle der „hysterisch eifersüchtigen Zicke“ gedrängt. Das gefürchtete Zickenbild hätte die Frau in der Szene derart stigmatisiert, dass sie sich lieber beeilte, abzudanken und den Platz für die Nächste freizumachen. Von wegen Frauensolidarität. Mitleidlose „Entsorgungspolitik“ war unter den Frauen um Richie angesagt! Du merkst schon, dass mich das Thema nicht kalt lässt! Nun, ich war ganze zehn Jahre lang die „voll blöde Zicke“ in seinem Schatten, die einfach nicht abdanken wollte, bis … Von wegen, hinten fang ich die Geschichte schon gar nicht an! Nehmen wir jetzt endlich das Beispiel einer meiner Vorvorvorgängerinnen.

Richie war erst seit Kurzem mit Iris zusammen. Verliebt, wie sie war, freute sie sich auf einen Abend mit ihm, an dem sie uns das schöne Spiel der frisch Verliebten, „Schaut alle her, wie glücklich ich bin, hab ich meinen Traumtyp abbekommen!“, vorführen wollte. Unsere Gruppe war nämlich zu einer Party bei Freunden eingeladen worden. Das Fest fand in einer relativ kleinen Wohnung statt. Das bedingte, dass alle Gäste eng aufeinandersaßen und jeder alles mithören musste, was in der Wohnung gesprochen wurde. Zuerst lief alles ganz gut. Fetzige Musik, Plaudereien, Kontaktaufnahme und Leckereien in der Küche. Irgendwo im Wohnraum quetschte Iris sich mit stolzem Gesicht zwischen den Leibern, plauderte fröhlich mit einem, der gerade neben ihr saß. Wir waren noch nicht sehr lange da und waren weder schwer betrunken noch voller Drogen, als von dem kleinen Flur her plötzlich „unruhige Geräusche“ ins Wohnzimmer drangen. Man kam nicht zur Toilette, weil das Badezimmer verschlossen war. Die Schlange vor der Toilette wuchs zusehends. Rappeln an der Tür. „Mach mal!“ Rufe. Die Tür wurde aber nicht geöffnet. Als sich die Aufmerksamkeit der Gäste immer mehr auf die verschlossene Badezimmertür richtete, wurden die Geräusche eindeutiger. Während die arme Iris noch versuchte, ihren Ohren nicht zu trauen, war uns anderen schon lange klar, dass das nur unser Richie sein konnte, der plötzlich, „wassergewaltig wie Neptun“, in der Badewanne tobte. Wer fehlte von den Frauen? Alle blickten verstohlen in die Runde. Es war die Gastgeberin! Ein „Gastgeschenk“ also, was war schon dabei? Harmlos schauten wir in die Zimmerecken, als wäre nichts zu hören. Doch Iris wurde ganz blass im Gesicht und verstummte. Sie hatte keine Chance. Wer in solch einer Runde „austickte“, hätte sich als kleinbürgerliche Furie entlarvt, sich lächerlich gemacht und bitter versagt in den Gesetzen der „freien Liebe“, so wie sie damals praktiziert wurde. Ich habe auch weggeschaut, als die beiden „Sieger“ der Situation wieder aus dem Badezimmer kamen, zerzaust und rotwangig, WILD UND FREI! So eine Scheiße, dachte ich heimlich. Ich fuhr mit dem erstbesten Auto, das mich mitnahm, nach Hause und wartete im Wohnzimmer auf Iris, die ich gleich trösten würde … Na ja, Du fragst Dich vielleicht, wieso wir dieses Arschloch in unserer Gruppe begeistert hegten und pflegten?

Nun, abgesehen von seinem Frauentick war Richie eine große Bereicherung für jede Gemeinschaft. Er war ungewöhnlich energievoll, hilfsbereit und tatkräftig bei jedem Problem, das auftauchte. Unermüdlich setzte er sich mit voller Kraft ein, bis auch das unangenehmste Problem gelöst war. Solch ein Verhalten fiel in der Szene, die ja mit eher passiven und faulen Kiffern durchsetzt war, sehr auf. Richie wurde schnell unser

Vorzeigerevoluzzer. Sein beeindruckendes Charisma, seine witzigen, sehr intelligenten Ideen und der radikale Mut ließen ihn zu einem wichtigen Mann in der Szene aufsteigen. Zwar ärgerten sich die anderen Männer neidisch über die Drängelei der Frauen, dem Kerl zu gefallen, aber Richie gewann ihre Freundschaft trotzdem, weil alle von dem narzisstischen Erfolg profitierten, den der Neue in die Gemeinschaft gebracht hatte. Richie hatte eine Eigenheit, die ich Dir auch von mir beschrieben habe. Genauso wie ich fühlte Richie immer dann ein WIR, wenn er in den Idealen der Revolution unterwegs war. Er glaubte in der Kraft seiner eigenen Power immer fest an UNSERE Sache. Es kam ihm weniger darauf an, dass nur ihm Ruhm und Ehre zuteil wurden. Ohne den geringsten Geiz teilte er sofort alles, was er hatte.

Mit MIR teilte Richie in unseren ersten Monaten allerdings nur Spül- und Kochdienste. Näher kamen wir uns nicht. Aber ich muss zugeben, dass mir sehr gefiel, mit ihm zu kochen. Während der Arbeit konnten wir uns hervorragend unterhalten. Nach Florian war endlich ein zweiter Mensch in mein Leben gekommen, dem Gespräche über Theorie und Methoden der politischen Utopie ebenso viel Spaß machten wie mir. Beim gemeinsamen Kartoffelschälen gerieten wir umgehend ins Feuer dieser spannenden Themen. Dann mochte ich Richie sehr. Das Frauenthema rührte ich vorsichtshalber nicht an.

Richie und die Kinder

Weil ich nach Florian keinen Partner mehr hatte, mit dem ich die Verantwortung für die Kinder teilen konnte, fühlte ich mich in der Feldstraße als Alleinerziehende.
Die Kommunarden waren wirklich alle lieb zu den Kindern, aber sie bestanden auf die Distanz der Unverbindlichkeit. Da ich ein stolzer Mensch bin, zeigte ich nicht, wie traurig ich manchmal war, wenn es niemanden wirklich interessierte, welche Wörter Jessica bereits sprechen konnte oder ob ihr Backenzahn endlich durchgebrochen war. Alleinstehend war ich auch darin, dass ich meinen Mutterstolz und die Liebe zu den Kindern nicht in einer Weise mit anderen teilen konnte, wie das bei liebenden Eltern normalerweise der Fall ist.
Manchmal entstanden in der Gruppe witzige Situationen, über die ich damals allerdings nicht wirklich lachen konnte.
Ein Beispiel: Jessica war es gewöhnt, ihren Geschwistern hinterherzurennen, wenn sie von ihrem Vater für ein Wochenende abgeholt wurden. Die großen Kinder riefen dem Vater zur Begrüßung ein freudiges „Papa, Papa!“ zu. Jessica dachte wohl, dass das ein passendes Wort für nette Männer sei und lief dann auch manchmal auf einen zu, den sie gerade toll fand. Dabei brabbelte sie: „Papapapa, Papa“. Ja, und einmal habe ich genau gesehen, wie John seine Beine auf dem Sessel hochzog, damit sie sich nicht an ihm festhalten konnte. Verkniffen sagte er zu ihr: „Ich bin nicht dein Papa, ich bin nicht dein Papa.“ Kein Wort habe ich dazu gesagt.
Und dann kam plötzlich dieser Richie ins Haus und war einfach ganz ANDERS. Er ging warmherzig auf die Kinder zu. Er spielte in einer Weise mit ihnen, dass jedem deutlich wurde, wie gerne er das tat. Klar mochten ihn die Kinder dann auch. Sofort kam eine warme, lustige Atmosphäre auf, wenn Richie mit den Kindern zusammentraf. Das berührte mich sehr, obwohl ich es mir nicht anmerken ließ. Mir war nämlich in den letzten Monaten aufgefallen, wie spießig das „Mutterbild“ auch in den Gehirnen der Freunde aus der „WILD UND FREI-Szene“ klebte. Ich war ja eigentlich eine richtig

hübsche Frau. Doch je klarer mir wurde, dass Florian nicht nur mich, sondern auch sein kleines Kind restlos im Stich gelassen hatte, desto größer wurde die Befürchtung mancher Männer, ich sei bestimmt nur darauf aus, einen neuen „Vater für meine Kinder“ zu finden. Keiner kam auf die Idee, dass eine junge Frau mit vier Kindern umso besser alleine mit den Kindern zurechtkommt, je mehr Streicheleinheiten sie für sich selbst abkriegt. Liebe Worte, Streicheln, Küsse und etwas Sex, bitteschön! Da lob ich mir den David, der mich trotz seiner Bindungsängste wenigstens nett anfasste. Er nutzte meine Weiblichkeit gerne, das gab mir Trost. Anderen Freunden begegnete ich mit kühlem „Indianerstolz“, sobald ich ihre kränkenden Befürchtungen bemerkte. Bis heute finde ich es absolut frauenfeindlich, wenn Müttern, neben ihrer Identität als Mutter, das Recht auf die eigene Entwicklung und auf die Befriedigung ihrer sozialen, emotionalen und sexuellen Bedürfnisse abgesprochen wird. Ich lasse mir so etwas jedenfalls nicht gefallen.

Jetzt verstehst Du bestimmt, wieso ich gerade dem flippigen Richie nicht zeigen wollte, wie sehr ich ihn für das Interesse an meinen Kindern mochte.

Wie Jessica einen Vater bekam

Es war Jessica, die eine entscheidende Wende in die Geschichte brachte. In der Feldstraße war sie knapp zwei Jahre alt. Meine Kinder waren es gewöhnt, dass sie morgens vor dem Aufstehen noch eine Weile zu mir ins Bett zum Kuscheln kamen.
Doch eines Morgens kam meine Jüngste nicht. Ich suchte sie im Kinderzimmer. Dort war sie auch nicht. Dann suchte ich unten in den Gemeinschaftsräumen und in den Fluren. Nichts, mein Kind war weg. Dann klapperte ich die Zimmer ab. Und siehe da, als ich unter Richies Hochbett angekommen war, hörte ich über mir ein zufriedenes Kinderlachen. Ich erklomm die kleine Leiter und da lag mein Kind entspannt zwischen Richie und der Dame der Nacht, die von Jessica offenbar locker zur Seite geräumt worden war. Richie hatte offenbar überhaupt nichts gegen ein Kleinkind einzuwenden, das seine Nachtwindel in sein Bett schleppt und um Zuwendung bittet. Am nächsten Morgen war Jessica schon wieder nicht da. Da suchte ich sie gleich an der richtigen Stelle. Und am nächsten Tag wieder. Eines Morgens schaffte sie es nicht, die Tür zu Richies Zimmer zu öffnen. Da breitete sie ihr Knuddelkissen, das sie morgens immer mit auf ihre „Ausflüge“ nahm, auf dem Boden vor Richies Zimmertür aus und legte sich darauf, bis ihr großer Freund herauskäme, um sie aufs Hochbett hinaufzutragen.
Richie und ich waren ziemlich berührt von Jessicas engagierter Liebeswerbung. Nach ein paar Tagen sprach mich Richie in der Küche an: „Du weißt doch, dass ich mit Frauen so einige Probleme habe.“ „Ja!“, schmetterte ich zurück. Dann entgegnete Richie: „Ich wünsche mir schon so lange ein Kind, aber am liebsten ohne Frau dazu. Deine Tochter ist genau das Kind, auf das ich immer gewartet habe. Außerdem hat sie keinen Vater. Da wäre es doch eine sehr gute Idee, wenn ICH ihr Vater sein könnte. Könntest Du Dir das vorstellen?“ Ich antwortete ihm, dass ich darüber nachdenken müsse.
Nach ein paar Tagen sprach ich ihn darauf an: „Mein Kind ist keine Puppe. Keiner darf sie kränken oder enttäuschen. Jetzt schmeichelt dir die Zuneigung meines Kindes vielleicht, aber wenn der Reiz des Neuen nachlässt, könntest Du das Interesse an ihr verlieren und sie verlassen. Das will ich nicht! Deshalb möchte ich nicht, dass du bei ihr Erwartungen aufbaust, die du nicht erfüllen kannst. Ich gebe dir mein Kind nicht für

dein narzisstisches Spiel mit der Eitelkeit. Wenn du wirklich ihr Vater werden willst, musst du wissen, dass das für IMMER gilt. Du bleibst dann in der Verantwortung, solange sie lebt. Nur so geht es."
„Ja, vielen Dank, genauso hatte ich mir das auch vorgestellt.", entgegnete Richie.
„Okay, dann bist du ab jetzt der Vater", sagte ich.
Damit begann die Vater-Tochterbeziehung von Richie und Jessica. Gleichzeitig gründete sich mit der Entscheidung auch das Konstrukt unserer Wahlfamilie, denn Richie und ich waren ab jetzt Eltern.

Wahrscheinlich kannst Du Dir als ein Mensch mit bürgerlichem Lebensstil nicht vorstellen, wie so etwas funktionieren kann. Das tut es aber bis zum heutigen Tag. Unsere Vertragstreue ist ein Konstrukt der Anarchie, das nur mit einer sehr hohen Moral funktioniert. Und die hatten wir. Richie und ich wurden die besten Eltern, die ich je im Leben getroffen habe. Nenn mich ruhig eine durchgeknallte Angeberin! Ich weiß genau, wovon ich spreche. Und ich werde es Dir beweisen, wenn ich über die Partnerschaft von Richie und mir berichten werde. Aber so weit sind wir noch nicht.

Wie die Liebesbeziehung zwischen Richie und mir begann

Wenn Du auch beruflich nichts mit traumatisierten Menschen zu tun hast, so weißt Du wahrscheinlich trotzdem, was es für einen Menschen bedeuten kann, wenn er in einem sehr tiefen Schmerz Trost erfährt.
Mein Trauma, die „Wunde der Ungeliebten" (Schellenbaum) beginnt vermutlich mit den allerersten Wahrnehmungen, die ich von meiner Rolle als Tochter bekam. Es war einfach so, dass ich von Anfang an CHANCENLOS war. Ich brauchte erst gar nicht zu überlegen, wie ich das Interesse meines Vaters gewinnen könnte. Dass er nie Kinder

haben wollte, erst recht keine Mädchen, und dass er nur darauf warte, bis er uns alle „hinauswerfen“ dürfe, das waren des Vaters „liebliche Worte“, die meine ganze Kindheit begleiteten. Dann kommt mein entzückendes Baby Jessica zur Welt und erlebt das Gleiche! Ihr Erzeuger haut einfach ab und stellt sich gar nicht erst seiner Verantwortung als Vater. Dann verrät er seine Tochter auch noch, indem er behauptet, sie sei gar nicht sein Kind. Den Verrat meines Vaters an seinen Kindern war ich so sehr gewöhnt, dass er keinerlei Gefühl mehr in mir auslöste. Die alltägliche Normalität der Unmenschlichkeit hatte stattdessen ein großes Loch in mir hinterlassen, ein „unbeschreibliches Nichts“ und ein drängendes „Davorweglaufenwollen“. Gefühle würde ich diese inneren Zustände nicht nennen. Zustände wie „lebendig sein“ und „hoffen dürfen“ konnte ich mir höchstens „draußen in der Welt“ vorstellen (ich kannte sie aus Büchern), doch keinesfalls in meiner Familie. Das Trauma von Florians Verrat traf mich in dem wachen Bewusstsein einer erwachsenen Frau, unverfälscht und ungefiltert. Ich MUSSTE alles fühlen, ob ich wollte oder nicht! Kannst Du Dir nun vorstellen, was es für mich bedeutete, wenn ein „ fremder“ Mann einfach so daherkam und sagte, er wolle für immer der Vater meiner Tochter sein? Solch einem unglaublichen TROST konnte ich fortan nichts mehr entgegensetzen. Kein Misstrauen, keine Vorsicht, keine Realitätssicht, keine Berechnung. Sofort gab ich mein ungeschütztes Herz in die Hände dieses Mannes und liebte ihn FÜR IMMER. Mir war es plötzlich ganz egal, wie er mit Frauen umging. Er liebte meine Kinder und damit liebte er mich, so fühlte ich das. Durch seine Vaterschaft wurden wir eine FAMILIE in dem Sinn, wie ich es immer gewünscht, aber nie erlebt hatte.

Wie RICHIE aussah, möchtest Du jetzt noch wissen? Da muss ich als Erstes an sein lachendes Gesicht denken, denn Richie war einer der Menschen, die so aussehen, als hätten sie immer die Sonne im Gesicht, selbst wenn sie sich oft nicht so fühlen. Wunderschön waren seine dunkelroten Haare, die in langen Korkenzieherlocken auf die Schultern fielen, und, passend dazu, der rostrote Bart. Richie trug gerne unsere Lieblingsoberbekleidung, alte Männerunterhemden in Übergrößen, die vorne eine Knopfleiste hatten und Ärmel mit Bündchen. Die Knöpfe mussten natürlich offenstehen, die Ärmel schnitt man in beliebiger Länge ab. Das ergab dann einen locker aufgerollten Rand. Garantiert nicht spießig. Meistens färbten oder batikten wir diese Hemden. Je nachdem, wie viele WG-Waschgänge sie dann hinter sich hatten, zeigten sie später die klassischen Verfärbungstöne von rosa (die ärgerlichste Farbe) bis graubraun oder bundeswehrgrün. Der edle Richie bevorzugte aber reines Weiß. Das Besondere an seinen Hemden waren zahlreiche große und kleine Löcher, die sich, wie gespritzt, über die Arme und Schultern verteilten. Die Löcher waren echt und nicht hineingeschnitten. Durch diese weiß umrahmten Sichtfenster strahlte Richies honigfarbene Haut lockend heraus, übersät mit Tausenden von Sommersprossen. Das sah total sexy aus. Man stecke diesen Mann im Löcherhemd dann noch in eine knackige Lederhose oder Jeans, und fertig ist der PIRAT! Tatsächlich passte Richies Erscheinung genau in Jutta Pareikes (LUSTHANSA) Lied von den „Männern mit Piratenblut im Herzen und zarten Händen in der Nacht“, das wir Frauen damals besonders gerne trällerten, anstatt uns dankbar in die strickenden Latzhosenbären zu verlieben. Kein Wunder, dass die das Stricken bald wieder aufgaben.

Nachdem ich Richie nun nicht mehr für die feministische Linientreue abwehren musste, zeigte ich ihm offen mein Interesse. Gerade Du weißt aus eigener Erfahrung, wie eindringlich ich Komplimente und Liebeserklärungen machen kann. Radikal selbstverantwortlich, ohne Sicherheitsnetz. Für mich fühlt es sich würdelos und feige an, in klassisch „weiblicher“ Manier herumzuhocken, bis mich mal einer will. Dann soll sich der arme „Prinz“ für mich auch noch durch fünf Dornenhecken durchschlagen und mich elegant auf sein Ross hieven, um mich anschließend für immer in sein Schloss einzusperren? Nein, nein, da mache ich Liebesangebote lieber dann, wenn ich sie in mir selbst entdecke! Es macht mich frei, fühlen zu dürfen, bevor ich „Erfolgsberechnungen“ anstelle. Ich bin stolz auf mich, wenn ich mich traue, Liebesgefühle ohne Einbindung in ein „Wenn und Aber“ herzugeben. Dabei verfolge ich keinen Plan. Ich stelle keine Bedingung. Und ich fordere keine Antwort. Verstanden?

RICHIE hörte also bald nach seiner „Vaterschaft“ meine goldenen Worte. Er lächelte dazu und schwieg. Dann machten wir weiter mit dem Alltäglichen.
In der Vaterrolle zeigte Richie sofort volles Engagement. Er war unglaublich glücklich mit „seinem“ neuen Kind. Obwohl meine fast zweijährige Tochter schon gut laufen konnte, trug er sie in den ersten Tagen nur noch herum, auf dem Arm, auf den Schultern, treppauf, treppab, überall dahin, wo es der kleinen Prinzessin genehm war. Wenn ich meine Tochter sehen wollte, musste ich den beiden hinterherrennen und warten, ob ich auch einmal mitmachen dürfte. Beim Hinterherrennen war ich aber weder eifersüchtig, noch wirklich DRAUSSEN, weil ich das Glück der beiden wie mein eigenes Glück empfand. Richie steckte mich mit einem ergreifenden Glücksgefühl an, das in mir neue Lebensfreude weckte. Der Schock, in dem ich seit Florians Abschied lebte, wich zurück.

Der Urlaub

Nachdem Richie und ich schon etwa drei Wochen lang „Eltern“ waren, nicht aber Partner, fuhren wir zusammen in Urlaub. Richies aktuelle Freundin fuhr nicht mit, weil sie arbeiten musste. Aber mein Freund David und unser „Seebär“ Werner waren mit dabei. Werner fuhr auf seinem Motorrad hinter unserem Auto her. Im Auto saßen also drei Erwachsene und ein Kind. Mit dabei hatten wir ein großes Zelt, viele Decken und zwei Schlafsäcke. Beim Aufbruch wussten wir noch nicht so recht, wohin wir fahren sollten. Wie es sich für „Chaoten“ so gehört, bestiegen wir unsere klapprige Ente, ohne ausreichend zu tanken und ohne auf eine Straßenkarte zu schauen. Im Auto diskutierten wir langatmig über mögliche Reiseziele und fuhren währenddessen immer geradeaus. Konsens war die Hauptrichtung Norden. Vor Einbruch der Dunkelheit hatten wir uns auf einen bestimmten See geeinigt, den wir allerdings schrecklich fanden, als wir da waren. So ein Campingplatz voller „Spießer“ konnte nicht das Richtige für uns sein, behaupteten die Männer, während ich heimlich einen sehnsüchtigen Blick auf die warmen Lichter der Imbissbude und der Duschanlage warf. Also weiter. Es wurde langsam dunkel. „Dann fahren wir eben nach Holland“, so lautete die neue „Ansage“. Ans Meer! Wenn wir uns nur eisern „nördlich“ hielten, müssten wir bestimmt bald da sein, klar doch! Lange fuhren wir geradeaus. Dann kündigte sich mit einem Holpern und Stolpern des Autos das Ende der Fahrt an. Keinen Sprit mehr. Ersatzkanister vergessen. Inzwischen war es stockdunkel. Nun standen wir auf irgendeiner Landstraße zwischen Trier und dem MEER. Gelassen „purzelten“ wir aus dem Auto, ein Heimspiel für Freaks. Wir schoben die Ente vollends auf einen Acker und gedachten zu schlafen. Es begann zu nieseln. Also zuerst das Kind versorgen. Auf der Rückbank der Ente baute ich ein schönes, trockenes Nest für Jessica. Kuschelkissen, Fläschchen,

Schnuller, Bär und eine frische Hose, und schon schlief sie ein. Wir Erwachsenen mussten draußen zurechtkommen. Weil es zunehmend feuchter wurde, griffen sich Werner und David schnell die Survivalschlafsäcke. Das sind so hässliche Dinger mit Ärmeln dran, in denen man liegend aussieht wie ein erlegter Astronaut. Genauso lagen unsere Freunde mit abgespreizten Armen auf dem Rücken. Sie schlossen ihre Augen und schliefen sogleich ein.

David, der „vom Leben Benachteiligte", war bei jedem Stress froh, wenn es ihm gelang, sich selbst zu retten, da konnte er die Freundin schon leicht einmal vergessen. Das stand ihm eigentlich auch zu, denn ICH war ja eine „Autonome mit Haaren auf den Zähnen". Bekanntermaßen können die gut alleine für sich sorgen. Für Richie und mich waren nun keine Schlafsäcke mehr da, aber wir hatten einige Decken und eine große Plastikplane. Also bauten wir mit den Decken ein Bett auf der Erde und breiteten dann die Plane darüber, damit wir nicht nass wurden. Schnell krochen wir darunter und glitten aneinander, um nicht so alleine auf der Erde zu liegen. Von wegen alleine.

Die Engel kommen

Noch bevor ich selbst ahnte, dass bald etwas „Besonderes" passieren würde, waren meine Engel schon da. Gerufen hatte ich sie nicht. Die liebten es einfach, ganz nah bei mir zu sein, wenn das Leben mich beschenkte. So war es in dieser Nacht. Einzigartig. Zuerst hatten wir die Engel gar nicht bemerkt. Reglos lagen sie bäuchlings an den Rändern der Plane, die sie fest am Boden hielten, damit es nicht zog und kein Regen hereinkam. Richie und ich lagen geborgen in der Stille der Nacht. Außer dem zarten Tropfen des Nieselregens auf unserer Plane hörten wir kein Geräusch. Die Nacht blieb ohne Töne. Die Engel konnten nicht einmal unseren Atem hören, als Richie und ich unsere Finger auf die Reise schickten. Die bewegten sich so zart über unsere Körper, als seien sie die kleinen Balletttänzerinnen auf den Bildern von Degas. Aus dem Tanzen der Fingerspitzen wuchs eine unhörbare Musik heraus, die uns schwerelos zu „zeitlos Liebenden" machte. Glückselig. Staunend und sehr gerührt beobachteten uns die Engel aus halbgeschlossenen Liedern. Richie und ich küssten uns nicht, wir wurden nicht sexuell. Wir streichelten uns bis zum Morgengrauen. Als endlich die Dämmerung kam, schlossen uns die Engel die müden Augen und flogen davon.

Richie und ich erwachten, als sich unsere Astronauten raschelnd und ächzend aus ihren Schlafsäcken schälten. Ich stand schnell auf, um nach meiner Tochter zu sehen. Richie sagte den Freunden Hallo und räumte unser Schlaflager weg. Weder in der Nacht, noch am Morgen, hatten wir ein Wort miteinander gesprochen.

Jetzt konnten wir Reisende endlich sehen, wo wir gelandet waren. Neben einem Bauernhof, in der Nähe eines Dorfes.

Schon zeigte sich die erfahrene Feldstraßengruppe im gewohnten Teamgeist. Die Männer sprachen sich ab, wer von ihnen Sprit und wer Brötchen zu besorgen hatte. Ich blieb beim Auto, versorgte mein gut gelauntes Kind und bereitete das Frühstück vor. Falls du Dich fragst, wieso wir stets ausreichend mit Proviant versorgt waren, so lag das daran, dass ich dafür zuständig war.

Wo ist das verdammte Meer

Tatsächlich waren wir schon in Holland angekommen und deshalb wollten wir nach dem Frühstück auch gleich weiter ans Meer. Doch es wurde der „Tag der Deiche". Weil wir noch immer keine Straßenkarte hatten (Männerverantwortung), blieben wir beim Geradeausfahren. Vor uns erhoben sich immer neue Deiche. Jedes Mal rannten wir jubelnd hinauf und schrien: „Gleich sind wir am Meer!" Von oben sahen wir jedoch nur endlos grüne Wiesen und weit hinten wieder einen Deich. Das gleiche Spiel. Und noch einmal. Und noch einmal. Irgendwann waren wir so müde, dass wir die Reise bescheiden und kleinlaut auf einem Campingplatz beendeten, den wir jetzt überhaupt nicht mehr unerträglich spießig fanden. Stattdessen genossen wir die warmen Duschen und „richtige" Toiletten. Wir bauten unser geräumiges Zelt auf und legten uns in „Nestgruppenart" so dicht aneinander wie Sardinen in einer Dose.

Die Engel bringen die freie Liebe ins Zelt

Links von mir lag David, rechts mein Kind, und noch weiter rechts lag Richie, natürlich neben „seinem" Kind, das er beim Erwachen zärtlich koste. Wenn er den Arm ein bisschen weiter ausstreckte, konnte er dabei auch ab und zu mit den Fingern durch meine Haare streichen. David bemerkte nichts davon, denn er war viel mit sich selbst beschäftigt.
So, jetzt geht kein Schritt mehr am Thema FREIE LIEBE vorbei. Denk nicht, dass ich Dir jetzt über die „Freie Liebe 2" oder „Freie Liebe 3" berichte. Zuerst sollst Du Nelly kennenlernen, genau so, wie es sie bis heute noch gibt. Ich vertrete keine Ideologie, ich muss nichts machen, weil ANDERE es auch tun, und nichts, weil es angeblich RICHTIG ist. Ich nehme mir die Freiheit, in Liebesdingen so zu entscheiden, wie es zu MIR passt.
Erotische Überraschungen empfinde ich als „Geschenke vom Leben", die mich einfach begeistern. Deshalb bemühe ich mich, so oft ich kann, sie mit DANKBARKEIT anzunehmen. Ja, ich ehre in den Geschenken die SCHÖPFUNG, ich würdige im Danke mein ICH und das DU, das jetzt für mich DA ist.
Mein Begriff der Liebe lebt von dem Wunsch, beim Einlassen auf das sinnlich Lebendige zu einem Teil des kosmischen Ganzen zu werden. Im kosmischen Ganzen sind alle Menschen gleichermaßen bedürftig, daseinsberechtigt und genau gleich viel wert. Der erotische Kick, der mich beflügelt, lebt nicht davon, anderen etwas „wegzunehmen", jemanden zu „besitzen" oder mit der Liebe zu „manipulieren", um in irgendeiner Weise zu „siegen". Für mich bleibt es der größte menschliche Sieg, wenn es zwei (von mir aus auch mehreren) Menschen gelingt, zur selben Zeit, am selben Ort so sehr DA zu sein, dass sie einander wirklich begegnen. Du siehst, auch meine tiefsten Sehnsüchte in der Liebe bleiben immer SOZIAL. Natürlich wäre ich kleiner, vereinzelter Mensch genauso froh wie jeder andere auch, wenn ein Mensch, den ich liebe, „für immer" bei mir bliebe. Aber das hat kein Mensch „sicher" in der Hand.
Deshalb bleibt der Wert des Sexuellen für mich erst recht im „Hier und Jetzt". Eine erotische Situation ist „an sich" sozial. Die Menschen, die sich verbinden, sind aber immer auch mit anderen Personen verbunden, selbst wenn sie das in den absurden Liebesschwüren unserer monogamen Kultur strikt leugnen. Wenn ich mich erotisch einlasse, beachte ich dabei auch den Schutz all der Personen, die ich liebe. Klar gehören dazu auch die Personen, die mein DU liebt, denn sie sind ein Teil von ihm. Du

siehst, wir „streifen auch langsam an Deiner Frau vorbei“, doch warte noch wenig, denn für ein Gespräch darüber fehlt noch ein Baustein.

Also, so klar positioniert, wie ich mich jetzt dargestellt habe, war ich mit Anfang dreißig natürlich noch nicht. Nach der ersten Nacht mit Richie fühlte ich mich einfach nur unwohl bei dem Gedanken, dass sich David durch das Geheimnis zwischen Richie und mir „verraten“ fühlen könnte. Deshalb wollte ich ihn einbeziehen. Doch in was bitte? Einen Tag und eine Nacht lang brütete ich über der Frage, was diese geheimnisvolle Nacht zu bedeuten hätte? Als ich mich darauf beschränkte, zu klären, was sie in meinen Gefühlen verändert hatte, wusste ich endlich, was ich zu sagen hatte. Ich wartete nicht länger darauf, ob Richie ebenfalls Position zu mir bezog, sondern mir ging es vor allem darum, dass ICH zu mir selbst stand und dass David darüber Bescheid wusste. Bis heute mache ich das so. Ich informiere jeden Freund offen und geradlinig darüber, wie ich zu ihm und wie ich zu meinen anderen Freunden stehe. Mich braucht man nicht auszufragen, geschweige denn zu kontrollieren. Ich werde nämlich auch dann super deutlich, wenn das angstvolle Gehirn eines Freundes lieber nicht mehr wissen möchte, was ich zu sagen habe. Ich betrüge geliebte Menschen nicht!!!

Ich kommuniziere den Vorgang

Als wir nach der ersten Nacht auf dem Campingplatz auf der Terrasse in der Morgensonne saßen und gerade ein Frühstück für jeden bestellt hatten, erhob ich also laut und deutlich meine Stimme und sagte: „Ich habe euch etwas zu sagen. Vorgestern Nacht ist zwischen Richie und mir „etwas“ gelaufen, was ihr nicht bemerkt habt. Eigentlich haben wir uns nur gestreichelt, nicht mehr. Aber für mich war es sehr viel mehr als das, weil ich seitdem ein Gefühl habe, dass zwischen Richie und mir etwas beginnt, was mich sehr bewegt, irgendwie durcheinander macht und auch David betrifft. Ich wünsche mir, Richie noch besser kennenzulernen, ... also tiefer, meine ich, und sexuell fühlt es sich auch noch an. Das war's.“
Dann schaute ich meinen Freund David direkt ins Gesicht und fragte: „Wie geht es Dir damit?“
David lehnte sich in seinem Campingstuhl weit zurück und schaukelte darauf hin und her. Seine Stirn legte sich in Falten, während sein Blick weit über den Himmel streifte und dann zu mir zurückwanderte. Dann entspannte sich sein Gesicht wieder und er lächelte ein wenig. „Sooo, ... ach so ist das“, sagte er. Mehr nicht.

Aus den Augenwinkeln schielte ich jetzt zu Richie hinüber. Auch der lungerte betont lässig auf seinem Stuhl, während er beharrlich schwieg. Seine Augen schienen sich nicht mehr von den Möwen zu lösen, die weit oben über unserem Frühstückstisch kreisten. Doch aus seinen Augenwinkeln hatte er auch meinen Blick bemerkte. Er schmunzelte. Dann lachte ich dem armen Werner aufmunternd zu. Dem war die Sache viel zu heiß, als dass er etwas dazu hätte sagen wollen. Meine Geste sollte ihm jedoch zeigen, dass er nichts zu befürchten hatte. Wir würden ihm den wohlverdienten Urlaub nicht verderben. Im Gegenteil!

Nach diesem Frühstück verlief die ganze Urlaubswoche „wie im Bilderbuch“. Richie und „seine“ kleine Tochter erlebten Glücksmomente zusammen, als hätte vor ihnen noch nie ein Mensch den Flug einer Möwe über dem Strand gesehen.

Richie wollte Jessica am liebsten alles auf einmal zeigen, was am Leben schön ist. Das Meer, unzählige Möwen, schöne Steine, Muscheln, Gräser, Hunde auf der Straße, und Ponys vor großen Supermärkten, auf denen sie reiten durfte. Wir genossen die Ruhe und Freundschaft zwischen uns. Die Revolution vergaßen wir fast ganz, wenn wir nach den täglichen Ausflügen Spaghetti kochten, im Kerzenschein noch einen letzten Rotwein tranken und ein bisschen Musik hörten, bevor wir todmüde ins Zelt krochen, um, eng beieinander, einzuschlafen. Ich schlief entspannt mit und neben meinem Freund David, während Richie mit meiner Tochter kuschelte. Morgens streichelte er mein Haar, was David inzwischen jedoch bemerkte. Dann kam der Tag der Rückreise.

Die Rückfahrt

Weil es Chaoten anscheinend nicht erlaubt ist, aus ihren Fehlern zu lernen, (sonst wäre das Wesentliche an ihrem Image schnell dahin!), hatten wir die Straßenkarte, die wir uns zwischenzeitlich besorgt hatten, achtlos verschludert. Wieder geizten wir beim Tanken, als könne die Ente vielleicht auch ohne Sprit nach Hause fahren. Und so, ... Du wirst es nicht glauben, verlief die Rückreise fast ähnlich wie die Anreise. Wieder fuhren wir geradeaus, diesmal südwärts. Und wieder stolperte das Auto in der Nacht über eine Landstraße, bevor es dann endgültig stehenblieb. Diesmal schoben wir es auf eine Obstwiese, auf der wir zu schlafen gedachten. Jessica legte ich wieder in ihr Nest auf dem Rücksitz und, Du wirst auch das nicht glauben, ... David plumpste, im Astronautenschlafsack, wortlos rücklings neben Werner auf die Wiese. Da wären wir an seiner Stelle etwas vorsichtiger gewesen, doch Du weißt ja, David war „nicht ganz von dieser Erde“ …

In dieser Nacht regnete es nicht. Ein warmer, föhniger Wind trieb wilde Wolkenfetzen über den Himmel, die von einem weißen Vollmond hin und wieder hell durchleuchtet wurden. Manchmal verdunkelte sich der Himmel ganz.
Richie und ich standen unter einem großen Apfelbaum und wollten beide das Gleiche, sofort miteinander ins Bett. Zügig bauten wir uns ein Lager. Die Plane legten wir jetzt auf den Boden und darauf die Decken. Die Engel blieben weg, weil es ihnen viel zu windig war. Außerdem waren sie sich wohl sicher, dass es mir in dieser Nacht auch ohne sie sehr gutgehen würde. Die Nacht war diesmal nicht mystisch. Da lagen, ganz irdisch, ein Mann und eine Frau unter dem Himmel, die sich gegenseitig wollten. Wo immer wir uns berührten, begegneten wir einer Leidenschaft, die Menschen wild und unvorsichtig macht. Wir küssten uns mit fliegenden Herzen, als wären wir eins mit dem Wind über uns. Wenn sich zwischendurch der Mond zeigte und es dann ganz hell wurde, sah ich Richies Zähne im Mondlicht blitzen. Wenn er mich gerade nicht küsste, schien er die ganze Zeit zu lächeln. Und obwohl wir uns wirklich darum bemühten, möglichst leise zu sein, schlief David nicht gut. Des Öfteren zischte er so etwas wie „Ruhe jetzt!“, oder „Ich will schlafen!“, oder „Hört jetzt auf!“. Voller schlechtem Gewissen (ich jedenfalls hatte eines, während ich überlegte, weshalb Richie in dieser Situation noch immer lächelte) bewegten wir uns kaum noch, während wir im Rausch des Neuen zitterten, der unsere Körper umschlang wie Feuerzungen. Natürlich hatten wir keinen Sex, denn David war ja unser Freund. Es war sehr schwer, so einzuschlafen, aber irgendwann gelang es dann doch.

Am nächsten Morgen war David sehr schlecht gelaunt. Jeder raffte seine Bettsachen zusammen, dann stiegen wir schweigend ins Auto und fuhren südwärts. David steuerte das Auto, Richie saß neben ihm und ich saß mit Jessica auf der Rückbank. Und Werner fuhr wieder auf dem Motorrad hinter uns her.
David, Richie und ich wussten, dass wir den Rest der Rückreise darauf achten mussten, uns in eine Dreiergruppe zu verwandeln, die sich hüten wollte, den Frieden in unserer Gemeinschaft durcheinanderzubringen. Wir begannen also zu „verhandeln“. David beschwerte sich über die vergangene Nacht. Er wollte jetzt auch wissen, welches Interesse Richie an mir hätte? Das interessierte mich natürlich auch. Richie bezog erstmals Stellung. Ja, meinte er, es sähe tatsächlich so aus, als würde zwischen ihm und mir eine sexuelle Anziehung bestehen, die zur Tat dränge. Er würde sich durchaus gerne mit mir vereinen, falls David damit zurechtkäme. David fand die Idee an sich nicht furchtbar, doch er betonte, dass er keinesfalls einfach weggeschoben werden wolle. Da erklärte ich, dass es für mich ein Leichtes sei, sie alle beide zu lieben, falls wir es so versuchen wollten. Danach waren wir drei wieder viel besser gelaunt. Alles würde beim Alten bleiben, außer, dass Richie und ich ein bisschen Sex haben würden. So einfach schien das. Gerecht fanden wir dieses Konstrukt ohnehin, denn Richie hätte nun ein Verhältnis mit zwei Frauen und ich hätte dasselbe mit zwei Männern. David wäre um die Hälfte der Verantwortung erleichtert, die ein Verhältnis mit mir mit sich brachte, nämlich die Pflicht, neben dem Interesse an mir auch engagiertes Interesse an meinen Kindern zu zeigen. Du weißt ja, David brauchte die meiste Kraft für sich selbst. Bereitwillig wolle er die Arbeit bezüglich der Kinder mit Richie teilen, der sich für solch einen Job ohnehin viel besser eigne, wie die Erfahrung bereits gezeigt hatte. Nachdem das Grundkonzept zu unserer aller Zufriedenheit aufgestellt war, klärten wir noch ein paar Details. An einen Punkt erinnere ich mich besonders, weil ich ihn so lustig fand. Richie richtete seine Bedingungen direkt an David. Vorher legte er seine Hand fest auf Davids Oberschenkel und formulierte dann seinen

Wunsch: Es gäbe unter Männern besitzergreifende Gesten, wie „die Hand auf den Schenkel legen“, erklärte er (dabei verstärkte er seinen Griff nach David, um uns zu zeigen, was genau er damit meinte), die er abscheulich fände. Es wäre durchaus in Ordnung, wenn ich auch weiterhin Davids Freundin bliebe, aber der möge es in Zukunft bitte unterlassen, öffentlich die Hand auf meine Schenkel zu legen, denn von solch einer Geste fühle sich Richie persönlich provoziert. David und ich mussten bei diesen Worten schmunzeln, denn so sensibel kannten wir unseren Macho-Richie bisher nicht. „Kein Problem“, sagte David freundlich. Ich fragte noch, wie Richie seine Freundin von dem Projekt überzeugen wolle? „Ich sage es ihr einfach“, knurrte er. Ich erklärte weiter, dass ich keineswegs zur Tat schreiten könne, bevor ich nicht abgeklärt hätte, wie unsere Gruppe darüber dachte. Okay, meinten die Männer. Wir kamen also in bester Laune wieder zu Hause an. Nur Werner, der unsere Vereinbarung nicht mitbekommen hatte, staunte ein bisschen.

Die Freunde werden informiert

Richies Freundin wurde offenbar als Erste über die neue Situation informiert. Sie wohnte eigentlich nicht bei uns in der Gruppe, doch jetzt blieb sie einfach da. Nicht nur das, sie reagierte auch, denn Tag und Nacht „umrundete“ sie „ihren“ Richie derart konsequent, dass für mich nicht die kleinste Lücke übrig blieb. Zudem versuchte sie, meine Gefühle auf eine Art zu beeinflussen, die ich von eifersüchtigen Frauen (einschließlich mir selbst) kenne, die erkannt haben, dass sie mit einer offensiven Gegenwehr scheitern würden. Sie appellierte an meine Frauensolidarität. Natürlich musste sie an Richies Seite so tun, als fände sie „erotische Utopien“ klasse. Ob sie mich lieber vergiftet hätte, oder nicht, blieb ihr Geheimnis. Weil offensive Attacken auf eine Rivalin damals völlig verpönt waren, umschmeichelte sie mich eben. Auch so funktioniert „Kontrolle“. Sie wünsche sich von Richie unbedingt ein Kind, ... bald wäre es so weit, ... lautete der erste Angriff. Dann wurde ich täglich über Schleimkonsistenz und „andere vaginale Ereignisse“ informiert, die mich als „Freundin“ sicher sehr interessieren würden. Ich blieb jedoch völlig neutral, zumal ich doch gar nicht ihre Freundin war, denn uns trennte ein echter Interessenkonflikt. So sah ich das.

Ich hatte also ein paar Tage Zeit, meine eigenen Angelegenheiten zu klären. Zuerst ging ich zu einer meiner Freundinnen aus der Frauengruppe, die ich wenige Wochen zuvor bei einer Demo mit Richie im Gebüsch verschwinden sah. Als sie wieder herauskamen, hatte meine Freundin rote Wangen und wirkte aufgedreht. Sie lebte in einer festen Beziehung, ... angeblich monogam. Weil ich aber sichergehen wollte, dass ich heimliche Interessen meiner Freundin nicht störte, berichtete ich ihr offen, dass zwischen Richie und mir erotische Gefühle aufgekommen waren. Falls sie in ähnlicher Weise an ihm interessiert sei, möge sie mir das bitte sagen. Ich wolle mich in dem Fall sofort zurückziehen, weil mir die Freundschaft mit ihr natürlich viel wichtiger sei, als ein Abenteuer mit einem Mann. Meine Freundin winkte souverän ab. Da gäbe es gar kein Problem, meinte sie. Derzeit sei sie mehr an einem anderen Mann aus unserer Gruppe interessiert. Ich möge also ruhig „zugreifen“.
Erleichtert wartete ich jetzt also auf das nächste gemeinsame Essen in der Feldstraßengruppe. Am Küchentisch fragte ich laut und deutlich, ob da jemand in der Runde sei, der etwas dagegen hätte, wenn ich mit Richie schlafen würde? Immerhin konnte vermutet werden, dass fast jede Frau in der Runde schon mal über Richies kleine

Leiter geklettert war. Außerdem hätte es noch andere wichtige Argumente gegeben, die zur Vorsicht mahnten. Aber nein, meine lieben Kommunarden blickten nur achselzuckend von ihren Tellern auf und sagten: „Macht doch, was ihr wollt!“ Ohne, dass es einer von uns in dem Moment erahnt hätte, war mit dieser Entscheidung das baldige Ende unserer glücklichen Gemeinschaft besiegelt.
Doch bevor ich Dir vom Ende der Feldstraßengruppe erzähle, sollst Du schon noch wissen, was zwischen Richie und mir passierte.

Wie es endlich dazu kam

Wir Urlauber kehrten schnell wieder in den gewohnten Alltag in der Feldstraße zurück. Jeder kümmerte sich um irgendwelche Projekte. David und ich waren nett zueinander, und Richie bemühte sich sehr um die kleine Jessica, weniger um mich. Nichts passierte. Nachdem ein oder zwei Wochen vergangen waren, dachte ich schon, Richie hätte seine Wünsche an mich einfach vergessen, denn immerhin war er ja, was Frauen anbelangte, ziemlich flatterhaft. Dann kam ein Abend, an dem unsere Gruppe gemeinsam ein Konzert in einer nahen Kneipe besuchte. Die Stimmung war gut, die Musik auch. David und ich saßen gemütlich da und plauderten mit Freunden. Dann wurden wir müde und beschlossen, den netten Abend gemeinsam zu beschließen. Hand in Hand gingen wir nach Hause. Richie und seine Freundin hatten den ganzen Abend in einer anderen Ecke der Kneipe verbracht, wie ich beiläufig beobachtet hatte. Diese Frau blieb tatsächlich den ganzen Abend lang auf seinem Schoß sitzen, als sei das der einzig sichere Weg, den Mann neben dem „Besitzen“ auch zu „behalten“. Irrtum!
Ja, und jetzt kommt eine Stelle, für die ich mich eigentlich hätte schämen und auch die Warnung annehmen müssen, die mich darüber informiert hätte, was auf mich zukäme, wenn ich den Platz der „aktuellen“ Freundin in Richies Leben erobert hätte.
Die Warnung lautet: Liebe Freundin! Du bist frisch verliebt, stolz wie eine Prinzessin! Doch merke dir bitte eines: Genau die Art, auf die du einen Mann bekommen hast, ist auch die Art, auf die du ihn wieder verlieren wirst. Denn genau so ist sein Wesen. Denke nicht, dass er dir gehört, weil du die „bessere“ Frau bist, du bist nur die „Nächste“. Ganz sicher wird er sich dir zuliebe nicht verändern, genauso wenig wie für die Frau VOR dir und genauso wenig wie für die Frau NACH dir.

Ach, ich hatte Dir ja schon erklärt, warum mich bezüglich Richie keine Warnung mehr erreichte. Wegen seiner Liebe zu meiner Tochter hatte sich mein Inneres längst dazu entschieden, den Mann vertrauensvoll zu LIEBEN. Da denkt der Mensch nicht mehr, er hofft. Und was passierte?

Während David und ich Arm in Arm nach Hause schlenderten, hörten wir hinter uns eilige Schritte. Richie überholte uns. Er war alleine. Offenbar hatte er die Freundin nach Hause geschickt. Als er an uns vorbei war, drehte er sich um und hielt uns an. Er legte die Hand auf meinen Arm und sagte: „Ich komme heute Nacht zu dir.“ Ohne meine Antwort abzuwarten, eilte er weiter, ... nach Hause.
Da tat ich etwas wirklich Böses, das „normalerweise“ nicht meine Art war und das auch gänzlich gegen meine Moral verstieß. Ich blieb wie angewurzelt stehen. David schaute mich verwundert an. Da sagte ich: „David, du musst jetzt doch in deinem eigenen Bett schlafen, denn Richie kommt gleich zu mir.“ David ohrfeigte mich sofort, was ich ihm jedoch genauso schnell verzieh, denn ich wusste, wie unmöglich ich mich ihm gegen-

über benommen hatte. Schweigend gingen wir dann weiter nebeneinander, bis wir zum Haus kamen. Wortlos ging David nach oben in seine Dachstube. Ich legte mich in mein Bett und wartete.
Es dauerte nicht lange, bis Richie kam. Er schlüpfte unter meine Decke. Wir schliefen miteinander und blieben von dieser Nacht an für zehn Jahre Mann und Frau.

Ach, lieber Freund, Du ahnst bestimmt, dass mein Leben nach einer kurzen, romantischen Episode doch wieder kompliziert werden würde. Recht hast du! Deshalb muss ich mich jetzt ein wenig ausruhen, bevor ich weiterschreibe. Es ist wieder spät geworden und ich bin müde.

In meinem Garten hängt eine Schaukel an einem hohen Baum, die so groß ist, dass man in ihr auch liegen kann. Sie kann ganz langsam in großen Kreisen unter den Bäumen schwingen. Wenn man sich in die Schaukel hineinrollt und den Beinen den Kontakt zur Erde nimmt, verschwindet der Zwang, das Leben „real“ zu sehen. Die Wahrnehmung schwingt dann mit den Träumen, den Wünschen und der Hoffnung. Ich will heute Nacht dort liegen, die Sterne betrachten und mit meiner Mutter im Himmel sprechen. Sie muss mir unbedingt noch einmal sagen, dass mein Leben auch dann wertvoll ist, wenn mich ALLE Männer, die ich liebe, verlassen. Glücklicherweise ist heute keine Vollmondnacht, in der Wolkenfetzen fliegen. Denn in solchen Nächten muss ich immer an Richie denken und dann vermisse ich ihn sehr.

Wenn mich solche nostalgischen Stimmungen quälen, verstehe ich umso besser, wie gut Du daran tust, auf Deine Ehe aufzupassen! Dir passiert es nicht, dass „Winde“ die Welt durcheinanderbringen, die Dir SICHERES Glück verspricht. Heute beneide ich Dich.

Auf Wiedersehen, mein Lieber.

Grüße

Nelly

Brief - August 2006

Ein Jahr Kleinfamilie, eine schwere Zeit für Richie und mich

Lieber Freund!

Heute fange ich gleich mit dem traurigen Ende der Feldstraßengruppe an. Sie zerfiel wenige Wochen, nachdem die Partnerschaft zwischen Richie und mir begonnen hatte. Ich vermute, dass wir beide am meisten darunter gelitten haben, denn nichts wollten wir weniger, als eine Kleinfamilie bilden. Doch wir wurden dazu gezwungen, weil sich die Kommunarden plötzlich in alle Richtungen davonmachten. Warum?

Was ist, wenn Revolutionäre eifersüchtig werden?

Dann machen sie alles kaputt, wie jeder andere auch. Während ich gerade verliebt „die Augen verdrehte", mich fallen lassen und die neue Liebe mit Richie genießen wollte, bevorzugten die Kommunarden die Flucht in einen Strudel destruktiver Ereignisse. Ich konnte mich des Eindrucks nicht erwehren, dass die Freunde Richie und mich bestrafen wollten. Die erfahrenen Gruppenmitglieder, die zwei Jahren lang bewiesen hatten, wie gut sie die konstruktive Kommunikation und faire Konfliktlösung beherrschten, benutzten ihre Sprache nun zielgerichtet für die Spaltung der Gruppe mittels einer Intrige. Sympathisanten von „draußen", und neue, gruppenunerfahrene Bewohner, wurden in parteiische Machtkämpfe hineingezogen, während offene Kommunikation vermieden wurde. Wo war das schöne Gefühl gegenseitiger Solidarität geblieben, das wir so lange gemeinsam genossen hatten? Und wem galt diese Ausgrenzung?

Dazu meine Hypothesen:
Die überraschende Liebe zwischen Richie und mir wurde von einigen unserer Freunde wie eine narzisstische Kränkung erlebt. Zwar hatten sie es vor Kurzem noch ehrlich gemeint, als sie sich auf meine offene Anfrage hin äußerten, ihnen sei es „völlig egal", wenn wir beide Sex hätten. Doch möglicherweise rührte die Gelassenheit der Gruppe in der irrigen Annahme, dass zwischen uns ohnehin keine dauerhafte Liebe entstehen könne. Niemand konnte sich mich, die strenge, kämpferische „Radikalemanze", in den Armen dieses „frauenfressenden Hallodri" vorstellen. Außerdem war ich, wie vereinbart, nach dem Urlaub auch noch mit David zusammen. Mich störte das überhaupt nicht. Stolz und glücklich war ich, wenn „meine beiden Männer" mit mir und den Kindern auf den Spielplatz gingen, abwechselnd die kleine Jessica auf den Schultern trugen, oder wenn wir zu dritt in den Wald fuhren, um Holz zu besorgen. Wie oft hat eine Frau schon die Gelegenheit, sich genüsslich an dem Muskelspiel zweier „Holzfäller" zu erfreuen, die gemeinsam Bäume über den Waldboden ziehen, während sie selbst, zierlich, ein Ästchen aufhebt und lächelnd ihre sexuellen Fantasien verbirgt: „Alles, alles mir!!!"

Ach, mein lieber Freund, Du musst erst gar nicht neidisch werden, denn die Freude war nur von sehr kurzer Dauer. Ich musste für „den Griff nach den Sternen“ bitter bezahlen.

Obwohl wir drei wirklich gerne Freunde geblieben wären, litt David zunehmend unter der Intensität, die sich zwischen Richie und mir entwickelte. Weil David aber kein Kämpfer war, sondern nur den Rückzug kannte, wuchsen aus seinem Schmerz bald feindselige Emotionen. Wortlos wandte er sich von uns ab und begab sich auf die Gegenseite, die „intrigante Front“. Ich hatte meinen zarten Freund verloren.

Richies Freundin hatte schon länger aufgegeben. Sie mochte das „Teilen“ einfach nicht und suchte sich einen anderen Mann, was ich „günstig“ fand. Aber es gab ja noch andere Freundinnen aus Richies erotischem Umfeld, die gute Gründe hatten, sich gekränkt zu fühlen. Wie es in vielen ideologischen Gruppen damals üblich war, hatte Richie seine eingeschränkte Fähigkeit, sich auf die Verbindlichkeit einer festen Beziehung einzulassen, hinter politischen Argumenten aus den Dogmen der freien Liebe versteckt. Klar wollten sich seine Liebhaberinnen, die sich von ihm zuvor als „kleinbürgerlich besitzergreifend“ betiteln lassen mussten, nun gar nicht „mitfreuen“, als sie uns beim Aufbau einer wahrhaft „romantischen Liebe“ zuschauten. Da spuckten sie mir doch lieber in die Suppe. Ja, es war wirklich nicht besonders schwer, mir das Aufblühen zu verderben, denn wenn Richie auch ein toller Vater war, so hatte er sich doch in seinem Verhalten Frauen gegenüber nicht grundlegend geändert. Doch davon später, wenn ich zu den „dunklen Mächten“ in der „FREIEN LIEBE 2“ komme.

Abschied von JOHN

Ganz schwer traf mich das Ende der Freundschaft mit John. Weil er mich in meiner schwersten Krise (Florians Abschied) gerettet hatte, wollte ich mit ihm bis ans Ende unserer Tage zusammenbleiben. Aber nachdem ich mich mit Richie zusammengetan hatte, vertraute John mir nicht mehr. Er war ein Mensch, der sich nur dann einlassen konnte, wenn er persönlich „das Heft in der Hand“ hatte. Solange wir beide das Team im Führen waren, hatte er meine Stärken, einschließlich meiner Zuneigung zu ihm, gerne für sich in Anspruch genommen. Richie schätzte er im revolutionären Abenteuer als seinen Lieblingsbruder. Die beiden profilierten sich gerne zusammen als „wilde Aktivisten“, was „draußen“ Ruhm und Ehre brachte. Innerhalb der Gruppe wollte John keinen weiteren Bruder, der, wie John befürchtete, unsere bewährte Ordnung durcheinanderbringen könnte. Tatsächlich war Richie ein dynamischer Chaot, der gute Ideen hatte und viel Leben in die Bude brachte, aber eben auch Stress. John sah seinen Führungsanspruch in Gefahr, weil er sich nicht vorstellen konnte, welche wertvollen Vorteile die Kombination von uns drei grundverschiedenen Menschen in die Gruppe gebracht hätte. Doch John war gruppenmüde. Seine jugendliche, revolutionäre Kraft und seine Lust auf Risiko hatten sich durch die zahlreichen Enttäuschungen in den frühen Chaosgruppen etwas abgeschliffen, während Richie „loslegen“ wollte. Ein weiterer Grund für Johns Misstrauen war die Erfahrung mit meiner Neigung, mich in Liebesdramen zu verstricken (Florian!), aus denen mich John kein ein zweites Mal retten wollte. Zudem war auch denkbar, dass Richie und ich uns in einen ähnlich rauschhaften Realitätsverlust (Liebe und Revolution!) hineinsteigern könnten, so, wie John meine „kosmische Liebe“ zu Florian wohl gesehen haben mag. Größenwahn und schwülstige Liebesdramen waren dem pragmatischen John äußerst zuwider!
John kündigte den Mietvertrag, der alleine auf seinen Namen abgeschlossen war. Er hätte keine Lust mehr, und er hätte Trier und die ganze blöde Provinz ohnehin satt. Er zöge nach Berlin, um sich dort eine berufliche Basis zu schaffen. Außerdem wolle er künftig mehr Zeit in die Kunst investieren und, bitteschön, „alleine“ wohnen! Dann könne kein Kommunarde mehr an seinen Nerven zerren, und er müsse sich nicht an einer dämlichen Revolution abarbeiten, die sowieso nur Kinderkacke sei.

Mit der Kündigung des Mietvertrags wurde unser geliebtes Haus in der Feldstraße zu einem „sinkenden Schiff“. Innerhalb von wenigen Monaten mussten wir alle weg sein!

Richie und ich halten zusammen

Ausgerechnet in dem halben Jahr bis zum endgültigen AUS der Feldstraßengruppe musste ich meine Diplomarbeit schreiben. Das war jetzt jedoch nicht in der Weise machbar, wie ich bisher meine Prüfungen abgelegt hatte, die ich in jeweils zweiwöchigen Urlauben bei der befreundeten Studenten-WG vorbereitet hatte. Also brauchte ich jetzt kontinuierliche Hilfe in der Kinderbetreuung. Da zeigte sich Richie von seiner stärksten Seite. Es ist seine bedingungslose Solidarität, die er für Menschen aufbringt, für die er sich entschieden hat. Auch Richie war sehr getroffen, weil uns die Kommunarden das Vertrauen entzogen hatten. Natürlich hätten wir, trotz unserer Partnerliebe, weiterhin alle Kraft in die Gemeinschaft investiert, aber die Freunde wollten uns einfach nicht mehr. Wenn wir, wie es vorher bei uns üblich war, einen Vorschlag für eine gemeinsame Aktivität unterbreiteten, sagten die Leute, sie hätten keine Lust dazu. Stattdessen vereinbarten sie hinter unseren Rücken nette Unternehmungen, über die wir nicht informiert wurden. Das merkten wir erst daran, wenn wir plötzlich alleine im Haus übrigblieben. Das verletzte uns sehr. Doch gerade unsere Trauer wurde zum Kick für die „anderen", weil sie es geschafft hatten, uns die Freude an der neuen Liebe zu nehmen. Als Gegenreaktion wuchsen Richie und ich zu einer stabilen Solidargemeinschaft zusammen.
Richie, der erst dreiundzwanzig Jahre alt war, wurde jetzt nicht „nur" der Vater von Jessica, sondern er übernahm für das halbe Jahr, in dem ich meine Diplomarbeit schrieb, auch die volle Verantwortung für die Betreuung aller vier Kinder.
Zuerst fegte er eine Bahn durch sein Zimmer bis hin zu seinem Schreibtisch. Dann befreite er diesen von Papierbergen, leeren Tabakbeuteln, übervollen Aschenbechern, vertrockneten Rosen und Liebesbriefen meiner Vorgängerinnen und von zerrissenen oder „durchbohrten" Fotos, die einmal sein lachendes Gesicht zeigten und die er gegen Ende seiner Affären gelegentlich zurückbekommen hatte. Die Postkarten mit Porträts und Sprüchen beliebter Revolutionäre hingegen durften bleiben, aber er hängte sie jetzt ordentlich über seinem Schreibtisch auf.
„Setz' dich hierhin und schreibe deine Diplomarbeit", sagte er zu mir, „ich werde deine Küchendienste übernehmen und versorge die Kinder." „Danke!", sagte ich und begab mich an meinen Arbeitsplatz. Ein halbes Jahr später gab ich termingerecht meine Diplomarbeit ab. Dank Richies Hilfe hatte ich es tatsächlich geschafft, mein Studium zu beenden. Ich war jetzt Diplom-Psychologin.
Wenn es auch Diplome für „ausgezeichnete Väter" gäbe, müsste Richie sofort eines bekommen. Dieser ungewöhnliche, junge Mann ackerte sieben Tage in der Woche, unermüdlich von morgens bis abends, wie es eben nötig ist, wenn man vier Kinder aufzieht. Natürlich waren auch die Kinder sehr froh mit ihm.

Wenn die Ratten das sinkende Schiff verlassen, … räumt Nelly auf

Richie und ich waren die Letzten, die das „Haus Feldstraße" verließen. Es war nicht einfach gewesen, so schnell eine Wohnung für uns zu finden. Sobald ich den letzten Satz meiner Arbeit geschrieben hatte, sprang ich in meine gewohnte Rolle der „Revolutionsentsorgerin". Ich griff mir einen Besen und übernahm wieder einmal die Verantwortung, die beim Zerfall jeder meiner Lebensgemeinschaften auf mich abgewälzt wurde. Normalerweise verlassen Chaoten die Häuser, in denen sie gewohnt hatten,

provokativ „zugemüllt“. Doch ich sah darin keine revolutionäre Rache an Hausbesitzern, sondern nur ein asoziales Verhalten von Faulpelzen und Kiffern. So konnte ich nicht gehen. Also besorgte ich zähneknirschend eine Unmenge von Müllsäcken und Pappkartons. Manche Kommunarden gestalteten ihre Flucht in ein neues Leben so radikal, dass sie in ihren Zimmern ihre ganze Kindheit zurückließen. Weil ich ja selbst furchtbar „vergangenheitslastig“ bin, ertrug ich den Wunsch nach Vernichtung der eigenen Vergangenheit nicht. Also sortierte ich alle „Nachlässe“ und packte sie in Kisten, bis ich irgendwann die Gelegenheit hatte, den Leuten ihre Kinderfotos, Tagebücher, Liebesbriefe und Amulette wieder vor die Tür zu stellen. Doch die Hauptarbeit war immer die Müllentsorgung. Kein einziges Zimmer wurde wirklich ausgeräumt. Wir lebten ja überwiegend in Möbeln, die wir vom Sperrmüll mitgenommen hatten. Mit jeder leeren Flasche und jeder weiteren Mülltüte, die ich aus dem Hause schleppte, fragte ich mich, was das für Revolutionäre sein sollen, die andere Leute zwingen, ihren Abfall zu entsorgen? Von der Beantwortung dieser Frage bekam ich regelmäßig leichte Depressionen. Ich lebte erst dann wieder auf, wenn alles erledigt war und ich auch endlich beginnen konnte, mir ein neues Leben einzurichten.
Mit Ausnahme des Kellers, den ich schon vorher niemals betreten hatte, weil ich weiß, wie schlimm „Freakkeller“ einfach immer aussehen, schaffte ich es tatsächlich, die dreizehn Zimmer des Hauses „besenrein“ zu hinterlassen. Obwohl es fast dreißig Jahre her ist, träume ich auch heute noch des Öfteren von diesem Haus. Dabei erlebe ich sowohl Sehnsucht als auch Bedauern, denn wir hatten darin eine große Chance. Immer, wenn mir Jahre später ein ehemaliger Kommunarde begegnete, der mich, von damals schwärmend, ansprach, dass die Feldstraße seine „allerbeste Zeit“ gewesen sei, hätte ich ihm am liebsten eine runtergehauen. Doch ich unterließ das und schwieg nur.

Dunkle Gedanken

Das Leben hat mich noch nie gefragt, ob ich es mag und wie häufig Menschen Spaß daran haben, das kaputtzumachen, was andere mühevoll und ausdauernd aufgebaut haben. Wie kleine Kinder, die in die Hände klatschen, wenn ihr Turm aus Bauklötzen zusammenstürzt, werden Menschen gerade dann besonders lebendig, wenn soziale Verbindlichkeit zerfällt. Dann fühlen sie sich FREI für die Vorfreude auf das NEUE, was sie bald zu erleben hoffen. Und wenn das Neue dann endlich DA ist, nehmen sie es so wenig wahr wie das Vorherige. Das JETZT scheint der Pflege nicht wert, denn weit hinten glitzert schon wieder etwas NEUES …
Ist es die Folge der Denkschule des Christentums, die uns so wenig befähigt, im Hier und Jetzt zu leben?
„Erwarte nicht zu viel von deinem Leben auf der Erde, denn dein kümmerliches Dasein interessiert dort niemanden besonders. Wenn du aber brav auf dein Ende hinleidest, dann belohnt dich nach deinem Ableben der Himmel! Vielleicht. Oder noch einfacher: Also, wenn du „hier unten“ hart für das „Pfui“ gebüßt hast (welcher vernünftige Mensch kann wirklich glauben, er müsse für eine „Erbsünde“ büßen?), wartet „oben“ auf dich das „Harfengezirpe“. Und was ist mit denen, die sowieso lieber Rockmusik hören?

Also ich bin an einer Kultur, die glaubt, „LEBEN IST SPÄTER“, nicht schuld. Ändern kann ich sie anscheinend auch nicht. Aber ich weine jedes Mal sehr, wenn ich wieder ein „Müllzimmer“ ausräumen muss!

Ein Jahr Kleinfamilie, eine schwere Zeit für Richie und mich

Ach, wie gerne habe ich Dir von Umzügen erzählt. Aber an den Umzug in die Bruchhausenstraße kann ich mich überhaupt nicht mehr erinnern, so traurig war ich anscheinend über das, was anderen Frauen als „höchstes Ziel in ihrem Leben" erscheint, nämlich, sich mit dem Mann, den FRAU „abgekriegt" hat, in die „eigenen vier Wände" einzusperren, sich „Familie" nennen zu dürfen und fortan der Welt beweisen zu müssen, wie „glücklich" Mann, Frau und Kinder jetzt seien, weil sie sich jetzt ganz und gar „gehörten", und, so gesehen, „für immer EINANDER hätten". Viel Vergnügen!
Ja, ich war wirklich sehr verliebt in Richie und meine Kinder liebte ich schon länger, doch in unserem kleinen Nest wurde ich trotzdem wieder unerklärlich depressiv. Richie und ich vermissten das gemeinschaftliche Leben mit Freunden. Wir hatten nie die Absicht, uns täglich vierundzwanzig Stunden lang in die Augen zu schauen und zu frohlocken, dass wir uns „haben". Weil wir keine andere Wahl hatten, versuchten wir natürlich, das Beste daraus zu machen. Wir wurden sehr fürsorgliche Eltern. Aber als wir erkannten, dass wir das Leben nicht in einer Kleinfamilie „feiern" konnten, suchten wir bald ein neues Haus, um endlich wieder in einer Gemeinschaft leben zu können. Doch bevor es wieder um Gemeinschaftsleben geht, möchte ich Dir noch ein wenig aus unserem „Kleinfamilienjahr" erzählen.

Die „Monogamievereinbarung"

Nach ein paar „Ungezogenheiten", die für Richie typisch waren und die in die Zeit unsere ersten Beziehungswochen in der Feldstraße fielen (unerfreuliche erotische Ereignisse beschreibe ich bald in „FREIE LIEBE 2"), erklärte Richie mir, dass er neuerdings die Monogamie zwischen uns bevorzugen würde. Schließlich hätte er sich für mich und die Familie entschieden, da wolle er nicht von „Fremdeinwirkungen" gestört werden, die womöglich alles durcheinanderbrächten, wofür er sich einsetze. Ich wagte noch, den Punkt zu erwähnen, dass sich die Idee in unserer gegebenen Situation zwar sinnvoll und angenehm beruhigend anhöre, aber das könne eventuell daran liegen, dass frisch Verliebte ohnehin leicht ohne erotische Abwechslung auskämen. Doch was wäre, wenn Richie sich die Sache eines Tages wieder anders überlegen würde? Zum Beispiel, wenn er noch einmal in diese spezielle Unruhe geraten würde, die ihn bekanntermaßen häufiger überfiele? Wäre es bei einer „Monogamievereinbarung" nicht so, dass ich mich von seinem Verhalten, das dann „fremdgehen" hieße, betrogen und umso mehr verarscht fühlen müsse? Von mir wüsste ich schon, dass ich verbindlich monogam leben könnte, wenn ich meinen Partner geistig und sexuell so eindeutig liebte, wie das bei uns der Fall sei. Das in unserer Szene übliche, „narzisstische Herumvögeln" bräuchte ich weder für mein Ego und erst recht nicht für den Sex. Aber das „Betrogenwerden" erschiene mir trotzdem schmerzhafter, als eine ehrliche Vereinbarung in FREIER LIEBE. Erfahrungsgemäß würden Leute, die sich Treue versprechen, augenblicklich dann lügen, wenn sie eben doch nicht treu waren. Welche Vorteile sollte dann solch eine Monogamievereinbarung wirklich bringen, fragte ich Richie? Die Vorstellung, belogen zu werden, war für mich damals die bedrohlichste Gefahr, gleichzusetzen mit VERRAT.
Richie wollte meine Argumente nicht hören. Gekränkt warf er sich in die Brust. Ich möge ihn gefälligst mit meinem Misstrauen verschonen! Was hätte er mit diesem „scheiß Florian" zu tun, der mich so übel verraten hätte? Er, Richie, sei es absolut

wert, dass ich ihm vertraue! Ich sähe doch, wie sehr er sich für mich und die Kinder einsetze! Da wäre es nur das Mindeste, was ich an Dankbarkeit aufzubringen hätte, ihm ein helles JA für sein Treueangebot zuzuschmettern!

Und, Du weißt, mein lieber Freund, ich war Richie wirklich unendlich dankbar. Also würgte ich, nach einem kleinen Hustenanfall, ein krächzendes „Ja" hervor. Was ich davon hatte? Dazu komme ich später.

Berufliche Perspektiven

In der Bruchhausenstraße begann ich sofort, als Psychologin zu arbeiten. Ich hatte verschiedene, örtlich weit verstreute Honorarstellen, sodass ich für wenig Geld lange Zeit unterwegs war. Als Berufsanfängerin fand ich es normal, dass ich jede Arbeit annahm, die ich kriegen konnte, und darüber nicht klagte, denn ich wollte schnell viel Berufserfahrung sammeln. Richie wartete in unserem Kleinfamilienjahr auf einen Schulplatz am Gymnasium. Er war als Jugendlicher vorzeitig von der Schule gegangen. Richie wollte das Abitur nachholen, denn er erwog, vom Revolutionär auf Erzieher oder Psychologe umzusteigen. Das war ein realistischer Plan, denn in den 80er-Jahren wurde Trier in Sachen Revolution arg schläfrig. Die radikale Aktivistenszene entwickelte sich nur noch in den Großstädten weiter, vor allem in der Hausbesetzerszene. Natürlich haben auch wir Trierer brav ein paar Häuser besetzt, die abgerissen werden sollten. Als uns der kluge Bürgermeister Kreutzer ein reizendes Haus in der Innenstadt zur Verfügung gestellt hatte, erlosch der Funke schnell. Alle „wichtigen" Leute zogen ein und bauten sich eine Idylle auf, die aktivistische Power versickerte in Wohlgefühl. Die neuen Projekte unserer Subkultur bezogen sich jetzt mehr auf die Schaffung alternativer Arbeitsplätze. Die anarchische Totalverweigerung war nicht mehr gefragt. Nach der Gründung der grünen Partei zog die Politik wieder mehr in die Nebenzimmer von Kneipen. Auf der Straße bewegten sich anstelle kreativer Chaoten nun eher die Reisebusse, die uns zu den „Großdemos" fuhren.

Bei den Sozialberuflern, die fertig studiert und womöglich gerade zur richtigen Zeit geerbt hatten, setzte ein Trend ein, sich ländliche Anwesen zu kaufen, um dort Seminarhäuser einzurichten. Alternative Therapiemethoden, sowohl die seriösen, als auch ganz und gar unprofessionelle „Fortbildungen" und „Seminare" für jedermann, blähten sich zu einem riesigen Markt auf, der bald sehr gewinnträchtig wurde.
So planten auch Richie und ich, später gemeinsam von psychologischen Projekten zu leben. Ich würde so lange auf dem bürgerlichen Arbeitsmarkt Erfahrungen sammeln, bis Richie ebenfalls sein Diplom hätte.

Ich glaubte fest daran, dass wir uns ein gemeinsames Leben mit gesellschaftlich wichtigen beruflichen Zielen erarbeiten würden. Weil ich Hausarbeit, Elternarbeit, politische Arbeit und berufliche Arbeit als völlig gleichwertig betrachtete, war es mir egal, wer gerade welche Arbeiten machte und wer das Geld nach Hause brachte.

Richie und ich waren eine anarchische Solidargemeinschaft. Wir passten in der hohen Moral sehr gut zusammen, mit der wir unsere mündlichen Verträge ernst nahmen und auch einhielten.

Richie erliegt dem „Hausfrauensyndrom“

In unserem Kleinfamilienjahr drohte mich die berufliche Arbeit zu verschlingen. Gleichzeitig stürzte Richie sich mit großer Begeisterung in die Hausarbeit und die Kinderbetreuung. Er rührte genauso engagiert mit Kochlöffeln herum, wie er vorher mit Fahnenstangen und Flugblättern agiert hatte. Richie, der ein ausgezeichneter Koch ist, bereitete zwei warme Mahlzeiten am Tag, betreute die Kinder bei den Hausaufgaben, wusch die gesamte Wäsche, fuhr die Kinder zu Freunden, holte Gästekinder ab und verwöhnte sie mit leckeren Zwischenmahlzeiten. Er las ihnen Kinderbücher vor, überzog die Betten, wechselte Windeln und marschierte zu Schulversammlungen und Elternabenden. Wen wundert es, dass er schon nach wenigen Wochen ein fettes „Hausfrauensyndrom“ entwickelt hatte?

Während Richie die Kinder auf Händen trug, ließ er viel schlechte Laune an mir aus. Ich nervte ihn mit meiner depressiven Erschöpfung, die mich plagte und mit meiner Trauer um das Verlorene. Anstatt mich für meinen Fleiß als Berufsanfänger zu loben, warf er mir vor, ich passe mich gesichtslos dem „Establishment“ an, ließe mich von „Kapitalistenschweinen“ ausbeuten und kröche den „Bürgerlichen“ mit meinem Helfersyndrom in den Arsch. Da kamen auch schon üble Vorahnungen in mir hoch. War es nicht auch Florians Neid auf meine berufliche Entwicklung gewesen, die ihn zum Verräter machte? Und es kam, wie befürchtet! Auch Richie konnte es sich nicht verkneifen, sich zum Ausgleich für seine „berufliche Benachteiligung“ narzisstischen Trost bei anderen Frauen zu holen.

Ich stand in einem inneren Konflikt, auf den ich mit starken Depressionen reagierte. Vor nichts habe ich mehr Angst als vor dem Neid anderer Menschen. Eine traumatische Erinnerung lässt mich ihn wie einen Vernichtungswillen meiner Person gegenüber empfinden. Vielleicht erinnerst Du Dich, dass mein Vater den Neid auf seine „privilegierte“ Frau in Form eines stets neu ausbrechenden Vulkans von Gewalt auslebte, und dass er in Folge davon auch neidisch auf die Begabungen seiner Töchter war. Weil die Natur mich, ebenso wie meine Mutter, mit einigen Vorzügen ausgestattet hatte, empfand ich den Neid des Vaters als lebensbedrohlich. Dann kam der Wiederholungszwang des Dramas in der Beziehung zu Florian, der mich aus Neid gequält und verlassen hatte. Und plötzlich lag da wieder ein heiß geliebter Mann neben mir im Bett, der meine berufliche Entwicklung neidisch attackierte. Seine Aggressionen trafen mich wie Schwerthiebe in den Rücken, während ich ihm gleichzeitig in Dankbarkeit verfallen war, denn er liebte meine Kinder über alles. So etwas kannte ich von meinem Vater nicht.

Also vergaß ich ihm jeden Schmerz, wenn ich nach Hause kam und sah, wie froh meine Kinder mit Richie waren und wie warmherzig er sie liebte. Ich möchte Dir ein Lieblingsbild aus dieser Zeit zeigen. Darauf siehst Du Richie und Lara, die zusammen eingenickt waren. Unsere kleine Katze hatte sich gemütlich zwischen die beiden gelegt. Ein friedliches Mittagschläfchen von dreien, die sich gegenseitig vertrauen. Nein, den Mann hätte ich nie verlassen.

Was meinen anstrengenden Berufseinstieg betraf, so blieb mir gar nichts anderes übrig, als weiterhin sehr viel zu arbeiten, denn schließlich musste ich den kinderreichen Haushalt finanzieren. Trotz Richies Attacken mühte ich mich um die schnelle Integration im Arbeitsmarkt, doch die häusliche und berufliche Überforderung zermürbten mich innerlich. Ich war ständig erschöpft und oft depressiv. Dann kam die Wende.

Die Villa Kunterbunt

Wir hatten ein neues Haus gefunden, das Haus, in dem ich noch heute wohne. Es ist ein freistehendes Gebäude mit drei Etagen und einem riesigen Garten. Endlich konnten Richie und ich wieder an einer gemeinsamen Hoffnung arbeiten. Wir würden neue Kommunarden suchen und endlich wieder in Gemeinschaft leben!
Unser Haus war überhaupt nicht bunt, sondern mausgrau. Doch als wir es zum ersten Mal erblickten, sahen wir gleich, dass es sich nach buntem Leben sehnte. Stell Dir einfach das Bild eines Grundschulkindes vor, das die Aufgabe bekommt, ein Haus zu malen. Es wird ein Haus in einem Garten malen, umgeben von Obstbäumen, bunten Blumen und Schmetterlingen. Vorne ein kleiner Zaun. Darüber fliegen Vögel. Eine bunte Katze streicht durch das Gras. Von der Haustür aus führt ein kerzengerader Weg mitten auf den Betrachter zu. Darauf steht ein Kind, das mit beiden Armen winkt. Ja, genauso sah dieses Haus aus, auch wenn vorerst noch keine Blumen, Schmetterlinge oder Kinder zu sehen waren. Wir liebten das Bilderbuchhaus sofort! Als wir bei der ersten Besichtigung in die Küche traten, fuhr gerade in Augenhöhe ein Zug am Fenster vorbei. Da jubelten meine Kinder. Hier wollten sie für immer bleiben!
Es waren die Leute aus dem Dorf, die dem Haus später den Namen „Villa Kunterbunt“ gaben. Wir verstanden es als ein Kompliment.
Bald zogen wir ein, gemeinsam mit einer jungen Frau und ihren beiden Töchtern. Richie und ich lebten insgesamt neun Jahre in diesem Haus. Wir teilten unser Leben mit vielen, sehr unterschiedlichen Menschen, so war jede Wohngemeinschaft eigen und anders als die anderen. Und in all den Jahren behielten wir genau dasselbe Organisationsmodell bei, das ich Dir im Brief über die Feldstraße beschrieben habe. Das Modell brachte zuverlässig die genannten Vorteile: Gute Kommunikation, emotionale Nähe zwischen allen Bewohnern und eine soziale Verbindlichkeit, die wie ein Nest oder eine Heimat empfunden wurden, sowie ein gut geregelter Haushalt und gleichzeitig viel Freizeit für jeden Bewohner. Viel Erlebnisqualität in einem sinnlichen, ganzheitlichen Leben mit Kindern, Tieren und Garten. Viele Gäste, viele Feste. Abenteuer. Reger Gedankenaustausch. Zärtlichkeit und Trost, wann immer einer das brauchte. Keiner war DRAUSSEN!

Unsere Straße heißt Gartenstraße. Sie liegt an einem Bahngleis in der ehemaligen Eisenbahnsiedlung Ehrang, einem Vorort von Trier. Als wir hier ankamen, war der Bahnhof schon lange stillgelegt. Übriggeblieben war ein eingeschlafenes, wenig hübsches Dorf, das sich über einige Kilometer an der Bahnstrecke entlangzieht. Die Sozialstruktur des Dorfes war von den ehemaligen Eisenbahnern geprägt, die sich im Ort Häuser gekauft hatten, alt geworden waren und auch hier sterben wollten. Ihre Kinder, die nachfolgende Generation, zogen meistens aus dem Ort weg, denn für junge Menschen war hier ganz und gar nichts los. Wir Menschen in der Villa Kunterbunt bekamen von unserer Umwelt und den darin lebenden Mitmenschen wenig mit, denn wir lebten sozial autark. Mit der natürlichen Arroganz der Jugend, verbunden mit der ausgeprägten Arroganz ideologischer Weltverbesserer, gedachten wir, unser schönes Leben ganz frei zu inszenieren. Wir „machten selbst etwas los“, egal wo wir lebten.

Ich muss gestehen, dass ich Anfang dreißig noch immer eine ideologisch geprägte Muttertochter war und ich keinen Gedanken daran verschwendete, „was die Nachbarn sagen“. Höfliche Umgangsformen, die in der bürgerlichen Sitte das Miteinander vereinfachen, waren mir weitgehend unbekannt. SITTE war in der geistigen Welt meiner

Mutter ein kleinbürgerlicher Begriff, eine kriecherische Unart feiger Menschen, die anscheinend zu doof dazu wären, sich zu überlegen, wer sie sein könnten. Wahrscheinlich waren wir bei unserer Ankunft in der überalterten Eisenbahnersiedlung ein schlimmer Albtraum für unsere Umgebung.

Dazu ein keines Beispiel: Wir besaßen ein sechs Meter breites Schwimmbecken, das wir aus dem Haus auf dem Berg mitgenommen hatten. Freudig stellten wir es auf der großen Wiese vor dem Haus auf, die vorher nur ein Acker war. Zur Straße hin gab es noch keine Hecken und auch keinen anderen Sichtschutz um das große Grundstück. Nun musst Du wissen, dass kein „anständiger Chaot" damals mit Badekleidung in ein Schwimmbecken gestiegen wäre. Nacktbaden war Grundsatz in den Gruppen „WILD UND FREI". Also fanden wir es auch keinesfalls unpassend, ein paar Meter neben der Straße, die viele alte Eisenbahner auf dem Weg zum einzigen Geschäft im Ort passieren mussten, nackt durch unser Schwimmbecken zu toben. Bei uns trugen nur die Kinder Badeanzüge, denn wir wussten um ihr Schamgefühl, das bedingungslos respektiert wurde. Aber auf die Idee, dass unsere Ärsche die Passanten ärgern könnten, kamen wir einfach nicht.
Störend fanden wir allerdings, dass das Schwimmbecken selbst ganz „nackt" und blechern in der Landschaft herumstand. Da wollten wir ihm sogleich eine zierende Hülle verpassen. Wir fragten eine befreundete Gärtnerin, womit wir das hässliche Badebecken denn am schnellsten begrünen könnten? Die brachte uns einen Arm voller abgeschnittener Zweige und sagte, wir sollten diese um das Bad herum in den Boden stecken, dann wüchse dort bald schon eine grüne Hecke. Von wegen. Aus den

kleinen Zweigen wuchsen zügig Weidenbäume heran. Und durch das Badewasser, das die Zweige schön feucht hielt, wurden die Bäume so kräftig, dass sie das Haus mittlerweile weit überragen. Gekürzt haben wir die Bäume nicht, denn ich dachte, dass Bäume, ähnlich wie Menschen, erwachsen würden und danach mit dem Wachsen einfach aufhörten. Ein schwerer Irrtum.
So wuchsen unsere Weiden unaufhaltsam dem Himmel entgegen. Eines Tages werden sie sich in die wogenden Arme eines Herbststurms legen, der sie dann zärtlich quer über den Garten breitet. Wer weiß, ob es vor oder nach dem Tag sein wird, an dem es auch für mich Zeit ist, zu gehen. Ehrang ist heute kein verschlafenes Dörfchen mehr, denn ein geldgieriger Mensch hat aus dem Dorf ein Ghetto gemacht. Jetzt führt kein alter Mensch mehr abends seinen Hund aus. Und auf den Straßen gibt es zu viele unglückliche Kinder und Jugendliche, die lärmend durch das Dorf ziehen und mit ihren aufgeputschten Dramen versuchen, der lähmenden Hoffnungslosigkeit ihrer häuslichen Umgebung zu entrinnen.

Das Prinzip Hoffnung und der Streichelzoo, ein Kinderprojekt

Wieder einmal realisierte ich wieder ein Kinderprojekt, den Streichelzoo. Meinen Garten habe ich in ein Bilderbuchparadies verwandelt, das Kinder zum Träumen bringen kann. Wenn ich auch nicht mehr glaube, dass ich ihre Realität beeinflussen kann, so bin ich doch froh, wenn ich dem einen oder anderen Kind eine schöne Kindheitserinnerung mitgeben kann. Vielleicht Hoffnung?

Oh, ... möglicherweise hast Du gerade wieder den „scharfen Blick“, den ich manchmal an Dir beobachtete, wenn Du an meinen Ausführungen zwar wenig interessiert, aber dennoch zu höflich warst, mich zu unterbrechen. Sei unbesorgt, ich werde nicht von weiteren fünfundzwanzig Jahren bodenloser Naivität erzählen. Wenn ich immer noch nach dem „Prinzip Hoffnung“ lebe, handelt es sich dabei nicht mehr um den ideologischen Glaubenssatz einer vergangenen Jugendkultur (Erich Fromm), sondern um meine wohlüberlegte Entscheidung als Erwachsene. Es ist eine ethisch-politische Entscheidung gegen die Vernunft und für die hoffnungstragende Prämisse, dass in jeder vertrauensvollen Interaktion die Chance steckt, dass sie positiv verstanden und beantwortet werden könnte, … genauso gut, wie auch das Gegenteil eintreten kann. Es gibt für mich kein überzeugendes Argument, warum es im Leben schöner sein sollte, wenn man sich mit den zahlreichen schlechten Erfahrungen, die ein Mensch macht, identifiziert. Ich bin schon damit einverstanden, dass man aus Erfahrungen lernt, aber gerade deshalb ist es immer möglich, dass ein „nächstes Mal“ besser läuft als das „letzte Mal“. Das Prinzip Hoffnung ist ein tragfähiges Gerüst. Glaub mir, bei einem Lebensstil wie dem meinigen wollen sich Enttäuschungen notwendigerweise öfter ins Unerträgliche verdichten. Anstatt meinen Lebensmut zu schmälern, griff ich doch lieber zur inszenierten Hoffnung. Als wertegebundener Mensch in einem selbst formulierten Moralsystem wusste ich immer, dass ich immer dann sinnerfüllt und kraftvoll weiterleben kann, wenn ich wenigstens selbst an das glaube, was ich tue. Weil ich auf jeden Fall ein positiv denkender, offen wahrnehmender Mensch bleiben wollte, konnte ich mich auf die Fakten einer objektivierbaren Wirklichkeit nicht begrenzen. Es mag ja sein, dass das Leben an sich fast immer öde und grau ist, ungerecht, grausam und gefährlich. Wenn ich aber meinen Weg eigenhändig mit leuchtenden Farben bemale, dann sehe ich ihn bunt vor mir liegen. Und schon jubelt mein Herz angesichts

der Schönheit meines Gartens. Dort sitzen Hasen, Schweine, Esel und Ziegen nicht einfach in hölzernen Verschlägen. Nein, sie leben in bunt bemalten „Palästen“. Wenn ich mich, als Kind, während meiner lange andauernden Gefangenschaft sehr verzweifelt fühlte, dachte ich mir „Märchengärten“ aus. In diesen Gärten errichtete meine Phantasie künstlerisch gestaltete Spielhäuser, in denen Kinder und Tiere zusammen ein glückliches Leben führten. Und ganz ähnlich habe ich das Kinderprojekt gestaltet, das manchmal in meinem Garten auflebt. Ganz sicher verstehen einige traurige Kinder aus Ehrang den Appell. Aber auch glückliche Kinder und nette Erwachsene kommen gerne. Wenn ich zu „Tagen des offenen Gartentors“ einlade, füllt sich der Garten für einige Stunden mit einer friedvollen Stimmung, die fast unwirklich erscheint. Zahlreiche Kinder purzeln fröhlich durcheinander. Erwachsene sitzen entspannt herum und plaudern. Nirgends eskaliert eine Situation in Geschrei, Streit oder Stress. Die Gäste auf dem Gelände spüren das ANDERE, das hier Raum bekommt. Und wenn es auch anmaßend klingen mag, so behaupte ich doch, dass das Besondere an den Festen daran liegt, dass es MICH gibt. Ja, dann wäre mein SOSEIN der Beweis dafür, dass für jeden Menschen die Möglichkeit besteht, durch seine eigene Entscheidung Hoffnung und Freude über eine bedrückende Realität zu stellen.
Zum Abschluss muss ich allerdings gestehen, dass die Tiere weniger kunstbegeistert sind als die aus meinen Kinderträumen. Sie nagen respektlos an der Kunst herum. Oft muss ich Werke nachbessern oder neu machen. Mich ärgert das nicht. Das Auftragen neuer Farben hält mich lebendig und macht mich froh. Sollte es jemals noch einmal vorkommen, dass Du mich besuchst, würdest Du im Eingang meines Gartens ein großes Schild vorfinden. Darauf steht: Das Prinzip Hoffnung ist wenig begründbar, aber SINNSTIFTEND!
Das ist alles, was ich dazu sagen möchte. Mir ist es egal, wer den Satz versteht und wer nicht. Es trifft mich nicht, wenn Leute mich für verrückt erklären, ... oder gar für „schädlich“. Doch jetzt schnell zurück in die frühen Jahre der Villa Kunterbunt!

Die „Pfannkucheneltern“

Bei allen schlechten Scherzen, die wir unseren Nachbarn zugemutet haben, beeindruckten wir das Dorf doch mit unserem engagierten Lebensstil. Nach ein paar Jahren respektierten uns die Ehranger Bürger doch wegen der Sorgfalt, mit der wir unsere Kinder aufzogen. Dabei wurden zahlreiche „Gastkinder“ genauso umsorgt wie unsere eigenen. Den Freunden unserer Kinder boten wir mit dem Schwimmbecken, dem großen Garten, den Katzen und den Hühnern, der Feuerstelle, mit Freundlichkeit und mit gutem Essen und mit verständnisvollen Gesprächen eine unvergessliche Kindheitserinnerung. Richie und ich liebten es, Kindern Freude zu bereiten. Sehr begehrt waren unsere Pfannkuchen, die wir bei besonderen Anlässen, beispielsweise bei einer „Verlobung“, zubereiteten. Tatsächlich platzten wir jedes Mal vor Elternstolz, wenn Jessica wieder einmal Hand in Hand mit ihrem Kindergartenfreund Timm vor uns stand, den Kopf schmeichlerisch auf die Seite legte und würdevoll hauchte: „Wir sind verlobt!“ Weil selbst die Kinder es etwas übertrieben fanden, sich wöchentlich mit derselben Person zu „verloben“, schufen sie Abwechslung, indem sie Puppen mit Kuscheltieren oder Katzen verlobten, oder sie verkuppelten eben die Freunde untereinander. Und jedes Mal gab es Pfannkuchen!
Lieber Freund, diesen Brief möchte ich nicht beenden, bevor Du nicht auch Richie mit seiner Kindergeschichte kennengelernt hast. Bisher kennst Du ihn als Revolutionär,

als Frauenliebling, als wichtigen Menschen beim Aufbau von Projekten und als begabten Wahlvater, mit einem ungewöhnlichen Engagement für Kinder. Weil er eben nicht nur der idealisierte Held in meinem Leben blieb, sondern, wie wir alle, in den gut versteckten Wunden seiner Kindheit öfter zu Boden ging, möchte ich auch, dass Du ihn verstehst. Ich fand bisher keine Gelegenheit, ihn anders vorzustellen, als über sein Agieren im Hier und Jetzt. So will er auch gesehen werden, als ein Mensch ohne Vorgeschichte. Ich hatte zehn Jahre lang Zeit, die Ereignisse seiner Vergangenheit bruchstückhaft aus ihm „herauszubohren". Wozu das gut sein soll, willst Du mich fragen? Und warum ausgerechnet Du noch davon wissen sollst? Weil ich Dir noch einige ergreifende und andere unerfreuliche Geschichten erzählen muss, die ich mit Richie erlebte. Bevor ich Abschied von ihm nehmen kann, möchte ich um Verständnis für ihn werben. Richie „beißt" sofort zu, wenn man seine Schattenseiten erkennt, haut ab und vergisst Dich radikal. So weit soll es nicht kommen. Lass und das lieber heimlich machen. Ich will Dir nämlich erklären, warum ich ihn trotzdem liebe, nie vergessen werde und ihn mit einer treuen Solidarität verfolge, die er überhaupt nicht mag. Ich gehöre zu seiner Vergangenheit und soll dort in durchsichtiger Wertlosigkeit verschwinden. So ordnet Richie ganz klar sein Leben.

Damit er nichts merkt, stellen wir uns einfach vor, Du hättest ihn erst letzte Woche kennengelernt. In Hamburg vielleicht. In einem besetzten Haus. Nein, doch lieber bei einer Greenpeace-Aktion. Ihr habt zusammen geübt, wie man sich auf Bäumen festbinden kann, ohne beim passiven Widerstand vorschnell herunterzufallen. Dir ist der Mann gleich aufgefallen, weil er so lebendig wirkt. Energievoll und schön wie eine Raubkatze springt „der Mensch ohne Vergangenheit" in Gruppen hinein. Keiner fragt, woher er kommt, so sehr ist er DA! Tatsächlich nimmt Richie bei seinen „Sprüngen" nicht einmal eine Zahnbürste mit. Er kauft sich am Ankunftsort einfach eine neue und weg ist das Vergangene. Das hilft ihm sehr beim Ankommen. Die Menschen nehmen ihn sofort auf, weil er sie mit seiner frischen Energie befruchtet. Mit allem, was ihn ausmacht, belebt er die neue Umgebung nachhaltig, genauso, wie meine Freunde und ich ihn in der Feldstraße kennengelernt haben. Er wirbelt verkrustete Strukturen auf, schüttet neue Hoffnung in verstaubte Ecken und verwandelt die ächzenden Glieder der Resignation in Sprunggelenke junger Gazellen. Richie findet überall schnell Freunde und Bewunderer. Frauen heben ihre Bettdecken. Wo er sich niederlässt, baut er sogleich gut durchdachte Projekte auf, die ihm und anderen Menschen eine bessere Zukunft verschaffen sollen. Bei seiner Arbeit in der Aufbauphase handelt dieser Mann mit eindrucksvoller Kraft, mit Fleiß und bedingungsloser Zuverlässigkeit. Richie kann irgendwie alles. Er plant, organisiert und löst Probleme. Er vernetzt Menschen, Ideen und Projekte miteinander. Nebenbei hilft er Menschen in Notlagen mit einem Engagement, das sehr ungewöhnlich ist. Jeder will ihn und jeder liebt ihn in dieser Phase.

Doch dann kommt der zweite Teil der Inszenierung, der traurig endet. Richie fühlt sich nur in dem Teil lebendig, in dem er gründet, erfindet und aufbaut. Dann kommt es dazu, dass seine Werke „blühend in der Sommersonne" stehen. Seine Ideen sind zu einer fruchtbaren Realität herangereift, die jetzt der Pflege durch regelmäßige, aber weniger spektakuläre Handlungen bedarf, um die spätere Ernte zu sichern. Während seine Freunde noch lachend und glücklich in den Feldern stehen, fühlt Richie plötzlich Unruhe, Leere und Langeweile in sich. Zunächst zieht er sich unauffällig zurück, später mehr. Bald wird er unzufrieden und fängt an, die Freunde mit seinem provokanten Verhalten zu beunruhigen. Er schafft Abstand, indem er die Projekte mit chaotischen Aktionen gefährdet. Wer ihn jetzt kritisiert, wird unangemessen heftig niedergemacht,

gekränkt und beleidigt. Dann verlässt er das Projekt und seine Menschen. Den Freunden bleiben viele Vorteile von dem Mann, denn sie brauchen die Gärten, die er angelegt hat, nur zu gießen, dann kommt es auch zur Ernte. Wenn er geht, ist das Team, das an seiner Seite heranwuchs, meist so tüchtig, dass es die Projekte auch ohne ihn weiterführen kann. Er selbst bricht alle Kontakte ab, was für die Freunde wenig nachvollziehbar und schmerzhaft ist. Doch Richie ist schon wieder „auf dem Sprung". Er wird gut landen, er wird geliebt werden, und, ... er wird nützlich Dinge tun. Er wird etwas aufbauen. Richie lebt immer im Neuanfang, nicht in der Ernte.
Ja, manchmal bin ich richtig neidisch auf ihn. Eifersüchtig auf die, die ihn gerade „haben". Narzisstisch gekränkt. Wie konnte er mich nur verlassen? Ach, habe ich das nicht gerade eben erklärt? Nein, ich muss das jetzt genauer erklären.

Richies Kindheit und Jugend

Richie war der Erstgeborene von sechs Kindern. Seine Familie lebte in einem saarländischen Dorf. Die Mutter verbrachte ihr ganzes Leben in diesem Dorf, in dem Haus, in dem sie selbst geboren worden war. Sie ist eine hoch intelligente, geradlinige Frau, die wegen ihrer aufrechten Art, ihrer Hilfsbereitschaft und ihrer eindrucksvollen Persönlichkeit von vielen Freunden geliebt und geachtet wird. Klaglos und würdevoll ertrug sie die zahlreichen Schicksalsschläge, die ihr Leben begleiteten. Mit ihrer gewinnenden Offenheit zeigt sie den Menschen ihren unbedingten Willen, aus jeder Situation das Beste zu machen.
Ein Beispiel: Als ihr Sohn erstmals stolz mit der zweijährigen Jessica auf dem Arm bei ihr auftauchte und erklärte, dass sie von nun an seine Tochter sei, und als er sich dann umdrehte, auf mich und die anderen Kinder deutete und sagte, wir gehörten auch noch alle dazu, da verzog sie wirklich keine Miene. Stattdessen stellte sie einen leckeren, selbst gebackenen Kuchen auf den Tisch und plauderte so nett mit uns, als sei es völlig normal, dass eine Mutter sich freut, wenn sich ihr 23-jähriger Sohn eine Frau mit vier Kindern aussucht, die er dazu auch noch zu seiner Familie erklärt. Von da an bekamen meine Kinder jede Weihnachten selbst gestrickte Söckchen und nette Geschenke von der neuen Oma. Ich war sehr gerührt von der Fairness dieser Familie, die sich so sehr von Florians Familie unterschied. Es zeigte, wie mutig und freidenkerisch diese Frau war. Obwohl sie sehr gut in die dörfliche Gemeinschaft integriert war, machte sie keinen Hehl daraus, sich nur dann den Normen des Dorfes zu fügen, wenn sie diese inhaltlich gut begründet und ethisch akzeptabel fand. Für mich ist die Frau ein kleines Wunder. Eine gutbürgerlich angepasste Frau, die gleichzeitig solch eine große Autonomie in ihrer Persönlichkeit zu bewahren weiß.
Als traditionelle Frau lebte Richies Mutter ohne irgendeinen beruflichen Selbstverwirklichungsanspruch, sondern ausschließlich für die Versorgung ihrer Familie. Sie war gerne Mutter. In ihrer Mutterliebe sah sie, neben dem guten Versorgen der Kinder, ihre Aufgabe darin, sich bedingungslos hinter sie zu stellen, auch wenn sie zeitweise ganz und gar nicht das taten, was sich Eltern erträumen. Richie und seine Geschwister griffen nicht selten zu den heftigen Provokationen, die Kinder imposanter Eltern oft brauchen, um sich abzugrenzen. Sonst wäre es für die nächste Generation zu schwer, ihre eigene Identität zu finden.
Auf jeden Fall boten Richies Mutter und ihr Mann ihren sechs Kindern ein warmes, geordnetes und gut gesichertes Nest. Meinen Kindern boten sie ein ehrliches Willkommen, wofür ich ihnen großen Respekt und Liebe entgegenbrachte.

Auch Richies Vater war ein freundlicher, sympathischer Mann. Neben seiner konturierten, dominanten Frau konnte man seine Persönlichkeit allerdings weniger deutlich erkennen.
Im Ruhrgebiet geboren, zog der Vater als junger Mann in Richtung Süden, um fern von der Heimat Freiheit und Abenteuer zu erleben. Unterwegs traf er auf Richies Mutter, mit der er seinen ersten Sohn zeugte, bevor er sich wirklich entschieden hatte, den Aufbruch in die Ferne im ihm wenig aufregend erscheinenden Saarland zu beenden. Nach anfänglichem Zögern entschied sich der Vater dann aber doch für die junge Familie und lebte bis zu seinem Tod seiner Frau im Dorf. Der fleißige Mann arbeitete hart in der Industrie, um der großen Familie finanzielle und soziale Sicherheit zu geben. Er putzte das Häuschen fein heraus, pflegte einen großen Gemüsegarten und sorgte im Dorf für das gute Ansehen der Familie. Die ersehnte Männerfreiheit, die er auslebte, beschränkte sich auf gelegentliche Frühschoppen oder auch mal ein Überdiesträngeschlagen bei einem Feuerwehrfest. Richies Vater liebte seine Familie und schenkte ihr in derselben traditionellen Weise sein Leben, wie seine es Frau tat. Er hätte das gute Recht gehabt, stolz auf sich und sein Leben zu sein. Aber so war es nicht. Der Vater quälte sich ein Leben lang mit einer inneren Widersprüchlichkeit, die auf eine mir nicht bekannte Weise auch in die Wahrnehmung seiner Söhne eindrang. Tragischerweise fühlten die Jungen in der Familie des Vaters ungelebte Träume wie einen wichtigen Auftrag an ihre Männlichkeit.

Es geht dabei um etwas GROSSES, dass ein Mann nur ohne die Last einer Familie vollbringen kann. Er braucht alle Manneskraft für sich alleine, wenn er in der Ferne „Drachen tötet". Warum es existenziell wichtig ist, Drachen zu töten, und woran ich dabei den „richtigen" Mann festmachen soll, konnte mir Richie auch nie wirklich erklären. Bedrohlich deutlich fühlte ich aber die Betroffenheit, die Richie immer dann empfand, wenn er über das „misslungene" Leben seines Vaters sprach.
Der Vater starb mit sechzig Jahren an den Folgen der Gifte, denen er beruflich allzu lange ausgesetzt war. Nie im Leben hatte er die Zeit oder auch den Mut, sein Bild der Freiheit zu überprüfen. Im Gegensatz dazu konnte er sich leider genauso wenig entscheiden, sich selbst für den aufrechten und treuen Einsatz zu loben, den er ganz zweifelsfrei für die Familie aufgebracht hatte. So blieb ein Fluch in den Herzen der Söhne, die irrationale Sehnsucht nach einem „ganz anderen Leben" als dem, das sie leben.

Für immer heimatlos bleiben und nicht ankommen dürfen

So lautete die traurige Formel im Auftrag des Vaters. Jetzt wird es Dich, lieber Freund, vermutlich nicht mehr besonders wundern, warum Richie mich, seine geliebte Frau, die ähnlich stark, geradlinig und fast so kinderreich war wie seine Mutter, unbedingt wieder verlassen musste. Er dürfe nicht bei mir „hängenbleiben wie der Vater", so drückte Richie das aus. Obwohl wir uns in all den Jahren sehr liebten, in vielen Dingen wunderbar zusammenpassten, hätte Richie ein Leben mit mir als ein „Scheitern wie der Vater" empfunden, ... so sagte er mir. Im Gegensatz dazu blieb unsere Trennung in meinen Gefühlen dermaßen unnötig und traurig, dass ich dieses Erlebnis bis heute nicht angemessen verarbeiten konnte. Obwohl wir inzwischen schon fast zwanzig Jahre lang getrennt sind, fühle ich Richie oft noch als „meinen" Mann, was natürlich ein peinlich unpassendes Gefühl ist, zu gar nichts nütze, und weh tut es auch.

Richie war ein aufgewecktes Kind. Die Lehrer in der dörflichen Grundschule erkannten seine Klugheit und förderten ihn mit besonderer Aufmerksamkeit und Lob. Natürlich waren auch die Eltern sehr stolz auf ihren Erstgeborenen. So war es für das allseits geliebte Kind nicht schwer, bei den Dorfkindern im Mittelpunkt zu stehen. Natürlich war er am liebsten der Anführer. Er würde das Leben im Sturm erobern, so träumte der begabte Junge. Dann kam die Empfehlung für das Gymnasium. Richie erlebte einen radikalen Wandel seines Umfelds und den Verlust, im Dorf sozial eingebettet zu sein. Täglich musste er jetzt in eine fremde Stadt fahren und sich dort mit den städtisch sozialisierten Kindern auseinandersetzen. Am Gymnasium bemerkte Richie erstmals, wie unterschiedlich ein Kinderleben verläuft, je nachdem, in welche soziale Schicht man geboren wird. Plötzlich hatte unser selbstbewusster kleiner Anführer die Rolle eines „benachteiligten Kindes" von „armen Leuten". Arm war die Familie nicht wirklich, aber ein normales Familieneinkommen reichte eben nicht aus, um sechs Kinder so zu verwöhnen, wie es in der „gehobenen" Schicht von damals als selbstverständlich galt. Schmerzhaft und neidvoll musste Richie erkennen, dass die Führungsrollen am Gymnasium für die „bessergestellten" Kinder der Bildungsbürger reserviert waren. Diese Kinder wurden von ihren Eltern schon sehr früh in den verborgenen Regeln geschult, die den Ausschlag dafür geben, dass sich Klassenprivilegien zuverlässig auf die nächste Generation übertragen. Das aufstrebende Bürgertum hat nicht wirklich etwas dagegen, wenn die Kinder der „Armen" schulisch zurückfallen, denn dieser Umstand sichert die vorderen Plätze für die eigenen Kinder.

Glaub mir, lieber Freund, ich kenne die Arroganz des gehobenen Bildungsbürgertums. Eine Klasse, in die ich selbst hineingeboren wurde. Ich weiß, wie sie denken, ich weiß, wie sie kommunizieren, wo sie lügen, wie sie tricksen, wie sie kämpfen, wonach sie sich sehnen und worüber sie wirklich weinen. Und ich weiß auch, wie schnell sich ihr aufgesetztes soziales Interesse in Abwehr verwandelt, wenn eine Situation zum TEILEN drängt. Ach, Du merkst bestimmt, wie schwer es mir fällt, meine Herkunft zu achten. Da stand mir Richies revolutionäres Ansinnen, sich ungefragt all das zu nehmen, was er nicht kriegen sollte, natürlich viel näher!
Aber er kannte sich „oben" eben nicht aus. In der Hoffnung, er dürfe doch noch „mit den großen Hunden pinkeln", verriet er mich später auf eine äußerst verletzende Art und Weise. Sich selbst auch. Denn dort, wo er sucht, „laufen die Dackel auf Stelzen".

Am Gymnasium schämte sich der arme Richie plötzlich für seine Eltern. Doch mit solch einem Verrat konnte das Kind erst recht nicht leben. So blieb dem Heranwachsenden gar nichts anderes übrig, als zur Konfliktlösung auf die Rolle des REBELLEN umzusteigen. Damit hatte er die Gesetze der Klassengesellschaft eliminiert, und er durfte sogar wieder Anführer werden! Radikaler Führer unter den Weltverbesserern. Die Rollen „Retter der Armen" und „Rächer der Ungerechtigkeit auf Erden" passten genau zu Richies persönlichen Wunden. Sie gaben ihm Trost und Lebenshoffnung. Gleichzeitig barg der revolutionäre Auftrag echt GROSSE ZIELE und bot reichlich Gelegenheit, „mit Drachen zu kämpfen". So wuchs der jugendliche Richie in die 68er-Generation hinein, die ihm Frieden in einem homogenen Selbst und angemessene Beachtung für seine vielseitigen Begabungen versprach. Richie war ein hervorragend kreativer Denker und er hatte die nötige Portion Mut, der im Leben eines echten FREIGEISTES unabdingbar vonnöten ist. Zusätzlich hatte er von seiner Mutter die bodenständige Vernunft erlernt, die man braucht, um Probleme an der richtigen Stelle auf die richtige Art zu lösen. Und sein Vater hatte ihm zahlreiche handwerkliche Kenntnisse beigebracht, die in unseren Selfmade-Projekten Gold wert waren. Alles zusammen befähigte Richie dazu, große Verantwortung in den zentralen Aufgaben der „Weltverbesserung“ zu tragen. Er brachte das neue Gedankengut zu gut konzipierter Anwendung.

Richie und ich teilten die Freude am freien Denken, das wir stets mit pragmatischen Fragen der Anwendung verbanden. Wir kamen uns im Denken und Konzeptemachen so nahe, wie ich es mit Florian kannte, aber glücklicherweise war Richie einfach weniger verrückt. Bedenke dabei, dass wir dazu noch die volle Elternverantwortung gemeinsam trugen. Daher konnten wir gar kein Interesse daran haben, uns in Konstrukten zu verlieren, die das alltägliche Leben vergiften. In den zehn Jahren unserer Partnerschaft blieben wir durchweg ein hoch effektives Team. Wir setzten politisches Denken in revolutionäre Lebenspraxis um. Unser Leben betrachteten wir als einen Aufruf zum experimentellen Lernen. Aber lass uns noch ein Stück durch Richies Jugendzeit gehen.

Leider verstanden seine Eltern die psychischen Probleme ihres pubertierenden Sohnes wenig. Sie wollten den Rebellen in ihm „austreiben“, trieben ihn damit aber nur noch weiter in extreme Konfliktlösungen hinein.

Als Richie siebzehn Jahre alt war, legte er der Mutter einen Zettel auf dem Küchentisch. „ICH BIN WEG“, stand darauf. Richie verschwand gemeinsam mit einem Freund, der in ähnlichen Auseinandersetzungen mit seinen Eltern steckte. Die Freunde hatten beschlossen, dem Bürgertum nicht „weiter in den Arsch zu kriechen“ (das hieß, auf dem Gymnasium zu bleiben) und nach „WILD UND FREI“ abzuhauen. Beide Jungen waren richtig clever. Durch kleinere und größere Gaunereien schafften sie es fürs Erste, so viel Geld zu „machen“, dass sie „auf großem Fuß“ leben konnten. Mit Charme und viel Angeberei eroberten sie dabei FRAUEN, was, auf dem schweren Weg zum MANNSEIN, natürlich ein großer Erfolg war. Doch sein Freund blieb gleich „bei so einer hängen“. Da musste Richie alleine weiterziehen. Zudem brauchte seine Männlichkeit ohnehin größere, HELDENHAFTE Ziele! So fand er wenig später die „richtigen“ Revoluzzerkreise, die mit schönen Idealen zu großen Taten herausforderten.

Richie probierte verschiedene Extremistengruppen aus, von verbissenen kommunistischen Kadergruppen bis hin zu den ganz wilden, die sich im Ausland an Waffen ausbilden ließen. Glücklicherweise hat Richie eine gesunde, anarchische Grundnatur, die ihn schnell durchschauen ließ, wie Faschismus genau dort heranwächst, wo Ideale zu Waffen mutieren. Dann war er ganz schnell wieder weg. Du siehst hier einen weiteren Punkt, in dem Richie und ich sehr gut zusammenpassten: Unbeugsam verweigerten wir jeglichem Autoritätsprinzip das Recht, uns zu manipulieren!

Und dann kam die Einberufung zur Bundeswehr. Richies jugendliches Größenselbst hatte sich durch seine „Abenteurerei“ so aufgebläht, dass er der Meinung war, die Einberufung sei gerade eine gute Gelegenheit, die Bundeswehr zu „unterwandern“. Wo er doch schon reihenweise linksideologische „Kommisköpfe“ zum Rollen gebracht hatte, wäre es sicher ein Leichtes, militanten Staatsdienern eine Faschingsmütze aufzusetzen. Doch da hatte er sich gewaltig getäuscht, denn die Staatsmacht erlaubte ihren Dienern, den frechen Richie in Einzelzellen zu sperren und ihn mit machtvollen Gewinnergesten zu demütigen. Da haute er ab. Fahnenflucht.

In den Bergen Südfrankreichs tauchte Richie in einer Landkommune unter, die sich in einem verlassenen Dorf angesiedelt hatte. Als er mit einer Freundin nach Griechenland in Urlaub fahren wollte, wurde er an der Grenze kontrolliert und verhaftet. Die

Staatsmacht verordnete ihm „ein halbes Jahr Urlaub“ von der Revolution, in einem Gefängnis nahe Trier. Als er entlassen wurde, fuhr er nach Trier und setzte sich mit frischem Elan in eine unserer Stammkneipen. Erfreut griffen ihn unsere Frauen auf und brachten die „Beute“ in die Feldstraße. Wie es dann weiterging, weißt Du ja schon.

So, jetzt kann ich mich mit einem guten Gefühl von Dir verabschieden, denn ich weiß, dass Du Dich in meine nächsten Briefe, die Richie und mich nicht nur in einem goldenen Licht erscheinen lassen, besser einfühlen kannst.

Bis bald.

Nelly

Brief - Dezember 2006

Über Erziehungsziele und Methoden

Lieber Freund!

Endlich! Endlich ist es soweit, dass ich Dir meine Kinder vorstellen darf. Früher war es nicht möglich, weil Du Richies bedeutende Rolle in ihrem Leben nicht gesehen hättest. Abgesehen davon, dass ich einfach stolz auf meine Kinder bin, verbirgt sich hinter meinem heutigen Brief eine spezielle Absicht, mit der ich dem Klischee entgegenwirken will, dass Kinder, die von „wilden" Frauen aufgezogen werden, auf jeden Fall zu bedauern seien. Immerhin leben wir unverändert in einem Patriarchat, das hartnäckig den Mythos aufrechterhält, dass nur diejenigen Mütter gute und verantwortungsvolle Mütter wären, die ihren Kindern zuliebe weitgehend auf Eigenständigkeit und Selbstfindung verzichten.
Ich möchte hiermit hervorheben, dass meine Kinder, gerade in Bezug auf die Kriterien des bürgerlichen Denkstils, besonders gut gelungen sind. Bürgerliche Eltern würden „sich ihre Finger nach ihnen lecken"! Weil es im bürgerlichen Narzissmus nun mal primär um berufliche Titel geht, fange ich gleich mit diesem Punkt an. Alle vier Kinder haben ihr Studium abgeschlossen, die Jüngste besitzt einen Doktortitel. Was ich persönlich so toll an ihnen finde, ist, dass sie alle nach ihrem Auszug (die Mädchen nach dem Abitur, mein Sohn kurz vor dem Abitur) die volle Selbstverantwortung für ihr Leben übernommen haben, und zwar in jedem Sinn. Sie leben finanziell eigenständig und treffen alle ihre Lebensentscheidungen gänzlich unabhängig von ihrer Herkunftsfamilie. Bisher meisterten sie die Herausforderungen des Lebens ziemlich gut. Der Realitätssinn meiner Kinder reicht durchaus aus, dass sie ihre Lebenspläne nach ihren Wünschen gestalten können. Drei Kinder wollten eine gute, bürgerliche Integration, die sie auch erreicht haben. Das vierte Kind lebt mit Vergnügen antibürgerlich und ist trotzdem beruflich erfolgreich.
Meine Kinder sind freundliche Menschen mit einem gutem Charakter und einem ausgeprägten Sozialverhalten. Sie haben Freunde und lassen sich auf langjährige Liebesbeziehungen ein. Drei meiner Kinder sind mittlerweile selbst Eltern. Sie pflegen ihre Kinder aufs Feinste, treu, zuverlässig und liebevoll. Alles klar?
Im nächsten Abschnitt möchte ich zu den Werten, Zielen und Methoden Stellung nehmen, nach denen ich meine Kinder erzogen habe. Es sind auch die Werte, in die Richie und ich unsere „gemeinsame Elternschaft" eingebettet hatten. Unsere Wahlfamilie war nicht nur ein emotionales Bündnis, sondern auch der bewusst gewählte Ausdruck unserer politischen Identität.

Über Erziehungsziele und Methoden

Die Gruppe als neutrales Feld, der Gruppenvorteil, die kollektive Intelligenz, das Kollektiv als Basis für Heilung

Wie Du schon in meinem Brief über den Kinderladen erfahren hast, gehörten wir zu den Menschen, die die Aussage, dass nur bürgerliche Kleinfamilien glückliche und gesunde Kinder aufziehen können, für einen gefährlichen Mythos halten.

Nicht die böse, freche Nelly, sondern die seriöse Wissenschaft der Psychologie sagt, dass in unserem Unterbewusstsein ein Wiederholungszwang unvermeidbar wirksam ist, der unbehandelte Wunden in der Psyche der Eltern sogar bis in die nächste Generation weiterträgt. Die Neigung ungeliebter Menschen, sich unglücklich in „falsche“ Partner zu verlieben, kann man so erklären, dass sie in ihren unermüdlichen Geschichten des Scheiterns einen Weg beschreiten, auf dem sie das Drama der Ehe ihrer Eltern immer neu inszenieren, um es vielleicht doch noch zu einem guten Ende zu führen. Manchmal gelingt das sogar, denn jede Generation hat auch eine eigene Chance. Doch allzu oft wird die abhängige Anbindung an elterliche Aufträge auch zu einem Vernichtungsprogramm im Leben der Kinder.
Was mich angeht, so habe ich früh erkannt, wie sehr ich in den Ideologien und im Narzissmus meiner Eltern eingesperrt war. Um meinen Kindern Ähnliches zu ersparen, habe ich bewusst versucht, für meine Kinder eine Wahlfreiheit zu schaffen, die es ihnen erlauben würde, ihr Leben mehr nach Kriterien zu gestalten, in denen ihre Persönlichkeiten Raum für Wachstum und Selbstfindung hätten. Keinesfalls wollte ich, dass sie sich dazu verpflichtet fühlen, meinen Lebenskonzepten, meinen Sehnsüchten und Zielen zu folgen oder gar zu glauben, sie seien für mein Wohlbefinden verantwortlich.
Um ihnen viele Wege offenzuhalten, versuchte ich, meine Kinder zu kritikfähigen und gleichzeitig toleranten und einfühlsamen Menschen zu erziehen. Sie sollten möglichst viele Lebensentwürfe, Schicksale, Konfliktstrategien und Moralsysteme, gleichwertig nebeneinanderstehend, kennenlernen. Gerne nutzte ich die Andersartigkeit meiner Kommunarden als ein natürliches Gegengewicht zur elterlichen Dominanz. Meine Liebe und mein Respekt vor sehr unterschiedlichen Menschen lehrte die Kinder, das Leben weniger über das Rechthabenwollen als über den liebevollen Austausch aller Geschöpfe zu verstehen.
Eine sehr günstige Variable für verantwortungsvolle Kindererziehung sah ich in dem sogenannten „Gruppenvorteil“, der kollektiven Intelligenz einer Gruppe, die über die sozialen Fertigkeiten jedes Einzelnen hinausgeht. Oft habe ich erlebt, dass man die Gruppe wie ein neutrales Feld einsetzen kann, um die neurotischen Schäden Einzelner zu mildern. Zudem entsteht in einem Kollektiv auch eine Art moralischer Kontrolle über gemeinsame Werte, und das tut dem Kinderschutz besonders gut. Eltern, die in einer Gemeinschaft leben, werden in ihrem pädagogischen Verhalten beobachtet. Jeder bekommt mit, was sie mit ihren Kindern machen. Ich denke schon, dass Öffentlichkeit ein Faktor ist, der vor gefährlichen Entgleisungen schützen kann.
Da Du ja meine eigene traumatische Kindheit kennst, verstehst Du bestimmt, wieso es mir besonders wichtig war, mit Menschen zu leben, die Gewalt an Kindern verabscheuen. In einer Kleinfamilie kann Gewalt an Kindern über Jahre unbemerkt ausgeübt werden. Misshandelte und traumatisierte Eltern stellen, statistisch gesehen, eine weit größere Gefahr für ihre Kinder dar als Fremdtäter.

Über die Ethik der Liebe zwischen Eltern und Kindern

Unsere Kinder haben sich nicht entschieden, auf die Welt zu kommen. Deshalb haben sie ein einseitiges Recht auf die Liebe derer, die sie gezeugt haben. Weil menschliche Elternliebe nicht instinkthaft funktioniert, wie das bei Tieren der Fall ist, sondern als ein Produkt sozialen Lernens anfällig und oft lückenhaft ist, hat die Natur für die Arterhaltung ein Prinzip geschaffen, das die Liebe der Kinder nicht zwingend an die biologi-

schen Eltern bindet, falls diese nicht in der Lage sind, das Kind zu betreuen. Das Kind liebt einfach immer die Menschen, die es erziehen. Menschen, die sich dabei Mühe geben und eine warmherzige Art haben, lieben sie mehr als andere.
Die meisten Eltern glauben, ihr Kind „müsse“ sie in jedem Fall lieben, das seien nun einmal biologische Fakten. Aus dieser falschen Prämisse leiten sie dann einen autoritären Anspruch auf die Liebe ihrer Kinder ab.
Meine Ethik erlaubt das Einfordern von Liebe nicht. Wenn Eltern ihr Kind narzisstisch ausbeuten, es demütigen oder unangemessen bestrafen, oder gar gewalttätig sind, finde ich nicht, dass Kinder moralisch dazu verpflichtet werden sollten, diese Eltern bedingungslos zu lieben. Sie brauchen die Freiheit, sich nach eigenem Ermessen zu distanzieren. Sie müssen Eltern auch nicht als Autoritätsperson respektieren. Eltern müssen sich den Respekt der Kinder erarbeiten, denn er ist die Folge eines liebevollen, wertschätzenden Umgangs. Die Liebe der Kinder darf nicht zu einer Pflicht im Sinne von „Bravsein“ gemacht werden. Das ist eine geistige Demütigung des Kindes. Wie armselig erscheint die Würde des Menschen, wenn die tiefen Gefühle, die zwischen Kindern und Eltern möglich sind, zu einem Machtgebaren von „Groß nach Klein“ degradiert werden!

Auch Kinderliebe hat ein Recht auf Freiheit und Freiwilligkeit!

Zwischendurch darfst Du mich gerne einmal fragen, wie es überhaupt mit meiner mütterlichen Liebesfähigkeit bestellt war, wo ich doch, während meiner Mutterschaft, noch einige Jahre übermäßig mit der Heilung meiner eigenen Wunden beschäftigt war?
Darauf würde ich Dir antworten, dass ich sicher genügend Fehler gemacht habe, aber in meiner Emotion, der tiefen Zuneigung zu meinen Kindern, war ich treu und warmherzig liebend. In mir lebte die warme Kraft spontaner Elternliebe, die ohne ein Wenn und Aber jederzeit abrufbar war und die für die Kinder zu einer warmen Sonne wurde, wenn sie mit ihrer ganzen Zärtlichkeit nach außen trat. Die Grenzen meines verletzten Herzens öffneten sich zuverlässig, wenn ich mich mit meinen Kindern beschäftigte. Das Warme in mir blieb für meine Kinder auch dann verfügbar, wenn es mir selbst sehr schlecht ging. Auch dann fand ich für sie ein Lächeln, ein liebes Wort und ein Streicheln. Ich wollte sie nicht alleine lassen, ignorieren und missachten, so wie ich es selbst erlebt hatte, wenn meine Eltern ihre Kriege führten. Selbst in den letzten Monaten mit Florian, die zu den ganz schwarzen in meinem Leben gehören, behielt ich die Kraft der Treue zu meinen Kindern. Ich erinnere mich deshalb noch so gut daran, weil mich ein Freund damals bewundernd darauf ansprach, dass es ihn sehr berühre, wie sich mein ganzes Aussehen, meine Stimme und meine Ausstrahlung verändern würden, sobald ich mit meinen Kindern spräche. Es war wohl so, dass mich die bedingungslose Liebe zu meinen Kindern aus der Selbstbezogenheit meiner neurotischen Gefangenschaft befreite, wenn ich als Mutter gefordert war. Da habe ich großes Glück gehabt.

Wofür müssen Kinder dankbar sein?

Meine Ethik zur Elternliebe weicht von den Normen der Leistungsgesellschaft und den Dogmen christlicher Moral ziemlich ab. In meinem moralischen Empfinden gibt es ausschließlich die uneingeschränkte Pflicht für Eltern, ihre Kinder AN SICH zu lieben.

Kinder müssen dafür nichts leisten und nicht funktionieren. Sie sollen sich Elternliebe nicht erdienen oder erarbeiten müssen. Und sie müssen auch nicht dankbar sein.

Muss man Kinder zur Leistung antreiben?

Ich denke, dass ein geliebtes Kind, das in einem sicheren Nest aufwächst (wobei ich bestreite, dass das Konstrukt eine bürgerliche „Normenburg“ sein muss!), von Natur aus zur Steigerung seiner Leistungsfähigkeit drängt. Es WILL lernen, weil es die Welt so spannend findet, dass es immer mehr daran teilnehmen will. Es gibt alle verfügbare Energie, um die Schätze der Welt kennenzulernen. Es möchte auch die sozialen Fertigkeiten lernen, die ihm ein vergnügliches Miteinander mit anderen Menschen erlauben. Damit wäre seine engagierte Integration in ein Gemeinschaftswesen „von Natur aus“ gesichert. Es braucht dafür keinen Druck. Das Kind lernt, weil es „mitspielen“ möchte. Nichts braucht es weniger als Eltern, die es dressieren. Ist es nicht schrecklich, wie viele Eltern „gute Erziehung“ darin sehen, ihr Kind zu einem Hündchen zu degradieren, das schwanzwedelnd alles ausführen muss, was ANDERE von ihm erwarten? Damit die Eltern bei ANDEREN damit angeben können, was ihr Kind schon alles kann! Ein Kind zum Objekt der narzisstischen Selbstergänzung zu machen, ist ein Missbrauch und eine Ausbeutung, die in unserer Gesellschaft so weitverbreitet ist, dass sie tatsächlich als „normal“ empfunden wird. Viele Eltern schämen sich keineswegs, ihren Lebenssinn im „Funktionieren“ ihrer Kinder zu sehen, der böse verpfuscht wird, wenn „Hundchen“ nicht brav war. Dann kränkeln sie und machen sich „Sorgen“. Sie beruhigen sich erst wieder, wenn das Kind jammernd unter seinen Schuldgefühlen zusammengebrochen ist und brav „heimgekrochen“ kommt.
Ungeliebte, vernachlässigte und traumatisierte Kinder versagen in Leistungsaufgaben nur deshalb, weil sie sich aufgrund ihres inneren Schmerzes nicht genug auf Aufgaben konzentrieren können. Sie sind nicht dümmer als andere. Auch traurige Kinder würden am liebsten an „der schönen Welt“ teilhaben, doch wenn man sie dazu zwingt, in Hoffnungslosigkeit zu leben, versiegt ihre Lebenskraft.

Also, kurzum, ich habe in der Pflege und Förderung meiner Kinder ausschließlich auf meinen liebevollen Umgang mit ihnen geachtet und die Kontrolle ihrer schulischen Leistungen weitgehend unterlassen. Ich muss Dir ihre beruflichen Erfolge „unter die Nase reiben“, damit ich sie als Beweis meiner Theorie anführen kann. Außerdem bin ich stolz darauf, wie gut sie auch ohne „Dressur“ geworden sind!

Trotzdem würde ich es heute nicht mehr so machen, denn ich finde den hohen Anspruch an kindliche Selbstverantwortung inzwischen zu hart. Ich würde Kinder etwas mehr schulisch unterstützen, damit sie mehr Freiraum für ihr entspanntes Kindsein haben. Den Punkt habe ich als junge Frau noch nicht sehen können, weil ich nur die radikale Autonomie kannte, die Folge meines ungeschützten Kindseins, in der ich nachweislich ziemlich tüchtig geworden bin. Ich konnte mir erst viel später eingestehen, wie sehr mich die volle Selbstverantwortung auch überfordert hat. Daher sah ich diesen Aspekt in meiner Jugend nicht.

Über die Erziehung zu sozialem Verhalten, zur Pflege von Mitgefühl und Solidarität mit Schwächeren und Ausgegrenzten

Wenn auch Freigeist und Selbstverantwortlichkeit zu den höchsten Werten in meiner Ethik gehören, wenn ich also eine radikal-ideologische Erziehung, wie ich sie selbst erfahren habe, ablehnen muss, so kann ein linkspolitischer Mensch doch nicht auf alle Grundwerte verzichten, die ihn selbst ausmachen. Natürlich wollte ich meine Kinder zu Menschen erziehen, die ein großes Herz für andere Menschen haben, sich für soziale Verantwortung einsetzen und gegen die Diskriminierung von Menschen vorgehen. Wo habe ich also doch „ideologisch" erzogen? Fangen wir gleich mit den feministischen Prämissen an.

Ich zum Beispiel bin eine Frau, eine Mutter und ein gleichberechtigter Mensch zu jedem Mann und jedem Kind!

Mit meinem feministisch geprägten Lebensstil, der das Konzept begründete, in dem ich Partnerschaft lebte, wollte ich meinen Kindern ganz bewusst ein Gegenmodell zur „bürgerlichen Mutter" vorstellen. Mit Leib und Seele wollte ich beweisen, dass es möglich sei, wenn auch schwierig und anstrengend, ein eigenständiges Leben NEBEN der Mutterschaft zu leben. Keinesfalls war ich bereit, meine Menschenwürde zu verraten, indem ich dem gesellschaftlichen Auftrag gefolgt wäre, mich als Folge meiner Mutterschaft zu einem „dienenden Menschen" zu machen. Wieso sollen sich Mütter mit ihren Bedürfnissen an die letzte Stelle einer Gemeinschaft stellen? Was für ein widerlich masochistisches Konstrukt! Und so eine Frau will ihre Kinder brauchbare Geschlechterrollen lehren? Nein, auf so etwas konnte ich mich wirklich nicht einlassen. Natürlich wollte ich meinen Töchtern ein Modell für die Befreiung der Frau sein, die um ein besseres Frauenleben kämpft. Ich verachtete die Frauenrolle im bürgerlichen Lebensplan, die Frauen den Lebenssinn als Familienmutter in der Idee vorgaukelt, Mutti würde davon glücklich, dass sie ihre Lieben normgerecht verbissen kontrolliert, bis sie endlich rechtschaffen „verbraucht" ins Grab sinkt. Und wehe, wenn ihr zwischendurch der Verdacht kommt, ihre Lieben könnten sich mit kleinen und größeren Lügen ihrer moralischen Allmacht entziehen! Das ist anscheinend so schlimm, dass diese Frauen lieber aufs Nachdenken verzichten, als ihren Kontrollanspruch infrage zu stellen.
Im Übrigen glaubte ich tatsächlich arglos, mein feministischer Lebensentwurf könne sogar meinen Sohn erfreuen, weil ich ihm Konzepte anbot, wie er später auf gleicher Augenhöhe mit Frauen umgehen könne, die er liebt.
In der alltäglichen Praxis forderte ich den Respekt vor meinem Menschsein, indem ich meinen Kindern bewusst machte, dass ich sie nur dann liebevoll versorgen könne, wenn auch ich in meinen erwachsenen Bedürfnissen Zuwendung bekäme. Es gab also Zeiten, in denen die Kinder „dran" waren und im Mittelpunkt standen, und Zeiten, in denen ich dran war, also Zeit für mich beanspruchte, in der die Kinder Rücksicht auf mich nehmen mussten. Den Kindern gehörte beispielsweise der ganze Tag, aber am Abend, nach 20 Uhr, mussten sie mich in Ruhe lassen. Je nachdem, wie alt sie waren, durften sie in ihren Zimmern noch spielen und lesen, aber keine Ansprüche an die Erwachsenen stellen oder deren Feierabend stören.

Für die Solidarität mit Benachteiligten musste ich hin und wieder schon ein bisschen Zwang anwenden, denn Kinder teilen nicht unbedingt freiwillig ihre Eltern, ihre Spielsachen und ihre Kinderzimmer. Es kam in den vielen Kommunejahren schon immer wieder mal vor, dass einsame oder überforderte Mütter einzogen, die zeitweise wenig Energie für ihre Kinder aufbrachten. Außerdem waren die Menschen in unserer Szene in der Regel so arm, dass sie nicht immer ein Dach und ein gutes Bett über dem Kopf hatten. Da wurde geteilt. Weil meine Kinder immer gut ausgestattete Kinderzimmer, viele Spielsachen und saubere Betten hatten, mussten sie manchmal für eine Übergangszeit ein fremdes Kind in ihr Reich aufnehmen. Wenn die Kinder auch murrten, so waren sie doch die Ersten, die sich flexibel auf Veränderungen einstellten. Auf jeden Fall waren sie darin schneller als die Erwachsenen.

In manchen Aspekten, die auch im bürgerlichen Denken Lob und Ehre bringen, zeigten sich „meine drei Großen“ freiwillig sozial. Als meine Schwiegereltern alt und krank waren, besuchten meine großen Töchter die Großeltern über lange Zeit zuverlässig an jedem Samstag. Sie wollten einfach nicht, dass die traurig waren. Ganz stolz war ich auch auf meinen jugendlichen Sohn, der ganz von alleine entschied, einer alten Frau, die in unserer Straße wohnte, samstags die Last des Straßenkehrens abzunehmen. Er machte das völlig zuverlässig jede Woche, bis die alte Dame gestorben war.

Das Recht der Kinder auf Autonomie und Würde

An dieser Stelle möchte ich meiner Mutter ein riesiges Dankeschön sagen! Sie war es, die die Werte der Freiheit, Autonomie und Würde eines jedes Menschen, gleichberechtigt zu Erwachsenen, auch für Kinder vertreten hat. Warum auch immer sie so unfähig war, uns vor unserem Vater zu schützen, so war sie doch in ihrer Mutterliebe ein glaubwürdiges Vorbild für den Respekt vor Kindern. So arrogant und frech sie auch viele Erwachsene bewertete, so tat sie das keinesfalls mit Kindern. Sie griff uns nicht an und beleidigte, erniedrigte und bewertete uns nicht. Meine Mutter versuchte nicht, ihre Kinder ihren eigenen Wunschvorstellungen anzupassen. Sie liebte uns AN SICH, einfach so, weil wir ihre Kinder waren. Niemals baute sie sich machtvoll oder autoritär vor uns auf. Sie nahm uns ernst und sprach mit uns wie mit gleichberechtigten, eben nur etwas kleineren Wesen. Weder manipulierte sie uns mit dem Machtmittel der Besserwisserei noch mit moralischen Argumenten. Mit dem sicheren Gefühl, das Recht auf ein völlig freies Selbst zu haben, empfand ich schon als Kind eine klare „Ich-Grenze“, Autonomie und Würde in mir. Meine Mutter hatte mir, neben dem Recht auf meine persönliche Freiheit, auch die Freude an einer selbstbestimmten Entwicklung im Leben mitgegeben. Daher ist es natürlich kein Wunder, dass es mir selbst auch leichtfällt, mich an der freien Entwicklung, der eigenständigen Persönlichkeit und an der Würde von Kindern zu erfreuen. Da sehe ich doch gerade wieder Dein kritisches Stirnrunzeln vor mir, denn Du bist ja ein sehr schneller Denker. Vielleicht ärgert es Dich, dass ich, als überzeugtes Mitglied einer radikal-ideologischen Bewegung, behaupte, ich hätte Kinder mitten in unseren Horden ideologiefrei erziehen können. Und wieso auch, wenn ich doch angeblich so überzeugt von meinen Lebensentscheidungen war? Nun, ich fühle mich eben überall dort einsam, wo Menschen erklären, dass sie, und nur sie, wüssten, was für alle anderen gut sei. Wie käme ich dazu, ausgerechnet meinen Kindern zu erzählen, dass ich genau, und zwar ganz genau wüsste, und als Mutter auch noch das Recht hätte, zu bestimmen, was für sie gut wäre?
Ich gehe davon aus, dass Erwachsene ihre eigenen Überzeugungen so fundiert erklären und begründen können, dass kleine Kinder keine Chance haben, gedankliche Alternativen für sich selbst aufzustellen und zu erhalten. Sicher haben Kinder genug

Intuition, um zu fühlen, dass sie manches anders sehen und empfinden als Erwachsene. Aber wenn sie nicht die ausdrückliche Bestätigung dafür erhalten, dass sie ein eigenes Denken und Empfinden haben „dürfen", werden sie versuchen, sich geistig den Menschen zu unterwerfen, die sie lieben und bewundern, oder vor denen sie Angst haben.

Wie kann man Kinder zu „Freiem Denken" erziehen?

Um den Kindern stets deutlich zu machen, wie wichtig mir ihre eigene Wahrnehmung war, pflegte ich im Alltag, an ganz bestimmten Stellen, kontrollierte Kommunikation. Wenn die Kinder eine Information von mir haben wollten, gab ich sie ihnen kurz in sprachlich leicht verständlicher Weise. Und wenn das Kind mehr wissen möchte, wird es mich danach noch einmal fragen. Ich halte nämlich nichts von weitschweifigen, mit Detailwissen gespickten Erklärungen. Die sind nur für die Eltern gut, weil sie sich dabei so kompetent und gebildet vorkommen. Das arme Kind wird zum Publikum degradiert. Und es hat die Pflicht, von der Vorstellung begeistert zu sein. Schau, was Papa oder Mama alles wissen oder können! Noch schlimmer finde ich das ständige Belehren und Abfragen der Kinder, als wäre jede Situation im Leben eine Leistungsprüfung. Das lieben vor allem die Eltern, die heimlich unter dicken Selbstzweifeln leiden. Sie glauben, man müsse sich stets klug und gebildet darstellen, bevor man einen Anspruch auf die Wertschätzung der Mitmenschen erwirbt. Sie merken gar nicht, dass sie dem Kind mit ihrem aufgeblähten Verhalten das Gefühl geben, dumm und klein zu sein. Das Kind kann nämlich Sinn und Unsinn in einer Informationsflut nicht voneinander trennen. Überwalzt von Reizen muss es resigniert abschalten und sich mit dem Gedanken begnügen, dass es selbst niemals im Leben so toll werden könne wie Papa und Mama. Und wieder hat ein Schaden die nächste Generation erreicht.

Wenn meine Kinder mir Wissensfragen stellten, fragte ich zuerst zurück, was sie selbst schon zu dem Thema wüssten, bevor ich ihr Wissen um den erfragten Punkt ergänzte. Danach plauderte ich ein wenig mit dem Kind und erfragte dabei die Aspekte, die es an dem Thema interessieren. Ich erfuhr etwas über seine Gedanken und die Motivation, sich mit dem Thema zu beschäftigen. Dabei lernte ich selbst auch etwas Neues über das Kind. Ich glaube, dass eine befriedigende Eltern-Kind-Beziehung der Einsicht bedarf, dass Eltern von ihren Kindern genauso lernen sollten wie Kinder von ihren Eltern. Zum einen spiegeln Verhaltensstörungen der Kinder genau die Schwierigkeiten der Eltern wider, die sie am stärksten verdrängen. Das Kind hat also eine „therapeutische Funktion", falls Eltern bereit wären, verantwortungsvoll über ihre eigenen Fehler nachzudenken, um ihr Kind zu entlasten. Wenn sie das Kind aber stattdessen für die eigenen Fehler bestrafen, übertragen sie die eigene Neurose auf das Kind. Zum anderen sind Kinder Meister der ganzheitlichen Wahrnehmung. Weil das Kind eben nicht denkt, ohne gleichzeitig viel zu fühlen, kann es uns lehren, die Ganzheitlichkeit in der Wahrnehmung zu bewahren, die den Erwachsenen in den Zwängen der Leistungsgesellschaft meist abhandenkommt.

Wenn das Kind bei einem sprachlichen Austausch zwischen Eltern und Kindern ernst genommen wird, bleibt es als Person wichtiger als der Inhalt des Gesprächs. Es hat dann die Chance, auch im Erwachsenenalter noch zu bemerken, wann es in Diskussionen weniger um Inhalte als um Rechthaberei und Machtergreifung geht, die das freie Denken verhindern sollen.

Die Wahrnehmung und die Gefühle meiner Kinder betrachtete ich als einen Schatz, der ihnen selbst gehört und keinesfalls mir, nur weil ich zufällig die Mutter bin. Gerne frage ich Kinder nach ihren Empfindungen, Gedanken, Träumen und Wünschen. Es schult ihr autonomes Denken, wenn sie erzählen dürfen, ohne danach irgendwie bewertet oder kommentiert zu werden.

Es gibt Gesprächsmethoden zur Stärkung der Autonomie, die sehr einfach, aber wirkungsvoll sind. Wenn ein Kind zu Dir kommt, Dir etwas zeigt oder etwas erzählt und Dich dann fragt: „Wie findest du das?", dann antworte nicht gleich. Frage erst zurück: „Und, wie findest du das selbst?" Hör ihm genau zu, denn es sagt Dir wichtige Dinge über sein Wesen. Denke sorgfältig nach, wie Du ihm danach Deine Position darstellen kannst, ohne die innere Welt des Kindes infrage zu stellen. Seine innere Welt ist genau gleich viel Wert wie Deine. Du hast in Deinen Sichtweisen nicht mehr recht, nur weil Du älter bist und deshalb mehr Wissen besitzt. Durch Deinen Respekt lernt das Kind, seinem Denken und seiner Wahrnehmung zu vertrauen. Es wird stark und SELBSTSICHER.

Warum ich Tischgespräche kontrolliert habe

In ideologischen Gruppen gibt es eine schlechte Angewohnheit, bei gemeinsamen Mahlzeiten lustvoll in negativen Weltsichten zu baden. Weil wir die Mahlzeiten aber immer zusammen mit den Kindern einnahmen, sah ich mich gezwungen, darauf zu achten, dass die Lieblingsgespräche aller linken Gruppen „kindgerecht" verändert wurden. Ich kontrollierte das Problem, indem ich den Kommunarden einfach sagte, dass ich nicht wollte, dass beim Essen Themen wie Krieg, Weltuntergang, Umweltzerstörung, Seuchen, Tierversuche, Gewalt gegen Frauen, Kinder und Randgruppen „hochgepuscht" werden. Mir sei wichtig, dass die Kinder wenigstens ein paar unbeschwerte Jahre hätten, in denen sie sich auf ihre Zukunft freuen dürften. Wir Erwachsenen säßen doch vor allem deshalb zusammen an diesem Tisch, weil wir die genannten Missstände beseitigen wollten, und nicht, um sie in endlos fruchtlosen Diskussionsrunden zu bequatschen. Die Kommunarden mochten meine Hinweise nicht wirklich, aber sie mochten die Kinder. Deshalb rissen sie sich dann doch so gut wie möglich zusammen. Und siehe da, wir waren oft fröhlich beim Essen!

Über die Dialektik von Selbstbestimmung und Moralentwicklung unter anarchischen Sozialisationsbedingungen

Ich gehe davon aus, dass Menschen ein angeborenes Bedürfnis haben, einem kulturellen Kontext anzugehören. Weil Kultur aus sozialen Systemen innerhalb komplexer Gemeinschaften entsteht, hängt sie auch existenziell von des Menschen Bereitschaft ab, verbindliche Werte zu pflegen. Die systemerhaltenden Werte geben der Kultur ein Gerüst, das eine Art Rückgrat darstellt, an dessen zuverlässiger Konstanz die Systeme der Beweglichkeit angeheftet sind. So steht die Wertebindung für die Konstanz in einer Kultur, während die Kognition mit ihrer flexiblen Schnelligkeit die Variable des Fortschritts und der Evolution bedient. Bildlich gesprochen könnte ich sagen, dass den Menschen ohne die Anbindung an ein Moralsystem das Rückgrat fehlt, das ihnen möglich macht, ihre Bewegungsapparate auf sinnvolle Ziele hinzulenken.

Während ich als Kind in der grenzenlos weitschweifigen Intellektualität von Eltern groß wurde, die keine moralische Verbindung zwischen ihrem elitären Denken und ihrem sozialen Handeln erkennen ließen, empfand ich ein Dasein ohne die Bereitschaft zur Übernahme moralischer Verantwortung als leer und einsam. Mir gab es schon als Kind großen Halt, mir selbst ein verbindliches Moralsystem auszudenken, an das ich mich auch hielt. Aus den selbstbestimmten Werten, Zielen und moralischen Entscheidungen formte sich meine Identität mit Authentizität und Sinn. Damit konnte ich mich sowohl gegen die ungerechten Anfeindungen innerhalb meiner Familie wehren als auch später die materialistischen Glücksklischees entlarven, mit denen der bürgerliche Lebensplan „normale" Menschen zu bedauernswerten Konsumsklaven macht.
Aus meiner persönlichen Erfahrung heraus glaube ich, dass es durchaus möglich ist, Moralsysteme außerhalb des Zwanges einer autoritären Macht wachsen zu lassen. Weil ich an ein angeborenes soziales Bedürfnis von Menschen glaube, denke ich auch, dass sie eigene Werte zu einer moralischen Hierarchie zusammenbauen können, die ihrer Persönlichkeit entsprechen. Solchermaßen selbstbestimmt moralische Menschen würden in einer Gesellschaft sehr nützlich werden, weil sie ein zuverlässiges, authentisches Sozialverhalten zeigen, mit dem sie den Interessen eines Gemeinschaftswesens FREIWILLIG dienen. Natürlich wird es immer auch ein paar faule oder böse Menschen geben, die den sozialen Frieden stören. Aber wer zwingt mich denn, mein Menschenbild ausgerechnet auf diese paar Bösen aufzubauen, wo es doch nachweislich so viele andere unzweifelhaft wertvolle Menschen gibt?

Wer weiß, ob Du mich gerade wieder einmal für verrückt erklärst mit diesem „sozialromantischen Senf", denn als Christ bist Du eine ganz andere Argumentation gewöhnt, die lehrt, den „unkontrollierten Wilden" sehr zu misstrauen.

Die christliche Weltsicht geht davon aus, dass Menschenkinder als sündige, wilde, kleine Monster auf die Erde „geworfen" werden, die schnellstens gezähmt, dressiert und in einem autoritären Normensystem „gebrochen" werden müssen, bevor sie womöglich in wildwütig anarchischer Boshaftigkeit Eltern, Lehrer, Pfarrer und Politiker „auffressen".

Da braucht man ja nur meine Briefe zu lesen, um zu merken, wie „gefährlich" sich ungezähmte Heidenkinder entwickeln, wenn sie dem Fangnetz bürgerlicher Wohlanständigkeit entkommen sind. Wetten, dass auch Dich zunehmend angstvolle Gedanken gelähmt haben, bevor Du Dich zu Deiner „Selbstrettung" entschieden hast, einfach nicht mehr mit mir zu reden. Du wolltest es wohl nicht darauf ankommen lassen, am eigenen Leib zu erfahren, ob so eine wilde Frau, die Nelly zu Beispiel, nicht auch Liebhabern das Blut aus den Adern saugt und sich danach noch über deren Gehirn hermacht!
Oh ja, Letzteres trifft tatsächlich auch auf mich zu! Ich habe noch keinen meiner Männer davor verschont, die Ordnung in seinen patriarchalen Gehirnzellen in Schutt und Asche zu legen. Das kann Dir schon nicht mehr passieren! Ich schreibe Dir aber, trotz Deines Schweigens, weiter, weil ich meine Aussage bis an die Stelle weiterführen möchte, an der ich einen sinnvollen Abschied von Dir finde. Vielleicht mache ich ja auch ein Buch aus den Briefen. Dann werden sich andere Menschen finden, die gerne mit mir reden wollen. Bis zum Ende dieses Buches wirst Du mir aber noch als Projektionsfläche dienen, weil ich es so gewohnt bin, beim Schreiben an Dich zu denken. Danach werde ich Dich in derselben Unwirklichkeit versinken lassen, die Du mir zugedacht hast. Alles ist in Ordnung.

Zurück zu der Moral, die ich mir schon als Kind anzog wie ein schützendes Kleid. Ich freute mich darin auf die Welt mit ihren Menschen, die sich bestimmt auch über mich freuen würden, wenn ich endlich GROSS wäre, denn ich sah mich unbeirrbar als ein wirklich gutes Kind an. Da ich ja die Bücherschränke meiner Eltern „leergelesen" hatte, konnte ich die Moralsysteme der revolutionären Leitfiguren meiner Eltern gut verstehen. Wenn ich meine Eltern, aufgrund ihrer pädagogischen Unzulänglichkeit, oft als unglaubwürdig und vollkommen unmoralisch empfand, so mochte ich ihre Ideale dennoch. Mir gefielen Ideale an sich, weil sie die Welt selbst dann noch sonnig beleuchten, wenn es keinen Grund dafür gibt. Jeder Tag, den ich in hoffnungsvollem Denken verbrachte, erschien mir lebendiger als einer, der auf unethische Fakten reagiert. Weil ich es außerordentlich unethisch fand, Kinder schlecht zu behandeln, ließ ich es nicht zu, mein Selbst als einen kläglichen Rest der traumatischen Wunden zu betrachten, die meine Eltern anscheinend nicht heilen konnten.
Obwohl ich mich als Psychologin gut in den Theorien auskenne, die die Entwicklung von Selbstkonzepten begründen, kann ich Dir nicht erklären, was mich bei den massiven Gewalterfahrungen, denen ich durch meinen Vater ausgesetzt war, davor geschützt hat, mich für das, was er mir angetan hat, minderwertig und schuldig zu fühlen. Denn so ergeht es traumatisierten Kindern oft ein Leben lang.
Ich bin einfach sehr dankbar dafür, dass ich von einem „guten Kind" zu einem „guten Erwachsenen" heranreifen durfte, egal, wem ich diese Kraft letztendlich auch zu ver-

danken habe. Und Du bist der, der Pech gehabt hat, weil Du mich nicht näher kennenlernen wolltest! Bereichert hätte ich Dich, nichts anderes. Doch zurück zu den Erziehungskonzepten.

Wenn ich also als lebendiges Beispiel dafür stehe, dass Kinder heil und gut auf die Welt kommen und bereit sind, ihr Bestes zu geben, wenn man sie nur lässt, wird offensichtlich, warum ich auch daran glaube, dass sie sich freiwillig und gerne in eine Moral einfügen, die ihnen eine gut funktionierende soziale Gemeinschaft vorlebt. Moralische Zugehörigkeit zu empfinden, hilft HEIMAT zu fühlen, ANZUKOMMEN.
Ja, und genau deshalb, weil ich von der angeborenen Gutwilligkeit der Kinder überzeugt bin, möchte ich in der Erziehung besonders vorsichtig sein und Kinder in moralischen Fragen nicht an meine Lebensüberzeugungen binden.

Jede Subkultur findet ihre gemeinsame Identität über die Formulierung von Normen, die die Zugehörigkeit zur Gruppe definieren. Das komplexe Normensystem der Gemeinschaft wird durch eine moralische Legitimierung gefestigt. Die Moral sichert dem System damit zu, Abweichler ausgrenzen und sanktionieren zu dürfen. Wer also DAZUGEHÖREN will, muss BRAV sein. Da sind es wieder nur wenige Schritte, die den Mitmacher in einen Mitläufer verwandeln. Verantwortung wird dann „nach oben" delegiert, wer auch immer dort schaltet und waltet. Die OBEN entscheiden, was in der Gruppe moralisch akzeptabel ist und was nicht. Das ist eine ideologische Gruppe. Ich möchte, dass Kinder in einem wertegebundenen Raum mit offenen Türen aufwachsen. Natürlich müssen Eltern zu den Werten stehen, nach denen sie selbst leben, und darin glaubwürdig sein. Aber sie sollen nicht sagen, dass sie RECHT haben in ihrem Entwurf, sie sollen nicht sagen, dass sie BESSERE Menschen seien als andere! Es genügt, wenn sie den Kindern sagen, um welche Ziele sie sich im Leben bemühen und warum, denn das Kind wird immer Fehler im System der Eltern entdecken. Es hat ein Recht darauf, sein eigenes Moralsystem so zu verändern, dass es reicher und lebendiger wird als die bloße Kopie des elterlichen Selbstideals.

Mit einem für Entwicklung offenen, autonom entschiedenen Moralsystem, kann das Kind später ein selbstverantwortliches Leben gestalten. Der spätere Erwachsene wird dann sich selbst in moralischen Fragen gründliche Rechenschaft ablegen. Er braucht dafür keine Autoritäten und keine Kontrolle von außen. Er wird sofort merken, wann er Schuldgefühle übergestülpt bekommt, die ihn manipulieren sollen. Den Zugriff auf seine Person und auf seine Werte wird er als eine Grenzüberschreitung empfinden, die er entschieden abwehrt.

Es fühlt sich einfach großartig an, genau zu wissen, dass man in den Fragen, die man persönlich in die Mitte seines Lebens gestellt hat, ein wirklich GUTER Mensch ist! Woher ich das weiß? Weil ich so bin.

Über das Erziehungs- und Machtmittel des „Schuldgefühlemachens"

Und hier noch einmal mein aufrichtiger Dank an meine Mutter!!! Sie war es, die ihren Kindern das bei Frauen sehr beliebte Machtmittel des „Schuldgefühlemachens" vollständig erspart hat. Sie verachtete moralischen Druck, weil er Menschen in Abhängigkeit führen soll. Es ist ein großes Geschenk an die Freiheit, nur bei Verstößen gegen

die eigenen Werte Schuldgefühle zu empfinden. Dann ist es immer noch möglich, den Fehler wieder zu beseitigen oder zu einer Schwäche zu stehen. Menschen müssen ja nicht perfekt sein.
Jedenfalls habe ich von meiner Mutter nie gehört, dass ich sie enttäuscht, ihr wehgetan oder ihre Erwartungen nicht erfüllt hätte. Ich finde es absolut unmoralisch und unverantwortlich, ein wehrloses Kind mit Schuldgefühlen zu beladen. Erwachsene sollen klar sagen, was sie wollen und was nicht. Sachlich. Allerdings proben auch Kinder des Öfteren Machtkämpfe. Dann vertragen sie es, wenn man ihnen Ärger und Wut zeigt. Aber die Kritik am Kind soll sich nur auf seine Handlung beziehen und nicht auf seine Person. Man darf Kinder nicht beleidigen.
Tatsächlich lasse ich mir von niemandem Schuldgefühle einreden. Und wenn ich einmal welche habe, was jedoch nur selten vorkommt, liegt es daran, dass ich wirklich etwas Blödes gemacht habe. Dann bringe ich das wieder in Ordnung und die Schuldgefühle sind weg. Es ist großartig, sich in seinem Innern so frei von Schuld zu fühlen! Deshalb habe ich mir große Mühe gegeben, auch meine Kinder ohne die Anwendung dieses allseits beliebten Machtmittels zu erziehen. Mit Erfolg!
Meine vier Kinder haben sich ganz ungeniert in ihre eigenen Leben entfernt. Durch die offenen Türen ihres freien Denkens gingen sie weit von mir weg. Sie hüten andere Werte, haben andere Ziele und eine andere Moral als ich. Sie nehmen sich die Freiheit, EIGEN zu sein. So wollte ich das doch?
Na ja, ... in schwachen Stunden hätte ich sie schon gerne etwas näher bei mir. Ich würde sie gerne öfter sehen. Und schön wäre es gewesen, wenn sie mich „total freiwillig“ innig lieben würden! Und dies noch, und das noch ...
Und wenn ich dann mal so im Selbstmitleid „grolle“ und mir wünsche, ich hätte meinen Kindern doch ein paar Schuldgefühle verabreicht (weil sie mich an Weihnachten doch besuchen müssten!), ... muss ich kurze Zeit später laut loslachen, weil sich dann ganz offensichtlich meine Mutter in mir zeigt. Sie tanzt ein paar wilde Tänze der Freiheit mit mir. Dann zeigt sie mir in wunderbaren Bildern die Schönheit der Welt, die vor mir liegt. „Lass die Kinder gehen“, sagt sie mir, „nutze den Tag und lebe dein Leben!“. Und das mache ich dann.

Meine Kinder Sven, Julia und Lara

SVEN

Sven, meinen Ältesten, kennst Du schon ein wenig aus seinen ersten vier Lebensjahren, als wir noch mit meiner Mutter in Tübingen zusammenwohnten. Geliebt und verwöhnt von drei Erwachsenen, genoss er dort fröhliche Kinderjahre. Dann kam der Umzug nach Trier, der für Sven ein „vielschichtiges Leid“ darstellte. Meine Mutter, die den Jungen täglich versorgt hatte, weil ich noch ganztags arbeiten musste, hatte sich in den ersten Jahren innig mit ihm verbunden, weil sie damit das tiefe Loch ausfüllen konnte, das ihre zermürbende Ehe nach fünfundzwanzig Jahren hinterlassen hatte. Doch schon bevor Herbert und ich mit den Kindern nach Trier gezogen waren, hatte meine Mutter das Tief überwunden. Sie hatte eine neue Aufgabe gefunden, indem sie sich in die Szene der Antiquitätenhändler integrierte, für die sie als Kennerin von Antiquitäten und Kunstgegenständen erfolgreich im Ein- und Verkauf arbeitete. Da sie ja selbst eine leidenschaftliche Sammlerin war, machte ihr diese Arbeit großen Spaß. Bis zu ihrer schweren Erkrankung mit dreiundsiebzig Jahren arbeitete sie zu Hause, indem sie für Kunden alte Puppen und Puppenstuben restaurierte. Die Kunden wurden

zu neuen Freunden und brachten die notwendige Abwechslung und Kommunikation in ihr Leben, denn sie bekam täglich Besuch von Menschen, die ihr Hobby teilten. Natürlich hatte meine Mutter nicht aufgehört, den kleinen Sven zu lieben, den sie von Geburt an geliebt und gepflegt hatte, aber er war eben nicht mehr ihr Lebensmittelpunkt. Nach unserem Umzug nach Trier konnte der Kleine seine Großmutter nur noch selten sehen. Weder meine Mutter, noch ich kamen auf die Idee, dass wir meinem Sohn mit der Umsiedlung etwas angetan hätten, denn in Trier brauchte ich nicht mehr zu arbeiten. Ich war nun endlich rund um die Uhr für ihn da, was ich mir sehnlichst gewünscht hatte. Mit dem psychologischen Wissen, das ich heute habe, denke ich, dass der Vierjährige die erste Wunde bekam, als er sich durch den Umzug von der Großmutter verlassen fühlte. Wenn ich auch eine mindestens gleichstarke Liebe für ihn empfunden hatte wie Lore, so hat er mich wegen der ausgeprägten Dominanz meiner Mutter vielleicht mehr wie eine große Schwester, weniger wie eine Mutter erlebt.
Als ich dann in Trier „Vollmutter" sein durfte, fiel ich in diese schreckliche Einsamkeit, die mir das Idyll der „glücklichen Mutti" gründlich verdarb. Weil um mich herum kein Erwachsener war, mit dem ich über meine Probleme reden konnte, überflutete ich den armen Sven mit all meinen Problemen. Und weil ich es als Tochter gewohnt war, die Zuhörerin meiner Mutter zu sein, merkte ich gar nicht, wie furchtbar das für ein Kind ist. Erst viel später lernte ich, wie schädlich es für Kinder ist, wenn Eltern sie für die Befriedigung ihrer ungestillten Bedürfnisse benutzen. Deshalb verhielt ich mich später bei den anderen Kindern bewusst anders, doch im Falle von Sven kam mir diese Erkenntnis zu spät. Einen weiteren Schaden richteten die schweren Depressionen an, unter denen ich litt, als ich in die „fremde" Stadt und in die „fremde" Familie von Herbert kam. Obwohl ich trotzdem sehr lieb zu den Kindern sein konnte, mich in allen Mutteraufgaben zusammenriss und zuverlässig „funktionierte", wirkte ich im Zustand der Depression für die Kinder wahrscheinlich geistig ABWESEND. Kinder sind so feinfühlig, dass sie die Trauer depressiver Mütter zu Recht als eine Bedrohung erkennen.
Zu allem Unglück war Sven bei seiner Einschulung auch noch häufig krank. Weil er öfters zu Hause bleiben musste, fiel er immer wieder aus der Klassengemeinschaft heraus. Es zeigte sich, dass er nur langsam Anschluss fand. Das bis dahin so glückliche Kind verlor seine Fröhlichkeit. Als er sich endlich an die Schule gewöhnt hatte, kamen, mit der Trennung vom Vater, mehrere Umzüge und neue Schulwechsel auf ihn zu. Das war ohne Zweifel viel zu viel für einen Jungen, der noch nicht einmal zehn Jahre alt war. Mit meinem Wechsel in den sozialen Kontext der Gegenkultur verlor Sven dann endgültig das Vertrauen zu mir. Es waren tatsächlich meine eigene Mutter und meine eigene Schwester, die sich nicht scheuten, einen grausamen pädagogischen Fehler zu begehen. Ich hatte Sven während des Umzugs nach St. Urban zu meiner Mutter nach Tübingen gebracht, um ihn erst nach der Fertigstellung des neuen „Nests" (das liebevoll renovierte Kinderzimmer) wieder abzuholen. Er tobte und wollte nicht mehr mit mir mitkommen. Meine Mutter hatte ihm erklärt, ich sei völlig verrückt geworden und wolle plötzlich nur noch mit lauter schrecklichen Menschen zusammenleben, die Kindern nur ein Graus sein müssten. Mein Sohn war doch erst sieben Jahre alt! Wie kann man es da wagen, solch einem jungen Kind die Mutter zu nehmen!
Ich weiß zwar, dass Herbert nicht gegen mich intrigierte, aber die Beeinflussung der Kinder durch meine Schwiegereltern ist mir nicht wirklich bekannt. Jedenfalls hat mein Kind schon damals eine schwere Entscheidung getroffen. Sven glaubte, zum Schutze seines SELBSTS müsse er so hart sein und mir „für immer" sein Vertrauen entziehen. In der Intrige der Erwachsenen wollte er wenigstens EINE Weltsicht behalten, die ihm

als schützendes Dach dienen könnte. Meiner Mutter glaubte er, weil sie ihm eine vertraute Person war, die er genauso liebte wie mich. Den ANDEREN aus der bürgerlichen Welt glaubte er, weil sie ihm „Sicherheit“ versprachen, wenn er nur dazu bereit sei, so zu werden wie sie. NORMAL! Überprüfen konnte er die Versprechungen der bürgerlichen Scheinwelt nicht, denn er lebte ja mit mir zusammen und nicht mit den ANDEREN. So suchte das kluge Kind zwar erfolgreich die Schwächen in meiner Person und meinem sozialen Umfeld, doch er hatte keine Chance, zu erkennen, weshalb sich die Psychiatrie zu einem hohen Prozentsatz mit Menschen füllt, deren Eltern nachweislich „ganz normal“ leben. Weil ich lange Zeit fest daran glaubte, Svens Misstrauen sei eine Krise, die ich durch die Kraft meiner Liebe überwinden könne, bestand ich, gegen den Widerstand des Kindes, darauf, dass er mit mir in meiner Subkultur aufwachsen musste. Er war doch mein Kind! Ich habe in diesem Kampf meinen Sohn verloren. Genauso hartnäckig, wie ich mit Freundlichkeit und Treue um Sven warb, so hartnäckig kämpfte Sven gegen meinen Lebensstil. Er hatte meinen Lebensentwurf zum Beweis dafür erhoben, dass ich eine lieblose, unfähige Mutter sei. Genau das hatten viele Erwachsene einem siebenjährigen Kind erzählt.
Häufiger forderte Sven mich mit folgendem Appell heraus: „Wenn du mich wirklich lieben würdest, würdest du so leben wie alle anderen Mütter auch. Die leben nur für ihre Kinder und den Mann. Die wollen nichts EIGENES haben.“
Ich antwortete: „In jeder Kultur der Welt, also überall, wo Menschen sind, leben Kinder zwangsläufig in dem Lebensentwurf ihrer Eltern, den sie nur wenig mitgestalten dürfen. Es ist also NORMAL, dass du mit mir lebst, und zwar so, wie ich das Leben führe. Nirgends auf der Erde entscheiden Kinder, wie ihre Eltern leben MÜSSEN. Ich denke sogar, dass ein Kind in meinem Lebensentwurf mehr Rechte hat als in der NORMALEN Gesellschaft. Gerne will ich dir in vielen Dingen entgegenkommen, aber über mein Frausein und meine Partnerwahl entscheide ich ganz alleine. Ich liebe dich genauso wie jede bürgerliche Mutter ihr Kind liebt. Aber wenn du groß bist, wirst du auch ganz alleine entscheiden, mit wem du wo und in welchen Werten leben willst. Dann werde ich mich keinesfalls mehr einmischen. Ich werde dich nicht bewerten, denn ich respektiere deine Autonomie in jedem Fall.“
Ich nahm Sven diese Kämpfe nicht übel, denn ich verstand die Tragik seines Konflikts. Und ich fühlte, wie unglücklich er war. Doch weil ich fest daran glaubte, dass die Herzensliebe einer Mutter von einem Kind immer angenommen würde, zweifelte ich nicht daran, dass eine Zeit kommen würde, in der ich mit meinem Sohn friedlich über alles würde sprechen können, was das Leben zwischen uns gestellt hatte. Aber dazu kam es nie.
Sven war etwa zwölf Jahre alt, als Richie in unser Leben kam. Richie gab sich sehr viel Mühe, dem Großen ein engagierter Freund zu sein. In der Gartenstraße erlebte Sven noch ein paar bessere Jahre, in denen er etwas zufriedener zu sein schien. Wir lebten ja inzwischen in einem sehr geordneten Alltag mit netten Leuten, die man nicht als „Chaoten“ bezeichnen konnte.
Sven verließ unsere Gemeinschaft ein paar Monate vor seinem Abitur. Er sagte, dass er sich nun in der Lage fühle, selbstständig zu leben. Richie und ich freuten uns mit ihm an seiner Selbstständigkeit. Wir halfen ihm beim Umzug, besuchten ihn, nahmen Anteil. Ich zeigte ihm mit netten Gesten, dass ich für immer seine Mutter bliebe, weil ich dachte, es sei gut, wenn ihn meine Liebe im Leben begleite.
Indem er als Kellner jobbte, sorgte Sven für seinen Lebensunterhalt, ging weiter in die Schule und machte sein Abitur. Ich war ungeheuer stolz auf ihn, dass er so jung völlig selbstständig leben konnte.

Sven jobbte so lange in der Gastronomie, bis er einen klaren Berufswunsch hatte. Später absolvierte er ein Studium und noch später ein zweites. Er hat eine konservativ erzogene Frau, die bedingungslos zu ihm hält, ohne an sich selbst zu denken. „Normal“ eben. Die beiden haben zwei wonnige Kinder, denen sie gute Eltern sind.
Sven hat sein Vertrauen zu mir auch im Erwachsenenalter nicht wiedergefunden. Er sucht auch gar nicht danach. Er ist jetzt schon über vierzig und hat den Kontakt zu mir ganz abgebrochen. Das ist zwar traurig für mich, aber ich stehe dennoch voll und ganz hinter meinem „Konzept der offenen Türen“. Mein Sohn kann hingehen, wo immer er möchte, und mich muss er dabei nicht lieben. Sein Leben gehört nur ihm allein. Ich denke nicht daran, ihm ein schlechtes Gewissen zu machen, denn er ist ein freier Mensch.
Ich finde es zwar nicht richtig, dass er mir und seinen Kindern keine Chance gibt, eine Beziehung zu führen, aber wir wissen ja, was in der einen Generation nicht aufgearbeitet wurde, wird in die nächste hineingetragen. Normal, normal, normal ...

Nun kennst Du zwar die traurige Beziehungsgeschichte zwischen Sven und mir, aber noch lange nicht den Menschen Sven. Den kenne ich auch nicht, denn nach zwanzig Jahren unterdrückter Kommunikation bleiben in der Wahrnehmung nur verzerrte Klischees zurück, die man sich in einer subjektiven Geschichtsschreibung passend zurechtschneiden kann. Weiter ist nichts möglich. Weil ich mir ganz sicher bin, dass Sven gar nicht möchte, dass Du ihn kennenlernst, höre ich jetzt auch damit auf, über ihn zu schreiben.

JULIA

Julia ist meine älteste Tochter, die in den letzten Monaten meiner Tübinger Zeit zur Welt kam. Weil ich bis zum Umzug nach Trier noch ganztags arbeitete, hatte ich nach ihrer Geburt für die Symbiose zwischen Mutter und Kind nur acht Wochen Zeit für sie. Erschwerend hinzu kam, dass ich, als Julia etwa zwei Wochen alt war, eine schwere Nierenbeckenentzündung bekam. Ich musste mit dem Baby zurück in die Klinik, in der sie geboren worden war, denn ich wollte sie unbedingt weiter stillen. Doch damals hatten Ärzte keinerlei Interesse an stillenden Müttern, denn in den Krankenhäusern ging es nur um die Vereinfachung der Arbeitsabläufe. Also bekamen Babys Milchfläschchen. Sie wurden den Müttern nur zweimal am Tag für etwa 20 Minuten ans Bett gebracht. Die Frauen hatten keinerlei Rechte an ihrem eigenen Kind. Wir durften unsere Babys auch nicht ausziehen, nicht wickeln und nicht im Zimmer behalten. Trotz meiner Krankheit erkämpfte ich mir zwar das zweimalige Stillen am Tag, doch den Rest der Zeit lag mein armes kleines Mädchen alleine auf einer Kinderstation. Als ich mit meinem vier Wochen alten Baby dann endlich wieder zu Hause war, bekam ich eine heftige Allergie, die den unbeschwerten Körperkontakt zu meinem Baby noch zusätzlich erschwerte. Und als ich endlich gesund war, musste ich wieder arbeiten gehen.

Meine Mutter, die Sven und Julia tagsüber betreute, befand sich nach Julias Geburt in Gedanken schon im Aufbruch in ihr neues Leben. Nicht, dass sie Julia nicht gut versorgt hätte, doch sie hatte sich innerlich bereits von uns verabschiedet. In Trier war ich es, die sich schwer tat, sich auf die neue Realität einzulassen. Dann wurde Sven krank und brauchte viel Aufmerksamkeit. Und dann gebar ich mein „Eherettungsbaby“ Lara! Du siehst, dass Julia, durch eine Kette unglücklicher Umstände, fast unvermeidlich in

die klassische Rolle des „mittleren Kindes“ hineinrutschte, dessen dominierende Erfahrung lautet, dass es immer etwas „Wichtigeres“ gibt, wofür es sich zurücknehmen muss.
Vom zweiten bis zum sechsten Lebensjahr besuchte Julia den Kinderladen. Dort zeigte sich ihre ausgeprägte soziale Begabung im Umgang mit anderen Kindern. Julia warb nicht besonders um Erwachsene, sondern bezog ihre meiste Lebensfreude aus dem Kontakt zu anderen Kindern. Julia war ein feinfühliges Mädchen, das immer bemerkte, was in einer Kindergruppe gut oder schlecht lief. Sie führte die Kinder mit phantasievollen Spielvorschlägen an, stellte sich aber trotzdem nicht übertrieben in den Mittelpunkt. Oft kümmerte sie sich mit umsichtiger Freundlichkeit um Kinder, die an den Rand gerutscht oder traurig waren. Julia war sehr beliebt bei Kindern, weil sie einfach so nett und gleichzeitig witzig und temperamentvoll war. Um sie herum war immer etwas los. Ihr ging es nicht um Wettbewerb, sondern um Spaß beim Zusammensein. In der Feldstraße besuchte Julia eine Grundschule, in der, wie in der Malschule auch, wenige, wohlversorgte mit vielen benachteiligten Kindern in einer Klasse waren. Julia hatte dort einen alten Lehrer, der wollte, dass es allen Kindern gut geht. Er unterstützte es, wenn die leistungsstarken Kinder den Schwächeren halfen. Dieser Lehrer mochte meine soziale Tochter sehr und gab ihr gute Noten.

Im Gymnasium erlebte Julia ein anderes soziales Umfeld, das sie öfter als enttäuschend empfand. Als sie etwa vierzehn Jahre alt war, gab es eine kurze Phase, in der hochtoupierte Haare wieder in Mode kamen. Über die fusseligen Haare der Alternativen regte sich zu der Zeit eigentlich keiner mehr auf, denn mittlerweile hatten die Punks die Rolle der Provokateure übernommen. Als meine liebenswürdige Tochter sich trendbewusst die Haare hochtoupierte, bekundete ein tumber Lehrer, der anscheinend wusste, dass sie mit ihrer Mutter in der „Gegenkultur“ lebte, ihre Frisur sei ein Hinweis auf Drogenabhängigkeit, und man müsse sie belauern, damit sie keine Unruhe in die Schule hineinbrächte. Als mein gekränktes Kind mir das traurig erzählte, stürmte ich in die Schule und forderte von der Direktorin die umgehende Rehabilitierung meiner Tochter. Die entschuldigte sich zwar bei mir, aber mein Kind war sehr verletzt. Kurze Zeit später konnte ich Julia und Lara auf ein Gymnasium in Ehrang wechseln lassen, wo sie ihre Schulzeit in Ruhe zu Ende brachten.

Julias Jugendjahre in der Gartenstraße verliefen heiter und unkompliziert. Auch für ihre zahlreichen Freunde und Freundinnen war unser Gelände ein Paradies, in dem sie unbelastet alles genossen, was ihre Jugendzeit spannend machte, die ersten aufregenden Erfahrungen mit der Liebe, der erste Liebeskummer, nette Partys mit der Clique, grillen mit den „alten Hippies“, Ausflüge mit Freunden und immer wieder unsere hervorragenden Kinderfeste. Julia hatte ein eigenes Zimmer, in dem sie mit ihren Freunden und Geschwistern, unabhängig von Erwachsenen, ein vielseitiges soziales Leben führte Ihre Gäste ohne Störung durch die Erwachsenen empfing.

Je älter Julia wurde, umso deutlicher zeigte sich doch der Einfluss von Herberts Eltern. Die hatten meine Kinder immer komplett entkleidet, wenn sie dort zu Besuch waren, und in „anständige“ Kleider nach großelterlichem Geschmack gesteckt. Diese wurden dann wieder ausgezogen, bevor man die Kinder zu mir zurückbrachte. In der Oberstufe des Gymnasiums legten Julia und Lara plötzlich äußersten Wert darauf, „korrekt“, also bürgerlich brav, gekleidet zu sein. Da kam es schon mal vor, dass, wenn die Mädchen morgens mit nach innen gerollter Föhnwelle und mit weißen, bis oben zugeknöpften Blusen unter dunkelblauen Pullovern mit V-Ausschnitt zum Schulbus eilten, ältere Frauen staunend am Straßenrand raunten, „man könne ja fast nicht glauben, dass diese netten Kinder von DIESER Frau seien!"

Solange Julia noch in meinem Hause lebte, merkte ich nicht, dass sie offenbar mehr unter dem Aufwachsen in zwei unterschiedlichen Subkulturen litt, als ich es mir damals vorstellen konnte. Ich sah nur, wie gut meine Töchter in den Familien ihrer Freunde zurechtkamen und wie gerne die „bürgerlichen Kinder" zu uns zu Besuch kamen. Wenn uns also die Kinder der ANDEREN wie ein Kinderparadies wahrnahmen, wieso sollte es dann meinen eigenen nicht bei mir gefallen?

Bis zu ihrem Auszug blieb Julia ein fröhliches und warmherziges Mädchen, das viel lachte. Ihre soziale Begabung machte sie zu einer wertvollen und geachteten Person, wo immer sie sich aufhielt. Sie strahlte eine spielerische Lebensfreude aus und war zu ihren Mitmenschen immer hilfsbereit und freundlich. Konflikten jedoch ging sie am liebsten aus dem Weg. Sie gab auch wenig Anlass für Streit, so nett war sie. Trotzdem konnte sie sich sehr gut durchsetzen. Wenn man sie um irgendetwas bat oder wenn man gar etwas von ihr forderte, was sie einfach nicht tun wollte, legte sie den Kopf zur Seite, lächelte einem mit ihren unschuldsblauen Augen innig ins Gesicht, hauchte ein zartes JA ... und machte dann genau das, was nur sie wollte und ließ das andere bleiben. Doch selbst dann konnte man ihr nicht böse sein, denn man merkte es erst viel später, wenn die Situation schon lange vorbei war. Offensichtlich hatte es ja auch „ohne" funktioniert, das hatte sie bewiesen.

Julia wuchs zu einer charmanten, blonden Jugendlichen heran, die mit ihren Schwestern und Freundinnen eine quirlige Gruppe lustiger junger Menschen bildete, die, geschützt von der Solidarität der Erwachsenengruppe, entspannt all das tun konnten, was Jugendliche gerne tun. Doch bevor sich die begehrte Mädchengruppe endgültig in eine Clique aus Pärchen verwandeln konnte, mussten die Jungs irgendwie „ran". Es ist ja wirklich nicht leicht, ein männlicher Jugendlicher zu sein. Mutig stiegen sie auf ihre Mopeds und knatterten in endlosen Runden lautstark um das Haus, bevor sie sich endlich herunterschwangen, betont „cool" durch den Garten schlenderten und unauffällig Liebesbriefchen und kleine Geschenke an den schmunzelnden „Altfreaks" vorbeimogelten. Ja, das war eine sehr nette Zeit.
Gleich nach Ihrem Abitur nahm Julia sich eine kleine Wohnung und lebte von da an selbstständig und voll eigenverantwortlich. Ihren Freunden blieb sie eine treue Freundin. Mit ihnen teilte sie die Träume von einem bürgerlichen Lebensplan. Genau wie mein Sohn kannte sie zwar sicherlich die Schwachpunkte unserer Subkultur, nicht aber die verborgenen Fallen der „heilen Welt" der ANDEREN. Doch Julia lehnte Richie und mich deshalb nicht ab. Sie tolerierte uns in ihrer freundlichen Art und lud uns ab und zu zum Essen ein. Trotzdem zeigte sich zunehmend, dass sie das Leben der anarchischen Aussteiger überhaupt nicht mehr interessant, geschweige denn nachahmenswert fand.
Meinen Lebensentwurf, in dem ich Frauenrechte, das Recht auf eine eigene Entwicklung, das Recht auf eine eigene Identität, die ich über die moralische Pflicht der „aufopfernden Mutter" und das Klischee der „wahren Mutterliebe" zu erheben wagte, sah Julia anscheinend nicht als ein „Erfolgsmodell" an. Sie entschied sich für die „unpolitische Frau" und wollte daher auch nichts mehr von meinen weiteren Auseinandersetzungen mit diesem Thema wissen. Ich akzeptierte das.

Wenn Julia, was ihre äußere Erscheinung betrifft, auch viel mehr Gene aus der Familie ihres Vaters geerbt zu haben scheint, so durfte ich ihr wenigstens einen meiner wertvollsten „Schätze“ vererben, den Sinn für Kunst, eine hohe Begabung für das kreative Gestalten mit Formen, Farben, neuen Ideen, und den Spaß am Gestalten von Räumen. Julia schloss ihr Studium in Grafikdesign ab und arbeitete auch einige Jahre in diesem Beruf. Später machte sie sich mit ihrem Mann selbstständig. Er ist ein begabter Gastronom, führt erfolgreich ein feines Restaurant und sie führt das Hotel dazu. So konnte sich Julia ihren Lebenstraum erfüllen. Endlich konnte sie das tun, was sie am liebsten macht, Räume gestalten! Mit „Zauberhand“ verwandelt sie wenig attraktive Zimmer in „Traumschlösser“. Das Besondere an ihren zeitgenössischen Schöpfungen ist, dass sie der Moderne die kühle Leere nimmt. Sie schafft es, „trendige Nester“ zu schaffen, in denen sich Herzensliebe mit gutem Geschmack vereint. Menschen fühlen sich in ihren Räumen herzlich willkommen. Ein Erfolgsmodell. In der Frauenrolle, die Julia konsequent lebt, haben politische Ideale, die zu Chaos und Leiden führen könnten, keinen Platz. Ist es ihre einzige Sicht von meinem Leben? Konsequente Monogamie sieht sie als das gesellschaftlich „bewährtere“ Modell an; es passt auch gut zu ihrer treuen Art. Und vor allem in moralischen Fragen erkennst Du in meiner starken Tochter „ein Lichtlein von mir“. Ganz anders, als das gespaltene, sündenerprobte Bürgertum, verabscheut sie es, zu lügen, zu betrügen und ein Doppelleben zu führen. Und deshalb tut sie es auch nicht. Die Menschen, die sie liebt, bekommen ihr ganzes Herz und ihre ehrliche Treue. Julia verschwendet keine Energie darauf, sich oder ihre Freunde infrage zu stellen, sondern sie schöpft in einem pragmatischen Realismus genau das in Beziehungen aus, was eben geht. Ein sehr erwachsenes, ethisch hochwertiges Modell der Liebe.

Tom und Julia haben zwei Kinder, um die sie sich in praktizierter Gleichberechtigung hervorragend kümmern. Sie leben eigene Überzeugungen im bürgerlichen Lebensplan, ohne sich „anpasserisch“ zu verformen. Sie ahmen die Normen der ANDEREN nicht einfach nach, sondern bilden sich ihre eigene Meinung, die sie auch dann vertreten, wenn man sich damit unbeliebt macht. Das ist ein Modell persönlicher Autonomie.

Seit Julia Mutter ist, hat sie sich mir gegenüber stark verschlossen. Die Gründe kenne ich nicht ganz genau, aber ein Grund ist bestimmt die Tatsache, dass Julia eine perfekte Mutter sein möchte und gleichzeitig berufstätig ist. Weil ihr Mann, als Gastronom, jeden Abend arbeiten muss, haben die beiden kaum Zeit für entspanntes Zusammensein. Sie leben dauerhaft in der Überforderung, ihren geliebten Berufen und ihren geliebten Kindern gerecht zu werden. Beides machen sie gut. Da bleibt für Julia nicht mehr viel Zeit für das, was sie in ihrem Kern ausmacht, ihre hohe soziale Begabung, ein tieffühlender Mitmensch zu sein, ihr Ideenreichtum und die gute Laune, mit der sie andere Menschen ansteckt. Das tut mir wirklich leid für sie. Und wenn so eine nette Frau nicht einmal mehr Zeit für die Pflege ihrer Freundschaften hat, wird leicht verständlich, warum ihr derzeitiges Leben zu allerletzt die nostalgische Erinnerung an ein Kinderleben im „Love & Peace-Himmel“ braucht.
Ich bin froh, dass Julia mich wenigstens mag, denn auch diese Tochter ging durch die offene Tür des freien Denkens ganz weit weg von mir. Manchmal singe ich ihr stumm ein Liebeslied, aber ich rufe ihr nichts hinterher. Wenn ich sie auch vermisse, so wünsche ich ihr doch nur das Beste für ihren Weg, denn ich nehme das einsame Los von Eltern, die stark genug sind, ihren Kindern die Entscheidung für ein eigenes Leben zu gönnen, mit Überzeugung an.

So, lieber Freund, weil wir beide aber große Teile unserer Lebenswege bereits hinter uns haben, recht alt und tolerant geworden sind und keine Zeit mehr darauf verschwenden, übers Rechthaben zu diskutieren (stimmt doch?), möchte ich für Dich noch einmal das Thema „Wiederholungszwang“ aufgreifen.
Erinnerst Du Dich an die Hypothese, dass manche Kinder die gescheiterten Ehen ihrer Eltern neu inszenieren, um sie dann zu einem besseren Ende führen zu wollen? Stellen wir Julias Lebenssituation einfach einmal neben die Zeit meiner Ehe mit Herbert. Als wir im Haus meiner Schwiegereltern lebten, wurde mein Leben gänzlich von ihnen dominiert. Meine Schwiegereltern hatten ihren Aufbruch ins Leben unter Hitler geplant. Beide waren aufrechte Nazis gewesen, bereit, den Rufen eines Hitler im Stechschritt zu folgen. Nach dem Krieg war ihre materielle und innere Welt zusammengebrochen. Sie schufen, wie so viele Nachkriegseltern, eine neue Lebenshoffnung, die nur noch aus materiellen Dingen bestehen sollte. Damals sprach kein Mensch über die Schande, an einen Hitler geglaubt zu haben. Die Leute wollten nur noch an greifbare Dinge glauben, die „unzerrüttbare Sicherheit“ versprachen. Sie formulierten keine neue Ethik, sondern bauten schweigend „Eigenheime“ und häuften Geld für ihre Altersabsicherung und eine bessere Ausbildung der Nachkommen an. Meine Schwiegereltern, die mit Fleiß und solidem Geschäftsgebaren einen gutgehenden Betrieb aufgebaut hatten, pflegten ihre sozialen Kontakte ausschließlich mit anderen Geschäftsleuten, die das menschliche „Solidarprinzip“ in Geschäftsverbindungen sahen, die allen Beteiligten helfen sollten, noch reicher zu werden.

Julia und Tom leben in einem streng konservativen Kontext. Ihre touristischen Unternehmen führen sie in einem wunderschönen Moselstädtchen, einer musealen Hochburg für „altes Deutschtum“, das keine „unnützen“ Fragen braucht. Der entzückende, mittelalterliche Stadtkern sieht wie eine antike Puppenstube aus. Es ist eine Stadt, in der die Zeit stillsteht und die Menschen zu Spielfiguren erstarren, damit sie das Gesamtbild nicht stören. Man wartet hier nicht auf dumme Bemerkungen von Intellektuellen, sondern auf zahlende Gäste! Seriös ist es, die Touristen mit gutem Essen und Qualitätswein zu versorgen. Dann sitzt der wohlgeschätzte Gast in diesem Spiel genüsslich mit einem Glas Moselwein in der Hand zwischen südlichen Pflanzen auf einer weinbelaubten Terrasse. Träumerisch schaut er den Schiffen nach, die langsam den Fluss auf- und abwärts fahren. Er erblickt die anderen Gäste, die, ebenfalls mit einem Glas Wein in der Hand, auf dem Deck sitzen und zum Ufer herüberschauen. Dann winkt man sich gegenseitig. So schön ist das Leben an der Mosel. Ich winke auch immer, wenn ich mit dem Schiffchen fahre. Alleine.

Die erfolgsorientierte Anpassung an die Realität ihres Geschäftslebens lässt Tom und Julia keine Zeit, sich um gefühlsbezogene Aspekte des eigenen Lebens zu kümmern. Deshalb beschränken sie sich darauf, die Gefühle, die sie natürlich haben, mit ihren Kindern auszuleben. Die Energie, die übrigbleibt, gehört der Arbeit. Beide erfüllen ihre Aufgaben fleißig und zuverlässig. Weil Tom, an sechs Tagen in der Woche, abends arbeitet, ist Julia viel alleine. Ihr blieb keine andere Wahl, als ihrer Familie zuliebe fast alle Wesenszüge zu unterdrücken, die in der Kindheit und Jugend zu ihrer Identität gehörten. Da ist keine Zeit mehr für Spaß mit den Freundinnen, geschweige denn, dass sie noch Kraft hätte, sich um die Sorgen anderer Leute zu kümmern. Dafür steht sie selbst zu nah mit dem Rücken an der Wand. So hat Julia ihr früheres Lachen und ihre Freude am Spielerischen durch ein strenges Pflichtbewusstsein ersetzt, mit dem sie ihre zahlreichen Aufgaben bewältigt. Hedonismus, Autonomie, kreatives Leben und überhaupt der ganze „verdammte Plunder“, den ihre Mutter lebt, wurden zu zynischen Begriffen in ihrem Leben, denn: Julia ist fleißig. Sie ist stark. Sie weiß, was sie will. Sie möchte alles perfekt machen. Julia wird an diesem bürgerlichen Lebensplan nicht scheitern! Julia will ihre Kinder in einem sicheren Nest aufziehen, in dem sie gleich leben sollen wie andere Kinder, voll integriert in eine EINZIGE Kultur.

Wenn wir jetzt also in die Zeit meiner Ehe zurückgehen, dann kannst Du sehen, dass Julias Leben, als erwachsene Frau, schnurgerade auf den Weg führte, der meiner gewesen wäre, wenn ich die Ehe mit Herbert weitergeführt hätte. Hat Julia unsere Geschichte zu einem guten Ende gebracht? Jedenfalls ist es so, dass sie großen Wert darauf legt, mir zu sagen, dass sie mit diesem Leben zufrieden sei!

Doch wohin sind die tolerante Sprache und die wertfreie Kommunikation verschwunden, die ich so ernsthaft in meine Erziehung eingeflochten habe? Warum wurde aus dem Kinderleben, das in vielen Subkulturen lustig und spielerisch funktionierte, eine strenge Monokultur? Warum hat Julia keinen Spaß daran, sich mit mir zu unterhalten?

Da gibt es ein sprachliches „Phänomen“, das meine Schwiegereltern bis zu ihrem Tod sowohl bei ihren Söhnen, als auch bei den Enkelkindern durchgesetzt haben. In der Subkultur der „gediegenen Geschäftsleute“, in der meine Schwiegereltern mit ihren Freunden verkehrten, war es üblich, stolz zu zeigen, was man sich aufgebaut hatte. Das Ansehen der Leute stieg mit der Demonstration ihrer satten Gutbürgerlichkeit. Die unverhohlene Verachtung für die Verlierer der Gesellschaft, das waren Randgruppen und natürlich meine Subkultur, wurde offen verbalisiert, um den eigenen Wert damit zu steigern. Mangelnde Bildung schafft ängstliche Abwehr gegenüber Intellektuellen, und züchtet platte Rechthaberei anstelle der Möglichkeit, aus der Vielseitigkeit verschiedener Subkulturen zu lernen.
Obwohl Herbert ganz und gar nicht so ein Mensch war, denn er wollte keiner Fliege etwas zuleide tun, lebten seine Eltern stur in einem abgeschotteten Imperium, in dem nur ihre eigene Weltsicht galt. Informationen, Gedanken und Fragen, die ihre Sichtweise hätte infrage stellen könnten, wurden in Gesprächen gar nicht erst zugelassen. Meine Kinder durften über Themen, Menschen und eigene Erlebnisse, die in die großelterliche Welt nicht passten, nicht reden. Meine Person, eine in ihrer Welt empörende Existenz, durfte nach meinem „Abgang“ nicht mehr erwähnt werden. Die Großeltern wollten auch nicht wissen, was im Leben meiner Kinder wirklich los war. So hatten die Kinder früh gelernt, ausschließlich über das zu reden, was die Großeltern hören wollten. Diskussionen gab es nicht. Monokultur radikal!
Natürlich schmerzt es mich, wenn mein liebes, soziales und einfühlsames Mädchen so lebt, als müsse sie DENEN etwas beweisen.

Schließen wir hier den Kreis. Julia beweist nicht nur ANDEREN etwas. Stumm, und unglaublich zäh, beweist sie sich selbst, ihrem Mann und ihren Kindern, wie bedingungslos TREU sie an den Stellen sein kann, wo ich einfach ABGEHAUEN bin! Als hätte es nie eine Frauenbewegung gegeben, stellt sie sich in den traditionellen Werten des alten Patriarchats aufopfernd zurück, bis alle, aber auch wirklich alle Bedürfnisse ihrer Kinder restlos befriedigt sind. Natürlich gehört dazu auch die gut funktionierende Kleinfamilie. „GUTE ELTERN bleiben zusammen und beißen sich gemeinsam durch alle Widrigkeiten des Lebens hindurch“, lautet die Ethik, für die sich Julia entschieden hat. Ihre erfolgreiche bürgerliche Anpassung hat sie wie einen Trost über die Wunde gelegt hat, die ich ihr mit meinem ANDEREN Leben offenbar zugefügt habe. Doch weil Julia eine so starke Persönlichkeit besitzt, hoffe ich einfach, dass auch für sie noch einmal eine Zeit kommt, in der sie aus der von Kind an gewohnten Struktur, „nicht dran zu sein“, wieder aussteigen kann.

Zum Abschluss möchte ich Dir noch etwas sehr Schönes erzählen, an dem erkennbar wird, dass „ich mich als Mutter wohl offensichtlich doch irgendwie gelohnt“ haben musste. Ich habe ja in diesem Brief viel über die Achtung vor Kindern gesprochen, über eine Liebe, die verstehen will und keine Macht über das Kind braucht.
Ja, dieses schöne Erbe meiner Mutter durfte ich an meine große Tochter weitergeben. Im respektvollen Umgang mit ihren Kindern verfügt Julia über eine tiefe Wärme. Sie spricht so ernsthaft und verständnisvoll mit ihnen, wie ich es früher auch getan habe. Sie würdigt und fördert die Autonomie der Kinder. Sie fördert sie, aber treibt sie nicht an. Deshalb darf ich ganz beruhigt denken, dass in ihrer Liebe zwei kleine Menschen beschützt heranwachsen, die später wissen werden, wer sie sind und was sie vom Leben wollen.

LARA

Lara wurde in der Ehe mit Herbert als letztes Kind geboren. Weil ich in der Schwangerschaft und Stillzeit erfahrungsgemäß von den tiefen Depressionen befreit war, die mich in Trier überfallen hatten, erhoffte ich von dem neuen Baby einen neuen Sinn, der es mir möglich machen sollte, bei meinem Mann zu bleiben. Der Eherettungsversuch misslang jedoch.
Inzwischen war ich in die Kinderladengruppe hineingewachsen, die mir dabei half, nicht mehr so einsam zu sein und leiden zu müssen. Zudem beabsichtigte ich, ein Psychologiestudium zu beginnen, damit ich meinem Leben einen sozialen Sinn geben könne. Weil ich mit dieser Perspektive wieder hoffnungsvoller in die Zukunft blickte, konnte ich mich auf mein Baby Lara gut einlassen. Sie war mein erstes Kind, das ich nicht wegen meiner Arbeit nach acht Wochen aus der Symbiose entlassen musste, was mir bei den ersten beiden Kindern sehr wehgetan hatte.
Nun stell‘ Dir meine ersten beiden Kinder blond und blauäugig vor, mit fein geschnittenen, wohlproportionierten Gesichtern. Lara sah völlig anders aus. Ganz dunkel war sie, und sie hatte etwas Besonderes in ihrem Gesicht. Unter schwarzen, nah beieinanderliegenden Knopfaugen befand sich ein kreisrundes „Knopfnäschen“.
Darunter ein winziger „Knopfmund“. Die Anordnung der „Knöpfe“ verstärkte das Kindchenschema normaler Babys um einen zusätzlichen „Teddybäreffekt“, der weitreichende Folgen hatte. Lara löste bei Menschen den unwiderstehlichen Zwang aus, ihr Küsse auf das Näschen zu drücken, sie zu knuddeln, „Killekille“ zu rufen und anderen Blödsinn mit ihr zu machen. Lara mochte das. Wenn ich sie wickelte, kniff sie sich begeistert in ihre kleinen dicken Schenkel und ahmte dabei die seltsamen Laute der Erwachsenen nach. Es kam immer wieder vor, dass mir Menschen das Kind regelrecht aus den Armen rissen und erklärten, sie müssten es sofort einmal drücken. Wenn Lara sich darüber freute, verzog sie ihren kleinen Mund zu einem winzigen Lächeln, was so süß aussah, dass es gleich weitere „Liebesofferten“ auslöste, die man ihr entgegenbringen wollte.

Bis heute ist Lara durchaus zufrieden damit, dass sie mit einem Augenrollen und einem Spitzen des Mündchens einfach alles bekommen kann, was sie will. Lara redet nicht gerne. Sie hat Selbstdarstellung nicht nötig. Sie ist einfach DA.
Laras Zauber verwandelte sogar den traumatisierten, scheinbar körperlosen Denker Florian in einen zärtlichen Pflegevater. Er trug sie gerne herum, spielte mit ihr, pflegte sie liebevoll und lockte sie, zu Sprechen. Lara vertraute ihm. Die beiden hatten eine innige Beziehung zueinander.
Mechthild, Florians spätere Frau, hatte ein gleichaltriges Kind wie Lara, das auch unseren Kinderladen besuchte. Als Florian mich wegen Mechthild verließ, holte er, von einem Tag auf den anderen, deren Kind vom Kinderladen ab und beachtete dabei Lara überhaupt nicht mehr. Sie war sehr schockiert.
Lara fragte nur noch wenige Tage nach ihm und erwähnte ihn danach nie mehr. Sie war vier Jahre alt, als Florian wegging. Stattdessen machte sie nachts plötzlich ins Bett. Kurze Zeit später löste sich der Kinderladen auf. Ich behielt Lara bis zum Schuleintritt zu Hause, so brauchte sie Florian nicht mehr zu sehen. Als die „Elternschaft" von Richie und mir begann, schaffte Richie es schnell, das Kind so zu beruhigen, dass ihre Symptome restlos verschwanden.

Während der glücklichen Elternjahre mit Richie, eingebettet in ein angenehmes Gemeinschaftsleben in der Gartenstraße, lebte Lara ein unbeschwertes Kinderleben. Sie hatte sich eng ihrer Schwester Julia angeschlossen, mit der sie am liebsten alle freie Zeit verbrachte. Um Julia herum war immer so viel los, weil dieses phantasiereiche

Kind die Freunde mit ständig neuen Spielideen versorgte. In der Gruppe der nur wenig älteren Mädchen, die mit Julia spielten, fand Lara mit ihren Freundinnen und Freunden einen sicheren Platz als Schwester und Freundin. Selbst, als die beiden Schwestern ihre ersten Freunde hatten, schafften sie es noch, täglich in einer gemeinsamen Clique zusammenzubleiben.

Als Grundschulkind war Lara sowohl lieb und brav, als auch manchmal wild und expressiv. Sie malte tolle Bilder in glühenden Farben, in die sie selbst genauso gut hineingepasst hätte wie in ein Südseegemälde von Gauguin. Klar, dass ich bei meiner Freude an der Kunst das Kind schon als hedonistische Malerin durchs Leben gehen sah! Aber, ... es kommt ja bekanntlich immer anders als man denkt.

Als Lara ins Jugendalter hineinwuchs, trat zum dritten Mal der „Großelterneffekt" auf. Wie Julia quetschte sich Lara nun entschlossen in „seriös" wirkende Kleidung. Als sie erwachsen war, kam auch noch der dunkle Tag, als Lara einer „Farb- und Stilberaterin" in die Hände fiel. Die erklärte ihr nämlich, dass sie ein WINTERTYP sei und deshalb nur noch gedeckte Farben tragen solle. Ich könnte das Weib erwürgen, denn ich habe mein Kind seither nie mehr in bunten Kleidern gesehen! Lara malt auch nicht mehr. Dafür hat sie aber eine andere Begabung in sich entdeckt. Ein Gen, das weder Herbert noch mich auszeichnet, das aber weiter hinten in der Reihe meiner edlen Ahnen vorkam, wenngleich es sich auch weit weniger verbreitet hat, als die sprachliche und künstlerische Ader in unserer Familie. Lara liebt MATHEMATIK!

Du wirst es kaum glauben, aber wenn dieses „seltsame" Kind sich vom Trubel unseres Gemeinschaftslebens zurückziehen wollte, verschwand sie mit einem kurzen Lächeln in ihrem Zimmer unter dem Dach, weit ab von uns allen, und ... rechnete! Sie wolle etwas „ruhen", so nannte sie das beim Rausgehen.

Lara zog gleich nach dem Abitur aus und lebte von da an selbstständig und selbstverantwortlich. Sie studierte in Aachen, um Bauingenieurin zu werden. Zielbewusst und fleißig setzte sie sich in diesem Männerberuf, den sie sehr liebt, durch. Als ich sie zuletzt in Stuttgart besuchte, wo sie jetzt mit ihrem Mann lebt, tippte sie mich im Auto kurz an und deutete mit ihrem Zeigefinger auf einen riesigen Turm, ganz aus Glas, der einem Konzern als Vorzeigeprojekt dient. „Guck mal, das hab ich gerechnet ...", kicherte sie und genoss die ehrfürchtige Bewunderung, die ich für Menschen aufbringe, die so etwas können. Und wie ich stolz auf sie bin!

In der Liebe ist Lara genauso ehrlich, treu und zuverlässig wie ihre Schwester Julia. Auch ihr fehlt das zur bürgerlichen „Wohlanständigkeit" gehörende, abgespaltene und „sündenbereite" Selbst. Lara ist genau das, was sie von sich zeigt. Und sie will auch nichts anderes sein als das, was sie ist. Sie hat eine eigene Meinung, stellt sich Konflikten, wenn das notwendig ist und vermeidet nutzlose Machtkämpfe.
Lara wirkt selbstbewusst und auf eine ruhige Art präsent, ohne dass sie sich dafür besonders hervorheben muss. Natürlich finden Menschen sie mit ihrer bescheidenen Höflichkeit, verbunden mit dem zarten Charme ihrer dunklen Schönheit, sehr sympathisch. Lara weiß das. Sie lässt die Menschen auf sich zukommen. Sie ist ein dankbarer Mensch. Sie sagt, dass sie schon so viel Glück im Leben gehabt hätte, dass sie deshalb über nichts klagen möchte, was vielleicht einmal schwieriger daherkommt. Daran hält sie sich.

Mit ihrem Mann, Marcus, lebt Lara schon lange zusammen. Er arbeitet als Wirtschaftsinformatiker bei einem Konzern, dessen Erfolgsgeschichte beispielhaft für die Sterne am Himmel des Kapitalismus steht. Natürlich muss man sich für solch einen guten Job entsprechend präsentieren. Marcus erfüllt die hohen Erwartungen an seine Person mit großem Fleiß und Korrektheit. Er mag die Gediegenheit und Sicherheit seines gut integrierten Lebens. „Privat" ist Marcus ein geradliniger, sehr lieber und ruhiger Mensch. Er trägt meine Tochter auf Händen. Ich mag es sehr, wenn er sie glücklich macht. Die beiden haben einen quicklebendigen, kleinen Sohn, den sie gemeinsam hervorragend betreuen.

Genau wie ihre älteren Geschwister möchte Lara vor allem NORMAL leben. Logischerweise muss sie sich deshalb ebenfalls stark von meinem politisch-anarchisch-alternativen Gedankengut abgrenzen. Aber sie hat kein Problem damit, mich zu lieben und mir das zu zeigen. Dafür bin ich ihr sehr dankbar, denn es ist wirklich nicht leicht, ein Kind nach dem anderen durch die Tür des freien Denkens entschwinden zu sehen, ... und nicht HALT zu rufen!

So, jetzt kennst Du die drei Kinder aus der Ehe mit Herbert. Prächtige, gelungene Kinder, wie ich meine! Eigentlich wollte ich Dir „Erfolgsgeschichten" erzählen, um zu untermalen, dass sie nicht schlechter erzogen wurden, als Kinder von bürgerlich lebenden Eltern. Es sind aber doch eher „Menschengeschichten" daraus geworden. Schön und traurig zugleich, wie es im Leben eben ist, wenn man es ehrlich betrachtet. Es ist Dir wahrscheinlich nicht entgangen, dass sowohl traurige Folgen meiner eigenen Traumatisierung in die nächste Generation geflossen sind, als auch Folgen ideologischer Probleme. Schade finde ich das. Bin ich „schuld" daran?

Was die Traumata angeht, richte ich mich gerne stolz auf und sage: Was viel habe ich geleistet, meine Kinder so erfolgreich vor Gewalt, Demütigung und Lieblosigkeit zu schützen, dass sie ihren Kindern ein unzerstörtes Nest bauen können! Ich selbst hatte überhaupt kein Nest und bin in „eiskalten Winden" frierend groß geworden. Natürlich habe ich Fehler gemacht. Ich habe viel zu lange gebraucht, bis ich die Welt, von der ich ferngehalten wurde, ausreichend verstehen konnte, um in ihr zu leben. Das Nest, das ich meinen Kindern in ehrlicher Liebe bauen wollte, hatte zugige Stellen.

Was mein Leben als politischer Mensch, der in hohen Idealen aktiv sein wollte, betrifft, so habe ich meine Kinder sicher nicht mehr beschädigt, als es jede gutbürgerliche Kleinfamilie tut. Doch diesen Brief möchte ich nicht mit einem ideologischen Gefecht beenden.

Sagen wir einmal so, es muss schon eine Werteentscheidung geben, bevor man Kinder erziehen kann. Eltern müssen sich positionieren. Die Pädagogik auch. Doch ist nichts weniger fruchtbar in der Beziehungsgeschichte zwischen den Generationen als das „Rechthabenwollen" in ideologischen Fragen. Aber wie könnten die Kinder, die wenig mit mir sprechen, mir so etwas glauben, wo sie mich in meinen stärksten Jahren ideologischer Positionierung zur Mutter hatten? Natürlich glauben sie immer noch, sie müssten sich schrecklich gegen mich wehren.

Meine jüngste Tochter, Jessica, kennst Du ja schon aus verschiedenen Etappen ihrer Kindheit. Du weißt von ihrer Zeugung, vom Verrat des biologischen Vaters und von der glücklichen Geschichte mit dem Wahlvater. Wie sie als erwachsene Frau geworden ist, möchte ich in einem späteren Brief erzählen, denn für ihren weiteren Werdegang sind Ereignisse wichtig, die Du noch nicht kennst. Vorab kann ich Dir nur versichern, dass sie ihren Geschwistern in der Selbstständigkeit und im beruflichen Erfolg in nichts nachsteht.

Für heute muss ich mich verabschieden, denn das war ein langer, anstrengender Brief.

Bis bald!

Nelly

Brief - März 2007

Die freie Liebe, die narzisstische Waffe

Lieber Freund!

Nun kennen wir uns schon mehr als drei Jahre. Ich kenne Dich immer weniger, Du mich immer mehr, ... hoffentlich. Vielleicht wunderst du Dich, dass Du kaum mehr etwas über mein aktuelles Leben erfährst. Das stimmt. Ich gedachte nämlich ursprünglich, Dich daran teilhaben zu lassen. Vielleicht wäre unser Dialog unter diesen Umständen dann so interessant geworden, dass er das Geschichtenerzählen bald überflüssig gemacht hätte. Weil es aber ganz anders kam und das Leben immer recht hat, wirst Du als ein Mensch, dem ich die längste Geschichte meines Lebens erzählt habe, einzigartig und unvergessen in mir bleiben.

Es geht weiter. Wir kehren zurück in die Villa Kunterbunt. Was haben Richie und ich dort, außerhalb unserer „fleißigen Elternschaft“, noch gemacht?

Wir führten ein sozial, politisch und kulturell aktives Leben

Richie besuchte die Oberstufe des hiesigen Gymnasiums und holte das in jungen Jahren verschmähte Abitur nach. Dann begann er mit dem Studium der Psychologie. Ich arbeitete in unterschiedlichen Bereichen der „Pro Familia", eröffnete, gemeinsam mit einer Kollegin, eine freie Praxis und absolvierte eine Zusatzausbildung zur Sexualtherapeutin. Die Spezialisierung auf psychologisch-soziale Aspekte der Geschlechterrollen, gesellschaftskritische Auseinandersetzung mit den Auswirkungen subkultureller Bedingungen auf das sexuelle Erleben, die Erforschung der Struktur sexueller Gewalt und die Entwicklung frauenfreundlicher Selbstentwürfe im Eros, ein autonomes Modell, das sich nicht der gedanklichen Tradition des Patriarchats unterordnet, waren berufliche und politische Themen, auf die ich in den folgenden zwanzig Jahren meine Schwerpunkte setzte. Richie und ich wandten uns gemeinsam politischen Ideen zu, die sich vor allem mit der Rolle kultureller Bildung beschäftigten. Selbstorganisierte Kleinkunstbühnen, auf denen JEDER MANN und JEDE FRAU ein Darstellungsrecht bekamen, mit Erlebnisgastronomie zu verbinden, war die Grundidee aller Konzepte, mit der wir dem Bildungsbürgertum den Alleinanspruch auf die Kunst verweigern sollten. In einem potenten Team kreativer Aktivisten spielten wir Theater und gründeten die Kulturwerkstatt als Forum für unzensierte Kunst. Unsere Ideen, Aktivitäten und unsere Konzepte stellten die Vorläufer des heutigen Kulturzentrums „Tuchfabrik" dar.

Privates? Nein, ... über die moralische Verbindlichkeit freier Menschen, die sich lieben, ... über die Stärken einer Wahlfamilie, und über Richies stärkste Seite, seine freiwillige Solidarität.

Und nun zu den „privaten" Ereignissen, die Richie von seiner stärksten Seite zeigen.

1986 starben meine beiden Eltern. Für mich waren die Begegnungen mit meiner Familie in jedem Lebensalter belastend geblieben. Ich hatte mir angewöhnt, Tübingen nur noch mit Mitgliedern meiner Wahlfamilie zu besuchen, die mich immer dann trösten konnten, wenn ich wieder in alte „Schmerzlöcher" gefallen war. Verzichten wollte ich auf den Kontakt zu meiner Herkunftsfamilie nicht ganz, weil ich sowohl an meiner Mutter, als auch an dem elitären Charme dieser Stadt hing. Ich erlebte die Tübinger Atmosphäre wie einen, im Sonnenschein rotgold glänzenden Biedermeierspiegel, in dem sich die gebildet daherkommende Arroganz meiner Mutter spiegelte. Tübingen und meine Mutter erlebte ich wie ein Gesamtkunstwerk, das mir Heimatgefühle bereitete, auf die ich nicht verzichten konnte.
Ja, ich liebte meine Mutter wirklich sehr. Mir fiel es nicht schwer, ihre Schwächen und Fehler zu verzeihen, denn ich weiß bis heute, dass ich es nur ihren Stärken und durchaus auch ihrer elitären Arroganz zu verdanken habe, dass sich ihr geistiges Erbe wie Säulen in meinem Selbstbewusstsein erheben, die zu einem tragfähigen Gerüst in meinem schwierigen Leben wurden.

Als meine Mutter 1985 den ersten Schlaganfall bekam, den sie, massiv beeinträchtigt, nur knapp überlebte, konnten wir Töchter sie einfach nicht gehen lassen. Jede von uns hatte noch eine Geschichte mit ihr abzuschließen und tat es auf ihre eigene Weise.

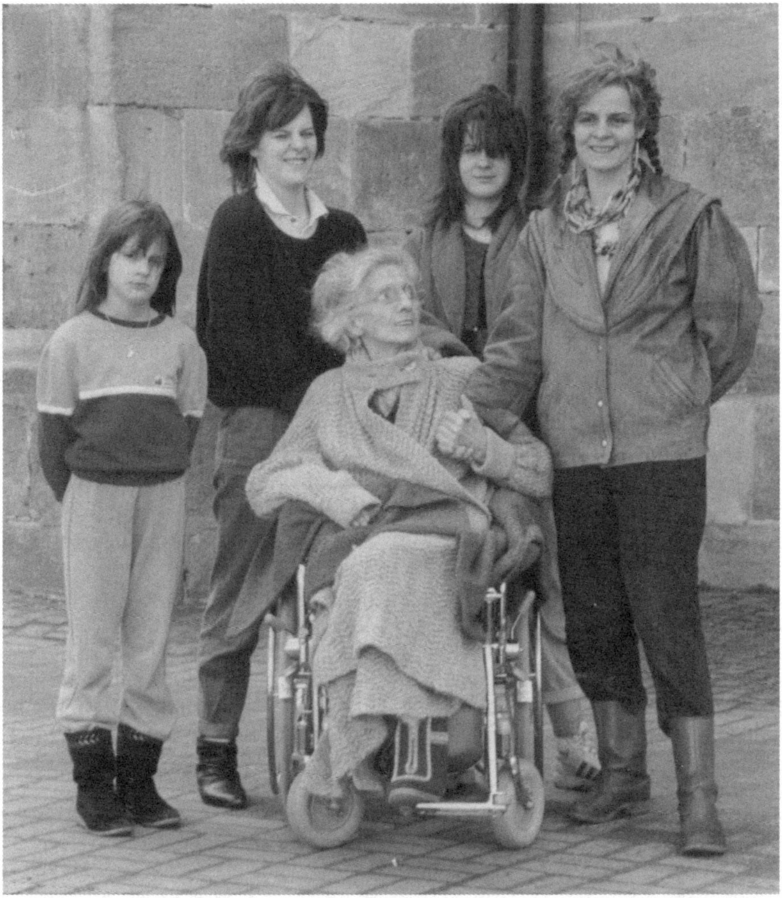

Ich hatte Dir schon einmal erzählt, dass meine Mutter körperlich nicht besonders nahbar gewesen war. Während ihres letzten Lebensjahres, zwischen dem ersten und zweiten Schlaganfall, an dem sie dann starb, durfte ich sie mehrmals für ein paar Tage oder Wochen pflegen, so lange eben, wie ich in Trier Urlaub bekam. Während der Schulzeit blieb Richie in Trier und übernahm die Kinderbetreuung ganz alleine. Während der Schulferien kam er mit den Kindern nach Tübingen, und dann pflegten wir meine Mutter alle zusammen. Sie war halbseitig gelähmt und, was am Schlimmsten für sie war, ihrer großen Liebe, der Sprache, fast völlig beraubt. Die letzten glücklichen Stunden erlebten wir gemeinsam, wenn ich sie in ihren Rollstuhl gesetzt hatte, vor ihr eine Tasse Kaffee stand, die in Form und Farbe genau zu dem Strauß frischer Blumen passte, der auf dem Fernseher stand, in dem wir gemeinsam Kultursendungen anschauten. Am Fernseher klebte ihre Lieblingspostkarte, ein Foto von einem alten Mann, der, mit geschlossenen Augen, Stirn an Stirn mit seiner Katze schmust. Das Zimmer roch wunderbar nach Lavendel und Blumen. Wir hielten uns die ganze Zeit fest an den Händen und brauchten dabei nichts zu reden. Für mich war es wie ein Geschenk, dass ich meine Mutter zum ersten Mal mit all der Herzlichkeit anfassen durfte, die in mir steckt. Das Pflegen meiner Mutter bereitete mir tiefe Liebesgefühle, die denen sehr ähnlich waren, die ich bei der Versorgung meiner neugeborenen Babys empfand. Ich war unendlich dankbar dafür, dass sich der Abschied von meiner Mutter mit einer Begegnung der Herzen vollzog, während früher das intellektuelle Spiel mit dem „reinen Geist" fast das Einzige war, mit dem man sie interessieren konnte. Meine ehrliche Herzensliebe kam in den Zeiten ihrer größten Not doch noch bei ihr an.

Mithilfe einer Krankenschwester, mit der sich meine Schwestern in der Pflege abwechselten, konnten wir meine Mutter überwiegend in ihrem eigenen Zuhause pflegen. Aber zwischendurch musste sie immer wieder ins Krankenhaus, weil sie mehrfach an ihrem Raucherbein amputiert wurde. Wegen ihres schlechten Allgemeinzustandes konnte sie keine Vollnarkose mehr bekommen, auch nicht ausreichende Schmerzmittel. Manchmal hatte meine Mutter solche Schmerzen, dass sie über Stunden hinweg schrie. Dann schob man sie weg, damit ihre Qualen niemanden störten. In dieser Zeit blieben auch ihre treuesten Freunde, einer nach dem anderen, weg, weil sie das Leiden einfach nicht mehr mit ansehen konnten. Natürlich fiel es auch uns Kindern schwer, nicht wegzulaufen.
Richie musste sich das schon gar nicht antun. Aber Du wirst es nicht glauben, er konnte es am allerbesten von uns allen! In seiner Fähigkeit zu unglaublicher Solidarität blieb er am Bett meiner schreienden Mutter sitzen und hielt stundenlang ihre Hand. Er wollte sie nicht im Stich lassen. Ich werde ihm das nie vergessen. Als sie in den letzten Tagen vor ihrem Tod im Koma lag, hielten alle Kinder abwechselnd Wache an ihrem Bett. Richie bestand darauf, ihr genauso treu zu sein wie ihre Töchter. Stark wie ein Fels begleitete er meine sterbende Mutter. Und er begleitete auch mich bei den Beerdigungen meiner beiden Eltern. Zuverlässig fing er auch mich auf, wenn ich manchmal an der Überforderung verzweifelte. Da war er, mein Mann, ganz und gar. Warum nicht für ein Leben?

Der Eros in einer Liebe zwischen gleichberechtigten Menschen, unser Schatz

Lass mich einen Sonnenstrahl auf das Glück der körperlichen Liebe werfen, die Richie und mich zehn Jahre lang unbeirrbar begleitete. Und, ... ich besitze die Frechheit zu behaupten, sie würde uns auch heute noch erfreuen, wenn das Leben es nicht anders vorgesehen hätte. Oder weil der Mut dazu fehlt.

Für Richie und mich stand das kosmische Vergnügen, in dem ich mit Florian „durch die Wolken" geeilt war, nicht im Vordergrund. Unsere Liebe war irdisch. Greifbar, liebevoll und „mühelos geil". Das blieb sie auch während all den schweren Konflikte und Alltagsbelastungen, die wir in all den Jahren durchlebten. Unsere körperliche Liebe war eine Kraftquelle, frisch, leidenschaftlich und glücksbringend. Obwohl wir in den täglichen Auseinandersetzungen stritten wie die Berserker, zerstörte die Streiterei nicht unsere Nähe. Wir nervten damit zwar die Kommunarden und die Kinder, aber das Kämpfen störte unsere körperliche Liebe nicht in der geringsten Weise. Ich fühlte mich bei Auseinandersetzungen lebendig. Da ich meine Eltern ausschließlich kriegerisch erlebt hatte, niemals friedlich oder gar lustvoll versöhnt, glaubte ich, ich könnte besser lieben als sie. Ich hielt Streiten für „ganz normales Leben", wenn es sich eben mit lustvollen und entspannten Phasen abwechselte, was bei Richie und mir der Fall war.

Ich war ein wildes Weib. Und Richie ein wilder Kerl.

Wer weiß, ob es nicht überhaupt die ungehemmte Aggression war, die wir in Kampfeslust angstfrei aufeinander losließen und die unsere Spontanität im Sex nährte? Weil wir den sexuellen Kontakt in vollem Vertrauen erlebten, verziehen wir uns dabei bedingungslos alles andere. Die körperliche Liebe half bei der Versöhnung, machte uns weich und lieb. Ja, der Sex gab uns den Mut, es immer wieder neu miteinander zu versuchen.

Kannst Du Dich erinnern, dass ich Dir in einem früheren Brief eine Abhandlung über das sinnliche Leben der Szenemänner schrieb, in der es auch um die Gerüche des Alltags ging, die sie an ihren Händen trugen? Die Erotik in den Alltag zu integrieren war auch eine Stärke von Richie und mir. Durch das gemeinsame Betreuen der Kinder verbrachten wir viel Zeit zusammen, die immer abwechslungsreich war. Unsere Sinne ließen den Eros beim Kuscheln mit den Kindern erblühen, beim Streicheln der Katzen, beim Plauschen mit den Kommunarden, beim Holzhacken, beim Reparieren des Hauses, beim Gärtnern, beim Kochen, beim Wäscheaufhängen, beim Kuchenbacken, beim Leutebesuchen und beim Musikhören. Leidenschaft kam auch beim gemeinsamen Musikmachen auf, beim Tanzen oder dabei, gemeinsam draußen im Garten zu schlafen oder die Heimsauna mit Freunden zu genießen. Wir fühlten tief beim „um die Feuerstelle herumsitzen", beim Nichtstun, beim Apfelpflücken. Es war eine Gnade, ein unglaubliches Privileg, Tag und Nacht in der vertrauensvollen Atmosphäre aufrichtiger Kommunikation leben zu dürfen. Immer war Würze in unserem Leben. Und die kam nicht alleine vom Geruch der Räucherstäbchen.

Der Eros brauchte bei uns nicht darauf zu warten, bis wir uns nach Feierabend, frisch geduscht und parfümiert, zum Sex bereitgemacht hätten, sondern wir lebten ihn, wie eine kraftspendende Oase, inmitten des anstrengenden Alltags. Wenn wir bei körperlichen Arbeiten im Haus und Garten zwischendurch ein Pause einlegten, wenn wir etwas Schönes mit den Kindern erlebt oder gute Gespräche mit Freunden geführt hatten, wenn wir ein tolles Essen gekocht hatten, und wenn von irgendwoher eine Lieblingsmusik erklang, ... dann wuchs unsere erotische Lebendigkeit in zärtlichen Berührungen, die Richie und ich häufig austauschten. Manchmal durchströmte dann geile Freude in unsere Körper. Lachend forderte sie uns auf, ein gutes Plätzchen für Sex zu suchen. Wir folgten der Aufforderung gerne. In einem lustfreundlichen Haus wie dem unseren wurde Sex niemals mit Peinlichkeit belegt. Sowohl Erwachsene als Kinder bemerkten es, wenn sich ein Paar zum LIEBHABEN entfernte. „Die tauchen bald wieder auf“, dachten sie dann, „und haben dann gute Laune!“ So war es auch. Die Gemeinschaft fühlte sich bereichert, wenn die erotischen Freuden unserer Pärchen gute Stimmung und Lebenslust in die Gruppe trugen.

Bevor ich die schönen Erinnerungen an den Eros mit Richie nun bald verlasse, möchte ich Dir noch etwas Lustiges erzählen. Du kennst die Musikvorlieben unserer Generation, die unglaubliche Musik der 70er- und 80er-Jahre, sicher gut. Doch was glaubst Du, bei welcher Musik Richie und ich großen sexuellen Spaß hatten, während wir uns mit Kichern und Toben über die Grenzen unserer ideologischen Selbstdefinition hinausschleuderten?

Ja, ... das war Franz Schuberts Lied von der SCHÖNEN MÜLLERIN. Meine schönste Erinnerung an Richie. Ein echt anarchisches Vergnügen!

Die „FREIE LIEBE 2“

Leider, leider geht nun kein Weg mehr daran vorbei, dass ich das Thema „FREIE LIEBE 2“ aufgreifen muss. Ich will Dich in das Thema einführen, indem ich Dir einzelne Beispiele schildere, in denen es angeblich um das politische Ideal der „freien Liebe“ geht. In Wirklichkeit spielen narzisstisch gekränkte Menschen böse Spiele miteinander, von denen sie sich erotisch angefeuert fühlen. Keiner plant so etwas. Das Verderben kommt aus dem Unbewussten, getrieben vom Kick der Rache, die wiederum neue Rache nach sich zieht. Wenn nicht, dann eben Selbstzerstörung. Beides vergiftet die Seele.

Oder auch: „Der Kick am Spiel mit dem Drachen“

Bevor wir in die charakteristischen Situationen einsteigen, muss ich Dir den „Drachen NARZISSMUS“ vorstellen. Er ist ein grausamer und doch so schöner Kerl, der das hehre Ideal der freien Liebe in eine gefährliche Waffe verwandelt. Dieser „Drache“ traumatisiert Menschen, nimmt Kindern die Eltern, verwandelt Freunde in Feinde und Herzen in Steine. Seine Waffe spaltet Menschen, unter der Maske der Liebe, in zwei Lager, Gewinner und Verlierer. Während die einen, die den Kampf gewannen, den Rausch des SIEGENS erleben, liegen die anderen „im Blut der frisch aufgerissenen Traumata“. Doch kaum erheben sich die Opfer aus ihrem Schmerz, so fühlen auch sie die Lust an der Macht, den „Lockruf des Drachens“. Sie folgen ihm genauso, wie ihre Täter zuvor. Der Opferschmerz scheint vergessen, sobald eine Machtposition erreicht ist, die eigene Taten erlaubt. Das alte Opfer schafft neue Opfer, die Wege sind immer gleich. Im Kreislauf der Gewalt tanzen wir alle mit dem Drachen. Der KICK vom „Gewinnen und Verlieren“ öffnet zwar Tore zu leidenschaftlichen Gefühlen, versperrt jedoch den Weg zur Liebe. In einem Eros, in dem der Kick an dem Spiel mit der Macht das Größte ist, gibt es Opfer und Täter. Wenn Gewalt GEIL macht, verlieren alle Beteiligten ihre Würde. Wie könnten wir eine Geilheit „Liebe“ nennen, die Opfer schafft?

FREIE LIEBE womöglich? Nein, diese Spiele zerstören das Vertrauen zwischen den Menschen. Und sie führen zum Tod der Liebe.
Doch während wir uns den Drachen einmal genauer ansehen, bemerken wir keineswegs nur Angst und Aversion. Ambivalente Gefühle tauchen auf, die genauso verwirrend in uns tanzen wie der Drache selbst. Ja, es ist nicht zu leugnen, der Drache NARZISSMUS ist wahrhaftig ein virtuoser Künstler! In stets wechselnder Verkleidung schafft er es, peinliche Gefühle wie „Selbstverliebtheit", „von Neid und Eifersucht gespeiste Zerstörungswut" oder „feindselige Konkurrenz" in eine glitzernde, erotische Szene zu verwandeln, die wunderschön daherkommt. Im Tanz mit dem Drachen liegt ein geiler Kick, das glaube mir. Kein Wunder, dass sich niemand darum reißt, mit mir fromme Lieder über die „kosmische Liebe" zu singen, ... das langweilige Gesülze, ... lass uns lieber ...
Nein, nein, Du sollst jetzt hören, was geschah ... als ich, jung, wild und schön auf dem Drachen ritt, mal oben und mal unten ...
Ja, was glaubst Du, wie faszinierend schön ich, die narzisstische Muttertochter und Revolutionärin, den Drachen NARZISSMUS fand. Ich durchschaute das BÖSE in ihm bestenfalls bei den anderen, während ich das Tier zu meinem persönlichen Kuscheltier machte. Reiten wollte ich ihn, GEWINNEN, was er versprach! Die Macht, die er mir gab, ließ mich aufblühen, feurig und stolz erscheinen. Meinen ersten Sieg erlebte ich, als ich noch mit Florian im Haus auf dem Berg lebte.

„Drachenspiele", Florian, die Schöne und ich

Steigen wir jetzt also noch einmal in die Szene ein, als Florian, mit der SCHÖNEN an der Hand, aus Berlin zurückkam und mir und dem Ehemann der Frau, Florians Freund, zurief: „Wir werden jetzt ALLE VIER zusammenleben!"
Der Ehemann hatte in dieser Angelegenheit die einfachste Rolle. Unter Männern, sieh an, auch unter Revolutionären, gibt es im Falle der Eifersucht einen einfachen Code: „Ich schlag dir aufs Maul!". Die Botschaft wird von jedem Beteiligten sofort verstanden und klärt das Feld umgehend. Die Freundschaft der Männer nahm ein vorläufiges Ende.
Diese „schöne" Möglichkeit der Gegenwehr hatte ich als Frau nicht, schon gar nicht als bekennende Aktivistin im politischen Ideal der Freien Liebe. Immerhin hatte ich, im anarchischen Erbe meiner Ahnen sozialisiert, und mit Florian ein hochtrabendes Konzept zur freien Liebe formuliert, das Eifersucht und Besitzdenken in die Schublade der niedersten Instinkte steckte. Als „aufrechte Revolutionärin" hatte ich demzufolge gar keine Chance, Angst und Eifersucht zu zeigen, ohne mich in eine noch schlechtere Lage zu bringen. Gedemütigt zu werden und das eigene Gesicht zu verlieren, das ging gar nicht. „Revolutionäre Lauterkeit" war meine Identität, davon konnte ich mich keinesfalls trennen. Ich musste also einen anderen Weg finden, der die Bedrohung meiner Partnerschaft beseitigen und gleichzeitig meinen revolutionären Heiligenschein polieren könnte.
Moment! Du passt ja sehr gut auf, mein lieber Freund! Ich habe Deinen Einwand gut vernommen. Wieso ich in der SCHÖNEN überhaupt eine Gefahr, eine Konkurrentin sehen konnte, wo ich mich doch mit meinem Gefährten freiwillig für das Leben in „freier Liebe" entschieden hatte?
Nun ja, ich bin ja nicht blöd. Ich sah doch die KICKS in den Augen der beiden. Böses drohte mir, weil ich von Florian „verraten" worden war. Er war ein Bündnis mit der

anderen eingegangen, ohne meine Rechte als seine Partnerin zu respektieren. Damit hatte er mich geistig „verlassen“. Er hatte sich die Maske der freien Liebe vor das Gesicht gehalten, um einem antisozialen Lustprinzip nachzugehen. Narzisstischer Eigennutz war das Motiv, sonst nichts. Ja, so geht auch jeder Bürger fremd, dafür brauchen sie wirklich keine Revolution. Sie tun es einfach. Häufig. Hinterher sagen sie, sie hätten keine Ahnung, wie ES passieren konnte, sie wären bestimmt betrunken gewesen. Doch so billig verkauft sich ein Florian nicht. Und ich hätte meinen Held dafür verachtet.

Der Kampf der Revolutionäre stand an. Vorher ein paar Sätze über die Bündnispolitik in der freien Liebe, ein Konzeptentwurf von mir, zu dem ich bis heute stehe.

In meinen Konzepten der freien Liebe muss der Respekt vor anderen Menschen an oberster Stelle stehen, sonst darf man es nicht Liebe nennen. Verrat darf in dem Konstrukt nicht vorkommen. In meinem „Liebeskonzept“ muss sehr klar darüber kommuniziert werden, wer mit wem in einem Bündnis steht. Das Bündnis muss benannt werden. Die Beteiligten beziehen Position, erst danach kommt die Handlung. Die Bündnisabsprachen dürfen keinen der Beteiligten ausgrenzen, also zum Verlierer machen. Wenn ein Mensch zum Opfer gemacht wird, nur weil andere dazugewinnen wollen, ist die Liebe zerstört. Alle haben verloren.

Am Beispiel von Florian und mir hätte ein respektvoller Verlauf in unserer Partnerschaft ungefähr so vor sich gehen können: Florian und die Schöne hätten im Urlaub netten Sex gehabt. Das wäre an sich kein Unglück gewesen. Die beiden hätten nämlich nur ein Geschenk vom Leben angenommen, das in einer abgegrenzten Situation für sie bereitlag. Die Bereicherung eines Urlaubstags. Ich nenne das „Situationserotik“. Das erotische Geschenk erlaubt den „Gewinnern“ der Situation aber noch lange nicht, geliebte Menschen zu „Verlierern“ zu machen. Florian und die Schöne lebten beide in verbindlichen Partnerschaften und waren mit ihren Partnern ein Bündnis der gemeinsamen Lebensgestaltung eingegangen. Also hätten sie beim Nachhausekommen zuerst ihre Partner fragen müssen, ob diese auch Lust hätten, in das Viererbündnis einzusteigen? Wenn nicht, hätte sich für alle vier die Notwendigkeit ergeben, den bisherigen Lebensplan zu hinterfragen und eventuell neu zu formulieren. Es wäre eine Frage der Entwicklung von allen gewesen, ob die Verbindung zwischen Florian und der SCHÖNEN Blüten getragen hätte. Wahrscheinlich nicht.

Wir waren einfach nur jung, spontan und neugierig auf das bunte Leben. Keiner hatte das sozial ausgereifte Bewusstsein, das die Voraussetzung für die Verwirklichung der Modelle darstellt, die ich Dir haute vorschlagen kann, weil ich dreißig Jahre lang geübt habe. Vergiss also das hohe Lied und meinen moralisch erhobenen Zeigefinger!

Zurück zu meinem eigenen Ritt auf dem Drachen. Weil ich damals genauso unerfahren, verwirrt und chaotisch war, wie alle anderen auch, spürte ich die Gefahr nicht, wenn wir mit dem Drachen spielten. Es war ein KICK. Im natürlichen Größenselbst der Jugend sahen wir uns als Drachenreiter und Helden, nicht jedoch als seine Opfer! In dem selbstverliebten Ästhetizismus der Kultur meiner Eltern, die mich geprägt hatte, liebte ich den Drachen alleine schon deshalb, weil er so schön war. Wir alle liebten uns selbst in dem Bild der Freiheit, in dem wir die Liebe, die Welt und all die anderen im Sturm erobern würden. Die Heiligenscheine wie Blütenkränze auf den Kopf genagelt, und mit goldenen Lanzen in der Luft schwingend, rasten wir auf dem Rücken des Drachens in eine bessere Zukunft. So dachten wir.

Nein, der Drache war es, der die Führung in unseren Experimenten hatte, nicht wir. Wir wurden Opfer unseres eigenen Narzissmus, weder waren wir frei, noch selbstbestimmt. Nur jung und dumm.

Als ich damals bemerken musste, dass der Drache Florian restlos verspeist und ihm den Stolz auf die Eroberung der Schönen als tröstenden Sieg verkauft hatte, war ich furchtbar enttäuscht. In einem Schmerz, der mich wie ein Schwerthieb traf, fühlte ich, dass ich wieder so alleine war, wie in der Einsamkeit meiner Kinderjahre. Florians „großer Geist“ hatte mich verlassen. Da forderte ich den Mann heraus. Kämpferisch wollte ich ihn dazu zwingen, die Kläglichkeit seines narzisstischen Sieges an der Wahrhaftigkeit meiner revolutionären Kraft zu erkennen.
Doch die Kränkung alleine reicht nicht aus, um den Mut zum Drachenritt zu finden. Ich brauchte auch die Wut. Da half mir der Feminismus, der mich zuverlässig kämpferisch auflodern ließ. Mir war nämlich, trotz der naiven Verblendung meiner frühen Jahre in der Szene, aufgefallen, wie eifrig auch unter „Weltverbesserern“ geschummelt wurde. Dabei ärgerte mich besonders, dass die Thesen der freien Liebe besonders von „ranghohen“ Männern benutzt wurden, um sich konsumhaft an Frauen zu bedienen. Es ärgerte mich nicht weniger, wenn ich erkennen musste, dass die Männer im narzisstischen Herumvögeln nur deshalb so erfolgreich sein konnten, weil allzu viele Frauen bereit waren, unseren Helden mit ko-abhängiger Unterwerfung zu dienen. Zähneknirschend muss ich zugeben, dass viele Frauen in unserer Szene dieselben Frauenrollen einnahmen, in der sich auch bürgerliche Frauen ranghohe Männer „angeln“, mit Bewundern, den Rücken freihalten und Umsorgen, mit Sichkleinmachen, sexuell hinhalten, Kaffeekochen und überhaupt gut kochen.

Ich jedoch fühlte mich gleichberechtigt in einer partnerschaftlichen Liebe mit einem „herausragenden Revolutionär“, dem ich mich nicht kampflos fügen würde. Ja, Florian war mein Held, doch wie käme ich, die Muttertochter und Enkelin eines anarchisch wilden Großvaters dazu, meinem geliebten Edelnarzissten das Ärschlein zu pudern? Mich zu demütigen, indem ich mich hinter Florian und die Schöne, dem „siegreichen Paar“, in den Schatten stellen ließ?
So nicht. Uns gehörte die Revolution zu gleichen Teilen! Da befeuerte mich der Drache mit Kreativität und erotischer Energie. Ich fühlte in mir eine unglaubliche Kraft, die mir Flügel verlieh, ... und Schönheit. Innen und außen.
Ein revolutionärer Rettungsgedanke kam in mir auf: Wenn Florian die Utopie schon in unser Schlafgemach legen würde, so war ich doch ein Teil davon! Wenn die Schöne seine neue Freundin werden sollte, dann ganz sicher auch meine! Locker fing ich Florians Narzisstenball auf, den er mit stolzem Tänzeln über sich geworfen hatte. Ich identifizierte mich mit seiner Utopie, denn das machte mich fürs Erste weniger „verlassen“. Dann öffnete ich mein Herz für die Schöne. Ich hatte sie vorher nur wenig gekannt. Jetzt ging ich freundlich auf sie zu. Mit ehrlicher Einfühlsamkeit und Wärme lobte ich ihre Stärken, bediente ihre Sehnsüchte und weckte ihr Sozialverhalten. Ich war eine gute Freundin. Da kamen wir uns schnell nahe. Wir genossen die Fröhlichkeit, die zwischen Frauen heranwächst, die Hand in Hand ins Leben springen. Derweil tänzelte Florian weiter mit seinem Ball und sah dabei vor allem sich selbst. Er bemerkte überhaupt nicht, dass die Schöne inzwischen UNS besuchte und nicht mehr nur ihn alleine. Ich fing auch seinen Ball und machte daraus ein Spiel für uns drei. Ich liebte meinen Mann, wie hätte ich ihn da ausgrenzen können? Mit einer gleichberechtigten Beziehung zwischen uns dreien wollte ich mich gerne arrangieren.

Da kam der Abend, an dem wir zu dritt auf dem Küchenpodest saßen und durch das Panoramafenster den Sonnenuntergang beobachteten. Plötzlich küsste mich der Drache. Seine Schuppen glänzten im Abendrot wie Feuer. Er bot meinen Sinnen eine berauschende Mischung aus revolutionärer Wildheit, Mut, Frechheit und Charme. Da war der feine Geruch von den frisch gewaschenen Haaren der Frauen, die Melodie des Lächelns, das sie austauschen, wenn sie sich vertrauen. Dazu der geile Geruch der Männer, wenn sie Lust bekommen, sich im weichen Fleisch der Frauen zu verlieren. Das alles mochte ich sehr. Ich hatte den Ruf des Drachens verstanden. Lächelnd stand ich auf, ging in das Schlafzimmer und bereitete uns ein Liebeslager. Ein Fest. Dann nahm ich meine beiden Freunde an der Hand und führte sie nach nebenan. Mit Stolz, Freude und Selbstbestimmung teilte ich nun meinen Mann. Er blieb mir in dieser Situation sehr nahe. Sein utopischer Geist hatte mich gleich verstanden. Da legte er sein dummes Narzisstenbällchen weg und wurde wieder mein Mann. Jetzt war die Revolution da. In einem strahlenden Gewand glühte sie mit uns. Danach schliefen wir drei, Arm in Arm, froh in den Morgen hinein. Florian und ich hatten zum ersten Mal gemeinsam erlebt, dass Liebe mehr wird, wenn man sie teilt. Sie lebt vom Geben genauso gerne, wie vom Nehmen. Ja, sie kann mehr als zwei Liebende bereichern. Sie ehrt alle, die in einem freien und sozialen Geist miteinander spielen.

Nebenan lauert der Drache. Er wartet einfach. Er weiß, dass es immer einen gibt, der das Spiel GEWINNEN will! Besteigt den Drachen. Letztlich endet jeder Ritt mit dem SIEG des Drachens, doch das sagt er uns vorher nicht. Die schmerzlichen Kämpfe der Menschen sind für ihn nur ein Spiel. Er ist nicht „politisch“. Und meine Ahnen sind ihm auch egal. Kaum glaubte ich mich „siegend“, da küsste der Drache zur Abwechslung die Schöne. Sie hätte BESSERES verdient, flüsterte er ihr ins Ohr. Wozu in der Provinz herumliegen und teilen, teilen, teilen? Sie möge sich erheben, sagte er ihr, ein EIGENES Königreich stünde ihr zu, und ein ganzer KÖNIG, einer, der allein nur ihr „zu Diensten“ stünde ... Nun ja, Logik ist nicht unbedingt die Stärke des Drachens. Er braucht sie im Geflüster mit Frauen ohnehin nicht. Hauptsache, das Glitzern geht weiter.

Es dauerte tatsächlich nicht lange, da ritt die Schöne, mit neuen Plänen, auf dem Drachen vor unser Haus. Sie stieg nicht ab. Zuerst baute sich das Tier vor dem armen Florian auf. Von oben herab erklärte die Schöne meinem Mann, mit dem sie noch vor kurzem ein gemeinsames Leben geplant hatte, sie brauche ihn nun nicht mehr. Danach quetschte sich der Drache durch das kleine Haus, bis er mich gefunden hatte. Mit eleganter Geste spie er einen Feuerstrahl in die Luft, während die Schöne von seinem bunten Rücken herabglitt, mich in die Arme nahm und vor den verdunkelten Augen meines Mannes zärtlich sagte, sie hätte sich für MICH entschieden. Verdammte Scheiße!

Das Spiel war aus. Wir hatten alle drei verloren, das wusste ich sofort. Wieder war ich ganz alleine. Ich sah uns auf drei Wegen stolpern, die nicht mehr zueinander führen würden. Ich war sehr betroffen. Zuerst versuchte ich, Florian zu trösten. Dann beeilte ich mich, die Schöne auf den Boden der Realität zurückzuholen, ohne sie zu kränken. Die ganze Zeit hörte ich hinter mir das lustvolle und grausig böse Fauchen des Drachens, das mir große Angst einflößte. Es würde bald etwas Furchtbares passieren, das ahnte ich. So kam es auch.

Florian war sehr gekränkt. Zudem glaubte er, ich hätte ihm die Schöne absichtlich ausgespannt, und gab mir die Schuld an allem. Dabei wollte ich einfach nur mitspielen, was ich als mein Recht angesehen hatte. Doch für mich interessierte sich Florian überhaupt nicht mehr, nachdem er im Drachenspiel VERLOREN hatte. Er brauchte sofort einen neuen Triumph, um seine Wunden zu kühlen. Jetzt sollte ICH vom Drachen niedergetreten werden, das wünschte er sich, damit ich merken würde, wie weh das tut! Florian bat den Drachen um eine schnelle Chance. Und er bekam sie.

„Drachenspiele", Florian und Mechthild

Es passierte gleich auf der nächsten Geburtstagsparty, die in unserer Kinderladengruppe gefeiert wurde. Die Kinderladengruppe hatte sich längst wieder vom Ideal der freien Liebe losgesagt. Fast alle Paare hatten in den turbulenten Jahren ihre Partner gewechselt. In den neuen Beziehungen entschieden sie sich für Monogamie, damit wieder Ruhe ins Leben einkehren sollte. Unsere Feste waren zu netten, friedlichen Familienfeiern geworden. Mechthild war vor kurzem als neues Mitglied in die Gruppe gekommen. Nicht aus politischen Gründen, sondern einfach deshalb, weil ihre Schwester schon in der Gruppe war. Mechthild war eine, in bürgerlichen Normen denkende Alleinerziehende mit einer kleinen Tochter, und sie wollte gerne wieder in einer Partnerschaft leben. Bis zu dieser besagten Party war in keiner unserer Elternarbeitssitzungen zu bemerken, dass sich zwischen Florian und ihr erotische Gefühle entwickeln würden. Die beiden hatten sich bisher gegenseitig wenig beachtet.

Ganz normal kam ich also mit Florian auf diese unselige Party. Es hatte vorher weder einen Streit noch schlechte Stimmung zwischen uns gegeben. Nach der Ankunft saßen wir eine Weile zusammen in einer Ecke der Gastgeberwohnung und plauderten nett. Dann bewegten wir uns getrennt durch die Wohnung, um auch mit anderen Leuten zu reden. Die meisten Gäste saßen in der Küche. Im großen Schlafzimmer, das zum Tanzen freigeräumt war, stand mitten im Raum nur noch ein Doppelbett. Hier lief auch die Musik, die uns zum Tanzen animieren sollte. Während ich also in der Wohnung umherging und mich gerade noch sicher und wohlfühlte, bemerkte ich den „stinkenden Atem des Drachens" nicht. Weder sah ich ihn, noch hörte ich ihn kommen. Nachdem ich in der Küche ein paar Häppchen gegessen hatte, wollte ich tanzen. Ich schlenderte zum Schlafzimmer. Dort bot sich mir ein absurdes Bild. Mitten auf dem Paradebett lagen, eng umschlungen, Florian und Mechthild. Sie knutschten unaufhörlich, als wären sie ganz von Sinnen. Alle, die das Schlafzimmer betraten, um zu tanzen, taten so, als ob sie die beiden nicht bemerkten, was jedoch nicht möglich war. Die Freunde warteten ab, wie ich auf die Situation reagieren würde. Sie wollten „sich raushalten". Doch weil es in der Natur der Drachenspiele liegt, gerade den Kick der Rache lustvoll zu finden, mochten die Gruppenmitglieder, die mich etwas weniger mochten, durchaus Schadenfreude empfunden haben. Den anderen, die mich etwas mehr mochten, werde ich vielleicht ein wenig leidgetan haben, allerdings nur ein wenig, denn sie ließen mich in dieser Situation radikal alleine. Warum?
Erinnerst Du Dich, dass ich Dir, in einem früheren Brief über die Gruppendynamik in ideologischen Gruppen, vom Verhalten der „ranghohen Clique" erzählt habe, die von den „rangniederen Mitläufern" beneidet und nachgeahmt wird? Ich hatte in der Gruppe einen festen Platz als ranghohe Frau. Das gute Ansehen galt meiner ausgeprägten Persönlichkeit, meiner sprachlich-rhetorischen Begabung, meinem Ideenreichtum, meiner Glaubwürdigkeit, meiner Ehrlichkeit und meinem Mut. Weil ich intellektuelle Arroganz mit der Muttermilch aufgesogen hatte, und weil ich sie als „normal" empfand, bemerkte ich in jungen Jahren nicht, wann ich andere Menschen damit verletzte und provozierte. Mit meinem Weg in die freie Liebe, den ich erst zu einer Zeit betrat, als die anderen ihn gerade verlassen hatten, reizte ich die Gruppe. Während sich die anderen an dem hohen Ideal gerade die Zähne ausgebissen hatten, stand ich noch mit Florian in dem utopischen Bündnis, an das ich bis zu meinem Sturz vom Drachen fest geglaubt hatte. Klar, bin ich vor meinem Fall des Öfteren auf dem Drachen an meinen Freunden vorbeigeritten, habe stolz in seinen bunten Schuppen „gebadet" und von oben heruntergetönt. Angegeben habe ich. Und während sich die Kinderladenleute gerade wieder für die pragmatischen Vorteile des heimlichen Fremdgehens interessierten, protzte ich damit, wie „rein" und „politisch korrekt" Florian und ich die freie Liebe beherrschten. Ich sei kaum eifersüchtig, hatte ich behauptet, ... mir läge das Vergnügen meines Partners genauso am Herzen wie mein eigenes! Das hatte ich jetzt davon!

Während Florian sich mit Mechthild in eine andere Welt knutschte, sollte ich der Gruppe ruhig und gelassen zeigen, wie wenig eifersüchtig ich wäre. Sie wollten schon sehen, wie sehr ich den beiden das Vergnügen gönnte. Ganz alleine stand ich herum, als mich das Schwert des Drachens durchbohrte. Eifersüchtig, gedemütigt und verraten fühlte ich mich. Wahnsinnig einsam!

Der Drache hingegen saß mit höhnischem Grinsen bei den Freunden am Küchentisch und fraß Partysalate. Stinkend, angeberisch und asozial. Aber trotzdem mochte ihn jeder. Mich nicht.
Ich war in einer verzweifelten Lage. Weil ganz klar war, dass mir keiner helfen wollte, verkniff ich mir eine Eifersuchtsszene, bei der ich nur völlig mein Gesicht verloren hätte. Ich besann mich noch einmal auf das revolutionäre Konzept, so, wie ich es verstand, auf die große soziale Idee, die ganz ohne Drachen auskommt! Mutig begab ich mich immer wieder in das Schlafzimmer und stand am Bettrand. Ich hoffte, Florian würde endlich Kontakt mit mir aufnehmen und die Sache zu einem guten Ausgang bringen. Doch wie hätte der aussehen können?
Er hätte die Hand nach mir ausstrecken, mich zu sich ziehen und mit wenigen Worten die Front auflösen können, die mich zum Opfer der Situation gemacht hatte. Doch solange die beiden mich DRAUSSEN ließen und meine Betroffenheit ignorierten, hatten sie sich für eine Kampfsituation entschieden, die mich bewusst ausgrenzen sollte. Damit hatte Florian die Partnerschaft mit mir verraten. Hätte er mich freundlich eingeladen, an der intimen Situation teilzunehmen, wären wir alle drei gleichberechtigt und mit unverletzter Würde aus der Situation herausgekommen. Wir wären mit berechtigtem Stolz auf das solidarische Dreierbündnis in die Küche gegangen und hätten uns gelassen zu den anderen gesetzt. Der Drache wäre mit einem wütenden Fauchen aus dem Fenster geflogen und die Freunde mit dem Schadenfreude-Kick in ihren Herzen hätten schnell ein unauffälliges Gesicht aufgesetzt. Die Nelly-Freunde hätten aufgeatmet, froh darüber, dass weiter nichts passiert war. Florians Knutscherei wäre kein Verrat gewesen, denn er hätte mit dem Dreierbündnis gezeigt, dass er Mechthild zwar mochte, aber mit ihr kein Bündnis anstrebte, das mich provozieren und entwürdigen könnte. Später hätten wir zu dritt darüber gesprochen, was die veränderte Situation für jeden von uns bedeutet hätte und wie es nun weitergehen solle.
Doch leider hatte Florian, nach der Geschichte mit der Schönen, überhaupt kein Interesse mehr an Dreierbündnissen. Im Drachenspiel mit „Mechthild" WOLLTE er mich ganz bewusst ausgrenzen, er wollte nur seinen eigenen Vorteil sehen und keineswegs sozial empfinden. Narzisstisch gekränkt durch die Schöne genoss er jetzt die Genugtuung des Rachekicks, weil er der Gewinner und ich die Verliererin war. In Mechthild hatte er die passende Bündnispartnerin gefunden, die freudig klatschte, während mich der Drache niedertrampelte. Wie Du weißt, hatte sie später kein Problem damit, sich zuerst als Geliebte in meiner Beziehung auszubreiten, aber Florian sofort den Kontakt zu mir und seinem Kind verbot, als sie ihn endlich für sich alleine hatte.

Zurück zur Party. Florian erlöste mich also nicht. Als er nach einer Stunde noch immer mit Mechthild auf dem Bett knutschte, setzte ich mich endlich in die Küche. Doch dort traf mich erst recht ein böser Spuk. Keiner der Freunde schaute mir ins Gesicht. Keiner redete mit mir. Sie taten so, als sei ich nicht da und fütterten weiter den Drachen, der sich wie die Hauptfigur des Abends benahm. Das war einfach zu viel für mich. Still begab ich mich nach Hause. Ohne Abschied. Es war wie Sterben. Keiner winkte mir nach.

Gegen Morgen kam Florian vergnügt in unser Bett. Mit triumphierenden Gesten genoss er die Szene, die ich nun „voll reaktionär" über ihn ergoss, heulend, tobend, anklagend, zutiefst enttäuscht. Florian hatte GEWONNEN, so dachte er. Doch in Wirklichkeit hatte nur der Drache gesiegt. Er hatte ein revolutionäres Paar, das sich einmal tief liebte, zu Karnevalsfiguren gemacht. Dann flog er Florian auch noch auf dem

Heimweg hinterher, um sich mit einem Blick durch unser Schlafzimmer zu vergewissern, ob ich auch wirklich restlos am Ende wäre. So war es. Zufrieden flog er davon, denn nach dieser Nacht konnte er sich denken, wie meine Geschichte mit Florian ausgehen würde. Du auch.

Richie, bester Freund des Drachens

Richie hast Du ja, was seinen Umgang mit Frauen betrifft, bereits in der Feldstraße kennengelernt. Es wird Dir daher nicht schwerfallen, ihn Dir als „besten Freund des Drachens“ vorzustellen. Doch bevor wir nun zu Richies „Drachenspielen“ kommen, möchte ich ihn vor einer Wertung schützen, indem ich Dir berichte, wie es dazu kam, dass das schlimme Tier sich, in der Tarnung eines Kuscheltiers, schon in Richies frühe Kindheit eingeschlichen hatte. Was war damals passiert?

Richies Mutter war noch sehr jung, als sie unehelich mit ihm schwanger wurde. Sie lebte noch im Haus ihrer Mutter, deren Mann im Krieg gefallen war. Erinnerst Du Dich, wie ich in der Geschichte über John vom Leid der jungen Kriegerwitwen sprach, die sich allzu früh damit abfinden mussten, ohne ein „Familienoberhaupt“, also ohne den Status einer „richtigen“ Familie, leben zu müssen? Viele von ihnen fühlten sich, unter der scheinheiligen Kontrolle eines ganzen Dorfes, genötigt, besondere „Anständigkeit“ beweisen zu müssen. Sie verdrängten ihre Bedürfnisse nach Körperlichkeit mit einem Mann und zogen stattdessen voller Missgunst über andere Frauen her, die sich mehr vom Leben nahmen. Richies Großmutter war eine dieser missgünstigen Frauen. Zuerst beschimpfte sie die schwangere Tochter, weil sie Schande ins Haus gebracht hätte, dann, als der Kindsvater auftauchte, um die Tochter zu heiraten, gönnte sie ihr auch dieses Glück nicht. Richies Vater war zu den beiden Frauen in das winzige Haus gezogen. Danach sprudelte eine unaufhörliche Quelle aus Neid zwischen den beiden Schlafzimmern, die nur ein schmaler Flur voneinander trennte. Auf der einen Seite wuchs die junge Familie zu stattlicher Größe heran. In ihrer Mitte stand Richies Mutter, die von allen geliebte, sympathische Leitfigur. Auf der anderen Seite vereinsamte zunehmend die verbissene Großmutter, die niemanden wirklich für sich begeistern konnte. Der kleine Richie wusste, dass wenn er das Zimmer seiner Großmutter betrat, er dort feine Süßigkeiten bekommen würde. Wenn er darüber hinaus aber noch ein braver und freundlicher Enkel sein wollte, der seiner Großmutter auch ein wenig Gesellschaft leistet, fing sie gleich an, böse Dinge über ihre Tochter zu erzählen. Weil Richie seine Mutter liebte und wohl wusste, was VERRAT ist, floh er gleich aus dem Zimmer, die Backen voller Süßigkeiten und den Rest in der Hosentasche. Traf er dann kauend auf seine Mutter, die um die Intrigen ihrer Mutter wusste, fragte die gleich nach, ob es wieder „dazu“ gekommen sei? Natürlich fühlte Richie, wenn er das nächste Mal bei ihr vorbeistrich, sich auch als Verräter an seiner einsamen Großmutter, wohl wissend, dass er nur ihre Schokolade wollte. Egal, wie er es auch anstellte, er fühlte sich hinterher immer als VERRÄTER.
Richie schilderte mir, wie erleichtert er war, als er irgendwann gar keine Liebe mehr fühlte, weil dann endlich auch der Schmerz vom VERRAT nachließ. So verlor das Kind auf tragische Weise sein Vertrauen zu Frauen.
Danach wollte er sich nur noch mit dem Drachen verbünden. Von diesem neuen „Freund“ lernte er, wie man Macht über Frauen bekommt und wie man mit ihnen spielt, ohne den Weg zur Verletzlichkeit des eigenen Herzens zu offenbaren. Künftig trat er

nur noch in Drachenkostümen auf, die sein Freund ihm geschenkt hatte. Sobald ihm eine Frau zu nahe kam, schlug er sie mit einer Flamme aus dem verzerrten Rachen in die Flucht. Keiner Frau, die ihn liebte, blieb es erspart, seinem Wiederholungszwang in einer Inszenierung des VERRATS leidvoll zum Opfer zu fallen. Für das Spiel „Verrat unter Frauen" brauchte er eine Partnerin und mindestens eine ihrer engsten Freundinnen. Wenn sich eine Frau gerade für Richie entschieden hatte, konfrontierte er sie wenig später mit der Tatsache, dass eine ihr nahestehende Person, meist ihre beste Freundin, bereit war, mit IHM ein verräterisches Bündnis gegen sie einzugehen. Und das schaffte er tatsächlich. IMMER!

Vielleicht ahnst Du jetzt, welch katastrophale Folgen Richies Wiederholungszwang in meinem Leben hatte. Vor meiner Liebe zu ihm hatte ich in der glücklichen Illusion über die „Solidarität unter Frauen" gelebt wie in einem sicheren Nest. Richie hat mich da für immer rausgekickt.

„Drachenspiele", Richie und Eva

Erinnerst Du Dich an meine langjährige Freundin, die ich VOR meiner Beziehung zu Richie gefragt hatte, ob sie ebenfalls an einer Beziehung mit ihm interessiert sei? In diesem Falle wollte ich ihr nämlich den Vortritt lassen. NEIN, hatte sie gesagt.
Ich liebte diese Frau sehr. Eva war klug, witzig, lebenslustig und aufrichtig politisch. Keine Mitläuferin. Wir kannten uns aus dem Kinderladen, gründeten danach die Frauengruppe und arbeiteten auch bei anderen feministischen Projekten zusammen. Für mich gehörte Eva zu den wichtigsten Menschen in meinem Leben. Ich wollte sie keinesfalls verlieren. Als Richie und ich erst wenige Tage, dafür aber umso leidenschaftlicher zusammen waren (er hatte bestimmt keine sexuelle Not), fand ein Treffen unserer Frauengruppe in meinem Zimmer in der Feldstraße statt. Meine Freundin musste zur Toilette, die im Treppenhaus lag. Auf der Treppe traf sie Richie. Beim Hallosagen fragte er sie ohne weitere Umschweife, ob sie nicht nach der Frauengruppe noch in sein Zimmer kommen wolle, um sein berühmtes Leiterchen hochzuklettern. Eva lehnte ab, aber sie hatte den Drachen tänzeln sehen. Er hatte ein Feuer in ihr entfacht. Es war Sommer. Ich wohnte in der zweiten Etage. Mein Fenster lag über der breiten Eingangstreppe, auf der wir oft saßen. Wenige Tage, nachdem Richie und Eva sich bei dem Treffen unserer Frauengruppe begegnet waren, lag ich bei weit geöffnetem Fenster auf meinem Sofa und ruhte. Meine Freundin besuchte uns gerade. Sie war oft bei uns und kannte alle Leute. An diesem Tag hatte sie sich zu Richie auf die Treppe gesetzt, um mit ihm zu plaudern. Du glaubst ja nicht, wie schnell sich meine Ohren in „Elefantenohren" verwandelten, als ich das Gespräch zwischen meiner Freundin und Richie hörte. Eva fragte ihn doch glatt, ob er nicht ein heimliches Verhältnis mit ihr anfangen wolle, das wäre doch viel einfacher, als dieses „offene Herummachen". Gerade ich, ihre Freundin, würde mich ja in solchen Sachen ganz besonders schlimm anstellen (sie hatte das große Drama mit Florian miterlebt). Meine ohnehin schon großen Elefantenohren wurden noch größer, während ich auf Richies Antwort wartete. Er war sehr freundlich, denn solch ein Angebot schmeichelt wohl jedem Mann. Er dankte zunächst für den netten Vorschlag. Dann sagte er, dass die Verwirklichung dieser Idee im Moment allerdings nicht in seinen Lebensplan passen würde. Inzwischen habe er mir nämlich die Monogamie vorgeschlagen, um Ruhe in sein Leben zu bringen, in dem er ganz neue Pläne hätte. Er wolle zügig sein Abitur nachholen und

dann eine Berufsausbildung machen. Weil er sich aber als einen großen Chaoten kenne, habe er sich gedacht, mit mir, der bodenständigen Frau, die stets gut organisiert sei und Pflichten auch langfristig durchhalten könne, käme er bestimmt leichter ans Ziel. Das war's.
Ich klappte meine Elefantenohren wieder zusammen und wartete, bis der Kerl hochkam. Dann sagte ich ihm, dass ich das interessante Gespräch gespannt verfolgt hätte. Einerseits wäre es ja nett von ihm, dass er mir sexuell treu sein wolle, aber ich hätte nicht gewusst, dass ich nur für die bessere Organisation seines Lebens vorgesehen wäre. Ich hätte da eher an eine „Liebesehe" gedacht. Da lachte Richie mich mit einer geballten Ladung seines umwerfenden Charmes strahlend an. Er küsste mich und sagte, dass ich ihm bitte verzeihen möge. Ich hätte Eva ja auch so gerne, ... da sollte es mir nur recht sein, wenn er meiner liebenswerten Freundin eine Absage erteilte, die sie möglichst wenig kränkte.
Das ist ihm auch gelungen. Ich achtete damals noch nicht so sehr auf feine Nuancen innerhalb bestimmter Sprachformeln. Ich glaubte einfach treuherzig und doof alles, was man mir erzählte. Heute weiß ich, dass Formeln wie „zur Zeit geht es nicht", oder ein harmloses „eigentlich", an der richtigen Stelle eingestreut, zu den heißen Aufforderungen gehören, der andere möge sein Hintertürchen bitte weit offenlassen, also nicht die Hoffnung aufgeben und in vorsichtiger Form am Ball bleiben und weiterbaggern. Eva und Richie flirteten weitere zwei Jahre in einer derart aufdringlichen Weise miteinander, dass ich mich immer wieder genötigt fühlte, nachzufragen, was mir dieses Verhalten sagen sollte. Die Antwort war immer gleich. Genervt knurrten die beiden, sie wüssten gar nicht, wovon ich spräche. Ich sei eine lästige Spielverderberin und wolle mich nur unnötig wichtigmachen. Weil ich sie ja beide wirklich liebte, zweifelte ich brav an meiner Wahrnehmung und wurde davon ziemlich krank.
Ich will das Thema nicht noch weiter ausbreiten. Deshalb schildere ich Dir jetzt wenige Situationen, bei denen Du selbst nachfühlen kannst, wie Du sie interpretieren würdest. Wichtig ist vielleicht noch, dass alle Frauen, um die es in den Geschichten geht, mit mir in meiner langjährigen Frauengruppe waren. Sie waren also nicht nur meine besten Freundinnen, sondern auch politische Gefährtinnen im Feminismus, Lebensgefährtinnen, die alles von mir wussten, denen ich blind vertraut hatte, die ich liebte und die über viele Jahre meine innere Heimat gewesen waren.

„Drachenspiele", die Bootsfahrt

Richie und ich machten mit drei Frauen aus meiner Frauengruppe, einer weiteren Freundin und sechs Kindern, Urlaub am Meer. Zelten. Auf dem Zeltplatz hatten wir unser Lager um eine hölzerne Sitzgruppe herum aufgeschlagen. Wie immer kümmerten sich Richie und ich hervorragend um die Kinder. Die anderen Frauen zeigten sich auch sehr teamfähig. Beim gemeinsamen Einkaufen, Kochen, Waschen und Aufräumen wuchsen wir schnell zu einer harmonischen Gruppe zusammen. Es machte uns Spaß, auch alle Ausflüge zusammen zu machen. Eva kam ein paar Tage später nach, weil sie noch länger arbeiten musste. Kaum war sie da, änderte sich meine Situation auf merkwürdige Weise. Während wir uns sonst zum Plaudern auf den gemütlichen Holzbänken vor den Zelten trafen, steckten Eva und Richie beim Plaudern plötzlich eingepfercht in Evas „Einfrauzelt", das offensichtlich so wenig Raum bot, dass die beiden beim Gespräch Leib an Leib liegen mussten, ... die Armen. Aber warum denn nur?

Am nächsten Morgen wachte ich auf, ... neben mir kein Richie mehr. Auch Evas Zelt war leer. Ich stand auf und machte Frühstück wie immer. Da kamen die beiden strahlend herbeigelaufen. Sie waren am Strand und waren nass. Fröhlich und irgendwie verbunden, während sie sich gemeinsam die Haare trockneten, prusteten und schnauften sie und sagten, wie toll ES gewesen wäre. „Was?", fragte ich. Ja, der Sonnenaufgang natürlich, den sie gemeinsam am Strand genossen hätten! Dafür seien sie extra so früh aufgestanden. Offensichtlich hatten sie sich verabredet. Aber warum haben sie mich denn nicht mitgenommen? Jeden Tag lief irgendetwas in der Art. Und dann kam die Bootsfahrt.
Weil Richie und ich uns in den ersten Urlaubstagen so viel um die Kinder gekümmert hatten, sollten wir einen Tag kinderfrei bekommen. Das hieß, wir durften irgendetwas zu zweit machen, während die anderen auf die Kinder aufpassen sollten. Ich wünschte mir von Richie eine Bootsfahrt, die wir im Jahr zuvor schon einmal zusammen gemacht hatten. Von einem Süßwassersee aus führte ein kleiner Fluss, der unter Naturschutz stand, direkt ins Meer. Die Umgebung dieses Flusses war verwildert wie ein richtiger Urwald. Man konnte ein Boot mieten und durch diese wunderschöne Wildnis rudern. Ich freute mich sehr, dieses romantische Erlebnis noch einmal wiederholen zu dürfen. Morgens brach die ganze Gruppe zu dem Süßwassersee auf. So zwanghaft gut organisiert, wie ich nun mal bin, räumte ich bei der Ankunft am Strand zuerst das Auto aus, bereitete ein Lager aus Decken und Kissen, richtete eine Essecke her, packte die Spielsachen aus und schaute nach, in welchem Zustand die Kinder waren, um sie dann „geordnet" in die Verantwortung der Gruppe zu übergeben. Weil ich darin große Routine hatte, erledigte ich alles zügig, ohne nochmals aufzublicken. Dann stand ich auf, um mich nach meinem Mann umzusehen, in der Absicht, unseren Zweierausflug zu beginnen. Einige Freundinnen saßen schon auf den Decken. Doch Richie sah ich nicht. Eva auch nicht. Doch draußen auf dem Wasser bewegte sich ein Boot über den See, in dem zwei Personen saßen. Ich konnte einfach nicht glauben, was ich da sah. In mir drohte etwas zu explodieren. Angstvoll starrte ich die Freundinnen an und fragte, wer die Personen in dem Boot seien, die nur noch als Silhouetten zu erkennen waren. Die Frauen zuckten gleichgültig mit den Achseln. Richie und Eva, sagten sie.
Das „Ding in mir" explodierte tatsächlich. Ich weiß nicht mehr, wie ich die vielen Stunden hinter mich gebracht habe, die wir warten mussten, bis wir die beiden am Abend an der Anlegestelle abholen konnten. Ich war am Ende. Ich brauchte sofort eine Auseinandersetzung. Natürlich zischte ich die beiden gleich bei ihrer Ankunft an, was das für eine Sauerei sein sollte, mir diese Fahrt zu stehlen. Aber niemand wollte wirklich mit mir reden. Wir mussten ja auch zurück zum Zeltplatz und die Kinder ins Bett bringen. Als wir spät abends in einem Bistro zusammensaßen, fing ich erneut an, darüber zu sprechen. Evas beste Freundin, Ute, die ohnehin sehr konfliktscheu war, erklärte mir, dass sie zum Urlaubmachen hier sei und nicht dazu, um sich von mir meine ewigen Frustgeschichten anzuhören. Ich solle der Gruppe doch nicht den Urlaub verderben. Richie und Eva nickten zustimmend. Ich konnte plötzlich nicht mehr sprechen. Mein Herz blutete. Ich hatte das Gefühl, all mein Blut liefe unten zu den Zehen heraus. Also riss ich mich noch einmal total zusammen und versuchte, die Sache so harmlos zu finden, wie es von mir erwartet wurde. Am nächsten Morgen gingen wir alle zum Strand, um dort Morgengymnastik zu machen. Auf einmal hatte ich das Gefühl, nicht mehr wirklich unter diesen Menschen zu sein. Ich dachte, ich müsse sterben. Ich sagte, dass mir sehr schlecht sei und ging zum Zeltplatz zurück. Richie folgte mir. Ich sagte ihm, dass ich keine Stunde mehr hierbleiben könne, ich müsse nach Hause. Die

ganze Zeit dachte ich, dass ich sterben müsste. Damit ich den anderen nicht den Urlaub verderbe, würde ich mit dem Zug zurückfahren. Richie sagte, dass er gut auf die Kinder aufpassen würde, ich könne beruhigt nach Hause fahren. Er sah, dass es mir wirklich sehr dreckig ging. Als er mich auf den Bahnhof gebracht hatte und sich von mir verabschiedete, sagte er, ich solle mir keine dummen Gedanken machen, er würde ganz sicher nicht mit Eva schlafen, das würde er mir versprechen. Und so fuhr ich weg.

Die anderen brachten den Urlaub nett zusammen zu Ende. Als sie alle wieder da waren, konnte ich nicht mehr in meine Frauengruppe gehen, weil ich immer dieses Herzbluten verspürte, wenn ich an den Urlaub mit ihnen dachte. Die Symptome wuchsen sich zu Panikattacken aus, die mich beruflich beeinträchtigten. Für ein paar Wochen musste ich Medikamente einnehmen, um meinen Alltag zu bewältigen.
Nach etwa zwei oder drei Monaten kamen plötzlich Eva und Ute zu Besuch. Eva wollte mir etwas sagen. Sie erklärte, dass sie sehr wohl in den letzten beiden Jahren um Richie geworben hätte. Ich hätte das nicht falsch wahrgenommen. Sie wolle sich für das Spiel, das mir offensichtlich nicht gut bekommen sei, entschuldigen. Ich möge bitte wieder in die Frauengruppe kommen, denn ich würde dort fehlen. Da war ich Eva sehr dankbar für ihre Ehrlichkeit, denn in diesem Moment, als ich meiner Wahrnehmung wieder trauen durfte, fiel ein Albtraum von mir ab. Ich brauchte keine Tabletten mehr und kehrte in meine geliebte Frauengruppe zurück. Die dritte Frau aus der Gruppe, die ebenfalls mit in diesem Urlaub gewesen war, hieß Maja. Ein halbes Jahr später küsste ich bei einem netten Plausch meinen alten Freund David, der mir sehr vertraut geblieben war. Ich wunderte mich dabei, wie „fremd“ sich so ein Kuss anfühlen kann, wenn man lange Zeit monogam geliebt hat. Ich fragte Richie, mit dem ich darüber geredet hatte, ob er dieses Fremdheitsgefühl beim Küssen auch kenne? „Oh ja!“, sagte er. Da saß er in der Falle. Natürlich wollte ich dann auch noch wissen, WEN er denn überhaupt geküsst hätte? Da wir die kompromisslose, gegenseitige Ehrlichkeit in unserer Partnerschaft vereinbart hatten, hätte ich eigentlich eine Idee davon haben müssen, um wen es sich dabei handelte. Ich hatte aber keine Ahnung. Da erzählte er mir, dass die Gruppe bei der Rückfahrt aus dem Urlaub einmal im Hotel übernachten musste. In Doppelzimmern. Weil er doch gewusst habe, wie übel ich es ihm genommen hätte, wenn er sich zu Eva ins Bett gelegt hätte, habe er eben das Zimmer mit Maja zusammen genommen. Und schwupps, ... hätten sie eben miteinander geschlafen. So viel zu meiner Frauengruppe. Aber das war noch nicht das Ende.

Gegen Ende meiner Beziehung mit Richie war ich tatsächlich immer neurotischer geworden. Obwohl wir einerseits in einer bodenständigen, aber auch innigen und sexuell glücklichen Partnerschaft lebten, wurde ich gegenüber Richies feuerspeienden Drachenattacken immer dünnhäutiger. Nenne ich die jetzt einfach einmal „Nähekiller“. Richie rief den Drachen oft. Vor allem dann, wenn wir uns gerade besonders nahe waren. Ein Beispiel?

Der Drache als „Nähekiller“

Eines Nachmittags fuhren wir im Auto in die Stadt, weil wir dort nett einen Kaffee trinken wollten. Wir hatten nämlich kinderfrei und wollten uns ein wenig belohnen. Der Nachmittag hatte schon vorher gut angefangen, da wir kurz zuvor sehr leidenschaftlich miteinander geschlafen hatten. Danach brachen wir also in die Stadt auf. Richie fuhr, ich saß neben ihm und schaute ihn entspannt von der Seite an. Ich fand ihn einfach wunderschön, so wie ich das öfters empfand, wenn ich mit einem Mann geschlafen hatte, der mir dabei in Hingabe begegnet war. Dann fragte ich ihn: „Ist das nicht toll, wenn man einen Menschen, mit dem man schon ganz lange zusammen ist, noch immer so schön findet wie ganz am Anfang? Eigentlich bin ich immer noch ganz verliebt in dich.“, worauf Richie antwortete: „Behalt‘ deinen Scheiß für dich!“ Danach war der Nachmittag nicht mehr so gut.

Okay, ich glaube, Du hast es verstanden. In mir hatten sich im Laufe der Jahre so einige traumatische Symptome angesammelt. Ich bekam mittlerweile hysterische Ausraster, wenn mich ein Nähekiller traf, und das war damals ziemlich oft der Fall. So konnte Richie auf mir herumspielen wie auf einem alten, kaputten Klavier, das nur noch hässliche Geräusche macht, wenn man es spielen möchte. Zudem hatten seine Drachenspiele einen weiteren Nebeneffekt, der genau in den Anfang seiner Kindheitsgeschichte passte. Es war die beginnende Spaltung zwischen mir und meinen Kindern. Vielleicht erinnerst Du Dich noch an das strahlende Gesicht, das Richie jederzeit abrufen konnte? Meines hatte sich inzwischen zu einer eingefrorenen „Frustfresse“ verzogen, aus der mein hysterisches Herumheulen oder mein wutschnaubendes Toben und Schimpfen die Ruhe meines Umfeldes störte. Meine Kinder zeigten sich mit Richie zunehmend parteiisch, dessen Provokationen sie nicht durchschauen konnten. Immerhin war dieser Mann zu meinen Kindern wirklich immer nur leidenschaftlich liebevoll. Klar, dachten die Kinder, es könne dann wohl nur an meiner „Keiferei“ liegen, wenn er sich mir gegenüber anders verhielt.
Weil ich das Drama sah, das in diesem Wiederholungszwang lag, wurde mir zunehmend klar, dass Richie und ich uns bald würden trennen müssen, um den Kindern den „Mutter-Großmutter-Konflikt“ zu ersparen, der Richie in ein knallhartes Arschloch verwandeln konnte. Trotzdem brauchte ich noch „weitere Schläge“ auf den Hinterkopf, bis ich aufgeben konnte und musste.

Krieg der Drachen, Nelly wehrt sich

Auch der Drache langweilte sich schon länger bei den „ausgeleierten Kämpfen“ zwischen Richie und mir. Zu guter Letzt wollte er uns ein bisschen aufmischen, damit wir in einem unterhaltsameren Drama zu Ende kämen. Da kam ihm die grandiose Idee, mir einen „schnuckeligen Liebhaber“ zu schenken. Georges purzelte in mein Leben. Wieder so ein androgyner Feingeist, seelenvoll, hübsch, ein Frauenversteher. Er weinte waschechte Tränen, wenn ich ihm von den aktuellen Feuersbrünsten erzählte, die Richie wegen meiner Affäre noch häufiger auf mich losließ als vorher. Dann hörten Georges und ich gemeinsam schmerzvolle Zigeunerlieder, die „Gitanos“, die ein Kind mit einer ergreifend leidenden Stimme, die Tränen aller Ausgestoßenen und ungerecht Behandelten zu einem Strom zusammenfließen ließ. In erotischer Freude genoss ich das Mitgefühl, das mir Georges auf seinem Hochbett entgegenbrachte, wenn wir in Honig gebratene Bananen aßen und inmitten der Düfte von Amber und Joop netten Sex hatten.
Richie kochte vor Eifersucht. Natürlich hatte ich damit gerechnet, dass er sich als Erstes mit einem Besuch bei meiner Frauengruppenfreundin Maja revanchieren würde, um mich damit zu ärgern. Er tat es und ich blieb cool.

So ein Mist! Richie legte nach. Ich hatte da noch eine letzte „allerbeste“ Freundin aus meiner Frauengruppe, mit der ich mittlerweile schon seit achtzehn Jahren treu verbunden war. Als politische Freundinnen hatten wir uns im Kinderladen kennengelernt und blieben danach Teampartnerinnen in allen Frauenprojekten, die wir machten. Später wurden wir Nachbarinnen. Wir sahen uns jeden Tag und wurden dadurch enge Vertraute. Wir erzählten uns alles. Nadja kannte jedes Detail meiner Leiden an den Drachenspielen mit Richie. Als parteiische „beste Freundin“ hatte sie sich zuerst einmal mit mir gefreut, dass mir Liebhaber Georges bessere Laune, neue Hoffnung und wieder ein hübscheres Gesicht verschafft hatte. Doch der Drache blieb nur sehr kurz auf meiner Seite.

An einem Abend, den ich mit Georges verbracht hatte, gingen Richie und Nadja zusammen auf eine Party. Ich dachte mir dabei nichts Böses, denn die beiden hätten während unserer langjährigen Nachbarschaft zahlreiche Gelegenheiten gehabt, sich erotisch zu vereinen. Das war aber deshalb unpassend, weil wir alle, ihr Mann eingeschlossen, eng miteinander befreundet waren. Du musst wissen, dass die alten Kinderladenfreunde sich schon lange von der freien Liebe losgesagt hatten und ein gesichertes Leben in ihren Kleinfamilien leben wollten. Aber auf dieser Party verwandelte sich meine Freundin in eine Drachenbraut, vom Feuer geküsst und bereit für alles. Wie Richie es allerdings schaffte, wirklich nette Frauen in böse Biester zu verwandeln, kann ich Dir nicht genau sagen, denn ich war ja nie persönlich dabei.

Jedenfalls saß ich morgens mit Richie am Frühstückstisch, trank meinen Kaffee gerade noch in der freudigen Annahme, der Drache hätte zur Abwechslung mal MICH ein wenig lieb, da erschlug mich schon sein grausames Spiel. Kauend sagte Richie beiläufig: „Ab jetzt werde ich auch mit Nadja schlafen, das haben wir gestern Abend so ausgemacht.“

Richie war aufgestanden. In seinem lächerlichen Drachenkostüm hatte er das angrenzende Wohnzimmer durchquert und wollte sich gerade mit einer Gewinnergeste zu mir umdrehen, um weiteres Feuer zu spucken. Doch dazu kam er nicht mehr, denn ich hatte ihm mit meinen Fuß fest in den Arsch getreten und knurrte nur noch ein einziges Wort: RAUS!!!

Und wieder hatten wir alle verloren, während der Drache grinsend und stinkend hinwegflog. Doch das Drama war noch immer nicht zu Ende.

Richie und Nadja hatten es sich wieder anders überlegt, weil ihre Partner ja so blöde nervten. Georges schrieb mir einen kurzen Brief, in dem er mir mitteilte, dass er Schluss machen wolle, weil man mit mir nicht richtig lachen könne. Das hatte mich sehr getroffen.

Richie und ich waren danach noch einmal netter zueinander, weil wir uns im Grunde gar nicht verlieren wollten. Ich flehte ihn innbrünstig an, die Aktionen des Drachens als eine böse Spirale der Zerstörung zu sehen. Wenn eine Kränkung die andere jage und dann auch noch der Wunsch nach Rache hinzukäme, müsse doch jede Liebe sterben. Es könne doch nicht sein, dass das schöne Ideal der freien Liebe in so einer zerstörerischen Weise missbraucht würde. Mir persönlich wäre unsere Liebe so viel wert, dass ich ohne weiteres auf das narzisstische Herumtänzeln zwischen den Krallen des Drachens verzichten könne. Aber Richie blieb „seinem Freund“ kompromisslos treu. Er brauche Frauen. Durchzechte Nächte. Spiel und Spaß, ohne mein langes Gesicht. Endlich Ruhe vor meinem moralischen Gezeter. Freiheit eben. Ja, der „beste Freund des Drachens“ hatte nur noch ein Ziel im Auge, mich zu beseitigen!

Das schaffte er mit einem letzten Coup, dem kollektiven Verrat durch fünf meiner engsten Freunde. Für einen echten Drachenkünstler wäre es zu einseitig gewesen, wenn

er das „Mutter-Großmutter-Spiel“ nur in der erotischen Verführung gekannt hätte. Richie konnte mehr. Er kannte noch eine andere, gleichermaßen wirksame Variation: Er warb gute Freunde an, um mit ihm eine Kooperation in Projekten einzugehen, aus denen er mich bewusst ausschloss. Da er in diesen Projekten der Erfinder und Alleskönner war, nahmen die Freunde seinen Umgang mit mir hin, um die Vorteile des Projekts zu nutzen. „Ausgeschlossenwerden“ ist mein tiefstes Trauma, das ich erlebte, als ich mit dem „keine Tochter sein dürfen“ aus der Wiege gestoßen wurde und danach immer weiter.
Was glaubst Du, wie vernichtend das Gefühl für mich war, wenn ich, die ich nur in dem Glauben an einen „Kinderkreuzzug“ überlebt hatte, von meinen besten Freunden vom Fels gestoßen wurde? Hier das Beispiel, das unsere Beziehung endgültig beendete.

Der vernichtende Sieg des Drachens, die „französische Romanze“

Richie hatte sich auf einem Elternabend in Jessicas Schule mit einer wohlhabenden Unternehmerfrau angefreundet, die ihn großartig fand. Vielen Frauen, die miterlebten, wie engagiert Richie sich um meine Kinder kümmerte, was biologische Väter und Ehemänner nicht immer tun, erschien er nachvollziehbar als „Traummann“. Manche suchten Zugang zu ihm, um auch ein wenig an seiner fürsorglichen Lebendigkeit teilzuhaben. Frau X machte das, indem sie ihn über Jahre in Erziehungsfragen um Rat fragte, womit sie eine vertraute Nähe zu ihm schuf. Zudem bemühte sie sich sehr darum, dass ihr Sohn mit Jessica befreundet blieb. Sie lud meine Tochter häufig zum Übernachten ein, wobei sie das Kind mit Geschenken und Liebenswürdigkeiten überhäufte. So lernte sie Richie, der bei der Übergabe des Kindes nett mit ihr plauderte, mit der Zeit auch ganz gut kennen. Mit dem sicheren Instinkt der Frauen erkannte sie, wo sich Richies Achillesferse befand. Das war der Neid auf die Reichen, die er seit seiner Kinderzeit als „besser gestellt“ ansah, während ich von Haus aus den Auftrag hatte, Leute, die mit Geld „nach oben“ kamen, mit verächtlicher Arroganz zu verhöhnen. Richie und ich bekamen prompt jedes Mal Streit, wenn ich sah, wie geschmeichelt er sich fühlte, wenn Frau X ihm bei der Übergabe der Kinder wieder einmal Sekt und Gourmethäppchen angeboten hatte, was ihm eindeutig gut schmeckte. Mich „unbeugsame Revolutionärin“ wurmte diese korrupte Seite an meinem Mann schon sehr. Mit der arroganten Schärfe meiner Mutter nannte ich ihn einen „revolutionären Blindgänger“ und einen „Dünnbrettbohrer“. Richie liebte mich dafür gar nicht. Trotzig bestand er in seinem Stolz darauf, als „bevorzugter Gast“ von der reichen Dame verwöhnt zu werden.
Du weißt, dass wir nahe an der französischen Grenze wohnen. Frau X besaß dort, in einem charmant verwunschenen Dorf, ein Ferienhaus. Ein Schmuckstück natürlich, Luxus pur. Aber langweilig war ihr Leben trotzdem. Weil sie gute Kontakte im Dorf aufgebaut hatte, wurde ihr eines Tages für sehr wenig Geld das Grundstück daneben angeboten, auf dem ein verfallenes Bauernhäuschen stand, ein romantisches Idyll. Die Straße vor dem Häuschen führte direkt in den Dorfkern, in dem es ein altes Waschhaus gab, das tatsächlich noch in Betrieb war. So etwas hatte ich vorher noch nie gesehen. Und ich hätte nicht geglaubt, dass es möglich ist, eine gute Autostunde von Trier entfernt in ein Dorf zu kommen, wo man, gemeinsam mit den Frauen des Dorfes, seine Wäsche in gemauerten Becken waschen kann. Märchenhaft romantisch ist so ein Zeitsprung zweifelsohne. Frau X brauchte kein verfallenes Bauernhäuschen, sie

hatte „etwas Besseres". Also schenkte sie es Richie. Und der Drache fauchte wieder einmal zufrieden.

Noch bevor ich von dem Ereignis erfahren hatte, hatte Richie auch schon ein „Projekt" daraus gemacht. Feinstes Drachenfutter. Bevor er mir seine Verhandlungsergebnisse erstmals mitteilte, hatte er das „Ferienhaus in Frankreich", zu je einem Viertel Besitzanteil, zwei Pärchen und einem Single angeboten, die alle zu meinem engsten Freundeskreis gehörten. Die Frauen waren Freundinnen aus meiner Frauengruppe (selbstverständlich!), und mit dem Single wohnte ich schon drei Jahre lang einträchtig in unserem Haus zusammen. Das Haus sollte von allen Besitzern gemeinsam wiederaufgebaut werden. Ein Langzeitprojekt also, das viel Arbeit erforderte und ein Team mit guter Kooperationsfähigkeit braucht. Nachdem Richie die Zusagen der Freunde erhalten hatte, rief er als Letzte mich an und fragte, ob ich auch mitmachen wolle? Da ich mich für seine Frau hielt, erstaunte mich die Frage, denn in dieser Rolle wäre ich ja „ein Teil seines Anteils" gewesen, so, wie es bei den anderen Paaren auch war. Normal wäre in dem Fall auch gewesen, dass er mich, als seine Partnerin, in seine Pläne miteinbezogen hätte, bevor er den anderen Parteien Angebote unterbreitete. Vermutlich befürchtete er meine Einwände, denn ich war durch den Kauf unseres Hauses in der Gartenstraße finanziell und arbeitsmäßig schon so überfordert, dass ich auf eine weitere Belastung bestimmt nicht versessen gewesen wäre. Das brauchte ich Richie nun nicht mehr zu sagen, weil alle Entscheidungen schon ohne mich gefallen waren. Stattdessen versuchte ich, mich kooperativ in das Projekt zu integrieren. Weil ich Gemeinschaftsleben liebe, wollte ich mit meinen besten Freunden und Richie sehr gerne gemeinsame Perspektiven realisieren, doch die Frauen waren beim Arbeiten anfänglich nicht gefragt. Die vier Männer fuhren gerne ohne uns nach Frankreich. Dort seien nur uninteressante, schwere Bauarbeiten zu erledigen, meinten sie. Nach der Arbeit wurden sie von der edlen Dame verwöhnt, die sie in ihren noblen Gemächern übernachten ließ. Natürlich wusste die einfühlsame Frau, wie tröstlich es sich für hart arbeitende Männer anfühlt, wenn FRAU ihnen nach der Arbeit die Heimsauna zur Verfügung stellt, sie in plüschigen Bademänteln vor den offenen Kamin setzt und sie mit französischer Küche und Champagner verwöhnt. Selbstverständlich ärgerte ich mich darüber, wie leicht diese Frau hartgesottene Revolutionäre zu „Plüschtigern" machen konnte, die sich wie Kuscheltiere dekorativ auf ihrem Prunksofa verteilten. Sorgenvoll suchte ich das Gespräch mit meinen Freundinnen. Ich sagte, dass es vielleicht wichtig sei, dass unsere neue Gemeinschaft das Projekt in einer Weise anginge, die eher zu unserer Lebensart und unseren Vorstellungen von Solidarität und Teamarbeit passen würde, als zu der Lebenssituation von Frau X.

Wir könnten zum Beispiel große Töpfe mit Suppe kochen und Würste und Getränke kaufen, die wir den Männern dann auf die Baustelle bringen würden. Am Feierabend würden wir mit ihnen grillen und die Baustelle auf unsere Weise zu einem „Festplatz" machen. Und die einsame Nachbarin hätten wir gerne zum Essen einladen können, kein Problem. Doch meine Freundinnen gähnten mich nur freudlos an. Wieso ich es denn besonders schwer haben wolle, fragten sie mich? Sie fänden es klasse, wenn die Männer alle Arbeit machten und uns das Ruhen im Liegestuhl überließen. Sie verstanden meine Appelle einfach nicht. Erst, als die Bauarbeiten so weit fortgeschritten waren, dass die Innenräume gestaltet werden konnten, waren wir Frauen wieder gefragt. Um die neue Bauphase zu planen, vereinbarten wir einen Termin, zu dem alle Männer und Frauen kommen sollten, damit wir die Arbeiten der nächsten Bauphase auf uns alle verteilen könnten.

In den letzten Wochen vor diesem Termin waren zwischen Richie und mir Spannungen aufgekommen. Richies widersprüchliche, oft nebulös formulierte Aussagen über die mir zugedachte Rolle im Ferienhausprojekt verwirrten mich zunehmend. In mir erhärtete sich der Verdacht, dass Richie mich von Anfang an loswerden wollte, um sich im Projekt als Single darzustellen. Das hätte er meinen Freunden allerdings nicht unverhohlen vermitteln können, denn ein offenes „Vorwegmobbing" gegen mich hätten sie wahrscheinlich erst gar nicht unterstützt. Ich schwöre, dass meine n Freunde mich vor dem entscheidenden Coup wirklich mochten. Das Problem lag in Richie selbst. Wenn er, als Single, in dem Projekt hätte agieren können, hätte das für ihn den Vorteil gehabt, dass er das Ferienhaus als „romantischen Lusttempel" hätte nutzen können, ein Erholungsort von der anstrengenden Beziehung mit mir. Damen seiner Wahl hätte er zur Steigerung seines Selbstwertgefühls einladen können, so, wie früher etwa, als er noch FREI war …
Egal wie, so sah er jetzt wohl jede für ihn reizvolle Perspektive durch mein Mitwirken am Projekt als verpfuscht an. Er musste einen Weg finden, mich zu „entsorgen"!
Am Nachmittag vor dem Arbeitstreffen unseres Freundeskreises suchte ich zu dieser Thematik eine offene Aussprache mit Richie, weil ich ihm zunehmend misstraute. Ich wollte die Angelegenheit unter vier Augen besprechen, weil ich vermeiden wollte, dass die Freunde beim Teamgespräch von unseren Auseinandersetzungen genervt würden. Ich bat Richie dringlich um eine endgültige Positionierung bezüglich meiner Person, damit wir uns am Abend mit einem verbindlichen Ergebnis auf die Arbeitsthemen der Gruppe einlassen könnten. Ich fragte ihn ganz offen, ob er mich loswerden wolle? Richie antwortete, dass er das Projekt ganz bestimmt mit mir gemeinsam machen wolle, ich solle ihm endlich vertrauen, denn meine Bedenken seien völlig grundlos. Da war ich beruhigt und freute mich ahnungslos auf das Treffen.
An diesem Abend wurde beschlossen, dass die nächsten Wochenenden auf die anwesenden Paare aufgeteilt würden, damit jedes Paar an seinem Wochenende einen bestimmten Renovierungsschritt erledigen könnte, während es gleichzeitig Urlaub machte. Als Richie und ich an der Reihe waren, uns auf einen Termin festzulegen, zögerte er plötzlich. Er schaute zu mir herüber und sagte, er wolle kein Wochenende mit mir planen. Ich verstand ihn nicht und fragte, was er damit meine? Er sagte kühl, er wolle als Einzelperson im Projekt agieren und ich solle meine Rolle ebenfalls für mich alleine finden. Da explodierte wieder dieses „Ding" in mir und ich rastete aus. Fassungslos schrie ich Richie an, was für ein „gemeines Schwein" er sei, schließlich hätte er mir doch erst am Nachmittag noch etwas ganz anderes gesagt. Doch da waren meine Freunde ja nicht dabei gewesen. Jetzt drehte Richie sich demonstrativ zu ihnen um. Mit einer arroganten Geste deutete er auf mich, während er den Freunden Beifall heischend erklärte, es sei doch wohl jedem im Raum klar, dass man mit „einer so ausflippten Frau" nicht zusammenarbeiten könne. Er sei es so leid, dieses endlose „Affentheater" mit mir noch länger mitzumachen. Deshalb wolle er das Projekt „Ferienhaus" nun überhaupt nicht mehr mit mir zusammen machen.
Da wurde in mir alles kalt. Mein Herz fiel herunter wie ein harter Klumpen, der krachend auf dem Küchenboden zerbarst. Doch es war ganz still im Raum. Keiner sprach ein Wort. Dann standen meine Freunde auf, einer nach dem anderen. Sie alle gingen, ohne den geringsten Kommentar, aus der Wohnung. Mich schaute keiner an.
Wenige Minuten später folgte ich ihnen. Das war das Ende meiner Beziehung mit Richie.
Klar fragst Du mich jetzt, wo der Verrat der Freunde gewesen sein soll? Du kannst ja nicht wissen, dass ich mit jedem der anwesenden Freunde über Jahre hinweg in den

unterschiedlichen Wohn- und Arbeitsprojekten gelebt und gearbeitet hatte. Sie alle wussten, dass ich als Liebespartnerin zum Drama neigte, denn so schnell arbeitete ich einen Vater wie den meinen in der Liebe nicht ab. Weil ich gleichzeitig jedoch eine geliebte Muttertochter war, kannte man mich in Freundschaften und Teams als eine sehr treue und zuverlässige Frau. Alle Freunde hatten mich über die Jahre als eine Person erlebt, die gut strukturiert und zielorientiert arbeiten und denken kann und die sich in allen praktischen und sozialen Aufgaben engagiert einbringt. Ich möchte betonen, dass die Leute genau deshalb über viele Jahre hinweg mit mir zusammen waren. Weil ich meine Freunde als meine Wahlfamilie empfand, liebte ich sie alle wie Geschwister. Und ich glaubte, dass sie mich mindestens genauso mochten.

Ja, lieber Freund, hier stellt sich nun die Frage, warum keiner meiner Freunde, wirklich kein Einziger, auf die Idee kam, Richie zu sagen, dass sie seine Meinung nicht teilten? Es gäbe sicherlich ein gravierendes Problem in unserer Beziehung, hätten sie sagen können, aber das sei unsere Sache. Richie möge doch versuchen, Privatkriege nicht mit dem gemeinsamen Projekt zu vermischen. Sie, meine Freunde, hätten kein Interesse daran, mitzuerleben, wie ich aus dem Projekt gedrängt werde. Sie hätten kein Problem mit mir, weil sie seit vielen Jahren die Erfahrung hätten, dass man gut mit mir zusammenarbeiten könne. Daran seien sie auch weiterhin interessiert.
Nein, lieber Freund, Du hast keine Idee, warum die das nicht gesagt haben? Dann erkläre ich es dir. Zum Zeitpunkt des unglückseligen Arbeitstreffens gehörte Richie das Ferienhaus noch ganz alleine. Er hatte es ja auch alleine geschenkt bekommen. Deshalb sah er sich als berechtigt an, bestimmen zu dürfen, wer mitmachte und wer nicht. Geplant war, dass die Besitzverhältnisse bald auf die Parteien aufgeteilt würden, die im Projekt blieben. Dass es zwischen Richie und mir zu einer Trennung kommen könnte, war den Freunden sehr bewusst. Wer sich also hinter Richie stellte, bekam dafür ein Viertel des Ferienhauses. Und genau das wollten sie alle. Wenn es sein musste, dann eben ohne mich.

Ich verlor alles, was mir Heimat war

Wie es mit den Freunden und mir weiterging? Wie hätte ich mich gleich von allen trennen können? Ich liebte die doch!
Mit dem Single wohnte ich ja zusammen. Wir vereinbarten, dass er mir nichts mehr vom Projekt erzählt, weil es mich zu sehr schmerzen würde. Daran hielt er sich. Auch den anderen Freunden habe ich schnell verziehen. Ja, sie waren alle korrupt, das hatte ich erlebt. Aber wenn Du nur einmal dieses idyllische Dorf mit dem alten Waschhaus gesehen hättest, hättest Du vielleicht auch so gehandelt wie sie. Und ich hätte vielleicht auch so wie meine Freunde gehandelt, wenn ich auf der andern Seite gestanden hätte. Wir sind alle verführbar, so tröstete ich mich. Ich wollte einfach weitermachen. Aus der französischen Romanze war ich DRAUSSEN, meinen geliebten Mann war ich los, aber ich wollte doch nicht alles verlieren. Wahlfamilie, Kinderkreuzzug, Hoffnung.
Dann folgte, wenige Wochen später, der nächste Schock. Erinnerst Du Dich an meine Freundin Ute, die schon bei der „Bootsfahrt“ eine unrühmliche Rolle gespielt hatte? Eigentlich war Ute eine weiche, liebenswürdige Person. Weil sie aber offenbar extrem konfliktscheu war, griff sie, zur Rettung ihrer harmonischen Scheinwelt, bei Bedarf auch schon mal zu knallharten Methoden. Ich muss ihre „Welten“ wohl anscheinend

plötzlich sehr gestört haben. Vor meinem Ausschluss aus dem Projekt hatten Ute und ich uns häufig besucht. Also rief ich sie in friedlicher Absicht auch danach wieder an, um ein Treffen zum Kaffeetrinken zu vereinbaren. Obwohl gerade Sommerferien waren, die Ute, eine Lehrerin, gerne gemütlich in ihrem Garten verbrachte, sagte sie mir, sie habe überhaupt keine Zeit. Eine Woche später rief ich wieder an. Wieder nichts. Noch einmal. Nichts. Keine Zeit. Da wurde mir langsam klar, dass die Frau mich nicht mehr sehen wollte. Offenbar konnte sie ihr schlechtes Gewissen bezüglich ihrer korrupten Feigheit an dem besagten Abend nur dadurch kompensieren, indem sie mich innerlich „abschaffte". Dieses Ereignis machte mich derart fassungslos und traumatisierte mich erneut so sehr, dass die Erinnerung an das gemeinsame Projekt zu einer unheilbaren Wunde wurde. Jetzt verließ ich endgültig meine Frauengruppe. Ohne nochmals ein klärendes Gespräch mit Ute führen zu können, konnte ich dort nicht mehr hingehen.

Und was glaubst Du, was weiter passierte? Nichts! Keine der Frauen hat in späteren Jahren noch einmal das Gespräch mit mir gesucht. Keine fragte mich, wieso ich nicht mehr käme? Die Frauengruppe traf sich noch viele Jahre lang. Doch mich lud, von diesem Zeitpunkt an, keine der Frauen mehr zu ihrem Geburtstag oder zu anderen Festen ein. Immerhin hatten wir uns fünfzehn Jahre gekannt.
Nachdem ich Jahre später etwas mehr Abstand zu den Ereignissen gewonnen hatte, lud ich die Frauen immer wieder zu meinen Festen ein. Doch keine kam. Warum? Was hatte ich ihnen getan?

Das Kollektiv „Ferienhaus in Frankreich" zerfiel bald. Richie verabschiedete sich, wie immer, nachdem er das Ganze auf die Beine gestellt hatte. Auch eines der Paare und der Single gaben auf, weil das Projekt doch sehr viel Arbeit machte. Ute und ihr Freund besitzen das Haus heute alleine. Und Ute spricht bis heute nicht mit mir. Puh, was für ein furchtbares Ende! Was bin ich froh, dass ich hier mit „FREIE LIEBE 2" fertig und ihre üblen Drachengeschichten endlich los bin.

Ich brauche jetzt erst einmal eine längere Pause. Du bestimmt auch? Vielen Dank für Deine Aufmerksamkeit, ich melde mich wieder, wenn ich mich erholt habe.

Liebe Grüße

Nelly

Brief - Juni 2007

Meine Liebe zu Jiry, das Drama der doppelten Außenseiter

Lieber Freund!

Da bin ich wieder. Weil mich mein letzter Brief am Ende doch einige Nerven gekostet hat, habe ich mir eine Sommerpause gegönnt.

Das Leben ist schön. Mir soll kein Tag entkommen, an dem ich nicht versucht hätte, ihn gebührend zu krönen. Ein hoher Anspruch, der schwer zu erfüllen ist, wenn man so viel arbeiten muss, wie es meine aktuelle Lebenssituation erfordert.
Ein Buch schreiben, zweiundzwanzig Tiere gut versorgen, Haus und Garten in Schuss halten, Freundschaften pflegen, Erotik am Leben halten, Kindern und Enkelkindern Aufmerksamkeit schenken, interessante Veranstaltungen besuchen, Vorträge halten, und vieles mehr, ... das alles ist irgendwie zu viel für eine einzige Frau. Damit wenigstens der erste Punkt in absehbarer Zeit ein Ende findet, „schwing ich mich schnell aufs Pferd, und weiter geht's ...
Bevor wir jedoch zu Jiry, meinem nächsten Lebenspartner kommen, ein kurzer Überblick über meine Lebenssituation nach der Trennung von Richie.

Ich war inzwischen vierzig Jahre alt geworden. Mein Sohn war ausgezogen. Meine drei Töchter, im Alter zwischen zwölf und siebzehn Jahren, lebten noch in meinem Haus und besuchten das hiesige Gymnasium.
Eine letzte, gut funktionierende Gemeinschaft in der Villa Kunterbunt bestand aus drei angehenden Psychologen und mir, der Einzigen, die schon im Beruf stand. In vielen guten Gesprächen regten wir uns gegenseitig an, traditionelle Themen der Psychologie mit neuem Gedankengut zu verbinden. Ich war beruflich erfolgreich, denn die Psychologie interessierte und erfüllte mich zutiefst.
Ich hatte meine Zusatzausbildung zur Sexualtherapeutin beendet. Danach entwarf ich Konzepte der Sexualtherapie, die eine „gleichschenklige Selbstverantwortung" für beide Geschlechter erlernbar macht. Gleichzeitig stieß ich erstmals auf das damals in unserem Beruf und in der Gesellschaft weitgehend verdrängte Thema des sexuellen Missbrauchs. Es wurde für mich zu einem Leitthema für die nächsten Jahre, in denen ich die Zusammenhänge zwischen Sexualität, Gewalt und Sucht so weit zu erforschen suchte, dass ich in der Lage wäre, wirkungsvolle Therapiemethoden zu diesem Problem zu entwickeln.
Meine Arbeit machte mir großen Spaß und ich glaube, dass ich vielen Menschen mit meinem beruflichen Können und meiner menschlichen Tiefe zu einem besseren Leben verholfen habe.
Außerdem hatte ich die Begabung in mir entdeckt, Vorträge zu halten. Über einen Zeitraum von etwa fünfzehn Jahren hinweg informierte ich eine interessierte Öffentlichkeit über die kulturabhängige Geschlechterrollenproblematik in den Bereichen Liebe und Sexualität. Indem ich zu traditionellen Tabubereichen neues Wissen anbot, führte ich die Zuhörerinnen und Zuhörer weg von ihrem gewohnten Normendenken und hin zu einer differenzierten Diskussion über die Liebe als ein gestaltbares Konstrukt in seiner Abhängigkeit von gesellschaftlichen Machtverhältnissen. Und jetzt ...

Meine Liebe zu Jiry

Jiry lernte ich beim Einkaufen kennen. Gedankenversunken schob ich gerade meinen Einkaufswagen zwischen den Regalen hindurch, als mich der ungewöhnliche Anblick eines jungen Mannes traf und mich plötzlich regelrecht herumriss. Nachdem man uns „Originalhippies" inzwischen gerne mit höhnischem Unterton „Altfreaks" nannte, die Folgegeneration immer mehr daran interessiert war, sich mit kühlem Minimalismus von uns, in ihren Augen verstaubten, abgehangenen „Trödelfiguren" abzugrenzen, und die Medien im Gleichschritt bestrebt waren, unsere Bewegung als „lächerliche Entgleisung von ein paar Idioten" hinzustellen, war das Stadtbild VON MENSCHEN WIE UNS schon weitgehend „gereinigt". Ich war daher völlig verblüfft, einen jungen Mann, den ich auf Anfang zwanzig schätzte (tatsächlich war er siebenundzwanzig), zu sehen, der aussah wie unsere androgynen Blumenkinder der frühen 70er-Jahre. Eine Mischung aus jungem Indianer, griechischer Götterstatue und schmuckbehangenem Hippie, mit einem dermaßen wohlgeformten Gesicht und riesigen Mandelaugen, als wäre er eine Nachbildung der Büste von Nofretete. Darunter breite, muskulöse Schultern und die schlanken Hüften eines wunderschönen Mannes. Bronzefarbene Haut und lange, blonde, von der Sonne gebleichte Haare. In wenigen Sekunden war der Mann wie eine Erscheinung in mein Gehirn gedrungen. Erschrocken schaute ich auf den Boden und schob mich und meinen Einkaufswagen schnell um die Ecke, in der Hoffnung, dass der junge Mann nicht bemerkt hätte, mit welch spontanem Entzücken ich ihm soeben nachgeschaut hatte. Ich hielt mich noch längere Zeit hinter den Regalen auf, bis ich sicher sin konnte, dass der Mann das Geschäft verlassen hatte. Dann ging ich zur Kasse und verließ ebenfalls den Laden.
Draußen blieb ich wie angewurzelt stehen, denn „die Erscheinung" hatte offensichtlich auf mich gewartet. Lächelnd ging Jiry mit federndem Schritt auf mich zu und sagte: „Ich möchte dich gerne kennenlernen!". Ich versuchte, ein möglichst cooles Gesicht aufzusetzen, während ich ihm antwortete: „ Dann musst du eben einen Kaffee mit mir trinken. Ich habe einen schönen Garten, da können wir uns treffen." Ich gab ihm meine Adresse. Jiry sagte mir seinen Namen und dass er am nächsten Tag käme.

Er kam. Wir setzten uns im Garten an den runden Steintisch. Die Nachmittagssonne verwöhnte uns, während wir uns, bei einer Tasse Kaffee, ruhig gegenübersaßen.
Doch nach einer Weile entglitt mir plötzlich der Satz: „Mensch, bist du schön!" Jiry antwortete: „Du aber auch." Dann erzählte er mir einiges aus seinem Leben, das offenbar sehr steinig gewesen war. Und plötzlich überraschte er mich mit dem Satz: „Ich hab' auch nur ein einziges Buch gelesen." Schon hörte ich ein „deutliches Poltern" aus dem Grabe meiner Mutter, die sich dort vor Entsetzen wohl umgedreht haben musste, denn ihr war nicht entgangen, mit welcher neugierigen Freude ich diesen hübschen Kerl betrachtete. „Pssst!", zischte ich zurück. Natürlich wusste ich in dem Moment ganz genau, was sie damit meinte. Trotz ihrer angeblichen, antibürgerlich-revolutionären Toleranz, waren Menschen ohne Abitur für sie ungefähr so interessant wie ein Meerschweinchen. Diese Arroganz hatte mich schon als Kind geärgert und forderte sofort meinen Trotz heraus. Jetzt auch. „Was für ein Buch denn?", fragte ich. „Der Steppenwolf", antwortete Jiry. Schon hatte er gewonnen. Die Neugier siegte und ich öffnete mein Herz ganz weit. Ich war entzückt von dem Gedanken, dass das Leben mir das Abenteuer schenken könnte, herauszufinden, welche, den Bildungsbürgern unbekannten Schätze, sich im Gehirn eines Steppenwolf lesenden Höhlenmenschen verbergen könnten. Ich wollte diese Schätze unbedingt sehen.

Jiry sagte, er habe am nächsten Tag Geburtstag und ob ich mit ihm feiern wolle? Klar, sagte ich, wir könnten den Tag miteinander verbringen und uns eine Pizza bestellen, denn kochen würde ich nicht für ihn, weil ich Männern ganz sicher nicht die Mama geben wolle, ... ergänzte ich meine Aussage in übertriebener Weise. Jiry war mit allem einverstanden.
Beim Abschied umarmten wir uns. Weich strömten unsere Energien ineinander und begannen sogleich, zu tanzen, als würden sich zwei Schlangen nach den Tönen einer Flöte umschlungen in den Himmel ranken. So fühlte sich das an. Zärtliche Symbiose. Frei von Inhalt und Sinn. Frei von Vergangenheit und Zukunft. Dasein. Warm.
Meine Engel waren allerdings nicht dabei. Trotzdem wusste ich, dass mit diesen Gefühlen eine neue Liebe beginnen würde. Gelassen erwartete ich den nächsten Tag. Ich würde einfach alles nehmen, was mein Leben mir zu bieten hätte und nicht über die Zukunft nachdenken, denn Jiry erschien mir dafür einfach zu jung. Solch ein glitzernder Paradiesvogel würde sich vielleicht, für eine Weile auf meinem Gartenzaun sitzend, sein Gefieder putzen, und ich würde mich beeilen, ein paar schöne Fotos von ihm zu machen. Während Jiry schon bald wieder ins Himmelblau entschwinden würde, bliebe ein ungewöhnliches Bild in meinen Händen zurück, das ich meinen Freundinnen und später vielleicht auch meinen Enkelkindern würde zeigen können. Das sollte mir genügen.

Am nächsten Morgen, es war Jirys achtundzwanzigster Geburtstag, erschien er mit einem kleinen Strauß selbstgepflückter Blumen bei mir. Ich werde wohl auch etwas Nettes für ihn in der Hand gehalten haben. Vermutlich habe ich ihm das Haus gezeigt und ihn mit den Bewohnern bekannt gemacht. Mit vielen Erklärungen zu unserem Lebensstil werde ich ihn dann „zugetextet" haben. Jiry war da viel romantischer. Er lächelte ständig, wie ein Sonnengott, schaute mich immer wieder intensiv an und sagte dann, er sei schon seit Jahren in mich verliebt. Meine Erscheinung auf den Straßen Triers sei etwas ganz Besonderes, und er sei überglücklich, dass er sich endlich getraut habe, mich anzusprechen. Nun ja, wer hört so etwas nicht gerne? Und da stiegen, vor meinem geistigen Auge, dann doch die unvermeidlich schwülstigen Bilder vom Prinzen auf dem weißen Pferd in mir auf, der seine Braut aus ihrer Gefangenschaft befreit, um sie dann im nahen Schloss auf ein goldenes Lager zu betten und ihre Wunden mit heilenden Küssen zu bedecken.
In Wirklichkeit zwang ich mich jedoch, Jiry ein paar trockene „Überprüfungsfragen" zu stellen. Ob er denn einer Arbeit nachginge? Und ob er eine eigene Wohnung habe? Und Freunde? Und wenn ja, wieso er dann überhaupt Zeit hätte, nur mit mir alleine Geburtstag zu feiern? Und ob denn heute gar niemand auf ihn warten würde?
Nicht, dass er wüsste, log mein Held. Und ich stellte mich dumm, um den Punkt nicht zu sehen, der mir schon früh gezeigt hätte, wie meine aufblühenden Hoffnungen enden könnten, genau so, wie das schmerzvolle Scheitern meiner Vorgängerin. Von ihr erfuhr ich ein paar Tage später, als ich ihren anklagenden Abschiedsbrief an Jiry lesen durfte. Natürlich gab es da eine Frau, die an seinem Geburtstag mit einem liebevoll gekochten Essen und bei Kerzenschein an einem festlich gedeckten Tisch, vergeblich auf „meinen" Jiry wartete. Fassungslos. Wortlos verlassen.
ICH jedoch verbrachte einen wunderbaren Tag mit dem Paradiesvogel, der mir so unerwartet in den Garten geflogen war.
Am Nachmittag vertieften wir die Romantik mit einem Spaziergang durch den „Dschungel" im Naturschutzgebiet, wo die Kyll in die Mosel fließt. Hand in Hand spazierten wir durch das verschlungene Grün, es sei denn, Jiry musste gerade ein paar

Meter auf den Händen gehen oder grazil durch einen Baum turnen, sich von einem Ast nach unten hängen lassen und dann, einer Feder gleich, ins Gras zu springen, als sei es seine Natur, die Bewegungsart der Tiere nachzuahmen, die ihm besonders gefielen.

Du siehst, wie schwer es mir fällt, mich für eine endgültige Wahrnehmung zu entscheiden, die diesen Mann zutreffend beschreiben könnte.
Ist er überhaupt ein Mann? Jiry würde diese Frage nicht mögen, denn er möchte sich in dem Punkt keinesfalls festlegen. Könnte er daher vielleicht eher eine Frau sein? Sein wunderschönes Gesicht könnte auch einer Frau gut stehen, das ja. Und ihm stehen edle Frauengewänder aus prächtigen, exotisch gemusterten Stoffen. Doch Jiry wäre nicht Jiry, ohne seine breiten Schultern, die muskulösen Arme und die kräftigen, wohlgeformten Hände. In seinen Gliedmaßen zeigt sich eine männliche Harmonie, die viel mehr an ein Rassepferd erinnert als an eine Frau. Und was wäre Jiry ohne seinen prächtigen, leicht gebogenen Schweif, passend zu seiner fliegenden Mähne im Wind?

Okay, dann ist er eben ein Wolf! Fast. Doch wie passt das Wolfsbild zum Wesen eines Fluchttieres, dessen zuverlässigste Eigenschaft das SCHNELLE VERSCHWINDEN ist?
Nein, bleiben wir doch lieber bei der Gestalt eines Vogels. Natürlich ein Paradiesvogel, denn er stellt eine Laune der Natur dar, die den Vogel in reine Lust verwandelt, sobald er den Freunden der KUNST begegnet. Unantastbar. Ein Anblick nur. Trotzdem ein Geschenk. Ein WESEN eben. Jiry!!!

Ach, jetzt habe ich zu weit vorgegriffen! Kehren wir schnell zu unserem ersten Spaziergang zurück, auf dem Jiry mich so beeindruckt hatte, dass ich ihn nach der abendlichen Geburtstagspizza nicht wegfliegen ließ, bevor ich ihm nicht auch mein schönes Bett gezeigt hatte. Dort zeigte er mir die geheimnisvolle Verletzlichkeit seines zarten Gefieders. Den Mann hielt er verborgen. Ich verliebte mich in das verzauberte Wesen. Am nächsten Morgen flog Jiry davon.

Ich frage Männer nicht, ob sie wiederkommen. Sie tun es, oder sie tun es nicht. Weil ich meine Würde auf Vertrauen und Selbstvertrauen aufgebaut habe, horche ich lieber auf die Rufe meines Lebens, die mir schon Bescheid geben würden, wann ich mich freuen darf, weil das Heute ein Morgen gebiert.

Jiry jedenfalls kam wenige Tage später wieder. Er habe mich so vermisst, sagte er. So blieben wir auch an diesem Tag zusammen, aufgeregt und nah. Ich hatte an dem Tag Kochdienst in unserer Gemeinschaft. Eigentlich wollte ich Pfannkuchen backen. Die ersten zwei Pfannkuchen gelangen mir noch. Die nächsten ließ ich anbrennen. Danach fiel mir die Schüssel mit dem ganzen Teig auf den Boden. Die Kommunarden mussten ohne Mittagessen auskommen, während sich die Kinder schimpfend zwei Pfannkuchen teilten. Die Mutter war durch den Wind, das war schon klar.

Für die zweite Nacht, die ich mit Jiry verbringen wollte, öffnete ich die Fenster meines kleinen Schlafzimmers ganz weit. Es war ein Raum von ungefähr 12 Quadratmetern, in dem ein Podest in Höhe des Fensters stand. Auf den Brettern lagen einige Steppdecken aufeinandergestapelt, die von einer bunten Reihe von Kissen umrahmt wurden. Das Zimmer sah aus wie ein Nest. Durch das offene Fenster entstand der Eindruck, als läge das Nest mitten in einem blühenden Garten. Das Fenster befindet sich etwa drei Meter über dem Boden, sodass von außen keiner auf das Bett sehen kann. So kann man beim Sex wunderbar über die Gärten hinwegsehen, über die aufsteigenden Hügel, zum Meulenwald und in den Himmel.

Die Liebe zu Jiry, die ich spontan in mir fühlte, rührte aus einer uralten Sehnsucht in mir, einer Hoffnung, die mich, wenn ich sie empfinde, sexuell sehr stark empfinden lässt. Es ist der Wunsch, EINS zu werden mit Pflanzen und Tieren, dem Wind und den Gerüchen der Natur. In Jirys zauberhafter Gestalt sah ich ein Geschenk der Natur, die mich an ihren Schätzen teilhaben lassen würde. So hoffte ich.

In der zweiten Nacht hatten Jiry und ich keine Angst mehr voreinander. Zu den Klängen von Pink Floyds „The Wall“ wurden wir Mann und Frau. Morgens bemerkten wir lächelnd, dass wir beide „geheiratet“ hatten, ... so fühlte sich das an. Diese bedeutungsvolle Nacht haben wir beide nie mehr vergessen. Bevor sich Jiry am nächsten Morgen von mir verabschiedete, steckte er mir noch einen Ehering an den Finger. Da fühlte ich mich von ihm sehr „gewollt“.

Kurze Zeit danach sprang mir das „goldene Ding“ vom Finger und blieb spurlos verschwunden. Tief geknickt berichtete ich Jiry von meinem Unglück. Doch zu meiner Verwunderung lachte er nur und sagte: „Vielleicht ist es auch besser so, denn den Ring hatte die G. eigentlich MIR geschenkt. Ich sollte den immer tragen.“ Die „G.“ war die Frau, die er mit ihrem Geburtstagsessen sitzen gelassen hatte. Ich konnte über die Sache gar nicht lachen, denn die mir als brutal erscheinende Austauschbarkeit von Beziehungen beunruhigte mich. Diese Irritation wiederholte sich immer dann, wenn Jiry mir von Begebenheiten aus seinem Freundeskreis erzählte. Ihre Interaktionen blieben mir fremd. Offenbar benutzte jeder jeden in einer schamlosen Vorteilspolitik, ohne dieses Verhalten zu verschleiern. Trotzdem wurde keiner wirklich böse, wenn ihn die Nachteile trafen. Das konnte ich zu Anfang nicht so recht verstehen. Später lernte ich, dass es daran lag, dass keiner DRAUSSEN sein wollte. Draußen aus einem Suchtkreislauf, in dem der Mensch nicht viel wert ist, ... in dem nur der STOFF etwas gilt. Der alle betrügt. Als wäre er das Leben.
Mich ignorierten Jirys Freunde von Anfang an. Die Leere meiner Taschen, in denen sich nicht einmal ein klein wenig Stoff befand, reichte für die Leute schon aus, um mich als eine uninteressante Person zu betrachten. Genauso wenig konnte ich verhehlen, wie wenig ich mich an Menschen erfreute, für die das „Partymachen“ im Stoffkonsum zum Sinn des Lebens geworden war. Klar fühlte ich mich nur einsam zwischen ihnen. Eigentlich brauche ich Jirys Umfeld auch nicht wirklich, ... versuchte ich mich zu trösten, lebte ich doch damals noch geborgen inmitten einer Gruppe von Menschen, die über ein gutes Sozialverhalten verfügten und deren Ethik in wichtigen Punkten der meinen zu ähneln schien. Lebensqualität definierten wir damals in einer bewussten Lebensführung, in offenen und ehrlichen Auseinandersetzungen mit Freunden, die am gemeinsamen Wunsch, in sozialen Systemen zu leben, arbeiteten.

Ja, ja, ich spüre Deine Ungeduld schon sehr deutlich! Jiry magst Du nicht und ich gehe Dir auf die Nerven! Eine „romantische Hochzeit“ zu „The Wall“, ... das geht Dir dann doch zu weit! Und eine Frau mit vierzig, die sich in der Szene auskennt, hätte doch einfach wissen müssen, dass sie mit dieser Musik in den Sog eines drogenabhängigen Selbstzerstörers geraten war. Schluss mit dem Kitsch!

Habe ich Dir nicht einen ernsthaften Roman über Liebe und Revolution versprochen? Und nun beginne ich schon die dritte Liebesgeschichte, in der eine verletzte Frau ihre „Heilung“ bei Männern suchte, die ihr von Anfang an nicht das geben konnten, was sie brauchte. Weil sie es nicht hatten und somit nicht konnten. Weil auch sie ein Loch in ihrer Seele trugen. Und weil sie nicht weniger verwundet waren als die Frau. Genauso ungeliebt.

Du könntest jetzt einwenden, dass die ewige Tretmühle dieser Ungeliebten wirklich kein hehres „politisches“ Thema ist. Um dieses langweilige „Keiner kriegt keinen, weil keiner es kann!“ mögen sich die Psychologen kümmern, doch nicht die Revolutionäre!
Ich sehe es eben anders. Gerade die Wunden der Ungeliebten halte ich für ein sehr politisches Thema, weil es so viele von uns betrifft. Rechts wie links, unten wie oben. Weil Selbstzerstörung kein „privates Vergnügen“ ist, und weil sie Menschen frisst, Gemeinschaften zerstört und Kulturen krankmacht.

Meine Liebe zu Jiry stellte die größte Herausforderung an mein Leben dar, denn ich scheiterte wirklich in allem, was ich an ihn herantrug. So wurde ich zu den besten

Lernschritten gezwungen, die meine zweite Lebenshälfte bereicherten. Einer davon führt zu der „FREIEN LIEBE 3“, in der Du die Ehre hattest, mich „einmal bis keinmal“ zu lieben.
Also bestehe ich auf die Darstellung meiner Geschichte mit Jiry, die mich weg von der Prägung durch ideologische Gruppen und hin zu einer autonomen, in jedem Detail selbstbestimmten Lebensführung gebracht hat. Beginnen wir mit Jirys Lebensgeschichte.

JIRY, das gequälte Kind

Jiry wuchs in einem Stadtteil von Trier auf, in dem die Benachteiligten der Gesellschaft unter sich bleiben. Seine Mutter zog nach der Hochzeit in den Clan des Ehemanns, in dem sie, als Frau unter zwanzig, völlig machtlos war. Ihr Mann dachte nicht daran, sie vor den gewalttätigen Übergriffen seiner Verwandten zu beschützen, die in dieser Familie häufig vorkamen. Jirys Vater war eher stolz auf das Selbstbild des „gewaltbereiten Jungpatriarchen“. Rücksichtslos nahm er sich alle Vorteile, die einem Mann aus seiner Schicht narzisstische Überlegenheit versprachen. Den größten Teil seines Gehalts gab er für sein großspuriges Männergehabe aus, das hieß, dass er große Autos fahren, nach Feierabend mit anderen Männern trinken und Affären mit Frauen ausleben wollte, wann immer sie sich anboten. Seine junge Ehefrau, der er beiläufig drei Kinder „gemacht“ hatte, fühlte sich von ihm verlassen, hintergangen und verraten. Doch auch sie kam aus einer der sozial benachteiligten Familien, in der sie nichts über verantwortungsvolle Beziehungspflege oder den Schutz von Kindern gelernt hatte. So verharrte die junge Frau in ihrem Unglück, das sie selbst hart, verbittert und böse gemacht hatte. Ohne Herzenswärme und pädagogische Moral ließ sie die Gewalt, in der sie lebte, auch an ihren Kindern aus. Die Erwachsenen in der Familie kannten als „Beziehungen“ nur die Spiele mit der Macht. Jirys Eltern führten ihre Ehe nach dem Motto: „Wer kann wem noch gemeiner „eine reinwürgen“. Sie beide waren darin nicht schlecht. Wenn Jirys Mutter über die Untaten ihres Mannes vor Wut raste war, zögerte sie nicht, auch ihre Kinder brutal zu misshandeln. Sie kühlte ihre Wut, indem sie Haushaltsgeräte auf den Körpern der Kleinen zerschlug. Hinzu kamen verbale Demütigungen und sadistische Machtspiele. Die Mutter ignorierte auch den sexuellen Missbrauch, der sich im Clan des Vaters schon über mehrere Generationen hinweg eingenistet hatte. Die Struktur der sexuellen Gewalt wurde zur Katastrophe für jedes Kind, das dort hineingeboren wurde.

Jiry war der zweite Sohn seiner Eltern. Er war ein besonderes Kind. Schon früh zeigte er eine auffällige, ästhetische Feinheit in seinem Aussehen und in seinem Wesen. Er war musisch sehr begabt. Herausragend ist Jirys Musikalität. Weil das Kind von den bildungsfernen Eltern selbstverständlich nicht gefördert wurde, sorgte es selbst für die Verwirklichung seiner Interessen. Jiry übte sich darin, Instrumente selbst zu bauen und darauf wohlklingende Melodien zu spielen.
In seiner stummen Verweigerung widersetzte er sich den familiären Absichten, einen „richtigen Kerl“ aus ihm machen zu wollen. Manchmal musste er sogar brutale „Gladiatorenspiele“ über sich ergehen lassen. Während der ältere Bruder ihn niedermachte, feuerte der Vater den Sieger an und demütigte das Opfer. Da entschloss Jiry sich dazu, ein „Fluchttier“ zu werden, denn Menschsein war einfach nur Scheiße. Er kämpfte nicht mehr, sondern floh in eine innere Welt, in der es keine bösen Menschen gab.

Dort spielte er so lange ganz alleine mit Pflanzen und Tieren, mit Wasser und Gras, bis er wieder glücklich war.
Jiry mochte schlechte Menschen nicht und er wollte keinesfalls selbst einer von ihnen werden. Doch solch ein Kind konnte seine Familie überhaupt nicht brauchen. Als Jiry sich seiner Schulleistungen verweigerte und zudem noch epileptische Anfälle bekam, war er endgültig DRAUSSEN. Die Mutter, die ihr Leid mit sadistischer Machtausübung gegenüber ihren Kindern überspielte, verhöhnte ihren Sohn. Sie erklärte seinen Geschwistern und Freunden, er sei ja kein richtiges Kind, er wäre „verrückt". Wenn sie besonders schlecht gelaunt war, konnte sie ihn auch „Monster" oder „Teufel" nennen. Bedingt durch dieses Bild, erlaubte sie sich auch, ihn besonders brutal zu schlagen. Das traumatisierte Kind konnte nicht mehr lernen. In der Privatschule einer religiösen Sekte, in der die Mutter ganz besonders FROMM auftrat, wurde Jiry auch noch von seinem Lehrer misshandelt. Bald ging er gar nicht mehr in die Schule. Er wollte sich einfach nur noch verstecken. Wenn er die Schule schwänzte, lungerte er gerne in Kaufhäusern herum. Dort griffen ihn dann pädophile Männer auf, die ihn für ein paar Groschen mit auf die Toilette nahmen. Es war für die Täter sicher nicht besonders schwer, seine Hilflosigkeit und Opferstruktur zu erkennen. Weil Jiry sexuelle Gewalt so „normal" fand, wie jede andere Form der Gewalt, die sein täglich Brot war, freute er sich über die Süßigkeiten, die er sich von seinem ersten „eigenen Geld" kaufen konnte. Ihn überraschten die Wünsche der Männer nicht, denn er kannte sie schon vom Verhalten einiger seiner Verwandten. Ganz schlimm fand er aber, dass Kinder manchmal daran sterben mussten.

Jiry war sechs Jahre alt, als sein wenig älterer Cousin tot aus einem Fluss gezogen wurde. Nackt. Da ahnte Jiry, dass es für ihn besser sei, niemals zu fragen, wer den Cousin dort hineingeworfen hatte? Es gab eben Dinge, die Onkels machten, ... und worüber ein Kind niemals sprechen darf. Vielleicht hatte der arme Cousin dabei etwas „falsch" gemacht?
Jiry war noch keine zehn Jahre alt, als er sich entschloss, keinem Erwachsenen mehr zu trauen. Stattdessen wollte er nur noch auf sich selbst achten. Er übte, GEGEN ALLES zu sein, was andere von ihm wollten. So bewahrte der kleine Junge sein inneres Feuer, seine große Hoffnung und seine feste Absicht, ein ANDERER zu werden. Anders als die, die ihn prägen wollten.
Ein GUTER MENSCH wollte Jiry werden! Mutig und ganz, ganz alleine, glaubte er fest an seinen guten Kern. Noch fühlte er in sich ein Grundrecht von Kindern. Ja, er wollte ein schönes Leben haben. Doch darauf musste er noch sehr lange warten.

Als Jiry zwölf Jahre alt war, trennten sich seine Eltern. Bald trat ein neuer Mann ins Leben der Mutter. Jetzt wollte sie den „schwierigen" Jiry nur noch loswerden und schaffte ihn ins Heim. „Nur für kurz", versicherte sie ihrem empörten Kind zum Abschied, sie würde ihn bestimmt bald wieder abholen. Jiry blieb Jahre in der Verbannung. Dort traf er neue Täter und wurde nun von Nonnen misshandelt. Als er die Missstände im Heim anzeigen wollte, warf man das „Früchtchen" einfach hinaus. Weil er weder einen Schulabschluss, noch eine Berufsausbildung hatte, wusste er nicht, wie er sein „freies" Leben nun angehen sollte. Zunächst zog er für ein paar Tage zu seiner Mutter. Als er sie daran hindern wollte, seine kleineren Geschwister zu schlagen, schlug sie ihm mit ihrem Stöckelschuh ein Loch in den Schädel. Da gab der Jiry auf. Doch was macht ein siebzehnjähriger, bildhübscher Junge ohne Geld, ohne Beruf und ohne Dach über dem Kopf in den Straßen von Trier? Natürlich das, was er am längs-

ten „geübt“ hatte. Sich missbrauchen lassen! Jetzt aber für Geld, ... für viel Geld! Schließlich war er kein hilfloser Junge mehr. Jetzt kannte er sich aus! Und rächen wollte er sich! Triumphierend ließ er sich von Kunden verwöhnen und spürte dabei seine Macht. Nein, nun war er kein Opfer mehr, ... so glaubte er. Ja, Jiry war echt stolz auf sich, wenn er sich endlich all das selber kaufen konnte, was „normale“ Jugendliche von ihren Eltern bekamen. Und vieles mehr. Jiry genoss es, sich teure Kleidung zu kaufen, die ihn wie einen Prinzen und zudem „erfolgreich“ erscheinen ließ. Mit seinem besonderen Zauber, der das musische Wesen von Kind an umgab, verführte er Männer und Frauen gleichermaßen. Manche von ihnen verliebten sich, manche liebten ihn aus tiefem Herzen. Jiry nutzte die Liebenden zu seinem Vorteil. Er war geschickt darin, ihre Abhängigkeit zu nähren. Sie hätten gerne ALLES für ihn getan, wenn er sie nur ein wenig zurückgeliebt hätte. Doch das konnte er nicht. So ein verletzter Mensch braucht das „Rächen“ sehr lange, bevor er in der Liebe geben kann. Doch der junge Jiry fand in keiner seiner schillernden Rollen wirklich Ruhe. Zwanghaft musste er alle Menschen verlassen, die ihn mochten. Auf seinem einsamen Weg in die narzisstische Autarkie wurde Jiry stark drogenabhängig. Da er seinen Frieden nur beim Konsum „tröstlicher“ Substanzen fand, erhob er den STOFF zu seinem einzigen, zuverlässigen Freund. Da ergriffen die Gifte in „einzigartig zuverlässiger Weise“ die volle Macht über sein „schönes Leben“.
Das ist wirklich sehr traurig. Seinen mit Schönheit gesegneten Körper, der, wie jedes missbrauchte Kind denkt, daran schuld sei, dass es gequält wurde, wollte er den Menschen nicht mehr anvertrauen. Er schenkte ihn der Selbstzerstörung. Jirys zärtliche Hände streicheln Tiere und Pflanzen. Er spricht mit Bäumen, mit dem Feuer und dem Himmel. Dann spürt er Frieden.

Doch mit Anfang zwanzig wollte Jiry sich nicht gänzlich von der Hoffnung verabschieden. Er lernte interessante Menschen und Künstler aus der Alternativszene kennen, denen er mehr vertraute als bürgerlichen Menschen. Das hatte einen guten Grund, denn bevor Jiry ins Heim gekommen war, war er in einer Szenekneipe auf die allerersten „Hippies“ aus Trier, die frühen Anarchos der Urgruppe, gestoßen. Er fühlte sich von ihnen geschützt, ein ungewöhnliches Gefühl für ihn. In unserer Szene tauchten häufiger verlorene, verzweifelte Kinder auf. Weil sich die meisten von uns selbst als Opfer ihrer Eltern ansahen, hatten wir viel Mitgefühl mit diesen Kindern. Kinder wurden bei uns grundsätzlich freundlich behandelt, ernährt und gepflegt. Niemand durfte sie schlagen oder gar missbrauchen. Die Menschen in unserer Gruppe kontrollierten sich dabei gegenseitig. Alle achteten aufmerksam darauf, dass es den Kindern bei uns gut ging. Jiry kam oft in diese Kneipe, in der er sich sicher fühlte. So kam es, dass unsere Subkultur in seinem Inneren zu einer idealisierten Welt wurde, die ihm WERTVOLL erschien. Als der jugendliche Jiry also wieder auf Menschen aus der Gegenkultur stieß, die genauso kreativ begabt waren wie er selbst, und die ganz anders waren als die Menschen, unter denen er aufgewachsen war oder als seine Freier, da erwachte mit der Hoffnung die Sehnsucht in ihm, irgendwo DAZUZUGEHÖREN. Er zog in die Künstlergemeinschaft der neuen Freunde. Die Dreiergruppe stellte eine echte Solidargemeinschaft dar, in der niemand Sex von Jiry forderte. Was für eine glückliche Zeit für diesen jungen Mann!
Jetzt verliebte er sich manchmal in junge Mädchen. Um sie zu erobern, versuchte er verzweifelt, ein ganz „normaler Mann“ zu sein. Doch die Beziehungen hielten nicht sehr lange, denn Jiry konnte es immer nur kurz durchhalten, einer Frau den traditionellen Mann und Patriarchen vorzuspielen. Während er sich den Frauen „aus Liebe“

gesichtslos anzupassen bemühte, betrog er sie wenig später, indem er ein Doppelleben führte. Er brauchte die Abspaltung in ein rücksichtsloses Selbst, um sich wieder „frei" zu fühlen. Narzisstisch autark. Süchtig. Drogen blieben in seinem Freiheitsbegriff immer wichtiger als sexuelle Freiheiten. Entspannung und Trost empfand er nur in seinen künstlerisch-narzisstischen Selbstinszenierungen, beim „Partymachen", wenn er wunderbare Musik machte und dafür bewundert wurde. Trotz seiner Sehnsucht nach der Nähe zu Frauen, fand er seine Partnerinnen überwiegend anstrengend und bedrohlich. Auch das ungebundene Ausleben seiner erotischen Neugier war für ihn weniger Spaß als ein „Pflichtverhalten". Er wollte mithalten, wenn Jungpatriarchen um ihre Chancen bei Frauen wetteiferten. Und wenn sich solch eine Chance geradezu in sein Bett drängelte, machte er halt, was ein Mann tun musste.
Wirklich glücklich und GANZ er selbst war Jiry eigentlich nur dann, wenn er Musik machte. Damit konnte er die Menschen beeindrucken und erfreuen. Bis heute ist er darin „ganz besonders".

Was verband Nelly und Jiry?

Vielleicht erkennst Du schon das gemeinsame Unbewusste, das Jiry und mich manchmal glücklich, öfter jedoch unheilvoll verbunden hat? Was fand Jiry an mir anziehend? Ich gefiel ihm gut. Wegen meines „Hippieaussehens“ sah er anfangs einen Engel aus der Subkultur in mir, die er, im Gegensatz zu den wenigen glücklichen Stunden seiner Kindheit, zu einer „potentiellen Heimat“ stilisiert hatte. Außerdem war ihm, dem „Nutzer“, gleich klar, dass ich selbstständig und tüchtig genug war, um bei ihm nicht den „Versorger“ einzufordern.
Ich war auch eine erotische Chance für ihn. Wir erlebten ein schönes Jahr der erotischen Liebe miteinander, die deshalb für eine Weile zwischen uns blühte, weil mein freidenkerischer Kopf keine Schwierigkeiten damit hatte, einem androgynen Menschen alle Wege offenzulassen, denn eine Erwartung meinerseits hinsichtlich eines klar normierten „Männerverhaltens“ hätte Jiry sicher bald verjagt. Weil Eros mit Wachstum gedeiht, genossen wir die Liebe so lange, wie Jirys innere Schönheit in dem geschützten Raum meiner kulturellen und sozialen Umwelt aufblühte. Und ich liebte es sehr, wenn er mich liebte.
Auch der künstlerische Ausdruck von uns beiden kreativen Menschen harmonierte spontan. In der Art, wie wir uns kleideten und unsere Wohnräume dekorierten, waren wir uns so ähnlich, dass es so aussah, als täten wir alles gemeinsam. Das blieb selbst dann so, wenn wir jahrelang keinen Kontakt zueinander hatten. Unsere Stile, bei beiden selbst gewählt und EIGEN, blieben sich so ähnlich, dass wir das Phänomen zufrieden „unsere gemeinsame Kultur“ nannten. Wir sahen darin eine Hoffnung, dass wir gut zusammenleben könnten.

Doch nun zu mir. Was fand ich an Jiry anziehend? Natürlich bin zu Anfang, genau wie alle anderen, die sich vor und nach mir um Jiry bemühten, in die Falle meines eigenen Narzissmus getappt. Wer kennt sie nicht, die verlockende Idee, man könnte vorbeifliegende „Paradiesvögel“ anfüttern und dann zur Zierde des eigenen Egos an den Gartenzaun fesseln?
Also mich entzücken schöne Menschen, das gebe ich jetzt einfach mal zu! Doch viel wichtiger ist die Frage, ob ich mich mit einem banalen Helfersyndrom auf Jiry stürzte? Das ist nicht ganz einfach zu beantworten. Zu einem gängigen „Helfersyndrom“ würde nämlich die Prämisse gehören, dass ich ihm gegenüber eine scheinbar überlegene Position festigen wollte, um mein Selbstwertgefühl zu sanieren. Ich hätte meine beruflich und ökonomisch besser fundierte Lebenssituation hervorheben oder mich in der Annahme sonnen können, ich sei ihm, als gebildete Person, „geistig“ überlegen. Diese Gedanken hatte ich zu keiner Zeit, obwohl es schon stimmt, dass ich Jiry „retten“ wollte. Arroganz mag vielleicht in dem Gedanken liegen, dass ich anfänglich glaubte, ich könne das, weil ihm meine Liebe guttun würde. Doch das können wir, als normale Dummheit verliebter Menschen, gleich wieder beiseite stellen.

Das Drama der doppelten Außenseiter

Meine „Rettermotivation“ entsprang nicht etwa dem Bedürfnis, meinen eventuell vorhandenen, niedrigen Selbstwert (mein Selbstwertgefühl ist stabil und hoch) mithilfe einer Helferrolle zu sanieren, sondern sie wuchs aus der Mitte meines eigenen Traumas heraus. Die Liebe zu „verlorenen“, also „ausgegrenzten“ Menschen, entsteht bei mir durch Identifikation, nicht durch Abgrenzung. Ich fühle tiefe, schmerzvolle Betroffenheit, wenn ich Menschen treffe, die, genau wie ich, als Kinder DOPPELTE Außenseiter waren. Zum einen waren sie DRAUSSEN aus der Gesellschaft, also deshalb Außenseiter, weil sie seit ihrer Geburt Mitglied einer „nicht integrierbaren“ Familie waren, zum anderen, was noch viel schlimmer ist, waren sie auch noch Außenseiter innerhalb dieser Familien. Abgespalten. Chancenlos DRAUSSEN. Unschuldig verstoßen, aufgrund schwerer Schäden in der Liebesfähigkeit ihrer Eltern. Oft wurden sie zusätzlich noch von den Geschwistern diskriminiert, die bei den Eltern eine bessere Position hatten. Solche Kinder werden in einem derart grausamen Maß einsam, dass sie sich eigene Welten bauen MÜSSEN, um überleben zu können.

Kinderkreuzzug ist kein Helfersyndrom

Mein Bild vom „Kinderkreuzzug“, mit dem ich mich lange Zeit im Leben getröstet habe, basierte auf der Grundidee, ausgestoßene Kinder könnten sich gegenseitig heilen, durch soziale Interaktion. Weil sie gerne miteinander spielen möchten, würden sie sich auch gegenseitig in ihren Welten besuchen, ... so dachte ich. Dadurch könnten sich ihre Schutzwelten mischen und im sozialen Miteinander neue Formen annehmen. Somit hätten sie DRAUSSEN in kreativer Weise ihre Einsamkeit aufgelöst. Das gemeinsame Spiel hätte ihr Grundrecht auf „Mitmenschlichkeit“ gerettet und sie wären gegenseitig „sinngebend“ geworden. Das hätte das Ende ihres Opferdaseins bedeutet.

Tatsächlich konnte ich selbst, im Kampf um die Verwirklichung von besseren Welten, riesige Kräfte mobilisieren, solange ich nur ganz fest an die SOLIDARITÄT unter den Gekränkten und Verwundeten glaubte. Diese Hoffnung machte mich sehr stark, ausdauernd, engagiert, liebevoll, treu den Menschen und treu den Projekten gegenüber. Wenn ich selbst das Glück hatte, von Freunden solidarisch geliebt zu werden, wurde ich davon gesund und glücklich. Doch meine Partner hatten dabei oft nicht den ganz langen Atem. Sie alle fanden es eines Tages spannender, GEGEN mich zu konkurrieren. Dann verlor ich das Wesentliche wieder, das ich zum Leben brauchte, gegenseitige Solidarität und die Chance, einer solidarischen Gemeinschaft als ein Baustein zu dienen, in Gemeinschaft zu leben und Gemeinschaft zu erleben.

Hand in Hand mit Jiry gehen

Jetzt möchte ich diesen Punkt mit einem Bild abschließen, das ich in mir trug, als ich mit Jiry zum „Kinderkreuzzug“ aufbrach. Ich habe den Mann nämlich richtig bewundert, weil er es geschafft hatte, seine grauenvolle Kindheit durchzustehen und sich dabei Ideale und Werte bewahrt hatte. Hier lag meine Identifikation, denn war ich nicht auch so ein Kind, das, durch alle Not hindurch, von sich überzeugt war und das nach einem besseren Leben trachtete? Ja, darin waren wir gleich.

Ja, jetzt wirst Du mein Hoffnungsbild verstehen, in dem Jiry und ich, Hand in Hand, auf einem ganz langen Weg geradeaus wandern, dem Horizont entgegen. Uns ist dabei egal, was auf uns wartet. Wichtig ist nur, dass wir ZUSAMMEN gehen. Mit weichen Schritten und offenen Sinnen nehmen wir alles wahr, was uns erfreuen könnte. Manchmal ruhen wir am Straßenrand. Dort wollen wir alles sehen und riechen, was aus dem Boden wächst. Und mit uns die Musik der mehr und weniger verzweifelten Helden unserer Jugendzeit. Dazwischen hören wir die Vögel, die Rufe fremder Tiere und Trommeln aus dem Wald. Wir brauchen keine Worte für die Fragen nach dem Sinn. Das Leben spricht auf seine Weise mit uns, die wir besser mit den Sinnen verstehen.

Oft bleiben wir stehen, um uns zärtlich zu küssen. Manchmal rennen wir auch los, weil es so schön ist, zu leben. Manchmal gehen wir ein kleines Stück vom Weg ab und kuscheln uns in die Blätter des Waldbodens. So ganz ohne Kleider verstehen wir auch die Geschichten, die uns die Erde erzählt. Sie wiegen uns liebevoll in den Schlaf. Ab und zu ergreift uns auch ein märchenhafter Rausch. Jiry ist nämlich in der Körpermitte besonders verzaubert. Wenn ich mein Gesicht in dem kleinen Wald unterhalb seines Bauches verberge, um dort die Glückseligkeit zu suchen, riecht es an dieser Stelle nicht nach Mensch. Nein, aus Jirys Wald strömt ein wunderbarer Duft von Pflanzen. Ganz fein mischt sich der Duft von frischem Gras mit feuchtem Moos, Tannen und Wildrosen. Unglaublich.
Überwältigt von solchen Wundern sehe ich die Elfen mit den Gnomen tanzen. Der Waldboden bebt in einem großen Fest. Sonnenstrahlen tanzen mit Tautropfen über den Platz. Laternengleich spenden die Blätter junger Farne hellgrünes Licht. Das Moos bereitet kleine Betten für die erschöpften Tänzer. Welch ein Rausch!

Und wenn etwas später alles wieder ruhig geworden ist, sieht man nur noch ein paar Gnome, die kichernd nebeneinander auf einem Stück Rinde sitzen und etwas in ihren Händen rollen. Was tun sie wohl? Tja, lieber Freund, wir eingefleischten Drogenfeinde

erkennen nun ernüchtert, dass es auch in Jirys Unterleib keine Wunder gibt. Der Mann duftet nach Marihuana.
Erheben wir uns also vom Ruhelager und kehren auf die lange Straße zurück. Weil Du die Machart romantischer Märchen so gut kennst wie ich, weißt Du natürlich schon, dass ich Dir gleich erzählten werde, wie wunderbar wir uns beim Gehen gegenseitig stützen. Wenn der eine müde wird, mag der andere ihn tragen. Wenn einer weint, wird der andere ihn trösten. Wenn einer jauchzt, wächst der andere im Glück.
Okay, ... wir können hier aufhören. Was ich wirklich mit Jiry erlebt habe, ist eine ganz andere Geschichte. Traurig ist sie. Sonst nichts?

Kann man in der Kunst die Liebe suchen?

Doch bevor es in meinem Leben nun schon wieder tragisch wird, möchte ich den anderen Punkt noch erwähnen, der mich an Jiry so anzog. Er hielt meine Liebe zu ihm, außerhalb jeder Logik und außerhalb einer befriedigenden Realität, aufrecht.
Vielleicht solltest Du vorher noch wissen, dass wir, die verzweifelten Töchter unserer Mutter, sie oft gefragt haben, was sie denn dazu bewogen hätte, so lange mit unserem Vater zusammenzubleiben? Wir konnten uns das nicht erklären. Wieso lebte die „privilegierte Königin“, denn so sahen wir die von der Natur mit Schönheit und Klugheit Beschenkte, die, so dachten wir, jederzeit einen netteren Mann hätte finden können als unseren Vater, mit einem „Monster“ zusammen? Denn so sahen wir den Mann. Uns war keineswegs entgangen, dass unsere Mutter das Monster anscheinend tatsächlich liebte. Aber wofür denn bloß? Wenn wir fragten, dann war die rätselhafte Antwort der Königin immer gleich: „Wegen der Kunst!“, sagte sie. Und was hat das nun mit mir zu tun?

Meine Lust an der „Urkunst“

Ich bin in Jiry der „Urkunst“ begegnet. Das hat mich so entzückt, dass ich ihn nie wieder loslassen wollte. Was das sein soll, diese Urkunst?
In unserem Kulturkreis sind wir daran gewöhnt, aktuelle Trends im öffentlichen Geschmack von einer kleinen Gruppe angesehener Bildungsbürger bestimmen zu lassen. Die sagen den anderen dann, was KUNST sei und was nicht, denn der normale Durchschnittsbürger traut sich in der Beantwortung künstlerischer Fragen ohnehin sehr wenig zu. Er vermeidet eine persönliche Positionierung, weil er stets befürchtet, gegenüber der „besseren“ Gesellschaft als ungebildet zu erscheinen. So wird der Kunstbegriff zum Spielball im narzisstischen Poker der „Gebildeten“. Die Kunst bleibt im „Privatbesitz“ der Privilegierten, die vor allem daran interessiert sind, ihre Vorteile in der Klassengesellschaft zu reproduzieren. Die Urkunst für ist sie ohne jede Bedeutung, weil sie, ohne „bekannte Namen“, auch keinen Marktwert besitzt.
Doch alle Menschen, aus denen Kunst herausdrängt, weil sie einer angeborenen Begabung nachgehen MÜSSEN, wissen, was Urkunst ist! Sie ist eine Quelle der Inspiration, die sich, kulturunabhängig und bildungsfrei, um den Erdball verteilt wie Geschenke aus dem KOSMOS, die wie nach einem Zufallsprinzip spielerisch vom Himmel fallen. Was mich daran so begeistert, ist die Tatsache, dass diese Geschenke sich nicht nach dem bürgerlichen Gesellschaftsnarzissmus richten, sondern in ihrer zufälligen Verteilung alle Menschen gleichermaßen wertschätzen. Die Urkunst wird Men-

schen einfach geschenkt. Sie ist angeboren. Deshalb findet sie sich in einem bayerischen Bergdorf genauso wie im Regenwald, in einem Großstadtghetto oder in Trier-West, oder im Kinderzimmer Deines Enkelkinds. Sie ist ein Schatz. Dieser Schatz soll die menschliche Art beglücken, die, als einzige von allen Lebewesen, dazu befähigt ist, in geistigen und sinnlichen Schöpfungsprozessen zu wachsen und dabei LUST zu empfinden.
Du, als gut gebildeter Mensch, hast bestimmt schon davon gehört, dass ganz besonders unzweifelhaft geniale Künstler, die alle Techniken des Kunstschaffens perfekt beherrschen, im Alter besonders sehnsüchtig die Urkunst in sich zurückrufen. Zum Beispiel hat Picasso deutlich formuliert, dass er die höchste Qualität des künstlerischen Schaffens darin sah, wieder so malen zu können wie ein Kind. Es ist kein Zufall, dass viele Künstler sich gerne von Kunstobjekten der „naiven Kunst" inspirieren lassen, die sie bei den Naturvölkern suchen, deren Kulturen schon lange untergegangen sind. Wir finden dieselbe spontane Kraft der Naturvölker auch in Gemälden von Kindern und in den Werken von behinderten Menschen. Das bedeutet, dass die Urkunst mehr und weniger in uns allen wohnt, doch sie fügt sich meist schon bei Kindern im Grundschulalter den Normen des öffentlichen Geschmacks. Die schöpferische Kraft verliert sich in dem Bedürfnis, etwas GUT und RICHTIG zu machen, wobei es im weiteren Leben immer Autoritäten sind, die uns den Weg weisen und nicht mehr der eigene „Organismus". Die Unfähigkeit, Fremderwartungen zu erfüllen, ist ein Teil der Krankheit behinderter Menschen, die deshalb der Urkunst näher bleiben als andere Menschen.

Wenig behindert und ziemlich erwachsen, auf jeden Fall sehr autonom, wie ich bin, überfällt mich sofort ein Gefühl von wilder LUST, wenn ich der Urkunst begegne. Meine eigene Kreativität spuckt dann, einem Vulkan gleich, vor Freude Ideen aus. Ich werde davon sehr lebendig und fühle den Schatz des Schöpferischen auch sexuell. Dafür danke ich dem Leben sehr. Und auch meinen Eltern, den gebildeten Kunstkennern, die mir bewusst Wege für ein nicht normiertes Denken und Wahrnehmen offenließen.

Und eines Tages traf ich eben den von dieser Urkunst begnadeten Jiry. Weil Du inzwischen genug darüber erfahren hast, wieso dieser Mensch schon sehr früh die Bereitschaft verloren hatte, sich von Autoritäten prägen zu lassen, blieb seine Urkunst bis ins Erwachsenenalter hinein „unverbildet" in ihm. In Jiry wohnt nicht nur die Musik. Seine Hände formen Skulpturen und eigenwillige Schmuckstücke. Sie schreiben und zeichnen in einer harmonisch geschwungenen Grundform, die auch das ganze Erscheinungsbild Jirys kennzeichnet: Es ist das Symbol der Feder!

Ein Sprachbegabter, der viel lieber schweigt

Zuletzt möchte ich Dir noch von Jirys Sprachbegabung erzählen. Obwohl er sich sehr gerne in eine Art stummen Autismus zurückzieht, so ist er doch durchaus in der Lage, Sprache wie ein Instrument zu nutzen. Wenn es ihm als vorteilhaft erscheint, von einer sozialen Gruppe „gemocht" zu werden, erlernt er deren Sprachcode in derselben Geschwindigkeit, in der er auch seine Identitäten wechseln kann.
Als ich ihn kennenlernte, entzückte mich sein feinfühliger, fast künstlerischer Sprachgebrauch. Nichts in seinem Ausdruck erinnerte an den Sprachcode, der für seine Her-

kunft üblich gewesen wäre. Es war ein Geschenk, ein Blumenstrauß für mich, die Eintrittskarte zu meinem Herzen. Doch als ich ihn immer mehr brauchte, wollte er nur noch ungerne mit mir sprechen. Beharrlich ließ er mich DRAUSSEN stehen, während er es vorzog, in seinen Kinderwelten umherzufliegen. Dort spielte er, ganz alleine, mit dem kleinen Jiry, den er niemals „verlassen“ würde. Das hatte er ihm versprochen. Armer kleiner Paradiesvogel.

Lieber, lieber Freund, ich danke Dir, dass Du diese tieftraurige Geschichte mit mir durchgestanden hast. Bevor wir allerdings zu der Frage kommen, wie das Ganze mich und mein Leben verändert hat, muss ich eine kleine Pause einlegen. Daher verabschiede ich mich für heute von Dir.

Herzliche Grüße

Nelly

Brief - August 2007

Die Zeit der Wende, der Verluste und des Neulernens

Lieber Freund!

Hallo. Wie schön, dass es immer noch Sommer ist! Ich hoffe, dass Du die letzten warmen Wochen auskosten konntest. Vielleicht hast Du ein paar schöne Tage mit Deiner Frau im Süden verbracht, oder ihr habt Euch die Ruhe im Garten hinter Eurem hübschen Häuschen gegönnt. Ich hoffe auch, dass Du bei bester Gesundheit bist. Du hattest mir des Öfteren von Deinen Rückenproblemen erzählt, die Deine Lebensfreude einschränken. Es scheint so, als wollte nicht nur allzu große Verantwortung auf uns lasten, sondern das Alter winkt uns manchmal auch schon böse zu. Da will ich mich gleich beeilen, unsere Geschichte dem Ende näherzubringen, damit ich Dich und mich in die Chancen einer Gegenwart entlassen kann, die nur noch den heutigen verwöhnt. Das Leben wollte einfach nicht, dass wir zwei dazu kommen, uns mit einem weisen Lächeln gegenseitig unsere „Wehwehchen" wegzustreicheln, um dabei während einer kurzen Zeit der Freude die Weichheit der Jugend in unseren Gesichtern wiederzufinden.

In den ersten Jahren mit Jiry hat sich mein Leben gravierend verändert. Doch die lange Kette schmerzhafter Verluste belohnte mich gleichzeitig mit einem energievollen Aufblühen meiner kreativen Art. Wild entschlossen, der Welt kein neues Opfer zu schenken, löste ich meine Konflikte erfinderisch mit bunten Formen des „Neulernens", die mein anstrengendes Leben wenigstens spannend, abwechslungsreich und erotisch lebendig machten.

Was war passiert? Natürlich ist so eine Wende im Leben eine komplexe Sache. Der Einfachheit halber möchte ich Dir nur drei der Variablen nennen, die wesentlich dazu beigetragen haben, dass ich mir, mit Anfang vierzig, ganz neue Wege für die Erhaltung von Hoffnung suchen musste.

Die Zeit der Wende, der Verluste und des Neulernens

Die erste Variable ist das Scheitern der Hoffnung auf eine gegenseitig solidarische Beziehung mit Jiry. Es begann sofort, als Jiry in die fröhliche Gemeinschaft der „Villa Kunterbunt" einzog.

Der Verlust von Gemeinschaftsleben

Nach unserer ersten Begegnung ging Jiry nur noch wenige Wochen arbeiten. Ich hatte ihn während seines Jobs in einer befristeten Maßnahme für Arbeitslose getroffen, die bald darauf zu Ende ging. Danach konnte Jiry seine Wohnung nicht mehr bezahlen. Weil ich es, mit meinem Ideal der „Solidarität unter Liebenden", natürlich nicht ausgehalten hätte, gemütlich in einem großen Haus zu wohnen, während Jiry in üblen Löchern hausen müsste, bat ich unsere Gemeinschaft, Jiry in unser kleines Gästezimmer aufzunehmen. Zu der Zeit waren wir eine solch starke und zufriedene Gruppe, dass

sich keiner von uns vorstellen konnte, wie es dazu kommen könnte, dass uns die Schwierigkeiten eines einzelnen Menschen auseinanderbringen könnten. Wir hatten keine Ahnung, wie groß die zerstörerischen Energien eines schwer traumatisierten Menschen sein können. Verliebt wie ich war, wollte ich auch nur das Schöne an Jiry sehen. Doch meine Mitbewohner verloren schnell die Lust an ihm.
Zum Beispiel war unsere Wohngemeinschaft es gewohnt, Konflikte sprachlich offen zu klären. Dabei nutzten wir das gegenseitige Vertrauen, mit dem wir zuverlässig gemeinsame Lösungen erarbeiteten. Jiry, dessen Vertrauen zu Menschen gründlich verdorben war, fand unser mit einem Regelwerk gut organisiertes Gemeinschaftsleben „so ätzend wie sein altes Kinderheim". Obwohl er uns eigentlich mochte, erlebte er unsere sozialen Erwartungen so sehr als Druck, dass er sofort versagte.
Ein Beispiel. Mit Rücksicht auf die Kinder gab es bei uns jeden Mittag ein warmes Essen. Der genaue Zeitpunkt wurde mit denen, die Kochdienst hatten, so vereinbart, dass alle Kinder und möglichst viele der Erwachsenen mitessen konnten, bevor jeder wieder seinen alltäglichen Verpflichtungen nachging. Jiry ist ein toller Koch, denn er kocht mit viel Liebe. Wenn er aber mit Kochen dran war, konnte es leicht vorkommen, dass sein Essen erst zwei Stunden nach dem vereinbarten Zeitpunkt auf dem Tisch stand. Dann hatten die meisten Erwachsenen das Haus bereits wieder hungrig verlassen müssen und ärgerten sich. Wenn wir dem unglücklichen Koch dann abends noch einmal in einem netten Ton den Sinn unserer Vereinbarungen erklären wollten, setzte er sofort sein „Kindergesicht" auf. Er nannte uns dann „scheiß Spießer" und hörte nicht zu, sondern zischte giftig, er wisse genau, dass wir ihn ja nur „rausekeln" wollten, weil wir uns für „etwas Besseres" hielten. Und überhaupt wolle er sowieso schon längst ausziehen. Dann schritt er entschlossen in sein Zimmer, stopfte seinen Seesack mit den herumliegenden Klamotten voll und stürmte zur Tür. Ich, die verliebte „Kinderkreuzzugträumerin" rannte hinter ihm her, erkannte fassungslos seine Fluchtabsichten und ... konnte das Ganze einfach nicht ertragen.
In vollem Wissen, dass ich Jiry damit „kranke Macht" geben würde, flehte ich ihn an, zu bleiben. Ich nahm die Ansprüche zurück und dachte mir für ihn eine Sonderrolle in der Gruppe aus. Eine Weile lang duldeten die Freunde diesen Ausnahmezustand. Sie versuchten, mir die neue Liebe zu gönnen, die meine Schmerzen nach dem Verlust von Richie fürs Erste zu lindern schienen. Zudem waren auch sie von dem musischen Charme fasziniert, den unser bunter Vogel mit seiner schönen Musik im ganzen Haus verbreitete. Trotzdem liebten sie ihn doch nicht so sehr wie ich. Sie sahen keinen Grund, warum sie weiterhin in einer Situation verharren sollten, in der das Lustige, Freche und geistig Wilde, das bisher die Stärke unserer Wohngemeinschaft ausgemacht hatte, verlorenging. Zweifelsfrei wurden wir von Jirys schlechten Stimmungen zunehmend an die Wand gedrückt.
Besonders schlimm wurde es, wenn wir über Sexualität sprachen. Das war vorher, am Küchentisch, ein beliebtes Thema gewesen. In dieser letzten Wohngemeinschaft lebten, außer mir, keine politisch motivierten „Sexaktivisten" mehr. Die gab es in den 90er-Jahren unter den Trierer Linken schon lange nicht mehr, falls es sie überhaupt je gegeben hat. „Gefährlicher" als das, was ich Dir in den vergangenen Briefen erzählt habe, war unsere „sexuelle Revolution" sowieso zu keiner Zeit gewesen. Aber jetzt wohnte ich ja mit aufgeschlossenen Psychologen zusammen. In dieser jungen Berufsgruppe lag es damals im Trend, sich über unterschiedliche Lebensentwürfe Gedanken zu machen, und welche Folgen Lebensstile auf das sexuelle Verhalten und Erleben hätten. Dazu nutzten wir fleißig unsere Selbsterfahrung. Gerne erzählten wir am Küchentisch von dem „Privaten", was wir diesbezüglich erlebten. Heiter und völlig angst-

frei nährten wir gemeinsam die „erotische Atmosphäre" in der Gruppe, die wir wie einen warmen Mantel nutzten, wenn wir draußen, im freien Feld, „riskante Mutproben" machten. Wir verspürten eine gemeinsame Freude am persönlichen Wachstum in der Liebe.
Doch jetzt „versteinerte" uns Jiry auf geheimnisvolle Weise wie eine böse Fee. Er hasste es, wenn wir, gut gelaunt, über Sex sprachen. Offen griff er uns dabei nicht an. Nein, ganz ohne Sprache manipulierte er uns mit der Macht des OPFERS! Alleine mit seinem Gesichtsausdruck, seiner Körpersprache und mit dem feindseligen Rückzug, mit dem er auf unsere besorgten Nachfragen reagierte, schaffte er es, dass wir uns wie seine TÄTER fühlen sollten. Jiry wurde darin so dominant, dass uns die „losen Worte" in unseren Hälsen steckenblieben und das Lachen in einem „unappetitlichen Röcheln" unter dem Küchentisch versank, während sich stattdessen ein „eiskalter Angstnebel" im Raum verbreitete. Da schlichen die Freunde betroffen in ihre Zimmer. Am Anfang versuchten wir noch, uns zu wehren, denn in der unbedachten Art junger Psychologen glaubten wir noch, Jiry darüber belehren zu dürfen, dass Sexualität doch „nichts Schlimmes" sei. Und überhaupt wären wir doch seine „guten Freunde", denen er sich, beruhigt und vertrauensvoll, in die Arme fallen lassen könne.
Doch Jiry zeigte uns was anderes! Wie waren wir so blöd! Dabei kannten wir doch die Geschichte des „kleinen Jiry"! Und was interessierte das denn überhaupt eine dämliche Psychologen-WG, die sich nur bei ihm „einschleimen" wollte? Das hatten die Typen im Heim schon lange vorher versucht! An die Wäsche wollten sie ihm, diese „Pädagogenschweine"! Jiry konnte knallhart werden, wenn er den „kleinen Jiry" verteidigte. Anstelle eines Paradiesvogels wuchs dann ein Adler aus ihm, der mit seinem scharfen Schnabel nach uns hackte, bevor er wütend aus dem Fenster flog. Krächzend schrie er beim Abflug, wie sehr er auf solche „Wichser und Arschlöcher" wie uns verzichten könne! Oh ja, Jiry kann seine Freunde sehr beleidigen.
Du bist bestimmt nicht verwundert, dass unsere schöne Gruppe in kurzer Zeit zerfiel. Es wäre ungerecht, zu behaupten, dass hauptsächlich Jiry am baldigen Zerfall unserer Gruppe schuld war, aber er machte es den Freunden leichter, unser Nest zu verlassen. Sie hatten ihr Studium beendet und wollten, wie die meisten Menschen, danach ein bürgerliches Leben in einer geordneten Kleinfamilie aufbauen. Ich versuchte zwar noch ein paar Mal, mit „neuen Leuten" Gemeinschaften aufzubauen, doch mir gelang es nicht mehr. Ich war nun auch über vierzig Jahre, also fast so alt wie die Eltern künftiger Kommunarden. Es ist einfach naheliegend, dass mich die ins Leben aufbrechende Generation zwischen zwanzig und dreißig mehr als Mutter sah, als eine Freundin. Ich selbst suchte jedoch die „querstrukturierte" Freundschaft zwischen „Gleichberechtigten", also „Gleicherfahrenen". Doch die konnte ich nicht mehr finden. So wurden meine ersten Jahre mit Jiry, die nicht zum wahren „Trost" geraten waren, von dem Verlust dessen begleitet, was ich in den letzten fünfzehn Jahren als das Wesentliche für Kraft und Lebensfreude angesehen hatte: Ich war ein Teil eines funktionierenden Gemeinschaftslebens gewesen. Ich war NICHT DRAUSSEN! Und dieses Gefühl hatte mir viel gegeben.

Der Lernschritt, alleinige Verantwortung für mich zu übernehmen

Weil ich nun ohne Gruppe leben musste und den schwierigen Jiry auf keinen Fall loslassen konnte, nahm ich meine neue Situation wie eine Aufgabe an, aus der ich etwas Neues lernen würde. Künftig würde ich meinen Lebensweg alleine planen und

auch ganz alleine verantworten müssen, das war mir klar. Dabei würden sich meine Stärken herausschälen, die auch bisher immer zum Gelingen meiner Projekte geführt hatten, weil sie zu meiner Person gehörten. Deshalb würden sie mir auch in der veränderten Situation weiterhelfen.
Insgeheim war mir schon länger klar gewesen, dass ich im Grunde „gruppenabhängig" war. Weil ich so gerne einmal DAZUGEHÖREN wollte, hatte ich mein Szeneleben vielleicht mehr in einem WIR gesehen, als es tatsächlich der Fall war. Mein Herz und meine Wahrnehmung liebten das WIR, also schrieb ich meinen Freunden immer einen großen Stellenwert als Träger des Gelingens „unserer" Projekte zu. Dabei hatte ich schon länger den Verdacht, dass Vieles von dem „Besonderen und Schönen", das ich als integrierte Aktivistin erlebt hatte, überlastig auf meiner Tatkraft und Treue aufgebaut war. Ich wusste, dass ich auch alleine ziemlich viel zustande bringen würde. Ich brauchte keine Gruppe, um mich inhaltlich zu profilieren. Ich brauchte sie emotional, weil ich so gerne „mitmenschlich" war. Das, was bürgerliche Menschen mit den geliebten Begriffen FAMILIE und EHE verbinden, war für mich die WAHLFAMILIE und GEMEINSCHAFT. Genauso abhängig, wie sich andere vom Gelingen der bürgerlichen Modelle fühlen, war auch ich vom Gelingen meiner Idealmodelle abhängig.

Besonders hart für mich war, dass ich in der Zeit des Verlustes meiner großen Ideale keinen Halt bei Jiry fand. Wie hätte ein kleiner, verstörter Vogel die omnipotente Mutter halten wollen, die er in mir suchte? „Nichts wie weg!", so lautete sein dominantes Gefühl. Stell Dir vor, wie verwöhnt ich von den ungeheuren Solidaritätsleistungen war, mit denen Richie mir in der vorherigen Partnerschaft geholfen hatte. Vor allem unsere gegenseitige Zuverlässigkeit in alltäglichen Verpflichtungen hatte uns über Jahre stark gemacht. Mit Jiry befand ich mich jetzt in einer genau gegensätzlichen Situation. Ich musste eine schwere Entscheidung treffen.
Wenn eine stolze MUTTERTOCHTER sich ein paar Mal an einen Mann angelehnt hat, der dabei sofort erschreckt zur Seite rückt, so tut sie das nicht mehr oft. Entweder, sie trennt sich, oder sie löst ihre Probleme künftig alleine. Ich wählte den zweiten Weg.

Was ist Abhängigkeit?

Mein neuer Lebensweg begann mit meiner Auseinandersetzung mit dem Thema ABHÄNGIGKEIT. Die Beziehung mit dem drogenabhängigen Jiry, die einfach nicht erblühen wollte, zwang mich, meine „Eigenanteile" am Thema Sucht aufzudecken.
Wie Du weißt, kannte ich, als Frau aus der Szene, auch vorher viele drogenabhängige Menschen. Gerade deshalb glaubte ich lange Zeit ganz fest daran, dass ich selbst völlig frei von SUCHT wäre, weil mich der Genuss dieser berauschenden Substanzen nicht im Geringsten interessierte. Den Begriff der „Beziehungssucht" lernte ich durch meinen Beruf kennen, als das Buch „Wenn Frauen zu sehr lieben" (Robin Norwood) für Furore sorgte. Ein großer Teil meiner weiblichen Klientel war jetzt bereit, über den Aspekt der Beziehungssucht in sich nachzudenken. Noch viel eindrucksvoller als dieses Buch fand ich jedoch die Schriften von Anne Wilson Shaef, die umfassend beschreiben und erklären konnte, wie nichtstoffliche Süchte entstehen, wie sie verlaufen und warum sie, gleich den stofflichen Süchten, zu einer fortschreitenden Krankheit werden. Adäquat dazu wurde auch die „Al-Anon-Bewegung" weltweit bekannt, die davon ausgeht, dass Alkoholismus eine Krankheit der Familie ist, die auch die Angehörigen des Abhängigen schädigt.

Sowohl in der Psychologie als auch in der Öffentlichkeit wurde die Tatsache in den Suchtbegriff integriert, dass jeder Mensch von ganz unterschiedlichen Phänomenen psychisch so stark abhängig werden kann, dass sich sein Leben und seine Persönlichkeit ähnlich ungünstig entwickeln wie bei Menschen mit einer Drogensucht. Einen weiteren und für meine persönliche Weiterentwicklung letztlich entscheidenden Kick gab mir das Buch „Alles oder nichts. Über die Destruktivität von Idealen." von Wolfgang Schmidbauer. Er erklärt die gemeinsamen Grundlagen der stofflichen Sucht und des Narzissmus. Das Buch kam der kollektiven Erkrankung meiner Familie inhaltlich am nächsten. Beim Lesen entwickelte ich die Hypothese, dass ich womöglich ein „Kopfjunkie" sei. Vielleicht war ich tatsächlich süchtig nach einer reinen Welt der Ideale? Übrigens konnte ich diese Ideale bisher so geschickt in meinen Narzissmus einbauen, dass sie mir zuverlässig Ruhm und Ehre sicherten. Begleitet von einem hohen Belohnungswert, vermied ich es lange, das Konstrukt zu hinterfragen. Wenn ich aber jetzt probeweise die Idee verfolgte, ob es wirklich sein könnte, dass ein Mensch (ich womöglich?) abhängig von seinen eigenen Idealen werden könnte, fiel mir sofort meine Mutter ein. Diese unbeugsame Frau hatte es bis zu ihrem Tod ausgehalten, in einer derart ausgefeilten Selbstidealisierung zu verharren, dass aus ihrer vermeintlich charakterlichen Geradlinigkeit heraus die Radikalität in ihrer Beschreibung der Welt zu erklären wäre. Weil ich, in meiner Kinderliebe, ihretwegen zu allem bereit war, solange ich dafür nur ein wenig beachtet wurde, könnte meine eigene Weltsicht in ihren Wurzeln der Abklatsch der Gedanken meiner Mutter sein. Und diese Gedanken zeugten von einer extremen Intelligenz und Bildung und waren wirklich sympathisch formuliert. Wie könnte ein Kind darin Gefahren erkennen? Außerdem liebte mich meine Mutter, darüber war ich mir sicher. Sie wollte mir bestimmt nichts Böses. Um mir das Gefühl zu erhalten, dass mich in meiner Familie überhaupt jemand geliebt hat, hatte ich lange Zeit nicht die Kraft, meine Mutter infrage zu stellen.
Doch jetzt, in der Zeit der Wende, in der ich ohnehin schon so sehr verletzt war, dass mir mein Leben nicht mehr schön erschien, wagte ich einen kühnen Gedanken: War mein moralisch fundiertes Über-Ich, auf das ich immer so stolz gewesen war, vielleicht zu einer riesigen Falle geworden?
Hinderte mich vielleicht eine Rigidität, die ich mit Moral verwechselte, daran, die Welt, so wie sie ist, zu mögen, auf ihr gut zu leben und sie für meine Freude am Leben zu nutzen? Wollte ich die Welt nur deshalb verändern, weil ich aus einer gewöhnlichen Depression heraus zu dumm und unfähig war, sie zu genießen?
Wenn ich diesen Gedanken konsequent zu Ende dachte, bedeutete er, dass die verborgene Enge in der Lehre meiner Mutter für mich viel gefährlicher war als der Kapitalismus, das Patriarchat, das christliche Sündenloch und die Hitlerkatastrophe. Aber weil ich schon begriffen hatte, dass ich nichts, aber auch rein gar nichts in einem „Alles- oder Nichts-System" denken musste, wollte ich mich nun doch nicht so hart bestrafen. Trotzdem reichte bereits eine vorsichtige Beschäftigung mit diesen gefährlichen Fragen völlig aus, um so heftige depressive Attacken in mir auszulösen, dass ich sicher sein konnte, dass dahinter ein wichtiger Weg auf mich warten würde.

Ungeliebte Hausaufgaben

Zwei große Themen standen wie ungeliebte Hausaufgaben für mich an. Zum einen musste ich meine innere Diskussion um ideologische und philosophische Fragen unserer Subkultur so offen führen, dass ich meine Wertewelt künftig besser an meine

eigene Persönlichkeit anbinden könnte. Auf diese Weise würde sich auch die emotionale Abhängigkeit von ideologischen Gruppen auflösen, die ich gut an mir kannte. Bevor ich jedoch mit der Veränderung loslegen konnte, musste ich in mir einen heimlichen Schwur formulieren, dass ich weder meine tote Mutter, noch meine geliebten Brüder und Schwestern der Szene, mit einem flexibleren Denken verlassen oder verraten würde. Sie würden es nicht einmal bemerken, so tröstete ich mich, weil sie ja ohnehin schon lange nicht mehr mit mir redeten.
Wenn Du es hier nicht schon selber gemerkt hast, dann verrate ich Dir jetzt etwas, was ich bis heute nicht in meinem Leben auflösen konnte. Die Menschen, die ich überhaupt einmal geliebt habe, liebe ich unaufhörlich weiter, auch wenn das in der Realität schon lange keinen Sinn mehr ergibt. Würde ich Dir sonst noch weiter schreiben?

Damit wären wir auch schon ganz nahe an meinem zweiten Problem, meiner „Abhängigkeitsproblematik". Würde ich mich je aus der neurotischen Abhängigkeit in Liebesdingen herauslösen können, wenn ich den Schutz einer tragfähigen Gruppe nicht mehr hatte? Klar hatte ich das Leben in Gruppen unter anderem auch deshalb so geliebt, weil Gruppen eine Art neutrales Feld darstellen, das sich wie ein tröstlicher Schutzwall um die Eskalierungen stellt, die sich traumatisierte Liebespartner gerne gegenseitig antun. Mich hatte die Möglichkeit, mit neutralen Freunden zuverlässig Intimität und Nähe erleben zu dürfen, immer wieder aus den Löchern herausgeholt, in die ich, mit meiner Liebe zu extrem schwierigen Männern, häufig gefallen war. Deshalb ahnte ich zu Recht, dass mich die zuvor erwähnte „heroische" Lösung aus der Gruppenabhängigkeit vielleicht noch mehr in eine „gewöhnliche" Beziehungssucht treiben könnte. So kam es auch.

Jiry hatte sich, nachdem er etwa ein Jahr lang seine ganze Verführungskunst, aber auch all seine ehrliche Liebe, die er in sich trug und die er in unsere Beziehung gesteckt hatte, erschöpft in die Drogenabhängigkeit zurückgezogen. Kaum war er, als einziger Erwachsener, im Haus mit mir übriggeblieben, da stand ich auch schon mit meiner Erwartung unmissverständlich vor ihm, dass er mit mir eine gleichberechtigte Verantwortung teilen solle. Jiry war davon völlig überfordert. Die Partnerrolle, die ich ihm zugedacht hatte, stellte für ihn eine unerträgliche Belastung dar, der er sich in der Art der Suchtkranken entzog. Er sei meiner nicht würdig, ich sei viel zu schade für ihn, neben mir sei er nur ein Nichts, ich könne sowieso alles viel besser als er, das waren die klassischen Sprüche, mit denen er mir im Grunde nur sagen wollte, ich solle bitte alles alleine machen, weil das nämlich viel bequemer für ihn sei. Klar war ich wütend, verzweifelt, überfordert und enttäuscht. Klar schimpfte ich herum, nannte ihn den unglaublichsten Egozentriker, der mir je im Leben begegnet sei, und bombardierte ihn mit weiteren Unfreundlichkeiten. Aber mit Kampfeslust und Wehrhaftigkeit kam ich erst recht nicht weiter. Jiry entgegnete daraufhin nur, er sei schneller weg als ich schauen könne, und ... dann war er tatsächlich weg! Jiry hatte einen Sadismus in der Art entwickelt, mich zu verlassen, dem ich nicht gewachsen war. Er verschwand in einer Weise, dass ich nie wusste, ob er sich gerade nur Tabak holen wollte, ob er sich für ein paar Stunden oder Tage eine Auszeit geholt oder ob er die Beziehung ganz beendet hatte.
Vom Verlassenwerden wurde ich jedes Mal so krank, dass schon klar war, wie tief ich bereits in der Beziehungssucht steckte. Ich konnte den Mann nämlich nicht verlassen. Also suchte ich eine Beratungsstelle für Suchtkranke auf, um mich mit meiner Situation auseinanderzusetzen.

Doch gehen wir noch einmal zur Beantwortung der ersten Frage, ob ich ein „Kopfjunkie“ sei, zurück, die mir persönlich viel grundlegender erschien, als die blöde Beziehungssucht. Als ungeliebte Tochter eines verrückten Vaters wunderte mich meine „schräge“ Art, „schräge Vögel“ zu lieben, überhaupt nicht. Das gehörte halt zu meinem Leben wie eine Narbe am Körper, die man auch nicht jeden Tag aufs Neue bedauern kann. Aber die stolze Muttertochter konnte nicht damit leben, sich als eine „blöde Liese“ zu entpuppen. Das Bedürfnis nach Würde in meiner Identität brauchte schon einen intelligenteren Lebensentwurf, um mich zu beruhigen. Also nahm ich zur Klärung meiner Fragen Kontakt zu einer Selbsthilfegruppe von Schwerstabhängigen auf, die den körperlichen Entzug erfolgreich hinter sich gebracht hatten und ohne Drogen weiterleben wollten. Sie mussten jetzt lernen, dem Leben wieder eine Haltung entgegenzubringen, die ihnen ermöglichte, an einem NORMALEN Leben Freude zu empfinden. Und hier erkannte ich den Knackpunkt meiner Falle!

Könnte die Absicht, die Welt zu verändern, eine „Junk-Idee“ sein?

Wie kann man sich für die Freude an einem NORMALEN Leben entscheiden? Alleine schon der Gedanke daran ließ mich kalt erschauern. Dennoch wollte ich unbedingt in die Tiefe meines Abgrunds schauen. Ich wollte die Wirklichkeit meiner Beschädigung kennenlernen, auch dann, wenn sie meinem Selbstideal nicht gefiel. Wenn sich zeigen sollte, dass die hehren Ideale unserer Jugendrevolution womöglich nur kindliche Illusionen wären, selbst gemalte Bildchen der Welt, die uns davor schützen sollten, eine echte Welt zu betreten, die mit tausend Schätzen zu unseren Füßen lag, ... dann wollte ich mich mit dieser Illusion sofort vom Felsen stürzen, ... egal wo und wie ich unten ankäme.
Entschlossen fragte ich die Männer in der Selbsthilfegruppe, die ausschließlich aus Männern bestand, ob ich für eine Weile in ihre Gruppe kommen dürfte. Ich müsste etwas Lebenswichtiges für mich überprüfen, nämlich, ob ich im Grunde ein JUNKIE sei. Ich erklärte, dass ich über die Theorien zur psychogenen Sucht auf die Idee gekommen sei, dass ich, fast zwanzig Jahre lang, vielleicht nur deshalb in extremen ideologischen Gruppen gedacht, gelebt, geliebt und revoluzzert hätte, weil ich einfach so depressiv und unfähig wäre, der Welt, so wie sie ist, auch nur das Geringste abzugewinnen. Die Weltveränderung als „Junk-Idee“ zu sehen, das verstanden die erfahrenen Männer durchaus. Sie nahmen mich auf.
Gemeinsam krochen wir durch eine schwere Zeit. Japsend und keuchend, tieftraurig und zuweilen grässlich einsam, lernte ich, mit meinen neuen Brüdern das Leben gerade so zu lieben, wie es sich in jedem einzelnen Moment darstellt. Ich verließ die Welt des Schwarz-Weißen und damit auch den unlösbaren Konflikt zwischen MIR und DEN ANDEREN. Begeistert erkannte ich den Sinn der Toleranz. Genau wie meine Brüder lebte ich bald auf, denn wir schafften es, die Wunder des Lebens mit respektvoller Demut zu betrachten. Natürlich brauchte ich nicht wirklich eine ganz Andere zu werden. Aus den moralischen Schwertern dogmatischer Ideale wurden einfach nur Ziele. Meine ethischen Werte durfte ich alle behalten, denn sie waren nicht das Problem. Aber von der rechthaberischen Arroganz meiner Mutter, die sich in der von den Bildungsbürgern rhetorisch ausgefeilten Gewohnheit, grenzüberschreitende Wertungen als das Recht auf eine eigene Meinung darzustellen, musste ich mich distanzieren. Weil ich solch eine Profilierung wirklich nicht brauchte, wollte ich das übertriebene Werten in meinem Denkstil stark einschränken. Das Bewerten anderer Menschen war

übrigens auch ein typisches Merkmal der moralischen Eiferer in unserer Politszene. Auch wir erkannten das Element der Grenzüberschreitung einfach nicht. Ich fand, dass zu meinem echt warmen Herzen eine freundliche, undogmatische Haltung viel besser passte. Mit Humor und Erleichterung freute ich mich darauf, dass ich von nun an unter den ehemals allzu strengen Augen meiner eigenen moralischen „Polizei" unperfekt, frech, lustig und widersprüchlich sein dürfte. Es dauerte nur einen Sommer, bis ich in einem geistigen Weg die Nelly gefunden hatte, die mir bald in einer liebevollen und lustorientierten Weise den Weg zeigen würde, der vor mir lag.
Nun, bevor sich neue Konzepte im echten Leben verwirklicht haben, dauert es natürlich ein bisschen länger als einen Sommer. Gehen wir noch ein Stück.

Die Auseinandersetzung mit dem Narzissmus wurde ein Thema, das mich noch viele Jahre herausforderte. Weil unsere Gesellschaft in ihren Vorstellungen darüber, wie ein Mensch „nach oben" käme, ausschließlich narzisstische Kriterien anerkennt, könnte es leicht in einen Aufruf zur Selbstzerstörung entgleiten, wenn man den Narzissmus radikal infrage stellt. Weil ich ja gerade gelernt hatte, meine Neigung zu einem kompromisslosen Denkstil mit Liebenswürdigkeiten anzureichern, betrieb ich meine Selbstreinigung mit relativ großem Humor. Trotzdem muss ich nach dem Schock der Trennung von Richie und in der Entkräftung, die ich in der Beziehung mit Jiry erlebte, eine Ausstrahlung gehabt haben, die Neidern und Feinden ankündigte, dass bald eine Zeit käme, in der man es ruhig versuchen könnte, die baumstarke Nelly einfach mal umzuhauen. So kam es zur zweiten Variable der großen Krise.

Der Verrat von Frauen

Natürlich gehört das Thema meines idealisierten Frauenbilds eigentlich ebenfalls zum ersten Punkt, der Abhandlung über Ideale. Ich will es aber deshalb besonders herausheben, weil die schmerzhaften Ereignisse der Wendezeit ein bleibendes Trauma in mir verursachten. Mein Frauenbild in den feministisch geprägten Jahren hatte meine ganze politische Lebenshaltung und meine Identität geprägt. Ich war auf die Heroisierung der Frau in einer regelrecht abhängigen Weise angewiesen. Vielleicht brauchte ich die schweren Prügel, bis ich endlich dazu bereit war, mich von dem kindlichen Lieblingskonzept von „der Frau als dem besseren Menschen" zu lösen, das auch meinen eigenen Narzissmus bisher honigsüß genährt hatte.

Aus meinen letzten Briefen über Richie hattest Du schon erfahren, warum ich meine langjährige Frauengruppe, die auch den Kreis meiner besten Freundinnen darstellte, verlassen musste. Wenig später verdichteten sich die Ereignisse Schlag auf Schlag. Um sie zu verstehen, muss man wissen, dass sich in den frühen 90er-Jahren der Zeitgeist stark verändert hatte. Die bürgerliche Gesellschaft hatte sich an die Alternativkultur gewöhnt und benutzte sie gerne als Quelle für eigene Trends, die sich gut vermarkten ließen. Rebellische Helden wurden für eine Profilierung der Linken nicht mehr gebraucht. Das provokative Bild des einstigen Bürgerschrecks war inzwischen eine Lieblingsverkleidung für Faschingsveranstaltungen geworden. Integration war angesagt. Die Jugend, die nach uns auf die Arbeitsmärkte drängte, grenzte sich verächtlich von uns ab. Unsere große soziale Idee war völlig OUT. Coolsein war angesagt, „ich bin auf mir drauf", verkündeten die jungen Gewinner lässig, während sie Rivalen mit Methoden beseitigten, die in unserer Subkultur moralisch als absolut verwerflich galten. Geld machen, Karriere machen, hießen die neuen Ziele, die sich kaum mehr von den bürgerlichen Lebensplänen abhoben, die uns schon an unseren Eltern sehr langweilig erschienen. Die Jugend nach uns war in großem Wohlstand aufgewachsen. Als verwöhnte Kinder beanspruchten sie ein Recht auf grenzenlosen Konsum, der von unserer Jugendkultur als „Verrat am Leben“ angeprangert worden war. Es kam den Jungen entgegen, dass die Gesellschaft uns verzottelten Altaktivisten nur noch die LOSER nannte. Für sie waren wir nutzlose Fossile, die lästig im Wege standen.

Unter den politischen Frauen in Trier hatten die studierenden Lesben die Macht übernommen. Das lag einfach daran, dass sich viele der heterosexuellen Gründerfrauen zur Gründung einer eigenen Familie entschlossen hatten. Sie verloren das Interesse an weiblicher Utopie, wenn sie sich der Doppelbelastung von Mutterschaft und Berufstätigkeit stellen mussten oder alleinerziehend waren. Erschöpft waren wir Frauen der ersten Generation alle. Wir hatten zu spät bemerkt, wie sehr wir uns mit dem Anspruch überforderten, uns die Verantwortlichkeiten der Frauenrolle und der Männerrolle gleichzeitig auf unsere Schultern zu laden. Die Lesben, die nicht in dieser Doppelverantwortung standen, hatten das längere Durchhaltevermögen in den Projekten. Leider konnten sie solche Frauen wie mich, also eher seltene Exemplare, die offen dazu standen, im sexuellen Vergnügen mit Männern politische Utopien zu suchen, nicht ausstehen. Dagegen schufen sie Begriffe wie „Zwangsheterosexualität“ und diskutierten die Aufforderung an heterosexuelle Frauen, es sich aus politischer Korrektheit heraus zu verkneifen, weiterhin den Kerlen hinterherzulaufen. Da könnten es Frauen untereinander doch viel schöner haben. Ich erinnere mich, dass wir Frauen aus meiner ehemaligen Frauengruppe sehr ernsthaft versuchten, dem Appell zu folgen und uns probeweise zusammen in die Betten legten. Schließlich waren wir allerbeste Freundinnen, da fehlte nur ein kleiner Ruck, ... und schon wären wir politisch „rein“. Nun ja, interessant waren unsere Experimente durchaus. Auch nett. Aber letztlich trieb uns doch irgendeine „Schwachstelle“ in die Arme der Männer zurück.

Ich gebe zu, dass ich tatsächlich wenig Interesse an Frauen hatte, deren Haare am Hinterkopf so seltsam hochgeschoren waren. Ich kannte diese Haartracht eher von alten Fotos, auf denen arme kleine Jungen mit Kniestrümpfen und kurzen Hosen strammstehen mussten. Sollte die große Disziplin in der Haartracht nicht schon immer die Bereitschaft symbolisieren, wie sich brave Menschen in die Normen einer autoritären Gesellschaft zu fügen haben? Wieso braucht eine Frauenbewegung solche Frisuren?

Auch kritisierte ich bei politischen Frauentreffen häufiger interne Strukturen, in denen, meiner Wahrnehmung nach, ein Machtgebaren des Patriarchats kopiert wurde, das die Frauenbewegung wenig attraktiv und unglaubwürdig erscheinen ließ. Was glaubst Du, wie schnell mich diese jungen, ehrgeizigen Frauen ablehnten, die mit stählernen Ellenbogen ins Frauenfeld einfielen, um dort Erfolg zu haben.

Ich, die anfänglich geliebte Kultfigur der politischen Aufbruchsjahre, war von Mitfrauen viele Jahre lang ein freundliches, empathisches Miteinander gewöhnt, das in der Wendezeit schleichend außer Mode kam. Weil ich, als sehr autonomer Mensch, die modischen Trends in der Szene wenig beachtete, sah ich die wachsende Gefahr für meine Person nicht rechtzeitig kommen. Sie erschien in Gestalt zweier Kolleginnen, die sich verbündet hatten, um mich mit einer breit angelegten Mobbingattacke von meinem Arbeitsplatz zu entfernen. Die eine wollte sich, in unpassender Weise, eine Arbeitsstelle erkämpfen, wobei sie mich hinderlich fand, die andere hasste mich aus einer privaten, jedoch unbegründeten Eifersucht heraus. Beide Frauen waren klug, persönlich-

keitsstark und ungehemmt intrigant. Von der Bösartigkeit ihres Vorgehens war ich derart schockiert, dass ich meine heißgeliebte Arbeit aufgab, anstatt zu kämpfen. Das wurde mir als Schwäche ausgelegt und ermutigte weitere, verborgene Konkurrentinnen, das in ihnen aufgestaute Böse an mir auszulassen. Jetzt erkannte ich die Falle des Narzissmus überdeutlich. Genauso undifferenziert, wie ich vorher als erfolgsgewohnte, narzisstische Prinzessin auf irgendwelche Sockel gehoben wurde, verursachte ich bei denselben Ko-Narzissten eine helle Freude dadurch, dass sie mich endlich einmal durch den Dreck ziehen durften.
Ich hoffe, dass Du jetzt verstehst, was ich mit den Themen „Narzissmus" und „Ko-Narzissmus" meine, dann brauche ich diese Begriffe nicht weiter zu erklären.
Tatsächlich verfolgten mich, aus meiner eigenen, ehemaligen Heimat der politischen Frauen heraus, über einen Zeitraum von fast zwanzig Jahren abstruse Geschichten, die sich beruflich so rufschädigend auswirken sollten, dass man den Begriff der „üblen Nachrede" durch den einer „Vernichtungskampagne" ersetzen muss. Glücklicherweise hatte ich bis zu dem Zeitpunkt schon so lange seriöse und gute Arbeit mit Menschen gemacht, dass mir, trotz der massiven Mobbingkampagne, genug Möglichkeiten blieben, kontinuierlich weiterzuarbeiten. Meine Klienten vertrauten mir sehr und empfahlen mich über Mundpropaganda weiter. Keine der „Täterfrauen" setzte sich jemals persönlich mit mir auseinander. Ich weiß bei den bösartigen Legenden über meine Person, die mir auch noch nach zwanzig Jahren gelegentlich zugetragen werden, weder, wer sie ins Leben gesetzt hat, noch, wer das Interesse daran hat, sie weiterhin zu nähren. Von den Frauen, die sich später mit Legenden über mich in der Frauenszene wichtigmachten, kennt mich keine persönlich. Generationen von neuen Frauen sind in der langen Zeit durch die Frauenprojekte hindurchgezogen. Ich war jedenfalls nicht mehr dabei. Ich war DRAUSSEN!

Wie kann eine MUTTERTOCHTER Opfer von Frauen werden?

Sparen wir es uns, weitere kostbare Lebenszeit auf die Suche nach Motiven in der Psyche von ekelhaften Frauen zu verwenden. Erklären wir die Tatmotive nicht über die anonymen ANDEREN, sondern bleiben wir bei meinen „Eigenanteilen". Wie konnte ich ein Opfer von Frauen werden?
Nehmen wir zuerst das Ideal der Machtfreiheit. Es schwirrte in seiner Urform als ein anarchistisches Ideal in meinem Über-Ich herum, abgeleitet aus Gesprächen in meinem Elternhaus. Dann fand ich es in der Anarchoszene wieder: „Keine Macht für niemand!", die Sehnsucht unserer Jugendrevolte. Erst viel später lernte ich, die Frage der Macht sachlich zu betrachten. Psychologisch. Ich erfuhr, dass Menschen nie wirklich ganz aus Machstrukturen austreten können. Macht ist ein dynamischer Prozess, der überall dort auftaucht, wo Menschen Beziehungen führen. Wenn die einen auf das Ausfüllen eines Machtraums verzichten, wird es sofort andere geben, die in den Machtraum eintreten. Macht ist ein Instrument, das an sich nicht verwerflich ist. Es kommt eher darauf an, was man damit macht. Doch so konnte ich in der Wendezeit noch nicht denken. Ich konnte gegen Frauen einfach nicht kämpfen. Wenn mich eine Frau feindselig schädigte, zog ich mich in tiefer moralischer Entrüstung zurück, um sie nicht angreifen zu müssen. Dadurch eröffnete ich den Machtraum, den meine Feinde aggressiv nutzten. Es war denen vollkommen egal, wie beleidigt oder verletzt ich war, Hauptsache, ICH war WEG! Und sie machten sich auch hinterher keine Gedanken über mich, geschweige denn reuige, denn nun war ich ja weg. Wegen der Frage, wes-

halb ich Frauen gegenüber so wehrlos war, begab ich mich schon nach den ersten „Verratsgeschichten“ durch meine Freundinnen in Therapie. Und während des beruflichen Mobbingdramas hatte ich mich ebenfalls in Supervision begeben, um die Situation vielleicht doch noch zu retten. Dort konnte ich zwar die Quellen meiner Schwächen erkennen, aber ich bekam die Waffen trotzdem nicht schnell genug hoch.

Die Wurzel liegt in der Liebe zu meiner Mutter. Im Rahmen meiner Auseinandersetzung mit Sucht und Narzissmus konnte ich ihr verfälschtes Frauenbild zwar entmystifizieren, aber mein Gefühl konnte der Einsicht nur langsam folgen. Solange ich meine Mutter noch in einer ungestörten Idealisierung lieben durfte, liebte ich das weibliche Geschlecht von ganzem Herzen und mit einer tiefen Treue. Ich war eine hilfsbereite, durchweg ehrliche Freundin, auf deren bedingungslose Solidarität sich jede Frau verlassen konnte. Weil ich meine Mutter nicht verraten wollte, musste ich an ihrer plakativen Aussage festhalten, dass Frauen die besseren Menschen seien, die in der Lage wären, alleine durch ihre Moral und ihr Sozialverhalten eine neue, bessere Welt zu erschaffen. Schweren Herzens erkannte ich erst in meiner Opferrolle, wie hemmungslos böse Frauen sein können, wenn sie Macht besitzen. Im lustvollen Spiel mit der Macht verhalten sie sich, aufgrund ihres Geschlechts, keineswegs moralisch verantwortlicher als Männer. Weil ich, parteiisch eingenommen für meine Mutter, gelernt hatte, meinen Vater aufgrund seines Geschlechts als Täter zu sehen, hatte ich zu keiner Zeit Schwierigkeiten damit, gegen Männer zu kämpfen. In meiner töchterlichen Wut hatten Männer meine aggressive Gegenwehr unhinterfragt, also „ohnehin“, verdient. So sah ich die Welt jedenfalls bis zur Zeit meiner Wende. Die Wut auf Frauen konnte ich auch noch lange Zeit danach nur gegen mich selbst richten. Das machte mich im Feld weiblicher Intrigen zur Verliererin.

Du kannst Dir bestimmt leicht vorstellen, dass mir das Verlassen meiner Heimat unter den Frauen unendlich schwerfiel. Ich hatte tatsächlich gar nicht vor, die Frauenszene endgültig hinter mir zu lassen. Eher wollte ich eine Pause machen, um meine Gefühle zu ordnen. Danach hätte ich gerne wieder das Feld der Auseinandersetzung über die Fragen des Feminismus betreten. Die Probleme der weiblichen Identität interessierten mich noch immer brennend in ihrer politischen Relevanz, in den alltäglichen Kämpfen um echte Gleichberechtigung in einer Partnerschaft und in der Sexualität.
Doch als mein Geist sich wieder erhob, um die mutige Nelly mit neuer Klarheit zurück aufs Frauenfeld zu schieben, begegnete ich den Symptomen meiner Traumatisierung. Egal, was ich auch versuchte, beispielsweise einen Frauenfilm, ein Frauenfest, ein von Frauen vorgeführtes Theaterstück, eine frauenspezifische Kulturveranstaltung, ein Frauenworkshop, eine Frauendiskussionsrunde, ... jedes Mal vermiesten mir heftige Symptome jede Freude an der Veranstaltung. Ich bekam schwere Beklemmungen und Atemnot, bis hin zu ausgewachsenen Panikattacken. Eine Weile kämpfte ich noch, dann gab ich auf. Mein kämpferisches Frauenleben unter der Fahne des Feminismus, so wie ich ihn bis dahin verstanden hatte, war zu Ende.

Autonomie rettet meine Würde, rettet mich

Du wirst Dich fragen, wie ich diese harte Zeit überstehen konnte, in der ich gleichzeitig mit der Entmystifizierung meines Paradiesvogels Jiry zu kämpfen hatte. Der hatte es mit mir allerdings auch nicht leicht. Er war damals ja der mir am nächten stehende

Mensch, der die vielen Tränen, die ich in den Jahren meiner zunehmenden Isolation vergoss, mit mir aushalten musste. Im Grunde hatte Jiry für seinen „kleinen Jiry“ und sich doch nur eine allmächtige Mutter gesucht, die die beiden auf einmal und für immer nähren sollte. Nun lag er bei mir jedoch völlig falsch, denn ich lehnte diese Rolle vehement ab. Da zeigte Jiry mir mit seinem antisozialen Fluchtverhalten, wie wenig er seinerseits mit einer Opferrolle, in der ich die Schwache wäre, anfangen konnte. Weil er mich aber trotzdem auch liebte, litt er mit mir unter meinem Schmerz. Gerade deshalb fühlte er sich sofort ganz furchtbar schwach, wenn mein Leiden ihn zur solidarischen Unterstützung aufrief. Auf der Suche nach Kraft ging er sogleich bei seinen Kumpels vorbei, um sich etwas Mut „reinzuziehen“. Da konnte es leicht vorkommen, dass er mich das eine oder andere Mal gänzlich vergaß. Dann war ich sehr alleine. Ja, und genau auf diese Weise trug er zu meinem Überleben bei!

In der Beziehung mit dem bärenstarken Richie war ich es nämlich, die ihre „kleine Nelly“ allzu oft an der Hand hatte, während Richie, der Retter, uns auf seine starken Arme hob, um das Böse um uns herum entschlossen niederzutrampeln. Ich fand es damals immer ziemlich schön, auf diese Weise gerettet zu werden. Doch das konnte ich mir mit Jiry endgültig abschminken. Noch schlimmer, aus dem Rollenwechsel heraus musste ich mir auch noch eingestehen, wie egozentrisch ich in der Beziehung mit Richie selbst oft war. So musste und wollte ich die Lust am Opferverhalten weitgehend in mir tilgen.
Und wer sollte mir jetzt helfen, wo ich so vollkommen alleine in der Welt herumstand? Niemand! Da stand ich alleine auf, rief nicht mehr um Hilfe und weinte nur noch gelegentlich. Ich fühlte eine Kraft in mir, die mich retten würde. Dann „ergriff“ ich endlich meine WÜRDE und schrie in einem großen Aufbäumen wilde Lieder und kühne Gedanken in die Welt hinaus. Immer wieder winkte ich zum Himmel und bat meine tote Mutter um Hilfe. Jetzt, wo sie nicht mehr meine Heldin war, wurde sie endlich zu meiner Mama. Und sie hat mich nicht vergessen. Tatsächlich ist sie es, die ihr Kind zuverlässig am Leben hält. Sie hilft mir auf, wenn ich falle und gibt mir Mut, wenn er mir fehlt. Sie gibt mir die Wärme, die ich brauche, wie jeder kleine Mensch, der leben, lieben und wachsen will.

So, mein lieber Freund, dieser Brief war ja nun wirklich nicht besonders unterhaltsam. Deshalb freue ich mich auch schon sehr auf meinen nächsten. Da darf ich Dir mit neuem Schwung die „FREIE LIEBE 3“ vorstellen, eine neue Freundin, mit der ich zehn erlebnisreiche Jahre teilte, und endlich, endlich meine jüngste Tochter, Jessica.
Der ungewöhnlich kühne „Frauenentwurf“, den meine Tochter heute lebt, wurde offensichtlich von den Utopien beeinflusst, die ich mit meiner Freundin ins Leben rief. Also sei gespannt, bald steht mein Leben in seiner besten Blüte. Und inspiriert ein wunderbares Kind.

Für heute tiefen Dank und einen zarten Kuss.

Nelly

Brief - Oktober 2007

Meine Wege zur „FREIEN LIEBE 3“

Lieber Freund!

Der Herbst ist da. Unserer auch. Je älter ich werde, umso mehr genieße ich das Meer an Farben, das uns diese Jahreszeit schenkt. Ich nenne sie Feuerfarben. Für mich stehen sie für Leidenschaftlichkeit, für wilde Freude am Leben. Und da wollen wir doch hin, ... Du auf Deine Weise, ... ich auf meine Weise, ... oder nicht?
Mich freut es jedenfalls sehr, im Rausch der Feuerfarben über den letzten Teil des Themas der FREIEN LIEBE berichten zu dürfen, den ich noch mit Dir teilen möchte. Du hast die „Freie Liebe 3“ zwar schon mit mir erlebt, aber leider nicht verstanden. Deshalb schrieb ich Dir ein paar Zeilen hinterher. Und noch ein paar ... und noch ... und noch ...

Die „Freie Liebe 3“ habe ich erfunden. Sie ist ein autonomes „Nelly-Konstrukt“, mein Experiment, meine erotische Revolution, mein Frieden.

Meine Wege zur FREIEN LIEBE 3

Die Revolution meiner Brüder und Schwestern war gescheitert. Wären unsere Helden nicht freiwillig in alle Richtungen weggekippt, hätten wir uns fast noch lächerlich gemacht. Unsere moralsaure Selbstkasteiung, die Rigidität im Schwingen der Peitsche absoluter Ideale und unser grenzüberschreitender Kontrollzwang, in dem wir uns erlaubten, die lieben Mitmenschen fortlaufend zu bewerten, hatte uns zu einer unattraktiven Randerscheinung der Gesellschaft gemacht. Den lustorientierten Charme unserer frühen Jahre hatten wir endgültig verloren. Bei den wenigen, die durchhielten und weitermachten, dazu gehöre auch ich, schimmerten neurotische Motive allzu deutlich durch die abgelatschten politischen Argumente hindurch. Kein Wunder, dass uns keiner mehr den Heiligenschein polieren wollte. Im gewohnten Sog des Narzissmus musste man wirklich aufpassen, nicht der Verführung zu erliegen, auf eine Billigvariante der Dornenkrone umzusteigen (einer von uns schämte sich nicht einmal dafür, sich Jesus zu nennen!) oder unter einen der vielfältig angebotenen Faschingshüte der Esoterikwelle zu kriechen. Die Zukunft schien für eine weitere Runde gesichert, wenn man sich in die große Schar der Handaufleger, Wahrsager und Horoskopleser einreihte. Wem das noch immer nicht reichte, kürte sich frech zum Medium oder nannte sich mal eben Geistheiler. Du siehst, wenn es um die Erhaltung des eigenen Narzissmus geht, fällt den Menschen in jeder Krise schnell etwas Neues ein. Während wir verstaubten Revolutionäre irgendwie immer auch Hungerleider waren, verdienten die neuen Gurus mit ihren fragwürdigen Hobbys gutes Geld. Der erstaunliche Erfolg der unseriösen Heiler hat sich zu einem riesigen Wirtschaftszweig entwickelt, der bis heute ungebrochen boomt.
Nun, Du ahnst schon, dass meine Sympathien nicht in diese Richtung gehen. Mir kommt keiner dieser Hüte auf den Kopf! Ich denke auch, dass Du schon lange bemerkt hast, wie ich in den Jahren, mit Anfang 40, zunehmend in ein soziales und politisches AUS zu geraten schien. Von der bürgerlichen Gesellschaft hatte ich mich ja

freiwillig und in wohlüberlegter Überzeugung verabschiedet und aus der alternativen Szene wurde ich mehr und weniger ausgegrenzt. Im Gegensatz zu meinem Ruf, der mich damals als unschlagbare Kämpfernatur beschrieb, hatten mich die Schwächen meiner traumatischen Wunden zu einer unfreiwilligen Einzelgängerin gemacht.

Und genau da verdankte ich es wiederum meinen Ahnen und meiner Mutter, dass es mir dennoch gelang, neue Ziele zu finden, die meinem Leben wieder einen Sinn gaben. Schmerzvoll musste ich zwar anerkennen, dass ich letztlich nie mehr irgendwo wirklich DAZUGEHÖREN würde, aber trotzdem war ich mir meiner politischen Identität sicher. Ich brauchte und wollte den traditionellen Feminismus nicht mehr. Trotzdem wollte ich mein Frauenleben weiterhin zu einem Experiment machen und forschen, nachdenken, ausleben, was immer da käme, wenn es nur der Freiheit der Menschen und der Gleichstellung der Frau diente. Ja, und an der Stelle kamen sogar meine Engel zurück. Zärtlich küssten und streichelten sie mich, damit ich nicht so alleine wäre. Sie trockneten meine Tränen, hoben mich hoch und zeigten mir den Weg.

Doch bevor ich Dir das gesamte Konzept der „Freien Liebe 3“ vorstellen kann, muss ich noch einige Bausteine beschreiben, die die Grundlagen dieser Idee ausmachten. Sie formten darin neue Motive und bildeten den Boden der künftigen Lernerfahrungen.

Beginnen wir wieder mit dem Thema der traumatischen Wunden und der Notwendigkeit, sie von ihrer destruktiven Kraft zu befreien. Selbstheilung war angesagt. Die Wiederherstellung meines Wachstums, der bedingungslose Schutz meiner Würde. Kein Opfer mehr sein. Keine Realität ist absolut, denn sie ist nur eine Variable beliebiger Sichtweisen, also subjektiv. Wo uns ein dunkler Schatten trifft, scheint ganz in der Nähe auch die Sonne. Um sie zu finden, braucht man eigentlich nur Bewegung in die Blickwinkel zu bringen. Also los mit dem ersten Baustein.

Ich werde neue Blickwinkel suchen

Nachdem Florian und Richie böse auf meinem Zwang herumgeritten waren, dem Ideal der freien Liebe treu zu bleiben, nachdem sie mich damit gründlich ausgebeutet und ihren Narzissmus auf meine Kosten gepflegt hatten, hatte ich die Nase von diesem Thema voll. In der qualvollen Endphase der Beziehung zu Richie suchte ich eher eine neue Liebe, eine neue Zukunft und neue Hoffnung. All das schien mir der liebe Uwe zu schenken, ein aufrechter Anarchist, Architekt und Mitbegründer des Projekts „Burg Lutter“. Mit ihm hatte sich eine tatkräftige Gruppe radikaler Anarchos innerhalb von nur wenigen Jahren eine ganze Burg „erarbeitet“, auf der sie in Selbstversorgung lebten. Sie waren fleißige, politisch glaubwürdige Leute. Allerdings steckten die Männer und Frauen dieser Gruppe noch in frühen Stadien des Geschlechterkampfes fest. Ihr Eros ging in ständigen Rechthabereien unter, die, mit Riesenschwertern der Moral, im Nahkampf ausgetragen wurden. Wen wundert es da, weshalb in den vielen Jahren, in denen ich das Projekt kannte, kein einziges Kind geboren wurde? Uwe, der Altpatriarch und Vordenker dieser Gruppe, wollte mich gerne zu seiner „Burgfrau“ machen. Trotz meiner großen Sehnsucht, mein ganzes Leben in Gemeinschaft zu verbringen, zögerte ich. In den humorlosen, scharf und intolerant geführten Dauerdebatten, kam selten ein Thema vor, das erneut ein revolutionäres Feuer in mir entfachen wollte. Trotzdem waren Uwe und ich ein geistig produktives Paar. Wir schrieben uns viele

Briefe und besuchten uns gegenseitig, bis der Tag kam, an dem sich abrupt ein Problem zwischen uns schob, meine Unfähigkeit, mich innerlich von geliebten Menschen zu lösen. Die absonderlichen Symptome, die ich, nach einer Trennung, um den Exmann herum entwickle, hatte ich auch schon nach Florian, aber was sie wirklich bedeuten, wurde mir erst später bewusst. Es ist der Zwang, Männer, die ich einmal tief und in einer abhängigen Weise geliebt habe, FÜR IMMER LIEBEN ZU MÜSSEN. Das Gefühl hört einfach nicht auf. Auch nicht nach Jahren, und auch nicht dann, wenn ich längst wieder eine neue Beziehung habe, in der ich den neuen Mann dann wiederum GENAUSO treu liebe wie seine Vorgänger. Oberpeinlich ist daran, dass ich mit diesen Gefühlen auch NACH einer Trennung genauso verletzbar und dazu noch in unpassender Weise eifersüchtig bin, so, als wäre ich noch mit dem Mann zusammen. Manchmal ist der Schmerz nach der Trennung sogar noch schlimmer als vorher. Weil ich ja DRAUSSEN bin bei dem Mann, während alle anderen, so fühle ich das, noch „mitspielen" dürfen. Mein Trauma lebt.

Wetten, dass Du genau gemerkt hast, wie wach alle meine „Liebesromanzen" noch in mir glühen, während die Wirklichkeit all ihre Feuer schon längst erstickt hat? Deshalb können wir hier ruhig eine weitere Hypothese mit aufnehmen, dass ich mich vielleicht auch deshalb für die FREIE LIEBE entscheiden MUSSTE, damit ich JEDEM der Männer, die ich einmal geliebt habe, treubleiben konnte.

Es gab also in meiner Zeit mit Uwe zwischen Richie und mir noch ein „Endflackern" in unseren Liebeskämpfen. Um mal eben seine Macht über mich zu überprüfen, bot der schlaue Richie Uwe bei einem gemeinsamen Frühstück ein „Verratsspielchen" der gewohnten Art an. Uwe konnte die Aufforderung zum Verrat, in Richies Vorschlag zu einem gemeinsamen Projekt (ohne mich!), natürlich nicht ohne weiteres bemerken und freute sich harmlos auf den neuen „Freund". Da verglühte meine junge Liebe zur selben Stunde in einer zischenden Flamme und fiel als klägliches Aschenteilchen vor Uwes Füße. Nach dem Überwinden des ersten Schocks retteten Uwe und ich wenigstens noch unsere gute Freundschaft.

Politische Gesprächspartner suchen

Die Gespräche mit Uwe, der ein gebildeter und scharfer Denker ist, halfen mir, in der Zeit der Neuorientierung für mich herauszufinden, welche Inhalte ich, in meiner künftigen Identität als politischer Mensch, beibehalten wollte, und welche nicht. Besonders gerne diskutierten wir über politisch-psychologische Themen. Zum Beispiel über die Frage der „Begrenzung politischer Utopien durch bewusste und unbewusste Ängste", die jeder von uns, durch seine biografischen Wunden bedingt, in die politische Arbeit hineinmischt.
So kam es, dass Uwe mir auch von der aggressiven Abwehr seiner Gruppe gegen ein Projekt erzählte, das damals noch „Projekt MEIGA" hieß. Da er das Projekt selbst schon mit einer neutralen Offenheit besucht hatte, konnte er mir schildern, dass dort Menschen im selben Alter wie wir, mit derselben Projekterfahrung und mit denselben politischen Idealen, eben NICHT aufgehört hatten, mit dem Thema der „Freien Liebe" zu experimentieren. Mich wunderte das schon sehr, denn ich kannte in meinem Umfeld niemanden mehr, der noch daran glaubte, dass durch freie Liebe je etwas anderes als Chaos und Leid entstehen könnte. Uwe erzählte jedoch von intelligenten, starken

Frauen, die im Projekt das Sagen hätten, obwohl MEIGA in der Öffentlichkeit nur als die Sekte eines einzigen Vordenkers, DIETER DUHM, beschrieben wurde. Noch mehr als dessen missionarische Thesen interessierte mich persönlich, was starke Frauen an ein Projekt bindet, das in den Medien und in der Linken Bewegung als eine autoritär und patriarchal strukturierte, frauenfeindliche Sex-Sekte verschrien war. Zuerst besorgte ich mir die Literatur des Projekts. Ich wollte prüfen, ob ich dort glaubwürdige Gesprächspartner finden könnte, die mir gute Argumente dafür liefern würden, weshalb das Prinzip Hoffnung im Thema der freien Liebe vielleicht doch nicht gestorben wäre. Persönlich war ich ja von dem Thema völlig frustriert und entmutigt, doch die politische Idee lockte mich sehr, dass es nur ein „privater Schatten" sein könnte, der auf mir lag, und irgendwo anders schiene die Sonne!

Wenn das Überwinden der Eifersucht und des mit ihr verbundenen Schmerzerlebens grundsätzlich durch einen Vorgang des LERNENS machbar wäre, ... beispielsweise, weil die Fähigkeit, in Liebesfragen zu lernen, als eine Funktion des menschlichen Grundbedürfnisses nach Wachstum und Entwicklung in uns alle biologisch eingebaut sein könnte (das ist eine Hypothese, die die Gründungsgruppe des Projekts MEIGA zum Aufbruch in ihr Experiment geführt hatte), ... und wenn mir die MEIGA-Menschen nach zehn Jahren ihres Übens an dem Thema glaubhaft beweisen könnten, dass sie den Lernschritt selbst inzwischen vollzogen hätten, ... dann wäre ich sofort dabei, mich in diese schwere Lernaufgabe zu stürzen. Ich möchte nämlich zehn Mal lieber ein politischer Mensch sein, als ein resignierter Neurotiker!

Nachdem ich das Buch der MEIGA-Frauen, „Rettet den Sex", gründlich durchforscht hatte, war ich zwar interessiert, aber nicht überzeugt. Deshalb schrieb ich den Frauen eine differenzierte Kritik zu ihrem Buch. Ich erwartete natürlich eine Antwort auf mein Kommunikationsangebot, denn im Anhang des Buches war zu lesen, dass die MEIGA-Menschen daran interessiert seien, sich mit allen anderen Menschen auszutauschen, die in ähnlichen Idealen unterwegs wären wie sie. Vernetzung und offene Kommunikation waren ja damals die wichtigsten Instrumente unserer politischen Gegenkultur. Aber keine der Frauen antwortete mir. Stattdessen bekam ich einen Brief von einem Mann, der mich ins Projekt einlud, ULF. Diese Geschichte, eine wirklich schöne Geschichte, erzählte ich Dir später. Für den „Baustein 1" ist es nur wichtig, dass ich dieses Projekt, das seit 1991 „ZEGG" (Zentrum für Experimentelle Gesellschafts-Gestaltung) heißt, über einen Zeitraum von etwa acht Jahren regelmäßig besuchte. Ich genoss die helle, heitere Ästhetik auf dem Gelände, die kultivierten Gäste mit ihrem hohen Bildungsniveau, die Seminarangebote und Vorträge, von denen ich mich geistig und körperlich fördern ließ. Ich muss Dir sicher nicht erklären, wieso es sehr dumm und selbstzerstörerisch von mir gewesen wäre, wenn ich meine erotische Selbsterfahrung in meinem Eisenbahnerdorf in die Kneipe nebenan verlegt hätte. Natürlich brauchen riskante Lernerfahrungen einen geschützten Raum. Im ZEGG konnte ich sicher sein, dass mein Vertrauen und mein Mut, mit dem ich die körperliche Liebe zu einer heiligen Handlung erhebe, verstanden werden. Sexuell aktive Frauen dürfen sich dort sicher sein, dass ihre Würde und ihre körperliche Unversehrtheit kollektiv geschützt werden. Trotzdem trägt jeder Gast die Verantwortung für seine sexuellen Aktivitäten alleine. Er bleibt völlig frei darin, zu entscheiden, wo er seine Grenzen sehen möchte. Was die Frage der Verführung von Gästen betrifft, gibt es im ZEGG durchaus, nämlich nicht mehr und nicht weniger als in allen anderen ideologischen Gruppen, ein klassisches Element des Ko-Narzissmus. Dieser Ko-Narzissmus beschreibt Menschen, die gar nichts dagegen einzuwenden haben, sich mit Menschen in Autoritätssystemen „nach oben“ zu vögeln, um über diesen Weg in die narzisstisch interessante Führungsclique zu gelangen. Klar finden wir auch den Gegenpol dazu, die Eitelkeit der Narzissten, die solch eine erotische Werbung gerne haben. Egal wie, mir erscheint die hysterische Abneigung der Linken gegen dieses Projekt übertrieben, peinlich intolerant und gespickt mit platten Klischees und übler Nachrede.

Ich selbst bin den Menschen im Projekt dankbar dafür, dass sie über viele Jahre hinweg ihre Kraft in ein Gelände stecken, das von anderen in Liebesfragen genutzt werden kann. Inwieweit die Bewohner selbst in diversen Abhängigkeiten stecken, ist eine andere Frage. In seiner Binnenstruktur ist das Projekt durchaus eine ideologische Gruppe, die eben genau die Schwächen aufweist, die ich Dir in einem meiner ersten Briefe zum Thema Ideologie aufgezählt habe. Es geht um den Punkt, wieso es in abgeschlossenen Inselgemeinschaften leicht zu Realitätsverslust und Größenwahn kommen kann, der dann auch den intelligentesten Gedanken gutwilliger Menschen ihre politische Relevanz nimmt.

Ich persönlich sah in dem Ideal der freien Liebe nur unter der Bedingung eine politische Relevanz, wenn das Konstrukt in der Lage wäre, Menschen auch außerhalb ideologischer Gemeinschaften zu bereichern. Meine Nachbarn zum Beispiel, oder meinen Busfahrer und meinen Postboten. Um diese Frage zu überprüfen, wollte ich meine eigene erotische Entwicklung nicht auf eine Inselkultur beschränken. Ich wollte meine Lernschritte, sobald ich sie als gesichert in meine Identität eingebaut hätte, in einer breit gefächerten, unterschiedlichen sozialen Umwelt überprüfen. Für das ZEGG zu missionieren, lag mir fern. Meinen freien Geist reizte es nicht, mit frommem Gesicht „Kraftsätze“ aus der ZEGG-Literatur nachzubeten. Es würde mir auch nicht einfallen, mein Leben irgendjemandem auf der Welt dienend zu Füßen zu legen. Als freier, politischer Mensch sehe ich meine Aufgabe nicht darin, im Dienste eines Projekts oder in einer Ideologie zu missionieren.
Aufgrund des soliden Selbstbewusstseins in meinem eigenen politischen Selbstverständnis geriet ich nicht in die Gefahr, vom ZEGG abhängig zu werden. Allerdings suchte ich dort, mit großem Interesse, eine gleichberechtigte, offene Kommunikation. Abgesehen von ein paar guten Gesprächen mit einzelnen Personen kam ich mit dem Projekt nicht wirklich in einen Dialog. In den ersten Jahren schrieb ich nach jedem meiner Besuche ausführliche Briefe, in denen ich das Erlebte in eine weiterführende Diskussion stellen wollte. Doch da kam inhaltlich absolut nichts zurück. Ein einziges Mal erhielt ich einen schnippischen Brief von einer ZEGG-Frau, die mir erklärte, ich hätte eine blöde Frisur. Ich möge das ändern, bevor sie überhaupt Lust bekäme, mit mir zu sprechen. Ich verzichtete dann gerne darauf. Auch während meiner Besuche wurde zunehmend deutlich, dass mir nirgends ein Raum gewährt wurde, mein eigenständiges Denken vorzustellen. Eher wurde ich zum Schweigen gebracht. Weil ich mich lange Zeit sehr darüber ärgerte, musste ich natürlich fragen, warum mir die Leute überhaupt so wichtig waren? Ich entdeckte, dass ich die Menschen im Projekt idealisieren wollte, um wieder an die Ideale meiner Mutter glauben zu können. Hätten die Leute die hohen Ansprüche ihrer Selbstdarstellung wirklich erfüllt, hätten sie damit auch meine kindliche Sehnsucht nach einer Welt gestillt, in der politische Selbstdarstellung nicht nur den eigenen Narzissmus bedient, sondern von reifen, authentischen Menschen getragen wird, die mehr sein wollen als nur Faschingshüte.

Freiheit liegt hinter der verschlossenen Toilettentür

Da ich mich mit dem Projekt anfreunden wollte, hatte ich versucht, die verlorene Nähe zu meiner klugen Mutter wiederzubeleben. Sie hatte mich nach ihrem Tod geistig einsam zurückgelassen, denn ich hatte, nach ihr, nur noch selten die Gelegenheit, mich differenziert über all die Themen zu unterhalten, mit denen meine intellektuellen Eltern mein Weltbild geprägt hatten. Nachdem ich aber auch im ZEGG allzu häufig nach DRAUSSEN geschickt wurde, klärte ich mit mir ab, dass ich wirklich keine weiteren narzisstischen Eltern brauche, ... weil man von denen sowieso nicht viel hat.
Danach nahm ich das Projekt nicht mehr so ernst. Ich nutzte das Gelände nur noch wie einen Urlaubsort, ohne weiterhin um Gehör und Anerkennung zu werben. Mir blieb das Vergnügen, mich mit den vielen netten Gästen zu amüsieren. Ein Jahr blieb ich ganz weg, denn ich konnte mir die teuren Kurse nicht mehr leisten. Außerdem hatte ich genug gelernt und war mit meiner Freien Liebe 3 inzwischen erfolgreich eigenständig geworden.

Nach diesem theorielastigen Baustein möchte ich mich mit einem kleinen Scherz von dem Projekt LUTTER und von Uwe verabschieden. Die „Toilettengeschichte", die ich Dir gleich erzählen will, hätte übrigens in derselben Weise in jedem anderen Großprojekt der damaligen Zeit spielen können. In rührender Weise zeigt sich nämlich an dem „Toilettenproblem", wie unterschiedlich Menschen ihren persönlichen Begriff von Freiheit definieren. Die einen feiern ihre Rebellion gegen verklemmtes Bürgertum damit, indem sie besonders gerne und in einem Gefühl von Würde hinter „offenen Toilettentüren" ihre Notdurft verrichten, die anderen bestehen auf die Freiheit, auch eine alternative Toilettentür verschließen zu dürfen, ohne deshalb der politischen Unkorrektheit verdächtigt zu werden. Wer von den beiden wäre nun „im Recht" bei der Absicht, den anderen zu befreien? Du siehst, es bleiben viele Fragen offen, bevor der Mensch sich in Freiheit erhebt.

Nun zur Entspannung des Geistes eine kleine Toilettengeschichte: Unverschließbare Toilettentüren sind ein Phänomen, das zu meiner Zeit wirklich alle Projekte durchzog, die sich als „revolutionär" betrachtet haben. Stell Dir jetzt einmal vor, dass Du auf einem weitläufigen Burggelände, das gut restauriert ist, wo die Dächer neu gedeckt, die Gärten bewirtschaftet und die Ställe gepflegt sind, zur Toilette musst. Nach einer langen Wanderung übers Gelände findest Du ein einziges, kaltes, karg eingerichtetes Badezimmer mit einer einzigen Toilette. Die Tür, falls überhaupt eine vorhanden ist, kann nicht verschlossen werden. Sie DARF nicht verschlossen werden, so lautet ein infantiles Gesetz der Gruppen „WILD UND FREI", eine der ärgerlichsten Normen meiner Szene, wie ich finde. Sie verdächtigt Leute, die eine Toilettentür hinter sich abschließen wollen, in konterrevolutionärer Weise an bürgerlicher Körperfeindlichkeit zu hängen. Was glaubst Du, wie anstrengend das ist, wenn man sämtliche Verdauungsvorgänge in einer größeren Gruppe detektivisch erschließen muss, bevor man den richtigen Zeitpunkt herausbekommen hat, an dem man, mit einigem Glück, ALLEINE scheißen darf!
Das wollte ich nicht mitmachen! Nicht zufällig habe ich mich in allen Projekten, in denen ich lebte, gleich um die Stelle des Toilettenwarts beworben. Dann konnte ich nämlich persönlich auf den Toilettenschlüssel aufpassen, der nicht weggenommen werden durfte, solange ich dort wohnte. Als ich meinen verliebten Uwe zum ersten Mal in Lutter besuchte, teilte ich ihm als Erstes mit, falls er mich je als sein Weib in seine Burg führen dürfte, müsse er mir zuvor ein eigenes Badezimmer mit der zu meinem Eros

passenden Wellnessqualität, und dazu noch eine abschließbare Toilette bauen. Uwe versprach es, doch vor Baubeginn ging unsere Liebesbeziehung leider zu Ende. Weil wir ja Freunde blieben, kam ich also ein paar Jahre später wieder auf die Burg, die dann noch viel besser ausgebaut worden war. Da fand ich zum Thema Toilettenkultur das folgende, eindrucksvolle Szenario vor: Im Innenhof der Burg lag ein kleiner Hügel, der einen Panoramablick über die Gärten vor der Fassade der mittelalterlichen Gebäude erlaubte. Hier befand sich der große Frühstücksplatz für die Einwohner und Gäste. Der Platz war gleichzeitig auch ein Kommunikationstreffpunkt für die Kaffeepausen mit Freunden, für das Musikmachen, Lesen und Basteln, das Plaudern mit Gästen und für gemeinsames Arbeiten an Projekten in größeren und kleineren Arbeitsgruppen und natürlich für die Freude an stundenlangem Herumsitzen, was in der Alternativkultur eine wichtige Arbeit ist, weil sie die Kreativität und neue Gedanken fördert.

Ich vermute, dass es, neben meiner Kritik an den sanitären Anlagen, nach meinem letzten Besuch noch weitere Anfragen gab, wie die mangelnde Toilettenkultur auf der Burg möglicherweise zu verbessern sei. Immerhin hatte das Projekt inzwischen in einem Nebengebäude ein gut besuchtes Gästehaus aufgebaut. Zwar hatten die Gäste in dem Haus eine eigene Toilette, aber sie wollten natürlich manchmal auch im romantischen Ambiente des Burghofs herumsitzen.

Ja, und gleich beim ersten Frühstück meines späteren Besuchs erkannte ich auf Anhieb, mit welchem Stolz die „Lutteraner“ den Wünschen der Gäste nach größerem Toilettenkomfort „einfühlsam“ nachgekommen waren. Direkt hinter den großen Holztischen des Frühstücksplatzes, am höchsten Punkt des Hügels, der mitten im Zentrum des sozialen Geschehens lag, war in rustikalem Stil ein solides Holzhäuschen errichtet worden. Von vorne gesehen, also genau von den Frühstücksplätzen aus, erblickte man zwei hübsche Schwingtüren, wie man sie aus Westernfilmen kennt. Beste Schreinerarbeit, das versteht sich. Dahinter verbargen sich zwei Toiletten. Die konnte man wirklich nicht sehen. Aber über den Schwingtüren lächelten einem die Gesichter freundlicher Menschen entgegen. Wenn sich der Blick jedoch etwas tiefer mit dem Freiraum unterhalb der Schwingtüren beschäftigte, war der Anblick heruntergelassener Hosen ein deutliches Zeichen dafür, welcher Beschäftigung die Menschen in der Hütte gerade nachgingen. Der Stolz in ihren Blicken galt offenkundig der grandiosen Anpassungsleistung an die strengsten Normen unserer Szene. Also ich konnte mich gelassen am Anblick der Holzhütte erfreuen, während ich frühstückte. Selbstbewusst sonnte ich mich in meiner anarchischen Frechheit, mit der ich danach gemütlich ins Gästehaus wandern würde, wenn mich ein inneres Bedürfnis riefe, eine paar ruhige Minuten auf einer verschlossenen Toilette zu verbringen. Du wirst mir das vielleicht nicht glauben, aber so frech wie ich waren nicht viele von uns! Und nun zum Baustein 2.

Abschied vom Ehrlichkeitszwang

Reden wir kurz über das Lügen. Als ich ein Kind war, musste ich entweder lügen oder schweigen. Beides ist unangenehm. Ich hatte in der Gefangenschaft unter dem gewalttätigen Vater nicht wirklich eine Chance, mein eigenes Selbst, das ich sehr wohl spüren konnte, zu artikulieren. Nachdem ich dem Vater mit achtzehn Jahren entkommen konnte, bestand meine Freiheit als Mensch darin, nicht mehr lügen zu MÜSSEN. Stattdessen wurde ich zwanghaft ehrlich. Das Zwanghafte daran bemerkte ich in jungen Jahren nicht. Wegen meiner Ehrlichkeit hielt ich mich moralisch für „etwas Besseres". Das sehe ich heute anders. Wieso es nicht wirklich möglich ist, in der bürgerlichen Gesellschaft, die eine Spaltung zwischen einer nach außen gezeigten Fassade und dem dahinter verborgenen Privatleben verlangt, integriert und sozial angesehen zu leben, muss ich Dir bestimmt nicht genauer erklären. Aber weit, weit DRAUSSEN, wo ich in meiner kleinen Subkultur lebte, brauchte ich wirklich nicht zu lügen. Welch ein Privileg! Vielleicht das größte Privileg, das ich im Leben erfuhr. Im Rahmen der beruflichen Arbeit mit meinem bürgerlichen Klientel musste ich natürlich damit umgehen können, dass das Lügen in vielen Situationen ein wichtiges Instrument der Integration darstellt und durchaus auch als ein humanes Instrument der Milde und als ein Zeichen sozialer Intelligenz gesehen werden kann. Doch in der Zeit, als ich mit der Freien Liebe 3 zu experimentieren begann, erlebte ich das Lügen noch als eine innere Spaltung, die mich sofort sehr einsam machte. Also gab es für mich nur den ehrlichen Weg. Ich lernte, erotische Beziehungen mit mehreren Menschen in voller Transparenz zu führen. Meine Freunde wussten alle darüber Bescheid, welche Art von Beziehung ich mit den jeweils anderen führte und warum ich das alles tat. Es fühlt sich sehr frei an, in solch einer Klarheit zu leben. Bei mir darf das gerne so bleiben.

Trotzdem lüge ich heute hier und da ein bisschen herum. Probeweise. An unwichtigen Stellen. Ich muss nämlich üben. Es könnte ja sein, dass ich doch noch in irgendeine Situation bürgerlicher Zwangsintegration komme. Ein Arbeitsplatz wird es sicher nicht sein, aber vielleicht irgendwann ein Altersheim?
Ich habe nämlich gemerkt, dass intelligentes und liebenswürdiges Lügen erstaunliche Plätze freimacht: NICHT DRAUSSEN SEIN!

Kurz und gut, wenn ich auch selbst in der Freien Liebe 3 ohne Lügen auskomme, so würde ich heute keinem guten Freund mehr empfehlen, mir das bedingungslos nachzumachen, denn radikale Ehrlichkeit kann sehr destruktiv und unmoralisch verletzend sein. Genau das weiß die eine Hälfte der heimlich fremdgehenden, bürgerlichen Bevölkerung gut, die mit frommen Augen sagt: „Ich will doch niemandem wehtun." Nun ja, vielleicht könnten wir, im Laufe der kulturellen Evolution, flexible Zwischenpositionen zu diesem Thema erarbeiten, die eine etwas würdigere Form der Auseinandersetzung erlauben. Doch nun zu Baustein 3.

Ich werde mir ein zentrales Privileg des Patriarchats rauben

Diesen Baustein haben wir Richie zu verdanken. Du erinnerst Dich doch an seine Rolle in der Szene als „erotischer Held"? Und an mich in der Gegenrolle: „Die unzufriedene Frustkuh", die den lustigen Kameraden Spiel und Spaß verdirbt, sobald sie mit ihrem vorwurfsvollen Leidensblick die Sonne verdüstert. So falsch lagen die gar nicht, denn ich erblickte wirklich oft Dinge, die mir gar nicht gefielen. Zum Beispiel das bewundernde Schulterklopfen einiger Genossen, die ihrem Freund Richie unverblümte Achtung dafür zollten, wie ungehemmt er sich traute, ins Frauenfleisch zu greifen. „Ein MANN, der sich nimmt, was er braucht", ehrt das Patriarchat mit seinem jahrtausendealten Geschlechterrollenvorteil, das ist Fakt.
Kein Mann und keine Frau fragte mich danach, wie ich mich, als Mutter von vier Kindern, in den Nächten fühlte, in denen mein Mann das wilde Leben genoss, während ich, ganz alleine, mit „Säcken voller Realitätssicht, Verantwortungsgefühl, narzisstischer Kränkung", ... und, ich gebe es zu, mit einem bleischweren Sack voller moralischem Vorwurf, also gut versteckter Kontrollsucht, im Bett lag. Da blieb nichts Leich-

tes, Charmantes oder Spielerisches in mir, wenn ich mich morgens, nach einer schlaflosen Nacht voller Symptome, unter den Säcken hervorquälte. Ich machte meinem Typ dann sofort eine saftige Szene, sobald er sich wieder zurück in meinen Dunstkreis gewagt hatte. Angstschweiß und Wut umgaben mich, nicht der süße Hauch der tantrischen Liebe. … Und jetzt ist Schluss mit Selbstmitleid!

In meinen Selbstrettungstechniken gibt es einen speziellen Trick für die Aufarbeitung von Schmerz, den ich empfinde, wenn geliebte Menschen verletzende und scheinbar lieblose Verhaltensweisen zeigen, die ich überhaupt nicht nachvollziehen kann und daher als negativ bewerte. In der Front meiner verzweifelten Abwehr beiße ich mich oft in moralischen Sichtweisen fest, deren rigide Urteile mich hoffnungslos in eine verschlossene Kiste zu sperren scheinen.
Dann hilft mir manchmal nur noch der Rollenwechsel. Ich ahme das fragwürdige Verhalten einfach nach. Und siehe da, wenn ich es bin, die die VORTEILE davon hat, verschieben sich meine moralischen Bewertungen so locker wie ein Theatervorhang. Im Fall von Richie hatte ich eine wirklich schwere Aufgabe. Es würde jedenfalls einer großen Geschicklichkeit bedürfen, dem Patriarchat in der Rolle der erotischen Abenteurerin VORTEILE abzujagen. Kulturell betrachtet gibt es diese Variation des Spiels im modernen Patriarchat ebenso wenig wie im alten. Mir war also durchaus klar, in welche Gefahr ich mich begeben würde, sobald ich mein Rachemotiv „Euch werd' ich es zeigen!“, oder, feministisch verbrämt, „Gleiches Recht für alle!“, oder, im Muttertochterstil, „Ich, Nelly, akzeptiere in meiner Geschlechterrolle keinerlei Benachteiligung!“, in die Tat umsetzten würde.
Ja, ja, ich wollte durchaus sehen, ob irgendeiner der Richie-Fans auch mir auf die Schulter klopfen würde, wenn ICH öffentlich ins Männerfleisch griffe. Ich wollte die Provokation. Ganz geradeaus würde ich gehen, und zwar so lange, bis ich an eine vorerst unbekannte Grenze stoßen würde. Die würde mir folgende Frage beantworten: Wie weit kann eine selbstbewusste, autonome Frau in der heutigen Zeit gehen, nachdem sie sich getraut hat, die ungleich verteilten Schranken für Männer und Frauen zur Seite zu schieben, um sich dahinter UNGEFRAGT ihr gleiches Recht auf ein selbstbestimmtes und erotisch erfülltes Leben zu nehmen? Wann wird diese Grenze auftauchen, was wird passieren? Jetzt schnell zum Baustein 4!

Der Verrat der Frauen öffnet mir geistige Türen

Nun rate mal, wem die Hundertschaft bürgerlicher Männer, die ich in meinen fleißigsten Jahren (ja, ich kann sehr konsequent sein!) mit dem Segen der Freien Liebe 3 beglückte, die Gunst der Stunde zu verdanken hatten? Meinen feministischen Freundinnen, ... also dem Verrat der Frauen!

Du weißt ja, dass bis zur Zeit meiner Wende meine ganze Identität, „die stolze, kämpferische Muttertochter“, auf den weichen Flügeln der Idealisierung von Frauen getragen wurde. Den Verrat der Frauen erlebte ich als einen Angriff auf meine Identität, der fast einer restlosen Entwurzelung gleichkam. In so einer Situation bleibt keine Zeit für ein gemütliches Umsatteln auf neue Selbstentwürfe. Schon gar nicht für mich. Weil ich ein sehr authentischer Mensch bin, kann ich meine Identität nicht einfach wie Faschingshüte wechseln. Also brauchte ich eine zündende Idee, die mir erlauben würde, meinen revolutionären Geist, meine Würde, meinen Humor und meine Lebensfreude vor einer traumatischen Selbstvernichtung zu bewahren.

Mag sein, dass Du es gewohnt bist, dass Frauen eigentlich immer miteinander konkurrieren. Dass sie im Kampf um einen Mann jegliche Moral hintenanstellen (wenn die „Liebe“ ruft, ist ALLES erlaubt, würden sie an dieser Stelle sagen) und letztlich jede andere Frau aggressiv beiseite räumen, wenn es darauf ankommt, den Auserwählten in eine „Hundertprozentsicherheit“ abzuschleppen. Anschließend wird, in angeblicher „Sorge“ um die Beziehung, gleich ein komplettes moralisches Waffenarsenal aufgestellt, mit dem der Geliebte, seit es Handys gibt, dann fortan täglich und gerne auch stündlich kontrolliert wird. Da bleibt kein Platz für die Liebe zu einer Freundin. Wozu auch? Die Aufgabe, den EIGENEN Mann zu bemuttern wie ein Kleinkind und ihm bis in die letzte Gehirnzelle hinterherzukriechen, damit er es ja nicht wagt, eine ANDERE auch nur „wahrzunehmen“, ist schließlich ein 24 Stunden-Job. Stimmt so.

Ich, die Muttertochter, habe Frauen vertrauensvoll geliebt. Meine Freundinnen waren mir nicht weniger wert als meine Partner. Auch Frauenfreundschaften hielt ich für verbindliche Partnerschaften, die den Schutz durch ein moralisches Gerüst verdienen. In den Werten einer Solidargemeinschaft hielt ich meine Freundinnen für Verbündete. Weil ich Frauen in meinem grenzenlosen Vertrauen als eine Heimat empfand, wurde die gemeinsam verbrachte Zeit für mich zu einer lustvollen Quelle der allerschönsten Gefühle. Ich genoss es auch, die Erotik der Frauen zu beobachten und ich sah die Schönheit in jeder von ihnen, die sie zu einem Geschenk für den machte, der sie liebte. Wirklich, ich konnte mich auf Frauen tief einlassen.
Tja, und trotzdem bin ich ziemlich heterosexuell und überhaupt sehr gerne sexuell. Deshalb gibt es in meinem Leben auch den heiligen Platz für die Liebe zu Männern, für die tiefsten Gefühle der Hingabe in der Vereinigung zwischen Mann und Frau. Das kosmische Glück.

Jetzt der zündende Gedanke, oder sollte ich ihn besser „das Rettungsboot“ nennen? Ein Mensch wie ich, der das LIEBEN und GELIEBTWERDEN auf der obersten Stufe seiner Werteskala führt, kann sich auch in einem akuten Zustand der Zurückweisung und Enttäuschung nicht auf die lust- und lebensfeindliche Insel „Mich rührt keiner mehr an“, oder „Ich will nie mehr Angst oder Schmerzen erleiden müssen“, flüchten. Klar musste ich vom sinkenden Schiff der Frauensolidarität herunter in ein Rettungsboot springen, bevor meine ganze Menschenliebe mit dem alten Kahn abgesoffen wäre. Aber wohin sollte das kleine Boot mich führen?
Es brauchte eine Richtung, neue Ziele. Das Leben als eine offene Entwicklung aufzufassen, in der die Chance besteht, aus jeder Situation etwas Neues zu lernen, das spannend am Leben wäre, ist eine Idee, die ich so sehr liebe, dass ich sie gerne wie einen schönen, knallbunten Drachen an den vernagelten Fenstern des ideologischen Wunschdenkens vorbei in den Himmel fliegen lasse.
Ganz alleine in meinem Rettungsboot sitzend, hielt ich mir folgenden Vortrag: Hast du, in der parteiischen Verblendung zugunsten deiner geliebten Mutter, nicht lange genug gelebt wie ein Kind? Hast du dich nicht lange genug an der Straflust an Männern ausgetobt, die deine Verletzungen als Tochter des Täters versorgte? Ist es nicht schon längst an der Zeit, sich endlich aus der Behaglichkeit zu lösen, die dir das Kuscheln in Frauenschößen gewährt, solange du nur dümmlich im Opferchor mitsingst? Was hält dich noch immer in einer feministischen Revolution gefangen, die sich in keiner Weise über die Geschlechterrollenklischees erhebt und die die Mitverantwortung dafür trägt, dass Frauen und Männer für ein weiteres Jahrhundert in Einsamkeit und Vorurteilen nebeneinanderher leben? Wie kannst du behaupten, auch nur einen einzigen Mann wirklich zu kennen, solange du in den ideologischen Interessen des Machtkampfes

GEGEN Männer verstrickt bleibst? Wieso glaubst du, dass du einen Mann LIEBEN kannst, wenn Liebe eigentlich eine Frage der differenzierten Wahrnehmung ist?
Ja, ... und da fielen mir auch schon die Ruder ins Boot. Ich fuhr gleich los, denn mir war jetzt klar, wohin ich wollte. Zu den Männern! Wenn die Frauen mich nach zwanzig Jahren meiner solidarischen Liebe noch immer nicht gleichermaßen mochten wie ich sie, so würde ich eben die nächsten zwanzig Jahre dafür nutzen, das „Wesen Mann" so gründlich kennenzulernen, bis ich in der Lage wäre, sie genauso tief und aufrichtig zu LIEBEN, wie es mir mit Frauen möglich war.

Mein erster Lernschritt würde eine offene Umarmung für JEDERMANN sein. „Punkt Null" in einer neuen Art der Datensammlung. Ich würde für lange Zeit auf unbekannten Pfaden wandeln und viele unterschiedliche Landschaften kennenlernen. Ich würde die schönsten Blumenwiesen sehen, auch düstere Wälder durchwandern und auf den Hügeln im Winde stehen. Und überall, wirklich überall, wollte ich „Liebe machen", … und daraus lernen. Das wäre MEINE EROTISCHE REVOLUTION!
Raus aus der Enge des eigenen Denkens, raus aus dem kläglichen Schmerz der biografischen Wunden, raus aus der Kleinheit des Herzens und endlich raus aus den Kleidern der narzisstischen Prinzessin, die immer etwas BESSERES braucht, bevor sie liebt.

Nun, ich will nicht allzu weit vorgreifen, aber es drängt mich, Dir und allen anderen Männern hier schon zu sagen: Herzlichen Dank, ihr Lieben! Ihr wart mir wirklich ein Vergnügen! Ihr dürft mich heute gerne eine „Männerfreundin" nennen. Und das ist kein Verrat an Frauen. Doch nun zu Baustein 5.

Auch Jiry hilft auf dem Weg zur „Freien Liebe 3"

Ja, der Mann forderte meine Selbstrettungstechniken aufs Äußerste heraus. Wir lebten in unserer ersten Beziehung sechs Jahre lang zusammen. Dann trennten wir uns für vier Jahre, kamen noch einmal für vier Jahre zusammen, trennten uns wieder für zwei Jahre, ... und kamen wieder zusammen.

Jiry will nicht „mein Mann" sein

Jiry und ich liebten uns am Anfang sehr, doch das alleine macht noch keine Partnerschaft aus. Es zeigte sich bald, dass wir für das Lösen von Alltagskonflikten keine gemeinsame Sprache hatten. Jedes allerkleinste Problem brachte die Beziehung in eine Art Gelähmtheit. Die Fülle der ungelösten Widrigkeiten stapelte sich wie schwere Bettdecken über unseren Köpfen, bis schließlich keine Luft mehr durchkam und jedes Leben erstarb. Erstaunlicherweise konnte Jiry in dem Zustand der Bewegungslosigkeit am besten leben, … der mich jedoch wahnsinnig machte. Verzweifelt wollte ich Jiry dann antreiben, wegzerren, durchschütteln, wachküssen, sexuell erregen, … verdammt nochmal! Doch Jiry war immer stärker. Wenn ich nach den vergeblichen Bemühungen entkräftet und ausgezehrt am Boden lag, erhob er sich meist wortlos aus der Starre und ... ging.

Es dauerte unheimlich lange, bis ich endlich einsehen konnte, dass Jiry weder ein Mann an meiner Seite war, noch MEIN Mann sein wollte. Seine narzisstische Bewunderung galt nur seiner eigenen Person, von der er möglichst wenig abgeben wollte, auch sexuell, als würden sich an mir wertvolle Körperteile „unnötig" abschleifen. Mich liebte Jiry nur dann, wenn ich völlig autonom, selbstbewusst und lebendig war, ohne ihn emotional oder gar sexuell zu brauchen, was ich niemals gänzlich schaffte. Weil ich aber auch in jeder meiner Liebesbeziehungen vor ihm eine eigenständige Persönlichkeit geblieben war, die eigene Interessen und Ziele verfolgte, eigene Freundschaften pflegte und die eigene Verantwortung für ihr Lebensglück erkennen konnte, fiel es mir in vielen Bereichen nicht schwer, mein Leben unabhängig von ihm sozial, bunt, sinnvoll und würdig zu gestalten. Aber was war mit dem Sex?

Für mich ist Sex ein lebenswichtiger Ausdruck der liebevollen Interaktion zwischen Liebespartnern, die das Geben und Nehmen als einen gegenseitigen Wunsch empfinden, sich in einer Weise GUT zu tun, die ihnen wertvolle Glücksgefühle und inneren Frieden bereitet. Solch eine gegenseitige, erotische Liebe war in meinen letzten beiden Beziehungen, also über fünfzehn Jahre lang, gleichbleibend wie eine Selbstverständlichkeit verfügbar gewesen.
Jetzt stand ich bei Jiry plötzlich vor der Mauer körperlicher Feindseligkeit, wie vor der eines Missbrauchsopfers. Hätte ich damals auch nur ansatzweise geahnt hätte, was später auf mich zukommen würde, ich wäre bestimmt sofort schreiend weggelaufen. Da ich damals aber erst am Anfang meines professionellen Wissens über das gefährliche Syndrom der Opfer sexueller Gewalt stand, tappte ich, aufgrund meiner falsch verstandenen Helferempathie, voll in die Falle hinein. Weil ich, was von meiner Seite her erschwerend hinzukam, aufgrund meiner eigenen Wunden als ungeliebte und misshandelte Vatertochter, ebenfalls ein schwerwiegendes Symptom hatte, das „SICH NICHT TRENNEN KÖNNEN“ (Beziehungssucht), wäre ich auf jeden Fall Jirys Opfer geworden, wenn ich ihm mit meiner Erfindung der „Freien Liebe 3“ nicht doch noch knapp entkommen wäre.

Über den Kreislauf sexueller Gewalt und das Drama der Missbrauchsopfer

Wagen wir zunächst einen ganz kurzen Blick auf die speziellen Gefahren, die von einigen Missbrauchsopfern ausgehen. Durch die Medien ist Dir bestimmt bekannt, dass manche früheren Opfer später selbst zu sexuellen Tätern werden. Doch lassen wir diese Gruppe jetzt einmal unberücksichtigt, da sie in meinem Leben keine Rolle spielt. Ich möchte mich viel mehr mit der unbewussten, passiven Täterschaft von Opfern sexueller Gewalt beschäftigen. Auch Jiry richtet, in Form seiner Drogensucht, körperliche Aggression ausschließlich gegen sich selbst. Andere Menschen würde er niemals aktiv verletzen, auch sexuelle Aggression ist ihm zuwider. Erinnerst Du Dich an meinen letzten Brief, in dem ich Dir schrieb, dass das Besondere an dem „kleinen Jiry“ sein sehnlichster Wunsch war, ein GUTER MENSCH zu sein? Die unbewusste, passive Täterschaft ist ein Symptom, das mir im Beruf besonders oft bei weiblichen Opfern begegnet ist. Die Frauen erhoffen sich davon eine Wiedergutmachung ihrer Geschichte, indem sie einen besonders hohen moralischen Anspruch an sich selbst und andere erheben. In der moralischen Selbstidealisierung sättigen sie ihr existenzielles Bedürfnis danach, als REIN angesehen zu werden. An der ungestümen, spontanen Kraft sexueller Leidenschaft haben diese Menschen logischerweise kaum Interesse, ebenso wenig wie am spielerischen Umgang mit Kontrollverlust beim Sex und der Lust auf die gegenseitige Hingabe, welche nur durch die kurzzeitige Auflösung der Ichgrenze möglich wird. Viele ehemalige Opfer verstehen ein ganzes Leben lang nicht, wieso ein Mensch, der sie liebt, ihnen „so etwas“ abverlangt. Sie kommen aus dem alten Gefühl nicht heraus, Sex haben zu MÜSSEN, was eben immer falsch ist. Kein Mensch MUSS Sex haben, aber er DARF, wenn er will. Wenn er nicht will, muss er das sagen, nicht mehr und nicht weniger. Die liebesbereiten Partner bekommen durch das alte Opfererleben eine ekelhafte Rolle zugedacht, die jedem gesunden Menschen irgendwann den Spaß daran verdirbt, noch einmal auf den Partner zuzugehen. Aber alle Opfer, egal ob sie männlich oder weiblich sind, sehnen sich, genau wie die meisten Menschen, dringlich nach einer eigenen Familie. Indem sie sich vorstellen, von

anderen in den traditionellen Familienrollen von Vater, Mutter und Kind gesehen zu werden, spendet das Bild eine tröstliche Hoffnung, dass auch sie, die vom Schicksal übel verratenen und betrogenen Menschen, ein Leben in Sicherheit und Geborgenheit erobert hätten. Nur verharrt das wirkliche Leben eben nicht in der Überschaubarkeit kindlicher Klischees, sondern es neigt zu Herausforderung und Verführung, ... also zum WACHSTUM!
Weil die Opfer sich in einer beginnenden Beziehung selbst endlich einmal als normal empfinden, sind sie in der Verliebtheitsphase oft weitgehend symptomfrei und sehr glücklich. Tatsächlich bleiben bei vielen in dieser Phase sogar die sexuellen Symptome aus. So gab es auch zwischen Jiry und mir anfangs eine erotische Liebe, in der wir uns glücklich begegneten. Was glaubst Du, wie selig wir waren, wenn es dazu kam, dass wir uns ganz ohne Angst lieben konnten?

Ach ja, hier muss ich Dir zu meinem eigenen Trost, auch wenn es in diese traurige Abhandlung über Missbrauch gar nicht hineinpasst, unbedingt noch schnell erzählen, was nun das Besondere war, das ich mit Jiry, und eben nur mit Jiry, im Sex erleben durfte.
Ich habe Dir doch in meinen Ausführungen über seine Kindheit erzählt, dass Jiry nur noch in der Musik eine Freiheit fand, in der er sich glücklich fühlte. Dann fließt die Musik nämlich einfach so aus ihm heraus. Ja, und wenn wir manchmal ganz besonders schön und wirklich nah miteinander schlafen konnten, fing er mitten im Akt an zu singen, ...wirklich, ... er vögelte und sang dabei ganz weich und froh. Und ich, die so gar nicht singen kann, sang einfach mit, weil es so schön war. So kamen wir dann, gelassen und gemächlich, singend zu einem gemeinsamen Höhepunkt. Danach waren wir unglaublich glücklich.
Es hilft nichts, kehren wir sofort wieder zurück in die Missbrauchsfalle, die ich Dir erklären möchte. Du weißt, Jiry lässt nichts wachsen. Er führt jede Freude, aber auch wirklich jede, auf „seinen geliebten Punkt NULL“ zurück.

Bleiben wir also bei der sympathischen Gruppe netter Opfer, die einen ebenfalls netten Partner gefunden haben, der sie liebt. Haben die Opfer also die ersehnte Sicherheit endlich gefunden, ... ich könnte es auch böse formulieren, ... haben sie ihre netten Partner endlich in Abhängigkeit von sich gebracht ... (aber ich sage das nicht, weil die Partner für ihre Ko-Abhängigkeit selbst verantwortlich sind), so sind sie inzwischen emotional sehr wichtig für die Partner geworden. Die Opfer können nämlich sehr genau orten, ab wann sie „bombensicher“ akzeptiert und geliebt werden, und, ... siehe da, ... dann kriechen aus den alten Wunden ihrer verletzten Kinderkörper unsichtbare Waffen hervor. Die verständnisvollen Partner wissen in dieser Phase nichts über die Gefahr, die aus der Ferne wie eine unsichtbare Giftwolke daherkommt. Schleichend führen die Opfer neue Formeln in die Beziehung ein, was unter „wahrer Liebe“ zu verstehen sei, nämlich eine Liebe, die letztendlich asexuell sein soll, also REIN. Immer öfter unterstellen die Opfer den beunruhigten Partnern eine Motivation in ihrer sexuellen Bedürftigkeit, die der Erlebniswelt ihrer Täter gleichkommt. Was anfänglich noch wie schlechtes Wetter auftaucht, verdichtet sich mit der Zeit in eine Nebelwand, die undurchdringlich erscheint. Und während die Partner, je nach Temperament und Widerstandskraft, mehr oder weniger klaglos, aber zunehmend unter Liebesentzug leiden, verschließen sich die Opfer ihnen gegenüber immer mehr in einer Hülle aus latenter Feindseligkeit. Dazu entwickeln sie ein scheinbar unkontrollierbares Bedürfnis, die Partner für die angebliche UNREINHEIT hart zu bestrafen. In einem sehr verborgenen Selbst schüren die Opfer, anstelle der Lust am Sex, die Lust an einer Strafsucht, die ihnen subjektiv erlaubt, dem geliebten Partner bald ungehemmt feindselig zu begegnen. Schritt für Schritt steigern sie sich in die einfältige Kinderformel hinein, die da heißt: „Wenn er/sie mich wirklich liebt, kann er/sie „so etwas" nicht von mir wollen."

Wie Täterschaft entsteht

Schleichend, zäh und unnachgiebig, wie die Wirkung eines niedrig dosierten Gifts, macht sich das Missbrauchsopfer daran, dem Partner die Freude an seinem Körper und an der Sexualität zu rauben. Der Kreislauf sexueller Gewalt bahnt sich seinen Weg. Die unterbewussten Quellen des zwanghaften Verhaltens werden von einer Ventilfunktion des Organismus genährt, die in uns allen angelegt ist. Wenn Du das genauer wissen willst, lies das Buch von Alice Miller: „Am Anfang war Erziehung". Dort wird das Ganze ausführlich beschrieben und erklärt. Ich mache es kurz. Das Gesetz heißt: Altes Opfer quält neues Opfer. Damit das Prinzip in Kraft treten kann, muss das neue Opfer in einer abhängigen und ausgelieferten Position zum alten Opfer stehen. Das sind immer die eigenen Kinder, je jünger, desto mehr. Es betrifft aber auch abhängige Liebespartner oder sozial Abhängige. Das könnte zum Beispiel ein völlig verschuldeter Arbeitnehmer sein, der seinen Arbeitsplatz nicht riskieren kann und vom Chef gequält wird. Der Vorgang: Indem das alte Opfer, das schwere Wunden in seinem Unterbewusstsein gespeichert hat, dem neuen Opfer etwas antut, bis dieses genau in den selben Zustand gerät, in dem das alte Opfer ehemals traumatisiert wurde, beruhigt sich der Organismus des alten Opfers. Das alte Opfer leidet in der Zeit nicht, in der es quält, sich also ein neues Opfer schafft. Es weiß auch gar nicht, dass es quält und warum es das tut. Der ganze Vorgang verbleibt in den Grenzen des Unterbewusstseins, arbeitet aber sehr genau und zuverlässig. Ich werde Dir das gleich an meinem Beispiel erklären.
Bevor wir jedoch den Weg in meine Falle nachvollziehen, möchte ich Dir noch die Wunde der Missbrauchsopfer veranschaulichen. Wenn ein Kind missbraucht wird, muss es erleben, wie der eigene Körper, in dem es sich gerade noch wohlfühlte, der es in sinnlicher Weise mit seiner Umwelt verband und der ein Träger aller Gefühle war, die das Kind auch gerne ausdrückte, nun zu einem Werkzeug gemacht wird, das die Lebendigkeit im Kind, sein Vertrauen zur Welt und seine Freude an anderen Menschen, wie mit einem Hackebeil zerstört wird. Es gibt nichts Brutaleres, als einem Kind die Lebensfreude und die Chance, heil und angstfrei in die Zukunft zu wachsen, um später ein lustvoller und sexueller Mensch zu werden, mit einem Schlag zu vernichten. Das Kind kann nur überleben, indem es sich von seinem Körper trennt, also von dem vermeintlichen Verursacher der entsetzlichen Erfahrung. In der Folge bekommt es eine gestörte Körperwahrnehmung und verliert den eigenen Körper als einen Freund, der dafür da ist, den Organismus in lustvollen Beziehungen mit anderen Menschen zu verbinden.

Ich wollte nicht Opfer werden

Vor Jiry war ich mit meinem Körper gut befreundet. Im Alter von vierzig Jahren stand ich in der vollen Blüte einer schönen, selbstbewussten Frau. Ich fühlte mich sexuell gesund. Darauf war ich ganz besonders stolz, denn auch ich musste mir meine se-

xuelle Entwicklung schwer erarbeiten. In den Jahren mit Richie war ich sexuell so aufgeblüht, dass ich meine Sinnlichkeit angstfrei und temperamentvoll auslebte. Ich hatte wenige Jahre zuvor die Ausbildung zur Sexualtherapeutin beendet. Das Nachdenken und Arbeiten zu den Fragen der menschlichen Sexualität war auch mein Beruf und mein Forschungsinteresse. Die Befreiung der Frau mit der Entwicklung einer selbstbewussten sexuellen Identität zu verbinden war mein politisches Ziel.
Meine eigene sexuelle Befreiung verdanke ich zu einem guten Teil der optimistischen Lebendigkeit meiner Partner Florian und Richie. Durch meine Traumatisierung von dem gewalttätigen Vater her war mir der gerade Weg zur sexuellen Erfüllung als Jugendliche ursprünglich genauso versperrt gewesen, wie den meisten Opfern von Gewalt. Dagegen waren Florian und Richie beide körperlich unverkrampfte, neugierige und lustbegabte Männer. Ihre souveräne Lockerheit beim Sex erzeugte in mir anfänglich Neid und ein schmerzhaftes Gefühl der Unterlegenheit. Trotzdem war ich wild entschlossen, die Lust in der Liebe niemals von der Lust am Vertrauen zu trennen. Meine Angst sollte die Liebe nicht beleidigen. Um den mir „heiligen Wert" der körperlichen Liebe zu beschützen, kämpfte ich notfalls auch gegen meine eigene Unzulänglichkeit. Mutig hielt ich mich, mal mehr, mal weniger, krampfhaft an der Vitalität meiner Männer fest, die mir ihre ehrliche Liebe schenkten. So konnten sie mich kraftvoll in eine mir unbekannte Welt mitnehmen. Dort lernte ich, meine körperliche Lust mit einer zuverlässigen Selbstliebe zu verbinden, bis sich das traumatisierte Selbst in die Vergangenheit zurückgezogen hatte.
Ich wurde eine sexuell befreite Frau. Dafür bin ich meinen geliebten Männern unglaublich dankbar. Was immer sie mir sonst so angetan haben, so sei es verziehen, denn sie schenkten mir die Kunst, zu lieben, wie einen kostbaren Schatz, der mir auch in meinem späteren Leben nicht mehr verlorenging.
Aus diesem Erfahrungshintergrund heraus fasste ich es zu Beginn meiner Liebe zu Jiry als meine Aufgabe auf, die mir das Leben geschickt hätte, meinem geliebten Jiry dieselbe Gelassenheit und liebevolle Aufmunterung entgegenzubringen, die ich von seinen Vorgängern genossen hatte. Ich sah das Geben und Nehmen als ein Prinzip sozialer Gerechtigkeit, als ein Prinzip der Liebe und der Solidarität. Voller Sonne in all meinen Körperzellen machte ich mich ans Werk. Doch ich biss auf Granit.
Jiry ist nicht dankbar. Jiry hasst Entwicklung. Meine liebevolle Bemühung, ihn mit meiner Lebendigkeit aufzumuntern, verwandelte er, mit den gespaltenen Sichtweisen seines traumatisierten Inneren, in eine angebliche „Täterschaft". Dieses Bild brauchte er nämlich, um sich das Recht zu verschaffen, mein körperliches Vertrauen zu ihm in angeblicher Gegenwehr zu vernichten, während er selbst dabei ein „GUTER", also REINBLEIBEN konnte. Ventilfunktion. Altes Opfer quält neues Opfer.
Doch wie trennt man einen Menschen, dem man äußerlich nichts sichtbar Böses antut, von seinem Körper? IGNORIEREN heißt die furchtbare Waffe, die so folgenschwer angewandt werden kann wie eine Axt. IGNORIEREN ist in vielen Facetten möglich. All diese Facetten sind recht unauffällig anwendbar. Das ist der Vorteil der passiven Täterschaft. Sie wirkt immer „unschuldig".
Jede der Situationen, in denen eine Interaktion verweigert wird, erscheint, einzeln betrachtet, bedeutungslos. Eine Bagatelle. Eine alltägliche Widrigkeit, wie sie in jeder Beziehung vorkommt. Aber die Summierung der Verweigerung zersetzt das Leben am Ende doch. Das ständige Wegschauen, nicht sprechen, die betonte Gleichgültigkeit in der Körpersprache und das hartnäckige Vermeiden einer verbindlichen Zugehörigkeit, schädigt einfach jeden Partner. Wer des Täters Lieblingsantworten: „Mir egal!", „Mach doch, was du willst!", „Wenn du meinst!", „Dann lassen wir es eben, ich hab sowieso die Schnauze voll!", „Ich mache ja sowieso alles falsch!", oder „Such dir einen ande-

ren, der dir gibt, was du brauchst!“, allzu oft gehört hat, spürt solche Kindersprüche eines Tages so schmerzhaft wie Peitschenhiebe. Schlimmer noch, denn wo es keine Tat gibt, ist auch keine Gegenwehr möglich. So bleibt der Mensch, der auf eine gefühlvolle Interaktion mehr angewiesen ist als der andere, immer der Verlierer. Selbst dann, wenn er soweit wäre, vom anderen auch NICHTS mehr zu wollen, so hätte er doch etwas Wesentliches verloren. Seine Liebe.

Ich habe aber jetzt gar keine Lust mehr, mich mit dem Thema „Wer quält wen?“ zu beschäftigen. Kommen wir nun kurz zu den Folgen, die sich, in Form absonderlicher Symptome, langsam in mein Inneres eingeschlichen hatten, nämlich eine selbst schädigende Veränderung meiner Wahrnehmung, die immer öfter dann auftrat, wenn ich mich mit Jiry für längere Zeit in einem Raum aufhielt. Glücklicherweise trat das Phänomen nur im Kontakt mit ihm auf und übertrug sich nicht auf meine Kontakte zu anderen Menschen.
In Gegenwart von Jiry geriet ich oft in den Zwang, mich aus seinen Augen heraus zu betrachten. Während ich vor der Zeit mit Jiry wie ein zufriedenes Baby in meinem Körper gewohnt hatte, voller Vertrauen zur Welt und zu den Menschen, die mich liebten, empfand ich mich in seiner Nähe plötzlich hässlich. Zuletzt wollte ich mich nicht einmal mehr entkleiden, wenn er anwesend war. Seine Geschicklichkeit, mich zu ignorieren und mir Interaktion zu verweigern, veränderte langsam meine gesamte Körperlichkeit. Meine Bewegungen wurden steif. Schwer wurde ich, mal leblos wie ein Pappkarton, mal aufgebläht wie ein Elefant. Ich begann, mich für meine Körperlichkeit zu schämen. Solch ein Gefühl hatte ich vorher noch nie in meinem Leben gehabt. Auch verstummte ich neben Jiry zunehmend. Er hörte mir so hartnäckig NICHT zu, dass mein Sinn verschwand, ihn überhaupt anzusprechen. Stattdessen bekam ich Wortfindungsschwierigkeiten. Wenn ich zum Beispiel eine einfache Organisationsfrage zum Alltag an ihn richten wollte („Hast du meine Teetasse gesehen?“), fielen mir oft die entsprechenden Substantive nicht mehr ein, so sicher war sich mein Gehirn anscheinend, dass es nicht einmal Zweck hätte, die allereinfachste Frage zu stellen. Oft fühlte ich mich in diesem Zustand wieder so bitter einsam wie in den schlimmsten Stunden meiner Kindheit. Nur war ich damals nicht gleichermaßen hoffnungslos. Quietschlebendig hatte ich die Kindheit „abgesessen“ und gelassen darauf gewartet, bis ich endlich GROSS wäre und hinaus in die Welt käme, wo die Menschen meinen Wert sicher liebevoller spiegeln würden. Ich lebte davon, an eine schöne Zukunft für mich zu glauben. Jetzt löste die Lähmung in der Beziehung mit Jiry die allertiefsten Gefühle von Hoffnungslosigkeit in mir aus. Solch einen Zustand konnte ich nicht kampflos annehmen (natürlich weiß ich, dass Trennung eine wunderbare Lösung des Problems gewesen wäre, ... aber Du weißt doch: Ich KANN mich nicht trennen!). Also versuchte ich immer wieder, Jiry zu einer Auseinandersetzung mit mir zu zwingen. Wenn er nicht auf der Stelle weglief, wurde er stattdessen richtig böse. Mal spielte er theatralisch den bösen Wolf, mal den Verrückten, ein anderes Mal den tief verletzten, Unverstandenen. Egal, was ich auch unternahm, alle Gesprächsversuche endeten mit schwerem Liebesentzug … Weil ich „darüber“ gesprochen hätte, müsse ich jetzt (zur Strafe!) sehr lange warten, bevor er sich mir noch einmal annähern könne. Ich wartete oft lange.
Manchmal, wenn ich sehr unter Jiry litt, tauchten plötzlich die Bilder seiner Opferrolle alptraumhaft in meinen Gedanken auf. Ich sah in seinen Augen die sadistische Mutter vor mir stehen, die lustvoll die Grenzen verlor, wenn sie ihre Kinder misshandelte. Den Säufervater sah ich genauso durch die Kneipen torkeln wie meinen lieben Jiry, ... gefangen in sich selbst, ... ohne Gefühl für irgendeinen anderen Menschen. Nach vielen

Jahren meiner vergeblichen Suche nach einer vertrauensvollen Intimität mir Jiry passierte es sogar, dass Missbrauchsbilder in mir hochkamen, wenn ich mit ihm schlief. Seine Bilder waren das, nicht meine. Seine Qual war zu meiner Qual geworden. Wenn ich dabei sehr, sehr einsam war, konnte ich plötzlich auch das tote Kind sehen, das ganz langsam an mir vorbeischwamm. Ja, da wusste ich, dass Jiry meinen Eros, mein Geschenk an ihn, gnadenlos getötet hatte.

Ich breche aus dem System aus

Weil das passive Verharren in einer schlechten Situation jedoch in keiner Weise zu meiner Persönlichkeit passt, suchte ich unermüdlich Auswege. Schon in den ersten Jahren mit Jiry schloss ich einen Vertrag mit mir, keinesfalls sein Opfer zu werden. Ich entschied mich, ein wirklich gutes Leben neben Jiry, um ihn herum, gegen ihn und mit ihm zu leben, je nachdem, was sein innerer Zustand gerade erlaubte.
Mit dem Konzept und der Praxis der FREIEN LIEBE 3 gelang es mir, auch weiterhin authentisch den Werten treu zu bleiben, die den gesunden Anteil meiner Person ausmachen. Kompromisslos verweigerte ich Jiry meine Anpassung an sein sexualfeindliches Denken. Ungebrochen und mit Stolz trug ich meine Würde auf liebevollen Händen in das heilige Thema meines EROS. Trotzig feierte ich meine Begabung für die körperliche Liebe mit den Menschen, die sie haben wollten, und transformierte sie mit Jubel und Lust in meine „erotische Revolution“.

Während der „kleine Jiry“ und die „kleine Nelly“ in ihrer Regression unheilbar schienen (wer weiß ...?), lebte ich gleichzeitig mit der erwachsenen Kühnheit der Muttertochter, gut reflektiert und sehr bewusst, meine Utopie!

Danke, lieber Freund. Deine Geduld ist von unschätzbarem Wert. Aber ich brauche jetzt eine Pause. Wollte ich doch am Anfang dieses Briefes mit ein paar Bausteinen den Kreis setzen, aus dem heraus die FREIE LIEBE 3 mit feiner Eleganz zum Himmel steigen sollte, so war das aber nicht so einfach, denn immer wieder wollten sich die Bausteine wie Backsteine auf meine Seele legen. Besonders der Letzte. Und dann kam auch noch der Winter. Verschwunden sind die Feuerfarben. Wir haben Weihnachten gefeiert. Ich bin sicher, dass Du eine gute Zeit im Kreise Deiner Familie hattest. Auch ich kann nicht klagen. Lassen wir die Liebe im Neuen Jahr wieder aufsteigen, wenn sie sich auf mehr Licht und auf eine neue Hoffnung freuen kann. Was immer kommt, so will ich es in einem guten Licht sehen.

Das Leben hat immer recht.

Ich küsse Dich.

Nelly

Brief - Januar 2008

FREIE LIEBE 3 ist keine Lehre, keine Ideologie, lediglich ein möglicher Weg

Lieber Freund!

Ich wünsche Dir ein frohes neues Jahr. Es ist das Jahr, in dem wir uns endgültig trennen werden. Das ist eine schöne Aussicht, sofern die Situation mit Frieden einhergeht. Den fühle ich schon so zart wie einen Frühlingswind. Doch tatsächlich ist es hier so bitterkalt wie noch nie. In Deiner Stadt wird es nicht anders sein. Die Nachrichten sagen, dass ganz Deutschland eingefroren ist. Mir ist jedes Wetter recht. Wenn ich morgens meine Tiere füttere, bin ich immer wieder gerührt, mit welch entschlossener Lebensfreude sie sich, durch alle Widrigkeiten hindurch, auf ihr „Frühstück" stürzen. Jeder Tag ist ihr Bester, ... weil ich komme und leckere Sachen verteile, die Ställe saubermache, ihre „Heubetten" aufschüttele und mich daran freue, dass meine Lieben glücklich sind. Klar wären mir ein paar Menschen an meinem Frühstückstisch auch ziemlich lieb, aber ich lerne von meinen Tieren, dass ich mir nur das Leben verderbe, wenn ich über Dinge nachdenke, die nicht gegeben sind. Also frühstücke ich nach meiner bäuerlichen Morgenarbeit zufrieden ein zweites Mal, erfinde dabei die gute Idee für den Tag, setze anstehende Arbeiten in eine sinnvolle Reihenfolge und streue feine Belohnungen dazwischen. Ja, die habe ich mir einfach immer verdient, denn ich gebe mir täglich viel Mühe mit meinem Leben.

Zugeben, das Schreiben macht nicht immer den gleichen Spaß. Das Lesen wahrscheinlich auch nicht. Mich haben die letzten beiden Briefe ziemlich angestrengt. Hoffentlich haben sie Dich nicht gelangweilt, denn das wäre das Allerschlimmste. Natürlich habe ich nicht vergessen, dass ich die FREIE LIEBE 3 schon im letzten Brief angekündigt hatte. Und wieder bin ich am Ende des Weges erschöpft in den Straßenrand gesunken. So ist es halt mit der Revolution. Funktionieren will sie sowieso nie. Bei mir schimmert sie manchmal, ungeplant und unerwartet wie ein Sonnenstrahl, in mein umwölktes Erleben hinein. Wenn ich sie dringlich rufe, kommt sie eher selten. Und wehe, wenn man sie zwingt! Dann zückt sie sofort ihren langen Säbel unter dem schwarzen Mantel hervor. Helau, helau, ruft sie laut heraus, ... und wieder ist Fasching!

Aber heute komme ich endlich zur Sache, versprochen. Erst gehen wir zwei Schritte zurück, dann einen vor, ... und siehe da, dann hüpfen wir mit einem Sprung in die FREIE LIEBE 3 hinein. Es wird nicht ausbleiben, dass sogar wir beide uns noch einmal begegnen. Ganz sicher anders als Du denkst, das kann ich Dir jetzt schon einmal verraten. Im ersten Schritt gehen wir zurück zur FREIEN LIEBE1.

Rückblick auf die FREIE LIEBE 1, dem naiven Ideal

Die FREIE LIEBE 1. Das war die naive Idee einer Jugendrevolte, die wie ein Feuer um die Welt ging, ganz so, als wäre sie schon zur Wirklichkeit geworden. Doch dabei war sie nie mehr als ein Klischee, das, wie eine Projektion, in jede Richtung benutzt werden konnte. Das Klischee von unseren angeblichen, wilden Gruppensexorgien wird besonders die Erotik der Bürger angefeuert haben, denn die missbrauchten uns als Erste. Ganz ungeniert übertrugen sie ihre eigenen pornografischen Vorstellungen auf uns und beleidigten uns, indem sie uns eine charakterliche Minderwertigkeit unterstellten, die uns in keiner Weise beschrieb! Der Vorgang war aber immerhin wirkungsvoll genug, dass er sogar die traditionelle Sexualfeindlichkeit unserer Kultur aus dem Schlamm zu wühlen vermochte und einen frischen Wind in die Sexualpädagogik hineintrug. Viele Jugendliche hatten es nach uns wesentlich leichter mit der Entwicklung einer gesunden Sexualität. Sogar im Aufklärungsunterricht in den Schulen durfte Sexualität nicht mehr als unnatürlich und schmutzig vermittelt werden. Jungen Menschen wurde das Recht auf sexuelle Neugier erlaubt. Auch der Sex vor der Ehe und Spaß an der Selbstbefriedigung galten neuerdings als ein wichtiges Element des sozialen Lernens, das junge Menschen auf dem Weg ins erwachsene Leben begleiten sollte. Die gleichgeschlechtliche Sexualität wurde der heterosexuellen in der öffentlichen Bewertung gleichgestellt. Das alles realisierte sich nicht gerade an einem einzigen Tag, aber es realisierte sich überhaupt, was wirklich eine unglaubliche „Werterevolution“ darstellt.

Der politisch motivierte Aufruf „Make Love, Not War“, war in meiner Subkultur nicht mehr als ein Spruch, mit dem wir so unbedacht herumspielten wie Kinder. Was hätten wir schon BESSER WISSEN MÜSSEN, ... damals? Mit siebzehn, zwanzig und fünfundzwanzig Jahren! Von wem hätten wir etwas lernen können? Wer war uns VORAUS? Nein, vor uns war wirklich kein einziger Mensch, und die hinter uns wollten wir nicht. Total mutig waren wir, weil wir es überhaupt versuchten, und darauf bin ich bis heute so richtig stolz. Mit unserer hedonistischen Spaßkultur ließen wir den Autoritätsanspruch des Patriarchats platzen wie eine Seifenblase. Wir raubten die Liebe einfach aus dem Gefängnis der Machtstrukturen heraus und übergaben sie der Lust. In einer weiteren, sehr vagen Idee, wollten wir sie in einen sozialen Kontext einfügen und damit IRGENWIE Frieden unter die Menschen bringen. Die Frage: „Wer gehört wem?“, zerschmetterten wir mit der Kampfmelodie: „Keine Macht für niemand!“, ... der einzigen Utopie, die wir gelten ließen. Weil sich die Gesetze der Macht aber nicht wie auf Knopfdruck „per Ideal“ aus unseren Köpfen entfernen ließen, misslang der Traum. Wir schufen nicht wirklich die BEFREITE Gesellschaft, sondern rutschten stattdessen in die Falle der FREIEN LIEBE 2 hinein. Das war das Spiel mit dem Drachen NARZISSMUS. Vielleicht erinnerst Du Dich, dass ich Dir mit den vielen Geschichten über unsere Kindheitswunden auch einen Eindruck davon vermitteln wollte, dass unsere Ideologien eben nicht nur aus den hehren Geistern der „besseren Menschen“ geboren wurden, sondern dass wir es schlichtweg nötig hatten, unsere Zukunft neu zu erfinden. Die meisten von uns waren ja unverstandene Kinder, die von den eigenen Familien verjagt, und dazu noch von der scheinheiligen Rechthaberei der bürgerlichen Gesellschaft beleidigt worden waren. Was glaubst Du, wie gerne solche verwundeten Menschen von einem glitzernden Drachen hochgehoben werden, auf dessen Rücken sie größenwahnsinnige Träume ausleben dürfen? Es tröstet, das kann ich Dir sagen! Schritt zwei soll uns also noch einmal warnend an den Drachen NARZISSMUS erinnern, diesen faszinierenden und zugleich bösen Kerl, der auch noch hoch erotisch sein kann. Wir durchschauten ihn nicht.
Nachdem wir das brave, normative Denken als „kleinen Faschismus“ angeprangert und der institutionellen Macht das Recht abgejagt hatten, darüber zu bestimmen, was

in der Liebe „richtig“ sei, und nachdem wir Chefs, Führern und Gurus jeden Respekt entzogen hatten, indem wir ihnen lächerliche Scherzartikel über die gierig erhobenen Penisse stülpten, um uns danach kichernd zu entfernen, fielen wir der Blindheit unserer eigenen Eitelkeit und der neurotischen Selbstbezogenheit unserer Angst vor verbindlicher Intimität zum Opfer. Mit unseren Leibern fütterten wir eifrig den liebeshungrigen Drachen. In eifersüchtiger Konkurrenz warben wir um ihn, ohne zu bemerken, dass er unser gefährlichster Feind war. Viele von uns zersetzten die revolutionäre Idee in seinem Bauch zu Brei. Schlimmer noch, die meisten verloren sich selbst in den unwirtlichen Windungen seines Gedärms. Frag mich lieber nicht, als welche Gestalten sie da wieder rausgekommen sind.

FREI von Freunden übrig bleiben

Jedenfalls blieb ich dermaßen alleine übrig, dass ich plötzlich FREI von vermeintlich treuen Freunden, FREI von Zuwendung und Anerkennung und FREI von Zukunftsperspektiven, gänzlich AUTONOM, darüber nachdenken durfte, wie ich nach dem Niedergang meiner Subkultur weiterleben wollte. In welchen Werten? Mit welchen Zielen?

Wenn ich auch hier und da ein wenig am Selbstmitleid zu knabbern habe, nämlich immer dann, wenn ich mich allzu isoliert fühle, dann vergesse ich doch nie, mit welch unglaublichem Privileg sich mein Leben entfalten durfte, ... nämlich mit dem Privileg, die eigenen Werte passend zur eigenen Persönlichkeit und passend zur eigenen Biografie gestalten zu dürfen!
Genauso wuchs dann, in relativ kurzer Zeit, das Konzept der FREIEN LIEBE 3 in mir heran, das mich nun seit fast zwanzig Jahren angenehm belebt. Weil es mir Würde, sexuelle Lebendigkeit und inneren Frieden gibt. So erlebe ich das. ICH.

Und jetzt pass auf! Kein Wort habe ich darüber gesagt, was DU machen sollst. Kein Wort darüber, was für Dich passend oder gar „richtig“ sein könnte. Ich habe auch keine Anstalten gemacht, mich in das Licht einer „RICHTIGEN“ für Dich zu stellen, denn ich wusste ja, dass Du schon die beste Frau für Dich gefunden hattest. Ich habe in der Absicht um Dich geworben, etwas BEGRENZTES mit Dir machen. Den Aspekt hast Du verstanden. Aber in Deinem Denken wuchs aus meiner Absicht eine Gefahr heran, die in Deinem Leben etwas „verderben“ könnte. Aus UNS wurde nichts. Dein EINMAL ist KEINMAL schloss ein MITEINANDER aus. Das wäre so in Ordnung, wenn nicht eine Wertung darin läge, die mir nicht gefällt und die nicht zu mir passt. Den Punkt werden wir bald klären. Wer DU bist, weiß ich bis heute weniger denn je. Du hast Dich nicht gezeigt. Aber sicher ist, dass Du ein ANDERER bist als ich. Auch das ist okay.

FREIE LIEBE 3 ist keine Lehre, keine Ideologie, nur ein möglicher Weg

Meine FREIE LIEBE 3 ist keine Lehre. Eine Botschaft schon, wenn sie jemand hören will. Jedenfalls keine Ideologie, mit der ich andere Menschen überzeugen will. DU und all die ANDEREN seid hoffentlich FREI genug, in jedem Punkt anders zu denken und anders zu handeln als ich. Genauso, wie es zu EUCH passt, verdient es meinen Respekt. Aber auch ihr habt keinerlei Recht, meine Einstellung schlecht zu machen, Denn mein Recht auf Respekt ist das Gleiche wie eures. WERTVOLL bin ich. Ein verantwortungsvoller, feinfühliger Mitmensch, ganz sicher eine Bereicherung für jede wirklich soziale Gemeinschaft.

Ich weiß, dass die meisten Menschen, die ihre ideologische Prägung selbstbewusst vertreten, auch gerne darin missionieren. Das wird auch mir oft unterstellt, aber es ist falsch. Ich bin von meinem Wert und der guten Qualität meiner Lebenskonzepte sehr überzeugt, das stimmt. Aber ich mag es nicht im Geringsten, wenn Menschen mich nachahmen. Als selbstverantwortliche Erwachsene haben sie die Pflicht, wohlüberlegt und gänzlich autonom zu entscheiden, welche Lebens- und welche Liebesformen sie bevorzugen. Mich gehen ihre Entscheidungen gar nichts an. Und umgekehrt.

Für meinen Lebensmut brauche ich einfach nur ein paar Freunde. So wie jeder. Mitmenschen. Austausch. Zuneigung. Sollten unter den lieben Mitmenschen welche sein, deren erotische Sehnsüchte oder gar ihre Lebensentwürfe sich für kürzere oder längere Zeit mit den meinen überschneiden, dann freut mich das. Sofort werde ich ein Bäumchen auf die Schnittfläche pflanzen. Wenn fremde Abenteurer mein Land nur kurz durchstreifen, sage ich trotzdem freundlich „Hallo“! Selbst wenn sie so unsozial sein sollten, bei mir die Blumen auszureißen, die sie bei sich daheim in eine Vase stellen, so nähme ich das gelassen hin. Auch wenn sie mein Land wenig betrachtet und nur bruchstückhaft verstanden hätten (wie Du zum Beispiel), so würde ich ihnen die Freude an meinen Blumen gönnen, erst recht, wenn sie für die Ehefrau eine liebevolle Überraschung daraus machen, ... aber aus Freude am Leben bitteschön und nicht aus schlechtem Gewissen. Dann wachse ich einfach mit meinen Blumen nach und vergesse die flüchtigen Gäste mit einem kleinen Lächeln. Kein Problem.
Wenn sich jedoch gelangweilte, unzufriedene Neider feige hinter ihrer verlogenen Gutbürgerlichkeit verstecken, und mit ihrem Giftmüll meinen Boden verseuchen, dann werde ich total sauer! Soll sie doch ihr Teufel holen und sie, mitsamt ihrem Müll, in der Hölle abladen, die zu ihren dreckigen Gedanken passt. Ich habe nichts damit zu tun.

Betreten wir nun mein Land.

Werte, für die ich mich entschieden habe

Meine FREIE LIEBE 3 ist in erster Linie eine SOZIALE IDEE. Um SEX geht es dabei auch.
Den Gedanken, dass es sinnvoll sei, gute Werke zu tun, kennen wir schon aus der Bibel. Aber die Christen wollen deshalb GUT sein, damit sie sich die besseren Plätze im Himmelreich sichern. Meine soziale Idee hingegen sichert nichts und schiebt auch nichts auf später. Sie hat einzig den Sinn, das Leben im Hier und Jetzt glücklicher zu machen. Trotzdem sind Nebeneffekte denkbar, die, über den Moment hinaus, Wirkung zeigen. Keinesfalls verlässt meine Idee das irdische Leben, das „wir an jedem Tag mit Dankbarkeit, Sinn und Freude zu füllen haben“, so würde meine Ethik dazu heißen. Das Spekulieren mit einem auf das Jenseits gerichteten Wohlverhalten ist dabei indiskutabel. Der höhere Sinn und der Nutzen meiner sozialen Idee bezieht sich also weder auf ein oder mehrere spätere Leben, noch auf die zeitliche Komponente, nach dem Motto: „Was ich länger habe, bringt mir mehr“, sondern sie kann besser im Kontext

eines Netzwerks verstanden werden. Wenn die erotische Erlebnisqualität, die einen Menschen fröhlicher macht, auch zu dessen persönlichem Wachstum beitragen würde, hätte sie damit eine Struktur geschaffen. Einen schöpferischen Akt. Und das ist das Politische an dem Ganzen.

Ich mag den Gedanken, dass es möglich ist, das Glück eines Menschen dadurch anwachsen zu lassen, indem er es mit anderen Menschen teilt.

Stell Dir einfach einmal vor, ein einzelner kleiner Mensch nähme sich eines Tages ganz alleine für sich vor, sein Glücklichsein, seine materiellen Schätze, sein professionelles Können, sein warmes Herz und seinen liebenswürdigen Körper mit mindestens drei Freunden zu teilen. Nicht alles hergeben oder so, nein, ich meine einfach nur, hier und da GLÜCKSMOMENTE zu schaffen, indem man etwas teilt, was einen gerade selbst sehr freut. Teilen, wie es gerade in eine Situation passt, und teilen, wie es allen drei Freunden Spaß macht. Keine Pflicht. Kein Helfersyndrom. Keine Selbstauflösung. Nur eine freie Entscheidung.
Jetzt könnte es sogar vorkommen, dass der Frohsinn der überraschten Freunde zu einem Glücksgefühl heranwächst, das sie motiviert, ihre eigenen Schätze ebenfalls mit drei Freunden zu teilen. Und so weiter. Dann würde es wirklich nicht mehr lange dauern, und der Weltfrieden stünde vor der Tür.

Weil Du aber weißt, dass ich mir schon in meinen frühen Revoluzzerjahren an dieser Idee die Zähne ausgebissen habe, verrate ich Dir lieber gleich, wo der Denkfehler liegt. Du wirst nämlich sehr, sehr selten auch nur einen Freund finden, der dabei mitmacht. Die Freunde vertrauen lieber den vielen ANDEREN, die ALLE sagen, dass Schätze nur dann etwas wert sind, wenn man sie im eigenen Leben anhäuft. Die „moralische Erwartung“, selbst etwas abgeben zu „müssen“, die durchaus in meinem Modell steckt, kann auf einen „Normaldenkenden“ wie ein Betrug wirken. Was sollen das wohl für Geschenke sein, die auch wieder etwas mit HINAUSNEHMEN? Nur wer seine Schätze ALLEINE hat, hat sie SICHER. Auch das ist wahr. Du weißt jetzt also schon, dass meine FREIE LIEBE 3 Menschen mit einer besonderen Bereitschaft zu moralischer Verbindlichkeit braucht, denn das seelische und körperliche Ausbeuten anderer Menschen ist wirklich keine liebevolle Handlung.
Geschützt von einer sozial-moralischen Prämisse braucht meine soziale Idee zwar ein paar Regeln, aber wenig Kontrolle. Sie dient wirklich nicht dem Konzept der Sicherheit im Leben. Deshalb braucht sie den Mut. Sie fördert vor allem die schöpferische LUST, am Leben AKTIV beteiligt zu sein. In der Ethik meiner sozialen Idee geht es um die Pflege von VERTRAUEN. Es geht um das EINLASSEN. Es geht um die HINGABE. Es geht um DANKBARKEIT.

Welche Rolle soll der Sex darin spielen, fragst Du mich? Sollten wir den sozialen Frieden nicht gerade vor „unkontrollierter“ Sexualität schützen, die sich in unseren angstvollen Phantasien gerne in eine verhasste Flamme des Verrats verwandelt. Liegt es nicht viel eher in der Natur des Menschen, den geliebten Partner ganz für sich alleine BESITZEN zu wollen? Gäbe es nicht noch mehr Mord und Totschlag auf der Welt, wenn wir anfingen, an dieser Prämisse zu rütteln?

So, wie es jetzt aussieht, bestimmt! Und als Erstes müssten freche Frauen wie ich daran glauben. Immerhin folgen die meisten Kulturen auf unserer Erde noch den Ge-

setzen des alten Patriarchats, das die Idee einer Selbstbestimmung für Frauen von vornherein ausschließt. Die Sexualität der Frau bleibt darin eine Dienstleistung an den Mann, keine Frage. Ich kann von Glück sagen, dass ich in einem westeuropäischen Land geboren wurde, das sich mit seinem Grundgesetz zur Gleichstellung der Frau verpflichtet hat, sonst würde ich wahrscheinlich schon länger nicht mehr leben.
Deshalb sehe ich es als ein großes Privileg unserer Kultur an, dass moderne Frauen und Männer unseres aufgeweichten Patriarchats erstmals die Chance haben, über die inneren Grenzen und Möglichkeiten nachzudenken, mit denen sie ihren sozialen Raum selbst gestalten dürfen. Diese Freiheit war vor unserer Zeit schwer denkbar und ganz sicher nicht lebbar.
Es geht aber bei der Frage nach sexueller Selbstbestimmung gar nicht um die Natur des Menschen, sondern um eine fortlaufende Auseinandersetzung mit den Normen zur Geschlechterrolle, die eine Kultur, die ja stets lernt und lehrt, an ihre Nachkommen weitergibt. Das lernende Gehirn ist also der Spielraum, in dem Veränderungen stattfinden. Und jedes Gehirn geht mit der Frage anders um. Der hirnorganische Zwang im Menschen, neue Erfahrungen in einem für ihn „gewohnten" Programm zu bewerten, erlaubt ihm ohnehin nur eine begrenzte denkerische Freiheit. Die Biographie eines Menschen bestimmt also in dominanter Weise den Raum, der seiner Zukunft offensteht. Deshalb kann Deine Frage nur subjektiv beantwortet werden. Das erübrigt zum Beispiel auch die Fragestellung danach, ob meine Konzepte „richtig" oder „falsch" seien. Übrig bleibt das legitime Recht für jeden, in individueller Weise bei sich nachzuschauen, ob er etwas daran mag oder nicht. Im Zuge des Wertewandels, der uns hin zu einer weltoffenen, demokratischen Gesellschaft führen soll, würde es uns allen gut anstehen, jeglicher Lebensphilosophie und jeglichen Wertebindungen der ANDEREN eine gutüberlegte Toleranz entgegenzubringen.

Ich, Nelly, mag in meinen reiferen Jahren nur noch darüber sprechen, was mir freie Sexualität in der freien Liebe bedeutet und wohin mich meine persönlichen Erfahrungen getragen haben.

Erinnerst Du Dich, dass ich im letzten Brief meine Entscheidung biographisch begründete, mein revolutionäres Experiment bis zu der Grenze fortzuführen, die mir das Leben selber setzen würde. Ich war gespannt darauf, ob es mehr die inneren oder die äußeren Grenzen seien, die mich STOPPEN würden. Erst danach wäre zu diskutieren, wie ihre Wechselwirkung zu beurteilen sei. Denn auch das ist eine politische Frage.
Nun, über diesen Lernvorgang wirst Du Dir bald ein eigenes Urteil bilden können, denn ich werde mich mit einigen meiner Grenzerfahrungen von Dir verabschieden. Du bist ja selbst eine davon.

Wozu braucht meine FREIE LIEBE 3 den SEX?

Und jetzt meine Antwort auf die Frage: Wozu braucht meine freie Liebe den Sex? Brauchen ist schon gleich der falsche Begriff. Die Freiheit, die ein selbstbestimmtes JA erlaubt, kann nur auf die gleichberechtigte Prämisse für die Freiheit zu einem NEIN aufgebaut sein. Deshalb ist eine allzu große Bedürftigkeit, ein riesiges Defizit an körperlicher Zuwendung, nicht die günstigste Voraussetzung für eine freie Entscheidung. Nun frage Dich einmal, wer in unserer Kultur ein Leben lang satt und wohlig in körperlicher Zuwendung badet? Du vielleicht? Das glaube ich Dir nicht. Nicht einmal ich, die ich doch ziemlich fleißig an dem Problem arbeite, könnte von mir behaupten, dass ich nicht ebenfalls viel mehr davon gebrauchen könnte. Ich behaupte hier glatt: JEDER braucht mehr, als er hat. Doch davon später (siehe Argument 2). Tatsächlich lauert die Gefahr, aufgrund der defizitär gegebenen Situation in unserer „coolen" Leistungsgesellschaft in eine der vielen Formen emotionaler und sexueller Abhängigkeit zu geraten, an jeder Ecke.

Ich, Nelly, verteidige die freie Sexualität, so wie ich sie heute lebe, mit Überzeugung, weil ich gerade ihren geistigen Kontext so mag. Die Praxis auch, klar. Aber ich könnte meine Sexualität sicherlich genauso freudig monogam leben, wenn ich einen Partner hätte, der den aufregenden Weg gemeinsamer Entwicklung so interessant fände wie ich. Für beide Entscheidungen gibt es gute Argumente. Um meine Haltung zur Sexualität, die sich außerhalb einer verbindlichen Partnerschaft abspielt, zu beschreiben, möchte ich zwei Kernargumente herausstellen.

Argument 1
Es geht mir dabei nicht um eine Entscheidung, die das Konzept der freien Liebe GEGEN das Bedürfnis nach einer Partnerschaft stellt, sondern ich experimentiere mit der Frage, ob sich womöglich ein „sowohl als auch" realisieren lässt? Wenn wir von einer durchaus befriedigenden Partnerschaft ausgehen, der Deinigen zum Beispiel, müssen wir natürlich einen zusätzlichen Gewinn darin sehen, mit dem die „Lust am Abenteuer", das „Blumenpflücken auf nicht umzäunten Wiesen", das „leidenschaftliche Gebet als ein Dankeschön an unser Leben!", oder wie wir ein im freien Feld umherschweifendes erotisches Angebot sonst noch nennen könnten, unser Leben noch mehr bereichern würde.
Nun ja, weil ich zu der Frage in den letzten zwanzig Jahren genügend Daten für eine aussagekräftige Auswertung meiner persönlichen Erfahrungen zusammengetragen habe, möchte ich, so frech es Dir auch erscheinen mag, mit Bestimmtheit behaupten, dass mich die erotischen Geschenke des Lebens überwiegend gut gelaunt, kreativ, energievoll, optimistisch, freundlich, tolerant, warmherzig und schön, gelassen und gesund machen. Reicht das? Zusammenfassend stelle ich also die Hypothese auf, dass erotische Neugier und Abenteuerlust wertvolle Komponenten einer gesunden Lebenslust sein könnten.
Trotz großer Sympathie für die Vorteile der freien Sexualität, grenze ich mich aber stark von dem Lustprinzip ab, das in den frühen 70er-Jahren die sexuelle Revolution einleiten sollte. Ich bestehe darauf, dass es beim Begriff der freien Liebe, und die darf meinetwegen gerne mit Sexualität einhergehen, in erster Linie um LIEBE gehen muss. Nämlich um ein großes, herzlich empfundenes Interesse an den lieben Mitmenschen. Ja, und schon sind wir wieder bei der Moral angelangt, einer wichtigen Leitlinie für soziales Verhalten. Ohne eine persönliche Wertebindung können Menschen weder Konzepte noch Ziele entwickeln, geschweige denn eine Gemeinschaft aufbauen. In meiner individuellen Moral heißt erotische Lebenslust und Liebeskunst keinesfalls, dass man alles tun MUSS, was die lustvollen Impulse im Organismus an Bedürfnissen anmelden. Jede einzelne Situation bedarf „vor der Tat" einer Prüfung, denn sie soll keine Opfer hinterlassen. Wie könnte Sex, der wie „die Axt im Walde" inszeniert wird, zu einem Wachstum der Liebe unter den Menschen führen? Gewalt und Liebe schließen sich aus, ohne Frage. Aber freundlich begrüßen, mal daran riechen und auch ganz genau hinsehen, das könnte man „den Blümchen auf der unbegrenzten Wiese"

schon gönnen, ... einfach so, um ihre Schönheit zu genießen. Es gibt keinen Grund, schon bei dem Gedanken an die Existenz einer solchen Wiese in Angst zu verfallen und in Schuldgefühlen zu versinken. Und selbst das rettet die Braven unserer Gesellschaft nachweislich nicht vor der praktizierten „Sünde". Es ist empirisch belegt, dass rund die Hälfte der erwachsenen Bevölkerung, trotz ihrer Treueversprechen und ihrem festen Glauben an die romantische Liebe, zuweilen auf fremde Wiesen eilt, um dort hastig ein paar Blumen abzureißen. Danach schreien sie, sie hätten sich gar nichts dabei gedacht, ES wäre einfach so über sie gekommen, sie wären besoffen gewesen, und überhaupt wäre da ja NUR was Sexuelles gewesen, REIN körperlich. Ich ärgere mich furchtbar über diese kindlichen Ausreden, denn sie erklären erwachsene Menschen unserer hoch zivilisierten Kultur zu Tölpeln, zu dummdreisten, verlogenen, selbstzerstörerischen und verantwortungslosen Geschöpfen. „Pfui Teufel", würde meine Moral dazu sagen.

Ich bin mir ganz sicher, dass jede sexuelle Handlung auf einer Entscheidung basiert. Menschliche Sexualität ist nämlich kein Trieb, sondern ein komplex strukturiertes soziales Verhalten. Die Natur hat in uns nicht dieselben Muster angelegt wie in den instinktgesteuerten Tieren. Wir Menschen erlernen und erleben die Sexualität über unser lernendes Gehirn. Deshalb sind wir geistig jederzeit in der Lage, die Übernahme der Verantwortung für unsere sexuellen Handlungen abzurufen, sofern wir das WOLLEN. Die Pflege des Bewusstseins und der Moral, innerhalb eines jeglichen Bereichs sozialer Verantwortung, sehe ich als eine lebenslange Pflicht für FREIE, selbstverantwortliche Menschen an. Und das gilt auch für den Sex.

Mir ist durchaus bewusst, dass in dieser Aussage ein derart hohes Ideal und ein solch riesiger moralischer Anspruch stecken, dass ihn eigentlich kein Mensch erfüllen kann. Deshalb möchte ich diese Aussage auch lediglich als eine Zielformulierung verstanden wissen. In diesem Idealmodell habe ich die normative Fremdkontrolle in einer autoritätsabhängigen Gesellschaft mit der freiwilligen Selbstkontrolle eines autonomen Individuums ersetzt. Weil es solche völlig autonomen, mit höchster moralischer Selbstdisziplin ausgestatteten Menschen, noch gar nicht gibt, bleibt die FREIE LIEBE auch weiterhin eine Utopie. So unrealistisch, anspruchsvoll und dabei noch gefährlich (jede Unachtsamkeit kann tiefste Schmerzen hervorrufen), wie sich das unvollendete Konzept bisher darstellt, wird die FREIE LIEBE bei „vernünftigen" Menschen auf die kuriose Blüte einer verrückten Zeit reduziert, die heute keinen Menschen mehr interessiert.

Weil ich, aufgrund der abgehobenen Träume meiner Eltern, in meinem Über-Ich nicht zu besonderer Vernunft, sondern eher zu anarchischem Starrsinn verpflichtet bin, nahm ich in der Wahl meiner Lebenskonzepte den autonomen Weg. Aus meiner Sicht sind die Niederlagen in meinem Leben nicht wirklich schlimmer als die grausamen Dramen, die sich um die geplatzten Träume der bürgerlicher Menschen ranken, die ihren ganzen Lebenssinn auf das Gelingen des romantischen Märchens zwischen Prinz und Prinzessin gesetzt hatten. Zufrieden stelle ich fest, dass mein Leben auf jeden Fall einen höheren Unterhaltungswert hat. Und nicht nur das. Tiefe und bunte Gefühle habe ich auch noch dabei. Und mein liebenswürdiger Körper wird während des vergeblichen Wartens auf DEN EINEN, DER FÜR IMMER MIR GEHÖRT immer einmal wieder gestreichelt und geküsst. Er mag das.

Zurück zu einer Wertebestimmung in der Utopie einer „etwas freieren“ Gesellschaft. Das reine (absolut betrachtete) Ideal der Freiheit eignet sich tatsächlich nur wenig für den realistischen Aufbau eines „freieren“ Gemeinschaftswesens. Naturwissenschaftlich betrachtet, können Menschen nicht einmal sich selbst besonders weit über die Begrenzung unserer Gehirne hinaus „befreien“, weil sich unser Denken und Fühlen ohnehin nur innerhalb der Begrenzung unserer programmierten Lebens- und Lerngeschichte bewegt (siehe Hirnforschung). Es bedarf schon erheblicher und zudem zeitaufwendiger Anstrengungen, um die eigene Wahrnehmung über die hirnorganisch erzwungenen Gewohnheiten hinaus zu locken. Trotz der weitreichenden Zwänge, nur in vorprogrammierten Bahnen zu denken und zu fühlen, ist es für jeden Menschen, wenn auch nur in kleinen Schritten, aber dafür ein ganzes Leben lang, möglich, immer weiter über die eigenen Grenzen hinauszuwachsen. So gesehen könnten wir die Fähigkeit zu LERNEN, uns zu ENTWICKELN und das BEWUSSTSEIN zu vergrößern, als die eigentliche Freiheit des Menschen betrachten.

Und jetzt sollten wir uns fragen, wie solche Geschöpfe eine FREIE GESELLSCHAFT erschaffen könnten? Lassen wir doch den größenwahnsinnigen Plan.

Aber wo könnten wir überhaupt noch das PRINZIP HOFFNUNG, die politische Kraft, zur Anwendung bringen? Ein Vorschlag: Wenn sich jeder Einzelne, lebenslang und möglichst frohen Mutes, nur ein kleines Stück, doch das immer wieder, über seine inneren Grenzen hinwegsetzen würde, um SELBST ein glücklicherer Mensch zu werden, sähe die Welt gleich viel besser aus. Keinesfalls wäre die Freiheit eines Menschen dort zu suchen, wo er nur an sich selbst denkt und dabei höchstens seinen schlechten Charakter pflegt, nicht aber das Wohlergehen eines Gemeinschaftswesens.
Nach diesem leidenschaftlichen Aufruf zur moralischen Selbstdisziplin in der Übernahme der Verantwortung wundert es Dich wahrscheinlich nicht mehr, wieso ich auch in der FREIEN LIEBE nach Regeln verlange. In meiner FREIEN LIEBE 3 ist es daher schlichtweg verboten, dass Menschen nach einem kindlichen Lustprinzip, also ANTISOZIAL handeln.

Nur in einem Punkt denke ich sehr konträr zu den gängigen Vorstellungen über LIEBE. Die meisten Menschen mögen die Idee, dass Menschen, die in WAHRER LIEBE verbunden wären, auch ein gegenseitiges, körperliches Besitzrecht hätten. Das akzeptiere ich nicht. Mir erscheint undenkbar, dass Menschen einander gehören könnten wie Waren. Mich gruselt es, wenn ich beobachte, wie schnell Menschen aus ihren Liebesschwüren taktische Verhandlungen machen. Glücklich und „sicher“ fühlen sie sich anscheinend erst dann, wenn unter ihrem gegenseitigen Kaufvertrag ein riesiges LEBENSLÄNGLICH prangt.
Also ich gebe anderen Menschen niemals die Entscheidungsvollmacht über meine erotischen Handlungen. Auch dann nicht, wenn ich meinen Partner sehr liebe. Für mich wäre es ein unrettbarer Verlust meiner Würde, wenn ich mit dem Angebot meiner Selbstentleibung um einen Mann werben würde. Und seine Selbstentleibung wäre mir auch nicht lieber. Ich möchte die Liebe nicht von der Freiwilligkeit trennen.
Mein Körper gehört ausschließlich mir. Das ist alles. Es gibt nichts darüber zu verhandeln.
Trotzdem nehme ich gerne, und zwar sehr gerne Rücksicht auf meine lieben Mitmenschen. Ganz freiwillig. Selbstbestimmt. Mir macht Sozialverhalten großen Spaß. Des-

halb habe ich kein Problem damit, Handlungen zu unterlassen, die meine lebenslustigen Impulse durchaus interessant fänden, sofern ich einen geliebten Menschen damit zwingend schädigen würde.

Die Frage, was unter „Schädigen" zu verstehen ist, eröffnet allerdings ein weites Feld. Liebende in unserem Kulturkreis sind es gewöhnt, sich schnell für die Gefühle des anderen verantwortlich zu fühlen. Wenn der Eine sagt, „ich fühle mich schlecht", glaubt der andere gleich, er sei daran „schuld". Leidet der eine an Eifersucht, muss der andere wohl etwas „falsch" gemacht haben und wird sogleich bestraft. Das sind sehr kindliche Reaktionen, die eine erwachsene Form der Beziehungsklärung ausschließen. In der freien Liebe werden Paare zu einer reifen Verhandlungsbereitschaft herausgefordert. Wenn sie ihrem Kinder-Ich freien Lauf lassen, scheitern sie gleich beim ersten Versuch. Also ist freie Sexualität kein Phänomen, das sich mit sexuellen Handlungen ohne Bewusstseinsarbeit erobern ließe. Ohne ein gemeinsam, genau zu ihrer Beziehung passend erarbeitetes Konzept, kann ein Paar die freie Liebe auf Dauer nicht praktizieren, ohne die Partnerschaft zu zerstören. Sollte es den Liebenden im Kampf mit der großen Herausforderung jedoch gelingen, die erwachsene Ebene in der Kommunikation grundsätzlich zu festigen, kann solch eine Partnerschaft im „Sowohl-als-auch-Experiment" manchmal sogar schöner, tiefer und stabiler werden.

Argument 2

Um dieses Argument zu verdeutlichen, muss ich die Begriffe GELIEBT WERDEN WOLLEN und LIEBEN getrennt behandeln. Fangen wir mit dem ersten Punkt an, der gewaltigen Sehnsucht, die in jedem von uns wohnt, doch bitte noch einmal im Leben das Glück zu erfahren, bedingungslos geliebt zu werden. So, dass wir noch einmal satt und zufrieden in den Armen eines geliebten Menschen ruhen dürften, wie früher etwa, ... im Bauch unserer Mutter. Ich nenne dieses ersehnte Gefühl „Symbiose", ein Zustand, der Menschen zweifelsohne uneingeschränkt glücklich macht, wenn er dann tatsächlich für eine kürzere oder längere Zeit eintritt. Die Natur hat uns aber nicht so angelegt, dass wir ein Leben lang so umfassend versorgt werden müssten wie Säuglinge, denn die Symbiose ist im Erwachsenenleben nur noch für die relativ begrenzte Zeit des Verliebtseins vorgesehen. Noch kurzfristiger taucht sie in Phasen der Sexualität auf, in denen Liebende zu gegenseitiger Hingabe fähig sind. Eine weitere, anders erzeugte Symbiose ist in unterschiedlichen Arten von Rauschzuständen möglich. Entweder verknüpfen externe Drogen, oder auch körpereigene Glückshormone des Menschen, tiefste Hoffnung auf Anerkennung und Liebe mit der Illusion, dass sein ersehntes Größenselbst plötzlich Wirklichkeit geworden sei. In dieser Illusion verschwindet der Schmerz der unerfüllten Sehnsucht nach einem liebevollen DU vorübergehend, weil er mit dem flüchtigen, aber äußerst lustvollen Gefühl des Ankommens im eigenen ICH ersetzt wird. Hier können wir leicht erkennen, wie illusionäre Tröstungen des Narzissmus der Sucht die Hand geben, und warum schmerzhafte Defizite im GELIEBT WORDEN SEIN die Menschen in Suchtgefahr bringen.

Über das Defizit in der Liebe

Jeder weiß, dass „ungeliebte" Menschen häufig in einen Wiederholungszwang geraten, indem sie sich einen Liebespartner aussuchen, dessen Beziehungsfähigkeit am selben Punkt Mängel aufweist, an dem schon die Mängel der Eltern lagen (schau mich mal an, dann weißt Du gleich, wovon ich spreche).

Wenn Du Dich aber fragst, warum in sämtlichen Liebesfilmen, die Menschen um den ganzen Erdball herum begeistern, die romantische Liebe als eine Dauersymbiose dargestellt wird, dann liegt es nahe, dass es eben nicht nur die armen Schweine, die allzu wenig Liebe „abgekriegt“ haben, sein können, die suchtartig auf die Verzerrung der Realität abfahren. Nein, wir alle lieben diesen Kitsch wirklich sehr. Das eröffnet die Hypothese, dass wir tatsächlich alle ein Gefühl von Defizit in uns tragen könnten, das die tiefen Sehnsuchtsbilder nach Heilung durch GELIEBT WERDEN nährt.
Denkbar wäre, dass dieses Phänomen mit der Konstruktion des lernenden Gehirns zusammenhängt, das die Menschen grundsätzlich fehlbar macht. Es gibt Theoretiker, die annehmen, dass alleine das Geburtserlebnis ausreicht, um das schmerzhafte Unerfülltsein in der Liebe zu begründen. Das „Ausgestoßenwerden“ durch die Mutter werde wie ein Verlassenwerden erlebt, dessen traumatische Wunde im Leben nicht mehr wirklich geschlossen werden könnte. Das würde erklären, wieso das Phänomen sich gleichermaßen durch alle Kulturen hindurchbewegt. Ich bevorzuge jedoch andere Theorien, die sich mit Lernvorgängen im Gehirn beschäftigen.

Alle Tiere, auch die mit höher entwickelten Gehirnen, verhalten sich in der Aufzucht ihrer Nachkommen auf eine fast perfekte Weise instinktgesteuert. Weil sie daher so wenige „Erziehungsfehler“ machen, kann die Natur es sich leisten, alle Tierkinder sterben zu lassen, die nicht wirklich gut versorgt werden. Das ist bei uns Menschen ganz anders. Von der Arterhaltung her sind wir mindestens fünfzehn Lebensjahre lang auf eine zuverlässige Betreuung durch unsere Eltern angewiesen. Die machen aber in diesen fünfzehn Jahren unglaublich viele Fehler, denn sie müssen die Elternrolle ja erlernen und werden dabei nicht von Instinkten geleitet. Während das äußere Versorgen der Kinder mithilfe moralisch fundierter, gesellschaftlicher Normen in jeder Kultur so gut trainiert wird, dass die Aufgabe von Eltern sofort verstanden wird, unterliegt die emotionale Qualität der Elternliebe anderen Gesetzmäßigkeiten. Wir wissen, dass Eltern, denen die warmherzige Liebeszuwendung in der eigenen Kindheit gefehlt hat, oft nicht in der Lage sind, die nächste Generation viel besser zu betreuen. Das emotionale Defizit setzt sich dann häufig über Generationen hinweg fort. Doch nicht nur einzelne Familien können den für ein Kleinkind lebenswichtigen Zugang zu Intimität und Nähe dauerhaft verweigern, auch ganze Kulturen können darin versagen. So fühlen Männer in einem harten Patriarchat wirklich kein Mitgefühl für ihre Frauen, die ein viel schlechteres Leben führen sollen als sie selbst. Und wo bleibt das Mitgefühl der Mütter, die ihre Töchter beschneiden lassen oder sie einer Zwangsheirat ausliefern? Aber so weit weg müssen wir das Problem eigentlich nicht suchen. Denk nur einmal daran, wie feindselig noch zu meiner Jugendzeit Babys auf den Entbindungsstationen behandelt wurden. Ich zum Beispiel musste nach der Geburt bei allen vier Kindern stundenlang warten, bis ich sie endlich einmal in den Arm nehmen durfte. Voll eingepackt natürlich. Von wegen Hautkontakt. Von wegen Mama. Gebadet hat man die Kleinen, untersucht, geimpft vielleicht, fest in raue Stoffe eingepackt und dann einfach weggelegt. Bis irgendwann einmal eine gestresste Schwester die Zeit fand, einem das Bündel ins Bett zu werfen. Wer nicht gestillt hat, durfte sein Baby nur zweimal am Tag für eine halbe Stunde im Arm halten. Wer stillen konnte, durfte es immerhin fünfmal für eine halbe Stunde sehen. Aber keine Frau bekommt bei zweimaligem Anlegen gleich genug Milch. Wer nicht das Glück hatte, hormonell mit einem sprudelnden Mutterbusen gesegnet zu sein, durfte nach wenigen Versuchen gar nicht mehr stillen. Ich hatte keinen solchen Sprudelbusen. Aber ich bin weder brav, noch dumm. Also besorgte ich mir heimlich eine Milchpumpe, mit der ich so fleißig Milch abpumpte, bis ich endlich genug Milch für eine ganze Babymahlzeit produzieren konnte. Stillende Mütter waren dem Krankenhausbetrieb ganz unverhohlen lästig, denn sie verursachten deutliche Mehrarbeit für die Säuglingsstation. Da musste so ein armes Würmchen oft eine Woche lang warten, bevor es die notwendige mütterliche Wärme und Hautkontakt erfahren durfte. Und was glaubst Du, wieso in einer Zeit, in der Herztransplantationen und Mondlandungen möglich wurden, kein Mensch über die möglichen Schäden bei Babys nachdenken wollte, die so lieblos auf der Erde empfangen wurden? Stillen war in der „besseren" Gesellschaft deshalb häufig „nicht in Mode", weil befürchtet wurde, dass dadurch der hübsche Busen der Ehefrau, dem Lieblingsspielzeug des häuslichen Patriarchen, verunstaltet würde. Doch es gibt auch heute noch viele Frauen, die nicht stillen wollen, weil sie selbst mehr an der Form ihres Busens interessiert sind, als an den Bedürfnissen ihres Neugeborenen. Der Mangel an Gefühl in dieser Entscheidung fiel früher deshalb nicht auf, weil es in den Normen der damaligen Zeit keinen moralischen Appell gab, der dem Stillen die Priorität vor den „Besitzrechten" des Patriarchen gegeben hätte. Diesen moralischen Appell, die Bedürfnisse eines Neugeborenen absolut wichtig zu nehmen, gibt es heute durchaus, doch er streitet sich wiederum mit dem in der aktuellen Wertehierachie gleichermaßen hoch angesiedelten Selbstbestimmungsrecht der Frau. So entsteht eine neue Lücke für die Frauen, die die Nähe zu ihrem Neugeborenen nicht uneingeschränkt aufnehmen können. Mit erstaunlich oberflächlichen Ausreden entziehen sie ihrem Kind das Grundrecht, gestillt zu werden.

Dieses Beispiel soll genügen, um aufzuzeigen, wie weitreichend gesellschaftliche Wertesysteme und Normen das Verhalten von Eltern fremdbestimmt leiten, fernab von jedem „Elterntrieb".

Weil die Natur diese Fehlerquelle durchaus im Auge hatte, sorgte sie in besonderer Weise für die Kinder. Sie gab den Kleinen eine umfassende Liebesfähigkeit für ihre ersten Jahre mit, die sie befähigen soll, auch die schlimmsten Elternfehler auszugleichen. Denken wir hier zum Beispiel an die Kinder schwer suchtkranker Eltern. Wir werden in solchen Familien Kinder finden, die noch keine zehn Jahre alt sind, aber fähig dazu, einen Haushalt zu versorgen, auf kleinere Geschwister aufzupassen und auf die Eltern dazu. Ja, ohne die Liebesfähigkeit unserer Kinder könnte unsere Art wirklich nicht überleben.
Aufgrund der Tatsache, dass ein Kind rund fünfzehn Jahre lang und mehr von Erwachsenen betreut werden muss, bevor es eine neue Generation ins Leben rufen kann, darf ein Menschenkind natürlich nicht so schnell sterben wie es zum Schicksal von schlecht versorgten Tierkindern gehört. Die Natur hat es sinnvollerweise mit seiner eigenen Liebesfähigkeit an die Eltern „angebunden". Somit ist jedes Kind in der Lage, genau diejenigen Personen zu lieben, die es aufziehen, egal wie viele Mängel diese aufweisen. Ein weiterer Vorteil dieses Prinzips liegt in der Tatsache, dass ein Kind soziale Eltern, die sich gut um das Kind kümmern, genauso lieben kann wie biologische Eltern.
Kehren wir jetzt noch einmal zum Begriff der Symbiose zurück. Eigentlich braucht ein Kind nach der Geburt für mehrere Monate eine fast vollständige Symbiose mit mindestens einer betreuenden Person. Aber auch die besten Eltern können über einen Zeitraum von mehreren Monaten nicht 24 Stunden am Tag symbiotisch präsent sein. Immer wieder geht ihnen dabei die Konzentration aus. Dann sind sie zwar körperlich noch beim Kind, aber ihr Geist schweift ab. Weil das Baby aber seinerseits immer

symbiotisch mit der Umgebung verbunden ist, bemerkt es dieses „Loch“ in der Aufmerksamkeit und verbucht die Situation im Gehirn unbewusst wie ein Verlassenwerden. So könnte man vereinfacht sagen, dass die 100 % Liebe des Kindes von den Eltern nur zu einem geringeren Prozentsatz beantwortet werden kann. Das könnte die seltsame Neigung der Menschen erklären, aufgrund einer Art „ungestillter Restsehnsucht“ in sich, jede real erfahrene Liebe auf 100 % aufstocken zu wollen, sei es nun durch eine idealisierte Verklärung des geliebten DU oder durch die romantische Stilisierung einer perfekten Liebe.
Wenn es also gute Gründe für die Annahme geben mag, dass die „ungestillte Restsehnsucht“ (gleichzusetzen mit der abhängig machenden Sehnsucht nach Dauersymbiose, oder anders ausgedrückt, der weltumspannenden Hoffnung auf das Wunder der romantischen Liebe) als eine kulturunabhängige Voraussetzung in jedem Menschen wohnen könnte, so kommt es im realen Verlauf der Lebensgestaltung letztlich doch hauptsächlich darauf an, welche Mythen eine Gesellschaft (Kultur, Subkultur) über den Weg der Erziehung vermittelt, um Werte über Liebe, Glück und Partnerschaft zu vermitteln. Diese Werte spiegeln aber nicht die „Natur“ des Menschen, sondern nur die jeweiligen ideologischen Interessen eines Gemeinschaftswesens. Wo sich die Liebesgeschichten des Individuums in dem weiten Spektrum zwischen Liebesglück und Drama einordnen lassen, ist viel weniger schicksalhaft als wir denken. Sie folgen in einer recht logischen Weise der biographischen Lerngeschichte eines jeden einzelnen Menschen.

Jetzt aber Schluss mit dem Herumschweifen in der Theorie, wo ich Dir doch vor allem meine private Position zum Begriff des Liebens anschaulich machen wollte! Offensichtlich lässt sich das Thema viel schwerer einfangen, als es dem kleinen Wort spontan zuzutrauen ist. Konzentrieren wir uns also auf die für die Freie Liebe 3 interessante Definition des LIEBENS, die sich vom „Geliebtwerdenwollen“ abgrenzen lässt. Sprechen wir über die Fähigkeit zu LIEBEN.

Kann man Lieben und Geliebtwerden getrennt betrachten?

Im folgenden Abschnitt möchte ich Dir erklären, warum es in meinem Privatleben wichtig wurde, das LIEBEN vom Geliebtwerden zu trennen. Meine Kollegen, die Psychologen, finden die Idee nicht gut, weil ich damit das Ideal der „gleichschenkligen Beziehung“ verlassen habe, einem zweifelsohne sehr attraktiven Konzept der Liebe. Die Kollegen meinen damit, dass ein GESUNDER Mensch eine GESUNDE Beziehung günstigerweise in einem GESUNDEN DU suchen sollte. Oh ja, dem stimme ich uneingeschränkt zu. Falls ein gesunder Mensch überhaupt die Gelegenheit dazu hat, ... würde ich jedoch als Nachsatz gerne anfügen.
Keiner bestreitet, dass wir alle wahrscheinlich am liebsten so eine gleichschenklige Beziehung hätten. Aber leider können wir die noch nicht im Supermarkt kaufen. Und beim Selbermachen stellen sich oft massive Hindernisse in den Weg. Augenscheinlich laufen, trotz des boomenden Gesundheitskults, noch immer keine Heerscharen gesunder Menschen auf den Straßen herum, die nur darauf warten, aufgelesen zu werden. Auch in den Bioläden haben sie sich bisher nicht aufgestellt. Warum denn wohl? Weil es so wenige von ihnen gibt, möchte ich vermuten. Anstatt sich gesund, vernünftig und erfolgsorientiert zu verlieben, begegnet uns viel häufiger die unglückliche Neigung der Menschen, aus der Sehnsucht nach narzisstischer Selbstergänzung heraus,

ein beliebiges DU zum Wunschpartner zu inszenieren. Solche Menschen lieben sich in der Frühphase gegenseitiger Idealisierung am meisten. Sie entwerten oder verstoßen den Partner jedoch schnell, sobald aus der Wunschfigur ein realer Mensch geworden ist.
In meinem Beruf kommt es nicht selten vor, dass Klientinnen (diesen Satz höre ich wirklich NUR von Frauen), die sich nach einer langen Beziehung zur Trennung entschlossen haben, im Erstgespräch in echter Empörung von sich geben: „Er ist nicht so, wie ich es mir vorgestellt habe!“ Ich muss danach wirklich sehr vorsichtig vorgehen, wenn ich darauf hinweisen möchte, dass es nicht unbedingt der Lebensauftrag eines Menschen sei, in eine Vorstellung des Liebespartners zu mutieren.

Erinnern wir uns jetzt noch einmal an den zentralen Punkt des Argument 1, die Sehnsucht nach Symbiose. Ich stellte darin die Hypothese von der Vollkommenheit einer 100 Prozent-Liebe auf, die das Neugeborene mit auf die Erde brächte, und beschrieb, wie sich diese, durch die unvermeidlichen Enttäuschungen in den ersten Lebensjahren, allmählich auf ein Maß zurückentwickelt, das die emotionalen und sozialen Probleme einer ganzen Familie anzeigt. Ich vermutete, dass trotzdem in jedem Menschen eine starke Sehnsucht zurückbleibt, das Verlorene in einer idealisierten Liebesgeschichte auf die alten 100 Prozent zurückzuführen. Die aus dem Mutterbauch heraus unversehrt mitgebrachte Liebesfähigkeit eines Neugeborenen könnte durch das Phänomen belegt werden, dass auch ungeliebte, feindselig aufgezogene Erwachsene mühelos das spontane Gefühl tiefer Liebe in sich wiedererkennen, selbst dann, wenn sie noch nie in ihrem Leben eine entsprechende Erfahrung machen durften. Dieses Phänomen könnte auch ein Grund dafür sein, warum kitschige Liebesfilme weltweit ein solches Entzücken hervorrufen. Diese Filme stellen die romantische Liebe als einen Zufallstreffer dar, der kometengleich vom Himmel fällt. Die Darstellung erlaubt somit jedem Erdenbürger die Hoffnung, dass es eine gleichberechtigte Chance für jeden gäbe, per Zufall vom Glückskometen getroffen zu werden. Damit begänne für die Glücklichen ein EIGENES Märchen, das die zahlreichen Widrigkeiten, die ihnen zuvor auf der Suche nach Liebe das Leben schwermachten, sofort und für immer vergessen macht. Ach, wäre das schön!!!

Über die Gefährlichkeit schöner Ideale

Aber wir zwei kritischen Realisten möchten nun doch viel lieber wissen, was genau meine Kollegen unter einer gesunden Beziehung verstehen? Unmissverständlich kann es nicht das „Schräge“ sein, was da rechts und links von uns herumhumpelt, sich aufbläht, schrumpft und stürzt, nach besten Kräften lügt und betrügt, verzweifelt vor Sehnsucht, um sich dann doch noch irgendwie unter die Gewinner im Leben zu mogeln. Nein, das heutige Ideal einer Partnerschaft beinhaltet eine Flut gut begründeter Ansprüche an sich und den anderen. Diesen Anspruchskatalog können viele moderne Menschen herunterrasseln wie ein Vaterunser. Wer hätte nicht gerne einen attraktiven, niveauvollen, beruflich erfolgreichen, lebensfrohen Partner, ein omnipotentes DU also, auf Augenhöhe natürlich, einen, der warmherzig und sensibel ist, noch dazu erotisch spannend, und kraft romantischer Liebe in der Lage, unser selbstbewusstes, lebenstüchtiges, autonomes und durchweg liebesfähiges ICH „lebenslänglich“ glücklich zu machen?

Bleiben wir sachlich. Du fragst Dich vielleicht, wieso in den letzten drei Zeilen des Katalogs auch der Beglückte, für den das omnipotente DU zu erglühen vermag, so furchtbar selbstbewusst daherkommen muss? Hören wir nicht viel häufiger von der Sehnsucht nach einer Liebe, in der das DU, das sich wirklich immer bärenstark zeigen sollte, seine Qualitäten beweist, indem es seine große Liebe genau so nimmt, wie sie ist? Dass es alles für sie tun will, je grenzenloser umso besser. Dass es seine Seelenverwandtschaft damit bewiese, wie gut es Wünsche von den Augen ablesen kann und in jeder freien Minute nur noch mit der geliebten Person zusammen sein wolle. Ja, das sind die Mythen der Laien, die sich in der Liebe fast ausschließlich an dem kindlichen Geliebtwerdenwollen festhalten möchten. Wir Professionellen hingegen müssen auf den Anspruch der Gleichschenkligkeit bestehen. Er sagt aus, dass zwei autonome Erwachsene in Selbstverantwortung so gut für sich alleine sorgen können und auch emotional so unabhängig bleiben, dass sie ohne Mühe auf kindliche „Rette mich-" oder „Sei immer für mich da"-Spiele verzichten können. Wer sich also ein omnipotentes DU an die Seite wünscht, müsste, der Gleichschenkligkeit wegen, all das SELBST beherrschen, was er sich vom anderen wünscht. Was glaubst du, wie schnell wir unter diesen Umständen bereit wären, kleinere Brötchen zu backen? Wenn wir uns die aktuellen Scheidungszahlen anschauen, ist leicht zu erkennen, dass die Liebesbeziehungen vom Aufzählen hoher Ansprüche nicht wirklich besser geworden sind.

Trotzdem reizt es uns, zu erfahren, wie diese hochbegabten, wenn auch seltenen Omnipotenten, es anstellen wollen, ihre Partner lebenslänglich glücklich zu machen? Eröffnen wir also einen weiteren Katalog. Sie tun es mit einer feinfühligen, aufmerksamen und interessierten Wahrnehmung für alle Befindlichkeiten ihres geliebten Menschen. Sie sind bereit, jedes auftretende Problem in einem offenen Gespräch zu bereinigen. Dabei hilft ihnen ihre große Kompromissbereitschaft. Natürlich stecken sie viel Zeit in die Beziehungsarbeit. So entsteht eine nützliche Metakommunikation, die Liebende befähigt, ihre Partnerschaft dahingehend aufzuarbeiten, dass sie stets mit neuen Ideen und neuen Aktivitäten lebendig bleibt. Darüber hinaus sind auch Gespräche über die Welt draußen und über gemeinsame Interessen wichtig. Die Omnipotenten lassen nicht nach, ihre Liebe mit Komplimenten und kreativen Aufmerksamkeiten zu untermalen, und sie können sehr gut loben. Mit liebenswürdiger, humorvoller Toleranz scherzen sie manchmal über die kleinen Macken des anderen, bewerten sie aber nicht. Lieber lachen sie laut über ihre eigenen Fehler. Die Omnipotenten wissen, dass Liebesglück eine materielle Fundierung des gemeinsamen Wunsches nach Absicherung braucht. Und ein solides gesellschaftliches Ansehen vereinfacht ebenfalls das gemeinsame glückliche Leben.

Über Sex möchte ich hier lieber nicht sprechen. Der lässt sich nämlich am wenigsten in ein Wunschdenken pressen, und er folgt auch nicht der Machbarkeit des bürgerlichen Lebensplans. Mit der Sensibilität eines Fieberthermometers beharrt er erbarmungslos darauf, in einem wahrhaftigen Spiegel die komplexen Schwierigkeiten eines jeden Menschen und jeder Beziehung abzubilden. Sex lügt nicht gut.

Wie Du sicher bemerkt hast, habe ich meine erste Lebenshälfte, genau wie alle anderen, mit dem eisernen Willen verbracht, meine unförmigen Geliebten in eine glänzende Ritterrüstung zu pressen, sie auf ein schönes Pferd zu binden, das ich meilenweit durch Dornenhecken zerren musste, bevor ich den Liebsten dann endlich in meinem Schloss abladen konnte. Kaum hatte ich die Kerle losgebunden, zerstörten sie schon meinen Traum. Ich würde mich wirklich schämen, auch meine zweite Lebenshälfte in solch einer romantischen Sturheit zu verbringen. Da bevorzuge ich die Würde. Allerdings denke ich nicht daran, mich für meine Mängel zu verurteilen. Jeder meiner Fehler ist willkommen, weil er zu einem kreativen Lernschritt herausfordert. Es soll mir zum Vergnügen werden, mein Leben nicht mehr mit dem Warten auf einen Richtigen, auf den gesunden Omnipotenten, oder gar einen Himmelskometen zu verbringen. Neidfrei rufe ich den glücklichen, gesunden, ganzheitlichen, gleichschenkligen und gut integrierten Gewinnern des bürgerlichen Lebensplans ein fröhliches GRATULIERE zu, während ich mutig weiterschreite, um den Weg für die anderen zu suchen, die es noch nie sehr einfach hatten. So wie ich. Allzu früh wurden wir in den Schatten gestellt. Leicht beschädigt bis schwer traumatisiert. Womöglich unheilbar defizitär? Warum sollten wir nicht trotzdem ein schönes Leben haben? Einen Sinn? Einen sozialen Wert? Gerne eine Liebe, wenngleich sie auch schief aussehen könnte, so wie wir selber. Und wenn wir sie ein wenig flicken müssten, ... Hauptsache, sie wärmt. Und wenn es nur für eine kleine Weile wäre.

Hat nicht auch eine Eintagsfliege an dem einzigen Tag ihres Lebens ein Recht auf Vergnügen?

Komm, gib mir die Hand, dann gehen wir ein Stück auf meinem Weg. Ich war weit über fünfzig, als wir uns trafen. Entgegen den Klischees, die der Bürger für die OUTCASTS bereithält (was denkst Du, nimmt dieser Begriff eigentlich den Benachteiligten die Würde, oder vielleicht denen, die ihn schufen?), bin ich in meiner frühen Verzweiflung weder in der Psychiatrie gelandet, noch war ich mit dreißig unheilbar drogenkrank, noch jemals verantwortungslos und antisozial. Faul und dumm sowieso nicht. Aber tatsächlich nicht integrierbar. Trotzdem wurde ich ab vierzig immer fröhlicher und auch richtig nett. Mit fünfzig hüpfte ich frech auf den Höhepunkt meiner erotischen Karriere und feierte genüsslich die Siege meiner erotischen Revolution. Gesund fühlte ich mich dabei, und sehr munter! Und schön war ich, ... wie Du Dich vielleicht erinnerst. Wie das ging? Ich hatte LIEBEN gelernt. Die „Kunst des Liebens“ stellt den Kern der Freien Liebe 3 dar, die ich Dir jetzt mit einem Beispiel vorstellen werde.

Kann man aus Schmerz Liebe machen?

Stelle Dir einen strahlenden Sommernachmittag vor. Ich wäre etwa Mitte vierzig. In der idyllischen Umgebung meines Wohnorts stehe ich auf einem Pfad am Rande des Meulenwalds und schaue von einem kleinen Hügel auf ein ländliches Panorama herab. Vor mir liegen grüne Wiesen. An den Feldwegen entlang wachsen bunte Blumen. Zwischen den Weideflächen stehen zahlreiche alte Apfelbäume, die an Märchen aus der der Kindheit erinnern, an freundliche Großmütter in Kittelschürzen und den Geruch von Apfelkuchen. Direkt vor mir grast ein Pferd. Ein mystisches Pferd, ... behaupte ich einfach mal so. Das ehrt den besonderen Anlass dieser Geschichte. In den wärmenden Strahlen der Abendsonne wird es mir zuflüstern, wie ich Trost in meiner inneren Mitte finde und wie Glücklichsein funktioniert. Etwas weiter weg von uns beiden liegen ein paar Schafe auf einer Wiese, so, als hätte sie jemand gemalt. Zwischen den hügeligen Weiden sieht man ein Gehöft, einen Geräteschuppen und dahinter einen Stall für die Weidetiere. Noch weiter hinten liegt ein Dorf. Vögel zwitschern.

Ich war aus einem wenig glücklichen Anlass hier, denn an diesem Tag fühlte ich mich dem Sterben näher als dem Leben. Ich suchte die Hilfe der Natur, um meinen Zustand zu verbessern. Natürlich sehnte ich mich auch nach meinen kleinen Engeln, denen ich schon so lange nicht mehr begegnet war. Die hatten sich nämlich strikt geweigert, mich in dem gefährlichen Nebel, in den mich Jirys Gewaltgeschichte mit hineingezogen hatte, zu besuchen. Sie fürchteten mit Recht, dass sie sich an der Sache die Flügel brechen könnten. Auch an diesem Sommertag kamen sie nicht. Ich sollte wohl selber schauen, wie ich aus meiner Not herauskäme. Immerhin hatte ich mich über Jahre stur weiter in die schwere Beziehungssucht mit Jiry hineingeritten. Da stellten mir die Engel fürs Erste einfach ein Pferd vor die Nase, falls ich zufällig noch einmal woanders hinreiten wollte. Ich wollte.

Doch was war überhaupt passiert? Jiry hatte mich wieder einmal verlassen. Es sah dieses Mal ziemlich endgültig aus. Ich hatte einen Brief erhalten, in dem Jiry mir erklärte, dass er gerade ein süßes junges Mädchen geheiratet hätte, mit der er eine süße kleine Familie gründen wolle, um endlich noch süßere Kindchen zu bekommen. Die goldigen Talerchen, die in den Taschen des millionenschweren Schwiegerpapas klapperten, erwähnte er nicht. Nur, dass ich ihm schon längst zu schwierig, zu schwer und zu alt geworden sei, deshalb wolle er nun lieber einen ganz neuen Anfang machen. Die süße kleine Geschichte wuchs schnell zu einem Albtraum heran, der uns aber nicht zu interessieren braucht, denn er hat nichts mit meiner Person zu tun. Weil ich aber nicht Hellsehen kann und deshalb auch nicht ahnte, dass Jiry ein paar Jahre später doch wieder an meiner Seite sein würde, kam ich, durch den radikalen Entzug der Hoffnung, in einen wichtigen Zustand der Klarsicht. Jetzt konnte ich meine Beziehungssucht nicht mehr mit der illusionären Hoffnung füttern, die meine frühen Wunden bedeckt hatte. Ich musste den ganz alten Schmerz aushalten, der mir schon immer unerträglich schien. Vom Verstand her war mir schon lange klar, dass meine Anhängigkeit von Jiry, und die damit verbundenen Leiden, einen Wiederholungszwang darstellten, der das widerspiegelte, was ich schon in meinem Elternhaus durchmachen musste. Wenn es, von außen betrachtet, zwar seltsam erscheint, dass ich gerade Jiry die größte Ähnlichkeit mit meinem Vater unterstelle, so kann diese Parallele doch nicht verleugnet werden, in der beide, in einem paranoiden Sinn, menschenfeindlich, kommunikationsgestört und furchtbar egozentrisch waren, sehr unwillig, im Eros irgendetwas von sich abzugeben. Während mein Vater aber durchgehend so war, machte Jiry dabei Ausnahmen. Die einfache Tatsache, dass es manchmal auch anders war, hatte mich so abhängig von der Vorstellung gemacht, meine unglückseligen Liebesgeschichten könnten an irgendeinem wunderbaren Tag doch noch ein gutes Ende nehmen. Wenn auch nicht heute, dann vielleicht morgen? Auch wenn Du mir das kaum glauben magst, aber mit meinem Vater habe ich niemals, nicht an einem einzigen Tag, im Garten gesessen und bei einer Tasse Kaffee und einem Stück Zwetschgenkuchen nett geplaudert. Wir haben überhaupt niemals nett miteinander geplaudert. An keinem Tag war es nett. Aber wie oft habe ich mit Jiry im Garten gesessen! Wir haben zusammen gegessen, Freunde eingeladen, Musik gehört, Feuer gemacht, Tiere gestreichelt, oder einfach Händchen gehalten. Das alles war viel, so viel mehr, als ich jemals im Elternhaus erleben durfte. Ich war dann sehr glücklich. Mir schien, als könne aller Schmerz in mir verschwinden, wenn Jiry mich nur anlächelte, mich an sich drückte, freundlich zu mir war, mit mir redete, oder wenn wir einen kleinen Ausflug machten. Jiry hat mich ganz oft lieb angeschaut. Wenn er selbst gerade einmal frei von seinen inneren Schmerzen war, konnte er sehr feinfühlig lieben. Wenn er, was allerdings sehr selten vorkam, für kurze Zeit aus seiner Missbrauchsgeschichte aussteigen konnte, war er ein wunderbarer Liebhaber, der mich restlos glücklich machte. Jiry ist ein lieber Mensch.

Aber in welche Gefühle stürzte mich das Verlassenwerden? Welche Schmerzen musste ich seit meiner Kindheit verdrängen? Halte mich jetzt ganz fest, lieber Freund, dann beschreibe ich Dir das Unaushaltbare.

Wie gut, dass ich nicht mehr weiß, wie es tatsächlich war, als mein brüllender Vater meine Mutter verfluchte, weil sie ein drittes Mädchen geboren hatte. Mir fehlte er jedenfalls nicht, wenn er sie nicht im Krankenhaus besuchte, weil sie angeblich ganz alleine „schuld" an dieser Misere wäre, womit er mich meinte. Ich erinnere mich auch nicht mehr daran, wie er vor Wut den Hund und meine Geschwister verprügelte, als die Mutter „den Balg" nach Hause brachte. Sie wird mich schon im Arm gehalten haben, während er, „zur Strafe", tagelang nicht mit ihr redete!
Leider erinnere ich mich noch daran, und das sind meine ersten Erinnerungen überhaupt, wie dieser riesige Mann (so erschien er mir) immer wieder seine brutalen Fäuste gebrauchte, um damit kleine, wehrlose Kinder niederzuschlagen. Von körperlichem Schmerz weiß ich allerdings gar nichts mehr. Ich hörte nämlich auf, zu fühlen. Eine große, weite Leere entsteht dann, die tut nicht weh. Man fühlt auch keine Angst dabei. Und später, über meine ganze Kindheit und Jugend hinweg, dominierte nur noch das tödliche Schweigen, der Hass zwischen den Eltern und die feindselige Ignoranz uns Kindern gegenüber. Der psychische Tod dieser Familie berührte meinen Vater nicht. Ich vermute, dass er höchstens sich selbst leid tat, während er seine Verbitterung in den vielen Bildern von sterbenden Russen pflegte, die er immer wieder neu übermalte. Wir Frauen lebten Tag und Nacht in einem Krampf aus Angst und der sicheren Gewissheit, dass der Feind in meinem Vater wieder ausbrechen würde wie ein Vulkan. Eingesperrt mussten wir darauf warten, dass es wieder passiert. Es passierte. Danach warteten wir wieder. Da war kein Tag mit Frieden. Und keine Entschuldigung. Vergessen wir das.

Du kannst mich jetzt wieder loslassen. Ich stand also mit diesem unaushaltbaren Schmerz in der Abendsonne, blickte auf das mystische Pferd und wusste, dass ich mich retten musste. Also sprach ich folgendes Gebet:
Lieber Gott, wer immer du sein magst, liebe Mama und all die gesammelte Kraft meiner Ahnen, ich bitte Euch um Hilfe. Lasst es nicht zu, dass ich in Selbstmitleid versinke. Haltet Bitterkeit, Zynismus, Hass und Rache von mir fern. SOFORT will ich das Leben ehren, dankbar sein für jeden Tag, auch für den heute. Ich will das Schöne auf der Erde sehen. Ich will es riechen, schmecken und fühlen. Wenn es schon so sein muss, dass mein GELIEBTWERDENWOLLEN immer wieder misslingt, dann gebt mir bitte die Kraft, zu LIEBEN. Meine Sehnsucht nach Liebe ist groß. Ich möchte jetzt genau dieselbe Wichtigkeit, die Innigkeit und die Tiefe auf das LIEBEN verlegen. GELIEBT WERDEN und LIEBEN soll mir dasselbe wert sein. Ich möchte das Beste, das in mir ist, und wirklich nur das Beste an die Welt verschenken. Meine Liebe darf jeder haben, der sie gebrauchen kann. Selbst wenn einer das Geschenk nicht einmal erkennt, das er bekommt, so werde ich ihm trotzdem alles geben, was ich in mir trage. Meine Liebesfähigkeit will ich so aufmerksam hüten, pflegen und mehren, bis sie zum Brunnen wird, der dürstende Wanderer auf staubigen Straßen erfreut. Auch so

ein Leben ist schön. Es gibt mir Sinn, es gibt mir Wert. Durch meine Liebe gebe ich Wert und Sinn weiter an andere. Nur so ist der Mensch ein Mensch.

Ja, Du hast sicher gemerkt, dass ich nicht einmal ein Gebet zu Ende bekomme, bevor ich die Sache doch wieder selber in die Hand nehme. So sind die Menschen halt, die nie ein Nest hatten. Es hat auch sein Gutes.

Während die Kälte noch an meinen Gliedern fraß, erhob sich mein Geist schon in die Abendsonne. Er winkte dem Pferd und sagte DANKE. Ich wusste jetzt, was ich zu tun hatte. Sofort ging ich nach Hause, fütterte meine Tiere, räumte das Haus auf und stellte mir einen Blumenstrauß auf den Tisch. Dann reinigte ich meinen liebenswerten Körper und zog mich sehr schön an. Danach ging ich hinaus und schaute umher, ob einer des Weges käme, der meine Liebe gebrauchen könnte. Da kamen immer welche. Ich liebte sie alle, mit oder ohne Sex, das war dabei egal. Hauptsache, ich gab mein Bestes. Mein Leben wurde bald wieder sehr schön.

Nach irgendeiner Trennung von einem der vielen, die mein Leben begleitet haben, habe ich DICH kennengelernt. Du trafst mich im selben Gebet. Deshalb nehme ich jetzt einfach unsere Geschichte, um Dir weitere Gedanken zu nennen, die der Freien Liebe 3 als tragende Säulen dienen. Mir ist dabei wichtig, dass wir Menschen in der zweiten Lebenshälfte sind. Meine Subkultur experimentierte mit der sexuellen Revolution in einem Alter, in dem auch die Familiengründung angesagt war. In unserer Opposition gegen die bürgerliche Kleinfamilie haben wir unsere Kinder damals doch mehr belastet, als wir uns das vorstellen konnten. Wir dachten einfach, dass wir sowieso alles viel besser machen würden als unsere Eltern. In den Wirren unseres eigenen, schwierigen Erwachsenwerdens haben wir es nicht geschafft, die Nester für unsere Kinder ausreichend abzusichern. Nach meinen eigenen Erfahrungen würde ich heute sagen, dass es durchaus vernünftig wäre, kleinen Kindern eine ruhige Zeit mit verbindlichen Eltern zu gönnen, die die Lust auf Abenteuer und den Zwang, mit dem Drachen zu spielen, für eine Weile aufschieben können.
Die zweite Lebenshälfte stellt Menschen neue, ganz andere Lernaufgaben, als sie ein junger Mensch zu bewältigen hat. Die meisten haben mindestens eine Ehe hinter sich, in der sie sich am bürgerlichen Lebensplan zwar sehr verausgabt haben, aber noch jung genug sind, um Veränderung in ihr Leben zu bringen. In der Regel tun sie das, indem sie in einer neuen Beziehung wieder alles auf eine Karte setzen, weil die symbiotische Liebesbeziehung immer noch ihr schönstes Ideal darstellt. Ich bin jedoch der Meinung, dass es der Würde des zum Lernen begabten Menschen recht gut stehen würde, in den reiferen Jahren auch über viel differenziertere und intelligentere Konzepte nachzudenken. Es sind ja nicht nur die jugendlichen „Größenideen" in der Liebe, die wir loslassen müssen. Alle späteren Aufgaben haben irgendwie damit zu tun, dass man etwas loslassen muss, was früher selbstverständlich schien. Warum nicht auch die hohen Ansprüche an die Liebe und die totalitären Besitzansprüche an die bedauernswerten „Auserwählten"?
Nur wer immer weiter lernt, nimmt auch in späten Jahren an der Fülle des Lebens teil. Ich jedenfalls gehe, nüchtern betrachtet, davon aus, dass keiner, und wirklich keiner, in einem einzigen Partner alles finden kann, was er emotional, sozial, intellektuell und sexuell braucht. Beziehungen bewegen sich. Mal stürmen sie wie ein reißender Wildbach voran, mal sind sie ruhig und tief wie ein See, sie versanden in der Trockenheit, verschwinden im Sumpf, oder verlieren sich in den Wellen des Meers, genauso wie

das ganze Leben auch. Jede Phase hat ihren Sinn und ihre spezielle Lust, wenn man sie nur versteht. Dann ist Wandel keine Bedrohung mehr, sondern bildet Weisheit aus. Gar nicht nüchtern, sondern mit all meiner Menschlichkeit betrachtet, wünsche ich jedem Menschen, dass er so viel geliebt wird wie nur irgend möglich. Einfach so, nur weil er DA ist. Schließlich haben wir alle das gleiche Recht auf Wertschätzung und Zuwendung. Aber wer soll sie uns geben? Wer ist überhaupt dafür verantwortlich, dass wir alle all das bekommen, was wir brauchen? Aus welchem Topf sollen die gerechten Segnungen für jeden geschöpft werden, wo doch alle mehr haben wollen als sie geben?
Nun, hier ist mit Logik oder gar Realitätssinn nichts mehr zu holen. Wenn überhaupt, kann nur noch das PRINZIP HOFFNUNG helfen! Somit behaupte ich einfach, dass, trotz der „angefressenen" Liebesfähigkeit, die uns nach holprigen Wegen auf unserer steinigen Biographie letztlich bleibt, in jedem etwas Wertvolles steckt, das er weitergeben könnte. Und wäre es auch noch so klein, so gäbe es auf jeden Fall einen anderen, der es gebrauchen kann, ... sagt das PRINZIP HOFNUNG. Und dabei wüchse aus jeder Liebenswürdigkeit Frohsinn. Sinn für den, der schenkt, und Freude für den anderen.

So, mein lieber Freund, falls Du gerade dachtest, ich hätte den Sex doch endlich vergessen und wäre auf der rechten Bahn christlicher Nächstenliebe angekommen, so muss ich Dich enttäuschen. Ich meine tatsächlich Geschenke, die auch ruhig körperlich sein dürfen. Formen der Liebe, in denen die Herzensliebe, die geistige und die erotische Liebe gleichberechtigt nebeneinanderstehen und sich, je nach Situation, auch manchmal mischen. Ich meine die körperliche Wärme eines zärtlichen Menschen, seine ausgebreiteten Arme, seine streichelnden Hände, seine liebevollen Küsse, seine kosenden Worte, sein Vertrauen, die Hingabe und gerne auch das lustvolle Begehren, falls es gerade passt. Und es passt öfter, als der bürgerliche Lebensplan es in seiner „guten Sitte" tolerieren möchte.
Lange haben wir über die Bedürfnisse kleiner Kinder gesprochen. Denken wir jetzt auch einmal an die vom Stress getriebenen Erwachsenen in der Leistungsgesellschaft. Denken wir auch an die Alten und Kranken, an die Sterbenden. Meinst Du nicht auch, dass es von Beginn des Lebens an, bis zur letzten Stunde, der brennendste Wunsch der Menschen sein könnte, von einer liebevollen Hand berührt zu werden? Natürlich geht es viel häufiger um Berührungen, bei denen keine sexuelle Motivation besteht. Ich gehe aber davon aus, dass die aus dem Sündenbegriff der Kirche abgeleitete Sexualfeindlichkeit unserer Kultur über allzu viele Jahrhunderte tief in unser Körperempfinden eingegraben wurde, sodass die Fähigkeit zur körperlichen Liebe auch heute noch davon beeinträchtigt wird. Da könnte man schon einmal darüber nachdenken, ob Menschen sich unter anderem nicht auch deshalb um die Erweiterung ihrer sexuellen Liebesfähigkeit bemühen sollten, damit sie aus einer zufriedeneren Körperlichkeit heraus üben könnten, wie sie ihre volle Herzensliebe in die Wärme ihrer Hände gleiten lassen.
Von mir kann ich jedenfalls ganz sicher behaupten, dass mich der zwar seidenweiche, aber dennoch arg anstrengende Weg durch die Utopie der Freien Liebe, freundlich, tolerant, warmherzig und sehr sozial gemacht hat. Meine Hände bleiben immer warm. Sie tragen die Liebe in ihren Fingerspitzen.
Schließen wir diesen Abschnitt mit einer kurz gefassten Utopie über die nützliche Kraft der erotischen Liebe. Hab keine Angst, es ist wirklich nur eine Theorie, ... sie kann also nicht an Deiner Tür klingeln!

Wir stellen uns ja nur vor, ... dass eine Zeit kommen könnte, in der jeder Mensch sein zögerndes, ängstlich verstecktes kleines Bisschen, entschlossen aus sich herauszöge, ... dass er es auf seinen offenen Händen vor sich her trüge und zum Geschenk anböte, ... dass er dem Sicherheitsvertrag abgeschworen hätte, ohne den er bisher rein gar nichts von sich abgeben wollte, ... dass der zum LIEBEN entschlossene Mensch sein Kleinbisschen hinausschleudern würde in die sehnsüchtige Welt, ... wo es die träfe, die es genauso machen, ... und dann wäre es endlich soweit, dass die ganze Welt aufblühen dürfte von der großen Liebe, die auf diese Weise zusammengekommen wäre, ... von allen!
„Man, ist die aber verrückt!", murmelst Du gerade, und stemmst Dich fest gegen die Tür. Womöglich klingelt sie doch? Nein, ganz sicher nicht. Aber ich sage durchaus, was ich Dir zu geben hatte, ... falls Du es hättest gebrauchen können. Streicheln, küssen. Frau sein für einen Mann, so wie es schön ist. Ein bisschen Geist hätte ich noch mitgebracht. Intellektuelle Würze. Meine Solidarität. Meine Wertschätzung für alles, was Dich ausmacht.
Ja, da sehe ich wieder die strengen Falten auf Deiner Stirn. Vermutlich denkst Du gerade, ich sei eine verlogene, antisoziale und egozentrische Ehezerstörerin, die einfach ignoriert, dass Du schon eine wunderbare Ehefrau hast, die Dir alles gibt, was Dir fehlt. Aber das stelle ich doch gar nicht infrage! Für mich ist das Leben eben eine Einladung zu einer hedonistischen Weltsicht, während Du den Wert moralischer Disziplin mit einer gewissen Strenge vertrittst. Oh, wenn Du so schaust wie jetzt, bekomme ich sofort Angst vor Dir. Niemals würde ich an Deiner Türe klingeln!

Aber ich werde es Dir nicht gestatten, Deine eigene Ambivalenz in dem zweifelsohne schwierigen Thema „Fremdgehen oder nicht?" mittels der Entwertung meiner Person auszuleben. Deshalb müssen wir noch ein letztes Mal zurück in die goldene Stunde, als wir uns EINMAL „in Echt" begegnet sind, bevor Du sie in KEINMAL entfärbt hast. Dir gefriert das Blut? Erspare Dir das bitte, denn Du wirst gleich meiner Hochachtung vor Deiner Frau begegnen.
Ich möchte genau da anfangen, wo wir DANACH schweigend auf meinem Sofa saßen. Ich muss nämlich nicht reden, wenn ich Begegnung fühle. Dir war eigentlich auch nicht danach, aber Du hattest ein Problem, denn mitten in unsere Stille platzte Dein Satz: „Ich liebe meine Frau." Sofort wusste ich, dass ich mir die Begegnung nur eingebildet hatte. „Das freut mich aber", antwortete ich freundlich, „denn ich mag Männer am liebsten, die voll zu ihrer Frau stehen!" Auch dieser Satz konnte Dich nicht erreichen. Du wolltest mich nicht verstehen.

Wie kann sich eine scheinbare Ehezerstörerin als Frauenfreundin sehen?

Heute nehme ich mir das Recht, mich zu vertreten. Nicht als Ehezerstörerin, sondern als Frauenfreundin. Moralisch hoch diszipliniert, verantwortungsvoll und sozial.
Was glaubst Du denn, was ich tue, während ich mit einem netten Ehemann schlafe? Natürlich respektiere ich ihn mit allem, was zu ihm gehört. Und das ist wohl zu allererst seine Frau. Es sind seine Kinder, seine Freunde, seine Interessen, sein Beruf. Seine Schwächen, seine Nöte, seine Ängste.
Doch reden wir jetzt nur von den Ehefrauen. Wenn ich einem Mann meine Liebe schenke, dann ist mir seine Frau heilig! Genau deshalb, weil er sie liebt, genießt sie

meinen vollen Schutz. Bedingungslos. Die Frau kennt mich nicht (ich schlafe nämlich niemals mit dem Mann einer Freundin, es sei denn, sie hätte es mir erlaubt!), aber ich kann sie ganz nah fühlen. In der Art, wie Männer über die Ehe und ihre Frauen reden, liegt die gesamte Information. Weil das zufällig auch mein Beruf ist, kann ich schon nach wenigen Sätzen erkennen, in welchen Modellen und in welchen Hoffnungen ein Mann liebt, welche Enttäuschungen er hinter sich hat, und was er sich von der Situation erhofft, in der er mir begegnet. Eine Tröstung, einen Ausweg, eine narzisstische Illusion, eine Ablenkung, eine Stimmungsaufhellung? Alles ist möglich! Ein Mann, der fremdgeht, tut das doch nicht, weil er seine Frau nicht mag. Er tut es alleine für sich. Aber weil er in der Regel mit Frauen zu tun hat, die von den bürgerlichen Mythen über Seitensprünge genauso geprägt sind wie er selbst, glaubt er zuerst einmal (genau wie DU!), dass ich genauso so denken müsse. Wenn ich an einem Mann echtes Interesse hätte (so war es bei Dir), so müsste ich auch alles daran setzten, ihn zu „kriegen"? Weil Frauen eben so sind. Anständige Frauen. Liebesfähige Frauen. Sympathische Frauen. Verliebte Prinzessinnen.

Ich aber nicht! Ich mag SEX PUR, denn ich finde, dass die beliebte Ausrede: „Da war doch „nur" Sex!", eine Beleidigung der schönsten Geschenke des Lebens und eine Beleidigung des somit ausgebeuteten Sexualpartners darstellen. Und DA mache ich nicht mit!

Stattdessen bringe ich den Männern etwas Neues bei, sofern sie in der Lage sind, sich dafür zu öffnen. Wenn ein Mann, und das kam während meiner revolutionären Zeit sehr oft vor, von seiner Frau in einer Weise erzählte, in der er, um mir den „Prinzessinnenstuhl" unterzuschieben, gemeinen Verrat an ihr verübte, sie als sexuell frustriert, langweilig, verständnislos und wenig attraktiv darstellen wollte, wurde ich sofort sehr „scharf". Allerdings ganz anders, als er es sich erhofft hatte. Ich packte die feministische Keule aus und knallte sie ihm auf seinen miesen Kleingeist. Da nimmt EROS sofort den Hut und geht. Manchmal ging ich gleich mit. Wenn der Mann aber ziemlich nett war, wenn er nur nachquatschte, was alle nachquatschen, ... weil es auch wirklich das ist, was eine „normale" Geliebte hören will, dann hob ich den Kerl gleich danach wieder auf, und verriet ihm einfach, wie man um mich werben muss, wenn man mit mir schlafen will. Ich brauche ein Wertebündnis, dass aus der körperlichen Liebe Situationen wachsen sollen, die die beteiligten Menschen zusammen gedeihen lassen. Weil ich auch eine unbekannte Ehefrau grundsätzlich als „die erste Frau des Geliebten" in meine Gebete mit aufnehme, freut es mich natürlich sehr, wenn die Männer mir erzählen, dass sie, durch die Bekanntschaft mit mir, in neu belebter Weise auf ihre Frauen zugehen konnten. Dass die Ehe besser wird, weil es mich gibt. Weil bei den beiden wieder mehr Hoffnung und Wärme auf dem Sofa sitzen, und gerne mehr Leben im Bett. Erzähl Du mir nicht, dass diese Idee nicht auch Dich kurz beschwingt hätte, zusätzlich zu Deiner Frau ein Abenteuer zu erleben! Und ich habe Dich gerade deshalb so ernst genommen und so gemocht, WEIL ich wusste, wie respektvoll und warm Du Deine Frau liebst. Dein Satz hat mich beleidigt. Ich weiß, dass Du nur „vorbeugen" wolltest. Aber wovor? Dass ich gleich ankäme und nach dem ersten Geschlechtsverkehr, meine „Rechte" an Dir einfordern würde, moralische Rechte, Besitzrechte, Prinzessinnenrechte? So machen es anständige Frauen nämlich immer, stimmt ja! Aber Du wusstest doch, dass ich anders bin! Eine von DRAUSSEN! So einer muss man nichts sagen, DANACH.

Ja, aus uns beiden wurde „nichts". Aber sieh doch, aus dem Kleinbisschen, das Du mir gabst, wuchs für die Welt ein Buch voller Liebe, für die, die sie gebrauchen wollen und voller Geist, der mit anderen spielt und für die, die etwas davon an andere weitergeben werden. Und meine Hände sind auch noch recht warm. Alles ist gut, denn das Leben hat immer recht.

Meine kleinen Engel küssen Dich, denn sie mögen uns beide sehr.

Liebe Grüße

Nelly

Brief - März 2009

Rebecca und ich, Liebesgeschichte und Partnerschaft

Lieber Freund!

Gegen Ende meines letzten Briefes habe ich mich als Frauenfreundin bezeichnet. Des Weiteren behauptete ich, ich würde eine Ehefrau sogar dann achten, während ich gerade ihren Mann in den Armen halte. Es ist gut möglich, dass Du diese Selbstbeschreibung für unwahr, anmaßend und zynisch gehalten hast. Du könntest gedacht haben, ich sei inzwischen so enttäuscht von den Frauen, dass ich seltsame Formen der Rache auslebe. Es sei ein böser Kick, die Mitfrauen damit zu verhöhnen, indem ich sage, sie stünden „unter meinem Schutz".
Nein, Deine Kritik beschreibt mich ganz und gar nicht. Um mich besser zu erklären, möchte ich Dir heute meine glücklichste Liebesgeschichte erzählen, nämlich die mit einer Frau. Zehn Jahre lang hielt unsere innige, auch erotische Freundschaft, frei von Macht- und Konkurrenzkämpfen, aber voller interessanter Auseinandersetzungen über alle Themen, denen wir in den gemeinsamen Jahren begegnet waren. Obwohl wir beide jeweils auch eine verbindliche Partnerschaft mit einem Mann hatten, lebten wir unsere Beziehung gleichermaßen intensiv.

Rebecca und ich, Liebesgeschichte und Partnerschaft

Unsere Liebesbeziehung lebte von guter Kommunikation, Lust auf regen, geistigen Austausch, von Humor und Lebensfreude, und von gegenseitigem Respekt und herzlicher Liebe. Eigentlich wollten wir nebeneinander begraben werden. Aber wie es im Leben öfter passiert, kam es dann doch ganz anders. Wenn Du jetzt denkst, unsere Partner müssten diese Beziehung gehasst haben, weil sie den Männern durchaus einen großen Raum ihrer „Exklusivität" beschnitt, so täuschst Du Dich. Die waren eher erleichtert, dass sie einen Teil der hohen Ansprüche, die wir klugen, temperamentvollen und lebenslustigen Frauen an sie herantrugen, an die Freundin delegieren konnten. So kamen wir alle vier recht harmonisch miteinander aus. Doch bevor ich mit dieser Liebesgeschichte beginnen kann, muss ich den Kontext schildern, in dem sie ihren Anfang fand.

Wir gründen eine neue Frauengruppe

In den frühen 90er-Jahren, der Zeit meiner Wende, in der ich mein gesamtes weibliches Umfeld verloren hatte, machte ich mich noch einmal auf die Suche nach Frauen, mit denen ich eine neue Selbsterfahrungsgruppe gründen könnte. Keine berufliche Gruppe, sondern ein privater Zusammenschluss, in dem ich ein gleichgestelltes Mitglied wäre. Mit der Zeit fand sich eine kleine Gruppe von etwa fünf Frauen zusammen. Wir waren zwischen Ende zwanzig und Anfang vierzig. Das gemeinsame Interesse an der Gruppe wurde durch unsere Begeisterung an einem Buch ausgelöst, mit dessen Thesen wir unsere Gruppenziele festlegten. ANNE WILSON SHAEF greift in ihrem Buch die früheren Konzepte der KO-ABHÄNGKEIT auf, die erstmals in NORWOODS Text „Wenn Frauen zu sehr lieben" bekannt wurden. Shaef verfeinerte die Analysen der weiblichen Ko-Abhängigkeit und gab eine fundierte Anleitung zur Planung von strukturverändernden Verhaltensweisen. Das Buch heißt „Warum Liebe, die süchtig macht, keine Liebe ist.“ Shaef formuliert darin die Hypothese, dass Menschen, die wegen einer frühen Verletzung ihres Vertrauens durch wichtige Bezugspersonen eine dauerhafte Kränkung ihres Selbstwerts erlitten, dazu neigen, eine Wiederholung der Enttäuschung dadurch zu vermeiden, indem sie massive Kontrolle über ihre Liebespartner ausüben. So ergibt sich ein Wiederholungszwang, der bewirkt, dass die Menschen eine zwischenmenschliche Situation, die mit Vertrauen einhergeht, erst gar nicht kennenlernen. Stattdessen nehmen sie jedes Detail einer fraglichen Situation dominant in die eigenen Hände und kontrollieren somit alles, was sich darin ereignet. Läuft es gut, glauben sie, das sei eine Folge ihrer guten Kontrolle. Läuft es schlecht, glauben sie, dass sie deshalb in der nächsten Situation noch mehr kontrollieren müssen. Shaef sagt, dass so ein Verhalten den Betroffenen zwar das subjektive Gefühl vermittelt, sich erfolgreich vor Verletzungen zu schützen, andererseits aber das Erlebnis verhindert, Vertrauen als eine lustvolle Basis für Nähe erfahren zu dürfen. Kurz gesagt, der Zwang zu Kontrollieren schließt die Möglichkeit zu Vertrauen grundsätzlich aus, ... meint Shaef.

Unsere Ziele

Während das Thema die anderen Frauen überwiegend psychologisch interessierte, sah ich darin auch eine politische Fragestellung, die in meinen Augen überall dort auftaucht, wo Geschlechterrollen diskutiert werden. In der Gründungszeit der Gruppe hatten wir alle einen festen Partner. Wir waren kluge, analytisch begabte und therapieerfahrene Frauen mit dominanten Persönlichkeiten, schöne Tigerinnen mit seidenweichen Fellen und nervösen Tatzen, die wir schon bei kleinen Kränkungen in scharfe Waffen verwandelten. Kein Wunder, dass unsere Partner uns des Öfteren mit hysterischen Biestern verglichen, denen MANN sich am allerliebsten auf mannigfaltigen Fluchtwegen entzieht. Doch genau darin waren wir Gruppenfrauen „besonders“, dass wir uns sofort schämten, als wir Shaef‘s Thesen begriffen hatten. Wir kreierten unsere Selbsterfahrungsgruppe in der guten Absicht, uns gegenseitig darin zu unterstützen, übertriebene Kontrolle in unserem Verhalten abzubauen und stattdessen den Mut auf zubringen, unseren Partnern ab und zu mit geöffneten Armen ungeschützt entgegenzugehen. Ab sofort nannten wir unsere bisherigen „Erfolge“, unsere Männer zu manipulieren, „unwürdige Strategien zur Verhinderung von Liebe“. Die Selbsterfahrung bestand darin, dass wir uns gegenseitig schonungslos alle Tricks offenlegten, mit denen wir Männern unbemerkt Stachelhalsbänder umbanden, sie an moralischen Leinen herumzerrten und sie, rhetorisch wendig, für alles bestraften, was uns gerade über die Leber lief. Nicht ohne vergnügliches Hexengrinsen im Gesicht beschrieben wir den großen Machtraum, den wir auf diese Weise um uns errichtet hatten. Aber eigentlich trafen wir uns ja dafür, um uns zu verändern! Also riefen wir, stolz und stark, wie wir waren, die neuen Ziele aus. Dabei schauten wir uns tief in die Augen und klapperten ein paar Mal mit den Liedern, um die Ambivalenz in unseren Herzen zu verstecken, und stießen ein entschlossenes „Schluss damit!“ aus! Tatsächlich wäre keiner unserer Männer alleine in der Lage gewesen, uns „in den Griff“ zu bekommen. Und wir hätten es auch sonst niemandem erlaubt. In der FREIWILLIGKEIT, auf den Machtraum der moralischen Erpressung zu verzichten, sahen wir unsere große Chance. Wir würden in neu konzipierte Selbstideale hineinwachsen, die der Kraft und Schönheit von Tigerin-

nen viel besser anstünde, als der dämliche Kontrollzwang von beleidigten Prinzessinnen.
Na ja, wir kamen bei den hehren Zielen zwar nie wirklich an, aber wenn der Weg als Ziel betrachtet werden darf, haben wir uns immerhin sehr bemüht. Zweifelsfrei haben wir viel voneinander gelernt und wurden im Laufe von mehr als zehn Jahren eine tragfähige und verlässliche Solidargemeinschaft. Wir wurden enge Freundinnen. Unsere Lebensentwürfe waren vielfältig. Manche versuchten sich in ehrlicher Monogamie, andere genossen die bürgerliche Doppelmoral in munteren Seitensprüngen. Ich lebte mit Jiry in einer offenen Beziehung mit dem Anspruch auf gegenseitige Ehrlichkeit.

Unsere Regeln

In der Gruppe gab es einige wichtige Regeln, an die wir uns zuverlässig hielten. Eine von ihnen hieß „Nicht werten", eine andere „Nicht einmischen". Wir wollten unsere Lebenserfahrungen miteinander teilen, ohne dabei zu diskutieren, wer etwas besser oder schlechter mache, wer mehr oder weniger Recht habe, oder etwa, wer angeblich „weiter" sei als eine andere. Wir hatten nicht die Absicht, einen ideologischen Zusammenschluss zu bilden und verglichen unsere Lebensweisen nicht in konkurrierender Weise. Gelegentlich, je nach Lust und Laune, kombinierten wir Elemente aus dem Leben einer anderen Frau mit dem eigenen, falls uns die Erfahrung gerade besonders interessierte. Die dritte Regel, die jeder neuen Frau als „Eintrittskarte" abverlangt wurde, brachte ich ein. Die staunten zuerst sehr darüber, nahmen die Regel dann jedoch gerne an. Jede Einzelne war einfach froh darüber, dass sie die Peinlichkeit nicht selbst formulieren musste, den Vorteil aber mit einstreichen konnte.
Grob gesagt ging es um das Verbot, den Partner einer anderen zu verführen oder auf dessen Verführung einzugehen. Keine heimlichen Bündnisse hinter dem Rücken der Freundin, das war Gesetz! Weil jede Frau ihre Grenze zu diesem Thema an einer anderen Stelle empfinden mochte, wurde sie um eine Stellungnahme ihrer Position gebeten. Diese Grenze musste von der Gruppe absolut respektiert werden, auch dann, wenn sie von den anderen anders beurteilt wurde.

Tja, lieber Freund, Du magst mich jetzt vielleicht auslachen. Klar hast Du mich gerade in „Kontrollstiefeln" auf einem Elefanten durch die Gruppe reiten sehen, die sich angeblich VERTRAUEN auf die Fahnen geschrieben hatte. Es ist mir egal, was Du denkst, denn ich muss nicht perfekt sein. Damals brauchte ich diese Krücken einfach, um überhaupt neue Freundschaften mit Frauen aufbauen zu können. Du wirst Dich gleich noch wundern, was später aus dem Hochsicherheitszaun geworden ist, den ich auf meiner „Richiewunde" errichtet hatte. Uns allen tat es jedenfalls gut, dass wir keine Angst vor der Horrorsituation „Partner und beste Freundin erlauben sich den erotischen Superkick des gemeinen Verrats" haben mussten.
Als wir auf diese Weise mehrere harmonische Jahre miteinander verbracht hatten, geschah es, dass meine Engel uns mit einem kleinen Wunder überraschten.

Wir bekommen ein „unanständiges Angebot"

Ich fuhr zu der Zeit ein bis zwei Mal im Jahr in das ZEGG-Projekt, um dort einige Dinge zu lernen, die FRAU in einer offenen Beziehung gut gebrauchen kann (mehr davon später). Bei einem Aufenthalt pflegte ich dort eine kleine Affäre mit einem warmherzigen, zärtlichen Riesen, der es liebte, neugierige Frauen charmant auf seinen riesigen Händen zu tragen. Er hieß Jens. Nett war der, und ungefährlich. Wenn ich ihm wichtige Dinge aus meinem Leben erzählte, kamen dabei auch oft meine wunderbaren Freundinnen vor. Jens hatte wahrhaftig keinen Mangel an Frauenkontakten, aber so einem experimentierfreudigen Rudel von liebevollen Freundinnen, wie wir es waren, begegnet MANN eben nicht oft, auch nicht im ZEGG. Also fragte Jens mich locker, ob es nicht eine gute Idee sei, wenn er uns alle einmal auf seine „Bratpfannenhände" einlüde? „Total scheiße!" fände ich die Idee, antwortete ich. Ob er denn nicht zugehört hätte, als ich ihm wortreich von den Traumata berichtete, die mir meine untreuen Freundinnen mit Richie zugefügt hätten? Dabei rollte ich gefährlich mit den Augen und wollte schon brüsk von seinem gemütlichen Bauch herunterspringen, auf dem ich gerade noch entspannt gelagert hatte. Doch Jens umschlang mich gleich mit seinen väterlichen Riesenarmen, lächelte mich sonnig an und schob einen Satz nach: „Klar habe ich dir zugehört. Richie war einfach nicht der richtige Mann dafür. Wie schade für dich, wo du doch so eine mutige und politische Frau bist! du solltest das besser noch einmal mit mir probieren, dann machst du vielleicht eine ganz neue Erfahrung. Vielleicht ist die sogar so gut, das du dein altes Trauma darüber vergessen kannst?"

Und was glaubst Du, was dann passierte? Ein Teil in mir sagte: „Warte, du alter Schlingel! Willst du mir deine Sexsucht als eine politische Idee verkaufen? Darauf falle ich nicht herein. Meine Freundinnen und ich sehen nicht den geringsten Anlass, deinen Narzissmus zu befriedigen." Gleichzeitig erhob sich eine andere Stimme, die mir sehr bekannt vorkam, so lockend und wohlig schön erklang sie. Sie kam direkt aus dem Himmel, in dem meine Mutter wohnt. „Tochter", rief sie, „ erhebe dich und wandle. Lass dich überraschen, wohin dich dieser Weg führt. Streife mit deinen Tigerinnen durch unbekannte Wälder. Was kann euch schon passieren? Zusammen steckt ihr jeden Mann in die Tasche. Noch besser, führt Ihr ihn genau dorthin, wo ihr ihn haben wollt und sagt ihm eure Wünsche. Das ist das Politische daran, denn ihr macht das Konzept! Damit zerstört ihr die eitle Macht des Patriarchats, die Frauen zu sexuellen Objekten macht!"
Ich staunte nicht schlecht über diese Idee, doch sie gefiel mir direkt. Spielerisch lockte sie mich in neue Sichtweisen der Erotik, die ich wie einen blutigen Lappen bereits in den Abfall geworfen hatte.
Mein Trauma überwinden? Den Frauen aufs Neue vertrauen? Die alte Erfahrung einfach mit einer neuen überstreichen? Das Vergangene darunter langsam vergessen? Welch ein Traum!
Ohne mich irgendwie festzulegen, sagte ich zu Jens, dass ich darüber nachdenken müsse und mit meinen Freundinnen über ihn reden würde, auch über seinen Vorschlag. Und was immer wir auch darüber verhandeln würden, es bliebe eine Sache unter uns Frauen. Falls wir dabei zu einem Ergebnis kämen, was immer darunter zu verstehen sei, würde ich ihm Bescheid geben. Sollte es gar zu einem Angebot kommen, dann sei es so ausformuliert, dass er nur noch die Wahl hätte, Ja oder Nein dazu zu sagen. Mehr Mitbestimmungsrecht bliebe ihm nicht. Dann fuhr ich zufrieden nach Hause. Eigentlich hätte ich eher vermutet, dass die Freundinnen eine Weile mit dem Angebot spielen und amüsiert dabei herumkichern würden, bis wir es als unrealistisch auf die Seite schieben würden. Ich wusste nämlich, dass keine von uns das geringste Interesse daran hatte, unser warmes Nest, das wir miteinander gebaut hatten, in Gefahr zu bringen. Doch es kam anders.

Meine Engel hatten etwas wirklich Besonderes mit uns vor. Sie ließen sich ihr Geschenk nicht ungeöffnet aus der Hand reißen. Als ich also an unserem nächsten Gruppenabend von Jens Vision „tanzender Jungfrauen“ erzählte, die sich scherzend und küssend in den Armen liegen, während sie sich lustvoll in den Hände eines Riesen zusammenkringeln, hörte ich keineswegs empörte Entsetzensschreie. Nein, ganz im Gegenteil, denn in den Augen meiner Freundinnen blitzte sogleich ein Feuer auf, wobei sogar die „sehr Anständigen“ Frauen aus der Gruppe mit einem Lächeln offenbar Interesse zeigten, so, als wollten sie sagen: „Warum darf nicht auch der bravste Mensch einmal von einer Ausnahme träumen?“ Nun gut, dachte ich, reden wir darüber! Plötzlich hatte ich jede Angst vor dem Konstrukt verloren. Stattdessen hörte ich wieder die süßen Klänge aus der Welt meiner Mutter. Mich erfüllte ein warm und wild empfundenes Gefühl von Frauenpower, das ich in den Ereignissen der letzten Jahre fast vollständig verloren hatte.

… und machen REVOLUTION!

REVOLUTION erschien in rotglühenden Lettern vor meinem inneren Auge! Wie könnte das aussehen, wenn eine kleine Gruppe von Frauen, die sich sehr mögen, in der Lage wären, ohne gegenseitige Konkurrenz ein Konzept zu erarbeiten, das das Potenzial hätte, den Narzissmus des Patriarchats, der jahrhundertelang die erotischen Bilder unserer Kultur dominierte, ad absurdum zu führen? Was wäre, wenn sie herausfinden würden, wie die Männer mit eigenen Waffen zu schlagen seien? Wie FRAU die sexsüchtigen Bilder des Patriarchats nutzen könnte, um daraus neue Entwürfe der Freundschaft zwischen Männern und Frauen zu machen?

Sogleich machten wir uns an die Arbeit. Für die Erarbeitung des Konzepts war es ganz ohne Bedeutung, wer von uns letztendlich darauf einsteigen würde. Gerne nutzten wir unsere kollektive Intelligenz, um in sorgfältigen Schritten abzuklären, welche Kriterien das Konstrukt genau erfüllen müsste. Als „Arbeitsmaterial“ klärten wir zunächst alle Ängste ab, die wir in uns finden konnten und „legten sie auf den Tisch“. Eifersucht, Neid, Verlustangst, geringes Selbstwertgefühl, gekränkter Narzissmus, traumatische Wunden, Mangel an Vertrauen, Mangel an Respekt, Mangel an Liebe. So viele geballte Ängste auf einmal führten vorerst ja nur zu dem Schluss: Frauen finden den Gedanken, dass erotische Freuden nicht auf strenge Monogamie beschränkt sein könnten, geradewegs abscheulich. Aber muss es deshalb zwingend so bleiben, dass FRAU sich selbst dermaßen klein bewertet, dass sie den ganzen Rest der weiblichen Welt als ihre Konkurrenz betrachtet und sie niedermachen, ausstechen und zum Teufel wünschen muss? Warum ist es existenziell für sie, daran zu glauben, sie sei die einzige attraktive und einzig liebenswerte Frau, die für ihren Geliebten eine Bedeutung hätte? Dass sie ihn aggressiverweise blenden müsse, damit er es VOR ihr (Eifersucht kennt keine Logik), NEBEN und NACH ihr niemals mehr wagen könne, eine ANDERE auch nur wahrzunehmen. Und wehe, wenn dieser größenwahnsinnige Selbstentwurf durch ein winziges Ereignis aus der Realität befleckt wird! Da fällt die Prinzessin sogleich tot um. Also bitte, lieber Freund, dann sage mir, wie sich in so einer grausamen Mär jemals ein stabiles und würdiges Selbstbewusstsein der FRAU entwickeln könnte?
Natürlich gelingt die Befreiung der gekränkten Frau im Patriarchat nicht kausal über ihre Kontrolle sämtlicher Verhaltensweisen ihres Mannes. Erst recht nicht mit dem

Versuch, auch noch seine Wahrnehmung und seine Gedanken zu manipulieren. Am Ende dieses Wegs sitzt FRAU mit angelegtem Gewehr auf einem Schießstand, um jede Bewegung in den Körperzellen des Gatten zu kontrollieren, bevor der überhaupt wachgeworden ist. Aber wie könnte ihr das Frühstück noch schmecken bei der unerledigten Frage: Wovon hat der Kerl in der Nacht geträumt?

Nein, so geht es gar nicht! Die Freiheit und Würde des Menschen liegt in seiner Selbstverantwortung zur Förderung seiner autonomen Identität. Und um die musste FRAU, aufgrund der gewohnten Ko-Abhängigkeit, in Jahrtausenden der Patriarchatsgeschichte sehr schwer kämpfen.
Erst dann, wenn sie es schafft, ihre Autonomie höher zu bewerten als ihre Beziehungssucht, … mehr noch, … wenn ihre Autonomie, stark wie ein Schwert, die eigene Abhängigkeit erschlägt, … dann ist sie wirklich frei! Wahrhaftig ein utopisches Ziel, das stelle ich nicht infrage. Aber wo kein erster Schritt ist, entsteht auch kein Weg.

Mit den komplexen Fragen des gekränkten Selbstwerts und seiner Folgen beschäftigten wir uns mit einer Gründlichkeit, die wir bisher in der Gruppe nicht kannten. Es lohnte sich. Bald hatten wir ein Bündel von Kriterien erarbeitet, die wir allesamt in einem Konzept absicherten, bevor wir die erste erotische Handlung planten. Wir hatten nämlich zu keiner Zeit vergessen, dass das oberste Ziel des Projekts die Absicht war, die Frauensolidarität und Freude aneinander auch dann zu bewahren, wenn uns eine erotische Situation gleichermaßen attraktiv erschiene. Für diese Utopie erarbeiteten wir sozusagen ein neues Grundgesetz, das die strengen Gruppenregeln, die als Folge der schlechten Erfahrungen mit früheren Freundinnen zu verstehen waren, in ein neues Modell des Vertrauens umwandeln sollte.

Mir machte die konzeptionelle Zusammenarbeit mit den Freundinnen riesigen Spaß. Zum ersten Mal in meinem Leben durfte ich erleben, dass Frauen, innerhalb einer erotischen Vision, aufeinander zuarbeiteten, anstatt miteinander zu konkurrieren. Für mich begann mit der experimentellen Phase unserer Gruppe eine Zeit der Heilung. Ich hatte mit der Entscheidung, den Freundinnen zu vertrauen, auch meine Liebe zu Frauen wiedergefunden. Zudem bin ich der Meinung, dass die gemeinsame Arbeit am Konzept das eigentlich Politische an der Sache war, während das erotische Vergnügen für die Frauen, die sich später aktiv engagierten, wie ein Bonbon empfunden wurde, das sie mehr oder weniger lecker fanden, je nachdem, in welcher ideologischen Geschmacksrichtung sie ihr Leben weiterhin verbrachten. Ob sie das Bonbon annehmen wollten oder nicht, blieb für jede eine autonome Entscheidung. Keine MUSSTE, einzelne WOLLTEN.
Stolz waren wir alle auf die Geburt eines utopischen Konzepts, an dem jede von uns, durch die ernsthafte Auseinandersetzung mit der eigenen Geschichte, den eigenen Ängsten und der Beurteilung eigener Grenzen und Möglichkeiten, mitgearbeitet hatte. Nach wenigen Wochen intensiver Arbeit hatten wir ein Konstrukt aufgebaut, das mich heute sofort zum Lachen bringt, wenn ich nur daran denke. Nun, die ersten Flugzeuge und Autos, die konstruiert wurden, sahen ja auch nicht von Anfang an stromlinienförmig aus!

Jens stellte zu keiner Zeit den Mittelpunkt unserer Interessen dar. Als Person musste er, aus methodischen Gründen, in den Hintergrund treten, damit wir ihn in ein Symbol für den Faktor Mann generalisieren konnten. Im Konzept hätte es auch jeder andere sein können, Hauptsache alle beteiligten Frauen wären bereit, den Mann als Objekt für eine erotische Inszenierung ihrer Wahl auszusuchen. Die beginnt mit einem Vorvertrag. Die Frauen erklären darin, dass jede Frau selbstverantwortlich entscheidet, was ihr in der Situation Spaß macht. Sie ist verpflichtet, nur das zu machen, was sie wirklich mag und erfüllt keine Erwartungen von anderen. Das oberste Ziel bliebe, über den ganzen Verlauf der erotischen Handlungen hinweg, die gemeinsame Absicht, dass sich am Ende alle Menschen im Raum miteinander wohlfühlen sollen. Die Frage, wie dieses Ziel konkret zu erreichen sei, wäre die große, kreative Herausforderung an dem Ganzen. Sie brauche auf jeden Fall ein Höchstmaß an gegenseitiger Empathie, sozialem Mitgefühl und kollektiver Verantwortung. Kein Beteiligter solle unter Leistungsdruck oder unter eine andere Art von Druck gesetzt werden. Niemand darf bewertet oder ausgegrenzt werden. Die Freundinnen kommen zusammen und gehen zusammen. Der Mann hat keine Chance, sie zu trennen. Sollte er es auch nur versuchen, intrigante Bündnisse unter den Frauen zu inszenieren, verliert er alle Frauen auf einmal. Während der erotischen Interaktion gilt für alle Beteiligten eine Regel, die „Recht auf Grenze“ heißt. Sobald sich eine Person nicht mehr wohlfühlt, warum auch immer, gibt sie mit einem vereinbarten Zeichen das Signal, dass sie „aussteigen“ möchte. Damit endet das Experiment gleichzeitig für alle anderen. Die erotische Situation wird gemeinsam beendet, damit sich keiner als Verlierer oder DRAUSSEN fühlt. Alle Beteiligten bleiben weiterhin dafür verantwortlich, dass sich alle Menschen im Raum wohlfühlen. Selbst wenn das erotische Szenario damit enden sollte, dass die Gruppe sich gegenseitig mit beruhigendem Kamillentee betröpfelt, wäre das nicht geringer zu bewerten als ein doppelter Salto.

Glaub nicht, mein lieber Freund, dass ich nicht merke, wie Dir schon bei dem Gedanken an so einen Vorvertrag jede Lust an der Sache vergehen würde. Ich habe jedenfalls noch keinen Mann kennengelernt, der bei dem Gedanken an Gruppensex nicht lieber an eine stattliche Anzahl von „Titten“ und „Ärschen“ dächte, die alle, alle ihm gehören! Das ist der Spaß, … so denkt er.
Wenn ich mich an unser Erstlingskonzept erinnere, muss ich allerdings zugeben, dass ich auch keine wirklich erotischen Bilder vor mir selbst sehe. Stattdessen sehe ich einen riesigen Zahnarztstuhl vor mir, an dem ein verwirrter Zahnarzt, zwischen einem Rudel von Frauen, verzweifelt versucht, seine Arbeit zu machen. Im Stuhl liegt eine Lady, die sehr empfindlich ist. Die Freundinnen kontrollieren ihren Puls, streichen ihr das Haar aus dem Gesicht, kühlen ihre Stirn, massieren ihre Füße und murmeln beruhigende Gebete. Ständig sprühen sie „Antistressnebel“ aus ihren Notfalltaschen in die Luft, bis keiner mehr etwas sieht. Daraufhin befühlen sie sich aufgeregt gegenseitig, voller Sorge, ob wirklich noch alle da sind. Als eine von ihnen dem Zahnarzt im Trubel der Ereignisse schmerzhaft in die Ferse tritt, rutscht ihm der Bohrer aus. Ein heller Schrei ertönt. Da wälzt sich eine einzige Woge weiblicher Wut auf den Zahnarzt und macht ihn kalt. Nein, das ist wirklich kein schönes Spiel.

Es ist unschwer zu erkennen, dass wir zwar guten Willen zeigten, aber letztlich doch nicht darauf verzichten konnten, eine ausgefeilte Superkontrolle über das Vertrauen zu stellen. Trotzdem werte ich unseren Anfang als einen Riesenerfolg, weil er es, gerade wegen seiner Sicherheitsnetze, schaffte, uns mit dem Mut zur Tat zu beflügeln. Und wenn ich Dir gleich erzähle, wohin mich das monströse „Erstlingsgefährt“ im echten Leben führte, wirst Du verstehen, warum es, trotz seiner Absonderlichkeit, für mich einen hohen historischen Wert hat.

Als wir den „Karren" fertig hatten, luden wir nicht den guten Jens hinein, sondern wir fuhren einen Umweg. Ich hatte nämlich eine ethische Falle an dem Ganzen entdeckt. Zwar hatten wir Frauen konsequent unseren Solidarvertrag im Auge behalten, dabei aber gänzlich vergessen, dass wir auch noch mit recht netten Männern zusammen waren, die es keineswegs verdient hatten, verarscht zu werden. Mir stellte sich dieses Problem nicht, denn ich führte ohnehin eine offene Beziehung. Doch wie würden die fröhlichen „Seitenspringerinnen" mit ihrer bürgerlichen Doppelmoral dieses Projekt vor sich vertreten? Obwohl wir in der Gruppe eine „Nichteinmischungsregel" eingeführt hatten, stellte ich zu dem gemeinsamen Projekt die höfliche Anfrage, ob es nicht noch schöner wäre, „einen Karren zu bauen", in dem gar kein Mensch gekränkt oder betrogen würde, auch nicht ein Mann. Da schufen meine Freundinnen ein bizarres Beispiel weiblicher Schläue. Sie schlugen vor, dass die Aktivistinnen im Projekt zunächst ihre eigenen Männer fragen könnten, ob sie vielleicht den „Zahnarzt" spielen wollten? Jeder Mann, der JA sagen würde, bekäme zur Bedingung gestellt, dass natürlich auch die Freunde der anderen Frauen mit gleichem Recht versehen werden müssten. Tatsächlich marschierten drei von uns zu ihren Männern und trugen den ungewöhnlichen Antrag vor. Ohne zu zögern erwiderten alle Männer ein entschlossenes „Ja". Und wie sie wollten! Als wir dann endlich loslegen wollten, sprang die „Maschine" nicht an. Sie musste noch weiter überarbeitet werden. Ich werde Dir keine unserer frühen Aktionen schildern, aber Du hast bestimmt selbst eine Idee dazu. Aufregend war die Zeit, verrückt und schön, aber dennoch zu schwierig für mehrere Menschen, die so etwas noch nie getan hatten. Deshalb brachen wir das Experiment in der Großgruppe bald wieder ab. Ohne Streit. Einfach aus Realitätssicht. Wir mussten nur einsehen, dass man nicht gleich ein ganzes Kollektiv auf ein wackliges Gefährt mit drei Rädern setzen kann, das sicher über einen schmalen Felskamm fahren soll. Lieber wanderten wir zu Fuß weiter und blieben dabei gute Freunde.

Ja, und jetzt wirst Du gleich Rebecca kennenlernen. Wir waren als Gruppenmitglieder schon mehrere Jahre gute Freundinnen gewesen, bevor uns auch das Thema Eros miteinander verband. Hätten wir uns, in unserer aktivistischen Neugier, nicht zufällig gemeinsam auf Jens eingelassen, hätten wir vielleicht nie im Leben das Wunder einer erotischen Liebe zwischen Frauen kennengelernt. Wir hatten das Geschenk der Engel ausgepackt, das uns erlaubte, mit ihnen zu spielen, ohne dabei klären zu müssen, ob wir hetero-, bi-, homosexuell oder „sonstwie-sexuell" wären. Also ich bin „sonst wie", das sage ich Dir gleich! Ich mache es kosmisch, tantrisch, kreuz und quer. Hauptsache menschlich! Verbindlich. Ganzheitlich. Mit Gefühl! Gerne.

Wer ist Rebecca

Rebecca wuchs, nahe einer Kleinstadt, in einem schmucken Forsthaus auf. Im Haus und im Garten gab es nichts, was nicht unter feinster, gutbürgerlicher Kontrolle gestanden hätte. Nur das Kind machte manchmal Ärger. Schon als sehr kleines Kind sollte Rebecca ein puppenhaft perfektes Benehmen zeigen. Wenn der Vater Gäste empfing, wurde sie wie eine kleine Prinzessin herausgeputzt. In damenhafter Haltung musste sie dann stundenlang brav bei den Erwachsenen sitzen und „süß" dreinschauen. Doch dabei schaffte es Rebecca einfach nie, fehlerfrei aufzutreten. Mal stießen ihre Lackschühchen klappernd gegen das Tischbein, mal lachte sie einfach laut dazwischen. Mal lief sie unerlaubt in den Garten und kam dann, mit einem dicken Fleck auf ihrem rosaroten Kleidchen, wieder zurück. Oder sie hatte sich unter dem Tisch versteckt, um dort heimlich ein wenig zu spielen. Und wenn sie wieder darunter hervorkam, waren todsicher ihre Haare zerzaust. Kaum waren die Gäste gegangen, folgten auch schon prompt die Strafen. Wenn sie dabei nur Benimmregeln auswendig lernen musste, um sie dann anschließend den Eltern vorzutragen, dann war das noch eine kleine Strafe aus dem sehr umfangreichen Repertoire möglicher Demütigungen. Wenn die kleine Rebecca versagte, dann erfuhr sie, dass es für Eltern, die so ein ungeschicktes, eigensinniges Kind hätten, schwer sei, es zu lieben. Doch wenn der Vater einmal einen ganz guten Tag hatte, dann wurde das Püppchen zur Abwechslung hochgehoben, auf den Schoß gesetzt und mit Küssen überhäuft, ... weil sie ja eingesehen hätte, dass es viel besser für sie sei, ein braves Mädchen zu sein, so lobte er sie dann. Als sie etwas älter war, steigerten sich die Kränkungen derart, dass die Eltern ihr erklärten, sie sei offensichtlich so dumm und unbegabt, dass sie es später schwer haben würde, einen guten Mann zu finden. Rebecca war oft sehr verzweifelt. So sehr sie sich auch anstrengte, ihren Eltern zu gefallen, so war es doch niemals genug.

Genau wie ich verschaffte sich Rebecca in ihrer Kindheit mit einem ausgefeilten Lügensystem den Freiraum, in dem sie sich DRAUSSEN fast so „locker" fühlte wie andere Jugendliche auch. Genau wie ich freute sie sich unbeirrt auf eine Welt „nach den Eltern", die ihr den Spaß am Leben gönnen und auch Anerkennung und Liebe geben würde. Rebecca war überhaupt nicht dumm, im Gegenteil, hochintelligent, feinfühlig, charmant und lebendig war sie. Und außerdem wunderschön. Gleich nach dem Abitur heiratete sie den tollsten Typ aus ihrer Clique, den, den alle Mädchen haben wollten. Und sie war es, die ihn „kriegte", den gutaussehenden, sportlichen Sohn aus einer wohlhabenden Handwerkerfamilie. Doch Rebeccas Eltern waren nicht zufrieden, denn Ihre Tochter hätte es „nicht einmal" geschafft, einen Akademiker nach Hause zu bringen, so nörgelten sie. Da absolvierte Rebecca selbst ein Studium und arbeitete engagiert in ihrem Beruf. Erfolgreich, beliebt und anerkannt. Trotzdem blieb sie unruhig, geplagt von vielen Ängsten und Zwängen, die ihre Lebensfreude trübten. Besser fühlte sie sich, wenn sie, zusammen mit ihrem Mann, erotische Auftritte auf den zahlreichen Partys in ihrem Bekanntenkreis inszenierte. Prinz und Prinzessin spielten dabei geschickt ihre Verführungskünste aus. Alle Kränkungen ihrer schweren Kindheit waren vergessen, wenn sie immer wieder erfahren durfte, wie fasziniert die Männer auf ihren unwiderstehlichen Charme und ihre außergewöhnliche Schönheit reagierten. Wirklich frei fühlte sie sich nur dann, wenn sie ganz und gar „unbrav" war und gerade deshalb so gefeiert wurde. Aber wie es den Menschen leicht passieren kann, die sich im narzisstischen Rausch verlieren, endete ihre Rebellion gegen die gute Sitte nach einer gewissen Zeit in dem Verlust des gesamten Freundeskreises. Darüber war Rebecca sehr traurig, denn sie brauchte den geselligen Kontakt mit netten Menschen sehr. Rebecca wurde erwachsen. Sie entschied sich, in einer neuen Ehe eine vorbildlich gewissenhafte Ehefrau zu werden, die alles daransetzt, den Partner mit ihren Kochkünsten im gemütlichen Nest zu verwöhnen und danach händchenhaltend mit ihm vor dem Fernseher zu sitzen. Eines Tages bemerkte die kluge, sympathische Frau, dass sie nicht nur ihren Haushalt kontrollierte. Sie verspürte eine seltsame Lust dabei, zu erleben, wie einfach es für sie war, ihren Mann in eine Abhängigkeit zu bringen, in der er nur noch steif auf dem Sofa saß, unfähig, die unsichtbaren Fesseln zu lösen, die sie in charmanter Weise so lange um ihn geschlungen hatte, bis er sich nicht mehr regte. Da gestand sie sich ein, dass sie andere Wege finden müsse, die Angst vor dem Ver-

lassenwerden zu bekämpfen und ihr Selbstbewusstsein aufzurichten. Sie wollte es einfach schaffen, auch einem „frei beweglichen" Mann vertrauen zu können, ihrer eigenen Würde und der seinigen zuliebe. Mit dieser guten Absicht kam sie in unsere Selbsterfahrungsgruppe. Politisch war Rebecca zu diesem Zeitpunkt nicht, und die freie Liebe interessierte sie wenig. Sie wollte sich nur viel mehr am Leben freuen, als ihr das in ihrer Kindheit gegönnt war.
Zwischen ihr und mir entwickelte sich schnell ein herzliches Verhältnis. Wir hatten viel Verständnis füreinander, weil wir nicht nur Ähnlichkeiten in der traumatischen Kränkung durch unsere Eltern aufwiesen, sondern auch ein ähnliches Problem mit Frauen hatten. Die aktive Überwindung dieses Problems war der wichtigste Punkt, der letztlich zu unserer innigen Freundschaft führte.
Obwohl Rebecca mit einer sehr distanzierten Mutter großgeworden war, eine, die ihrer erwachsenen Tochter zur Begrüßung lieber ihr dünnes Händchen reichte, anstatt sie zu umarmen, war sie selbst mit einem warmen Herzen an anderen Frauen interessiert. Ihre langjährigen Freundschaften pflegte sie treu und zuverlässig. Ihr einfühlsames Interesse und ihre praktische Solidarität bereicherten das Leben der Freundinnen in höchst angenehmer Weise. Doch in einem Punkt hatte Rebecca, bei ihrem Aufbruch ins wilde Leben, ihre Freundinnen unabsichtlich verärgert. In ihrer jugendlichen Sucht, sich mit der Bewunderung durch Männer über alte Wunden hinwegzutrösten, ließ sie sich gerne rauschhaft zur Königin erheben, während die Freundinnen rechts und links die Hofdamen spielen mussten. Sie bemerkte deren heimlichen Groll gar nicht, während sie ihre selbstverliebten Triumphe feierte. So verwundert es auch nicht, dass sich diese Damen, bei günstiger Gelegenheit, den süßen Rachekick erlaubten, mit Rebeccas Prinzen mal eben in einer dunklen Ecke zu verschwinden. Als mir Rebecca, tieftraurig, von ihren Erlebnissen vom Verrat der Frauen erzählte, die den meinigen sehr ähnelten, wusste ich endlich, in welcher Gesetzmäßigkeit sich solche Dinge ereignen. Während sich Rebecca und ich von unseren Freundinnen besonderes Verständnis und Solidarität erhofft hatten, wenn wir es genossen, etwas nachzuholen, das uns in der Kindheit versagt wurde, erlebten wir stattdessen häufiger Feindseligkeit und Ausgrenzung. Ein Hauptmotiv dafür lag in der Eifersucht und dem Neid der anderen Frauen, die mit ihrem Verhalten eben auch nur etwas nachholen wollten, was ihnen früher versagt gewesen war. Da gab es die neidischen älteren Schwestern, die schon immer die vernünftigen und langweiligen Pflichten erfüllen mussten, während die Kleinen spielen durften. Da waren die wütenden jüngeren Schwestern, die von den Älteren stets gezeigt bekamen, wie die alles besser konnten und wussten. Dann waren da noch die „Lieblinge" der Väter, die viel zu früh gelernt hatten, ihr unpassendes Machtgefühl gegen die Mutter auszuspielen. Und dann waren da auch noch die vielen benachteiligten und allzu wenig beachteten Frauen, deren Selbstwertgefühl zu einem verkümmerten Pflänzchen geschrumpft war, das sich aber dann abrupt aufrichtete, wenn sie einer „ranghohen" Frau den Typ wegschnappten.

Meine Engel schenkten uns eine Liebe

Weil das alles so traurig ist, schenkten die Engel Rebecca und mir eine Liebe, die uns trösten, und uns die Chance geben sollte, die inneren Schätze zu bewahren, die uns als Freundinnen sehr wertvoll machte, die Fähigkeit, andere Frauen tief und aufrichtig zu lieben. Mit der Entscheidung, hin und wieder einen Mann gemeinsam zu lieben, hatten wir uns gleichzeitig für bedingungsloses Vertrauen zueinander entschieden.

Damit war die Endgültigkeit der schlechten Erfahrung außer Kraft gesetzt. Ein paar gut überlegte Regeln halfen bei der Reduzierung des Risikos. Doch ohne Vertrauen helfen auch die besten Regeln nicht, denn kein Mensch weiß vorher, ob sie auch eingehalten werden. Rebecca und ich hatten auf jeden Fall großes Glück miteinander, denn wir hielten jede Regel ein. Daher lohnte sich der Mut für uns, den wir in diese Utopie einbrachten. Das Gelingen unserer Projekte schuf das Potenzial, mit der wir es schafften, unser Frauenbild zu retten. Für Rebecca war ich vor allem ein emotionaler Trost. Mich bereicherte das Bündnis zusätzlich noch mit politischer Zuversicht. Und wenn es auch nur zwei Frauen gelänge, ein hedonistisches Leben in gegenseitiger Solidarität zu erleben, so wäre das trotzdem ein Beweis dafür, dass es prinzipiell auch für andere Frauen möglich wäre. Wir dürfen unser Experiment daher durchaus als einen „aktivistischen Schritt" bezeichnen, in Richtung einer Utopie, die den Feminismus ganz anders auffasst, als er bisher denkbar war.

Mir gab die langjährige Zuverlässigkeit und Treue zwischen Rebecca und mir eine lebenswichtige Hoffnung zurück. Ich glaubte wieder daran, dass eine Zeit kommen könnte, in der es für viele Frauen machbar wäre, ihren Eros in kreativer Weise neu zu erschaffen. Gegen die Tradition des Patriarchats. Autonom. Selbstbestimmt. Schöpferisch. Frauensolidarisch. Menschensolidarisch.

Aber wozu brauchen solch schöne Ziele ausgerechnet so etwas „Primitives" wie Gruppensex, könntest Du mich jetzt fragen? Sie brauchen das nicht zwingend, da hast Du recht. Aber wem es Spaß macht, der kann dabei viel lernen. Wie schon mehrfach erwähnt, ist die menschliche Sexualität eben kein „niederer" Trieb, sondern eine komplexe, sehr anspruchsvolle soziale Kompetenz, die nur durch Lernen erweitert werden kann. Im Lernen am sozialen Vergleich festigt der Mensch seine Identität und erschließt sich seinen sozialen Wert. Dieser Prozess benötigt offene Kommunikation. Solange Sex in einer Gesellschaft ein Tabuthema bleibt, kann also nicht in einer Weise kommuniziert werden, die Lernschritte fördert. Stattdessen werden die von Medien manipulierten Bilder und Mythen handlungsleitend, die einzig aus der Lust am Geldverdienen geboren wurden, nicht aus einer Ethik zur Befreiung der Liebe. Zudem spiegelt der verlogene Mist aber doch die Normen und spezifischen Machtverhältnisse in einer Gesellschaft wider, die ihre Mythen mehr braucht als Fakten. Keinesfalls vermittelt die öffentlich legitimierte Information korrekte Daten darüber, was sich wirklich in intimen Beziehungen abspielt. Also bleibt der einzelne Mensch das Opfer von Manipulation, weil er in seinem begrenzten Menschenleben niemals ausreichend „private" Daten sammeln kann, die ihm einen empirischen Überblick über die menschliche Sexualität erlauben könnten. Wenn der ganz „normale" Mensch, ein Laie also, an „guten Sex" denkt, bleibt er mangels alternativer Information gezwungen, die Klischees zu kopieren, die auf grobe Weise traditionelle Geschlechterrollen aufrechterhalten. Interessant ist dabei übrigens, dass die zentralen Mythen über die Eigenschaften von Männern und Frauen in jeder Kultur damit begründet werden, dass sie angeboren seien. Die angebliche „Naturgesetzlichkeit" dieser Aussagen sichert die Machtverhältnisse in allen Kulturen ab. Die Mythen werden sehr lange klaglos hingenommen, bevor „böse" Menschen es wagen, sie zu hinterfragen und damit zu politisieren. So brauchen wir uns nicht darüber zu wundern, wieso auch in unserer aufgeklärten, bildungsfreudigen Zeit die abgelatschten Bilder eines Uraltpatriarchats unbeirrbar lebendig bleiben. Ihre territoriale, von narzisstischen Mächten durchwirkte Zwanghaftigkeit, schränkt den schöpferischen Prozess zwischen Liebenden stark ein.

Wie hätte ich, die Muttertochter, meinen Eros in ein vieltausendjährig altbackenes Normengefängnis sperren können? Aber auch die Ideologien meiner eigenen Subkultur erschienen mir wenig dienlich, die Liebe zu befreien. Sie dienten dem Drachen Narzissmus weit mehr als den Menschen. Also blieb mir nur ein autonomer Weg für das soziale Lernen, in dem der Eros wächst. Lebenslang. Ich übte daran, dass meine Sexualität immer von dem Geist genährt werde, der mit dem Kosmos spielt. Tatsächlich schenkte mir seine schöpferische Kraft eine nie versiegende Quelle sexuellen Vergnügens, die höchsten Wert für mich hat. Ja, und deshalb ist es mir eine Ehre, dem kosmischen Geschenk in Form erotischer Gebete meine tiefe Dankbarkeit entgegenzubringen.
Wann immer ich Sex habe, will meine warme Hand das geliebte DU zu dem inneren Licht hinführen, das in ein Meer von tanzenden Glitzerpunkten zerfällt, wenn die Körper in der kosmischen Botschaft ankommen, die uns wieder zu glücklichen, in warmem Quellwasser spielenden Kindern macht.

Rebecca und ich waren bis zu unserem Zusammentreffen erotisch ganz unterschiedlich geprägt. Nach einer Erziehung mit „Zuckerbrot und Peitsche“ zog es Rebecca mehr in die Gespaltenheit des bei Bürgern beliebten „Spiels mit der Sünde“, in dem auch das Lügen und Betrügen einen lustvollen Platz findet. Zu mir hingegen passten, aufgrund des Höhenflugs meiner weltfremden Eltern, die idealisierten Ziele der erotischen Revolution viel besser. Mit „niederen Trieben“, „Schweinereien“ und „Sündenfall“ hatte ich überhaupt nichts am Hut. Meiner Freundin jedoch war die Revolution ziemlich egal. Überraschenderweise entdeckten Rebecca und ich bei der ersten gemeinsamen Aktion trotzdem schon etwas, das uns so entzückte, dass wir es immer wieder wiederholen wollten. Es war das Engelsgeschenk, das Erlebnis, dass zwei so unterschiedliche Frauen in der erotischen Liebe zu einer Gestalt werden, die eine Liebesfähigkeit aufbringt, die über das Potenzial jeder einzelnen weit hinausgeht. Die Symbiose, die wir bei unseren erotischen Festen erlebten, sprengte unsere neurotischen Grenzen, als wären sie Seifenblasen. Zuerst verschwand das Gefühl von Konkurrenz. Dann platzte das Spiel ums Gewinnen und Verlieren. Und zu einem Lufthauch verdünnte sich das Alleinehabenwollen, der Zwang, die EINZIGE Prinzessin zu sein. Federleicht entfloh die Eifersucht. Zurück blieb die große Erleichterung, nicht mehr kontrollieren zu „müssen“.

Was glaubst Du, welch ein Rausch das ist, wenn FRAU merkt, dass sie das alles wirklich kann? Da wachsen ihr regelrecht Flügel. Alles Kleine und Verletzte fällt von ihr ab. Sie ist eine angst- und schmerzfrei Liebende. Diesen wahrhaft lustvollen Zustand konnten Rebecca und ich in einer unglaublich mühelosen Weise miteinander herstellen. Es war unser höchstes Vergnügen an der Sache.
Weil unsere Erotik von dem geistig-sozialen Miteinander lebte, während lesbische Neigungen eher gering in uns entwickelt waren, luden wir zur Ergänzung der gemeinsamen Gestalt gerne einen Mann ein. Oder auch mal zwei. Doch glaube jetzt nicht, dass wir nur an den „wertvollen Körperteilen“ der Männer interessiert gewesen wären. Nein, wir wollten sie reinen Herzens lieben und wirklich glücklich machen. Mit der Kraft der „perfekten“ Frau, die in unserer gemeinsamen Gestalt lebendig wurde, führten wir die Männer für eine kurze Zeit in den Schoß der Urmutter zurück, dorthin, wo sie nichts mehr leisten und nicht führen müssen, wo die Macht keine Rolle mehr spielt. Freundlich ließen wir sie in unserer Hingabe schaukeln, bis sie das Gefühl, ein wohliges DASEINDÜRFEN, wiedergefunden hatten, dass sie längst verloren glaubten.

Ohne Forderung, ohne Folgen. Nichts bezahlen. Kein schlechtes Gewissen haben. Vertrauen.

Wenn die Männer wieder weg waren, verrichteten wir Freundinnen noch eine wichtige Arbeit. Wir tauschten unsere Wahrnehmungen aus. So kam es, dass wir unglaublich voneinander lernten. Wir schauten uns jede kleine Irritation an, die uns zwischendurch begegnet war. In den gemeinsamen Analysen fanden wir leicht die Stellen, an denen wir Ängste in eine lieblose Projektion verwandelt hatten. In Vorurteile. In Arroganz. In Ärger. In Bestrafenwollen. Rebecca und ich hatten einen sehr scharfen analytischen Verstand und viel Freude am sozialen Lernen. Unsere aufrichtigen und tiefgründigen Gespräche machten uns frei dafür, die Männer immer besser wahrzunehmen und wertzuschätzen. Wir übten, sie mit allen Stärken und Schwächen zu respektieren. Gleichzeitig schärfte sich unser Bewusstsein für die eigenen Stärken und Schwächen. Und hier tauchte wieder das interessante Phänomen der Austauschbarkeit unserer Kräfte auf. Was die eine gerade nicht geben konnte oder wollte, ersetzte mühelos die andere. Und umgekehrt. Gerade deshalb, weil wir so unterschiedlich waren, ergänzten wir uns in wunderbarer Weise zu einer „perfekten" Gestalt.
Im Laufe der gemeinsamen Entwicklung hatte sich sowohl die Liebe zwischen uns Freundinnen vertieft, als auch unsere Liebesfähigkeit gegenüber anderen Menschen.

Nach einem netten Start mit dem guten Jens luden wir als Nächstes unsere eigenen, heißgeliebten Männer ein. Wagemutig wollten wir unseren kühnen Pakt dahingehend prüfen, ob das Loslassen auch dann gelänge, wenn wir unser „Bestes" teilen würden. Denn darauf kommt es in einer Revolution schon an, MIR jedenfalls. Das Experiment gelang. Wir vertrauten einander tatsächlich und verloren dabei das Gefühl von Bedrohung und Eifersucht. Und weil wir unsere Männer sehr liebten, boten wir ihnen weiterhin gerne vielseitige Frühlings-, Rosenblüten-, Geburtstags- und Nikolausfeste an. Ach, was kann FRAU nicht alles feiern?!
Erstaunlicherweise ermüdeten unsere Männer aber bald schon an der Fülle der Einladungen. Sie mussten bemerken, wie schwer es für Söhne des Patriarchats ist, erotische Situationen, in denen sie weder Macht noch Kontrolle über die Frau haben, mit „gebührender Erregtheit" zu schmücken. Da gingen wir Freundinnen schnell dazu über, nach Belieben auch andere Männer einzuladen, die uns einfach nur gut gefielen. Die sagten fast alle JA. Glaub mir, sie brauchten es nicht zu bereuen, selbst wenn es meist ganz anders kam, als sie dachten. Nun ein paar Stichpunkte zu unserem Konzept.

Unser Partnerschaftsvertrag

Rebecca und ich hatten das komplizierte Regelwerk des Aufbruchs, das wir in der Frauengruppe konstruiert hatten, auf wenige Regeln reduziert. Wir verstanden sie als einen Partnerschaftsvertrag zwischen uns beiden. Die wichtigste Regel besagte, dass alle Entscheidungen und alle Grenzdefinitionen für die erotischen Handlungen bei der Frau bleiben, die die Beziehung zu dem Mann führt. Nur sie kann die anderen in ihre Beziehung einladen. Sie alleine führt die Verhandlung mit dem Mann. Der Mann kann nicht eigenständig einladen, aber er darf darum bitten. Die Freundin auch. Die „beziehungsführende" Frau sagt JA oder NEIN, ohne, dass sie dabei unter Druck gesetzt werden darf. Falls sie Ja sagt, wird die andere zum Gast in ihrer Beziehung. Die Gastfrau weiß also von Anfang an, dass sie keine „eigenen Rechte“ an dem Mann erwirbt, sondern bestenfalls dazu beitragen darf, die Beziehung der Freundin zu festigen. Die erotische Situation hat, während sie stattfindet, ihren einzigen Wert im Hier und Jetzt.

An dem Punkt wurden wir von Freunden häufig gefragt, ob wir keine Angst hätten, dass sich eine von uns einmal VERLIEBEN könnte und dann selbstverständlich den Vertrag brechen würde, um sich den Mann zu „schnappen“? Diese Logik gehört ganz klar zu den Mythen der romantischen Liebe, in denen Verrat anscheinend zwingend dazugehört. Nicht jedoch für Rebecca und mich. Wir lachten bei der Frage nur und schüttelten mit den Köpfen. Als wir diesen Punkt diskutierten, wurde uns beiden klar, dass Menschen eine ganz bestimmte Hoffnung brauchen, um sich zu verlieben. Sie suchen in dem verliebten Beginn einer Beziehung die maximale Selbstergänzung, aber bestimmt kein ein DU, das sie weder manipulieren, verklären, noch „haben“ können. In der „Gastrolle“ brauchte FRAU den Mann erst gar nicht großartig aufzublasen, denn sie durfte ihn nachher sowieso nicht mit nach Hause nehmen. Da kommt auch kein Verlieben auf. Durch den Respekt vor der Beziehung der Freundin würde sich die Lust auf infantilen Rausch ganz schnell in Luft auflösen, daran glaubten wir fest. So war es auch, zehn glückliche Jahre lang. Trotzdem könntest Du Dich jetzt vielleicht verwundert fragen, was FRAU überhaupt von so einer „entrechteten“ Situation haben könnte, in der sie sich nichts „schnappen“, nichts „stehlen“ und nichts „mitnehmen“ darf? Den Mann nimmt sie nicht mit, das stimmt, aber etwas anderes. Ich will Dir gleich ein ganzes Bündel von Lernerfahrungen nennen, die FRAU mit nach Hause nimmt. Sie tragen so viel Potenzial in sich, dass sie in der Lage sind, ein ganzes Leben verändern zu können. Ist das nichts?

In unserem Vertrag waren für beide Frauen zwei unterschiedliche Rollen möglich, die, je nach Situation, im Wechsel eingenommen wurden. Das hat den Vorteil, dass jede die Erfahrung der anderen am eigenen Leib kennenlernt. Daraus wächst eine große, gegenseitige Empathie, die notwendige Kompromissbereitschaft und die Gemeinsamkeit der Lernschritte.

Der Lernschritt der beziehungsführenden Frau

Die Rolle, in der die „beziehungsführende“ Frau die Gastfrau einlädt, schult ihren Respekt, ihre Toleranz und ihre Liebe anderen Frauen gegenüber. Sie kann die Achtung und die Liebe ihrem eigenen Geschlecht gegenüber mehren, indem sie wohlwollend miterlebt, dass andere Frauen, genau wie PRINZESSIN, wunderbare, weiche, wohlriechende und unvergleichliche Geschöpfe sind. Lustbegabt!
Ich weiß, dass Du mich hier für völlig verrückt hältst, denn so, wie Du die Frauen kennst (und so ich kenne ich sie auch), ist alleine schon der Gedanke an die erotische Gleichstellung einer „Mitfrau“ in Wirklichkeit die grauenvollste Vorstellung, die Frauen in die dunkelste Ecke ihrer Eifersuchtsphantasien führt, in denen sie dann schwere Schmerzen erleiden. Wieso sollte sich irgendeine Frau den „Horror“ freiwillig ins echte Leben einladen?
Ja, ich verstehe Deine Bedenken, aber damit macht kein Mensch Revolution. Manchmal braucht FRAU schon eine ganz neue Vision und eine neue Logik, um neue Lernerfahrungen ins Leben zu rufen. Bitte, hör Dir mein utopisches Hoffnungsbild doch einfach einmal an.

Wenn die Gastgeberin es will, kann sie erotische Offenheit zur Chance machen, ihr Selbstbewusstsein zu stärken. Es könnte eine Erleichterung sein, wenn sie leibhaftig miterlebt, dass ihr Mann sie unvermindert lieben kann, obwohl er eine andere Frau auch reizvoll findet. FRAU könnte sich wirklich bereichert fühlen, wenn sie nur begreift, wie sehr jeder Mensch gerade beim Sex zu einer eigenen Welt wird und wie jeder unverwechselbar anders ist, als ein anderer Mensch. Und jetzt sag mir, warum die ganz eigene, ganz besondere Qualität, die jedes Liebespaar EINZIG zusammenhält, die unnachahmliche Verschmelzung zweier Individuen, dadurch geschmälert werden oder gar verloren gehen sollte, nur weil ein anderer Mensch dasselbe Potenzial hat, in seiner Welt sehr lebendig und interessant zu erscheinen?
Das eigentliche Problem liegt im Vergleichen und Bewerten, finde ich. Lass es doch einfach bleiben! Könnte uns nicht das ganze Leben viel bunter, reicher und wärmer erscheinen, wenn wir uns gemeinsam an der Überzeugung freuten, dass der EROS die schöpferische Kraft besitzt, so viele Erscheinungsbilder hervorzubringen, wie es menschliche Gesichter gibt? Du weißt schließlich ganz sicher, dass es auf der ganzen Welt keinen anderen Menschen mit genau Deinem Gesicht gibt. Warum zweifelst Du an Deinem Sex? Darf der nicht genauso besonders sein wie DU selbst es auch bist? Weil es Dich nur einmal gibt.
Ich jedenfalls mag den Gedanken, dass die Menschen, die wirklich gerne mit mir schlafen, das schöne Gefühl deshalb haben, weil sie es mit MIR tun. Ich sehe nicht, was ich verlieren könnte, wenn sie Sex mit anderen Menschen auch SCHÖN finden. Glücklicherweise ist Sex „unvergleichlich".

Nun ja, im wahren Leben wird nicht jeder Sex gleich zum Idyll und ist auch nicht immer schön. Es gibt genug Menschen, die erotisch einfach nicht zusammenpassen, so, wie es auch viele Männer gibt, die mit MIR nicht viel anfangen können. Doch davon bricht meine Selbstliebe nicht zusammen. Ich denke dann nur, dass sie den Weg zu meinem Wesen nicht gefunden haben. Oder ich habe den Weg zu ihnen nicht gefunden. Das kommt vor. Was bedeutet schon sexueller Kontakt, wenn Begegnung nicht gelingt? Gar nichts! Deshalb ist auch nichts weiter passiert, wenn danach jeder wieder seiner Wege geht.

Der Lernschritt der Gastfrau

Doch schauen wir uns jetzt die Rolle der Gastfrau an, die dazu eingeladen wurde, sich in einer Beziehung erotisch zu amüsieren, in der ihr nichts „gehört", nicht vorher und nicht nachher. Warum sollte sie das tun? Ich sage Dir, sie kann eine großartige Erfahrung machen. Möglicherweise erlaubt ihr gerade die Distanz zu ihren eigenen Liebesgeschichten einen klaren Blick. Weil Menschen aufgrund des Wiederholungszwangs, vor allem in tiefen Liebesbeziehungen, unkontrolliert ihre kindlichen Verletzungen ausleben, sind sie dort selten zu einer kritischen Auseinandersetzung mit dem eigenen Selbst bereit. Stattdessen prägen Projektionen und gegenseitige Schuldzuschreibungen das Bild einer „normalen" Liebe. Die „entrechtete" Gastrolle kann wie eine Chance genutzt werden, um erwachsen, also frei von der eigenen Abhängigkeit und frei vom eigenen Narzissmus zu überprüfen, ob wohlwollende Streicheleinheiten, nette Worte und respektvoller Sex einfach nur so gut tun, ohne dass so ein liebevoller Austausch gleich eine tragende Funktion im Selbst bekommen muss. Ich finde die Frage sehr spannend, was eine Frau beim Sex fühlen mag, wenn sie der Pflicht enthoben ist, in jedem Detail der erotischen Interaktion den Beweis dafür zu suchen, ob sie auch ganz sicher die einzige Traumfrau im Universum ist. Sie ist es ja sowieso, ... weil sie ist!

Was glaubst Du, wie heiter es sich vögelt und wie froh es macht, ganz unbeschwert durch die Weiten des erotischen Himmels zu fliegen, ohne diesen abstrusen Prinzessinnenballast? Also mir gefällt der Freiflug der Gastfrau wirklich sehr. Tatsächlich denke ich sogar darüber nach, ob es genau diese Lernerfahrung ist, die am meisten dazu beigetragen hat, dass mir, trotz der kräftezehrenden Liebesdramen in meinem Leben, das Älterwerden in Verbitterung, Neid und dem Gift der „Benachteiligten“ erspart wurde. Wie Du vielleicht bemerkt hast, bin ich immer noch wild entschlossen freundlich, offen und warmherzig-sexuell. Das kann so bleiben.
Und jetzt der Mann. Welche Rolle hatten wir ihm zugedacht? Musste der auch gleich etwas lernen, oder durfte er womöglich einfach nur Spaß an der Sache haben?

Glücklicherweise hast Du mich erst viele Jahre später kennengelernt. Ich hoffe doch sehr, dass Du mich als eine freundliche Verführerin in Erinnerung hast, die Du ganz ohne Gehirnwäsche anfassen durftest. Erst „danach“ habe ich Dir dies „kleine“ Buch hinterhergeworfen, das unzweifelhaft die Bitte um Verständnis für meine Werte in sich trägt.

Nellys erotisches Säbelrasseln

Aber jetzt muss ich gestehen, dass ich in den frühen Jahren mit Rebecca doch noch einen ganz anderen Stil hatte. Tatsächlich gingen meine erotischen Einladungen häufig mit revolutionärem Säbelgerassel einher. Das war so: Ein von mir Auserwählter, der zu einem erotischen Fest eingeladen wurde, bekam, falls er mich nicht schon vorher kannte, eine liebevoll gestaltete Einladungskarte, an deren Aufmachung er gleich meinen wichtigsten Wert erkennen sollte, nämlich die Information, dass ich Sex für ein gehobenes Kulturgut halte. Doch wie könnte solch eine harmlose Postkarte bereits ein Umdenken auslösen? Da musste ich mir schon noch etwas mehr Mühe geben. Aber, egal wie ich es anstellte, so eilten trotzdem alle Männer mit genau den Bildern im Kopf zum ersten Treffen, die das traditionelle Patriarchat unter Eros versteht. Bestimmt kannst Du Dir leicht ausmalen, was sich ein ganz normaler Mann angesichts einer erotischen Einladung durch eine fremde Frau vorstellt. Hässliche Begriffe wie „versaute Frau", „scharf wie ein Rettich" und „Nymphomanin" tauchen in ihm auf, womit er gleichzeitig „wertlose Frau" meint. Das angeblich Wertlose an der Frau reizt seine Phantasie jedoch sehr und macht ihn geil. Schon bei der Anfahrt malt er sich aus, welche seiner heimlichen Wünsche er gleich ausleben würde, die er seiner Partnerin, der „wertvollen" Frau („wertvoll" deshalb, weil sie ihm „gehört") lieber nicht zumuten möchte. In diesem Geiste bewegten sich die Herren, wahrscheinlich allesamt, auf meine Haustüre zu und klingelten. Und trafen dahinter auf mich.

Vergiss nicht, wir befinden uns noch in meiner radikalen Zeit, in der ich beabsichtigte, den Eros zu einem Werkzeug zu machen, dem ich die Kraft verleihen wollte, die schädlichen Auswirkungen des Patriarchats in beiden Geschlechtern gleichermaßen wirkungsvoll zu zersetzen.

Gut vorbereitet, konzentriert, hübsch, glänzend und gut duftend öffnete ich den Herren die Tür, die ebenfalls glänzten und gut dufteten. Die meisten hatten Blumen oder eine gute Flasche Wein dabei. Ich nahm ihnen das Präsent ab, damit sie mir eine höfliche Hand geben konnten und führte sie in einen festlich geschmückten Raum zum „Vorgespräch". Dort verloren die Männer relativ schnell ihre Fassung, denn sie hatten weder für diese Umgebung, noch für diese Frau einen Plan. Nirgends war ein Symbol zu finden, das ihnen half, sich in einer bekannten Weise zurechtzufinden. Hier war kein Bordell, ganz klar, denn es fehlte der Kitsch, der dazugehört. Kindliche Geschmacklosigkeiten, die im Milieu gerne mit Eros verknüpft werden.
Wenn die Blicke der Männer also ratlos durch meine Räume streiften, trafen sie auf eine bunte Mischung aus bildungsbürgerlichen Antiquitäten, Kunstgegenständen, Kindergemälden und nostalgischem Kult der 70er-Jahre, und, überall dazwischen, auf Porträtfotos von Menschen. Fast von jeder Wand lächelten die Frauen, Männer und Kinder den Besucher an, als wollten sie sagen: „Hab keine Angst, du darfst hier SEIN!" Doch plötzlich, da, … und da, … also doch, … haben die Männer etwas erblickt, denn mittendrin, zwischen dem harmlosen Plunder, hingen tatsächlich Fotos von Menschen, die sich sexuell zeigten. Sie schienen auf irgendetwas stolz zu sein. Was könnte das sein? Die grübelnden Herren entschlüsselten die Botschaft nicht, denn sie widersprach vehement den Bildern, welche sie noch bei der Anfahrt als „einzig" und „richtig" empfunden hatten. Offenbar wurde der Eros in diesem Haus auf andere Weise zelebriert, erahnten die Gäste, während sich zunehmendes Unbehagen in ihnen breitmachte. Und dann diese Frau! Weich sieht sie aus, … schon irgendwie lieb, … aber kaum sagt sie etwas, versteht MANN kein Wort mehr. Da schimmert doch eine volle EMANZE durch ihre Engelslöckchen hindurch. Diese Frau weiß genau, was sie tut, spürt MANN. Mit glasklaren Worten, die im Grunde nicht wirklich schwer zu verstehen sind, bahnt sie sich zielgerade einen Weg, auf dem sie sich offensichtlich sehr sicher bewegt, während DU, bis gerade eben, noch nicht einmal wusstest, dass es solch einen Weg überhaupt gibt. Während DU anfängst, zur Tür zu schielen, und dich mit dieser Scheißangst im Unterleib vom Eros weiter entfernt fühlst als der Frosch vom Prinz, verwöhnt dich die Frau mit hübsch angerichteten Leckereien. Dann sagt sie dir, mit einem Gurren in ihrer Stimme, dass DU die seltene, fast einmalige Chance hättest, ein echter Freund in einem Frauenprojekt zu werden. Sie wisse nämlich, dass es sehr liebenswürdige Männer gäbe, die, ähnlich wie DU, ganzheitlich empfindsam wären (du hast keine Ahnung, was sie meint), intelligent, sensibel und frauenfreundlich. Wenn die Last endlich von ihnen genommen sei, sich, als Leistungsmann im Patriarchat, zum Roboter erotischer Normerfüllung degradieren zu lassen, würde der Weg endlich frei, auf dem sich Männer und Frauen die Hand geben könnten. Gemeinsam und solidarisch brächen sie dann auf, um sich von den Zwängen des Patriarchats zu befreien. Jetzt nickst du ein bisschen und lächelst verkrampft, während du eigentlich denkst: „Die Alte spinnt komplett!". Aber dein Unterleib fühlt sich schon wieder wohler, denn er erkennt die freundliche Absicht der Frau. Du schaust auch nicht mehr so oft zur Tür, sondern wagst eine kleine Phantasie. Warum nicht mal etwas Neues ausprobieren? Da fragt sie dich doch glatt, ob DU auch Lust hättest, mit zwei Frauen zu schlafen?

Und ob, pulsiert es wie ein kleiner Schrei aus deiner Hose! Kann es sein, dass du träumst? Die Frau wird tatsächlich immer hübscher, während sie dir ihre Freundin beschreibt, mit der sie das Patriarchat zu „befreien“ pflegt, … wie sie das nennt. Wer sagt denn, dass alle Emanzen grobschlächtig auf hässlichen Besen herumreiten müssen? Anscheinend können die auch anders. Du legst dir jetzt ein paar wohlwollende Töne zurecht, mit denen du die weiteren Ausführungen über die erotische Revolution begleitest, auf die deine nette Gastgeberin offenbar gar nicht verzichten kann. Dann stellt sie dir ihre Bedingungen für das Frauenprojekt vor, das du wohlwollend unterstützen sollst. Du bliebest ein Gast in der Freundschaft zweier Frauen, die du nicht zerstören dürftest. Du könntest weder die eine gegen die andere ausspielen, noch eine von ihnen dein „Eigentum“ nennen. Sie seien keine Objekte deiner Machtphantasie, in der DU „die Pferdchen springen lässt“. Die Frauen würden dir stattdessen zeigen, was ihnen mehr Spaß macht. Wenn du nur den ernsthaften Willen mitbrächtest, dich auf etwas Unbekanntes einzulassen, dann hätte dein sensibler, ganzheitlicher Organismus sicher genug Grund, sich an dem erotischen Miteinander zu freuen. Aber ja, murmelst du brav, während du dich wieder so erschöpft fühlst wie ein kleiner, gelangweilter Schuljunge, der sehnlichst auf das Klingelzeichen wartet, um endlich in die Pause zu rennen. Und es klingelt wirklich. Heute hätte das Denken den Vorrang gehabt, denn darin läge die notwendige Voraussetzung für guten Sex, … spricht die Lehrerin. Weil sie selbst aber während des Akts weder zu sprechen noch zu denken pflege (Gott sei Dank, jubelt es in dir!), würde sie dir für den praktischen Teil der Übung gerne einen neuen Termin geben. Zum Abschluss würde sie dir jetzt noch den Raum zeigen, in dem sie dich beim nächsten Mal mit ihrer Freundin empfangen könne, um dich, ohne weitere „Vorgespräche“, in die Revolution einzuführen. Und dann geleitet sie dich endlich sanft zurück zu ihrer Haustür. Bevor DU wieder DRAUSSEN bist, hat sie dich noch flüchtig geküsst. Schmetterlingszart. Weg ist der Traum.

Zurück in deinem sicheren Auto kannst du dir endlich den Schweiß von der Stirn wischen, puh, … was war das denn für ein Ritt? Geil bist du jetzt nicht mehr, aber dennoch interessiert. Willst du wirklich noch einmal in dieses komische Haus einkehren? Mal sehen, sagt das müde Kind in dir. Nachdem du eine Weile geruht hat, reißt dich ein lustvoller Gedanke hoch, der dem Mann in dir den notwendigen Mut für neue Taten verleiht: „Wenn ich das meinen Kumpels erzähle, ... das glaubt mir erst mal keiner! Und ob ich da noch einmal hingehen werde! Egal wie es wird, so kann ich den Kumpels wenigstens eine scharfe Geschichte erzählen, die ihnen die Nase so richtig langmachen wird! Blass vor Neid werden die sein, denn sie werden lange warten müssen, bis auch sie einmal so eine Einladung bekommen!“

Ja, und wenn mein Auserwählter ein „richtiger Kerl“ war, so klingelte er ein zweites Mal an meiner Tür.
Ach, mein lieber, lieber Freund, weil diese Zeiten leider lange vorbei sind, … und weil Du, auf meine platte Herausforderung hin, sowieso nicht geklingelt hättest, … und weil Du überhaupt nicht mehr klingelst, so klug, vorsichtig und anständig, wie Du eben bist, so lass uns eine Phantasiereise machen, zu der Dich jetzt Rebecca einlädt. Nur ein einziges Mal wollen wir Dich in die Vergangenheit locken, in die Utopie, von der nichts zurückblieb als dieses Blatt Papier, das, zart beschrieben, aber nutzlos im Wolkenwind raschelnd, auf den Schoß meiner toten Mutter fliegt, … die den Zettel lächelnd in ihren Händen hält. „Danke Mama, dass ich das alles erleben durfte!“, steht darauf.

Rebecca lädt Dich ein

Warum solltest DU Rebeccas Einladung folgen? Wirklich nur zum Spaß, mein Freund, ein kleiner Kuss von meinen Engeln soll es sein. Sonst nichts.

Rebecca ist eine schöne Frau, die Du auf der Dachterrasse Deines Lieblingsitalieners kennengelernt hast. Es war ein schwüler Sommerabend, an dem sich jeder nach einem kühlen Drink im Freien sehnt, bevor man in die überhitzte Wohnung nach Hause zurückkehrt. Die Fremde bat um einen Platz an Deinem Tisch, weil sonst nichts mehr frei war. Natürlich war es Dir recht, dass sie sich zu Dir setzt. Wer mag nicht die Nähe einer Frau, die so viel charmante Weiblichkeit ausstrahlt wie Rebecca? Eine große Frau, die ihre langen Beine mit weichen Bewegungen in Dein Blickfeld rückte, als sie ihren Stuhl an Deine Seite schob. Ihr Gesicht, das unter einem Busch aus roten Locken hervorlachte, war voller Leben, wenn ihre Grübchen mit den tausend Sommersprossen im goldenen Ton ihrer Haut spielten. Aber das Allerschönste an ihr waren ihre grünen Augen. Sie saßen so schräg in ihrem Gesicht, als wären dem lieben Gott die Schablonen verrutscht, als er Rebecca, nach dem Vorbild ägyptischer Schönheit, bemalen wollte. Rebecca konnte von Männern alles haben, wenn sie den Kopf auf die Seite legte, was die Form ihrer Augen noch zusätzlich betonte, während sie ein unnachahmliches Kichern hervorbrachte, das an den Anblick aufsteigender Bläschen in einem Glas Sekt erinnerte.

Machen wir es kurz. Ihr habt euch gegenseitig sehr gefallen. Aus der ersten halben Stunde, die ihr in höflichem Smalltalk verbrachtet, wurde ein langer Abend, an dem ihr auch einiges Private aus euren Leben preisgabt. Du hast erzählt, dass Du Dir wenig gönnst, weil Du gerade Deine kranke Frau pflegst, der Du nur Dein Bestes geben möchtest, weil Du sie sehr liebst. Rebecca, die Dir einfühlsam zugehört hatte, brachte gerade an dieser Stelle auf eine ungewöhnliche Weise das Thema Sexualität ins Gespräch. Offensichtlich schien sie einen hedonistischen Lebensstil zu pflegen, der sie sonnig und gesund wirken ließ, während Du in den letzten Jahre viel mit den Beschwerden beschäftigt warst, die uns alle mit zunehmendem Alter zwicken. Stunden hättest Du noch davon erzählen können, aber Rebecca lenkte das Gespräch zielgerade in eine andere Richtung. Ob DU denn auch genug Sex hättest, fragte sie Dich, denn das sei das beste Heilmittel gegen Krankheit, Mutlosigkeit und schwindende Kräfte. Leicht brüskiert betontest Du noch einmal, in welcher Innigkeit DU mit Deiner Frau verbunden seist, die derartige Heilmethoden ganz sicher nicht tolerieren würde. Dir war ja nicht entgangen, dass Rebecca sich die Anreicherung Deiner Kräfte auch im Außerehelichen vorstellen konnte. Tatsächlich legte sie jetzt auch noch ihren Kopf auf die Seite und schaute Dir voll ins Gesicht. Wer gut für sich sorgen wolle, könne dem Ehepartner vielleicht nicht immer alles sagen, zwitscherte sie halblaut und zärtlich in der Nähe Deines Ohres. Jetzt müsse sie aber schnell nach Hause, weil ihr Schatz schon allzu lange auf sie gewartet habe. Sie rief den Kellner. Dann kramte sie einen Zettel aus ihrer Tasche, kritzelte ihre Handynummer darauf und sagte mit einem völlig unverkrampften Lachen, dass Du sie gerne anrufen könntest, falls Du ihre Liebeszuwendung brauchen solltest. Sie bezahlte, und weg war sie. Welch eine Herausforderung! Fast wurdest Du wütend auf diese Frau. Die wollte Dich wohl verführen, grummelst Du in Dich hinein. Was erlaubt sie sich? Immerhin bist DU ein anständiger Mann und das wird auch so bleiben, ... wiederholst Du wieder und wieder auf deinem Nachhauseweg. Deiner Frau erzählst Du nichts von der abendlichen Begegnung, aber als Du beim Einschlafen zärtlich ihre Haare streichelst, fühlt sich Deine Liebe zu ihr noch wärmer an, als an anderen Tagen.

Sagen wir einmal, Du wärst ein anständiger Mann, der auch Ausnahmen macht. Dann hast Du die Rebecca angerufen. Du hast sie besucht und mit ihr geschlafen. Schön war das.

Gehen wir jetzt noch einen zweiten kleinen Schritt zusammen. Rebecca hätte Dir von mir und von unserem „Frauenprojekt" erzählt. Wir hätten Dich zusammen eingeladen.

Wir laden Dich ein

Mich möchte ich im nächsten Szenario lieber Lisa nennen, ... sonst wird mir das Ganze zu persönlich.
Verabredet waren wir auf dem Parkplatz eines nostalgischen Waldhotels. Wir hatten eine Übernachtung im Doppelzimmer mit Blick auf den Waldsee gebucht. Du wartest im Auto auf uns beide. Als wir aussteigen, fällt Dir sofort unsere gute Laune auf, mit der wir das Auto verlassen. Zügig holen wir zwei große Sporttaschen und einen überquellenden Picknickkorb aus dem Kofferraum. Du eilst herbei und hilfst uns beim Tragen. Den Zimmerschlüssel hattest Du schon vorher abgeholt; so können wir schnell an dem erstaunten Portier vorbei in unser Zimmer unter dem Dach eilen. Noch bevor Du Zeit hattest, Dir zu überlegen, wie DU den ersten Schritt in Richtung Deines Kopfkinos einleiten könntest, haben die Frauen schon entschieden, wie es anfangen soll. Noch gar nicht, denn sie hätten noch zu tun, sagen sie, während sie Dich freundlich zum Sessel neben dem Bett schieben. Du setzt Dich und wartest, was passiert. Lisa reißt die Fenster auf. Herrlich frische Waldluft strömt herein und mischt sich mit dem Duft der Frauen, der in Wellen an Dir vorbeistreicht, während die beiden geschäftig hin und her laufen. Die Sporttaschen werden ausgepackt. In Deinem Sessel kommst Du Dir vor wie ein dickes, männliches Schneewittchen zwischen sieben zwergigen Elfen, so schnell haben die Frauen das Zimmer in ein Märchen verwandelt. Wo gerade noch deutsche Gemütlichkeit über einem kleinen Rehgeweih hing, deutsche Sauberkeit auf weißen Bettbezügen und deutsche Wohlanständigkeit in dem sterilen Bad angesagt waren, umhüllt Dich jetzt eine orientalische Atmosphäre, deren fremdländische Süße Dich auffordert, das männliche Schneewittchen im deutschen Wald zu lassen, während Du, auf einem fliegenden Teppich, in Deine tausendunderste Nacht enteilst. Ja, Du bist in einer anderen Welt. Dunkelblau und rosarot bemalte Elefanten laufen über das Bett. Sie durchqueren einen erdfarbenen Himmel voller goldener Sonnen, die von stilisiertem Blattwerk eingefangen werden, damit sie nicht vom Bettrand fallen. Am Kopfende liegen samtige Kissen, umrahmt von bunt bedruckten und bestickten Bändern, goldenen Kordeln und zahlreichen Ornamenten, die nur darauf warten, Dein edles Haupt zu empfangen. Beim Dekorieren flüstern sich die Frauen zu, sie lächeln einander oft an und berühren sich mit kleinen, zärtlichen Bewegungen. Rebecca packt das Essen und die Getränke aus und richtet ein kaltes Buffet auf der schweren Brokatdecke an, die sie über den kleinen Tisch in der Zimmerecke geworfen hat. Lisa wuselt im Bad herum. Über den weißen Handtüchern hängen jetzt, Ton in Ton, drei flauschige Frottiertücher, auf denen Urwaldmotive zu sehen sind. Im Zahnputzglas steht eine dicke Rhododendronblüte. Rechts und links davon ergänzen bunte Glasflacons, eine luxuriös duftende Seife, kleine Muscheln und ein Minibuddha die Festlichkeit des Arrangements. Als Lisa das Bad verlässt, streift sie kurz an Dir vorbei, murmelt „Das schwarze Handtuch mit den Urwaldmotiven ist deins!" und legt Dir einen Kimono auf die Knie.

Die letzten Schätze werden aus den Sporttaschen gekramt. Auf einem fein ziselierten Messingtablett dekoriert Lisa Massageöl, Kondome und mit Ranken bedruckte Papiertaschentücher zwischen frischen Holunderblüten. Dann zündet sie ein Räucherstäbchen an. Sandelholz. Rebecca entzündet die Kerzen des dreiarmigen Leuchters, den sie auf den Esstisch gestellt hat. Jetzt dreht sie sich um, streckt die Hand nach Dir aus, zieht Dich aus Deinem Sessel und sagt: „Schau mal!“ Staunend blickst Du auf das kulinarische Kunstwerk, das sich in zahlreichen hübschen Gefäßen über den Brokat verteilt. Rebecca legt ihren Arm um Deine Hüfte, neigt den Kopf zur Seite und schenkt Dir einen intensiven Blick aus ihren tiefgrünen Augen. Für ein paar Sekunden fühlst Du Dich ihr unwiderstehlich nah. Lisa schaut zu euch herüber und sagt: „Wir können jetzt anfangen.“

So leicht, wie Du Dich gerade eben noch gefühlt hast, so abrupt stülpt sich jetzt eine Schwere über Dich. Der patriarchale Auftrag an Deine Manneskraft besetzt Deine Gedanken: Zwei Frauen befriedigen, wie sollst Du das schaffen? Und wenn „der da unten“ nicht mitmacht? Wie stehst Du dann da? Viel weiter kommst Du nicht mit der Furcht, denn die Frauen führen Dich bereits weiter. „Wollen wir uns ausziehen?“, fragen sie und fangen auch schon damit an. Eigentlich wolltest DU sie doch aus ihren Kleidern schälen, ihre Formen prüfen und mit festen Griffen abklären, ob sie auch willig seien, Dir zu gehören. Stattdessen stehst Du hier verlegen herum. Rebecca und Lisa harmonieren. Leicht und lustig befreien sie sich von ihren hübschen Kleidern, die sie mit einem frechen Kichern über das kleine Rehgeweih hängen. Du wirfst einen flüchtigen Blick auf die einladenden Dessous, in denen die Damen auf das Bett hüpfen und Dir mit einem Blick ins Gesicht lachen, als seien sie kleine Mädchen. Da verzieht sich Deine Angst.
Mutig entledigst auch Du Dich nun einiger Kleidungsstücke, gerätst dann aber bei den Socken und der Unterhose wieder ins Stocken. Ein guter Freund hat Dir einmal erzählt, dass Männer im Bordell immer die Socken anbehalten, wenn sie nackt ins Bett steigen. Und in den blöden Kimono willst Du auch nicht rein, denn schließlich bist Du auf keinem Kostümfest. Lisa, die anscheinend Gedanken lesen kann, wirft Dir einen verschmitzten Blick zu und sagt: „ Zieh die Socken aus, wir haben eine Decke für die Füße.“ Okay, weg damit! Aber die Unterhose bleibt, ... denkst du trotzig, schließlich sitzen die Damen da auch noch in ihren Höschen. Du stehst vor dem Bett und lachst die beiden erstmals an. Tatsächlich fühlst Du Dich jetzt wieder so richtig gut. Dann springst Du ins Bett! In den wenigen Sekunden, die Du brauchtest, um zwischen Lisa und Rebecca in der Wunderwelt von bunten Elefanten und lachenden Sonnen zu versinken, machte sich schlagartig eine würdige Männlichkeit in Dir breit, in der Du Dich so wertgeschätzt fühlst wie ein Maharadscha. Von jeder Seite schmiegt sich eine Frau an Dich. Rebecca kuschelt sich an Deine Schulter. Mit der freien Hand streichelt sie Deine Brust und Deinen Bauch. Lisa beugt sich leicht über Dich. Ihr Mund sucht Deinen Mund, während ihre Finger Dein Gesicht, Deine Haare und Deine Schultern streicheln. Dann legt sie ihren Kopf auf Deine Brust und streichelt die streichelnden Arme und Hände ihrer Freundin. Jetzt heben die Frauen die Köpfe und küssen sich zärtlich über Deinem pochenden Herz. Es wirkt feierlich, wie sie sich zum gemeinsamen Fest begrüßen. Nun begrüßt Rebecca auch Dich mit einem Kuss. Ihr drei seid beieinander angekommen. Gespannt verfolgst Du die geschäftigen Hände und weichen Haare der Frauen, die kosend über Dich streichen, ganz leicht, als zögen sie ein unsichtbares Netz herbei, in dem ihr zusammen schaukelt wie in einer Hängematte. Doch die Freundinnen wollen bald mehr. Gerade erschien in Rebeccas grünen Augen

ein kleines Lodern, als sie anfing, Dich erneut zu küssen. Intensiv. Lisa kannst Du nicht sehen, doch Du spürst jetzt eine erstaunliche Energie, die von ihren Händen ausgeht, während sie Dir zeigt, dass ihre offenherzige Menschenliebe Männer mit allem mag, was sie in der Hose tragen. Während Du Dich noch wunderst, wie direkt sie sein kann, reckt sich Dein kleiner Freund schon munter unter dem Stück Stoff hervor, das ihn beschützen soll. Frei will er sein und gleich überall mitspielen, wo er sich willkommen fühlt. Und auch Dir wird freudig klar: Die Frauen haben sich auf den Weg gemacht, Dich zu LIEBEN.
Jetzt zieht es auch Rebecca zu Deinem kleinen Freund. Zärtlich befreit sie ihn. So etwas hast Du noch nicht erlebt. Mit ihrem sektperlenartigen Glucksen beugt sie sich über den Kleinen und zwitschert ihr Entzücken mit einer Begeisterung heraus, als sähe sie zum ersten Mal ein neugeborenes Kind. Während Du fast schon anfangen wolltest, darüber nachzudenken, ob Du hier etwa für dumm verkauft wirst, denn Dein Penis kann einfach nicht der Erste sein, den diese Frauen in ihren Händen halten, geht Dein Kleiner einen ganz anderen Weg. Er mag es ungeheuer, im Mittelpunkt zu stehen. Umhegt, bewundert, geliebt und gekost von zwei Frauen, die sich dabei so tänzerisch elegant abwechseln, als wollten sie zwischen dem Küssen Deines Mundes und Deines Geschlechts Engelsmusik erzeugen. Also in Dir wächst diese Musik zu einem gewaltigen Rausch, während die Frauen sich bei ihrem Tanz von der Feinheit des Gutenachtgesangs des nächtlichen Waldes begleiten lassen. Leider kannst Du ihre glücklichen Blicke nicht sehen, die sie mit einem Lächeln austauschen, wenn sie, auf ihren Wegen über Deinen Körper, aneinander vorbeiziehen.
Ja, Dein Penis jubelt laut in seiner neuen Freiheit. Vergessen sind all die Geschichten, die er bisher kannte, und die langen, mühseligen Anpirschversuche, bevor er nach vielen Prüfungen endlich in einer Frau ankommen durfte. Ständige Anfragen, ob seine Absichten auch wohl anständig seien? Ob seine Zuneigung womöglich „nur“ dem Fleische gälte und nicht der Frau? Sag mal, für wie blöd hält dich dieses Heer von „im Voraus beleidigten Prinzessinnen“ eigentlich? Als wärst du nicht ein genauso feinfühliges Glied der komplexen Ganzheitlichkeit deines Herren, und genauso kränkbar wie all die süßen, kleine Pfläumchen, die die Damen sorgsam in ihren Höschen bewachen. Armer, kleiner Penis, dich fragt keiner, wie weh dir die launischen Bestrafungen und herzlosen Beleidigungen der Menschen tun. Notgedrungen nimmst du brav alles hin, damit du überhaupt mal reindarfst, ... bei der Dame. Und dann der Herr dazu, der dich weniger achtet als seinen Hund! Immer sollst du auf Anhieb funktionieren, nur um das Bild zu erfüllen, das dein Herr von sich hat. Hat er dich je danach gefragt, ob du überhaupt fühlst, ob du willst, was du tust und was du musst? Nein, ihm reicht es, wenn du dienst. Brav gibst du dein Bestes, denn du liebst deinen Herrn. Daher weißt du auch immer, was er braucht. Der blinde Diener eines überflüssigen Patriarchats kennt wirklich nur ein einziges Bild. Er WILL ein Liebhaber sein, der weiß, was Frauen brauchen. Einer der Leistung bringt. Der das volle Programm beherrscht. Der ganz „lange“ kann. Der Macher. Der Stecher. Der Erfolgstyp. Einer, der dich treibt!!!

Doch hier, inmitten des Rausches von tanzenden Elefanten, fliegenden Sonnen und von duftenden Brüsten ist alles ganz anders! Heißblütig reckt sich Dein Penis den Frauen entgegen. Was immer die vorhaben, Du WILLST ihnen vertrauen!

Die Gruppe kommt in Bewegung. Die Frauen entlassen Dich aus ihrer Mitte, damit auch Deine Hände, Deine Augen und Dein Mund frei beweglich werden, Dich dahin zu führen, wo es Dich freut. Du leckst, streichelst, schnupperst und küsst in die Fülle hinein, die Dich so warm und freundlich umgibt. Während inzwischen die Vögel draußen fast alle verstummt sind, erheben sich im Zimmer die Töne der Frauen. Immer lauter mischen sie sich mit dem tiefen Ton, der aus Deiner Brust dringt, sobald Du Dich dem unglaublichen Duft hingibst, der den Frauen entsteigt. Für immer wird das schöne Bild Deiner tausendundersten Nacht in Dir bleiben, als Dein Penis sich glühend über den beiden Frauen erhob, die unter Dir, Arm in Arm, auf dem Rücken liegen. Sie umschlingen sich innig, während sie Dir ihre geöffneten Beine entgegenstrecken wie voll aufgeblühte Blumen, die Dich wie eine Biene in die Tiefe ihrer Kelche locken. Du willst ficken.

Oh, plötzlich ist da ein neuer Schreck, denn Dein Kopf schaltet sich ein! Du musst Dich für eine der Blumen entscheiden. Mit welcher fängst Du an? Und wenn die andere dann beleidigt ist, … und wenn es überhaupt nur für eine reicht, … und das vielleicht nur halb? …
Ja klar, … so musste es ja kommen! Dein Kleiner, der gerade noch wie ein „Springinsfeld“ herumtobte, fängt jetzt glatt an, sich zu verstecken. Wehe, wenn der es Dir jetzt voll verderben will, der Mistkerl, ... schimpfst Du stumm in Dich hinein. Schnell holst du Dir ein paar pornografische Phantasien herbei. Die werden den Kerl schon treiben, ihn hochzwingen und knallhart machen, verdammt noch mal! Weiter kommst Du nicht, denn diese unheimlichen Frauen, die einfach alles bemerken, zeigen Dir wieder den Weg. Ihren Weg. Sie legen Dich wortlos auf den Rücken. Rebecca erscheint wieder über Deinem Gesicht. Wie in einem Zauber verfliegen Deine dummen Gedanken sofort, sobald Du ihre Grübchen, ihre roten Hexenlocken und das Glitzern, das über Dir zu tanzen scheint, in ihren tiefgrünen Augen siehst, bevor sie Dich küsst. Intensiv. Auch die entschlossene Lisa kennt ihre Rolle. Sie braucht Dich nur zu berühren, da weiß Dein Penis wieder, dass er in Sicherheit ist. Sie würde ihn niemals beleidigen, denn sie liebt die Männer so, wie sie sie versteht. Als Ganzes. Voller Liebe in den Fingerspitzen und voller Liebe in der warmen Brust, die sie schützend über Deine Mitte legt, lockt sie den ängstlichen Kleinen aus dem Versteck. Er wird jetzt ganz und gar ihr Freund, denn er spürt jetzt, was sie braucht und was er auch gerne möchte. Deine Hingabe.
Mit spielerischer Gewandtheit setzt Lisa ihrem Freund ein Hütchen auf, das ihn gesund erhält. Dann setzt sie sich auf Dich und begegnet Deiner empfindsamen Tiefe genauso intensiv, wie Rebecca küssen kann. Noch bevor Du Zeit hattest, in eine der gewohnten Rollen zu schlüpfen, in der Du Frauen für gewöhnlich befriedigst, schenkt Lisa Dir einen Orgasmus, der aus einem fernen Land kommt, in dem Du noch niemals zuvor gewesen bist. „Kosmisch“ heißt das seltsame Wort dafür, das sie schon manchmal in „Vorgesprächen“ erwähnt hat. Wo Du einfach gar nichts verstanden hast und Dir eigentlich nur sicher warst, dass sie spinnt.
Jetzt bist Du gerührt. Da oben, bei den Engeln, geht alles irgendwie leicht, … und schnell, … denkst Du, während Lisa schon wieder neben Dir liegt, ganz ruhig und warm. Viel Zeit hast Du wieder nicht, um über die kosmische Liebe nachzudenken, denn Du bist ja ein irdischer Mann, der es schon mag, wenn Frauen sich so benehmen, wie Du es gewohnt bist. Rebecca kann mehr als nur küssen. Auch sie mag einen ganzen Mann. Und der steht jetzt zu ihrer vollen Verfügung. Belustigt und temperamentvoll vögelt ihr beide euch in den Höhepunkt hinein, von dem ihr, wie saftiges Obst, wieder zurück auf die Wiese plumpst, direkt in die geöffneten Arme von Lisa, die euch mit zärtlichen Wünschen begleitet hat, wo immer ihr auch wart. Vollends glücklich räkelst Du Dich wieder in der sonnigen Mitte einer EINZIGEN Frau. Ohne, dass Du

überhaupt nachdenken musstest, hat Dein Organismus endlich begriffen, was diese Frauen tun. Jede fühlt sich selbst und fühlt auch in der anderen. Für sie ist es dieselbe Lust, ob Du die eine fickst oder die andere, oder ob sie Dir zusammen einen blasen. Gleichzeitig fühlten sie auch in Dir. Ohne Dich vorher zu fragen (weil Du im Gespräch ohnehin nichts verstanden hättest), führten sie Dich entschlossen in den glückseligen Himmels des WIR.
Und jetzt liegen wir alle drei eng beieinander, mit roten Wangen und zerzausten Haaren. Ruhig und froh. Wir sind Freunde geworden, ohne Frage.
Lisa steht auf und stellt für jeden ein frisches Getränk auf das Tablett. Beim Anstoßen steigt Glück in Dir auf. Zum ersten Mal schaust Du den Frauen voll in die Augen und fühlst Dich so weich wie selten. Lisa schweigt und lacht in sich hinein. Wenn Du sie besser kennen würdest, dann wüsstest Du, dass sie gerade ein kaum hörbares Revolutionslied singt. Sie sieht dabei sehr glücklich aus. Rebeccas Grübchen tanzen. „Ich hab Hunger!“, sagt sie. Wir stehen auf und dekorieren uns Leckereien auf einem Teller, den wir mit ins Bett nehmen. Wir essen langsam und genüsslich.

Erst jetzt spürst Du, wie die Nachtkühle ins Zimmer dringt. Mit dem Frösteln war auch das männliche Schneewittchen wieder zurückgekommen und ruft nach Dir: „Mach, dass Du nach Hause kommst, Deine Frau wartet.“ Verstohlen schielst Du nach Deiner Armbanduhr, die Du beim Ausziehen auf den Nachtschrank gelegt hast. Wie kommst Du jetzt hier wieder raus? Wie sollte MANN solch einen Abend beenden? „Ich geh dann mal duschen“, sagst Du, und gleitest vom Bett. Das Handtuch hilft Dir dabei, die tausendunderste Nacht von Dir zu rubbeln. Das Schneewittchen schickst Du mit einem „Ich weiß schon selber, was ich zu tun habe!“, wieder zurück in den Wald. Du kommst wieder aus dem Bad. Gefasst. Kontrolliert männlich dreinschauend. Verblüfft bleibst Du im Fleiß der zwergigen Elfen stehen, die, während Du geduscht hast, fast schon die halbe „Liebesdekoration“ wieder in ihre Sporttaschen zurückgepackt haben. Sie arbeiten konzentriert und genauso heiter, wie Du sie am Anfang des Abends angetroffen hast. Und wieder bist Du verlegen. „Du musst weg, nicht war?“, fragt Lisa. Du nickst. Wie schön sie doch aussehen, die beiden, ... denkst Du, während sie die Zimmertür weit öffnen. „Wir begleiten dich noch hinaus. Fahr du nur heim, wir räumen den Rest schon alleine auf“, sagen sie freundlich.
Leise geht ihr durch den Flur bis zum Treppenanfang. Dort kann der Portier euch nicht sehen. Jetzt streckt Lisa ihre Arme nach Dir aus. Ihre festen, entschlossenen Hände drücken Dich wie einen langjährigen Freund. „Tschüss, mein Lieber“, flüstert sie sehr leise in Dein Ohr. Dann streichelt Rebecca Dich. Sie küsst Dich liebevoll auf den Mund und sagt kein Wort. Das Kitzeln ihrer roten Locken in Deinem Gesicht war das Letzte, was Du von den beiden spürst. Obwohl Du ziemlich weiche Knie hast, schreitest Du betont gelassen am Portier vorbei, über den Parkplatz zu Deinem Auto. Auf dem Weg purzeln die Gedanken wild durcheinander. Die haben tatsächlich nicht gefragt, ob wir uns wiedersehn? Dabei haben sie Dich gerade noch geliebt. Kein Wort davon, dass sie Dich anrufen. Sie kennen Deine Handynummer nicht. Was war das für ein Abschied? Wieso hast Du denn nichts gesagt?
Weil Du sie ja gar nicht wiedersehen wolltest, ... fällt Dir dazu ein, als Du ins Auto steigst. Du wirfst den Motor an. „Einmal ist keinmal!“, heult er auf, um Dir zu helfen, wieder ganz Du selbst zu sein. Denn Du bist wirklich ein anständiger Mann. Auf der Heimfahrt wunderst Du Dich noch eine kurze Weile über die zusammenhanglosen Worte, die wie ein Ohrwurm in Deinem Kopf kreisen. Nichts bezahlen. Vertrauen. Ankommen.

Was für ein Unsinn, denkst Du, während Du die Haustür aufschließt und Dich total freust, wieder DAHEIM zu sein. Dort, wo Deine Heimat ist. Wo Du sicher bist. Wo Du alles kennst.

Rebecca und Lisa hinterließen im Dachzimmer keine Spuren, so, als seien sie nie dort gewesen. Auf der Rückfahrt hörten sie gefühlvolle Nachtmusik. Still waren sie, müde und froh. Als die Freundinnen sich trennten, um in ihren ganz unterschiedlichen Welten in ihre gemütlichen Betten zu steigen, drückten sie sich kurz. Unspektakulär. Es war wirklich kein Abschied, denn sie wussten, dass sie es wieder tun würden.

Wie Du bereits weißt, hatten Rebecca und ich zehn erfüllte Jahre miteinander. Erotik war nicht unser einziges Hobby. Wir konnten einfach alles zusammen machen. Kaffeetrinken. Große Eisbecher essen. Kino und Konzerte genießen, oder Partymachen mit Freunden. Ausflüge in die Natur. Ins Museum gehen. Was immer wir taten, wir führten dabei wundervolle Gespräche. Wir trafen uns immer DRAUSSEN in der Welt, denn wir zwei eingesperrte Kinder rannten so gerne Hand in Hand hinaus. In eine Freiheit, in der wir nicht einsam waren. Weil wir zusammen waren. Kinderkreuzzug.

Ganz kurz berichte ich Dir jetzt noch, wie unsere Liebe zu Ende ging.

Jede Liebe geht einmal zu Ende, sagen die Leute

Die ANDEREN hatten recht behalten. Rebecca verliebte sich eines Tages. Und verriet mich sofort. Kannst Du Dich an das rosarote Mädchen in Lackschuhen erinnern, das steif auf dem Sofa ihrer Eltern saß? Verzweifelt ums Bravsein bemüht, was ihr nie perfekt gelang? Die Strafen, die folgten, um sie in schwerer Angst gefangen zu halten? Dann weißt Du auch noch um die doppelzüngigen Demütigungen, die es ihr verdarben, sich einen Akademiker zu „angeln".
Ja, und dann kam der Tag, an dem sie ein gutaussehender, reicher und karrieregeiler Akademiker mit einem Heiratsantrag überraschte. Der war selbst noch verheiratet, denn er brauchte schließlich eine Frau, die alles für ihn machte, während er den beruflichen „Verpflichtungen" und den traditionellen Privilegien erfolgreicher Patriarchen nachging. Fremdgehen zum Beispiel. Aber bevor das Alter droht, nimmt sich so ein Mann gerne noch einmal etwas Junges. Da kann MANN sich ja mal umschauen, was so im Angebot ist.
Rebecca war ja „echt lecker", stimmt genau! Aber dummerweise hatten wir den hübschen Kerl schon des Öfteren beglückt, jedoch nicht auf dem Heiratsmarkt der „guten" Frauen, die sich für die Ehe eignen. Also schrieb er meiner Freundin einen Brief, in dem er einige stattliche Beträge in Aussicht stellte, die er in eine neue Ehe mit einbringen könnte, Summen, von denen die kleine Rebecca nicht einmal in Rosarot hätte träumen können. Ich sehe sie noch genau vor mir, wie sie in Hoffnung erglühte, ihrer Mutter, in edlen Prinzessinnenkleidern versteht sich, endlich den „richtigen Mann" vorstellen zu dürfen. Auf den Bällen der feinen Leute. Ganz oben. Dann wäre alles vergessen, was war. Aber so einfach geht es auch in Märchen nicht zu. Der RICHTIGE fügte den Beträgen nämlich eine Bedingung hinzu. Prinzessin müsse schon verstehen, dass er so eine Investition nur in einer „anständigen" Frau anlegen könnte. Immerhin hätte er ja eine passable Frau. Wenn überhaupt, könne die nur durch etwas für ihn Vorteilhafteres ersetzt werden. Aufgrund bestimmter Erinnerungen hege er aber be-

rechtigte Zweifel an Rebeccas Ehetüchtigkeit. Sie sei ihm eine Erklärung schuldig. Falls sie ihm ihre Charakterfestigkeit allerdings in einer neuen Form beweisen könne, stünde dem gemeinsamen Glück nichts mehr im Wege.

Mir wurde ganz übel von dem Brief, den Rebecca mir aufgeregt vorlas. So einen Mann wünschte ich ihr wirklich nicht. Doch Rebecca war verliebt. Also kämpfte sie für ihren Traum. Die große Chance. Das Versprechen der romantischen Liebe.
Sie fand eine schlaue Lösung, denn Rebecca war sehr intelligent. Sie erklärte dem wohlhabenden Zweifler, dass er ein ganz falsches Erinnerungsbild hätte. Sie sei in Wirklichkeit eine sehr anständige Frau. Genauso rein, wie er sie haben wollte. Nur ich, die böse Freundin, litte an einer seltsamen Perversion, in der ich sie gefangen gehalten hätte. Das wäre so weit gegangen, dass sie sogar sexuelle Handlungen an meinen Freunden hätte vollziehen müssen, ... hauchte sie ihrem edlen Retter noch zu.

Es war nur saublöd, dass er mir das erzählte. Hab es gleich von mir befreit, das arme rosarote Kind!

Jetzt fürchtest Du vielleicht, dass ich noch einmal ins alte Loch gefallen bin? Verrat der Frauen. Nein, keineswegs. Rebecca tut mir leid. Ich verstehe sie sogar. Wenn ich sie, mit ihren zerzausten Haaren, unter dem Tisch vorkriechen sehe, unter dem sie heimlich spielte, bevor der große Vater über sie kam und ...

Ich kenne Rebeccas Gesicht, wenn sie starr wird vor Angst. Wenn alles tot ist in ihr. Wenn sie lügt in dem letzten Flackern ihrer Kraft, mit der sie ihr Leben retten will. Nur noch brav sein. Damit sie aufhört, ... die Todesangst. Manchmal verwechselt sie halt etwas. Wo der Feind steht, zum Beispiel.

Ich habe ihr schon lange verziehen, denn ich bin für jeden Tag dankbar, den wir gemeinsam genossen. Und es waren wirklich viele.

Und nun, lieber, lieber Freund, haben wir eine Pause verdient. Auch wenn ich mich wiederhole, kann ich heute zum Abschied wieder nur Eines sagen: Ich danke Dir zutiefst für Deine Aufmerksamkeit!

Viele liebe Grüße

Nelly

Brief - Juli 2009

Jessica, meine Jüngste

JESSICA, meine Jüngste

Lieber Freund!

Heute wirst Du endlich meine jüngste Tochter Jessica kennenlernen. Du hast Dich bestimmt schon gefragt, warum ich sie nicht mit den anderen Kindern vorgestellt habe? Meine drei älteren Kinder wurden stark von dem Kulturkonflikt geprägt, den sie durch den häufigen Kontakt zur bürgerlichen Verwandtschaft erlebten. Große Gegensätze zwischen den Menschen, die sie liebten, machte es ihnen unmöglich, sich mit meinem emanzipatorischen Frauen- und Mutterleben zu identifizieren. Jessica hatte jedoch keine bürgerliche Verwandtschaft. Sie ist subkulturell „reinrassig" aufgewachsen. Weil ideologische Verschlossenheit auch Gefahren birgt, blieb es meine größte Sorge, mein jüngstes Kind müsse vielleicht, ähnlich wie ich, das Schicksal der „ewigen

Außenseiterin" durchmachen. Integrationsprobleme können einfach nicht ausbleiben, wenn man die sozialen Regeln der bürgerlichen Welt nicht kennt. Um den Folgen vorzubeugen, legte ich in meiner Erziehung besonderen Wert auf Toleranz gegenüber Andersdenkenden. Meine Kinder sollten „hinschauen dürfen", sie sollten die „normale" Welt nicht einseitig wie einen schlechten Film über Gartenzwerge betrachten. Deshalb habe ich, vielleicht erinnerst Du Dich noch, meine Kommunarden an den bei uns üblichen Küchentischgesprächen daran gehindert, in ewiger Wiederholung die Ideologien unserer Subkultur als „einzige Wahrheit" darzustellen, und dass wir darin die „besseren Menschen" wären! Ich habe zwar selbst voll hinter unseren Werten gestanden, sie aber trotzdem nicht „Wahrheit", sondern „subjektive Weltsicht" genannt. Den Kindern wollte ich damit vermitteln, dass nicht nur ich, sondern auch jeder andere Mensch das Recht hat, seine Werte selbst auszuwählen.
Wenn man bedenkt, wie unterschiedlich die Lebensstile meiner Kinder geworden sind und wie sicher jedes von ihnen vertritt, was es mag und was nicht, so kann meine Erziehung nicht sehr misslungen sein.
Wenn Du gleich Jessicas Geschichte hörst, wirst Du jedoch bemerken, wie sehr sie durch die Weltsicht unserer Subkultur geprägt wurde. Auch meine Mutter Lore lebt noch einmal in ihr auf, und mich wirst Du, hier und da, auch erkennen.
Damit Du ihren Werdegang gut nachvollziehen kannst, brauche ich die Darstellung meiner „erotischen Utopie" aus dem letzten Brief. Sie beinhaltet die Lust an einer Frauensolidarität, die sich nicht zwangsläufig gegen Männer richtet, sondern FÜR Frauen da ist. Meine jugendliche Tochter lernte also, über das Modelllernen, Dinge von mir, die andere Mütter nicht tun. Das kluge Kind verstand gut, warum ich Hedonismus und sinnliches Leben wichtig fand. Sie erlebte das Aufblühen ihrer Mutter, wenn ich, im Schatz des Eros, den Geist und höhere Lernaufgaben suchte. Ich war meiner Tochter ein glaubhaftes „Modell" in den neuen Werten eines selbstbestimmten Feminismus. Glaubhaft deshalb, weil ich den Eros damals noch in politischer Überzeugung lebte. Kämpferisch und lustvoll zugleich.
Wenn man die Werte sieht, nach denen Jessica heute lebt, scheint es manchmal, als kämpfe sie darum, dass sich mein vom Leben gebeuteltes „Prinzip Hoffnung" bei ihr wieder in „politischen Mut" verwandeln darf.
Hoffnung oder Wiederholungszwang? Das ist eine heikle Frage, die letztendlich das Leben beantworten wird. Vorsichtshalber bitte ich meine Tochter immer wieder darum, gut aufzupassen, dass sie nicht in meine „Mutter-Tochter-Falle" läuft. Auch nenne ich ihr gerne meine Fehler und bitte sie, mir NICHT treu zu sein. Ich will nur Eines nicht, dass mein Kind wegen mir EINSAM sein muss! Wie könnte ich von dieser Erde gehen, wenn ich sie nicht zufrieden weiß, gut aufgehoben in einer Welt, die sie mag?

Klar bin ich stolz auf Jessicas waches Denken und ihren politischen Mut. Aber ich bin auch ihre Mutter. Was glaubst Du, wie komisch sich das anfühlt, wenn ich merke, wie gerne ich mich auf sie stürzen und ihr zurufen würde: „Um Gottes Willen, mein KIND, mach doch nicht solche gefährlichen Sachen! Denk an deine Sicherheit und an deine Zukunft." Natürlich verkneife ich mir die dummen Sätze. Aber ich fühle, wie jede ganz „normale" Mutter, dass ich mein zweiunddreißigjähriges Mädchen am liebsten in einem wattierten Beutelchen um den Hals tragen möchte, damit ihr nur „nichts passiert".

Doch sollte ich jetzt nicht besser der Reihe nach erzählen? In meinen früheren Briefen hast Du schon einiges über Jessica erfahren. Du weißt, dass sie ein „Kind der Liebe" ist, das Florian und ich im kosmischen Höhenflug zeugten, begleitet vom satirischen

Schmunzeln meiner ehrwürdigen Ahnen. Dann musstest Du miterleben, wie das Kind von Florian verlassen und verraten wurde. Um sie zu trösten, erzählte ich die wunderschöne Geschichte von ihrem „Vater der Liebe“, Richie, der ihr bis heute die Treue hält. Stell Dir vor, vor wenigen Wochen hat er sie adoptiert. Weil sie es wollte, und weil bürgerliche Papiere bei der Integration helfen. Richies Geste zeigt meiner Tochter, wie sehr er sich, früher wie heute, aus wirklich FREIER LIEBE heraus für seine Vaterschaft entschieden hat. Jessica hat jetzt, wie jedes andere Kind, zwei Eltern, auf die sie sich voll verlassen darf. Für immer.

Obwohl ich in Jessicas erstem Lebensjahr oft sehr leidend war, konnte ich mich doch gut auf das Kind einlassen. Jessica war ein hellwaches Baby, das sich an der Welt freute und den Menschen vertraute, die sich mit ihr beschäftigten. Sie verbrachte ihre ersten Lebensjahre in Gruppen, in denen das Gemeinschaftsleben wirklich gelang. So war sie lange Zeit von friedlichen und kinderfreundlichen Erwachsenen umgeben. Jessica zeigte schon früh einen starken Willen, aber sie war keineswegs schwierig. Im Gegenteil. Vertrauensvoll machte sie überall mit, wo etwas los war. Als sie ein paar Monate alt war, baute ich ihr ein Bett in einem Laufstall im Kinderzimmer der zwei älteren Schwestern. Dort konnte sie, aufgrund der offenen Sicht, alles beobachten, was die „Großen“ spielten. Klar, fand sie ihre Schwestern total spannend und wollte überall mitmachen, wo sie gebraucht wurde. Die Schwestern, die häufig Rollenspiele machten, bezogen das Baby gerne mit ein. Es wurde dann im Puppenkrankenhaus verarztet, im Puppenwagen spazieren gefahren und von Schoß zu Schoß gereicht, bis sie danach wieder bei der „echten Mama“ abgegeben wurde. Jessica liebte diese Spiele. Alle Geschwister waren einfühlsam und lieb zu ihr.

Als Richie in die Feldstraße einzog, eroberte er auf Anhieb die Sympathie meiner Kinder. Sein Engagement für die Großen ließ auch nicht nach, als er Jessicas „erklärter Vater“ wurde, aber er fing bald an, die Kleine mehr zu verwöhnen. Dabei argumentierte er damit, dass die anderen Kinder, mit Herbert und ihm, zwei Väter hätten, Jessica hingegen aber nur einen. Deshalb müsse sie manchmal die doppelte Zuwendung bekommen, damit sie nicht benachteiligt wäre. Ich war da anderer Meinung, denn ich wollte den Aspekt der „homogenen Kindergruppe“ betonen. Alle sollten gleich behandelt werden, damit Jessica eben KEINE Sonderrolle bekäme. Doch ich konnte mich, bezüglich Jessicas Erziehung, bei Richie nicht durchsetzen. Wenn ich es versuchte, argumentierte er, ich hätte kein Recht, ihn einerseits mit allen Vaterpflichten zu belegen, ihm aber andererseits kein Stimmrecht in pädagogischen Fragen zu geben. Natürlich hätte ich, aufgrund meiner „Löwenmutterinstinkte“, am liebsten ganz alleine bestimmt, was „gute Erziehung“ ist, aber Richie hatte mit seinem Anspruch auf Gleichstellung wirklich recht. Glücklicherweise waren Richie und ich uns in vielen Erziehungszielen einig, nicht jedoch bezüglich des Verwöhnens.
So kam es dazu, dass Jessica, im Schutz von Richies Liebe, ein ausgeprägtes „Prinzessinnensyndrom“ entwickelte, das sie zunehmend von anderen Kindern isolierte. Ich nahm das, was ich für kleinere Erziehungsfehler hielt, bei Richie klaglos hin, weil ich einfach überglücklich darüber war, dass Jessica einen so tollen Vater bekommen hatte. Ich muss einfach noch einmal betonen, dass ich noch nie einen leiblichen Vater kennengelernt habe, der sich so herzlich, so zuverlässig und so dauerhaft für die Kinder einsetzt, die er liebt.

In der Grundschule verstärkte sich Jessicas Sonderrolle noch, weil sie, aufgrund ihrer Hochbegabung, auch von ihren Lehrern bevorzugt behandelt wurde. Jessica liebte die Schule. Sie lernte gerne und bereicherte den Unterricht durch ihr aktives Mitdenken und ihre guten Ideen. Fleißig war sie auch. Kein Wunder, dass sie auch ein „Liebling" mancher Lehrer wurde. Richie platzte schier vor väterlichem Stolz, und ich konnte meine Freude auch nur wenig verbergen. Trotzdem sah ich in der Überbetonung des Leistungsaspekts in ihrem jungen Leben eine Gefahr. Ich fand es viel wichtiger, dass sie Spaß mit anderen Kindern haben konnte und wünschte, sie möge sich mit Kindern frei und glücklich fühlen. Deshalb gefiel es mir ganz und gar nicht, wenn manche Lehrer und Eltern ihre Kinder ermahnten, sie sollten sich ein Beispiel an der „guten Schülerin" nehmen. Du kannst Dir ja denken, wie gerne Kinder so etwas hören und an wem sie sich später dafür rächen. An meinem Kind nämlich. Tatsächlich erlebte Jessica auf dem Gymnasium einige harte Jahre, in denen sie zunehmend aus der Spaßgemeinschaft ausgegrenzt und als „Streberin" links liegengelassen wurde. Glücklicherweise waren unser Haus, der Garten, das Schwimmbecken, die vielen Spielsachen und unsere Gastfreundschaft für die Freunde meiner Kinder so attraktiv, dass wir einen Ausgleich zu der Schulsituation schaffen konnten (siehe Katharinas Aufsatz). Bürgerliche Kinder kamen allesamt gerne hierher. So musste Jessica zwar früh erfahren, dass sie irgendwie „anders" wäre, aber sie hatte trotzdem genug treue Freunde und Freundinnen. Mir tat es sehr weh, dass ich ihr die „strukturelle Einsamkeit", die ich aus meiner eigenen Kindheit kannte, nicht ersparen konnte.

Doch wie ging es der kleinen PRINZESSIN zu Hause? Jessica mochte ihre bevorzugte Rolle an der Seite ihres stolzen Vaters sehr. Das warmherzige, bunte Leben in unserem Haus, die vielen Erwachsenen, die lieb zu ihr waren, und die zahlreichen Ausflüge, mit denen wir den Kindern die schöne Welt nahebrachten, machten zusammen das Glück aus, in dem Jessica sich bis zu ihrem zehnten Lebensjahr sicher und auf dieser Welt willkommen fühlte.

Als sie ungefähr zwölf war, verschwand Richie endgültig aus der Villa Kunterbunt. Er traf sich weiter regelmäßig mit seiner Tochter, doch zu Hause hatte sie ihn als „Kuschelpapa" verloren. Das lebhafte Kind zog sich immer mehr in sich zurück. Die älteren Geschwister zogen nach und nach aus, die Kommunarden auch. Jiry war neu und anders. Er mochte Jessica gerne und warb auch um sie, so gut er das konnte. Aber der Mensch mit dem scheuen Vogelwesen konnte die Verluste nicht ersetzen. So kam es, dass sich das unglückliche Kind erst recht ins Lernen zurückzog. Während sich ihre pubertierenden Klassenkameraden in die emotionalen Wirbel der ersten Begegnungen mit dem anderen Geschlecht stürzten, trat bei Jessica der intellektuelle, autonome Denkstil so stark hervor, dass sie auf andere Kinder fremd und unnahbar wirkte. Natürlich wollte Jessica auch mit dabei sein, wenn die ersten Partys gefeiert wurden und das Flirten losging, doch mit ihrer Fassade kühler Arroganz kam sie nicht so gut an. Da wurde sie immer trauriger.
Und dann lernte sie einfach, wie man sich selbst frohmachen kann. Sie war darin so überzeugend, dass ich noch von ihr lernen konnte. Ganz bewusst entschied sie sich für die Philosophie, dass das Leben an sich wertvoll genug sei, sich zu freuen. Sie übte, es zu feiern, wo immer sich eine Gelegenheit bot. Selbstbewusst entdeckte sie auch die Vielfalt und Weite ihrer inneren Erlebnismöglichkeiten. Kreative Gedanken sprudeln in ihr wie eine Quelle. Später erzählte sie mir einmal, dass ihre Einsamkeit am geringsten war, wenn sie alleine durch ihre geistigen Welten flog.
Jessica fand auch Trost in der Liebe zu Katzen. Weil unsere Katzenmütter ihre Babys häufiger in Jessicas Spielkisten zur Welt brachten, teilte das Kind begeistert ihre Mutterfreuden. Als ich sie später einmal fragte, ob sie selbst auch Kinder haben wolle, antwortete sie: „Nur mit Fell und spitzen Öhrchen". Jessica nutzte auch unseren großen, verwilderten Garten, um in kreativen Spielen die Natur zu verstehen. Sie war keine traumatisierte, körperlose Denkmaschine wie ihr bedauernswerter Erzeuger, sondern ein ganzheitlich begabtes Kind, das las, malte, Geschichten und Gedichte schrieb, und genauso gerne mit sinnlichen Freuden experimentierte.
In den letzten Jahren auf dem Gymnasium kam wieder mehr Spaß und soziale Vielfalt in das Leben meiner Tochter. Jessica trat in die Theater-Arbeitsgemeinschaft ein und gewann dort neue Freunde. In diesem Alter entdeckte sie auch den großen Wert von Frauenfreundschaften. Nach dem Verlust ihrer Prinzessinnenrolle an der Seite von Richie, nahm sie meine Liebe wieder besser an und interessierte sich zunehmend für den geistigen Hintergrund meines Frauenlebens. Ihr analytischer Scharfsinn machte sie neugierig, soziale, kulturelle, psychologische und politische Zusammenhänge zu verstehen. Außerdem hatte diese Tochter immerhin drei Elternteile, Florian, Richie und mich, die sehr gut im Konzeptemachen waren. Neben der Weitergabe guter Gene für Sprache und Denken, haben wir ihr Spaß an Theorie und Praxis des revolutionären Lebens vorgelebt. Ich war auf jeden Fall das glaubhafteste Modell, weil ich unsere Ideale nachvollziehbar ehrlich und authentisch lebte, kontinuierlich und konsequent. So kam es, dass sich in der jugendlichen Jessica langsam die Saat der politischen Menschen öffnete, die in ihrem weiteren Leben zur Blüte kam.

Bis heute lebt in ihr die revolutionäre Flamme weiter, die wilde Lust daran, neues Denken in Wirklichkeit zu verwandeln.

Und nun stell' Dir bitte die besondere Prägung dieser Jugendlichen vor, die eine Mutter hatte, die munter und unverkrampft ihre „erotische Utopie" auslebte. Natürlich fand Jessica „ganz normal", was ich machte, weil alle Kinder normal finden, was ihre Eltern machen.
Die bürgerliche Doppelmoral in sexuellen Fragen war ihr bis ins Erwachsenenleben hinein gänzlich unbekannt. Sie wusste nichts von der gesellschaftlichen Verachtung für sexuell neugierige Frauen. Wenn sie die Innigkeit und Ruhe erlebte, mit der Rebecca und ich unsere „erotisch-geistige Aufklärungsarbeit am Manne" verrichteten, wenn sie das vergnügte Kichern hörte, mit dem wir neue Lernschritte diskutierten, und wenn sie sah, wie gerne wir uns gegenseitig hatten, so erschien es ihr einfach nur logisch, dass das „schöne Leben" einer Frau nur selbstbestimmt, erotisch erfüllt und in Liebe zu Männern und Frauen gelebt werden könne.
Während Jessica mich in der Abhängigkeit von Florian, Richie und Jiry eher als unglücklich und verletzt erlebte, was sie nervte, so erkannte sie auf jeden Fall die Würde, das Selbstbewusstsein und den Stolz, mit dem ich die FREIE LIEBE 3 zu meiner persönlichen Revolution gemacht hatte.
Und sie freute sich an den „sinnlichen Leckereien", die zu meinen erotischen Festen gehörten. Wenn ich zu einer bestimmten Tageszeit „erotischen Besuch" ankündigte, strahlte meine Tochter schon, denn sie wusste, dass sie, sobald die Herren wieder verschwunden wären, mit ihrer glücklichen Mutter über den Resten sitzen würde, die auf den reich geschmückten Platten übriggeblieben waren. So edel aßen wir sonst nie. Beim Essen plauderten wir angenehm, genossen den Anblick frischer Blumen, die nette Herren mitzubringen pflegen, und labten uns an dem feinen Duft, der zu den

Tönen unserer Lieblingsmusik durch den Raum schwebte. Meine Tochter hat den Eros als eine geistige Kraft kennengelernt, in der Menschen wachsen und fröhlich sind.

Und dann trat die erste Liebe in ihr Leben. Martino, ein wunderschöner junger Chaot, verliebte sich in Jessica. Weil er zu der Zeit in leidenschaftliche Kämpfe gegen die Lebensentwürfe seiner Eltern verstrickt war, lebte er vor Jessicas Abitur für ein paar Monate in unserem Haus. Sie lernte diszipliniert, er war „auf der Suche". Die beiden jungen Menschen liebten sich wirklich sehr, waren aber noch viel zu jung, um sich auf eine gemeinsame Zukunft festzulegen. Doch während ihrer gemeinsamen Zeit lernten sie viel voneinander. Martino fand in Jessicas bodenständiger Vernunft Halt und innere Heimat, während sie vor allem von seiner ungestümen Wildheit profitierte. Ihre geistige Freizügigkeit und Martinos körperliche Unbeschwertheit schenkten den beiden einen glücklichen Einstieg in die erotische Liebe. Beide blühten in ihr auf und meine Tochter verwandelte sich in eine schöne junge Frau. Ich bin dem jungen Mann sehr dankbar dafür, mit welcher Herzlichkeit er die dunklen Wolken verscheuchen konnte, die mein Kind in der Pubertät überschattet hatten. Nach dem Abitur mussten sich die jungen Liebenden trennen, weil Jessica einen Studienplatz in Greifswald bekam und Martino andere Wege wählte. Trotzdem blieben die beiden Freunde, in tiefer Herzensliebe miteinander verbunden. Unvergesslich.

Jessica studierte Psychologie, blieb einige Jahre an der Uni, machte ihren Doktor und wechselte dann in die therapeutische Praxis. Während des Studiums verliebte sie sich in Ulf, ebenfalls Doktor der Psychologie.
Die beiden sind seit mehr als zehn Jahren glückliche Liebespartner mit gemeinsamen Werten. Sie verbindet ein Bündnis aus Verbindlichkeit, Verlässlichkeit und Solidarität, und sie arbeiten politisch und beruflich zusammen. Auch als geistige Partner, sie sind gleichwertige Denker, besprechen sie die Probleme der Lebensgestaltung miteinander, auch wenn die Themen nicht immer angenehm sind. Sie sind sich einig darüber, dass das Leben Wachstum bedeutet, nicht Harmonie und Symbiose. Sie möchten sich nicht aneinanderklammern. Die beiden leben nicht monogam. Sie fassen auch das Thema des Umgangs mit der erotischen Neugier als eine gemeinsame Lernaufgabe auf und verfolgen die neuen Theorien zur „Freien Liebe", die heute POLY-AMORY genannt wird. Jessica und Ulf nehmen an unterschiedlichen Selbsterfahrungsprojekten teil, die Männern und Frauen die Möglichkeit bieten, in einem ganzheitlichen Körperbewusstsein zu wachsen. Es gab Jahre, in denen sie sich eindeutig als „Mann und Frau" fühlten. Sie wollten eine verbindliche Partnerschaft im Kontext von Gemeinschaftsprojekten leben und, ... wer weiß, ... vielleicht auch Kinder haben, selbst wenn sie „ohne Fell und spitze Öhrchen bleiben müssten", wie mir meine Tochter einmal lächelnd zuflüsterte.
Doch meine Tochter ist unruhig. Etwas treibt sie. Auch Ulf hat ein Näheproblem. Und so geraten beide, kaum, dass sie sich auf den gemeinsamen Nestbau geeinigt haben, erneut in Stürme, die sie weit weg voneinander tragen. Dann finden sie sich wieder, springen und tanzen im Geist der Freiheit und halten sich liebevoll an der Hand. Doch sie können nicht landen, denn etwas steht dazwischen.

Besonders nachdenklich macht es mich, wenn Jessica sich gelegentlich in Männer verliebt, die alle schlechten Eigenschaften von Florian und Richie in sich zu vereinen scheinen. Und dann schimmern auch meine Schwächen noch durch, und zwar mit allen grausigen Symptomen, die meine Traumata begleiten.

Muss das sein? Ja, es ist wohl so, dass eine Generation nicht ausreicht, um alle Schäden zu beseitigen, die Kriege, Gewalt und Lieblosigkeit in Menschen anrichten.

Meine Tochter ist stark. Sie ist klug. Sie ist einfühlsam für sich selbst, für die Natur, für Tiere und Menschen. Sie wird einen Weg finden, für die Linie der anarchischen Frauen unserer Familie einen neuen Entwicklungsschritt zu setzen, in dem so viel Würde und die Liebe wohnt, dass der Schmerz immer mehr Raum verliert.

Doch nun wird Jessica selbst noch etwas dazu sagen!

Ich, Jessica

„Ich und die anderen" - Momentaufnahme, Frühling 2011.
Gerade letzte Woche habe ich verzweifelt meine Aufzeichnungen zu den Familien meiner drei Elternteile gesucht. Ich sollte sie zum Ausbildungswochenende zur systemischen Therapeutin mitbringen. Während ich spürte, dass ich schmunzelte, schoss mir durch den Kopf: „Verdammt, ich kann meine Wurzeln mal wieder nicht finden."

Wieder erlebe ich in der Arbeit mit den angehenden Kolleginnen, durch die intensiven Auseinandersetzungen mit meiner und deren Geschichte, dass in „meinem System" jede Menge Liebe und Kraft steckt. Es birgt auch eine ordentliche Portion Verrücktheit und Verzweiflung im Ringen um Eigenständigkeit und Selbstbestimmung. Und etwas Elitäres, das Privilegien in allen Lebenslagen aus Schlagkräftigkeit und geistiger „Überlegenheit" zieht.

Alle meine Elternteile schwemmen „Schräges" durch ihre Biographien in meine Existenz, und wenn ich zurückschaue auf die Welt, in der ich aufgewachsen bin, dann prägen diese schrägen Ecken auch meine Sozialisation. Damals war meine Welt allerdings nur „draußen" rund, und mit den anderen Menschen gab es viele Verhaltenscodes, die ich nicht verstand. Bei mir zu Hause gab es viele klare Regeln. Zum Beispiel: „Jeder trägt sein Geschirr selbst zur Spüle". Und: „Die Abendstunden sind Erwachsenenzeiten und die Kinder können sich in Ruhe in ihren Zimmern beschäftigen". Und: „Dinge, die anderen Menschen etwas bedeuten, sind unbedingt achtsam zu behandeln".

Bei meinen Freunden gab es viel Seltsames, das anfangs meine Neugierde geweckt und in der Folge meine Vorsicht vor der Welt geschärft hat. Zum Beispiel „Elternschlafzimmer". Das war bei den anderen so eine Art „heiliger Bereich", den Kinder niemals betreten durften. Und wenn ich dann doch einmal hineinschaute, fand ich sie sie oft leer vor und wenig einladend. Und bis heute habe ich nicht verstanden, wie es sein kann, dass zwei Erwachsene sich einen Raum teilen, in dem nur ein Bett und ein Schrank stehen. Wo leben sie denn, diese Menschen? Noch immer steckt mir die spezielle Geruchsmischung von Einfamilienhäusern in der Nase, mit ihren Eingangsbereichen, offenen Wohnzimmern plus Terrasse und Garten, einer Treppe, die nur nähere Bekannte betreten dürfen und jeder Menge Gästetoiletten.

Vieles ist mir fremd geblieben und einiges, wie Toiletten an allen Ecken und Enden, hab ich mir oft gewünscht. In meiner Welt konnte ich nur ganz früh morgens in aller Ruhe das Bad benutzen. Zu allen andren Zeiten forderte garantiert einer meiner Geschwister, ein Besucher oder einer der WG-Menschen Einlass. Das war eines der wenigen Dinge, die ich nicht so geliebt habe, im Gegensatz zu dem Küchengeklapper und den Geräuschen, die ein Haufen zufriedener Erwachsener machen, wenn sie, nach einem schönen Fest erst am Sonntagmittag aus ihren Löchern kriechen und alles Nötige für ein ausgedehntes Frühstück nach draußen in die Sonne tragen. Und immer war Musik in den Häusern, in den Gärten und in den Menschen. Und Farbe.

Ich habe es genossen, mir in dieser Welt etliche eigene Welten schaffen zu können und Räume zu haben, im Außen wie im Innen. Ich war nie „frei, zu tun, was immer mir einfällt", denn eines meiner obersten verinnerlichten „Gebote" ist die Selbstverantwortung, und die schloss Dinge aus, die allzu gefährlich waren. Aber ich war frei, auszuprobieren, was mich interessierte und auszubauen, was mir gut tat, so frei, dass ich gar nicht so viel ausprobiert habe. Als Schülerin war ich zwar oft vorlaut und nicht immer folgsam, aber immer ehrgeizig und fleißig. Auch als Studentin habe ich immer mehr Vorlesungen besucht und mehr gelesen als erforderlich war, und habe immer mehr gearbeitet als gefeiert. Erst spät habe ich meine Scheu vor den anderen Menschen und ihren Welten abgebaut. Und ebenso spät habe ich ausprobiert, wie es sich anfühlt, etwas „Unvernünftiges" zu tun und Fehler zu machen und nicht über Leistung Anschluss zu finden. Erst mit der Bearbeitung meiner Wurzeln und der Suche nach denen, die außerhalb meiner Familien in mir, und außerhalb von mir, im würzigen Waldboden und dem warmen Grau der Felsen wachsen, hat meine Angst vor der Welt nachgelassen und mein zaghaftes Zumuten angefangen.

Geliebt habe ich viele, Männer wie Frauen, die meinen Weg gekreuzt haben und die für kürzere oder längere Zeit meine Begleiter waren. So viele Spiegel, die mich sanfter und fröhlicher haben werden lassen und denen ich ausgesprochen dankbar bin für die geteilten Zeiten. Großartig, eine Partnerschaft genießen zu können, die sogar nach vierzehn Jahren noch schlagartig aufregend und bunt werden kann. Und phantastisch, die in den Jahren gesammelten, nahen Verbindungen pflegen und die ein oder andre weiterentwickeln zu können. Freie Räume für mein Sein habe ich durch meine großartigen Eltern zwar spüren dürfen, doch „saftiges“ darin leben habe ich erst später und durch die Rückendeckung vieler lieber Weggefährten und herausfordernder Begegnungen geschafft. DANKE!

Was Ulf noch dazu sagen möchte

Meine Eltern sind im selben Alter wie Nelly. Von den bewegten Zeiten der 70er-Jahre haben sie praktisch jedoch nichts mitbekommen. Sie kannten zwar die Beatles aus dem Radio, aber ich glaube, dass sie damals nicht einmal die Rolling Stones kannten.

Dieses kleinbürgerlich-provinzielle Elternhaus (ich kannte damals auch nichts anderes) erfuhr meine Rebellion und meine Suche nach Neuem ab meinen späten Teenagerjahren, und ich entdeckte die Ideen der Hippiebewegung mit ihrer Musik und Bewusstseinsphilosophie für mich und Gleichgesinnte mit ebensolchen Elternhäusern. Wir schufen uns unseren Traum vom freien Leben und der freien Liebe, allerdings nur, soweit wir uns das vorstellen konnten. Und viel mehr, als viele Drogen zu nehmen, viel Musik zu hören und viel zusammen abzuhängen, war das damals nicht wirklich.

Nach wie vor von diesen Ideen überzeugt, lernte ich, während meines Psychologiestudiums, Jessica kennen, Nellys Tochter. Ich war glücklich, eine Frau getroffen zu haben, die meine Ideen vom Leben teilte, und sie zu lieben (soweit ich das damals fühlen konnte). Ich bewunderte und beneidete sie für ihre Herkunft aus einer Kommune, meinem Ziel, meinem Ideal des Zusammenlebens. Bis zum ersten Besuch bei Nelly dauerte es nicht lange. Verunsichert betrat ich das Haus. In ein konkretes und existierendes „Gesicht“ meiner Ideen hatte ich bis dahin noch nicht geschaut, und noch keinen Menschen getroffen, der versucht hätte, diese Ideen seit vielen Jahren zu leben. Ich spürte, dass dies hier eine andere Welt war als diejenige, die ich kannte. Wie verhielt man sich nun hier? Welche Gespräche wurden hier geführt, und vor allem, wie ist das mit der freien Liebe? Zum ersten Mal beschlich mich die leise Ahnung, dass sich Ideen ohne Praxis etwas komfortabler anfühlten als die Realität. Da ich diese Ideen aber gut kannte, versuchte ich, mir nichts anmerken zu lassen, wie es viele Jahre lang meine Gewohnheit war, und tat so, als seien das alles „alte Hüte“ für mich, zwar interessant, aber nicht beunruhigend. Aber es beunruhigte mich doch. So richtig warm wurde ich in den kurzen Gesprächen mit Nelly nicht, irgendwie schien es hier einen anderen Gesprächsmodus zu geben als den, den ich gewohnt war. Bei mir zu Hause und mit fast allen meinen Freunden und Verwandten sprach man nicht über Gefühle, darüber, wie es einem so ging oder was einen bewegte und umtrieb. Man teilte eher Tatsachen mit oder tauschte Erkenntnisse und Ideen aus, meist ohne viel Verbindung zu seinem eigenen konkreten Leben. Mein eigener Zustand befand sich komplett im Inneren, ohne jegliche Verbindung zur Außenwelt. Nur, was meine strenge Kontrollinstanz durchließ, vor allem Nettes, Angenehmes oder Provozierendes, durfte das Licht der Welt erblicken. So blieb mir nur die gewohnte Rolle des Beobachters, der nicht ganz am Kontakt teilnehmen konnte, sondern weiterhin in seiner Unsicherheit verweilte. Und ich durfte das. Niemand in Nellys Haus griff mich an oder versuchte, mich irgendwie anzugehen. Nelly schien mich zu akzeptieren und sogar zu mögen, obwohl wir doch kaum etwas direkt voneinander wussten.

In den letzten vierzehn Jahren meines Lebens, die ich mich Jessica teilte, wurden uns immer wieder die Unterschiede in unseren Biografien bewusst, auch wenn die Ideen identisch sein mögen, machen die gelebten Erfahrungen doch einen großen Unterschied aus. Was uns in all den Jahren und auch heute noch immer wieder aufwühlt, ist, was man von sich mitteilt. Bei Nelly zu Hause wurde über alles geredet, was die Menschen bewegt hat (manchmal vielleicht sogar zu viel). Das Persönlichste wie Ängste, Vorlieben, Wünsche, Bedürfnisse und Sexualität wurden am Küchentisch zum Thema. Jessicas Normalität. In meiner Normalität wurde über Gefühle nur geredet, um zu manipulieren, manchmal Lob, aber vor allem Schuld und Vorwurf. „Wir machen uns solche Sorgen." Meine Eltern haben früher nie darüber geredet, wie es Ihnen geht, was sie beschäftigt, oder wovor sie Angst haben. Jede Äußerung über Gefühle war meist eine Bedrohung für die Beziehung. Nette Oberflächlichkeiten blieben. Ja, wir haben uns alle lieb ...
An dieser Front geraten wir nun immer wieder aneinander. Äußerungen über Gefühle und Inhalte, die vermutlich nicht stützend auf die Beziehung wirken, fließen nicht so einfach aus mir heraus wie anderes, sondern müssen von mir aufgeschoben werden. Manchmal bleiben sie stecken. Stetes Üben. Mir selbst differenzierte Gefühle einzugestehen fällt noch manchmal schwer. Unzufriedenheiten und Ängste verdrehen sich in meinem Mund wie von selbst zu Vorwürfen und Angriffen. Nicht laut, sondern leise und zermürbend für mich selbst. Fragen und Worte von Jessica verdrehen sich in meinen Ohren ebenfalls zu Vorwürfen und Anklagen, zu denen ich mich viel zu oft verteidige. Und immer wieder spüre ich den kleinen Jungen, der damals zu Hause so wenig er selbst sein konnte, dass er sich ganz verbogen hat und mit all seiner Wut und seinem Schmerz alleine war. Wie fast alle anderen, die ich kenne.
Jessica hat einen anderen Umgang erlebt und ist oft wunderschön ihr kleines verspieltes Mädchen. Auch sie hat ihre Trauer, ihren Schmerz in sich, und ihre Angst. Heute streiten wir oft über unsere Wahrnehmungen und unsere Kommunikation. Bisher fanden wir uns noch immer wieder. Wir sind anders und wir lernen voneinander.
Unglaublich viel habe ich gewonnen. Was ich besonders schätze, aber auch fürchte: Jessica bleibt immer dabei, wie aufwühlend und aufreibend eine Auseinandersetzung auch sein mag, nichts bringt uns um. Und bei allem aufregendem und beängstigendem Ausprobieren von Leben bleiben wir uns immer treu und halten zueinander. Danke, Nelly, für Deine unbeschreiblich tolle Tochter. Ihr habe ich mein echtes Leben zu verdanken, das tief vergraben war und nun langsam ans Licht kommt. Und Danke, Nelly, für Dich, dass Du Dir immer treugeblieben bist, was manchmal zwar auch ein wenig starrsinnig wirkt, aber insgesamt wunderbar ist.

Drei Jahre, nachdem ich diesen Text geschrieben habe, schaue ich noch einmal darauf und stimme ihm noch immer zu, nur kommt er mir mittlerweile auch ganz schön „rosa" vor. Ich schreibe nun, nach und in einer großen Krise der Beziehung zu Jessica, von der unklar ist, wie sie sich in Zukunft gestalten wird. Ich fühle eine große Liebe zu Jessica und unseren geteilten Idealen, wie auch zu Nelly. Meine ideale Projektion hat jedoch an Strahlkraft verloren. Und das ist gut so. Langsam dämmert mir, dass all das, was Nelly hier in so wunderbarer Offenheit aus ihrem Leben erzählt, auch tatsächlich stattgefunden hat und in den Körpern derer abgespeichert ist, die das lebten und derer, die mit ihnen waren. Funken des Schmerzes und der Trauer fühle ich in mir. Die wirklichen Menschen werden allmählich für mich sichtbar, während sich der Schleier meiner Projektion lichtet. Mein Bild der heilen, alternativen Gegenwelt zu meinem Elternhaus wird mehr und mehr ersetzt durch die Wahrnehmung der wirklichen Menschen, die zuvor vor allem Leinwand waren. Und es werden Menschen sichtbar, mit all ihren Leiden, Schwächen, Schatten, Stärken, ihrem Licht und ihrer Schönheit.

Weil hier die junge Generation zu Wort kommt, möchte ich Dir, zum Abschied, von der, wie ich meine, gelungenen Elternschaft von Richie und mir noch einen lustigen Aufsatz schicken, den Katharina, die beste Freundin von Jessica, über die Villa Kunterbunt geschrieben hat, in der sie über viele Jahre häufig zu Besuch war.

Katharina, NELLYS WELT

Es geschah an einer Schranke. Ich war noch sehr klein und beobachtete das Geschehen vom Rücksitz unserer roten Ente aus. Selbst, wenn es mein Wunsch gewesen wäre, einzugreifen, ich hätte es nicht gekonnt, denn erstaunlicherweise hatten selbst „Enten-Türen", trotz ihrer merkwürdig keilförmigen Griffe, Kindersicherungen. Und so musste ich mit ansehen, wie mein Vater mit ansehen musste, wie dieser „langhaarige Affe" uns die Vorfahrt nahm, sich einfach vordrängelte und vor uns die Schranke passierte. Mein Vater fluchte. Er fluchte noch Jahre später. Er sagte, es hätte fast eine Schlägerei gegeben, die, soweit ich weiß, einzige „Fast-Schlägerei" seines Lebens.

Der „langhaarige Affe" war der Vater meiner zukünftigen Freundin Jessica. Nicht ihr leiblicher, denn der hatte sich nach einem kosmischen Zeugungsakt aus dem Staub gemacht, um sich mit einer anderen Frau auf einer spanischen Insel anderen Aufgaben zu widmen. Der Mann an der Schranke war ihr Wahl-Papa und hatte viel längere Haare als meiner. Doch von alledem wusste ich damals, Anfang der 80er-Jahre, noch nichts.
Hinter der „umkämpften" Schranke lag mein Kindergarten. Nicht irgendeiner, es war der einzige Ganztagskindergarten, den es in Trier zu dieser Zeit gab. Diese familienpolitisch missliche Situation war es, die dazu führte, dass eine Tochter aus bürgerlichem Hause es mit Hippies zu tun bekam, die das Vorfahrtsrecht roter Enten missachteten und eine überhaupt beängstigend merkwürdige Lebensauffassung hatten. Die Tochter war ich. Und das war gut so.
Von meiner Kindergartenzeit ist mir wenig Erinnerung an Jessica geblieben. Vielleicht, weil ich zu oft mit den Jungs spielte, vielleicht, weil ein fieses schwarzes Loch in den Windungen meines Hirns sie mir genommen hat. Vielleicht hatten wir aber auch einfach nicht viel miteinander am Hut. Damals war ein anderes Mädchen meine beste Freundin und ihr elterlicher Hof mit seinen Schafweiden, Scheunen und tiefen Brunnen mein Abenteuerspielplatz. Unser Lieblingsspiel hieß „Die Nagelmaschine". Es war furchtbar geheim, furchtbar aufregend, und man konnte es nur zu zweit spielen. Wie es jedoch gespielt wurde, weiß ich nicht mehr. Vielleicht ist das auch besser so.
Jessica traf ich erst in der fünften Klasse auf dem Gymnasium wieder. Sie war ein schüchtern wirkendes Mädchen mit glatten braunen Haaren und riesigen braunen Au-

gen. Sie saß neben mir, und im Gegensatz zu meiner, schien ihre Erinnerung an die Kindergartenzeit noch zu funktionieren, ebenso wie die meiner Eltern. Um mir auf die Sprünge zu helfen, brachte Jessica ein Fotoalbum mit, das uns als Kindergartenkinder zeigte. Das Foto, auf dem ich zu sehen war, war furchtbar. Ich trug darauf, wie so oft damals, meine bunte „Lieblingsbommelmütze". So musste ich, neben Jessica sitzend, Jahre später feststellen, dass das Ding mir wirklich überhaupt nicht gestanden hatte, denn es verlieh mir Pausbacken. Über die Bilder unserer Kindheit gebeugt kamen verloren geglaubte Erinnerungen zurück. Wir teilten sie und blieben nebeneinander sitzen.
So landete ich in „Nellys Welt", der Welt von Jessicas Mutter. Sie unterschied sich grundlegend von jener, die ich bis dahin kannte. Der Welt der „Bürgerlichen", ein Wort, das aus Nellys Mund so klang, als sei es nichts, aber wirklich gar nichts Gutes. Doch ich war erst elf Jahre alt und konnte mit solchen Kategorisierungen nichts anfangen. Ich merkte, ihre Welt war anders. Und ich liebte sie.
Man betrat sie durch eine knarrende Tür, ganz ohne zu klingeln oder zu klopfen, denn die Tür war immer offen. Ich betrachtete oft die Fotos, die daran hingen: Jessicas Familie, die für den Frieden demonstriert, Nellys Freunde, Nellys Liebhaber, Nelly selbst, manchmal nackt, und einige Jahre später würden auch Bilder von mir an dieser Tür hängen. Doch davon ahnte ich mit elf natürlich noch nichts. Ich drehte den quietschenden Knauf, trat ein und fühlte mich daheim, obwohl hier alles so anders war. Bei uns jedenfalls hingen keine Bilder von Nackten an der Wand.
Diese Welt war für mich ein gewaltiger Abenteuerspielplatz, der Ort, an dem ich die spannendsten Momente meiner Jugendzeit erleben sollte. Ein Ort, an den man gerne zurückdenkt. Auf fünf Stockwerken lagen unzählige, ungewöhnlich eingerichtete Zimmer, die ständig ihre Funktion wechselten, mit geheimen Türen, hinter denen sich abenteuerlich eingerichtete Liebessnester versteckten, Küchenlampen, die wackelten, wenn sich das Paar im Zimmer darüber liebte, Schränken, in die man Schulkameraden nach Herzenslust einschließen durfte, einem unheimlichen Gewölbekeller und drum herum einen mindestens ebenso abenteuerlichen Garten.
Sogar ein Schwimmbecken stand darin, und Nellys Garten gehörte damals nicht nur Nelly und den Tieren alleine, sondern allen, die im Haus wohnten. Und das waren sehr viele.
Um das Becken herum standen keine Gartenzwerge, sondern lebendige Hühner und Ziegen, Fackeln und eine Hollywoodschaukel, und in jeder Ecke verbargen sich neue Geheimnisse.
Alles war so anders als bei uns. Drinnen, vor allem in Jessicas Zimmer, war es manchmal sehr unordentlich. Ich liebte diese Unordnung, nicht der Unordnung wegen, sondern weil es hier niemanden gab, der das Aufräumen anordnete. Wenn Jessica nicht wollte, dann musste sie auch nicht aufräumen und auch sonst musste sie nichts tun. So konnten wir stundenlang auf ihrem Bett liegen und lesen, malen, uns Geschichten ausdenken und uns über das Leben und die Liebe unterhalten, oder nach nebenan in die Küche gehen und uns ein großes Schokomüsli zubereiten. Ich liebte Schokomüsli, denn das bekam ich sonst nie. So wie Schokokekse, denn auch die gab es bei uns nicht.
Im Laufe der Jahre war es in Nellys Haus ruhiger geworden. Zu ruhig vielleicht. Doch mit sechzehn kümmerte das Jessica und mich wenig. Wir hatten ja uns, jung, wild und dank der 80er-Enduro, die mir meine Eltern geschenkt hatten, grenzenlos frei. Die Zeit der Kekse war ohnehin vorbei. Viel lieber griff ich zu einer von Nellys hübsch drapierten Gästezigaretten.

Vorbei waren auch die Zeiten, in denen wir mit unseren Schulkameraden im sogenannten „Lochzimmer" zu Phil Collins „Mord in der Disco" gespielt hatten, oder „Flaschendrehen", immer hoffend, die richtigen Jungen küssen zu dürfen. Wirklich nette Jungen. Vorbei war die Zeit für nette Jungen.
Auch das Lochzimmer, das so hieß, weil sich in der Decke ein Loch befand, gab es mittlerweile nicht mehr. Nelly hatte es zur Küche umfunktioniert. Und das Loch in der Decke war verschwunden, dafür waren ein paar andere hinzugekommen. In die Außenwand hatte Nelly ein Loch für ein Fenster gehauen, in die Wand zum „Séparée" ein Loch für eine Tür. Einfach so. Wird schon halten, wird sie sich gedacht haben. Mir war dieses Verhalten eher suspekt und Jessicas älterer Schwester womöglich auch. Sie studierte später Statik.
Inmitten dieser Durchbrüche hat Nelly mir eines Tages erklärt, was ein Orgasmus ist und wie der entsteht, psychologisch und überhaupt. An ihrem uralten Eichentisch sitzend, griff sie zu einem Stift und zu einer bunt bedruckten Papierserviette. Darauf malte sie eine Kurve und sprach, in ihrem, trotz all der Zeit in Trier unverwüstlichen schwäbischen Akzent, von Erregung und von vielen anderen Dingen, über die bei mir zu Hause niemand sprach, während das Telefon klingelte. Sie nahm den Hörer ab und beendete ihren Satz. Das beeindruckte mich. Gott weiß, wer da am anderen Ende zugehört hat? Er dürfte was gelernt haben.
In der ersten Küche hatte ich Kekse geknabbert, in der zweiten kreisten „Tütchen". Und die Jungs, die nun diesen Ort mit uns teilten, sahen nicht mehr ganz so nett aus. Zumindest nicht aus der Sicht „bürgerlicher" Schwiegereltern. Auch Nelly dürfte den Hang der Jungs zum „Tütchenbauen" wohl eher mit Skepsis beobachtet haben. Denn Drogen, so glaube ich, gehören eigentlich nicht in ihre Welt, wenn nur die Männer sie nicht immer mitgebracht hätten.
Ich glaube, mich sogar daran zu erinnern, dass Nelly uns im Alter von fast fünfzig von ihrem ersten Rausch erzählte. Sie hatte Likör getrunken und schien immer noch erstaunt von der Wirkung zu sein. Lasse ich vor meinem inneren Auge ein Bild von ihr entstehen, dann hält sie in ihrer Hand allerdings kein Likörgläschen, sondern eine blaugepunktete Tasse mit dampfendem Fencheltee, und ihre intelligenten Augen schauen ganz klar unter der grauen Lockenpracht hervor in die schöne bunte Welt, die sie sich geschaffen hat.
Es selbst nicht zu tun, heißt aber noch lange nicht, es anderen nicht zu gönnen. Und so hielt die Bar in ihrem „Liebeszimmer" für geladene und Überraschungsgäste neben Gästezigaretten immer auch reichlich Gäste-Riesling, Gäste-Bier oder Gäste-Schnaps bereit. Da ich oft zu Gast war, fand ich das prima. Wie fast alles in Nellys Welt, die meiner Jugend so viel Freiheit schenkte und mich so viel Neues lehrte. Kurzum, ich fand bei Jessica und Nelly ein zweites Zuhause und in Nelly eine zweite Mutter, die mir so ganz andere Dinge beibrachte als meine eigene. Das war super, auch wenn es mich, zum Leidwesen meiner Eltern, ein wenig rebellisch machte. Fast jahrzehntelang konnte ich mir nicht vorstellen, dass irgendjemand (außer meinen armen Eltern natürlich) das ernsthaft anders sehen könnte. Ausgerechnet Jessica fiel mir in den Rücken. Sie zog mit neunzehn aus und betonte, niemals so werden zu wollen wie ihre Mutter. Zuerst ging sie nach Greifswald, dann nach Konstanz, studierte Psychologie, machte ihr Diplom, bekam einen Job als wissenschaftliche Mitarbeiterin und promovierte ... Und als aus Jessica Dr. Jessica wurde, sozusagen auf dem Höhepunkt ihrer Karriere, schien es ihr plötzlich genug zu sein.
Sie warf ihre guten Vorsätze über Bord, träumte von einem eigenen Kondomladen, ließ keine Demo aus und freute sich der freien Liebe, wie nur Menschen dies können,

die von Kindesbeinen an gelernt haben, dass daran nichts, aber auch rein gar nichts Verwerfliches ist. Würde ich es versuchen, ich wäre zum Scheitern verurteilt. Denn wie sehr Nellys Welt mich auch verändert haben mag, ein Teil von mir ist „bürgerlich" geblieben. Bürgerlich, ein Wort, das Nelly oft benutzt. Ein Wort, das ich nicht mag. Denn es ist ein Wort, das trennt.
Es trennt Nelly von ihren Nachbarn Es trennt ihre Welt von der meiner Eltern. Es trennt die ganze Welt, den es teilt sie in jene wenigen Menschen, die anders denken, die Mut und Visionen haben, die „Guten", und den ganzen, verblendeten Rest, die „Bürgerlichen" eben. Eingefahrene Spießer. Konservativ, katholisch, geldgeil, ignorant.
Aber Nelly, so ist doch die Welt gar nicht mehr! Du musst doch sehen, dass sie sich verändert hat. Du hast es schließlich selbst erkämpft! Hast dafür gekämpft, dass ich nur ein einziges Mal in meinem Leben das Gefühl hatte, als Frau diskriminiert zu werden. Hast dafür gekämpft, dass ich, wie jeder andere auch, frei meine Meinung sagen darf. Hast dafür gekämpft, dass der Wald, durch den ich so gern spaziere, grün ist und lebt! Du und die, die so dachten wie Du, ihr habt sie überzeugt, diese „Bürgerlichen". Sie haben euch verstanden. Vielmehr, sie denken doch heute in vielem wie ihr. Heute kämpfen selbst politisch „tiefschwarze" Mercedesfahrer für mehr Umweltschutz und Gleichberechtigung. Ihr habt es geschafft! Und dennoch bist Du einsamer geworden. Nicht nur, weil die Kinder aus dem Haus sind. Aber wieso? Bist Du doch liebenswert wie immer.
Ist es die Welt, die Dich nicht will? Weil Du zu anders bist, zu fremd? Ich habe leider erleben müssen, dass selbst Freundinnen, die ich keineswegs für zu „bürgerlich" oder für intolerant hielt, Dich ablehnten. Und das, obwohl sie Dich gar nicht kannten. Und das wiederum, obwohl sie wussten, dass Du für mich wie eine zweite Mutter bist.
Oder liegt es vielleicht an Dir selbst? Bist vielleicht Du es, die es nicht schafft, sich aus dem althergebrachten Denken zu lösen? Der es schwerfällt, die Andersdenkenden, die „Bürgerlichen" zu tolerieren und sich mit ihnen zu versöhnen?
Verzeih, ... ich habe leicht Reden. Dank Dir durfte ich sie beide kennenlernen, die Welt der „Bürgerlichen" ebenso wie die „derer, die dagegen sind". Sie begegneten sich gleich hinter der Schranke, an der mein Vater beinahe die erste „Fast-Schlägerei" seines Lebens gehabt hätte. Und sie sind miteinander versöhnt. Ich kenne beide, verstehe beide, schätze beide, und lebe meinen Teil von beiden dieser Welten.
Wie sehr würde ich mir diese Versöhnung auch für Dich wünschen! Wie ich bereits sagte, ich habe leicht Reden. Ich musste nicht kämpfen wie Du. Mir wurde alles wie ein bunter Obstkorb überreicht. Und ein gehöriger Teil der prächtigen Früchte kommt aus Deinem schönen Garten. Ohne sie, ohne Jessica und Dich, wäre ich nicht ich geworden.

Liebe Nelly, danke dafür!

Katharina

Ach, liebe Katharina, ich danke Dir für Deine liebevollen Worte. Unsere Wege haben sich nach Deinem Abitur getrennt. Jessica zog weg und Du wurdest ganz ohne mich erwachsen. Vielleicht freut es Dich, wenn Du erfährst, wie wenig Deine Befürchtungen zutreffen, dass ich im ideologischen Panzer erkaltet sei. Noch lebe ich. Offendenkend, wie immer.

Es wird mir ein Vergnügen sein, im nächsten Brief meine Lernschritte zusammenzufassen, in der mich die „erotische Revolution“ zart auf die Schöße bürgerlicher Männer sinken ließ. Schauen wir mal, was ich dort lernen durfte.

Und Dir, lieber Freund, der Du einer davon bist, dem ich Herzensliebe schenke, … ein DANKE fürs Zuhören.

Bis bald.

Nelly

Brief - August 2009

Der Blumenstrauß der Toleranz, einige Liebeserklärungen

Lieber Freund!

Heute sollst Du einen kleinen „Blumenstrauß" erotischer Geschichten bekommen, die uns, vom engen Weg der Ideologie weg, in die Weite der Toleranz führen sollen. Es geht nicht um die Suche nach Partnerschaft, nicht um die Sehnsucht nach Erfüllung in einem einzigen DU, nicht um Romantik. Es geht um Mühsal, um das Stolpern und um gelegentlichen, glückseligen Triumph. Es geht um das ewige Auf und Ab in der schönen Aufgabe, die eigene Liebesfähigkeit zur Blüte zu bringen.

KARL, der erste Lehrmeister auf dem langen Weg.
Wie ich in einem früheren Brief schon erwähnt habe, lud mich Karl vor mehr als zwanzig Jahren in seine Gemeinschaft ein, die damals noch Projekt MEIGA hieß. Er hatte auf einen Brief von mir geantwortet, in dem ich das Buch „Rettet den Sex" kritisiert hatte. Ich hatte ihm geschrieben, dass ich wenig Neues in der Kultivierung von Bordellen sähe, in denen Frauen für Männer DA SEIN sollen. Keck forderte ich am Ende meines Briefes: „Gleiches Recht für alle!" Das wäre die Weiterentwicklung der Idee, Männer dahingehend zu schulen, wie sie sich, kulturell gepflegt, einfühlsam und ganzheitlich bereitmachen könnten, sexuell bedürftigen Frauen zu „dienen". Karl schrieb mir, dass er mein Ansinnen nur unterstützen könne. Leider wäre die Nachfrage von Frauen bisher jedoch so gering gewesen, dass die Männer seiner Gruppe nur wenig üben konnten. Falls ich die Idee aber persönlich ausprobieren wolle, wäre er gerne bereit, sein Bestes zu geben. „Liebe Grüße von Karl", das war's. Jetzt saß ich aber ganz schön in der Falle! Hatte ich nicht jahrelang unter den Freunden die moralische Polizei gespielt, sie als Feiglinge angeprangert, als Leute, die das Maul aufreißen, wenn es um die Formulierung großer Theorien geht, die dann aber keinen Schritt weitergehen, wenn es an der Zeit ist, das Risiko der Praxis zu wagen?
Ja, ich MUSSTE dieser obskuren Einladung folgen, da gab es keine andere Wahl. Du weißt, mein Leben ist dem Mut verpflichtet. Kneifen war mir in dem heiligen Thema der Liebe nicht erlaubt.

Eigentlich hasse ich es, zu verreisen. Den Mann kannte ich nicht. Wieso sollte ich ihn mögen? Nicht einmal ein Bild hatte ich von ihm. Das Projekt MEIGA hatte mich zwar „theoretisch" sehr interessiert, aber so ein Blind Date mit dem Projekt machte mir nun wirklich Angst. Die Wunden, an denen mir der Drache Narzissmus Fleischteile herausgerissen hatte, waren noch offen. Nun ja, aber mein eigener Narzissmus ist bekanntlich auch nicht von schlechten Eltern. Also los! Schnell schuf ich mir einen Hilfsgedanken, der meinen Narzissmus auf den Plan rief und wurde sogleich handlungsfähig. Ich dachte an meine ungeborenen Enkelkinder. Sie würden sehr stolz auf mich sein, … malte ich mir aus. Sie könnten nämlich bei ihren Freunden mit etwas angeben, was die anderen Kinder nun wirklich nicht hatten: „Meine Oma war die erste Frau, die ein Männerbordell ausprobiert hat!" Was war ich blöd, … damals. Meine Enkelkinder denken natürlich nicht im Traum daran, stolz auf mich zu sein, solange ihre Eltern mich „peinlich" finden, wozu Kinder eben neigen, wenn man ihnen eigene Weltsichten aufzwingen will. Aber lassen wir das Thema.

Damals saß ich also todesmutig mit meiner Hilfsidee im Zug und fuhr an den Bodensee, wo das Projekt MEIGA in einem Hotel untergebracht war. Doch ich war noch nicht einmal dort angekommen, da hatte sich Freund Drache schon aus dem Staub gemacht und mich, kläglich und schlotternd vor Angst, sitzenlassen. Ich musste ES ganz alleine tun, das sah ich schon kommen. Am Bahnhof wurde ich von meinem Briefpartner Karl und seiner Freundin Marie empfangen. Nett sahen die beiden aus. Und freundlich waren sie. Sie brachten mich in das Hotel, wo wir uns, zwischen vielen anderen Leuten, auf die Terrasse setzten. Ich konnte nicht ausmachen, wo sich das Bordell befinden sollte, zumal die Leute dort alle ziemlich „normal" aussahen, so wie Bürger, fand ich, etwas „spießig". Jedenfalls keineswegs „alternativ". Wie sollte ich jetzt herausfinden, was hier ein „korrektes" Benehmen wäre? Wer wusste überhaupt davon, was ich hier suchte? Und was war das noch, warum ich hierher gefahren war? Was wollte ich hier? „Rein gar nichts", murmelte mir mein angstverkrampfter Bauch zu. „Mach, dass du verschwindest, so schnell du kannst. Das Ganze war doch nur ein kleiner Witz." Doch das konnte ich den netten Leuten jetzt gar nicht sagen. Also stürzte ich mich in das volle Fass meiner rhetorischen Fertigkeiten und bereitete die freie Liebe zu einer derart aufgequirlten Masse trockener Theorie, dass wir uns bald alle drei schweißgebadet danach sehnten, über etwas ganz anderes zu reden. Die sollten nur nicht denken, dass ich „deshalb" gekommen wäre! Als ich den Sex vom Tisch hatte, griff ich den anderen Rest der Revolution noch auf und quatschte weitere Stunden, bis ich endlich ins Bett durfte. „Gerettet", dachte ich, als ich endlich alleine in das Hotelbett plumpste, während Karl und Marie offensichtlich das gemeinsame Lager suchten. „Sie haben nichts gemerkt", flüsterte ich meinem armen Bauch zu, der immer weiterschrie, dass er nach Hause möchte. Mir war kein Schlaf gegönnt. Fix und fertig war ich. Und sehr einsam. DRAUSSEN. Gleich morgen früh würde ich heimfahren und nie mehr wiederkommen an diesen unheimlichen Ort. Den ungeborenen Enkeln wäre es bestimmt auch egal, was ihre feige Oma eben nicht erlebt hatte. Trotz aller Versuche, mich zu beruhigen, durchlitt ich eine endlose Nacht, bevor ich mich endlich mit der Absicht in den Frühstücksraum schleichen konnte, mich nach einem unauffälligen Smalltalk zu verdrücken. Doch da erschienen schon Karl und Marie gut gelaunt an meinem Tisch. Ihre Nacht musste offensichtlich besser gewesen sein als meine. Wofür hatte mich der Typ überhaupt eingeladen? Bestimmt hatte ich seinen Brief missverstanden. Mit möglichst neutraler Miene erklärte ich, dass ich nach dem Frühstück heimfahren würde. „Oh wie schade", seufzten die beiden, „wir wollten doch noch Boot mit dir fahren!" Krach, ein zentnerschwerer Stein fiel mir vom Herzen. Die hatten nichts gemerkt. Ich war zum Bootfahren an den herrlichen Bodensee gekommen. Was sonst? Das war es, was ich hier suchte. Sogar mein kleiner Drache krabbelte ganz zerknautscht unter meinem Sitz, wo er sich die ganze Zeit versteckt hatte, hervor und versuchte zu lächeln.

„Bootfahren ist eine wirklich gute Idee!", rief ich laut und strahlte. Dann würde ich eben den Nachmittagszug nehmen! Wir fuhren Boot.

Den Bodensee konnte ich nicht besonders genießen, weil mir dauerhaft schlecht war, doch ich hielt tapfer durch. Der Nachmittag kam. In der letzten Stunde, bevor ich eigentlich aufbrechen wollte, saßen wir wieder zu dritt unter einem Apfelbaum im Garten des Hotels und blickten in den Himmel. Marie stand auf und ging ins Haus, um ein paar Decken zu holen, auf denen wir weicher säßen als auf der Erde. Kaum war sie weg, schaute mir Karl plötzlich direkt ins Gesicht und sagte: „Wenn du jetzt wirklich gehst, können wir nicht mehr miteinander schlafen." Der Schlag wollte mich treffen. Es war alles umsonst gewesen. Nichts hatte der vergessen. Sein Brief war also doch SO

gemeint. Meiner auch. Was jetzt? Angriff ist ja angeblich die beste Verteidigung. „Wo hätte ich hier merken können, was ich darf und was nicht?“, konterte ich. Und fügte hinzu: „Wenn du mir zu Diensten sein willst, musst du mir schon zeigen, wo der Rahmen ist, in dem das stattfinden könnte.“ Karl lächelte. Jetzt schaute auch ich ihn erstmals direkt an. So ein hübscher Mann saß unter dem Apfelbaum. Blond. Weiches, schönes Gesicht mit großen blauen Augen. Ja, der gefiel mir wirklich sehr, gestand ich mir ein. Karl sprach sanft und freundlich. Ruhig. Er möchte sich dafür entschuldigen, wenn mein Empfang undurchsichtig auf mich gewirkt hätte. In ihrem Projekt ginge noch so manches durcheinander, und er könne verstehen, dass ich meinen Platz nicht gleich gefunden hätte und etwas irritiert sei. Doch wenn ich jetzt einfach den nächsten Zug nehmen würde, würden wir uns zügig in mein Hotelzimmer begeben und das tun, was wir eigentlich vorhatten. Ich ignorierte den „Herzkasper“, der mich gerade quälte und hauchte Karl ein möglichst cooles „Ja, ich will“ entgegen.
In dem Moment kam Marie mit den Decken zurück. Karl schmetterte ihr mit freudigem Ruf entgegen: „Sie hat‘s geschafft, sie hat‘s geschafft!“ Ich weiß nicht, ob ich eher weiß oder rot geworden bin, jedenfalls hatte ich jetzt begriffen, dass alle Leute in diesem Hotel von Anfang an über mich Bescheid wussten und gemütlich darauf warteten, ob ich mich entscheiden würde, zu meiner sexuellen Neugier zu stehen. Das war eine schwere Geburt, meine Güte! Weil mir nun absolut keiner mehr glauben würde, dass ich eine „anständige“ Frau sei, entspannte ich mich endlich. Ich gab mich einer unbekannten Erfahrung hin, die ich nicht in der Hand hatte, nicht kontrollieren konnte. Eine unbekannte Erfahrung, die mein Vertrauen brauchte. Ja, ich freute mich auf den Mann. Aber ich hatte noch Angst vor den Frauen. Was hatten die davon, mich HEREINZULASSEN? Wir begaben uns in die Hotelhalle. Dort begegnete uns eine nette Hauswirtschafterin. Karl bat sie, ihm noch ein paar Häppchen zuzubereiten, sonst würde das nichts mit dem Sex. Die Frau lachte und gab ihm ein belegtes Brot. Die wusste also auch Bescheid, registrierte ich mit einem Achselzucken. Und jetzt bitte die „Tat“, dachte ich, denn ich hatte hier ohnehin nichts mehr zu verlieren. Als Karl satt war, marschierten wir zügig zu meinem Zimmer. Und taten ES endlich!
Anders, als ich es aus meinen „romantischen“ Liebesbeziehungen kannte, ließ Karl sich auf meinen Körper ein. Aber ohne Symbiose, ohne Kitsch und ohne Küssen. Das kannte ich noch nicht, aber es war trotzdem gut, fremd zwar, aber interessant. Danach stand Karl gelassen auf und meinte, er wolle wieder zu seinen Freundinnen in die Hotelhalle. Ich wollte lieber noch ein wenig im Bett bleiben und mich ausruhen. Ich genoss es nämlich sehr, keinerlei Angst mehr zu verspüren. Nach den vielen Stunden größter Anspannung war ich sehr glücklich, so, wie wenn Zahnschmerzen plötzlich aufhören. Mein Drache, der kleine Angeber, fauchte zufrieden in der Zimmerecke. Er tat so, als hätte er die Tat vollbracht und putzte sich seelenruhig seine Schuppen. Endlich sah er nicht mehr wie ein zerrupfter, staubiger Dackel aus, sondern hatte seinen Charme und seine Schönheit wiedergefunden. Sobald alle Schuppen wieder glänzten, würde er aus dem Fenster fliegen und bei seinen Kumpels behaupten, ER hätte mich heldenhaft durch mein erotisches Abenteuer geführt. Ich kicherte leise, bevor ich mich gemächlich erhob, mich ankleidete und zu den ANDEREN in die Halle ging. Mulmig war mir, als ich den Raum ganz alleine durchqueren musste, um mich zu den Freunden an den Tisch zu setzen. Wieso sollten die Frauen mich mögen?
Während ich noch im Bett lag, hatte sich ein gewaltiges Sommergewitter über dem Haus entladen. Karl hatte das Naturereignis gleich genutzt, um sich auf der Terrasse im warmen Sommerregen von unserer Liebe abzuduschen. Seine Freundin Marie hatte ihn dabei mit ihrem Handy fotografiert. Die Betreuung meiner Person betrachtete

sie offenbar als eine Art Gemeinschaftsprojekt. Als ich am Tisch angelangt war, strahlte sie mich herzlich an, streckte mir ihr Handy entgegen und sagte: „Das habe ich für Dich gemacht!“ Ich war sehr gerührt.

Tatsächlich löste diese Geste den Entschluss in mir aus, einen neuen Anfang in der freien Liebe zu wagen. Diese Frau hatte ihren Freund mit mir geteilt. Sie hatte mir etwas gegönnt. Das wollte ich auch lernen. In diesem Ziel würde ich Frieden, Freiheit und Würde finden, hinter dem Trauma des „Verrats der Frauen“. Um Frauen wieder lieben zu dürfen, würde ich Berge übersteigen und mannigfaltige Prüfungen und gelegentliche Schmerzen hinnehmen (Eifersucht). Hauptsache, ich könnte erlernen, in der Liebe zu teilen.

Überglücklich fuhr ich nach Hause. Und fühlte mich „verliebt“. Immerhin bin ich als Frau nicht nur durch meine Mutter, sondern auch durch unseren Kulturkreis geprägt worden. Das heißt, dass ich von der Tradition der „anständigen Frau“ geprägt war, die fordert, dass Frauen, die erotisch etwas „Prickelndes“ erlebt haben, sofort bemüht sind, Ganzheitlichkeit herzustellen. „Sex pur“ einfach so zu genießen, erscheint für Frauen einfach undenkbar. Immerhin schreien ihr Jahrtausende „Hure!“ hinterher, falls sie es doch wagen sollte, sich sexuell zu amüsieren, ohne zu beachten, dass sie nur ein ko-abhängiges Anhängsel männlicher Identität zu sein hat. Also kann der Sex einer Frau einfach nur mit Liebe einhergehen und ihrem Wunsch nach Partnerschaft, natürlich eingebettet in einen aufgeblähten, romantischen Prinzessinnenkult. Werden ihre Beziehungswünsche nicht gleich nach dem ersten „Akt“ erfüllt, erklärt sie sich für „entehrt“. Für sie bleibt der sexuelle Mann immer dann ein Schwein, wenn er ihre Wünsche nicht erfüllt. Was für ein Unsinn! Wäre es nicht an der Zeit, nach einigen Jahrzehnten der Gleichstellung der Frau etwas Ehrgeiz zu entwickeln und eine eigenständige sexuelle Identität nachzuschieben?

Nun ja, etwas so „Schlimmes“ konnte ich persönlich damals auch noch nicht denken, also versuchte ich, mit Karl eine Beziehung zu führen. Ich musste unsere Begegnung in eine Beziehungskiste einbetten, sonst wäre sie mir nicht „genug“ wert gewesen. Erstaunlicherweise hatte Karl sich auch „verliebt“, warum auch immer. Und „anständig“ brauchte der in seinem Projekt wahrhaftig nicht zu sein, ganz im Gegenteil. Er war umzingelt von selbstbewussten Frauen, die sich seiner erotisch erfreuten. Trotzdem besuchte er mich zu Hause und ich besuchte ihn im ZEGG. Bald zeigte sich, dass sich zwischen uns keine Liebesbeziehung entwickeln konnte, weil wir beide in Abhängigkeiten steckten, die sich nicht ergänzten. Karl war abhängig von seinem Projekt, in dem er schon zehn Jahre lang lebte, ich war abhängig von Trier und von den Menschen, die ich hier liebte. Weil ich aber in der freien Liebe wirklich reifer werden und nicht dort resignieren wollte, wo wir in den chaotischen Aufbruchsjahren „zerbrochen“ waren, fuhr ich, über ein Zeitraum von etwa zehn Jahren hinweg, jedes Jahr mindestens einmal ins ZEGG, wie das Projekt MEIGA später hieß. Ich hatte meine persönlichen Forschungsideen, die ich dort in selbstgewählten Lernschritten verfolgte. Meine erotischen Selbsterfahrungsexperimente mache ich deshalb gerne im ZEGG, weil ich dort einen geschützten Raum vorfand, wo sexuelle Frauen nicht diskriminiert wurden.
Bei meinen Besuchen traf ich natürlich auch immer auf Karl, der dann sehr wenig Zeit für mich hatte. Stell Dir den Mann wie einen sanften Troubadour an der Gitarre vor, der neu ankommenden Gästen abends am Lagerfeuer selbst komponierte Lieder über Liebe und Revolution vorsingt. Dabei wirkte er, im Gegensatz zu vielen anderen Män-

nern seines Projekts, nahbar und anfassbar. Ihm kam es selbstverständlich sehr entgegen, dass er den Frauen bereits an der Pforte auffiel. Er genoss die große Auswahl an hübschen, intelligenten, jede für sich ganz besonderen Frauen, die an beliebten Feiertagsseminaren hierher kamen, bereit, auch ein erotisches Abenteuer zu wagen, genau wie ich. Da konnte sich keine von uns alleine den großen „Prinzessinnenstuhl" sichern. Frau konnte froh sein, wenn sie in der Reihenfolge nicht so weit nach hinten rutschte, dass der Herr schon restlos entkräftet in den Seilen hing oder sie einfach vergessen hatte.

Genau an dieser Stelle beginnt meine eigentliche Geschichte mit Karl. Er vergaß mich nämlich nie, denn er ist TREU! Und zwar auf eine ähnliche Weise wie ich. JEDEM Menschen gegenüber, den er mag. Diese Eigenart stellte unseren gemeinsamen Nenner dar. Karl lehrte mich, wie man eine Tradition pflegen kann, die ich eine „sexuelle Freundschaft" nenne. Wenn sie mit gegenseitigem Respekt verbunden ist, braucht sie keine „Geschichten" drumherum. Karl bemühte sich in den ersten Jahren geduldig um mich, bis ich begriffen hatte, was mir diese Art der Liebe geben kann. Natürlich brauchte ich eine Weile, bis ich nicht mehr nach zierenden Geschichten „drumherum" suchte. Später genoss ich es, dass der gegenseitige Respekt schon alles in sich birgt, was „Verpackungsgeschichten" erst inszenieren müssen. Vertrauen „pur" macht Spaß. Und was hat Karl gemacht? Nun, er hielt mir bei jedem Besuch eine kleine Lücke frei, in der ich meinen Platz in Form eines Rituals bekam. Ganz egal, ob er sich gerade mehr oder weniger auf mich konzentrieren konnte, so zeigte das Ritual doch immer, dass er „bemüht" war. Und wenn ich es schaffte, meinen Platz zu schätzen, auch wenn keine Prinzessinnenkrone für mich bereitlag, und wenn ich weder beleidigt noch vorwurfsvoll war, dann reichten auch schon zehn Minuten „Sex pur" im Getränkekeller, um die gewohnte Nähe zwischen uns zu spüren, die uns ausmachte. Nur einmal, als wir unser zehnjähriges Jubiläum feierten, bestand ich auf ein Glas Sekt in der würdigen Umgebung eines wunderschönen Liebeszimmers in der Saunaanlage des ZEGG. In meinen „fortgeschrittenen Jahren", denn wir pflegen unser Ritual mittlerweile schon zwanzig Jahre lang, hatte ich überhaupt nicht mehr das Bedürfnis zu definieren, was mich mit diesem Mann verbindet. Hauptsache, es klappte „so wie immer". Und es klappte fast immer. Karl wird niemals seinen Platz in meinem Herzen verlieren, denn er hat mich auf den Weg gebracht, die sexuelle Freundschaft mit einem Mann zu schätzen, der mir nicht gehört und dem ich nicht gehöre. Mit dem ich nicht telefoniere und ihm nur alle paar Jahre einmal schreibe. Manchmal sehen wir uns mehrere Jahre nicht. Auch das ändert nichts an der Qualität unserer Treffen. Als ich Mitte vierzig war, sagte Karl einmal zu mir: „Wenn sich dein Charakter nicht wesentlich verändert, kann ich bestimmt auch noch mit dir schlafen, wenn du sechzig bist!" Mein Charakter hat sich nicht wesentlich verändert und der Mann ist noch immer treu. So wie ich. Also werden wir ES wieder tun. Irgendwann.

Ich merke schon, dass Dir diese Geschichte ziemlich fremdartig erscheint. Was kann ein Mensch davon haben, so viele Jahre mit einem Menschen zu schlafen, mit dem er im Grunde „keine Beziehung" führt, möchtest Du mich fragen? Den er nicht einmal sexuell braucht? Hat „so etwas" noch das Geringste mit Liebe zu tun? Aber ja, und wie, … finde ich jedenfalls. Doch Du möchtest Dir zu diesem wichtigen Thema bestimmt eine eigene Meinung bilden. Deshalb schildere ich Dir, wie genau ES sich „anfühlt", was ich persönlich gerne als „tantrische Liebe" bezeichne. Du bist frei, der Sache den Namen zu geben, den Du passend findest.

Karl besucht gelegentlich seine Eltern. Sie wohnen nicht weit weg von Trier. Alle paar Jahre kommt er auch auf einen Sprung bei mir vorbei, für ein paar Stunden, für einen Abend oder eine Nacht. Dann setzen wir uns zusammen an einen schönen Platz und erzählen kurz das Wichtigste, das sich in unseren Leben zugetragen hat und in welcher Situation wir uns jetzt gerade befinden. Karl ist des Öfteren ganz neu verliebt, während ich, wie Du mich kennst, eher auf „alten" Liebesbeziehungen herumkaue und zum „Spülen" der vertrockneten Geschichten gerne etwas „Situationserotik" dazunehme. Klar heiße ich solch einen alten, treuen Freund herzlich willkommen. Das Spezielle an dem Liebesritual zwischen Karl und mir ist die Tatsache, dass es weder durch die Zeit, noch durch deren aktuelle Ereignisse zerstört wird. Wir finden immer wieder leicht auf der gleichen Ebene zusammen. Dort zelebrieren wir den Eros wie einen kulturellen Akt. Wir machen daraus ein Freundschaftsgeschenk, so, wie sich gute Freunde in einem noblen Restaurant verabreden, um mit einem gepflegten Essen ihrer Beziehung eine weitere, schöne Erinnerung zu geben. Karl und ich plaudern also eine Weile und verspeisen dabei immer irgendwelche Leckereien. Dann lächeln wir uns plötzlich in einer bestimmten Weise an, ... so wie immer. Und danach begeben wir uns zu einem würdigen Platz für unseren „tantrischen Akt". Dort entkleiden wir uns, legen uns gemütlich aneinander und lassen kommen, was zwischen uns entstehen mag. Selten habe ich solch eine „kosmische Chance", in der der Sex nicht mehr „gemacht" wird, sondern wo sich das Wunder der Begegnung voller Ruhe entwickelt. Karl und ich sind wirklich „alte Hasen", was die Vielfalt sexueller Techniken betrifft. Deshalb interessiert uns das bei unseren Treffen auch nicht mehr. Wir genießen es viel lieber, nachzuempfinden, was wir beide, ganz unabhängig voneinander, „geistig" gelernt haben. Wir tun es ja an ganz unterschiedlichen Orten und mit ganz unterschiedlichen Liebespartnern. Andächtig horchen wir bei der Begegnung unserer Körper in die Tiefe, um dort mit Wonne das Flüstern der Vertrautheit zweier Menschen zu vernehmen, die die TREUE lieben, die anhänglich und dankbar sind und die im Zusammensein spüren, wo der andere sucht, wo er jubelt und wo er weint. Wir müssen über all das nicht sprechen. Unsere Körper schaukeln wissend in der tantrischen Liebe wie in einem See der Ruhe. Dort wird die Geilheit mit dem Frieden verbunden. Wenn das nicht schön ist?
Gibt es mehr? Ja, es ist der Schatz, den ich auf meinem langen Weg gefunden habe. Den, den ich mit dem Menschen teile, der das Geschenk erkennen kann. Der Schatz, der mein Leben warm hält und mich mit bunten Blumen ziert. Das Leben ist schön. DANKE, Karl!

Auf der Suche nach liebevoller Hinwendung zu „bürgerlichen Menschen"

Nein Mama, das sind keine Gartenzwerge, sondern ganz nette Menschen. Man kann sie mögen, man kann sie anfassen, und vieles mehr. Das mit Karl war die kleinere Herausforderung. Bekanntlich verstehen sich Menschen von Anfang an besser, wenn sie Werte und Normen ihrer jeweiligen Subkultur teilen. Doch wir zwei gehen jetzt weiter und betrachten Möglichkeiten und Grenzen, die ich mit den Männern erlebte, die in einem anderen Wertekontext lebten als ich. Die liebe Katharina mag dann selbst beurteilen, ob ich mir genug Mühe gegeben habe, in der Welt der ANDEREN zu lieben, oder nicht.
Wenige Beispiele werden ausreichen, um zu zeigen, warum ich den langen Weg der Liebe mit bürgerlichen Männern auch dann noch weiterging, wenn sich zeigte, dass

sie mir nicht annähernd so nahekommen konnten (oder wollten?) wie meine Freunde aus der Gegenkultur. Auch diejenigen liebte ich stillschweigend im Prinzip Hoffnung, die mich wenig verstanden. So wie Du. Daher flüstere ich Dir jetzt die Hypothese ins Ohr, die in meiner Lieblingshoffnung steckt.

Und wenn SEXHABEN nun doch POLITISCH wäre?

„Die Natur hat uns Menschen fein und wohlklingend gebaut wie ein Musikinstrument. Wir sind darin organisch alle gleich. Was uns unterschiedlich empfinden lässt, ist eine Folge davon, dass die Kultur und Erziehung nur bestimmte Melodien zulässt, die „auf uns gespielt“ werden dürfen. Das Instrument ist aber trotzdem jederzeit in der Lage, auch andere Arten von Musik hervorzubringen, wenn nur einer da ist, der „anders“ spielt. Doch bevor das gut klingt, muss derjenige allerdings die neue Musik einüben. Wer sich aber gar nicht mir dem Musikmachen beschäftigen will, wird dem schönen Instrument nur seltsame Töne entlocken. Oder er legt es für immer in eine Ecke. Dort bleibt es dann ganz sicher stumm. Ich glaube fest daran, dass in den sexuellen Erlebnismöglichkeiten der Menschen eine archaische Chance liegt, sich in einer einzigen Melodie zu vereinen, die jedes Instrument wiedererkennt, auch wenn es sie vorher noch nie gespielt hat. Die wundersame Melodie hat regelrechte „Zauberkräfte“. Sie löst scheinbar unüberwindliche Grenzen zwischen Menschen auf und lässt Freundschaft wachsen.“ Das will ich. Deshalb mag ich Sex.

Heiner

Wie ich ihn kennenlernte? Einmal war ich mit einem ausgesprochen stattlichen „Goldkettchentyp“ im Kino. Seinen Namen habe ich schon lange vergessen, nicht aber die prallen Oberarme, die aus seinem ärmellosen T-Shirt quollen, reichlich mit Tattoos verziert. Eigentlich habe ich nichts dagegen. Jedenfalls war der Kerl so breit, dass er ständig gegen mich stieß. Es war mir nämlich nicht entgangen, dass dieser knackige junge Mann von einer zotteligen Öko-Emanze, die auch noch ständig seltsame Sachen sagt, die ihn kein bisschen interessierten, erotisch wenig angetörnt war. Genau wie ich saß er, notgedrungen einen Film lang, die gemeinsame Zeit ab, bis er endlich wieder ins Reich seiner schönen Phantasien eilen durfte. Dorthin, wo ihn gut frisierte Frauen in hochhackigen Schuhen und Strapsen so bedienen würden, wie er es verdient hätte, so schön, wie er war. Nach dem Kino trennten wir uns, ohne eine weitere Verabredung zu vereinbaren.
Doch ein paar Tage später klingelte es an meiner Tür. Breite Arme streckten mir einen riesigen Topf voller Alpenveilchen mit einer goldenen Schmuckschleife entgegen. Noch bevor ich dem Typ in die Augen schauen konnte, wusste ich schon, dass es meine erste unerotische Erfahrung mit einem Mann werden würde, der mich nicht von seiner Großmutter unterscheiden konnte. Überrascht fragte ich den Gast nach seinem Anliegen, das ihm, aufgrund der Blumentopfgröße, wohl wichtig war. Da zeigte sich, dass dieser Muskelmann durchaus ein feinfühliges Herz hatte. Er wollte mich mit einem Freund verkuppeln, den er, passend zu mir, für ein zerrupftes, mageres Hähnchen hielt, dem er, kurz vor dem traurigen Ende, das alternden Hähnchen immer droht, noch eine kleine Freude bereiten wollte. Lieb gemeint war das. Zufällig mag ich es, wenn ich in einfühlsamer Weise verkuppelt werde. Lächelnd bekundete ich mein Interesse. Der

bedauernswerte Freund sei zwar schon ein „älteres Semester“ (Heiner und ich waren damals beide Anfang vierzig), erklärte dieser junge Mann, aber er hätte etwas Trost verdient, weil ihn seine Frau gerade mit zwei Kindern sitzen gelassen habe, um zu einem flotten Reitlehrer zu entfliehen. Und weil mein Gast zu spüren glaubte, dass ich ein warmes mütterliches Herz hätte, habe er sich gedacht, ich sei vielleicht die Richtige, um seinen Freund wiederaufzurichten. Nebenbei, meinte der Gast, was das „Aufrichten“ angeht, so sei er geradezu sicher, dass sein Freund bestens ausgestattet sei, sich mir für meinen Einsatz gebührend dankbar zu zeigen. Sprach's und verschwand. Nicht jedoch, ohne zuvor ein Zettelchen mit einer Telefonnummer auf meinem Küchentisch zu hinterlassen. Ohne zu zögern rief ich an.

Heiner und ich verstanden uns auf Anhieb. Es war „nur“ seine misshandelte Seele, die wahrhaftig der eines arg zerrupften Hühnchens ähnelte, während der Mann selbst eher ansehnlich wirkte. In mancher Hinsicht war er von der Natur sogar „begnadet“, und nicht nur in dem von seinem Freund erwähnten Aspekt. Nein, Heiner war sehr intelligent, dazu feinfühlig und gebildet, und die Gespräche mit ihm waren tiefgründig, anregend und lehrreich. Und wir hatten guten Sex, nah, vertrauensvoll und munter. Wir gaben uns gegenseitig eine Chance. Warum wir „nichts“ daraus gemacht haben, fragst Du mich jetzt? „Nichts“ ist wohl der falsche Ausdruck, doch es stimmt, dass wir nur einen kurzen Weg zusammen gingen. Heiner sehnte sich überhaupt nicht nach einer „politischen“ Geliebten. In seiner verzweifelten Lage brauchte er viel mehr eine Mutter, eine freundliche Frau, die seinen Kindern in dem verwaisten Nest Wärme gäbe und ihm, dem verschmähten Mann, einen neuen Sinn. Klar lehnte ich diese Rolle kompromisslos ab, bot Heiner aber meine engagierte und solidarische Freundschaft an. Leider erschien ihm das zu wenig. So kam es, dass er recht bald nach unserem lebhaften, sinnenfrohen Beziehungsstart eine überraschende Grenze in sich fühlte. Sein anfänglich so herzliches und leidenschaftliches Verhalten hatte sich plötzlich in sexuellen Geiz verwandelt. Er „gönnte“ sich mir nicht. Als ich nachfragte, was wohl hinter der eigentümlichen Veränderung stecke, gab mir der differenziert denkende Mann eine ungewöhnliche Antwort. Er müsse mir gestehen, dass er mir bei unserem Kennenlernen kein Wort von meinen aparten erotischen Philosophien geglaubt hätte. Da er „normalen“ Frauen unterstellte, dass ihre erotische Werbung nur dem einen Zweck diene, einen Mann zu „kriegen“, habe er meine Ausführungen für eine trickreiche Variation gehalten, mit der ich mich von der traditionellen Position so abheben wollte, dass ich als eine „interessantere Person“ bevorzugt würde. Tatsächlich hätte er nie im Leben geglaubt, dass es „so eine“ wie mich in Wirklichkeit geben könnte. Inzwischen sei er sich aber sicher, dass ich durch und durch genau diejenige sei, die ich ihm vorgestellt hätte. Das würde ihn schwer beeindrucken. Gerade deshalb habe er jetzt aber ein Problem. In dem Moment, als er begriffen hätte, dass kein Mann mich wirklich besitzen oder gar beherrschen könnte, während ich mich an den natürlichen Gaben des männlichen Geschlechts jedoch fröhlich laben würde wie an einer erfrischenden Quelle im Wald, ... und dass ich mit seinem Schwanz das reine Vergnügen hätte, ohne dass er deshalb die geringste Macht über mich bekäme, ... da habe sein „Gemächt“ sich gedemütigt verkrochen. Er, Heiner, wäre nämlich in einer kläglichen Weise neidisch auf mich. Das mache ihn zusätzlich klein und schade seinem Selbstwertgefühl deutlich. Ob ich glauben würde, dass solch ein Zustand einem Mann wirklich LUST bereiten würde? Natürlich nicht, gab ich ihm recht. Ich war tief gerührt von diesem Mann, der die ganze Misere des narzisstisch gekränkten Patriarchats in seinem schwächsten Punkt so ehrlich beschreiben konnte. Ich dankte ihm aufrichtig für seine

Offenheit und blieb weiterhin seine engagierte Freundin. Doch als mir das Leben plötzlich einen weiteren, anfänglich weniger gekränkten Liebhaber in meinen Schoß gleiten ließ, gab Heiner ganz auf.
Ich habe diesen interessanten Mann nie mehr in meinem Leben wiedergesehen, aber ich hoffe, dass es ihm gut geht. Vielleicht hat er ja doch noch die omnipotente Mutter gefunden, die voll und ganz für ihn lebt, so, wie es gekränkte Männer gerne mögen.

Nun ja, wenn wir hier wieder den Drachen Narzissmus angelockt haben, so gestehe ich gleich ein, wo er mich dermaßen in den Nacken gebissen hat, dass ich Heiner eben wirklich nicht „genug" lieben konnte.
Es war die Stelle mit dem „Gelsenkirchener Barock". Du wunderst Dich bestimmt, was ein Möbelstil mit Liebe zu tun hat? Weil Du nämlich meine Mutter nicht kennst. Während die womöglich im Himmel schon jahrelang fröhlich mit ganz vielen Gartenzwergen schunkelt, sitze ich hier auf der Erde und kann mich nur schwer in einen Mann verlieben, der einen anderen Geschmack hat als ich. Wie eine rote Ampel leuchtet dann die bildungsbürgerliche Arroganz in meinem Kopf.
Es war so. Als ich Heiner zum ersten Mal besuchte, führte er mich stolz in sein schlecht renoviertes Wohnzimmer in einem alten Bauernhaus, mit niedrigen Decken, kleinen Fenstern und wenig Licht. Seine ausklappbare Couch, die er vom Sperrmüll hatte, hatte er in ein Liebeslager auf dem Fußboden verwandelt. Das ging ja noch. Aber dann deutete er auf ein schwarzbraunes „Monster", das eine ganze Wohnzimmerwand ausfüllte. „Reich geschnitzt", so nennt man das. Der Schrank sei ein wertvolles Andenken an seine Großmutter, hauchte er und schaute ihn liebevoll an. Das Ding ragte zur Decke wie ein aufgestellter Sarg, der uns gleich für alle Sünden erschlagen würde, die wir zu seinen Füßen zu genießen dachten. „In PINK fände ich ihn noch schöner", antwortete ich höflich, während starke Bilder meiner Kindheit in mir aufstiegen. Hast Du schon einmal das „Leuchten" von Biedermeiermöbeln aus Kirschbaumholz gesehen, hochglanzpoliert, die anfangen zu glühen wie das Abendrot, wenn sie von der Sonne angestrahlt werden? In diesem Licht bin ich aufgewachsen, wenn nicht gerade die Schatten der kämpfenden Eltern drauffielen, die sich um die feinen Rundungen des Biedermeiertisches jagten, bis dieser krachend zerfiel. Voller Hohn für Gelsenkirchener Barock, das Spießertum des Nachkriegsdeutschland, die Armutskultur und Kleinbürgerlichkeit, dachte ich traurig: „Ach Heiner, ich kann doch gar nicht deine Frau werden, ... deshalb." Wenigstens schämte ich mich dafür.

Marlon

Marlon sprach mich in einem Kaffeehaus an. Ich war erfreut. Er ist eine interessante Erscheinung, die man gerne länger anschaut. Marlon ist ein Afroamerikaner, der schon lange in seiner Wahlheimat Deutschland lebt. Gepflegte Rastalocken umrahmen sein ernstes Gesicht, in dem intelligente Augen leuchten und manchmal, wenn er Lust hat, sich einzulassen, auch ein freches Lachen aufblitzt. Doch das ist nicht oft. Marlon liebt Stilmix. Er ist stets hervorragend gekleidet, geschmackvoll trendig. Dezente Symbole seiner kulturellen Wurzeln trägt er wie wertvollen Schmuck auf moderner westlicher Kleidung. Durch seine katzenartigen Bewegungen wirkt er immer jugendlich, obwohl er die zweite Lebenshälfte durchaus schon erreicht hat.
Marlon wuchs in großer Armut bei seinen bäuerlichen Großeltern auf, die hart arbeiten mussten, um sich als Selbstversorger über Wasser halten zu können. Die Kinder in

der Großfamilie mussten genauso schwer arbeiten wie die Erwachsenen. Da war kein Raum für Bildung, Spiel und Spaß, es ging ums nackte Überleben. In diesem Sinn folgte auch die Entscheidung von Marlons Mutter rein rationalen Gesichtspunkten, als sie das einjährige Kind verließ, um in eine entfernte Stadt zu ziehen. Sie erhoffte sich dort ohne ihr Kind bessere Heiratschancen, weil sie sich als schwarze Frau ohnehin genug benachteiligt fühlte. Wie hätte sie ahnen können, dass ein einjähriges Kind, das die schützende Wärme seiner Mutter verliert, möglicherweise ein Leben lang das Vertrauen zu Frauen verliert? Und wäre es in einer Zeit materieller Not und schwerer Rassendiskriminierung überhaupt ein Argument gewesen, auf das eine junge Frau hätte Rücksicht nehmen können? Jedenfalls hatte Marlon Verständnis genug, seiner Mutter zu verzeihen. Trotzdem blieb er in seinen Partnerschaften ein sehr unnahbarer Mensch. Wunderschön, wie ein schwarzer Panther mit glänzendem Fell, ruhte er auf den Wohnzimmersofas seiner deutschen Frauen, die ihn liebten, verwöhnten, aber doch nie „kriegen" konnten. Marlon blieb ein Einzelgänger. Mit sehr viel Fleiß und Ehrgeiz arbeitet er sein ganzes Leben daran, sich fürs Alter „gut abzusichern". Später würde er ein viel besseres Leben haben, ... so träumt er. Dann hätte er Zeit, sich zu entspannen und wolle sich auch gerne einmal amüsieren. Doch jetzt nicht.

Nun, wie Du mich kennst, lieber Freund, bin ich da ganz anders. Mir erscheint das Amüsieren genau im HIER und JETZT sehr sinnvoll. Also schaute ich sofort nach, was Marlon und ich wohl miteinander anfangen könnten. Unsere Gespräche waren „nicht schlecht" und „das Andere" lief auch ausgesprochen gut. Eben so, wie zwei reife, selbstbewusste Menschen sich gegenseitig guttun können, wenn sie Sex mögen. Wir mochten ihn. Doch das reichte mir noch lange nicht. Da lag ein Opfer böser Rassendiskriminierung vertrauensvoll an meinem Busen! Was glaubst Du, was da, einer Woge gleich, durch mein Herz fuhr? Die Revolution natürlich. In wahrhaft glühenden Bildern sah ich Marlon, den edlen Panter, und mich, die mutige, wilde Frau, auf den Barrikaden kämpfen. Hoch die Fahnen! Menschenrechte verteidigen! Der weißen Arroganz das Handwerk legen! Was für ein Fest! Die „Black Panther" in Trier aufleben lassen!

Marlon genoss erstaunt meine revolutionäre Glut. Ich gefiel ihm nicht schlecht damit. Gleichzeitig erzählte er mir von seinen Träumen und Wünschen. Eine größere Wohnung sollte es sein. Er suchte sie in den seriösen Randlagen von Trier, wo das gehobene Bürgertum perfekte Vorgärten anlegt und kein Papierschnipsel auf dem Bürgersteig liegenbleibt. Und er fand sie auch. In seinem neuen Wohnzimmer strahlte mich, neben den gerafft, gefaltet und bestickten Polyestergardinen, eine solide, sehr „deutsch" wirkende Wohnzimmervitrine an. Nein, nein, kein Gelsenkirchener Barock, etwas Modernes natürlich. Darin befand sich eine wertvolle Erinnerung an seine Mutter und etlicher Kitsch, den Deutsche und Amerikaner auf denselben Billigmärkten zu kaufen pflegen. An den Wänden hingen große, sorgfältig gerahmte Fotos von blonden, hellhäutigen Frauen, die sich dem männlichen Bewunderer keck in erotischer Kleidung entgegenreckten. Marlon war einer von ihnen. Als verständnisvolle Freundin fragte ich ihn höflich, wieso ich, außer auf dem Bild seiner Mutter, nirgendwo eine schwarze Frau erblicken könnte? Das hätten ihn auch schon viele schwarze Frauen gefragt, antwortete er lachend. Recht sauer seien sie dabei gewesen. Sie wollten wissen, was sie nicht hätten, das er bei weißen Frauen suche? Es sei doch „nur die Hautfarbe", meinte er. Ihm gefielen weiße Frauen einfach besser! Da ahnte ich schon, dass es mit der Revolution wohl nichts werden würde. Um den Mann noch einmal zu entschuldigen, stellte ich mir vor, dass eine Frau mit schwarzer Hautfarbe ihn eben doch noch mehr an sein

frühes Trauma erinnern würde, als eine Weiße. Ich wollte noch nicht wahrhaben, dass es doch wieder der böse Drache sein könnte, der alles verpfuscht. Oh ja, der war es wohl, und zwar meiner, der dieser kurzen Liebe den Garaus machte. Diesmal kam ich zwar über den Wohnzimmerschrank hinweg, aber nicht über den Vergnügungspark.
Das war so. Als Marlon und ich eines Tages wieder einmal schöne Stunden miteinander verbrachten und freundliche und vertraute Gefühle hatten hochkommen lassen, machte Marlon einen mutigen Schritt nach vorne. Seine geheimnisvolle Miene kündigte etwas Feierliches an. Falls es nämlich doch dazu kommen würde, dass ich eines Tages die „Seinige" wäre, sprach er, könne er sich sogar vorstellen, mich auf ein Wochenende in einen Vergnügungspark einzuladen. Dabei schaute er mich erwartungsvoll an.

Ja, ich war schon einmal im „Phantasialand". Damals tat ich es den Kindern zuliebe, die sich dort angeblich immer amüsieren. Als „gute" Mutter wollte ich mich auf ein gemeinsames Erlebnis einlassen, auch wenn es mich persönlich nicht stark dorthin zog. Schon als wir vor der Kasse in einer endlosen Schlange anstehen mussten, kündigte ein Grummeln in meinem Bauch Böses an. Ich könnte „schwierig" werden, sollte das heißen. Dumme Fragen schossen mir durch den Kopf. Warum gingen die vielen Menschen, die mit ihren Kindern vor mir in der Schlange standen, nicht in eine Kunstausstellung? Oder in ein Naturkundemuseum? Oder suchten Höhlen im Wald, um dort mit ihren Kindern Indianer zu spielen? Gleich hinter der Kasse flossen mir schon die Tränen. Vor mir breitete sich eine Landschaft aus Plastik und Hässlichkeit aus, die mir schmerzhaft ins Auge stach. Während meine unschuldigen Kinder freudig nach vorne rannten, blieb ich stehen, weil vor mir Welten einstürzten. Nach vielen Jahrtausenden der liebevollen und verantwortlichen Kulturpflege würden die Menschen demnächst an schlechtem Geschmack zugrunde gehen. Da war offenbar nichts mehr zu retten, denn außer mir wollten sie allesamt hierher. Jetzt hatten Richie und die Kinder entdeckt, dass sie mich verloren hatten. Sie kamen zurück und starrten ihre schluchzende Mutter entsetzt und wütend an. Ob ich ihnen etwa den Ausflug verderben wolle? Ich schüttelte stumm den Kopf. An einer Seite des Eingangs hatte ich Westernhütten entdeckt, die wenigstens so aussahen, als wären sie aus Holz. Dort wollte ich mich verstecken, sagte ich. Meine Familie möge mich dann abholen, wenn sie mit Amüsieren fertig wäre. Erleichtert rannten meine Kleinen weg. Ich weinte mindestens eine Stunde lang, bevor ich mich wieder beruhigen konnte. Dann kamen die Kinder doch früher zurück, um nach mir zu sehen. Ob ich nicht wenigstens die „Höllenfahrt" mitmachen wolle? Hölle klang gut. Dort wäre es bestimmt ganz dunkel und ich müsste mir allerhöchstens ein Feuer anschauen, was ich ja eigentlich mag. Still schluckte ich vor mich hin, während wir mit einem Aufzug in der Tiefe rasten. Von wegen Feuer! Ein dämliches Plastikskelett schaukelte an uns vorbei, das so billig gebaut war, das es nicht einmal klappern konnte. Wollten die uns total verarschen? Ich schluckte schon wieder schwer. Als wir wieder oben waren, rannte ich zurück in die Westernhütte, bevor die nächste Heulattacke ausbrechen würde. Man könnte mich frühestens zur Rückfahrt wieder abholen, meinte meine Familie trocken. Gut so. Doch ganz zum Schluss tat ich ihnen leid. Ich dürfte doch mit ihnen über den See zum Restaurant am anderen Ufer fahren, um einen Abschiedsdrink zu nehmen. Wasser und Boote, das könnte gehen, hoffte ich. Ich unterdrückte meine Stimmung. Mitten auf dem See glaubte ich mich schon gerettet, da erhob sich vor uns, knarrend und mit unnatürlich ruckartigen Bewegungen, ein Metallkrokodil aus dem Wasser. Ein ausgeleiertes Räderwerk öffnete schwerfällig sein Maul, um uns mit einer Reihe schmutziger alter Plastikzähne zu erschrecken. Während ich, zur Rettung der Situation, noch überlegte, ob echte Krokodile nicht genauso widerwärtige Zähne hätten, hatten sich meine Gesichtszüge trotzdem schon verzogen. Unter den strengen Blicken meiner erbosten Kinder schluckte ich einfach, um das Weinen zu verbergen. Vergebens. Es war vorbei. Wortlos schleppte mich meine Familie zum Drink und danach direkt zum Auto. Man würde mich nie, nie mehr mit auf einen lustigen Ausflug nehmen, sagten die Kinder. Ich nickte erleichtert.

Und jetzt, auf Marlons Sofa, als diese Bilder endlich an mir vorübergezogen waren, sagte ich vorsichtshalber auch kein Wort. Was konnte der arme Kerl für meine Mutter? Und was konnte ich für seine Mutter? Stumm nahm ich ihn in den Arm und streichelte ihn lange. Er hat damals nicht bemerkt, wie mein Drache schrie: „Ich werde nie, nie deine Frau werden!“

Marlon und ich fanden keinen gemeinsamen Weg. Freunde wurden wir in den ersten Jahren auch nicht wirklich. Zwar trafen wir uns alle paar Jahre zufällig irgendwo in der Stadt und verabredeten uns. Dann schliefen wir jedes Mal miteinander, was schön war. Doch es dauerte nur wenige Treffen, bevor unsere Drachen wieder miteinander kämpften. Sie mochten sich einfach nicht.

Inzwischen sind mehr als fünfzehn Jahre vergangen. Wir wohnen immer noch in derselben Stadt, treffen uns manchmal zufällig und schlafen dann miteinander, während wir die Drachen einsperren, bis wir damit fertig sind. Dann geht jeder wieder nach Hause.

Marlon weiß gar nicht, dass ich inzwischen seine Freundin geworden bin. Neulich saß er auf meinem Sofa. Er erzählte mir traurig, dass die Menschen oft „komisch“ zu ihm seien. Dabei würde er sich viel mehr „deutsch“ fühlen als die. Er habe den Verdacht, dass es an seiner Hautfarbe läge. Da wurde auch ich kurz sehr traurig. Ich hatte schon lange verstanden, dass Marlons Kleinbürgerlichkeit ein Geschenk an die Weißen war, sie mögen ihn bitte als Ihresgleichen achten. Es tat mir weh, wenn er nicht stolz auf seine Wurzeln sein wollte. So ein verletzter Mensch. Untröstlich.
Doch gleich danach empfand ich etwas sehr Schönes. Während ich Marlon ganz lange ansah, ohne seine Worte zu bewerten, stieg seine Schönheit in mir auf wie eine Blüte. Grau war er geworden. Müde. Weit weggeschwemmt von seinen frühen Träumen vom Glück. Ein einsamer, alter Panther, der sich ins Gebüsch zurückgezogen hatte, um sich seine schmerzenden Wunden zu lecken. Keiner sollte ihn so sehen. Das war ihm sehr wichtig. Ich ließ mir nicht anmerken, welch eine Welle von Wärme mir sein Anblick in diesem Moment durch mein Herz schickte. Wir gingen ins Bett. Dort liebte ich ihn sehr. Der Sommer, der durch die offenen Fenster wehte, trug uns hinüber auf die Felder seiner Kindheit. Dort nahm ich das dürre schwarze Kind auf den Arm. Ich strich kühlende Salbe auf die offenen Blasen, die die schweren Arbeitsgeräte auf seinen Händen hinterlassen hatte. Ich badete seine schmerzenden Füße in duftendem Wasser und sang dabei Lieder von Hoffnung und Trost. Das Kind lehnte sich lange an mich und ruhte sich aus. Ich küsste es zart und wünschte ihm das Beste. Als wir mit dem Sex fertig waren, legte sich Marlon ein Stück von mir weg. „Oh“, seufzte er, „das war aber sehr nahe!“ Danach meldete er sich sehr lange nicht mehr.

Peter

Peter hielt mehrere Monate in der Aufgabe durch, mit mir eine Beziehung von drinnen nach DRAUSSEN zu führen. Ich dankte es ihm mit Respekt und bemühte mich auch. Peter war ein liebenswürdiger, anpassungsfähiger junger Mann, und neugierig und offen für alle Abenteuer, die ihm sein junges Leben würzen sollten. Er hatte ein warmes, mitfühlendes Herz. Ein durchweg sympathischer Mensch also, ein Frauenfreund. Zu seinem Bedauern war er als Jugendlicher zu schüchtern gewesen, um sich sexuell auszuleben. Während andere Jungen als „Eroberer" an ihm vorbeizogen, verharrte er eher bescheiden am Rande des Geschehens. So betrachtete er seine Chance, mit mir, der reifen Frau, angstfrei experimentieren zu dürfen, mit Dankbarkeit. Und ich hatte das Vergnügen, am eigenen Leib zu erfahren, was Männer in der Lebensmitte bei jungen Frauen suchen, sobald Sinnkrisen und erste Wehwehchen die eigene Vergänglichkeit ankündigen. Wenn ich auch den Jugendwahn in unserer Gesellschaft ungern unterstütze, so möchte ich an dieser Stelle doch das spezifisch „Junge" nennen, das ihren Eros ausmacht. Weil wir „Älteren" in unseren Liebesgeschichten eben nicht nur auf sonnigen Blumenwiesen gewandert sind, sondern viel Lebenszeit im Gewinnen und Verlieren zahlreicher Machtkämpfe verschwendeten, vernarbten wir oftmals, bevor unsere Liebesfähigkeit zwischen den Kampfhandlungen überhaupt Zeit hatte, erwachsen zu werden. Von dieser Gefahr weiß ein junger Mensch glücklicherweise noch nichts. Arglos freut er sich auf alles, was kommt, glaubt gerne an romantische Klischees und versprüht dabei spontane Lebensfreude. Das Unverletzte und Optimistische an den Jungen kann uns Ältere durchaus vor drohendem Zynismus bewahren, aber eben nur dann, wenn der „reifere" Erwachsene sich hütet, die Erotik zwischen ungleichen Paaren mit illusionären Hoffnungen und besitzergreifender Abhängigkeit zu nähren. Es wird uns nicht erspart, in jedem Lebensalter eine neue Herausforderung zu sehen, wenn wir uns unsere Würde bewahren wollen. Der Eros, der zu dauerhafter Liebe führt, braucht die Voraussetzung der gemeinsamen Entwicklung. Geistig. Man kann die Lust am Maigrün und an den Feuerfarben des Herbstes doch auch nur in der dazu passenden Jahreszeit erleben.
Kurzum, junge Männer genoss ich, wenn überhaupt, ohne den Wunsch nach Partnerschaft, eben als nette Blüte der Situationserotik. Mit einem Lächeln im Herzen begleitete ich ihren tollkühnen Flug jugendlicher Hoffnung. Mögen sie gut ankommen, wünschte ich ihnen zum Abschied, wenn ich mich gleich „danach" wieder zufrieden an die lustvollen Aufgaben der zweiten Lebenshälfte machte.

Doch ganz so „reif" war ich in der Zeit mit Peter noch nicht, denn ich litt noch immer an den Resten der Unart ideologisch Überzeugter: Das penetrante moralische Belehren und Bewerten anderer Menschen. Daran geht jede Erotik zugrunde.

Als wir uns kennenlernten, freute sich der ahnungslose Peter zuerst einmal fröhlich an meinem Körper. Klar machte es mir auch Spaß, ihn darin zu bestätigen, dass das Leben in erotischer Freude auch für einen „guten Jungen" ein hehres Ziel sei. Bevor wir uns jedoch gemeinsam freuen konnten, musste ich ihn zuerst noch aus seinem Kinderzimmer befreien, in das seine Mutter ihn für immer einzukerkern gedachte. Weil er dann „Miete sparen" würde, wie Eltern solch eine Gefangennahme ihres Kindes gerne begründen. Natürlich weigerte ich mich, einen fast dreißigjährigen Mann auch nur ein einziges Mal in seinem Kinderzimmer zu besuchen. Er müsse sich eine Wohnung suchen, wenn ich ihn als Mann sehen solle, forderte ich. Er tat es. Dann half ich ihm, sein Nest wohnlich zu gestalten und legte mich gerne in sein Bett. Wir hatten eine richtig nette Zeit miteinander. Allerdings nicht lange.

Ja, ich weiß, ... Du wartest schon auf die nächste Drachengeschichte, die das unrühmliche Ende dieser Geschichte einleiten wird. Du hast recht, klar war es wieder mein Edeldrache, der Peters winzigen, fetten Babydrachen, den er gerade stolz auf seinem Schoß kraulte, mit einem einzigen Happen glattweg auffraß. Wie konnte das nur passieren?
Mehrfach hatte ich meinen vertrauensvollen Liebhaber schwer gekränkt. Nicht vorsätzlich. Nein, ich dachte nur, dass ich einfach „recht hätte", wenn ich an bestimmten Stellen wie Blitz und Donner über ihn kam. Wenn er nämlich patriarchale, frauenfeindliche Klischees reproduzierte, um sich dadurch MÄNNLICH ZU ERHÖHEN.
Da kam er nicht weit, der Kerl. Da konnte er einmal spüren, wie eine „Emanze" sich wehrt! Drei Beispiele sollen Dir das verdeutlichen.

Obwohl ich die Vierzig schon länger überschritten hatte, hatte ich in dem vergeistigten Weltbild meiner Mutter noch keine Wahrnehmung dafür, was man in Kennerkreisen einen „Waschbrettbauch" nannte. Während ich heute so weit bin, in Museen zu entdecken, dass sogar Künstler der Antike Gefallen an „stählernen Bäuchen" hatten, wusste ich in der Zeit mit Peter dieses seltsame Wort nicht einmal zu deuten. Ich hörte gar nicht zu, wenn Peter den Begriff ins Gespräch brachte oder gar stolz mit den Fingern über die seltsamen Wülste in seiner Körpermitte strich. Wozu sollten diese Wülste gut sein? Doch Peter gab nicht so schnell auf, mir mit einem Aufblähen seines Oberkörpers zu erzählen, wie viele Jahre und zahlreiche Wochenstunden es ihn gekostet hätte, bis sein Bauch SO aussah! Dann tat er mir sehr leid. In tröstendem Ton sagte ich ihm, dass es viele schöne Dinge im Leben gäbe, die ihm bald viel mehr Spaß machen würden, als sich an Maschinen zu hängen, um seinen Bauch zu trainieren. Eilig schleppte ich ihn in Museen, ins Theater, in gute Filme und in Vorträge. Weil wir uns wirklich mochten, drückten wir noch eine Weile beide Augen zu, während wir uns immer häufiger „missverstanden". Am Ende traten wir um die Wette in jeden Fettnapf, der sich uns bot. Kein Wunder, dass sich die fröhliche Erotik bald jämmerlich verzog, denn wer findet es schon geil, mit fetttriefenden Füßen in ein frisch bezogenes Bett zu steigen?

Beispiel zwei. Peter sah in der Bekanntschaft mit mir eine Glückssträhne, die sein Leben in vielerlei Hinsicht bereichern könnte. Mit mir kamen neue Freunde, eine neue Wohnung und gute Laune, da fehlte doch nur noch ein neues Auto! Entschlossen griff er zum Ersparten und kaufte sich eines. Damit ich es bewundern könne, lud er mich zu einer Spazierfahrt ein. Stolz und glücklich war er zu Beginn unseres Ausflugs. Doch ich musste ihm alles verderben, denn ich kannte mich mit Autos nämlich nicht aus, weil sie mich generell wenig interessieren. Für mich sind es Blechhaufen, die zudem noch ein Schweinegeld kosten und hässlich aussehen. Und woher hätte ich ahnen können, auf welchen Trend es gerade ankam? Höflich rasselte ich das „Notwendige" herunter, dass es wirklich ein sehr schönes Auto sei, die Farbe genau meinen Geschmack träfe, ich bequem darin säße und froh darüber sei, dass wir diesen schönen Ausflug machen könnten. Aber meine lobenden Worte reichten nicht aus, um Peters ungestümen Babydrachen sattzumachen. Er quengelte herum und nervte meinen intoleranten Edeldrachen, der seine Krallen gerade gelangweilt an den nagelneuen Gummimatten zu meinen Füßen wetzte. Da passierte es!

Peter hielt die linke Hand lässig am Steuer, während er, sichtlich erfreut, mit der rechten Hand so zärtlich über die runden Armaturen streichelte, als streichele er den Busen einer Frau. Er sei gerade sehr glücklich, sagte er, und könne richtig fühlen, wie sein Selbstwertgefühl nach oben geschnellt sei, seit er ein Auto mit runden und nicht mehr eckigen Armaturen besäße, die längst nicht mehr modern seien. Genau in diesem Moment schnappte sich mein alter, gelangweilter Drache Peters Babydrachen, schüttelte ihn ein paar Mal hin und her und knallte seinen Kopf auf das Armaturenbrett, wo es sogleich verblutete. Ja, ich hatte den armen Peter angefaucht, er solle endlich aufhören, so eine Scheiße zu labern. Ich könne einen Mann nicht ernst nehmen, dessen Selbstwertgefühl von der Form der Armaturen abhinge. Sofort erstarb jede Freude. Der tief gekränkte Peter begrub weinend sein Drachenbaby und ich schlich mich mit meinem bösen Tier wieder nach Hause. Dort legte ich ihm als Erstes einen Maulkorb an und schimpfte, es solle das ja nie wieder tun. Dann ging ich erschöpft und traurig ins Bett. Alleine, wie so oft. Einsam ANDERS.

Beispiel drei. Weil sich weder die Menschen, noch Drachen von einem auf den anderen Tag ändern können, kam es doch wieder zur „Tat“. Im Alter von fünfzehn Jahren hatte Peter seine Lehre als Elektriker auf einer großen Baustelle begonnen, wo er auch die folgenden Jahre blieb. Wie hätte sich hier auch ein schüchterner Junge, inmitten der derben Sprüche des Proletenpatriarchats, zu einem markanten jungen Mann entwickeln können, wo Peter zudem noch unverbesserlich naiv und gutherzig war? Nein, er blieb eine Randfigur im großen Spiel der männlichen Selbstdarstellung. Doch jetzt, wo er seinen Kollegen etwas wirklich „Besonderes“ vorführen konnte, eine aktivistische Sexualtherapeutin, die junge Männer in orientalisch duftenden und prunkvollen Liebeszimmern verführte, ... da wollte auch Peter mal so richtig angeben. Aber die Kerle glaubten einfach nicht, was er ihnen erzählte. Stattdessen schmückten sie seine Erzählungen mit zotigem Beiwerk aus ihrer eigenen sexuellen „Schule“ aus, um ihm zu zeigen, was sie wirklich mehr interessieren würde als seine komischen Märchen. Doch Peter kämpfte weiterhin beharrlich um seine Ehre und erklärte ihnen das Ganze noch einmal in echter „Bauarbeitersprache“. Da schenkte ihm der eine oder andere Kumpel dann doch einmal ein gönnerisches Grinsen. Wie froh wurde da Peters Jungmännerherz! Schnell eilte er zu mir, seiner „großen Geliebten“, und probte in neuer Sprache ein paar geile Sprüche. Schüchtern war gestern, und heute wollte er nur stolz und glücklich sein. Doch was glaubst Du, was passierte, wenn Peters fröhlichem Herzen ein „versauter“ Spruch entglitt? „Fass!“, schrie ich dann meinem Drachen zu, der meinem Ruf sofort mit einem Feuerstrahl folgte und den armen Peter zu einem Häufchen Asche verbrennen ließ. Oh weh!
Ob er nicht wisse, wen er vor sich habe, hatte ich getobt? Eine Radikalemanze und eine Liebeslehrerin, die sich die Sexualität auf eine HEILIGE Fahne geschrieben hätte! Deren Ohren sich vor Schmerz krümmen würden, wenn sie sich solch eine „minderbegabte Mackerscheiße“ anhören müsse. Verpissen solle er sich, mitsamt seinen Bauarbeitersprüchen! Und er solle überhaupt erst wiederkommen, wenn er sich in einer würdigen Sprache über die Kostbarkeiten unterhalten könne, die der gute Geist Eros zwischen Männer und Frauen gelegt hätte. Na ja, Du ahnst es, es dauerte nicht lange, bis Peter lieber nicht mehr wiederkam.
Aber weil ich auch endlich ein Märchen erzählen möchte, das gut ausgeht, möchte ich Dir das gute Ende dieser Geschichte nicht vorenthalten.
Der schwer gekränkte Peter lernte bald nach mir eine Frau kennen, die ihm mehr zu geben hatte und ihn besser verstand als ich. Ja, sie verehrte ihn sogar und machte ihn

zu ihrem Traummann, für den sie alles tun wolle, so, wie „es sich gehört“. Helene wurde zu einem echten Liebesglück, denn sie machte aus Peter einen prächtigen Mannskerl. Der geht jetzt aufrecht durch missgünstige Häme und lacht dabei sogar noch, weil er weiß, wer er ist und was er hat. Eine wunderbare Frau zum Beispiel. Glaub mir, Helene gehört zu den ganz wenigen Menschen, die ein durchweg reines Herz haben. Sie liebte ihren Peter so sehr, dass er unter ihren hingebungsvollen Händen sofort aufblühte. Hübsch war er ja vorher schon, aber durch ihre Liebe wurde er erwachsen, männlich verantwortungsvoll, stolz und treu. Sogar sein warmes Herz blieb unversehrt. Was für ein netter Mann!
Und was das Schönste ist, ... Peter, Helene und ich sind echte Freunde geworden. Für immer. Das macht mich froh. Ich wünsche den beiden von Herzen, dass sie es weiterhin schaffen, aus Märchen wahre Geschichten zu machen.

Kati und Anton

Glücklicherweise besteht das Leben nicht darauf, uns mit Rechthaberei zu langweilen, es macht lieber Geschenke.
Es war in einem meiner häufigen Krisenjahre. Die knöchern-grausige Hand der Hoffnungslosigkeit zerrte so hart an mir, dass ich schon beinahe bereit war, der Vernunft und Resignation das Bett zu bereiten. Da legten mir meine Engel eine neue Freundin auf die Laken. KATI! Staunend betrachtete ich das unerwartete Geschenk. Wie eine zufriedene Katze saß sie auf meinem Bett und pflegte hingebungsvoll ihre Füße. Zierliche, wohlgeformte Füße, deren hübsche Zehennägel bunt bemalt waren. Kati war eine große Frau, sportlich und vor Kraft strotzend. Nein, sie passte weniger in ein Nagelstudio als auf ein wildes Pferd. Reitend sah ich sie vor mir, mit einem Lendenschurz über ihren göttlich langen Beinen. Hinter ihr wehten die langen bunten Bänder, die sie sich an ihren schwarzen Zopf gebunden hatte. Eine Speerwerferin, die wilde Pferde reitet und trotzdem trifft. Doch neben der Tatkraft eines Mannes besitzt Kati die filigrane Seele einer Frau. Einer besonderen Frau. Kati scheut sich nämlich nicht, das Unvollkommene, das Traurige, das Böse und das Endliche am Leben ebenso wach und genau zu betrachten, wie sie die Freude, den Rausch, die Ausgelassenheit und die Leidenschaft liebt. Ihre feinfühlige Begabung für das Verletzliche im Menschen kannst Du am deutlichsten an der Form ihrer Hände erkennen, die sie so zart bewegt, als seien sie die Flügel kleiner Vögel, die den Frühlingswind erproben. Nicht nur das, Kati „zaubert“ auch mit ihren Händen! Sie fasst Menschen an. Mit ihren Gesten tiefer Menschenliebe lässt sie Heilung in die Körper sehnsüchtiger, bedürftiger, einsamer und kranker Menschen fließen. Schmerz und Angst verschwinden durch die Berührung ihrer heilenden Hände. Kati ist Krankenschwester und Hospizhelferin. Sie tröstet Menschen auch bis in den Tod hinein. Treu gibt sie ihre Wärme bis zuletzt, und winkt den Menschen nach, wenn sie gehen. Danach spürt sie dankbar den Gruß, der manchmal aus der Ferne zurückkommt. So etwas kann wirklich nicht jeder.

Langsam wird es aber Zeit, dass Du Kati auch ins Gesicht schauen darfst. Ja, ich weiß, Du hast bestimmt nicht damit gerechnet, dass Dich jetzt eine total lebenslustige Person anlacht! Im Lachen dieser Frau spiegelt sich solch eine Fülle an Lust, an genießerischer Freude am Essen, Trinken, Feiern, Tanzen und am Sex wider, dass Du Dir leicht vorstellen kannst, welch ein Juwel Kati mit ihrer temperamentvollen Lustigkeit für ihre Freunde darstellt.

Nun, ich habe vorhin etwas geschwindelt. Natürlich flog Kati nicht als Erstes auf mein Bett, sondern ich lernte sie in der Sauna kennen. Dort laufen die Gäste in der Regel mit höflich gesenktem Blick umher, um die Steifheit des Herzens unter dem züchtigen Mantel des Respekts zu verstecken. Nicht aber Kati! Mir fiel diese Frau wegen ihres frechen Blicks gleich auf. Mit einem unverhohlenen „Pipi-Langstrumpf-Grinsen" lockt sie die Menschen rechts und links von ihr zum Gespräch. Auf fremde Herren und Damen redet sie so selbstverständlich ein, als gäbe es keinen Zweifel daran, dass die meisten nur darauf warten, sich mit ihr einen Streich auszudenken. So brachte sie auch mich zum Sprechen, was schon etwas heißen will, denn normalerweise schweige ich sowohl in der Sauna mit verbiestertem Ernst, als auch auf Festen.
Kati und ich wurden begeisterte „Wellness-Freundinnen". Mit großem Spaß hüpften wir von nun an gemeinsam durch Hitze und Kälte. Wir genossen die Sicht auf schöne Mosaike, auf Palmen und anderen Dekor südlicher Badekultur, zum Beispiel in der wunderschönen Sauna „Mediterana" in der Nähe von Köln. Dort schwammen wir unter dem nächtlichen Himmel im warmen Wasser und erlebten, was Glücklichsein heißt, während Schneeflocken auf unsere Gesichter fielen. Kati und ich mögen „sündige" Gedanken, wenn wir uns an feinen Düften erfreuen. Und wir betrachten auch gerne Frauen und Männer, die sich in ihrer Blöße zeigen. Wir mögen es, die Würde der Menschen zu entdecken, wenn sie, aller Statussymbole entkleidet, nackt ihre innere Mitte suchen.
Weil wir so gerne anfassen, massieren wir uns öfter gegenseitig mit feinen Ölen und plaudern dabei über die interessanten Fragen des Lebens im Allgemeinen und auch über Aspekte des Eros im Speziellen. Weil wir uns auf diese Weise schnell näherkamen, lernten wir auch bald die Lebensumstände, die Partner und Freunde des anderen kennen.

KATI und ANTON führen eine glückliche Ehe. Anton ist ein bodenständiger Handwerksmeister in den mittleren Jahren, der sich viel lieber mit Sport und Autorennen beschäftigt, als sich mit gruseligen Schriften ideologischer Gruppen auseinanderzusetzen. Hehre Ideale braucht er auch nicht, denn er ist „gut genug". Ist er auch, denn Anton ist ein richtiger Freund! Er weiß, dass er sofort anpacken wird, wenn ihn seine Familie und Freunde brauchen. Seine Autonomie beweist er nicht in markigen Sprüchen. Er ist ein ruhiger Mensch, der sich jedoch frei genug fühlt, um gelegentlich und auf trockene Art seine unangepasste Meinung preiszugeben, auch dann, wenn er damit den wunden Punkt seines Gesprächspartners trifft. Anton ist auf sympathische Weise GERADE. Greifbar irdisch. Ich mag das sehr.

Kati und Anton wuchsen in ländlichen Familien auf, kleingehalten von der schwarzen Pädagogik der katholischen Kleinbürgerlichkeit. Von daher kannten sie den Eros in ihrer Jugend nur als einen lüsternen Verführer, der kribbelnd und „böse" in die Unterleiber fährt, um den Menschen zu „minderwertigen" Handlungen zu zwingen. Du weißt, dass unsere Heimat vom Luxus edelster Weine geprägt ist. Das macht es den katholischen Moselanern leichter, im Falle des „Bösen" doch ein wenig LUST zu empfinden. Und so nutzten auch Anton und Kati ihre traditionellen Chancen, Fasching, Urlaub und Weinfeste, um ein wenig fremdzugehen. Heimlich natürlich, wie es sich gehört.
Ich schwöre, dass ich nicht diejenige war, die den beiden zur Ehrlichkeit geraten hat, denn schließlich hat mir dieses geschätzte Ideal in meinem Leben wenig äußere Vorteile gebracht. Doch meine Freunde beäugten über Jahre hinweg interessiert die inneren Vorteile, die ich von der Ehrlichkeit hatte und noch immer habe. Ich muss mich

nämlich nicht verstellen und darf immer authentisch bleiben. Eines Tages schauten sich Anton und Kati tief in die Augen und fragten sich: „Warum lügen wir eigentlich so dumm?" Mutig gestanden sie sich diese und jene Verfehlung aus der Vergangenheit und schlossen einen neuen Ehevertrag. Künftig sollte nicht die sexuelle Treue der Beweis aufrichtiger Liebe sein, sondern die liebevolle Garantie an den Partner, dass er nicht verlassen wird, falls er die gelegentliche Lust auf andere Menschen eingesteht. Kati und Anton behielten daraufhin all das Schöne, was sie vorher schon hatten, ein schönes Haus, einen partnerschaftlich organisierten Alltag, Freude am Garten, an den Enkeln, an den Freunden und am gemeinsamen Sex.

Ich bin sehr stolz auf meine Freunde. Ganz ohne Hilfe einer politischen „Besserwisserkultur" haben sie sich etwas geschaffen, das die wirkliche Freiheit unserer heutigen Zeit ausmacht, in der tatsächlich jeder so leben darf, wie er es möchte. Genau so steht es im Grundgesetz. Demzufolge hat jedes Paar das Recht, einen Vertrag für ihre Ehe zu formulieren, der ihren individuellen Wünschen und Persönlichkeiten entspricht und nicht den Normen ihrer Nachbarn oder Eltern. Autoritäre Strukturen dürfen ihre Macht nicht mehr anwenden, um das Intime des Menschen einzuengen, selbst dann nicht, wenn sich die jahrtausendelang eingesperrten Menschen noch an ihre Gitterstäbe klammern. Das Ziel, das ich in meiner Idee der „erotischen Revolution" verwirklichen wollte, dass neben einer solidarischen Liebe in der Partnerschaft auch das erotische Abenteuer einen würdigen Platz bekommt, erreichten meine Freunde locker mit einer privaten Entscheidung. Tatsächlich gönnen sie sich mittlerweile erotische Ausflüge in einer Freundlichkeit, als seien es Blumen, die den morgendlichen Küchentisch zur gemeinsamen Freude schmücken.

Du merkst schon, dass ich den Hut vor meinen Freunden ziehe und mich herzlich mit ihnen freue. Ihr Leben lässt mich fühlen, wie es ist, wenn die Revolution als höflicher Gast hereinspazierte, der, längst verloren geglaubt, mit frischem Kuchen zurückkam, als ihn keiner mehr rief.
Gleich beeilte ich mich, etwas daraus zu lernen. Mit klopfendem Herzen ging ich zum Käfig meines armen Drachens, der dort seit Jahren kläglich vor sich hinvegetierte. „Fliege hinaus und suche die Deinigen", sagte ich, „du wirst mit ihnen mehr Freude haben als mit mir. Wenn ich auch die Meinigen nicht gefunden habe, so will ich doch endgültig auf den Trost durch dich verzichten. Trotzdem danke ich dir für die wilden und auch schönen Stunden, die wir öfter teilten. Unsere Glanzzeit ist lange vorbei. Geh nun, mein liebes Tier. Ich werde dich ganz sicher nie vergessen!" Ächzend und polternd erhob sich mein staubiger Drache und kroch zum Fensterbrett. Ich öffnete das Fenster ganz weit, während mir schon die ersten Tränen in die Augen schossen. „Wenn es dir auf der Erde nicht mehr gefällt, dann flieg himmelwärts zu meiner Mutter. Bei ihr sitzen alle toten Tiere, die ich liebte. Du wirst ihr Lieblingstier werden, ganz bestimmt!", rief ich noch, während mein Drache schnell davonflog, ohne mich auch nur noch ein einziges Mal anzusehen.
Ich weinte noch lange, denn ich hatte fast mein ganzes Leben mit ihm verbracht. Als es endgültig dunkel wurde, schloss ich das Fenster, setzte mich auf mein Sofa und starrte nur geradeaus.

„Alles ist gut", sagte das Leben zu mir. Und da bekam ich das zweite Geschenk. Nicht von meinen Engeln, wie Du jetzt vielleicht denken könntest. Nein, es war KATI höchstpersönlich, die mir ein unvergessliches Neujahrsgeschenk machte.

Das kam so. Doch zunächst musst Du wissen, dass ich an Silvester unverbesserlich neurotisch bin. An diesem Tag komme ich ohne die romantische Liebe nicht aus, egal wie viele Vorträge ich darüber schon gehalten habe, warum es sie in Wirklichkeit gar nicht gibt. Außerdem glaube ich dann, dass „alle anderen“ das bekommen, was sie sich ersehnen, nur ich, als Einzige, nicht. Kurzum, vor jedem Silvester träume ich von einem Mann, der mich so sehr liebt, dass ihm an diesem Abend nur die schönsten Worte über die Lippen kommen. Nach einem romantischen Essen bei Kerzenschein rückt er ganz nahe zu mir, damit er lange meine Hand halten kann, während wir ergriffen die alten Lieblingslieder aus den 70er-Jahren hören. Und spätestens gegen 23:30 Uhr steigert sich seine Liebesglut dann dermaßen, dass er gar nicht mehr anders kann, als mir zu erklären, dass ich die Einzige bin, die er je wirklich geliebt hat, dass er nie mehr ohne mich leben will, und dass es sein Herzenswunsch sei, mir künftig alles zu geben, wonach ich mich sehne. Natürlich weiß er, dass ich zur Jahreswende innig geküsst werden will, was er auch entsprechend hingebungsvoll tut. Nach Mitternacht sind wir bereits so glücklich, dass wir einfach nicht mehr aufhören können, uns gegenseitig mit Küssen zu bedecken, während unsere Fingerspitzen spielerisch den Weg suchen, der uns in den leidenschaftlichen Bereich der Liebe führt. Wie es weitergeht, darfst Du Dir gerne alleine denken.

Weil Du meinen lieben Jiry schon vor einiger Zeit ziemlich gut kennengelernt hast, muss ich Dir bestimmt nicht mehr erklären, warum er die Silvester mit mir besonders hasst. Und mich erst, weil ich ihn alljährlich noch immer dazu zwingen will, mir den „liebenden Mann“ zu machen. Jiry gibt dann alles, was ihn als Verweigerungskünstler ausmacht. Wenn überhaupt, küsst er nur mit verzerrter Miene, so, als müsse er Frösche küssen. Zärtliche Worte kann ich vergessen. Vielmehr muss ich dankbar sein, falls er überhaupt zu sprechen gedenkt. Vor Mitternacht hat er nur noch einen einzigen Wunsch, … abzuhauen! Weil ich dann aber garantiert drohend in der Tür stehe, flüchtet er sich in verzweifelte Nothandlungen. Mal stürzt er sich auf eine meiner Freundinnen, um entschlossen mit ihr ins neue Jahr zu tanzen, mal spielt er nur noch mit den Kindern der Gastgeber, als wäre er selber eines. Das letzte Mal umarmte er unseren schwer nach Luft ringenden schwulen Freund so lange, bis ich Jiry am Arm wegzerrte und in strengem Ton zu ihm sagte: „Ich bin es, die du küssen musst!“. Nein, an Silvester lieben wir zwei uns wirklich nicht.

Also, an irgendeinem dieser unheilvollen Tage lief es so wie immer. Frühmorgens wollte ich einfach noch nichts Böses ahnen. Ich bin nämlich ein Mensch, der mit Freude im Herzen aufsteht. Ich bereitete also für Jiry und mich ein schönes Frühstück vor. Wir wohnen nicht mehr zusammen und treffen uns nur nach Vereinbarung. Gleich würde er kommen, um den Tag und die Silvesternacht mit mir zu verbringen, summte es heiter in mir, denn so lautete unsere Vereinbarung. Rums, da flog die Küchentür auf und Jiry torkelte herein. Nein, nein, nicht etwa betrunken, … er war „am Sterben“.
„Ich habe Schnupfen“, brachte er mit einem bedrohlich klingenden Gurgeln hervor. Seine Beine schienen einzuknicken und seine Augenlieder hingen so schwer herunter, dass er mir kaum ins Gesicht sehen konnte. Doch seine Stimme wurde deutlicher, als er nachlegte: „Ich muss gleich wieder nach Hause, ... ins Bett! Ich kann mich kaum auf den Beinen halten.“ „Nichts da“, fauchte ich, „ich habe genug Betten im Haus. Du legst dich in das Zimmer neben der Küche und ich werde dich pflegen. Ich denke nicht daran, den Silvestertag alleine zu verbringen!“

Als Jiry sah, dass es kein Entkommen gab, schleppte er sich in das Zimmer, das ich ihm zugewiesen hatte. Er ahnte, dass ich heute zäh am Ball bleiben würde. Also verschlechterte sich sein Zustand dramatisch. In seinen langen Unterhosen legte er sich unter drei Decken auf den Rücken, so wie immer, die Hände gefaltet auf dem Bauch, die Augen geschlossen, und die schmale, spitze Nase steil zur Decke ragend, so, wie es bei Sterbenden des Öfteren der Fall ist. Er sprach nicht mehr.
Während der ersten beiden Stunden ging ich öfter ins das Zimmer und fragte ihn, ob er einen frischen Tee möchte, oder ob ich sonst noch etwas für ihn tun könnte. Da lag Jiry nun regungslos inmitten meiner liebevollen Arrangements. Links ein Tablett mit Tee und Keksen, rechts Papiertaschentücher und daneben Nasensalbe.
Morgens hatte ich noch eine Weile gebetet, Gott möge Jirys Laune verbessern und mir eine kleine Chance für den Abend geben. Doch der hatte offensichtlich anderes zu tun. Bis zum frühen Nachmittag hatte ich mich noch dazu gezwungen, heiter zu sein. Ich kaufte ein und bereitete die Speisen vor, die am späten Abend das Fest einleiten sollten. Kati und Anton wollten nämlich vor Mitternacht zu uns kommen. Da Kati Dienst im Krankenhaus hatte, konnten sie nicht früher kommen. Ich gab mir also alle Mühe mit den Vorbereitungen, denn keinesfalls wollte ich den Freunden den Abend verderben. Als ich nachmittags wieder in Jirys Zimmer schlich, um ihm einen frischen Tee zu bringen, machte sein knappes NEIN sehr deutlich, dass ich besser nicht mehr wiederkommen sollte. Er konnte ja nicht wirklich sicher sein, ob ich womöglich nicht doch noch auf die Idee kommen würde, mich neben ihn zu setzen, um ihm „in seinen letzten Stunden" die Hand zu halten. Das wollte ich nicht, denn mittlerweile war eine solche Wut in mir aufgestiegen, die mich so böse machte, dass ich dem Kranken nur noch einen schnellen Tod wünschte. So wurde es draußen noch nicht einmal dunkel, bevor ich alle Hoffnungen begraben musste. Der einsamste Silvesterabend meines Lebens stand mir bevor. Gegen sechzehn Uhr gab ich resigniert auf. Ich setzte mich vor den Fernseher und ließ mich berieseln. Die Tränen des Selbstmitleids schossen mir so sehr in die Augen, dass ich die Bilder im Fernseher kaum erkennen konnte. Zudem übertönte mein dauerhaftes Schluchzen auch noch die Lautstärke dessen, was dort gesagt wurde. Bald fühlte ich mich so leer und tot wie der böse Jiry nebenan.
Als meine Freunde kurz vor Mitternacht eintrafen, entfuhr mir nur noch gelegentlich ein leeres Schnaufen, während von Jiry überhaupt kein Laut mehr zu hören war. Weil ich meine Freude jedoch sehr liebe, jammerte ich das Drama nur kurz herunter, denn sie hatten Ähnliches schon des Öfteren gehört. Dann erhob ich mich und brachte köstliche Speisen und Getränke zu unserem Lager vor dem Fernseher. Wir wollten uns ein tolles Konzert von Tony Gatlifs Gruppe „Venco" ansehen. Tatsächlich verbrachten wir drei noch mehrere entspannte Stunden miteinander, bevor wir, angeheitert und froh, in unsere Betten sanken. Kati und Anton nahmen das Doppelbett im Gästezimmer, das ich ihnen für die Neujahrsnacht mit Blumen, Kerzen und Pralinen extra schön hergerichtet hatte. Sie hatten eine nette Nacht. Alleine begab ich mich brav in mein Schlafzimmer, ohne vorher noch einmal nachgesehen zu haben, ob Jiry auch tatsächlich tot sei. Mir würde es reichen, wenn ich ihn am nächsten Morgen begraben würde, murmelte ich vor dem Einschlafen böse vor mich hin.

Es passierte früh am Neujahrsmorgen. Meine Tür flog auf und Anton stürmte herein, erwartungsvoll und gut gelaunt. Noch bevor ich richtig wach war, zog er seine Kleider aus und warf sie neben mein Bett. „Was tust du?", fragte ich höflich, während sich Anton auch schon seiner Unterwäsche entledigte. „Ich komme zu dir!", erwiderte er. Zunächst verharrte ich noch eisern in meiner Schlafstellung. „Hast du deine Frau ge-

fragt?", fragte ich ihn mit ernster Stimme. „Na klar", konterte Anton, „sie schickt mich doch!". Dann war auch wirklich alles geklärt. „Ich geh' noch schnell ins Bad", hauchte ich und sprang aus dem Bett, während Anton sich in mein vorgewärmtes Lager fallen ließ. Auf dem Weg ins Bad erblickte ich Kati durch die offene Küchentür, die wieder ihr sonnigstes Pipi-Langstrumpf-Grinsen im Gesicht hatte. Sie blinzelte mir zu, während sie einen Finger auf ihren Mund legte. Da erkannte ich, dass sie ihre Rolle darin sah, auf Jiry aufzupassen, der, wie sie dachte, auf die Idee hätte kommen können, seine Frau wenigstens am Neujahrsmorgen mit innigen Küssen zu wecken. Natürlich war das nicht der Fall, aber trotzdem eilte ich mit einem angenehm sicheren Gefühl vom Bad ins Schlafzimmer zurück, während Kati summend und lächelnd frischen Kaffee kochte und das Frühstück zubereitete.
Es war mir ein Vergnügen, mich mit Anton auf den morgendlichen Schnellfick einzulassen, was ich normalerweise nur mit festen Partnern tue, mit denen ich lange vertraut bin. Doch es war die Vertrautheit mit Kati, die diesen Akt ermöglichte. Ihr großes Herz und die Ehrlichkeit zwischen uns dreien war die Basis für diesen ungewöhnlichen „Festakt" am Morgen.
Wenig später saßen Kati, Anton und ich gemütlich am Frühstückstisch. Völlig entspannt. Jiry musste gespürt haben, dass ich ihn aus meinen Träumen entlassen hatte, denn plötzlich stand er in der Küchentür. „Gibt's Kaffee?", fragte er mit heiterer Stimme. Seine Augen strahlten. Seltsam ausgeruht sah er aus. Weil wir eben echte Freunde waren, rückten wir gerne zur Seite und lächelten liebenswürdig, anstatt ihm dumme Fragen über seinen Gesundheitszustand zu stellen. Da setzte er sich zu uns. Und die Würde saß auch mit dabei. Ein gelungenes Neujahrsfrühstück, würde ich meinen. Als meine Freunde sich danach verabschiedet hatten, half mir Jiry noch eine Weile bei der Stallarbeit, die ich allmorgendlich zu verrichten hatte. Als wir fertig waren, sagte er nur „also, tschüss dann", und entschwand wieder in SEIN Leben. Mir fiel es jetzt leicht, das erneut herankriechende Selbstmitleid entschlossen zu vertreiben. Sofort machte ich etwas Sinnvolles in MEINEM Leben.
Weder Anton, noch Kati oder ich brauchten irgendein klärendes Nachgespräch. Wir Frauen kichern noch manchmal, wenn wir an dieses Ereignis denken. Auch sah ich keine Notwendigkeit, Jiry davon zu erzählen, denn dieses Geschenk war für mich ganz alleine gedacht.

Auch diese Geschichte nahm ein gutes Ende. Wir vier sind noch immer sehr eng miteinander befreundet. Kati und Anton führen unverändert eine gute Ehe. Ich freue mich darauf, mitzuerleben, wie sie in Freude zusammen alt werden. In ehrlichem Frieden. Und ich darf auch mit dabei sein.

Martin

Kommen wir nun zur letzten Engelsgeschichte in diesem Brief. Dir ist sicherlich nicht entgangen, dass meine Engel anscheinend eine besondere Vorliebe für anarchischen Witz haben. Bestimmt liegt das daran, dass sie sich gerne bei meinen frechen Ahnen ausruhen, wenn sie gerade nichts Besseres zu tun haben. Doch weil sie Langeweile überhaupt nicht mögen, sorgen sie zuverlässig für neue Herausforderungen in meinem Leben, die mich in jedem Lebensalter üben lassen, die Wärme meines Herzens, die Würde meines Unterleibs und die Klarheit meiner Gedanken zu einer neuen Melodie zu vereinen.

Eines Tages entschieden meine Engel, dass ich nach so vielen Jahren des „aufrechten Gangs“, in denen ich durchaus nicht immer von einer liebevollen Umwelt gestützt wurde, eine Urkunde verdient hätte. Darin sollte ich endlich gebührend für mein „Lebenswerk“, den revolutionären Einsatz für die Liebe, geehrt werden. Weil Urkunden aber viel zu trocken für solch ein schönes Thema sind, versteckten sie die Ehrung in den Liebesbriefen von Martin, der die Würdigung meiner Person darin in lange Gedichte fasste. In den Zeilen dieses klugen, sprachbegabten Mannes steckte zudem die Erkenntnis für mich, dass es möglicherweise schon immer so war, dass meine früheren privaten und politischen Feinde durchaus wussten, was ich wert war. DESHALB wollten sie mich loswerden.

Aber Martin war nie mein Feind gewesen. Er kam nur aus einem politischen Lager, das an der anderen Seite der Mosel lag. Wir hätten uns nie anfreunden dürfen, obwohl wir uns sympathisch waren. Martin musste sich um seinen Ruf als Repräsentant einer konservativen Partei sorgen. Und ich hätte ihn ebenfalls heroisch verschmäht, denn ich war gleichermaßen stolz auf mein rebellisches, antibürgerliches Leben. Für unsere Geschichte ist es jetzt nur wichtig, zu wissen, dass er beruflich ein sehr mächtiger Mann war. Er genoss sein wohlverdientes Ansehen, weil er es dank seiner Persönlichkeit schaffte, die Zwänge traditioneller Denkgewohnheiten und die Enge der Normen unserer katholischen Provinz unbeirrbar mit utopischem Gedankengut zu würzen, welches er mithilfe seiner hohen Intelligenz und Bildung elegant aus „fremden Lagern“ ziehen konnte, ohne dass er dabei unangenehm auffiel. So kam es, dass er in den 70er- und 80er-Jahren auch uns „Aktivisten“ des Öfteren begegnete, wenn es beispielsweise um die Neuschöpfung interessanter Projekte ging. Ich kannte den Mann also schon mehr als dreißig Jahre. Im Rahmen öffentlicher Veranstaltungen gab es gelegentliche Gespräche zwischen uns, bevor die Engel ihn „einfach so“ vor mein Gartentor stellten. Vorher hatte mich Martin, den ich damals natürlich noch nicht mit Vornamen kannte, angerufen. Er sagte, er wolle gerne einen Kaffee mit mir trinken. Ich konnte mir allerdings keinen Reim darauf machen, welches Anliegen sich hinter dem Treffen verbergen könnte. Da nahm ich ihn eben wörtlich, … Kaffeetrinken.
Es war Hochsommer und das Land glühte in einer ungewöhnlichen Hitzeperiode. In meinem Haus standen seit Wochen alle Fenster offen, sodass der Geruch des Sommers alle Räume erfüllte. Ich wählte den Tisch in der Küche als Treffpunkt aus. Auf der schweren Tischdecke wirkte mein blauweißes Geschirr so gemütlich und warm wie der ganze Sommernachmittag. Passend zur gediegenen Würde meines Gastes zog ich mich schick an, eben nicht so provokativ „alternativ“, wie ich es häufiger tue, wenn ich mich abgrenzen will. In diesem Falle wollte ich meinem Gast lieber gefallen, denn ich schätzte den großen Geist dieses Mannes. Dass auch er mir gefallen wollte, erkannte ich beim Blick auf den riesigen Strauß Blumen, den er im Arm trug, als er am Gartentor stand. Schnell ging ich ihm entgegen, nahm ihm freudig die Blumen ab und führte ihn an den festlich gedeckten Küchentisch. Durch das offene Fenster hatte mein Gast einen herrlichen Blick auf die gepflegten Gemüsegärten meiner Nachbarn, die von bunten Blumen eingerahmt waren.
„Hier ist es aber schön“, sagte Martin, der sich ein paar Süßigkeiten genommen hatte. Wir begannen ein gepflegtes „Bildungsbürgergespräch“ über den kulturellen Wert von Kleingärten und Haustieren. Dann gingen wir zu persönlicheren Fragen des Umgangs mit Kindern und Enkelkindern über. Noch schöner wurde es beim Gespräch über die reifen Einsichten der Menschen in der zweiten Lebenshälfte und Fragen des Humors,

mit dem sich die Probleme des Alters leichter ertragen ließen. Da Martin die 70 bereits überschritten hatte, war er in diesem Thema sehr erfahren. Doch damit war der Bogen eines harmlosen Kaffeebesuchs endgültig überspannt. Entweder musste Martin sich jetzt verabschieden oder zur Sache kommen. Ich war sehr gespannt, was passieren würde.
Nach einer kribbelig schwierigen Gesprächspause zog Martin plötzlich ein Blatt Papier aus einer eleganten kleinen Aktentasche, die ich bisher noch gar nicht bemerkt hatte. Ob er mir ein Gedicht vorlesen dürfe, das er letzte Nacht geschrieben hätte, fragte er mich? „Selbstverständlich", antwortete ich möglichst gelassen, ... so, als bekäme ich wöchentlich Besuch von edlen Herren, die mir aus ihren Tagebüchern vorlesen.
Dann las Martin langsam das Gedicht vor, das eine für ihn offenbar drängende Frage behandelte. Es handelte von philosophischen Betrachtungen über den Zustand tief empfundenen Glücks. Martin ließ darin die Frage offen, ob des Menschen Sehnsucht nach Glück, die zu ehrgeiziger Leistung, künstlerischer Blüte und heißer Werbung in der Liebe führt, nicht etwa nur dadurch zur Kraftquelle würde, weil sie UNERFÜLLBAR sei? Er fragte, ob sich nicht die Menschen selbst ins Unglück lockten, die so unvernünftig und gierig seien, ihre Sehnsucht in die Wirklichkeit zu zerren? Könnte das gelebte Leben jemals den Zauber des Traums übertrumpfen, den der romantisch Liebende in sich bewahrt wie eine nimmer erlöschende Kerze, endete Martin in seinem Gedicht.
Da hatte er mich nun vollends in dem Punkt getroffen, in dem ich kompromisslos leidenschaftlich um das gelebte Leben kämpfe. Ich schmetterte den Zweifeln dieses klugen Dichters sofort meine Position entgegen. Ich würde den Wert meines Lebens AUSSCHLIESSLICH darin fühlen, was ich in der Wirklichkeit erlebt hätte. Meine Haltung erzwinge die aktive Gestaltung des Lebens. Die Lust am Leben läge darin, sich stets für das verantwortlich zu erklären, was man tut. Auf das Verharren in Träumen könnte ich gerne verzichten, denn es raube meinem Leben wertvolle Zeit.

Danach ging alles sehr schnell. Meine deutliche Antwort schuf einen Raum, in dem Martin mir, ebenbürtig im Mut, unverzerrt erklärte, was ihn zu mir geführt hatte. Er käme in einer heiklen Angelegenheit zu mir, weil er wisse, dass ich darin erfahren sei. Aus dem Fernsehen sei ihm bekannt, dass ich nicht monogam lebe und darin die soziale Idee der Freundschaft zwischen Männern und Frauen sähe. Von ihm wisse ich ja, dass er in der Welt eines erfolgsgewohnten Patriarchen gelebt habe, ein verwöhntes Leben, wie er meine. Ganz „normal" habe er sich das Recht genommen, neben der Ehefrau, die seine Karriere begleitet und die Kinder standesgemäß aufgezogen habe, ein Liebesverhältnis zu einer Kollegin zu pflegen, mit der er sich viele Jahre lang vertrauensvoll austauschen und weiterentwickeln konnte. Jedoch sei die Frau leider verstorben. Nun sei es passiert, dass seine geliebte Ehefrau ein Liebesverhältnis mit einem anderen Mann eingegangen sei, das sie selbst als ein Geschenk betrachte, auf das sie ein Recht habe, denn sie wolle auch einmal dran sein, ... auf der Sonnenseite des Lebens! Sie wolle ihn zwar nicht verlassen, bestünde aber auf das Ausleben ihrer späten „Chance". Die erwachsenen Kinder hätten wenig Verständnis für die Mutter, berichtete Martin, sie sähen in der „Sache" eine Störung der idealisierten Welt, in der sie ihre Eltern festzuhalten gedächten. Er selbst spüre in sich jedoch einen ganz anderen Auftrag, denn der Würde seiner Person entspräche es viel mehr, wenn er es schaffen könnte, der Ehefrau herzlich zu gönnen, was er sich in der Selbstverständlichkeit des Machthabenden ungefragt genommen habe. Zwischen diesem Ideal und seiner inneren Befindlichkeit stünden allerdings die niederen Gefühle der Eifersucht und des

Neids. Und überhaupt passe es ihm in seiner patriarchalen Prägung einfach nicht, wenn seine Frau einen anderen begehrt. Er habe ihr zwar auf die Reise zu ihrem Geliebten sein bestes Auto mitgegeben und ihr dazu heroisch „alles Gute“ gewünscht, aber in Wirklichkeit fühle sein Herz sich so klein und sauer an wie eine vertrocknete Zitrone. Nun wolle er mich fragen, ob ich ihm irgendwie helfen könne, damit es wieder groß und sonnig würde? Er wolle seine verehrte Frau nach ihrer Reise nämlich so liebend empfangen, wie es seinem Ideal entspräche. Er wolle ihr Mann sein, ... einer, der sie achtet und unterstützt, so, wie es ihr gebührt.

Martin schaute mir offen in die Augen. Ich war zutiefst berührt und erfreut von dieser unglaublichen Situation. Da will ein weiser Patriarch freiwillig auf seine Macht verzichten, um seiner Frau ein echter Freund zu sein. Weil er aber nicht weiß, wie es geht, fragt er einfach mich. Da konnte ich gar nicht anders, als ihm zuallererst meine tiefe Bewunderung für seine hehre Absicht auszudrücken. In aller Ruhe begann ich dann, jeden Punkt seines Anliegens mit der Theorie und Ethik zu unterfüttern, die zu den Menschen passt, die in der Liebe keinen territorialen Besitzanspruch sehen.
Ich schilderte meine eigenen Überzeugungen und erklärte ihm, warum die Männer, die mich erotisch lieben, kein Problem mit meinem Lebensstil haben, und warum sie mir VERTRAUEN. Ich versprach, ihn mit Literatur zu versorgen, falls er das möchte.
Während unseres langen Gesprächs hatte unsere Stimmung mittlerweile einen sehr intensiven Punkt erreicht. Da stand Martin plötzlich auf, kam auf meine Seite und streckte die Arme nach mir aus. Ich stand auch auf und ließ mich umarmen. So war nun ein älteres Paar zu sehen, das offensichtlich dabei war, sich im Land der Nähe zu begegnen. Martin ließ mich nicht mehr los, ... sehr lange nicht, ... bis wir die Grenzen distanzierter Höflichkeit eindeutig überschritten hatten. Ohne mich loszulassen, schaute er mir noch einmal ganz tief in die Augen und sagte: „ Bitte, ... sag einmal MARTIN zu mir!“
Wieder war ich tief berührt. Die mir wohlbekannte Einsamkeit der „besonderen Menschen“ schlug über mir zusammen wie eine Welle. Ich fühlte brennend, wie schlimm es ist, wenn man nur noch von der Idealisierung durch andere Menschen lebt. Man kann damit zwar eitle Drachen zu fetten Elefanten heranfüttern, aber mit dem Vornamen ist es vorbei. Keiner wagt es mehr, die Helden so zu rufen, wie es einst die Mutter tat, wie die Geschwister riefen und die Freunde, zu einer Zeit, als sie noch Kinder waren, ganz gleich wie alle ANDEREN. Martin wollte Mensch mit mir sein, nicht Mythos, das hatte ich verstanden.
„Martin“, sagte ich brav, während ich ihn etwas vom Fenster wegzog, weil ich die Situation gerade mit den Augen der Nachbarn sah. „Lass uns nach nebenan gehen, da habe ich ein passendes Zimmer für uns“, murmelte ich. Wir gingen nach nebenan.
Mein lieber Freund, dieses Zimmer haben wir nicht „benutzt“, denn Du wähltest ein anderes aus. Deshalb will ich Dir zeigen, wie es dort an dem Sommertag mit Martin aussah. Auch hier war das Fenster weit geöffnet. Die Sonne schien nicht grell herein, denn ich hatte vor dem Fenster eine unbeschnittene Glyzinie bis zum Dach wachsen lassen. So blieb das ganze Fenster von einem grünen Vorhang verdeckt, der zwar einen dichten Sichtschutz bot, aber dennoch genug Licht durch die Blätter ließ, damit noch ein paar Sonnenstrahlen das Zimmer erhellen konnten. Sie tanzten, von einem zarten Luftzug bewegt, in der orientalischen Atmosphäre des Zimmers. Martin und ich traten ein.
„Hier ist es aber schön!“, sagte Martin ein zweites Mal. Während er sich den Raum eingehend betrachtete, begab ich mich ins Bad, um mich zu frisch zu machen. Als ich

zurück ins Zimmer kam, musste ich erst einmal ein paar Sekunden lang in der Tür stehenbleiben, denn vor mir zeigte sich ein aufregend schönes Bild. Martin hatte sich entkleidet. Völlig nackt stand er in gelassener Pose da und schaute mir mit dem gewinnenden Lächeln eines stolzen Kindes entgegen, das ein Geburtstagsgeschenk erwartet. Von der tiefstehenden Abendsonne drangen einzelne Lichtstrahlen durch den Blättervorhang. Sie umrahmten Martin und machten ihn so zu einer Lichtgestalt. Der Anblick dieses strahlenden Menschen vor dem Rot des Wandteppichs, dahinter die hellgrün tanzenden Blätter, und überall dazwischen der seidige Glanz der orientalischen Kissen, gemischt mit den kleinen Blitzen ihrer goldenen und silbernen Schmuckornamente, schenkte der Situation etwas Königliches. Das würdige Ambiente untermalte Martins Schönheit, die Schönheit eines älteren Menschen, der alle Phasen seines Lebens bewusst erlebt hat, der alles wissen ... und spüren wollte, was den Menschen zu Wachstum bringt. Ein Mensch, dessen Augen umso mehr glänzen, je älter er wird. In Frieden mit allem, was er im Leben sah. Martins Mut hatte mein anarchisches Herz im Sturm erobert. Dass er es wagte, seine Würde völlig ungeschützt in meinen Schoß zu legen und mir so rückhaltlos zu vertrauen, weckte auch meinen wilden Mut. Entschlossen legten wir uns in das sonnige Nest, wo ich mich auf den Weg machte, dem Menschen Martin hingebungsvoll zu begegnen. Zwei reife Menschen, die dankbar sind für das, was sie tun, erleben darin auch die Liebe. Ich war dankbar und froh.

Danach gingen wir in den Garten und setzten uns in die „Elfenecke“. Dort wächst Efeu hoch über einen alten Baum hinweg und bildet damit eine Laube, die kein Nachbar einsehen kann. Am Fuß einer schmiedeeisernen Bank liegt eine schlafende grüne Elfe, die sich kaum von den Blättern abhebt, auf denen sie ihr weiches Lager hat. Es ist ein Ort zum Träumen, zum Gedichte lesen, Küssen oder Liebesbriefe schreiben. Martin und ich wollten dort zum Abschied einen Schluck Wein trinken. Den hatte ich in altmodische dunkelgrüne Gläser eingeschenkt. Da saßen wir nun nebeneinander auf der Bank. Jeder hielt ein Glas in der einen Hand und hatte die andere zärtlich in die Hand des anderen gelegt. Eine Weile schwiegen wir im Genuss der gemeinsamen Ruhe. Man könnte meinen, dass meine Engel in diesem Gipfel der Romantik ihre Schlussszene gefunden hätten, aber nein, sie brauchten noch den goldenen Rahmen für ihr Geschenk. Um diese Uhrzeit geht die Sonne normalerweise hinter den Hügeln des Meulenwalds unter. Doch an diesem wunderbaren Sommerabend erbaten meine Engel einen kleinen Aufschub, denn sie wollten noch ein paar gleißende Strahlen auf ihre Schultern laden, um sie, über die Hügel zurück, direkt auf unsere Gläser zu lenken, bis diese in unseren Händen plötzlich zu erglühen schienen. Unvergesslich die Süße dieses schimmernden Weines, den wir mit Rührung tranken.
„Ich bin jetzt sehr glücklich“, sagte Martin, ohne mich anzuschauen. Sein Blick verlor sich in den Geschenken der Natur. Auch ich murmelte noch ein paar freundliche Sätze in den Abschied hinein. Dann ging Martin durch den Garten zurück in sein Leben. Wie immer fragte ich am Ende nichts.

Wenige Tage später rief Martin mich erneut an. Er wolle mir sehr danken, sagte er. Es sei ihm gelungen, seiner Frau bei ihrer Wiederankunft seine volle Liebe zu schenken, wie er sich das gewünscht habe. Er würde sich freuen, wenn er noch weiter von mir lernen könne, denn er fühle sich durch mich sehr bereichert. Und dann kamen diese Briefe. Alle paar Tage setzten sie die Urkunde, die die Engel mir gewidmet hatten, wie Puzzleteile zusammen. Ich sei die stärkste Person, die er je in seinem Leben kennengelernt habe, schrieb Martin. Nicht deshalb, weil ich meine Ideale elegant in schöne Theorien formen könnte, sondern weil ich sie einfach leben würde. Ungefragt. Ganz alleine. Ohne den stützenden Hintergrund irgendeiner sozialen Gemeinschaft, die mir recht gibt, und zu der ich GEHÖRE. Natürlich schmeichelten mir solche Sätze. Trotzdem verursachten sie auch Schmerz, denn dieser kluge Mann hatte meinen wunden Punkt auf Anhieb getroffen. Tatsächlich gehöre ich nirgends hin und zu mir gehört auch keiner. Wie oft war ich schon sehr traurig darüber! Doch Martin hatte die Gabe, mich in den schönsten Worten zu trösten. Er beschrieb mir meinen hohen Wert in seinem Leben. Für ihn war ich ein Geschenk seiner persönlichen Engel, die ihm, wie er sagte, in seinem letzten Lebensabschnitt noch einmal erlaubten, die Liebe wie ein Jüngling zu fühlen, der sich im Rausch des Glücks unsterblich fühlt. Martin genoss einen goldenen Herbst.

Kurz bevor der Winter kam, teilte Martin mir mit, dass er sich für längere Zeit nicht melden würde. Er müsse sich einer schweren Operation unterziehen und wisse nicht, wie es ihm danach gehen würde. Er wolle mich anrufen, sobald er wieder genesen sei. Viele Wochen gingen ins Land. Ich sah Martin erst im kalten Februar wieder. Er hatte mich angerufen und käme auf einen Kaffee vorbei. Ich war sehr froh, dass es ihm anscheinend wieder besser ging. Dieses Mal kam Martin mit einem Arm voller rotoranger Rosen, den Feuerfarben, die ich am meisten liebe. Er sah großartig aus und trug einen langen, elegant geschnittenen Wintermantel, der nicht zeigte, wie dünn er mittlerweile geworden war. Seine Augen leuchteten ungebrochen, und in seinem Lachen wirkte er jung, obwohl er von seiner Krankheit gezeichnet war. Ich hatte kleine Häppchen für uns vorbereitet. Während wir sie feierlich verzehrten, führten wir unser letztes Gespräch. Nie hätte ich mir vorher vorstellen können, wie schön und heiter es sein kann, über Alter, Krankheit und Sterben zu sprechen. Martin und ich waren nicht nur im Mut ebenbürtig, sondern auch in der Fähigkeit, ernste Gefühle mit Humor zu vereinen. Wir lachten viel, bevor wir uns mit einer zärtlichen Umarmung trennten.
Martin starb, bevor das Frühjahr kam. Wir hatten uns nicht mehr gesehen. Und er hatte auch nicht mehr geschrieben. Von seinem Tod erfuhr ich aus der Zeitung.

Ich war auf seiner Beerdigung. Es war so ein Tag, an dem einem die eisigen Winde durch die Kleider in die Knochen fahren. Sehr viele Menschen waren auf dem Friedhof, denn Martin war ein bekannter Mann. Es dauerte lange, bevor ich mich in der Schlange der Trauergäste Martins Grab nähern konnte. Ich hatte dabei viel Zeit, über die unterschiedlichen Rollen der Geliebten und der Ehefrauen in unserer Gesellschaft nachzudenken. Ich wusste, wie froh Martin darüber war, dass sich seine Familie, die ihn mit bewundernder Verehrung liebte, bis zur letzten Minute bedingungslos um ihn gekümmert hatte. Ich dachte aber auch über Martins langjährige Geliebte und Weggefährtin nach, die wahrscheinlich ganz ohne seine tröstenden Hände gestorben und auf deren Beerdigung er gewiss betont förmlich war, während ich auf seiner sehr weinte. Ich erahnte den Wert einer funktionierenden Familie, die zuverlässigen Schutz und Sicherheit bieten kann, was am Ende des Lebens wertvoller als der Eros ist. Zunehmend einsam fühlte ich mich bei all diesen Überlegungen, denn ich bewegte mich gleichzeitig inmitten einer Menschenmenge, die in satter Gutbürgerlichkeit ruht und „solche wie mich“ gerne DRAUSSEN lässt. Und dann erlebte ich das letzte Wunder in dieser erstaunlichen Geschichte.
Bei einer Beerdigung wärmen und stützen sich nur die Menschen vorne in der Schlange der Trauergäste. Die hinten wissen nur alleine, warum sie hier sind. Sie sind im

Ritual nicht wichtig. Weil ich dort hinten unheimlich fror, überlegte ich, ob ich nicht einfach weggehen sollte. Da wurde plötzlich mein ganzer Rücken so warm, als ob jemand mich mit einer Umarmung von hinten wärmen wolle. Erstaunt drehte ich mich um, doch da war niemand. Hallo Martin, dachte ich mit einem Lächeln, das mich wärmte. Dann ging ich froh nach Hause.

Kommen wir zu uns, lieber Freund. Martin war die letzte Blume in dem Strauß erotischer Ereignisse, den ich Dir schenken wollte. Ich hoffe, es hat Dir Spaß gemacht, an der einen oder anderen Blüte zu schnuppern. Und jetzt wird bald der vollkommene Duft des echten Frühlings in unsere Nasen ziehen. Ich habe tatsächlich einen ganzen Winter für diesen Brief gebraucht. Weil ich mein Haus renoviert habe, um ein frisches Nest für einen neuen Lebensabschnitt vorzubereiten, hatte ich nur sehr wenig Zeit zum Schreiben. Ich hoffe, dass Du die anhaltende Kälte, die uns in diesem Winter begleitet hat, gut überstanden hast. Im nächsten Brief will ich Dir die Grenze zeigen, die ich auf dem langen Weg meiner erotischen Revolution erreicht habe, dem letzten Lernschritt, den ich mit Dir teilen will. Ich freue mich darauf.

In Liebe

Nelly

Brief - Mai 2010

Verratene Kinder lieben auch, anders eben

Lieber Freund!

Heute fahren wir an die Wand! Du willst aussteigen? Hast recht. Ich mach das alleine. Du hast Dir einen ruhigen Lebensabend wahrhaftig verdient. Mehr als vierzig Jahre lang hast Du Deine volle Kraft und Deine brillante Intelligenz an andere Menschen weitergegeben. Ich gönne Dir jede Ruhe in Deinem Leben, damit Dein Ruhestand endlich auch Deine Lebensqualität nährt. Ich wünsche Dir Gelassenheit und eheliche Harmonie. Viel Genuss am sinnlichen Leben, an gutem Essen, an edlen Getränken und an gutem Wetter. Ich wünsche Dir warmen Kontakt zu Deinen Kindern und Enkelkindern und gute Gespräche mit Deinen Freunden. Und ich wünsche Dir viel Spaß an guten Büchern, an tiefen Gefühlen bei schöner Musik und Sonnenuntergänge mit Sommergeruch. Ein langes Leben.

Meine vorletzte Geschichte, die die Grenze auf meinem Weg der erotischen Revolution erreichen wird, auf die wir schon lange gewartet haben, ist auch ein Haltepunkt für uns beide. Zwar gingst Du mir als leibhaftiger Mensch schon vor langer Zeit verloren, aber als idealisierte Figur hast Du mir treu gedient. Du musst geahnt haben, dass ich nicht UNVERSTANDEN von Dir gehen konnte. Ich danke Dir.

BARO und ich, ein Drama

Diese Liebesgeschichte fing an, als ich die Mitte vierzig bereits überschritten hatte. Jiry hatte gerade ein junges Mädchen unter zwanzig geheiratet. Die narzisstische Kränkung traf mich schwer. Wenn ich mich auch selbst genau in den Vierzigern am Schönsten fand und meine Sexualität vergnügt mit zahlreichen Männern feierte, die mich durchaus wohlwollend betrachteten, so wusste ich doch um die Härten Bescheid, die die Jugendkultur für meine Altersgruppe bereithält. Entsorgen würden sie mich, wenn sie nur könnten, geradeso wie mein verlorener Mann es getan hatte. Und ich gedachte, mich zu wehren!

„Da machen wir nicht mit!“, zischte ich meinem Drachen zu, der damals noch temperamentvoll und lebenslustig an meiner Seite hüpfte. Allzu gerne wollte er mit mir ausgehen. Also zauberte ich eine Schüssel voller steifem Schaum aus Olivenseife, gemischt mit Sandelholzöl, und darüber ein paar Tropfen Lavendel und Zitrone. Damit wusch ich den Drachen gründlich von oben bis unten. Ich vergaß keine seiner zahlreichen Hautfalten, in denen er sich so weich anfühlte wie ein Baby. Nach dem Abtrocknen polierte ich seine Schuppen, bis sich ihre mausgraue Farbe mit goldenem Glitzern und schillerndem Rot, Orange und Lila mischte. Dann massierte ich seinen weichen Bauch, bis er vor Freude grunzte. Ich steckte ihm seinen Punkerohrring ins linke Ohr und hänge ihm mein Lieblingsvodoo um, eine afrikanische Halskette mit einem Anhänger aus Kupfer. Eine schwarze Frau mit spitzen Brüsten freut sich darauf, in ihrer Schönheit erkannt zu werden. Auch mein Drache war vollkommen begeistert. Noch einen Spritzer roten Nagellack auf seinen dicken Zeh, und fertig war mein kleiner

Prinz. Wir gingen los. Zur Sicherheit hatte ich vorher noch ein Stoßgebet zum lieben Gott gesandt: „Bitte befreie mich für immer von Jiry und schenke mir einen neuen Mann!“ Und was glaubst Du, was passierte? Schon am nächsten Tag stand ein neuer Mann in meinem Garten.

Romantisch fing es an

Er gefiel mir auf Anhieb. Sehr groß war er, eine dunkle, geheimnisvolle Gestalt. Weil er meine Scheren schleifen wollte, ordnete ich ihn treffsicher dem Volke der „Zigeuner“ zu. Das Wort nenne ich hier zum letzten Mal, denn ich weiß genau, dass Du schon Luft holst, um mich zu belehren, dass ich diese Menschen „Sinti und Roma“ zu nennen hätte. Sei beruhigt, ich will meine Freunde nicht diskriminieren. Ich habe sie persönlich gefragt, wie ich sie nennen darf. „Zigeuner“ wollten sie heißen, meinten sie stolz, denn so hießen sie doch. Ich erklärte das Problem mit der „politisch korrekten“ Sprache. Sie blieben dabei. Weil ich aber keinen Streit mit Dir haben will, nenne ich die Volksgruppe ab jetzt eben „Cikatos“, dann sind wir das Problem los.
Der fremde Mann stand also lange in meinem Garten. Weil ich um die schwere Diskriminierung seiner Volksgruppe wusste, rasselte mein Über-Ich sofort alle revolutionären Pflichten herunter, die ich zu befolgen hätte. Heldenhaft und zutiefst sozial schlug mein Herz im Randgruppenkontakt. Also eilte ich ins Haus, um einige Scheren zu holen. Ich gab sie ihm, damit der arme Mann sich nach getaner Arbeit ein Brot kaufen könnte. Der verschwand damit für eine Weile, kehrte zurück und nannte mir dann einen abstrusen Preis, der unmissverständlich zeigte, dass er ein dreister Betrüger war. Weil ich mich von dem Kerl nicht nur betrogen fühlte, sondern gleichzeitig das komplette Gefüge meiner romantischen Vorstellungen beschmutzt und Dreck auf die schönen Buchdeckel literarisch wertvoller Geschichten gespritzt war, wurde ich unglaublich wütend.

Du kennst mich nicht, wenn ich sehr wütend werde. Ich verwandle mich dann sekundenschnell in einen feuerspeienden Drachen, der wildwütig angreift, und dessen rhetorisch kreativen Argumente den verblüfften Gegner in Angst und Schrecken, mindestens aber in große Überraschung versetzen. Weil ich als Drache jedoch relativ klein ausgefallen bin, krieche ich feuerspeiend am Gegner hoch, bis er das Weite sucht. Mit dem Fremden verlief aber alles anders als sonst.
Ich schrie ihn an, was ihm einfiele, mich betrügen zu wollen! Ob er zu blöd sei, die Augen aufzumachen? Er befände sich in einem besonderen Garten, der ihm deutlich zeigen würde, dass ich, nicht weniger als er, einer bedrohten Randgruppe angehören würde. Ob er denn glaube, dass es für mich leicht sei, mich, als autonome Frau mit antibürgerlichem Lebensstil, inmitten dieses spießigen Dorfes durchzuschlagen? Ob er nicht sehen könne, dass ich keinesfalls wohlhabend sei, und wieso ihm nicht eingefallen sei, dass er mich, die ich ihm vertrauensvoll meine Scheren anvertraut hatte, gleichermaßen solidarisch behandeln müsse? Er möge in Zukunft besser aufpassen und nur noch bei den Reichen stehlen, während er solchen Menschen wie mir Respekt und Freundschaft entgegenzubringen habe!
Der Mann wird meine Argumente nicht alle verstanden haben, aber er war offensichtlich beeindruckt. Weil er tatsächlich bevorzugt alleinstehende Frauen aufsuchte, um sie zu bestehlen, kannte er bisher nur zwei Arten ihrer Reaktionen. Die meisten hatten Angst vor seiner riesigen Gestalt, die ziemlich gefährlich aussah, und bezahlten sofort.

Wenige zeigten ihn danach bei der Polizei an, doch da war er bereits nicht mehr auffindbar.
Jetzt blieb der Fremde einfach nur stehen, bis die Flammen aus meinem Mund erloschen waren und schaute mich dabei sehr intensiv an. So etwas hatte er noch nie gesehen. So, wie man ein harmloses Zootier zu streicheln versucht, streckte er mir plötzlich seinen langen Arm entgegen und sagte: „Entschuldigung, ich bin Markus!“ Ich rollte noch einmal kurz mit den Augen, streckte dann auch meine Hand aus, legte sie in seine und sagte: „Nelly“. Was jetzt? Wir schauten uns eine Weile schweigend in die Augen und bemerkten beide, dass da etwas zwischen uns aufkam, was eigentlich nur zwischen Männern und Frauen aufkommt, die sich mögen. In meiner gewohnten Naivität und Geradlinigkeit sagte ich: „Komm mit!“ Der Mann lief hinter mir her. Ich eilte durch mein „offenes Haus“, das bis dahin tatsächlich noch niemals abgeschlossen gewesen war und suchte meinen Geldbeutel. Ich öffnete ihn und zeigte dem Fremden den Inhalt. Einige kleine Scheine, nichts Großes. Ich sagte, der Inhalt sei das Einzige, was ich besäße, und davon gäbe ich ihm jetzt genau die Hälfte. Das sei die richtige Solidarität zwischen benachteiligten Randgruppen, das möge er sich merken. Markus log gleich weiter, er gehöre halt zu einem fahrenden Volk, und er hätte eine große Familie zu ernähren, da könne er nicht ganz ehrlich sein, aber künftig würde er mir die Scheren umsonst schleifen. „Nur das nicht!“, keifte ich nachtragend, aber wenn er wolle, könne er gerne einmal Kaffee mit mir trinken. Wir verabschiedeten uns freundlich. Weil ich seinen Blick gut erkannt hatte, wusste ich, dass er wiederkommen würde.

Er kam. Ein Jahr später. Ich führte ihn gleich ins Haus, denn ich wusste, dass wir Persönliches zu besprechen hätten. In knappen Worten schilderte ich meine Lebenssituation, der zu entnehmen war, dass Eros ein gern gesehener Gast bei mir war. Baro berichtete, dass er nicht Markus, sondern Baro hieße und verheiratet sei. Er sei kein Mann, der fremdgeht, ... normalerweise, ... aber ich würde ihn „interessieren“. Ich hätte kein Problem mit verheirateten Männern, antwortete ich, denn ich hätte grundsätzlich nicht die Absicht, einer anderen Frau den Mann wegzunehmen. Ich sei nicht „schädlich“ für die Ehe. Ob der Fremde mir jedoch irgendwie schaden könnte, darüber dachte ich keine Sekunde lang nach, denn in meinem Gehirn loderte schon das elterliche Über-Ich in einer narzisstisch grandiosen Verblendung, die ich für „politisch korrekt“ hielt. Der Fremde aus der diskriminierten Randgruppe sollte es bei mir besonders gut haben. Ich, die moralisch integere Weltverbesserin, würde ihm seine volle Würde als Mensch zurückgeben. In meinem Haus und erst recht in meinem Bett wären alle Menschen gleich viel wert, das würde ich ihm leibhaftig beweisen. Wie das konkret aussehen könnte, erschien mir schon deutlich vor Augen. Er würde nicht weniger von mir bekommen, als jeder deutsche, französische oder amerikanische Ehemann auch. Leidenschaft blitzte aus meinen Augen, denn ich mochte es, auf diese Weise „politisch tätig“ zu sein.
„Also gut“, sagte Baro mit einer tiefen, weichen Stimme, „dann komme ich heute Nacht“. „Okay“, antwortete ich mit der mir eigenen Gelassenheit in diesem Thema. Meine Tür war ja grundsätzlich unverschlossen, eine Tradition, die ich von meinen Eltern übernommen hatte. Das Dogma des OFFENSEINMÜSSENS FÜR JEDEN MANN UND JEDE FRAU erschien mir damals noch als eine heilige Weltbürgerpflicht, die ich bedingungslos einhielt. Tatsächlich hatte ich bisher auch nie eine schlechte Erfahrung damit gemacht.
Die Nacht kam und brachte Baro mit in das Dunkel meines Schlafzimmers. Er legte sich wortlos zu mir. Ohne Anstrengung, fließend weich wie Wasser, das aus einer

warmen Quelle fließt, taten wir das, wofür wir uns verabredet hatten. Es war schön und nah. Als wir danach still nebeneinander ruhten, wuchs in mir ein Staunen. Die Situation als solche war für mich ja nicht ungewohnt, aber mit der erlebten Tiefe dieses Kontakts hatte ich nun wirklich nicht gerechnet. Solche Gefühle kannte ich nur, wenn eine Liebesgeschichte ihren Anfang nahm. Weil ich meiner Körperwahrnehmung treffsicher vertraue, verzichtete ich weiterhin auf das Einschalten meines Verstands und benahm mich arglos so, wie ich es immer tue, wenn ich mich geliebt fühle. Ohne diesen dunklen Fremden in meinem dunklen Zimmer genauer einschätzen zu wollen, kuschelte ich mich in seine riesigen Arme und begann zu erzählen. Ich vertraute ihm die traurige Geschichte meines DRAUSSENLEBENMÜSSENS an, die hoffnungslose Liebe zu Jiry und die autonome Konsequenz, die meinen spezifischen Lebensstil begründete. Und ich vergaß auch nicht, die politischen Aspekte daran zu beleuchten, besonders die historische Neuschöpfung meines feministischen Selbstbewusstseins. Ich konnte das Gesicht meines Gastes im Dunkeln zwar nicht gut sehen, doch jedenfalls war er bei meinen Ausführungen nicht eingeschlafen. Stattdessen hatte er mich die ganze Zeit fest im Arm gehalten. Wohlig warm und sicher aufgehoben fühlte ich mich an seinem bärenstarken Körper. Aber in der seligen Aufregung, die ich spürte, war es mir nicht möglich, einzuschlafen. So musste ich Baro gegen Morgen doch höflich bitten, nach Hause zu gehen, weil ich an diesem Tag viel arbeiten müsse. Ohne zu murren Baro stand Baro auf und zog seine Hose an. „Du interessierst mich“, sagte er noch einmal, nachdem er mir die ganze Zeit vorher schweigend zugehört hatte. Dann zog er plötzlich sein T-Shirt aus, das er im Bett noch getragen hatte. „Das lass ich dir hier“, murmelte er, „damit du mich nicht vergisst!“ Er küsste mich und ging.
Draußen erhoben die ersten Vögel ihre Stimmen, als ich sehr glücklich einschlief. Baro und ich konnten noch nicht ahnen, wie schnell sich unsere Schicksale in einer Weise verbinden würden, die uns jede Chance nahm, unkompliziert auseinanderzugehen.

Baro kam wenige Tage später wieder. Nachts. Er war „auf der Reise“ gewesen, wie Cikatomänner das nennen, wenn sie ihre Familien verlassen, um für eine Weile unbeobachtet in patriarchale Freiräume zu entweichen. Es ist besser, nicht zu fragen, was sie in dieser Zeit tun. Baro allerdings berichtete mir ungefragt, dass er „selbstvernichtende Ausflüge“ in die Welt des „Stoffs“ unternehme, weil sein Leben so hart sei, dass es ohne das nicht auszuhalten wäre. Jetzt wolle er einfach nur schlafen. Ich machte ihm ein Bett im Wohnzimmer. „Schlaf bei mir“, bat er mich. Er war schnell „weg“ in einer anderen Welt, nachdem er sich hingelegt hatte, ohne dabei zu vergessen, mir seinen Arm entgegenzustrecken, in dem ich mich schlafen legen durfte. Sanft glitt ich zu dem Mann ins Bett und dachte beim Einschlafen darüber nach, wie es wohl käme, dass ich nichts Unnormales dabei fand, nackt neben einem voll bekleideten Mann zu liegen, der sich sogar mit den Schuhen ins Bett gelegt hatte. Ich sah es wie Kunst, als ich mit dem Bild von seinen riesigen Schuhen einschlief. Morgens trank Baro noch eine Tasse Kaffee mit mir und verschwand.

Als er das dritte Mal kam, war Baro noch schlechter dran. Jetzt fing er an, mir bruchstückhaft aus seinem Leben zu erzählen. Als flögen Felsbrocken vom Himmel und landeten ausgerechnet in meinem Garten, so fremd und hart knallte das Erzählte vor meine Füße. Was ich hören musste, war schlimmer als alles, was ich bisher im Leben kannte, obwohl der Mann sich bemüht hatte, mir, aus „Cikatosicht“, ausgesucht „harmlose“ und mit freundlichen Lügen ummantelte Variationen darzubieten. Seine Ehe sei die Hölle, sagte er. Die Ehefrau aus dem Volke der „Kuku“, einem, was Frauenfeind-

lichkeit angeht, ähnlich steinzeitlich patriarchalen Volk wie sein Eigenes, behandle ihn überheblich, weil sie sich für etwas „Besseres“ halte. Sie bediene ihn nicht, wie es sich für eine Frau „gezieme“, sondern nenne ihn einen „dreckigen Cikato“. Und wenn sie ihn besonders treffen wolle, bezeichne sie den gemeinsamen Sohn als einen „Bastard“. Sie behandle den Jungen schlechter als die Kinder, die sie von ihrem ersten Mann, einem Kuku, mit in die Ehe gebracht hätte. Wenn sie wütend sei, fordere sie sogar noch ihre Kukukinder dazu auf, ihn zu verhöhnen. Sie berufe sich dabei auf ihre angeblich „gehobene Herkunft“ als Kukufrau. Er würde von den Kukus nicht ernst genommen, obwohl er als Familienvater versuche, alle Kinder zu ernähren. Seine Cikatofamilie hingegen lehne die Kukufrau ab. Bei seiner Hochzeit hätten sie seine Wohnung zusammengeschlagen, anstatt mit ihm Kuchen zu essen. Ja, über seinem Leben hinge ein Fluch. Wie könne es sein, dass gerade er niemals Anerkennung und Liebe bekäme, wo er doch auch ein Mensch sei?
Da war es um mich geschehen. Natürlich kannte ich nur eine einzige Antwort. Ein leidenschaftliches JA für diesen leidenden Mann, den ich schützend umarmte, während mein eigenes Blut vor lauter Herzschmerz auf den Boden tropfte und dort in hässlichen Pfützen erkaltete.

Was glaubst Du, wie groß ich plötzlich wurde, heldenhaft vor Wut, ... und wie ich aufsprang, den einsamen Cikato auf meine „Ritterarme“ packte und sofort auszog, den „Kinderkreuzzug“ zu gewinnen!
Baro würde ich als Erstes retten, natürlich mit seinem kleinen Sohn! Und danach alle Cikatos sowieso. Und dann müsse ich den Kukus noch sagen, dass es keineswegs richtig sei, nach „unten“ zu treten, auch dann nicht, wenn man selbst von „oben“ getreten würde!

Ich hatte viel vor. Zu diesem Zeitpunkt wusste ich noch nichts davon, dass ich selbst es war, die misshandelte kleine Nelly, die sich in diesem einsamen Mann spürte, und dass es nicht politischer Edelmut, sondern mein armer Drache war, der hier seine Chance sah, sich grandios aufzublähen.
Ob ich es heute noch einmal tun würde? Vermutlich ja. Ich werde wohl für den Rest meines Lebens solidarisch handeln, weil ich MUSS, und weil es meine eigene Menschenwürde verletzt, wenn ich weiß, dass ein anderer ohne sie leben muss. Damit ist alles gesagt.
Also aufgepasst, geh Du jetzt zur die Seite! Ich fahre los! Aufrecht stehe ich brüllend in meinem Streitwagen. Kriegerische Entschlossenheit verzerrt mein Gesicht. An dem Schwert, das ich drohend zum Himmel erhebe, wehen Sprüche wie leuchtende Schweife: Gleiches Recht für alle! Nieder mit der Klassengesellschaft! Die Menschenwürde ist unantastbar, das gilt für jeden Menschen auf der ganzen Welt! Jeder Cikato ist gleich viel wert wie einer von uns! Wer einen Cikato beleidigt, wird mich kennenlernen! Der Bannstrahl meines heiligen Schwertes soll ihre Feinde treffen, denn ich bin die Rächerin aller Geächteten! Wehe, ... wehe! ...
Du siehst, Jeanne d'Arc schrumpfte neben mir zur Gänseliesel! Und dann schau Dir mal meinen Drachen an. Der zog den Streitwagen nämlich. Unbesiegbar und kühn, wie Drachen eben sind! Für unseren großen Auftritt im KINDERKREUZZUG hatte er sich auf die Größe eines Elefanten aufgebläht. Indischer Herkunft natürlich, denn in diesem Stil hatte ich ihn auch geschmückt. Passend zur Geschichte der Cikatos, die vor 1000 Jahren von Indien her, über Ägypten, nach Europa gekommen waren. Ich etwa zehn Jahre alt, als ich den „Kinderkreuzzug“ gelesen hatte. Schnell hatte ich

wieder vergessen, dass es in diesem Buch um ein christliches Drama ging, das mich nicht interessierte. Mir blieb nur ein glühendes Bild von einer Kindergruppe in Erinnerung, die, Hand in Hand, in eine unbekannte Ferne zieht, um sich gemeinsam von den bösen Eltern zu befreien, erklärte ich mir damals das schöne Bild, um es passend in mein Leben einzufügen. Es wurde mein Bild der Hoffnung. Mein Schatz.

In den nächsten Wochen kam Baro ziemlich oft. Zwischen uns kam Liebe auf. Von mir jedenfalls weiß ich es genau. Wie es bei ihm war, darf ruhig im Dunkeln bleiben. Auf jeden Fall weiß ich ganz sicher, dass er mir nicht selten das Beste gab, das er in sich aufbringen konnte. Anfangs warnte er mich noch vor bösen Menschen, die es „in echt" gäbe. Ich kam nicht darauf, dass er sich selbst meinen könnte. So beseelt von meinem revolutionären Auftrag, wie ich es war, tanzte mein Herz nur in den schönsten Bildern. Aber auch Baro verlor mit der Zeit die Angst, er müsse mir sein Böses zeigen. Als ich ihn dann länger kannte, sagte er mir einmal, wie viel es ihm bedeuten würde, dass er bei mir ein „Guter" sei. Nicht so wie DRAUSSEN. Dort sei er ein ANDERER. Das käme davon, dass ich immer gut zu ihm sei, und weil er bei mir willkommen wäre. Dass er mir einfach vertraute, wollte er mir nicht sagen, denn solch ein Wort hatte in seinem Leben bisher noch nicht existiert. Und hätte ein Vertrauen, das, wie Blitze in einem dunklen Sommerhimmel, nur sekündlich aufleuchten darf, überhaupt seinen Namen verdient?

Baro und ich hatten eine tolle Sprache miteinander. Die Cikatos brauchen für ihr tägliches Überlebenmüssen keine abstrakten Begriffe. Also bediente sich Baro in Gesprächen mit mir der kreativen Bildersprache, die ich selbst so liebe. Was glaubst Du, wie mein Herz hüpfte, als er mich fragte, ob ich ihn so liebte, wie die Sonne die Erde küsst? Da zeigte ich ihm doch gleich meine kosmischen Künste, die diesen traurigen Mann zart in den heiligen Himmel der Liebe hoben. Wenn er sich von meiner Liebe berühren ließ, machte mich das richtig glücklich.
Doch die glücklichste Überraschung schenkte er mir mit einem erstaunlichen Satz. Wir hatten uns erst ein paar Mal getroffen. Um dem Fremden den Zugang zu meiner Denkkultur leichter zu machen, hatte ich viel aus meinem Leben erzählt. Dabei hatte ich den Steinzeitpatriarchen in ihm schon stark herausgefordert. Er wusste also, dass ich nicht monogam lebe, dass ich auf meine Lebenskonzepte durchaus stolz bin und mich überhaupt für einen ziemlich wertvollen Menschen halte. Wenn man hingegen von seiner Kultur weiß, dass Ehefrauen als entrechteter Besitz der Gatten betrachtet werden, und dass Gewalt an Frauen und Kindern ohne jede Scham wie ein „Erziehungsrecht" ausgeübt wird, bleibt es ein Wunder, wieso mich gerade Baro im Thema „Freien Liebe 3" auf Anhieb verstand. Aber so war es.
Einmal, an dem besagten Abend also, wollte er mich etwas fragen. Er hatte über mein Leben nachgedacht und wollte meine Stellungnahme zu einem Aspekt, der ihn beschäftigte. Sein Anliegen habe ich längst vergessen, nicht aber den unglaublichen Begriff, in den Baro seine Frage einbaute: „Sag mal, wie machst du das in deiner ...", er zögerte ein paar Sekunden und fand dann das gesuchte Wort, „RELIGION?"

Besser als jeder Bildungsbürger, besser als ich es selbst benennen könnte, hatte er das Wesentliche meiner erotischen Revolution in einen einzigen Begriff zusammengefasst. Meine stundenlangen Ausführungen über die Freie Liebe 3 als RELIGION zu bezeichnen, war einfach genial. Baro hatte den Schlüssel zu meinem Geist gefunden. Ich wurde verstanden!

Doch ich blieb leider die Einzige, die sich an dem Mann freute. Hatte meine tote Mutter sich schon bei meinen Freunden ohne Abitur „im Grab umgedreht", so blieb sie jetzt endgültig liegen. Baro hatte nie eine Schule besucht, er war Analphabet. Schade nur, dass meine Mutter so sauer war, dass sie auch noch meine Engel gegen mich aufhetze. Die ließen mich nämlich mit dieser schweren Geschichte radikal alleine.
Doch ich wich trotz der deutlichen Isolierung, mit der mich mein soziales Umfeld sanktionierte, nicht zurück, wegen meines „politischen Rückgrats", wie ich damals dachte.

Nie habe ich mich mehr über einen Liebesbrief gefreut, als über den winzigen Zettel, den Baro einmal auf meinem Küchentisch hinterließ. Darauf stand in krakeligen Großbuchstaben ICH LIEBE DICH. Das Schreiben dieser wichtigen Worte hatte Baro während seiner Gefängnisaufenthalte geübt. In seiner Kindheit galten bei einigen traditionellen Cikatoeltern die Kinder als „Verräter" an den Eltern, weil die Spaß an der Schule hatten und gerne Lesen und Schreiben wollten. Es gibt nämlich in der Cikatokultur ein „Geheimhaltungsgesetz", das mit dem Lese- und Schreibverbot sicherstellen will, dass interne Informationen nach „außen" gelangen. Außerdem sollten die Kinder gar nichts von „fremden" Kulturen annehmen.

Aber da gab es noch eine Tigerin

Jetzt wird es Zeit, eine ganz besondere Frau ins Spiel zu bringen, Baros Ehefrau. Sie wurde im Volke der „Kuku" geboren. Auch diesen Namen musste ich neu erfinden, denn ich will auch ihre Landsleute nicht diskriminieren. Im Gegenteil, denn ich bin mit einigen gebildeten und offendenkenden Kukus politisch und privat eng verbunden. Aber in ihrem Herkunftsland gibt es eben bis heute noch Landstriche, in denen Frauenfeindlichkeit grausame Realität ist, beispielsweise die Zwangsheirat und sogar die „informelle Erlaubnis" zum Mord an Frauen und Kindern, falls sich das männliche Kuku-Familienoberhaupt durch sie in seiner Ehre verletzt fühlt. So gesehen sind die Geschlechterrollen in diesen Landstrichen nicht weniger steinzeitlich definiert als bei den Cikatos selbst. Also hoffte auch Baro, als er die Kukufrau heiratete, sie möge sich in der Ehe brav verhalten, wie eine unterworfene Frau eben, die jedes Leiden unter einem Mann klaglos hinnimmt, weil sie es nicht anders gelernt hat.
Doch weit gefehlt, denn Baros Frau ist eine Tigerin. Was ihren Mut, ihre Wildheit und ihre völlige Unlust angeht, sich irgendjemandem zu unterwerfen, könnte sie geradezu meine Schwester sein. Sie führte einen erbarmungslosen Krieg mit ihrem gefährlichen Mann. Die beiden hatten im Kampf die Grenzen verloren. Sie kannten die Werte nicht, die die Voraussetzung für den Schutz der Menschenwürde darstellen. Weil sie den Schutz ihrer persönlichen Würde als Kinder nie erfahren hatten, wurden sie leider zu gefährlichen Menschen.
Mitten in die romantische Verklärung meiner Affäre mit Baro traf mich die Brutalität der Eskalation einer Ehe, deren Werte ich ganz und gar nicht teilte.

Eine brutale Ehe als Folge brutaler Patriarchatskulturen

Die Tat. Baro war, wie er es häufig tat, „auf der Reise" gewesen. Seine Frau hasste den Kontrollverlust, den sie durch sein Verschwinden hinnehmen musste. Um sich zu rächen, ärgerte sie ihn gerne auf eine bestimmte weise, die ihn treffsicher in Wut versetzte. Wenn sie ihren Mann glauben machte, dass er Grund zur Eifersucht und sie ihn öffentlich vor anderen Männern bloßgestellt hätte, vor Kukus, die ihn als Cikato ohnehin nicht als ebenbürtig betrachteten, explodierte Baro in unbändiger Aggression. Er schlug seine Frau brutal zusammen. Die jedoch deutete sein Verhalten als „Zeichen der Liebe". Außerdem empfand sie ein Vergnügen an dem Machtgewinn, den sie dadurch hatte, dass sie Baro, aufgrund der Gewaltakte, zu jedem beliebigen Zeitpunkt für den Rest seines Lebens hätte in den Knast bringen können, ... wenn sie nur wollte. Sie wollte aber nicht.

In einer furchtbaren Nacht kam es wieder einmal zum gewohnten Streit. In den beiden Kulturen dieses steinzeitlichen Ehepaares gibt es einen hässlichen Brauch der patriarchalen Strafe an einer untreuen Ehefrau. Der betrogene Ehemann darf seine Frau „schneiden". Mit einem Schnitt ins Gesicht, der die Frau als Hure brandmarken soll, stellt der Mann seine „Ehre" wieder her.

Als Baro nachts von einer „Reise" nach Hause kam, war seine Frau nicht da. Er suchte sie in einer benachbarten Gaststätte, die ihre Landsleute betrieben. Dort plauderte sie gerne und suchte Trost, wenn ihr Mann nicht da war. Baro hasste sie für diese Eigenständigkeit, denn eine Cikatofrau durfte niemals ohne den Ehemann ausgehen. In der besagten Nacht wurde aus dem gegenseitigen Rachespiel der Eheleute ein Verbrechen. Die Tigerin hatte ihren Mann durch das große Fenster des Gastraums gesehen, wie er sie von der Straße aus beobachtete. Da warf sie einem anwesenden Kuku ein Kusshändchen zu, das den Eindruck erwecken sollte, als verbinde die beiden eine intime Beziehung. Die Wirkung ihres Verhaltens bekam sie kurze Zeit später in voller Härte zu spüren. Baro war außer sich vor Wut.
Kaum waren die Eheleute wieder in ihrer Wohnung angekommen, kam es zur Tat. „Schneiden" wollte er sie „nur", doch das Messer rutschte ab und verursachte eine grausige Verletzung. Baro, der seine Frau nicht töten wollte, brachte sie sofort in das nahegelegene Krankenhaus. Als er sie in dem Gebäude sicher versorgt wusste, machte er sich aus dem Staub, weil er seine Verhaftung befürchtete.
Und nun verwickelte er auch mich noch in das Unglück, weil ich nur wenige Häuser vom Krankenhaus entfernt wohnte und das Prinzip der offenen Haustür pflegte. Ganz ungefragt war ich in ein Cikato-/Kuku-Drama geraten, das trauriger nicht hätte sein können. Schneeweiß war Baro, als er so im Flur stand und sagte: „Ich hab's getan". Da war er wirklich ein ANDERER.
An die erste Nacht mit ihm kann ich mich, aufgrund des Schocks, den ich erlitt, nur bruchstückhaft erinnern. Aber an meinen Zwang, sofort die Verantwortung für alle Beteiligten zu übernehmen, als sei das mein einzig möglicher Weg, erinnere ich mich noch gut. Am nächsten Morgen klärte ich ab, ob die Kinder gut betreut waren. Die Ärzte hatten dafür gesorgt. Dann vereinbarte ich mit Baro, dass er nur so lange bei mir bleiben könne, bis er psychisch in der Lage wäre, sich zu stellen. In meinem Beisein vereinbarte er mit seinem Anwalt einen entsprechenden Termin. Dazwischen lagen einige Tage, weil Baro erst dann ins Gefängnis gehen wollte, wenn er noch einmal mit seiner Frau gesprochen hätte und über ihren Gesundheitszustand Bescheid wüsste.
In diesen Tagen lernte ich Baro mit den ersten Bruchstücken der Wahrheit über seine tragische Existenz kennen. Auch bei mir kamen erste Ahnungen auf, was mit mir los war, weil ich mich von diesem grausigen Drama nicht abgrenzen konnte. Doch es brauchte weitere Jahre, bis ich ein zusammenhängendes Bild davon bekam, warum sich drei grundverschiedene Menschen aus drei einander fremden Kulturen scheinbar

unlösbar miteinander verstrickt hatten. Nach dem ersten Schock war mir nur klar, dass ich ziemlich „unnormal“ auf diese Situation reagiert hatte. Ich hätte spontan Angst und Abscheu vor dem Mann empfinden müssen. Doch so war es nicht. Ich fühlte zwar das Entsetzen vor der begangenen Tat, aber seltsamerweise verband sie sich für mich nicht mit diesem Mann. Tatsächlich hatte ich nicht die geringste Angst vor ihm. Ich fühlte nur sein Unglück und das seiner Frau. Die meisten Schmerzen jedoch bereitete mir das Leiden ihrer Kinder. Wenn ich an die Kinder dachte, die gezwungen waren, mit diesen rücksichtslosen Monstereltern leben zu müssen, blitzte die Erkenntnis in mir auf, dass ich selbst und meine eigene Kindheitssituation es waren, die ich in dieser Familie wiedergefunden hatte.

Baro war darin wie mein Vater, der, von Pfeilen durchbohrt, gejagt und gedemütigt, losgeht wie ein wild gewordener Stier, der seinen Peiniger ebenfalls durchbohrt, bevor er selbst zusammenbricht. Ich sah Eltern, die mit ihrem niemals endenden Ehekrieg das Nest ihrer Kinder zerstörten. Kinder, die im Sturm des Geschehens gegen die Wand fliegen und dort kleben bleiben wie halbtote Fliegen. Kinder, die täglich in Angst aufwachen und in Angst schlafen gehen. Kinder, die deshalb glauben, dass sie es nicht wert sind, zu leben.

Meinen Vater habe ich immer als Täter gesehen, nicht als Mensch. Ich kann mich nicht an das kleinste Gefühl erinnern, das ich für ihn empfunden hätte. Nicht einmal Hass. Nichts. Leere. Tot.

Von Baro wusste ich zwar, dass er der Täter war, aber ich fühlte ihn trotzdem als Mensch. Ein verletzter Mensch. Vielleicht ein verlorener Mensch. Aber ein Mensch mit Gefühlen. Wenigstens manchmal. Bei mir öfter. Dachte ich. Hoffte ich.

Von Baro konnte ich mich emotional keinen Schritt zurückziehen, im Gegenteil, ich tröstete ihn. Ich schenkte ihm die in meinem Kinderherz verstorbene Liebe zu meinem bösen Vater. Baro nahm mein Geschenk staunend an. Er betrachtete es zwar wie eine glänzende Perle, die er jedoch nicht gebrauchen konnte. Doch es berührte ihn, dass ich so zu ihm war. Und ich berührte ihn so zärtlich wie einen lange verlorenen Schatz. Glücklich.

Bei allen Gefahren, die ich auf mich zukommen sah, blieb ich in den ersten Wochen unfähig, an meinen eigenen Schutz zu denken. Im narzisstischen Helferwahn wollte ich jetzt die ganze Familie retten, Baro, seine Frau und seine Kinder. Ich ließ nicht los. Egal, wie schrecklich die Nachrichten auch waren, die mir in den folgenden Monaten und Jahren zugetragen wurden, blieb mir Baro als Mensch und Mann so nahe und so vertraut, als seien wir schon seit hundert Jahren ein Paar. Ein Liebespaar.

Auch die Tigerin wurde mir für eine Zeit so vertraut wie eine Schwester. Nur leider war sie eine, die mich fressen wollte, denn ich verletzte ihre Reviergrenzen. Jetzt waren wir zu dritt im Reigen der Gewalt. Wir waren in einem „gemeinsamen Unbewussten“ miteinander verbunden, die Traumata der frühen Gewalterfahrungen hatte drei Menschen zum Kriegstanz gerufen. Und wir folgten. Jeder auf seine Art. Und blieben trotzdem verzweifelt alleine.

Baro und die Tigerin traf es besonders hart. Sie blieben selbst dann noch in ihrer Einsamkeit gefangen, wenn sie ihr Blut beim Tanz gegenseitig auf ihre Körper malten. Die Nähe, die sie dabei fühlten, tröstete nur kurz.

Ich suchte einen anderen Weg. Doch bevor ich den Tanzplatz verlassen und meine Brüder und Schwestern im Leid vergessen darf, möchte ich vorher noch um Deine Einfühlsamkeit für ihre Schicksale bitten.

Als die Tigerin ein kleines Mädchen war

Nennen wir sie AYSE. Nein, sie war ganz und gar nicht gefährlich, sondern sie war ein entzückendes Kind, begierig danach, diese schöne Welt kennenzulernen. Lustgefühle bereiteten ihr der Duft ihrer Mutter, das Lachen ihrer Geschwister und die süßen Leckereien, die es bei Familienfesten gab, zu denen auch unzählige Onkel und Tanten erschienen, die tagelang sangen und tanzten. Die Verwandten wurden dann nicht müde, zärtlich mit den Kleinen zu reden, sie zu küssen und ihnen zu sagen, dass sie allesamt kleine Prinzen und Prinzessinnen seien. Wie hätten die Kinder in dem Trubel auch erkennen können, wann eine Tante plötzlich verschwunden war und warum?

Ayse wurde in einem Dorf auf den hohen Bergen des Kukulandes geboren. Sie war etwa drei Jahre alt, als ein Verbrechen ihr die Chance auf ein schönes Leben für immer zerstörte.

Die Tat

Ayses traurige Entwicklung begann an dem Tag, als ihr Vater seine Schwester und deren Kind, das im selben Alter wie Ayse war, ermordete. „Ehrenmord"! Welch ein perverses Wort! Was für eine perverse Tat!

Die Tante hatte es gewagt, sich von einem Ehemann zu trennen, der ihr aufgezwungenen worden war. In einer weit entfernten Großstadt hatte sie ein neues Leben mit einem Mann ihrer Wahl begonnen. Sie heiratete ein zweites Mal und gebar ein kleines Mädchen, die unglückliche Cousine von Ayse. Weil die arme Tante aber solch ein Heimweh nach ihrer Familie hatte, konnte sie es, trotz der Gefährlichkeit der Situation, nicht lassen, sich heimlich mit ihrer Mutter und anderen Frauen der Familie zu treffen. Grausamerweise waren es ausgerechnet auch noch die Kinder der anderen Frauen, die Ayses Vater eines Tages unschuldig erzählten, wo sich seine Schwester bei einem dieser heimlichen Treffen aufhielt. Auf diese Gelegenheit hatte der Mann mehrere Jahre lang gewartet. Und jetzt musste diese junge Frau mit ihrem kleinen Kind an ihrem bösen Bruder sterben.

Doch das Böse lässt sich nicht so einfach mit unschuldigen Körpern begraben. In der tückischen Art, die dem Kreislauf der Gewalt zu eigen ist, sucht es sich neue Opfer. Es nahm sich die kleine Ayse. Die hatte die dramatischen Ereignisse in ihrer Familie zum Zeitpunkt der Tat ganz sicher nicht verstanden.

Arglos spielte sie noch eine Weile weiter in den Gemüsegärten, auf dem Dorfplatz und im Haus ihrer Mutter. Sie streichelte gerne kleine Hunde, küsste die neugeborenen Ziegen und kuschelte abends mit den Geschwistern im Bett. Aber bald änderte sich alles.

Ayses Vater musste für viele Jahre ins Gefängnis, denn die Gesetzgebung im Land der Kuku untersagt die informelle Barbarei. Die Inhaftierung des Täters gab seiner Ehefrau endlich die Chance, sich von ihm scheiden zu lassen. Sie ging mit ihren Kindern nach Deutschland, um zu verdrängen und zu vergessen, was in ihrem schönen Heimatdorf unmenschlich und unerträglich blieb. Im Ausland konnte die Mutter mit einem neuen Kukumann ein unauffälliges Leben führen. Doch ihre Tochter Ayse konnte sie nicht wirklich retten.

Ich glaube nicht, dass ein Mensch aus unserem Kulturkreis nachempfinden kann, was eine Heranwachsende wie Ayse an dem Tag erlebte, an dem sie wirklich begriff, was es bedeutet, wenn der eigene Vater ein Kind ermordet, das zur selben Sippe gehört wie sein eigenes. Musste sie sich nicht fragen, ob das tote Kind womöglich ähnlich ausgesehen hat wie sie? Vielleicht hörte sie es noch schreien, bevor die quälenden Fragen im Sumpf der Unerträglichkeit verschwanden. Und was fühlte die Tigerin später, als sie selbst Töchter und Söhne gebar? Was denkt sie über eine Mutter, die ihre Töchter nicht zu schützen vermag? Wie können Frauen, die so etwas erleben, überhaupt Vertrauen zu Männern haben? Und zu Frauen? Wie können Schwestern ihre Brüder lieben? Wie fühlen sie den Sex mit den Männern, denen sie dienen?
Auf diese Fragen weiß ich keine Antwort. Aber ich kann gut die Wege nachempfinden, die Ayse ging, bevor sie zur Tigerin wurde, denn wir sind uns in manchen Punkten ähnlich. Schon als Jugendliche zeigte sie eine ungewöhnliche Wildheit, die befürchten ließ, dass sie sich nicht widerstandslos in die Frauenrolle fügen würde, die ihre Kultur für sie vorgesehen hatte. Daher drängte die besorgte Familie die Siebzehnjährige in die Ehe mit einem viel älteren Mann, der sie zur Ruhe bringen sollte. Brav gebar sie ihm gleich mehrere Kinder, doch beruhigen konnte der Mann sie keineswegs. Er war brutal. Ein Großmaul, das sich gerne unter Kleinkriminellen aufhielt. Die hübsche junge Ehefrau setzte er, in fragwürdigen Rollen, für seine Geschäfte ein. Dafür bekam sie Geld und schöne Kleider. Doch die Tigerin blieb unzufrieden. Schleichend nährte sie die Kraft zum Widerstand in sich. Dabei half ihr der „Keim des Bösen". Der kleine Keim hatte den schönen kleinen Tiger, den wir alle in uns tragen, zu einem stattlichen Raubtier herangefüttert. Eines Tages befreite sich die Tigerin mit einem gewaltigen Sprung von den einengenden Normen ihrer Landsleute und landete zielsicher auf dem Schoß des Mannes, den sie sich zum „Traumprinzen" auserkoren hatte. Ausgerechnet Baro! Ein Cikato!
Ein Ausgestoßener aus dem Volk der Ausgestoßenen, der mindestens so einsam und verloren im Kosmos hing wie sie selbst. Doch davon will eine verliebte Frau nichts wissen. Natürlich träumte sie von Musik und Tanz und ausgelassenen Festen. Die Tigerin kannte den großen, dunkel und traurig aussehenden Mann bisher nur vom Sehen. Er wohnte in der Nachbarschaft. Ein schöner, sehr verschlossener Mensch, der ganz in einer anderen Welt zu leben schien. Ja, genau den wollte sie erobern und ihr EIGEN nennen. Sie wollte nicht mehr dienen. Sie eroberte den Traumprinzen mit dominanter Leidenschaftlichkeit. Dieser Mann sollte IHR Objekt sein und sie mit seiner Unterlegenheit über alles hinwegtrösten, was den Frauen in ihrer Kultur angetan wurde. Dachte sie. Hoffte sie.
Wieso die Tigerin, eine Kukufrau, überhaupt auf ihre weibliche Machtübernahme hoffen konnte, ist nur mit Rassismus zu erklären. Wenn sie, als Frau in ihrer Herkunftsgruppe, auch auf den untersten Rängen der gesellschaftlichen Macht leben musste, so durfte sie dennoch das Volk der Cikatos verachten, denn aus der Verachtung schöpfte sie den Anspruch auf die dominante Rolle. So ist der Mensch eben. Das Treten und Getretenwerden gründet die Pfade der Macht.

Der akribisch vorbereitete Plan zum Ausbruch gelang. Als der Kukuehemann für eine Weile „weggeschlossen" wurde, hatte die Tigerin Zeit genug, sich scheiden zu lassen. Und zog beim Nachbarn ein. Dort sorgte sie temperamentvoll dafür, dass Baro sie so liebte, wie sie sich das vorstellte. Der hatte jedoch nicht immer Lust dazu, denn schließlich war er ganz und gar nicht dazu erzogen worden, „wilde" Frauen gut zu finden. Doch die unverwüstliche Zähigkeit, mit der die Tigerin um ihn kämpfte, beein-

druckte ihn. Zudem hoffte er, er könne mit der Schönheit der Frau seinen Status im Ghetto steigern. Er gedachte, sie in stolzen Herrscherposen auszuführen, die einem Cikatomann in seiner Kultur von Geburt an zustehen, einfach nur deshalb, weil er ein Mann ist. Und genau dieser patriarchale Anspruch riss Wunden in Ayses Trauma auf. Sie ließen es überhaupt nicht zu, dass sich die Tigerin kampflos hätte unterwerfen lassen. Gerade dann, wenn sich Baro mit ihr in der Öffentlichkeit zeigte, benahm sie sich besonders schlecht. Auffällig flirtete sie in peinlichen, sexuell provozierenden Posen. Dabei lebte sie richtig auf, denn sie nahm an, sie habe durch die Wirkung dieser Posen Macht über jeden Mann. Baro schämte sich dann sehr, denn eine Cikatofrau dürfte sich niemals so benehmen. Trotzdem schaffte er es nicht, sich von der Frau zu trennen. Seine eigenen traumatischen Wunden zwangen ihn in die Rolle des abhängigen Mannes der Tigerin. Trotzdem hatte er auch einen Nutzen davon, denn die wilde Kampfeslust seiner Frau holte ihn manchmal aus seinen dumpfen Depressionen heraus, in denen er sich meist so fühlte, als kröche er am Boden eines tiefen Verließes herum, ohne Licht und ohne Wasser. Doch wenn die Wut ihn hochriss wie ein verwundetes Tier, dann fühlte er sich plötzlich lebendig und kämpfte dann. Häufig rettete er seine „Ehre“ mit Gewalt. Die Kämpfe brachten die größtmögliche Nähe zwischen den beiden verwundeten Menschen. Das Recht auf Gewalt mit dem Recht auf Ehre zu verbinden war ein kulturelles Element, das Kindern in beiden Kulturen in die Wiege gelegt wurde. Doch ganz egal, wie oft Baro die Frau schlug, so erwarb er doch nicht den ersehnten Rang des Familienoberhauptes, weil sie als Kukufrau etwas Besseres sei als er, konterte die Tigerin, um die Machtverhältnisse wieder klarzustellen. Je nach Laune inszenierte sie ihren Mann entweder zum Prinzen oder machte ihn zum Täter. So drehte sich das Karussell einer verrückten Ehe schnell und schneller auf das uns bekannte Unheil zu.
Als der kleine Sohn die Tat seines Vaters miterleben musste, war er gerade mal zwei Jahre alt. Wiederholungszwang. Und so wird der Keim des Bösen auch in der neuen Generation seinen Weg finden.
Ich stehe der Tigerin ambivalent gegenüber. Nahe darf sie mir nicht kommen, denn ich halte sie für gefährlich. Hätte ich sie aber vor Baro kennengelernt, hätte ich mich, wegen des Kampfes, den sie gegen die frauenfeindlichen Normen ihrer Steinzeitpatriarchen führte, trotzdem an ihre Seite gestellt. Ich achte ihren wilden Mut und bewundere sie für ihre Unverwüstlichkeit. Doch warum ich heute keinesfalls mehr mit ihr kooperieren würde, liegt an der Lust am Bösen, die sie für eine attraktive Eigenschaft hält. Ich verachte sie nicht dafür, denn ich verstehe ihre Not. Menschen werden nicht schlecht geboren, das Leiden macht sie so. Nur die Kraft des Bösen konnte die Tigerin so dynamisch machen, dass sie ihr schweres Leben, als ausgestoßene und verachtete Frau, überhaupt ertragen konnte. Aufgrund ihres sexuell provokanten Benehmens konnte sie in der Kukukultur keine Wertschätzung erfahren. Ihre Flucht in die Cikatosippe schmerzte ihre Landsleute nicht besonders. Doch auch Baros Familie wollte sie nicht. Was blieb ihr denn, außer dem Rausch der Rache, wenn sie sich ihre „Würde bewahren“ wollte? So sah sie es vielleicht. Heute fühlt sich die schwerverletzte Tigerin leider nur noch gut, wenn sie sich hässliche Dinge ausdenkt, die den Menschen schaden sollen, die sie angeblich gekränkt haben. Sobald die Tigerin mit ihrer wütenden Rache aufhört, verfällt sie in tiefen Schmerz! Wie könnte sie aufhören und einfach einmal „lieb“ sein? Was für ein dummer Gedanke.
Ja, mir tut die kleine Ayse sehr leid, die so fröhlich in den Bergen spielte. Leider war ihr der Weg zu Bildung versperrt, die ihr vielleicht hätte helfen können, sich anders zu entwickeln. Niemand half dem kleinen Mädchen, die große Begabung ihres leiden-

schaftlichen Temperaments und ihre wendige Schlauheit zu nutzen, um ihr Selbstwertgefühl zu stärken, in einem Beruf etwa. Kaum auszudenken, wie diese starke Frau sich entwickelt hätte, wenn sie Chancen gehabt hätte, bildungsbürgerliche Wege zu gehen, politisch zu werden, sozial engagiert und vielleicht auch künstlerisch. Immer, wenn ich an Ayse denke, spreche ich ein Gebet. Ich danke dann dem lieben Gott und meinen Ahnen dafür, dass mir gegönnt war, in einer privilegierten Wiege geboren worden zu sein. Egal, wie unfähig meine Eltern in ihrer emotionalen Verantwortungsübernahme auch waren, so wurde ich durch sie doch in einen Kontext hineingeboren, der kulturelle Schätze liebte und pflegte und der Sprache und Geist förderte wie das tägliche Brot. Ich werde ein Leben lang davon zehren, dass ich darin geschult wurde, das „Schöne“ in allem zu erkennen, was sich mir bietet. Ich nehme aktiv teil an dieser Welt. Ich genieße sie, ich gestalte in ihr. Ich lebe gerne und bin kein Opfer mehr. Ja, ich habe wirklich viel mehr Glück gehabt als Ayse, das ist alles. Darauf bilde ich mir nichts ein.

Einige Erklärungen zur Cikatokultur

Auch Baro wurde nur wenig älter als fünf Jahre, bevor sein Leben zu einem Albtraum der Lieblosigkeit wurde. Zuvor genoss der Erstgeborene wenigstens noch die Aufmerksamkeit seiner Mutter, wenn auch das Kinderleben in der Cikatokultur von vornherein viel härter angelegt ist als in irgendeiner anderen Kultur. Aufgrund der radikalen Verfolgung dieser ethnischen Gruppe, die bereits im elften Jahrhundert begann, gab es bisher keine Phase der sozialen Ruhe, die es den Menschen erlaubt hätte, den Schutz und die Förderung von Kindern mehr in den Vordergrund zu stellen, als das nackte Überleben.
So führte auch Baros Mutter das „ganz normale“ Leben einer Cikatofrau. Sie musste sich der hierarchischen Struktur ihres Patriarchats bedingungslos unterwerfen und lebenslang dienen. Es gab keinen Raum für die individuelle Entfaltung einer Frau. Niemanden interessierte ihre persönliche Meinung. Niemand fragte sie, ob sie sich emotional wohlfühle oder mit ihrem Leben zufrieden war? Wenn eine Cikatofrau sich gegen die vorgeschriebene Rolle auflehnt, wird sie häufig verprügelt, nicht nur von ihrem eigenen Mann, sondern auch die Verwandten oder Angehörigen des Mannes dürfen sie schlagen, wenn sie den Rang ihres Gatten untergräbt. Und wenn sie sich den Regeln nicht dauerhaft fügt, kann sie auch „verflucht“ werden. Das ist dann die höchste Strafe für Regelverletzungen, die sowohl Männer als auch Frauen treffen kann. Eine ranghöher stehende Person spricht dann einen Fluch aus, der zur Folge hat, dass der betroffene Mensch aus der Gemeinschaft ausgestoßen wird. Andere Cikatos, die einen „Verfluchten“ schützen, dürfen selbst auch ausgestoßen werden. Der Ausgestoßene hat dann nicht nur die Diskriminierung und Verfolgung durch seine Außenwelt zu befürchten, sondern auch die von der eigenen Sippe. Das ist das Geheimnis, das erklärt, warum sich die Cikatokultur in einem Jahrtausend kaum verändert hat. Denn welcher Mensch hätte die Kraft, sich solch einem sozialen Tod auszusetzen?
Eine Cikatofrau soll ihrem Mann sehr viele Kinder gebären, jährlich eines bitte! Dadurch steigt nämlich der Rang des Gatten. Bei den Cikatos gilt die Anzahl der Kinder, die ein Mann zeugt, als Beweis seiner „Potenz“. Der Rang der Mutter hingegen kann nur mit ihrem Lebensalter steigen. Genau wie bei vielen nomadisierenden Völkern und anderen Kulturen, in denen der Zusammenhalt von mehreren Generationen die Vor-

aussetzung für das ökonomische Überleben ist, ist die Hierarchie solcher Gesellschaften meist in erster Linie patriarchal, in zweiter Linie auf das Lebensalter aufgebaut. Bei den Cikatos kann beispielsweise eine 90-jährige Mutter in einen so hohen Rang aufsteigen, dass sie bei den Männern mitreden darf. Jetzt darf sie ihrem 60-jährigen Sohn sogar auf die Wange schlagen, wenn er „ungezogen" ist, während sie den selben Sohn sklavisch bedienen musste, als sie fünfunddreißig Jahre alt war. Mit der radikalen Unterwerfung junger Menschen sichert eine Großfamilienkultur den sozialen Frieden und die Kontinuität der Tradition. Weil in allen Kulturen die sozial-ökonomischen Notwendigkeiten die Werte einer Gesellschaft bestimmen, möchte ich hier nur noch einmal erwähnen, dass es sich die Cikatos nicht freiwillig ausgesucht haben, so lange in ihrem steinzeitlichen Patriarchat zu verharren, sondern dass die rigide Aufrechterhaltung ihres Normensystems für viele Jahrhunderte ihr Überleben sicherte. Denn sonst wären die verfolgten Menschen in den unterschiedlichen „Gastländerkulturen" gnadenlos untergegangen.

Doch heute führt das sture Autoritätssystem die Jungen nur noch schneller in den Untergang. Nachdem der Faschismus in Deutschland dreiviertel aller Menschen ihres Volkes ermordete, wurden fast alle erwachsenen Kulturträger der Volksweisheit umgebracht. Wegen des Verbotes, Schreiben und Lesen zu erlernen, hat das Volk nun keine schriftliche Überlieferung, die der Jugend die eigene Kultur erklären könnte. Ein junger Cikato würde niemals die wissenschaftlichen Bücher der „Fremden" lesen, aus denen ich mein Verständnis über die historischen und aktuellen sozialen Probleme seines Volkes zog. Weil cikatofeindliche Gesetze und der rasante technische Fortschritt die traditionellen Cikatoberufe des Hausierens, des Pferdehandels und der Kleinkunst vom Markt verdrängt haben, leben die nachgeborenen Generationen heute von öffentlichen Geldern, zusammen mit den ärmsten Menschen unserer Gesellschaft, in den Ghettos am Rande unserer Städte. Dort werden ihre Kinder früh Opfer von Alkohol, Drogen und Kriminalität. Da die Tradition der Cikatokultur überhaupt kein pädagogisches Verständnis für die Probleme ihrer Jugend kennt, müssen die Nachkommen in der bitteren Falle der Verfolgten und Unverstandenen leben. Das wird auch die jungendlichen Überlebenden der alten Kultur vollends vernichten, denn sie hatten nie eine Chance, über einen zeitgemäßen Lebensplan zu entscheiden. Während wir weltweit um die Erhaltung zahlreicher bedrohter Tierarten kämpfen, wird der stille Tod der Cikatos widerstandslos hingenommen. Die Ethik der gebildeten Gesellschaft macht anscheinend eine kleine Ausnahme, wenn es um das Recht auf Unversehrtheit und Würde der Cikatos geht.

Damit Du die Ereignisse, die Baros Leben geprägt haben, besser verstehen kannst, muss ich Dir noch kurz die Sitten erklären, das heimliche Regelsystem der Cikatogesellschaft, das mit etwa 200 Gesetzen alles regelt, was die Gemeinschaft für ihren Zusammenhalt braucht. Durch das Gesetz der „Lebensalterhierarchie", das beinhaltet, dass der Ältere immer über dem Jüngeren steht, wachsen Kinder von klein auf in die autoritäre Struktur hinein. Auch ältere Kinder dürfen bestimmen, was die Jüngeren tun sollen. Wenn also beispielsweise ein jüngerer Bruder etwas für einen älteren Bruder tun muss, was ihm sehr widerstrebt, wird er als Nächstes ganz sicher eine Schwester attackieren, denn Frauen und Mädchen dürfen immer an das Ende der Machtkette gesetzt werden.

Ein sehr wichtiges Gesetz ist auch die Pflicht zur Geheimhaltung des kompletten Cikatokulturgutes. Somit unterliegen auch die Inhalte der Gesetze der Geheimhaltungspflicht. Jetzt verstehen wir besser, warum Cikatokinder häufig daran gehindert werden, das Lesen und Schreiben zu erlernen. Es darf kein Schriftgut über die Kultur angefer-

tigt und die mündliche Überlieferung nur innerhalb des Volkes weitergegeben werden, denn Schriftgut könnte leicht in fremde und somit „falsche“ Hände geraten. Damit auch mündlich nichts „nach außen“ dringt, darf kein „Fremder“ die Cikatosprache erlernen.
Dieses Gesetz war in vergangener Zeit sehr nützlich. Weil viele Cikatos, mangels seriösen Broterwerbs, früher auch aufgrund von Rassendiskriminierung im Gefängnis saßen, hatten sie dort die Möglichkeit, unkontrolliert mit Menschen ihres Volkes und ihren Besuchern zu kommunizieren.
Natürlich wissen die Cikatos, dass wir mit unseren Klischees über das Volk, das wir für „wild und frei“ halten, prädestiniert für die Selbstbestimmung und sexuelle Leidenschaftlichkeit, mystisch und hellseherisch begabt, völlig falsch liegen. Sie sind nicht daran interessiert, dass wir sie wirklich kennenlernen. Sie nähren unsere Klischees, weil sie sie für ihre Geschäfte nutzen.
Ich sage Dir, kein Nicht-Cikato wird jemals die Menschen dieses Volkes wirklich verstehen. „Gadsche“ heißen bei den ihnen alle Menschen, die keine Cikatos sind. Die sollen für immer DRAUSSEN bleiben, den Rang von Fremden und Feinden behalten. Ein sehr einfaches Weltbild, das die Integration der Nachgeborenen zuverlässig verhindert. Wenn wir jetzt noch bedenken, was es für junge Cikatos heißen mag, von der Computergesellschaft ausgeschlossen zu bleiben, können wir den baldigen Untergang dieses Volkes deutlich erkennen.
Das, was ich Dir hier erzähle, setzt sich aus wissenschaftlichen Forschungsberichten, aus eigenen Erfahrungen und aus vielen Gesprächen mit befreundeten Cikatos zusammen. Es ist mein mühevoll zusammengeflicktes Bild der Situation, das nur bruchstückhaft und sicher auch fehlerbehaftet sein kann. Es gibt einfach keine bessere Information. Das ist der Punkt, an dem auch die Cikatos Verantwortung dafür tragen, dass ihnen niemand zeitgemäße Hilfsprojekte an die Seite stellen kann. Falsche Daten bringen schlechte Ergebnisse und fördern die Resignation. Die Cikatos merken gar nicht, dass sie ihren traditionellen „Feinden“, den „Gadsches“, dabei helfen, sie still zu „entsorgen“.
Ich habe mich jedenfalls sehr geschämt, als ich, die „aufrechte Linke“, zu Beginn meiner Bekanntschaft mit Baro bemerkte, dass ich mich in dreißig Jahren politischer Arbeit weder für das Volk interessiert hatte, noch etwas über es wusste. Offensichtlich haben die Menschen auch bei den Linken keine Lobby. Es ist eine Eigenart dieses Volkes, dass sie sich in den tausend Jahren selbst nicht artikulieren wollten (durften!), geschweige denn, dass sie jemals politisch gekämpft hätten. So ist das passive Verharren im Opferstatus nach Jahrhunderten anscheinend zu einer erlernten Haltung dieser Menschen geworden, die sie nicht mehr aufgeben wollen oder können. Zur Wahrung ihrer Menschenwürde reicht es in der heutigen Zeit jedenfalls nicht mehr aus, soziale Ärgernisse mit Schlägereien aus der Welt schaffen zu wollen, Frauen wie Sklaven zu halten und Kinder vor Bildung zu „schützen“.

Als „Cikatofreundin“ soll ich das alles natürlich gar nicht sagen. Erst recht dürfte sich kein Cikato erlauben, die bescheidene Information öffentlich zu machen, über die ich verfüge. Ihm würde schwerer Verrat unterstellt. Ein Fluch wäre ihm sicher, vielleicht ein paar Fäuste dazu. Ich bin Anarchistin, eine freie Frau, ein freier Mensch. Keine Cikato. Ich bestehe auf das Recht der freien Meinungsäußerung. Und verflucht bin ich sowieso schon.
Nehmen wir also zum Veranschaulichen den sinnlosen Fluch über mich als ein Beispiel für die sture Unbeweglichkeit und Misserfolgsorientiertheit, die das früher so überlebensstarke Volk heute nicht mehr schützt, sondern stark zu Boden zieht.

Es geht bei dieser Angelegenheit um das Gesetz des Verbots, Geburtshilfe zu leisten. Eine Cikatofreundin erklärte mir dazu den Begriff der „Heckenkinder“. Wenn früher eine Frau ihres Volkes ein Kind bekam, musste sie weg von ihrer Gruppe ins Gebüsch und dort ganz alleine gebären. Wer ihr half, wurde verflucht. Hatte die Frau das Glück, zu überleben, durfte sie mit ihrem gesunden Kind in die Gruppe zurückkehren. Wenn das Kind etwa behindert war, musste sie alleine zurückkommen. Ich weiß nicht, ob in solch einem Fall dann über den Verbleib des Kindes je gesprochen wurde. Bestimmt war das auch verboten. Ich weiß jedoch von einer Frau, die ihr krankes Kind vor ein Nonnenkloster legte, bevor sie wieder in ihre Sippe zurückkehrte. Ein anderes Kind dieser Frau fand zwanzig Jahre später Papiere, die die Eltern nicht versteckt hatten, weil sie sie nicht lesen konnten. Es war der Bafög-Antrag des „entsorgten“ Kindes, dem zu entnehmen war, dass es Medizin studierte. Welch ein Glückskind! Es war seiner Cikatowiege entronnen!

Also ich gehöre zu keiner Sippe, gebäre nicht in Hecken und dürfte das Geburtshilfeverbot wegen des Geheimhaltungsgebots noch nicht einmal kennen. Es war nur meine liebe Eselin Lara, die in einem schönen Frühjahr ein Junges bekam. Zu der Zeit war ich mit Baros Mutter gut befreundet. Ich mochte diese ernste Frau, die sowohl in ihrer Gestalt, als auch in der Unberechenbarkeit ihres Wesens an eine riesige Braunbärin erinnerte, die meistens unbeweglich ruht, aber brandgefährlich wird, wenn sie sich gereizt erhebt und ...

Entsprechend meiner Auffassung von Frauensolidarität hatte ich ihr über zehn Jahre jedes Wochenende Kuchen und Zigaretten gebracht. Ich besuchte sie im Krankenhaus und half ihr bei der Vorbereitung von Geburtstagsfeiern. Sie sammelte für mich gebrauchte Kleidung und schenkte mir kleine Cikatoschätze wie Porzellanfigürchen, Plastikblumen oder abgelegten Modeschmuck. Wir lachten oft miteinander und tauschten auch mal Geheimnisse aus. Die verrate ich Dir allerdings nicht.

Baros Mutter hatte mich oft nach dem Befinden meiner Eselin gefragt, denn sie freute sich mit mir auf das Eselbaby. Als es endlich da war, lud ich Baros Mutter in meinem Garten zum Kaffee ein, um den Anlass gebührend zu feiern. Ich holte sie ab und brachte sie auch wieder nach Hause, denn eine Cikatofrau darf ja nicht alleine ausgehen. Vorher hatte sie deshalb schon Ärger bekommen, weil sie nur schon den Wunsch geäußert hatte, mich besuchen zu wollen. Jedenfalls saßen wir dann doch nett im Garten und plauderten.

Natürlich erzählte ich voller Stolz, wie ich meiner Eselin bei der Geburt geholfen hatte, weil der Tierarzt nicht gekommen war. Am nächsten Tag rief Baros Mutter mich an und sagte am Telefon nur zwei Sätze: „Sie haben Geburtshilfe geleistet. Wir haben Sie nie gekannt!“ Das war ein Fluch. Wie dumm von ihr, denn als freie „Gadsche“ gehen mich ihre Gesetze überhaupt nichts an. Und ihre Flüche schon gar nicht. Doch der Kuchen und die Zigaretten waren jetzt grundlos weg. Und eine Freundin auch. Ich nutzte nämlich die gute Gelegenheit, um mich nach langen Jahren vergeblicher Liebesmüh von der ganzen Familie zurückzuziehen. Die „Bärenmutter“ hatte mich vom Dogma meines selbstbestrafenden Ideals bedingungsloser Solidarität befreit, die ich für „politisch“ hielt. Freiwillig hätte ich mich von der Familie nicht gelöst.

Es tut mir überhaupt nicht leid, dass ich all die Dramen nicht mehr mitempfinden muss, die die leidgeprüfte Familie mit einem Achselzucken abtut, während ich oft echte Tränen um sie weinte. Meine Wiedergutmachung am Cikatovolk ist getan. Ich war eine gute Freundin und ich habe ein gutes Gewissen. Kehren wir jetzt also zu Baros Kindheit zurück. Was war passiert?

Als Baro ein kleiner Junge war

Als Baros Mutter Anfang zwanzig war, hatte sie zwar schon vier oder fünf Kinder, aber noch gar keine Rechte, etwas Eigenes in ihrem Leben zu entscheiden. Es traf sie das Unglück, dass sie ihren attraktiven Mann bei einem Vergehen entdeckte, das in der Cikatositte als unverzeihlich gilt. Also war sie den Mann los und musste fürs Erste mit den Kindern zu ihrer Mutter zurückkehren. Sie war deren jüngste Tochter am Ende einer Reihe von etwa 20 Kindern. Diese unglaubliche Großmutter hatte sich im Dritten Reich mit ihrer ganzen Sippe in den Wäldern von Holland und Frankreich versteckt, wo die Gruppe nur durch den Nahrungsdiebstahl bei Bauern überleben konnte. Es muss einen daher nicht wundern, dass das kleine Mädchen, das ganz am Ende einer verzweifelten Notgemeinschaft stand, zwar eine beeindruckende „Bärenpersönlichkeit" entwickelte, aber wenig Sinn dafür hatte, wie man Kindern ein gemütliches und geschütztes Nest bereitet.
Um in den sozialen Wirren der Nachkriegszeit überhaupt noch einen neuen Mann zu finden, der ja den einzigen sozialen Schutz (wenn auch einen fragwürdigen) für eine Cikatofrau darstellt, mussten jetzt erst einmal die „überflüssigen" Kinder weggeschafft werden. Das klingt für uns zwar sehr brutal, ist aber nur ein eingeübter Teil des harten Überlebensprinzips der Cikatogesellschaft. Zunächst versuchte man, die Kinder in der Verwandtschaft unterzubringen. Warum gerade die Verwandtschaft die „überflüssigen" Kinder aufnehmen muss, ist mir unklar, aber bestimmt gibt es dazu auch ein „Gesetz". Wer nicht bei der Verwandtschaft unterkommt, den bringt man heutzutage in bestimmte Einrichtungen. Man lässt sie adoptieren, oder auch nicht, jedenfalls kümmert sich der Clan nicht mehr um sie. Brav verteilte auch unsere Cikatomutter ihre Kinder. Von einem jedoch konnte sie sich einfach nicht trennen. Von Baro. Sie liebte ihn sehr. Baro sah seinem schönen Vater ähnlich, dem bärenstarken Kerl, der es schaffte, später noch etwa zehn weitere dieser hübschen Riesen zu zeugen. Doch Baro hatte leider nicht viel von seiner Schönheit, denn bald kam der neue Mann. Er war ein kleiner, stämmiger Mann, der, wie alle Cikatos und verglichen mit unseren Männern, über die doppelte Körperkraft verfügte. Diese Menschen sind so zäh und körperlich so stark, wie Du Dir das nicht vorstellen kannst. Man sollte sich nicht mit ihnen anlegen. Der neue Mann hatte seine Kindheit im KZ überlebt und war nicht zart besaitet. Er kannte die Ungerechtigkeiten des Lebens und kämpfte hart um jeden Zentimeter seines Platzes darin. Jetzt musst Du wissen, dass die Rolle eines Stiefvaters bei den Cikatos an die Gesetze in einem Löwenrudel erinnert, denn dort beißt der Neue die Kinder des Vorgängers einfach tot. Das können die Cikatos natürlich nicht so einfach tun, doch ihren Unmut dürfen sie ganz ungeniert zeigen.
Alleine schon aufgrund seiner Gestalt war Baro ein steter Dorn im Auge des Stiefvaters. Je mehr seine Mutter ihn zu schützen versuchte, desto schlimmer wurden die Hassattacken des Stiefvaters. Er misshandelte Mutter und Sohn massiv, um die beiden dahingehend zu erpressen, sich endlich zu trennen. Kein Wunder also, dass Baro „schwierig" wurde. Lästig eben. Er glaubte langsam selbst, dass etwas an ihm schlecht sein müsse, weil sich das Unglück so auf ihn häufte. Als Cikatojunge war es ihm ja nicht erlaubt, seine Wut gegen den Stiefvater zu richten. Und aufgrund der Lebensalterhierarchie musste er seinen Täter sogar noch achten und verehren. Du glaubst es nicht, aber ich habe Baro nur in den höchsten Tönen von seinem Stiefvater sprechen hören. Baro ist ein braver, konservativer Cikatomann. Er kennt seine Pflichten und beugt sich der Autorität seines Volkes. Ich erfuhr von den traurigen Geschichten nur aus heimlichen Quellen, die ich nicht verrate.

Als braver Cikato, der seine Rechte und Pflichten kennt, machte sich Baro bestimmt keine tieferen Gedanken darüber, ob es rechtens sei, dass er seine Aggressionen unkontrolliert an Frauen ausließ, während er stets bemüht war, Verständnis für die Unarten der Männer aufzubringen.

Er wird ungefähr zehn Jahre alt gewesen sein, als er eine alte Frau schwer verletzte. Der Junge sollte bei dieser Frau, die einen Getränkehandel von Haus zu Haus betrieb, Bier holen. Doch weil er versuchte, zu stehlen, kam es mit der alten Dame zu einem Gerangel. Die regte sich dabei so sehr auf, dass sie eine Herzattacke erlitt. Glücklicherweise überlebte sie den Vorfall, doch Baro hatte die Dorfbewohner gegen seine Familie aufgebracht. Deshalb musste er jetzt endgültig „weg". Der Stiefvater brachte ihn weit weg nach Frankreich, wo seine Verwandtschaft lebte. Es gibt Gerüchte, die besagen, dass der kleine Junge bei den Leuten unter den Wohnwagen schlafen musste, weil sich einfach keiner dazu verpflichtet fühlte, sich um ihn zu kümmern. Er gehörte nirgends mehr hin. Niemand schützte ihn. Niemand mochte ihn. Selbst seine Mutter stellte sich nicht mehr hinter ihn, weil er mehrfach Cikatogesetze gebrochen hatte.
Mir hat eine Geschichte so sehr das Herz gebrochen, dass ich danach unter dem Zwang stand, Baro die Tür ohne zu Zögern weit zu öffnen, wann immer er davorstand. Ich schloss ihn dann sofort in meine Arme und drückte ihn herzlich, bevor ich fragte: „Wie geht es Dir?"

Es geschah an einem Silvesterabend. Baro war so zwischen dreizehn und fünfzehn Jahre alt. Weil er solch ein starkes Heimweh nach seiner Familie verspürte, war der Junge zu Fuß von Frankreich nach Trier gewandert und hatte es tatsächlich geschafft, genau am Silvesterabend vor der ersehnten Tür zu stehen. Der Stiefvater öffnete. Als er Baro sah, zückte er einen Bündel Geld und sagte: „Geh zum Bahnhof und fahre zurück nach Frankreich. Du gehörst nicht hierher."
Ja, und deshalb weckte die Frau, deren Tür vor ihrer Verwicklung in das Cikato- Kukudrama wirklich für jeden offenstand, ein ganz besonderes Gefühl in dem schwer verletzten Mann. Er vertraute mir. Ich ihm auch. Zu Recht. Baro hat mich in meinem Haus niemals respektlos behandelt, niemals bedroht. Er hat mich niemals bestohlen. Er achtet mich als Chefin in meiner eigenen Welt. Zudem mag er mich und möchte nicht, dass mir etwas passiert. Was er außerhalb meines Hauses tut, ist ein anderes Thema. Er sagte mir einmal, dass es auch für ihn sehr wertvoll sei, im Kontakt mit mir das GUTE zu spüren, das er in sich trage. Draußen wäre er ein ANDERER.
Ich kann mir einige Gründe vorstellen, warum ihn ANDERE als „üblen Kerl" betrachten. Vor wenigen Wochen kam Baro kurz bei mir vorbei. Vielleicht wollte er mir auf Wiedersehen sagen, denn das örtliche Gefängnis wollte ihn wieder einmal für eine geraume Zeit „beheimaten". Baro hatte die bunten Lichter in meinem Garten gesehen, die ich nur einschalte, wenn ich gut gelaunt bin. Weil ich in dieser Nacht jedoch Besuch hatte, konnte ich mich nicht offen mit ihm unterhalten.
Höflich, wie Baro bei mir grundsätzlich ist, wollte er sofort wieder gehen. Wir drückten uns also nur kurz und schauten uns dabei in der Art in die Augen, wie wir es vom ersten Tag an taten, als wir uns kennenlernten. Das ist jetzt fünfzehn Jahre her.
Als Baro fast wieder im Dunkel des Gartens verschwunden war, schmerzte mich die ganze Einsamkeit seiner Existenz. „Du bist nicht alleine!", rief ich ihm laut hinterher. Baro blieb kurz stehen, drehte sich um und sagte: „Du auch nicht." Dann war er weg. Ja, das ist unsere Beziehung. Sie bleibt in uns, solange wir sind. Das kann uns keiner nehmen.

Doch wie ging es nach Baros Tat weiter? Was ist später aus den drei verratenen und ausgegrenzten Kindern geworden, die sich, als enttäuschte Erwachsene, so unheilvoll ineinander verwickelt hatten?

Wie es mit Baro und seiner Frau weiterging

Baro liebt seine Frau. Von mir fühlte er sich unzweifelhaft geliebt. Dankbar war er dafür, dass ich nie gegen seine Frau intrigierte, sondern dass er die Freiheit hatte, alle seine Gefühle so zu offenbaren, wie er sie gerade empfand. Wechselhaft. Ich zeigte ihm deutlich, dass ich ihn auch dann mochte, wenn er in seiner Ehe glücklich war. Umgekehrt respektierte auch er bedingungslos meine Liebe zu Jiry und eben auch alles andere, was meinen Lebensstil in dem Ziel ausmacht, den Eros wie eine göttliche Kraft zu würdigen. Dass Baros Ehe mit der Tigerin eher einen grausamen Verlauf nahm, hat nichts mit mir zu tun. Zwei solch schwer traumatisierte Menschen wie die beiden führen nicht plötzlich ein sonniges und beschauliches Leben. Sie konnten nämlich nicht aufhören, mit dem gegenseitigen „Eifersüchtigmachen" nachzuprüfen, wie „erregbar" der andere noch darin war. Wie gesagt, hielten sie die Eifersucht für ein Zeichen der Liebe. Und die loderte, wie erwünscht, prompt in bösen Flammen auf, ... allerdings nur kurz, ... bevor sie das traurige Paar in ihrem beißendem Gestank tödlichen Rauchs verkümmern ließ. Baro und seine Tigerin konnten zu keiner Zeit erkennen, dass man der Liebe nicht begegnet, solange man den tödlichen Kampf der Rache führt. Verzweifelt rächten sich die beiden für alles, was sie in der Kindheit erleiden mussten, denn die Ethik, die Rache über die Menschenwürde zu stellen, war in ihren Völkern nicht verpönt. Das tragische Liebespaar wurde zum Opfer des Mangels an Bildung. Sie fanden den Weg in die Anpassung zeitgemäßer Kulturentwicklung nicht. Es interessierte sie nicht, sich in die zivilisierte Gesellschaft einzufügen, die sich darin einig ist, dass nicht nur jedem Mann, sondern auch jeder Frau und jedem Kind derselbe Wert und dasselbe Recht auf Schutz durch die Gemeinschaft gebührt.
Baro und seine Frau gehen ihren eigenen Weg ganz bis zum Ende. Sie sind auf ihre Weise sehr konsequent. Beiden fehlen schon wesentliche Körperteile, die im Kampf verlorengingen. Lebendig fühlen sie sich dann, wenn sie „trotzdem" nicht aufhören. Das Umfeld weicht mit Grauen zurück, sobald sich die beiden wieder für eine nächste Runde versöhnen, ... wie wir, denn auch wir wollen dem weiteren Verlauf dieser Geschichte nun nicht mehr länger beiwohnen. In den letzten Jahren erfuhr ich von den neuen „Kampfhandlungen" nur noch zufällig durch Klatsch. Die letzte Geschichte fand ich allerdings so gut, dass ich sie zur Aufheiterung nun doch noch erzählen möchte.
Wie gesagt, geht Baro bald wieder „in Kur", denn so könnte man seine Gefängnisaufenthalte wohlwollend bezeichnen. Damit er dort nicht etwa angenehm zur Ruhe käme, machte ihm seine Tigerin ein ganz besonderes Abschiedsgeschenk. Unter einem billigen Vorwand schlüpfte sie eines Nachts in das Bett seines besten und fast einzigen Freundes, der, trotz guter Kenntnis der ehelichen Dramen, zu dämlich war, sie sofort hinauszuwerfen. Zunächst sah es für die Tigerin ganz nach einem „Punktesieg" aus. Doch da wuchs Baro über die Mauern seines Herzens hinaus und wurde endlich FREI! Ich bin sehr stolz auf ihn! Er kaufte nämlich morgens, nachdem ihm das, was geschehen war, zugetragen wurde, zwei Flaschen Bier, brachte sie seinem armseligen Freund und leerte sie mit ihm. Damit hatte die Tigerin nun wirklich nicht gerechnet.

Wie es damals mit mir weiterging

Mein Leben verlor die Heiterkeit. Ich muss zugeben, dass ich mir in den ersten Monaten einige peinlich dumme Schnitzer erlaubte. Ich war der Situation noch nicht gewachsen, weil ich viel zu wenig Information hatte, um sie realistisch zu beurteilen. Bevor Baro für mehr als drei Jahre hinter Gittern verschwand, hatte er mich gebeten, verlässlich auf ihn zu warten, damit es in den Zeiten der Not eine Hoffnung für ihn gäbe. Aber natürlich nur dann, falls seine Frau nicht mehr zu ihm zurückkäme. Weil ich die TREUE zu den Menschen, die ich liebe, sowieso wie eine unveränderbare Urnatur in mir erlebe, war es mir ein Leichtes, einfach JA zu sagen. Ein paar Wochen schrieb ich ihm wunderbare Briefe (das kennst Du ja!), holte seine dreckige Wäsche im Gefängnis ab, besuchte und küsste ihn und fühlte mich großartig. Eines Tages jedoch gaben mir die Beamten keine Wäsche mehr, sondern fauchten mich unverhohlen und verächtlich an: „Frau X war schon da und hat die Wäsche geholt!" So erfuhr ich also, dass die Tigerin ihren Mann tatsächlich wiederhaben wollte. Und auch Baro hatte die Traumfrau zurück, mit der er die Lust am Bösen pflegte, was ihm durchaus näher lag als gepflegte Gespräche bei Tee und Keksen mit der langweiligen Gutmensch-Nelly. Wie versprochen zog ich mich von Baro zurück. In der Zwischenzeit hatte ich jedoch seine Eltern und seine Geschwister kennengelernt, die, weit mehr als Baro, daran interessiert waren, mich zu ihrem Familienmitglied zu machen. Du musst wissen, dass in ein altes Haus, das zehn Hippies beherbergen kann, locker sechzig Cikatos passen. Dazu kämen dann noch einmal ungefähr dreißig Verwandte, die im Garten ihre Wohnwagen aufstellen könnten. Du siehst also, ich war eine echt gute Partie! Also behandelte mich die neue Wahlfamilie wirklich sehr freundlich. Über mehrere Jahre stand ich in regem Kontakt mit ihnen. Bereitwillig erzählten mir Baros Geschwister, die von dem Geheimhaltungsgebot nichts wussten, viele, viele Geschichten über die tragischen Ereignisse in ihrem vom Unglück verfolgten Clan. Sie genossen es dann sichtlich, den Schmerz und das Mitgefühl in meinen Augen zu sehen, die ich empfand, wenn ich begriff, was es wirklich heißt, als Cikatokind geboren worden zu sein. Überrascht stellte ich allerdings fest, dass jedes Familienmitglied beim Erzählen vergnüglich und phantasiereich log. Doch warum nur? Nach einiger Zeit fand ich den Grund dafür heraus. Es gab gar keine verbindliche Wahrheit in diesen Leben, die von Dramen so durchgeschüttelt wurden wie ein Kanu von einem Wildbach. Also lohnte es sich nur dann, sich an etwas Vergangenes zu erinnern, wenn aus der Erzählung ein persönlicher Nutzen für die Gegenwart zu ziehen war. Ich wurde manipuliert, nahm ich mit einer gewissen Belustigung wahr (Mich Muttertochter manipuliert kein ANDERER. Niemand macht mich fremdbestimmt). Weil ich die Menschen aber auf eine seltsame Weise zu lieben begonnen hatte, tat sich so, als bemerke ich das Spiel nicht. Gerade das zweckgebundene der Lügen gab mir die Möglichkeit, eine bessere Wahrnehmung von den Besonderheiten dieser fremden Kultur zu bekommen. Weil nämlich jeder anders log, fand ich im gemeinsamen Nenner aller Geschichten die Grunddaten, die dem Kern der Wahrheit am Nächsten kamen. Auf diese Weise kam ich durchaus damit voran, mich in dem Dschungel der auf mich einprasselnden Ereignisse besser zurechtzufinden. Nebenbei las ich absolut alles, was ich über die Kultur der Cikatos finden konnte. Leider waren es ausgerechnet die „stichfesten" wissenschaftlichen Untersuchungen, die andere „politisch korrekte" Gutmenschen durchgeführt hatten, die mich noch einmal auf einen dummen Irrweg schickten, von dem mich erst die Bekanntschaft mit Baros Schwester, die zu einer echten Freundin für mich wurde, wieder herunterholte. In den edlen Schriften stand nämlich, dass es nur ein Ausdruck der rassistischen

Diskriminierung des Cikatovolkes sei, wenn man dem Klischee folge, dass Lügen, Stehlen und Betrügen ein typisches Merkmal beim Broterwerb dieser unschuldigen Menschen sei. Nach sorgfältigen Messungen wäre statistisch zu beweisen, dass den Cikatos keine höhere Kriminalitätsrate nachgesagt werden könne, als sie bei Deutschen gemessen würde. Ja, da freute ich mich riesig über die schönen Zahlen und das wissenschaftlich gründliche Reinwaschen der seit Jahrhunderten zu Unrecht Verfolgten! Gleich riss ich meine Türen wieder auf, um jeden Cikato in meiner „politisch korrekten“ Gastfreundschaft willkommen zu heißen. Baros jüngsten Bruder ließ ich gleich bei mir einziehen, denn sein junges Leben sollte dieselben Chancen haben wie das meiner eigenen Kinder, wo er doch gerade dabei war, unter dem schlechten Einfluss drogenabhängiger Menschen zu zerfallen! Hatte er nicht das volle Recht auf meinen persönlichen Schutz, weil ich seine Probleme doch viel besser verstand als seine Eltern? Ein Cikatogesetz fordert nämlich, drogenabhängige Kinder sofort zu verfluchen. Bei mir sollte es der Junge gut haben. Aufblühen würde er, etwas Sinnvolles lernen ... und so weiter. Blöd nur, dass der liebe junge Mensch, der bei mir selbst wirklich nie etwas gestohlen hat, nicht NEIN sagen konnte. Er hatte es nicht lernen dürfen. Wegen der Altershierarchie musste er sich vor jede Karre spannen lassen, die ältere „Verwandte“ fahren wollten. Der weichherzige, schwächliche Junge bekam die Rolle desjenigen zugedacht, den man gerne vorne stehen lässt, wenn die Polizei kommt, weil sich seine Rettung ohnehin nicht lohnt. Klar waren unter den Verwandten auch immer „die Bösen“. Ein Cikato stellt Dir mühelos eine Hundertschaft von „Cousins“ vor, die ihn gerade einmal besuchen wollen. Es dauerte also nicht lange, da waren nach dem Besuch solch einer sympathischen kleinen Gästegruppe, die eine Woche lang bei mir gegessen, getrunken und geschlafen hatten, sämtliche Fotoapparate und auch das bescheidene Bargeld verschwunden, das nach dem Durchwühlen sämtlicher Schubladen im Haus zusammengekratzt werden konnte.

Und nun trat Baros Schwester Melodie in mein Leben, die, wenn sie ihren Bruder besuchte, unschwer erkennen konnte, wie ich in meiner Gutmenschnaivität schrittweise zum Opfer wurde. Sie beschloss, mich zu retten. Ich verdanke die Läuterung vom dämlichen Gutmenschen, von der narzisstischen Cikatoretterin in eine brauchbare Freundin, dieser ungewöhnlichen Cikatofrau. Geduldig half Melodie mir bei der Beantwortung aller Fragen, die meine klugen Bücher übersehen hatten. Nicht selten rettete sie mich aus gefährlichen Situationen und brachte mir alles bei, was ihrer Meinung nach sinnvoller sei als Lesen. Sie lieh mir ihre geliebte Waffe, einen abgebrochenen Baseballschläger, den sie seit ihrer Jugendzeit mit sich führte, und zeigte mir, wie ich die Tigerin an den Haaren packen und mit einem Faustschlag am Kinn bewusstlos schlagen müsse, falls sie mit ihren Messern zu mir käme, wozu sie durchaus neige.

Melodie besorgte ihrem lebensschwachen, jungen Bruder eine neue Unterkunft und hinderte mich daran, für ihre Eltern einen Wohnwagen in den Garten zu stellen, weil ich es doch so traurig fand, dass die alten Leute von ihrer Dachkammer aus nur noch ein winziges Stück Himmel und keinen einzigen Baum sehen konnten.

Melodie und ich verstanden uns auf Anhieb so gut, weil wir in derselben Weise EINSAM waren. Beide hatten wir die Rolle der unverstandenen Außenseiter in einer Außenseiterfamilie. Das ist ein bisschen viel DRAUSSEN. Es bohrt Löcher in die Seele. Aber manche Kinder werden davon auch sehr stark, sehr autonom, wild und mutig. In diesem Sinne waren Melodie und ich Schwestern. Wir schworen uns Treue.

Freundin Melodie

Melodie war als ein sieben Pfund schweres, gesundes Sechsmonatsbaby zur Welt gekommen, als ihre Mutter gerade mit dem neuen Mann einen neuen Clan gegründet hatte. Bald danach kam auch ein Stammhalter zur Welt, ... und so weiter. Dem misstrauischen Vater war die überaus hübsche „Erstgeborene“ gleich ein Dorn im Auge, weil sie „nur“ ein Mädchen war. Weil sie halt mal da war, im Krankenhaus und nicht in den Büschen geboren, sollte sie eben heranwachsen, um möglichst bald ihre dienende Rolle einzunehmen, nämlich die Eltern und kleineren Geschwister zu versorgen. Doch Melodie entpuppte sich als echte „Teufelsbrut“, als ein wildes, unerziehbares Kind, das aufgrund seiner großen Schönheit und dem unbändigen Temperament unübersehbar war. Nicht zum BRAVSEIN geboren. Ein Goldstück, würde ich sagen, doch ihre Eltern sahen es nicht so. Weil es sich so schmerzhaft unerwünscht fühlte, ging das Kind gerne nach DRAUSSEN. Die Familie wohnte, von Wildwuchs umgeben, in einem abgelegenen Häuschen am Ufer eines Flusses. Melodie konnte sich rings um das Haus gut verstecken, in selbst gebauten Hütten Prinzessin spielen und beobachten, wie die Sonne über dem Fluss aufging. Das schöne Leben, das auf sie warte, fühlte sie tröstend in den wärmenden Strahlen, die ihre braune Haut streichelten, während ihr bewusst wurde, dass ihre Eltern sie wieder einmal nicht gesucht hatten. Sie blieb oft über Nacht DRAUSSEN und stellte sich beim Einschlafen vor, wie schön es wäre, wenn sie „gefunden“ würde. Im kalten Morgentau, der sie frieren ließ, spürte sie dann die Tränen, die sie nicht mehr weinte. Weil es niemand sah. In der Natur fand das Kind die Lebensfreude, die es trotzdem wachsen ließ. Melodie liebte es, Beeren zu sammeln und Nüsse und Obst von den Bäumen zu essen. Sie fühlte ihre Kraft, ihren Stolz und ihre Würde. Ihr Recht auf Leben würde sie verteidigen, da war sie sich sicher.

Doch dieses besondere Kind kam in der Familie nicht an. Sie galt als zu „schwierig“. Als viel zu schwierig. Als sie etwa sieben Jahre alt war, kam sie in ein Heim. Dort konnte sie bis zu ihrem sechzehnten Lebensjahr bleiben. Die Ferien verbrachte sie in ihrer Familie.

Melodie hatte das Glück, in einem der besten Heime zu leben, die es damals gab. Sie wurde dort geliebt und gefördert. Meine Freundin erzählte mir, sie sei wie ein wildes Tier gewesen, als sie dort ankam. Man habe sie anfänglich in ein Zimmer einsperren müssen, weil sie gefährlich tobte. Sie biss und schlug ihre „Fänger“ und sie habe sofort alles zerrissen oder zertrümmert, was ihr in die Finger kam. Es habe Wochen gedauert, bevor sie Menschen in ihren „Käfig“ ließ. Dann erzählte sie mir mit einem Leuchten in ihrem schönen Gesicht, dass die Welt der Menschen zu ihr kam, weil es bei ihrer Ankunft einen jungen Mann gab, der tagelang nicht müde wurde, vor ihrem Zimmer zu sitzen und Gitarre zu spielen. Er spielte nur für sie, er warb um sie, er sorgte sich um sie. Er hörte nicht auf. Er suchte und suchte, bis er die kleine Cikatoprinzessin in den Büschen gefunden hatte. Da kam endlich die Wärme in ihr frierendes Herz. Sie öffnete die Tür und ließ sich versorgen. Melodie besuchte die Schule, lernte Lesen und Schreiben und wurde eine gute Schülerin. Bei ihren Erziehern erfuhr sie die Gewissheit, dass sie ein wertvoller Mensch sei, der das Recht hätte, ein würdiges und lustvolles Leben auf dieser Erde zu verbringen. Bis sie dann eben gehen musste.

Danach zeigte ihr das lange Zeit niemand mehr. Sie muss für immer DRAUSSEN bleiben, die „Fremde“ bei den „Gadsches“ und die „Unerwünschte“ bei den Cikatos. Ihr Clan benutzt sie gerne, damit sie der Familie dienen soll. Und weil sie lesen kann, muss sie sämtliche Amtsgänge und Arztformalitäten erledigen. Sie kommuniziert mit

Beratungseinrichtungen und organisiert Autos für die Fahrten ins Gefängnis und zu Beerdigungen. Sie kocht für die Familienfeste, kleidet die Geschwister ein und bringt Essen zu den Not leidenden Kindern der Familie, wenn die Eltern mal wieder ihre Verantwortung in der Sucht vergessen haben. Sie schlichtet Konflikte und tröstet die Verzweifelten. Sie ist eine großartige Frau.
Der Clan dankt ihr keineswegs für alles. Sie wird oft beleidigt und sogar bedroht. Weil sie eine Frau ist. Weil sie Hosen trägt. Weil sie klug ist. Weil sie liest. Weil sie denkt. Weil sie eine eigene Meinung hat. Und weil sie zurückschlägt, wenn man sie schlägt. Sie gilt als Verräterin an ihrer Kultur, weil sie ANDERS ist. Niemand weiß mehr, wer sie überhaupt ins Heim gebracht hat und warum sie dort keiner besuchte. Niemand denkt darüber nach, dass sie ANDERS werden musste, weil sie kein Cikatonest hatte. Sie kennt keine Leitfiguren, die die Stärken ihrer Kultur symbolisieren, die es ganz sicher auch gibt. Weil ich die Ehre hatte, meiner Freundin sehr nahezukommen, und weil ich einige Aspekte ihrer Kultur durch meine Bücher genauer kannte als sie selbst, fühlte ich oft, wie lebendig und schön in ihr die Jahrhunderte loderten, in denen ihre Vorfahren noch solidarisch in Gemeinschaften lebten. Und es muss damals auch Kinder gegeben haben, die im Schutz ihrer Familien glückliche Stunden verbrachten. Wie in anderen Kulturen auch.
Wenn die Geschichte neu erfunden werden könnte, und wenn die Cikatos sich plötzlich erheben, die Lethargie passiver Opferschaft verlassen und politische Selbstverantwortung ergreifen würden, und wenn sie die Kommunikation mit anderen Kulturen erlauben würden, dann müssten sie Melodie zu ihrer ersten Botschafterin machen. Ihr spezielles Schicksal macht sie zur idealen Dolmetscherin zwischen den Kulturen. Doch leider war nur ich es, die hören wollte, was sie zu sagen hat.

Mehrere Jahre lang blieben Melodie und ich enge Freundinnen. Ich möchte mich mit drei Einsichten von der Cikatokultur verabschieden, die mein Leben bereichert haben. Dafür danke ich Melodie und ihren Geschwistern sehr.

Die Gutmenschkritik

Einmal saß ich mit Melodie im Auto. Wir machten gerade einen Ausflug ins Grüne. Ich redete beim Fahren wieder einmal über mein Lieblingsthema. Wie dumm, ignorant und rassistisch sich Menschen ausgerechnet den Cikatos gegenüber verhielten, die ja keiner Fliege etwas zuleide täten.
Melodie hatte meine vom Helferwahn getragenen Ausführungen schon öfter anhören müssen. Sie langweilte sich. Nach einem kurzen Räuspern drehte sie sich zu mir und sagte: „Jetzt reicht's! Ich werde Dir mal was sagen!" Genervt eröffnete sie mir, dass sie nichts davon hätte, wenn ich die Menschen nicht so sehen könne wie sie sind. Mal gut, mal schlecht, und alles dazwischen. Es sei durchaus so, dass es gerade in ihrem Volk viele Menschen gäbe, die nur darauf aus wären, die Gadsches „auszunehmen". Sie selbst sei eine große Diebin gewesen, als sie nach dem Heim auf der Straße gestanden hätte, … obdachlos, mit einem Säugling auf dem Arm!
Erst, als sich ihre Situation wieder verbessert habe, wäre sie bereit gewesen, Mitgefühl für ihre Opfer zu empfinden. Sie hätte immer wieder ein Leben „im Guten" versucht, was eben oft nicht so klappen würde, wie es ihr lieb wäre. Auf jeden Fall wäre es viel einfacher, mit mir befreundet zu sein, wenn ich endlich aufhören würde, den Engel spielen zu wollen. Das müsse doch stinklangweilig sein!

Ich verstand sofort das Angebot, das in ihrer Kritik steckte, denn sie wollte eine gleichberechtigte Freundschaft mit mir führen. „Melodie und Nelly" könnten viel zusammen machen, ...darin lag unsere Chance! Nicht die „politische Nelly" profiliert sich an der Not einer „Randgruppe". Das wäre blöder, narzisstischer Rassismus.
Nicht an einem Tag, aber doch im Lauf der nächsten Jahre hatte ich den Kampf gegen den verborgenen Rassismus gewonnen. Wenn ich mit den Freunden zusammen war, fühlte ich sie immer mehr als Individuen. Sie hießen jetzt Melodie und Mercedes, oder Dario und Santino, die jeder eigenen Persönlichkeit eine eigene Geschichte gaben. Als ich die Probleme der Cikatokultur so gut verdrängen konnte wie sie selbst, interagierte ich endlich mit Menschen. Sie waren mal gut, mal schlecht und alles dazwischen, wie jeder von uns. Im Übrigen wäre auch ich mit Recht beleidigt, wenn jemand auf die Idee käme, ständig das „Deutsche" an mir zu suchen.
Der gleichberechtigte Dialog mit Melodie, der uns noch jahrelang erfreute, hatte mich auch von der Selbstidealisierung befreit, von der zwanghaften Treue zu den hehren Idealen meiner Eltern, die in mir zu einem Dogma der Selbstzerstörung versteinert waren. Warm und freudig durchfloss es mich, wenn ich mich bereitmachte, „auch ein bisschen schlecht zu sein", ... wie alle anderen.

Über das Lügen

In einem früheren Brief habe ich Dir erzählt, dass ich so zwanghaft ehrlich geworden sei, weil ich in meinem Kindergefängnis nur deshalb so viel lügen musste, um gelegentlich aus ihm „ausbrechen" zu können. Ich hatte ja solche Sehnsucht, mit anderen Kindern zu spielen. Nach der endgültigen Befreiung aus dem Kindergefängnis erlebte ich jede Lüge als Spaltung zwischen mir und dem Leben. Ich konnte nur noch in der absoluten Ehrlichkeit etwas fühlen und verlangte sie auch von anderen, was zur Folge hatte, dass die dann nicht mehr so gerne mit mir spielten.
Erst von meinen Cikatofreunden habe ich gelernt, wie sinnvoll, sozial und freundlich das Lügen sein kann. Sie taten es andauernd, indem sie die Wirklichkeit täglich neu erfanden, so hübsch arrangiert, dass sie gut damit leben konnten. Das ist eine große Kunst, das kann ich Dir sagen. Die Lügen woben ein gemütliches Nest, um die Freude am JETZT gut zu betten. Und jeder arbeitete daran mit, anstatt es mit unnötigen Fragen zu durchlöchern. Das Lügen hatte durchaus eine gestalterische Funktion, die Schutzräume für alle Beteiligten aufbaute. Darin gab es dann Stunden der Entspannung und des Vergessens, die Genuss und Freude möglich machten.
Ja, ich habe sehr viele schöne Stunden mit den Freunden erlebt, die in meinem Leben unvergessen bleiben. Erinnerungen, die ich wie ein zarter Blütenregen über das Grau der Wirklichkeit sich ergießen lasse, so, wie ich es von den Freunden gelernt habe.
Um es auf die Spitze zu treiben, muss ich Dir jetzt noch erzählen, dass ich die Höhepunkte erotischer Romantik, die jeder Mensch doch gerne mal „in Echt" zu erleben sucht, ausgerechnet mit dem „bösen" Baro genossen habe.
Was glaubst Du, wie oft er mich zu Beginn unserer Freundschaft wirklich „dreist" belogen hat? Weil er im Heute oft vergaß, was er im Gestern gelogen hatte, merkte ich es des Öfteren und reagierte anfänglich empört. Dann tröstete er mich schnell mit einer guten Lüge für das Morgen. Doch bald lernte ich, dass Baro, der wirklich ein charmanter Lügner ist, aus reiner Freundlichkeit log. Er wollte eigentlich nur, dass ich es „nett" mit ihm habe. Für die Zeit, in der er mich im Arm hielt, sollte ich glücklich sein, so wie ich es brauchte. Im Nachhinein muss ich ihn dafür bewundern, wie feinfühlig er in

meinem Kontext agierte, der ihm ja völlig fremd war. Glücklicherweise ersparte er mir das Wissen über Dinge, die ich bestimmt nicht verkraftet hätte. Er respektierte meine Grenzen. Als ich ihn länger kannte, nahm ich seine Bemühungen, die Gunst der Stunde zu retten, mit Humor und Dankbarkeit an. Wir verstanden uns immer besser und führten auch öfter sehr ehrliche Gespräche.
Ich betrachte es heute als ein Privileg, dass ich ein so ehrliches Leben führen darf. Aber wenn es Sinn macht, notwendig oder einfach nur liebenswürdig ist, dann lüge ich hier und da. Ich tue das mit aufrechtem Gang und denke dabei fest an meine Freunde.

Über die Zeit

Im Umgang mit meinen Freunden erfuhr ich auch, dass Zeit nicht für alle Menschen das Gleiche bedeutet. Es gibt offenbar nicht nur die eine Art der Wahrnehmung, die wir in unserem Kulturkreis als „normal“ empfinden. Ich konnte die andere Wahrnehmung der Freunde zu dem Thema zwar nicht mitempfinden, aber ich sah es ihnen an, wenn sie „in einer anderen Zeit“ waren. Dort gab es scheinbar auch ein „anderes Land“, in dem sie sich mit anderen treffen konnten, die sie besser verstanden als ich. Schön und entspannt sahen sie aus, wenn sie mit ihren schwarzen Augen in eine Ferne entschwanden, in die ich nicht mitkommen durfte. Sie müssen dort Ruhe gefunden haben.
Es war für mich sehr bereichernd, an der großen Begabung meiner Freunde teilhaben zu dürfen, das Leben im HIER und JETZT zu genießen. Das Vergangene ist glücklicherweise vorbei und die Zukunft kann auch nur ätzend werden, ... könnte ein Cikato denken. Tut er aber nicht, denn es genügt ihm, sehr aufmerksam zu schauen, ob eine Chance besteht, im HEUTE zu lachen, zu singen, zu essen, zu trinken und wie verrückt zu feiern.

So, wo wir gerade beim Thema „Feiern“ sind, komme ich nun zum letzten Abschnitt der Cikatogeschichte.

Wie ich den Glauben an die Revolution verlor

Als Baro wieder aus dem Gefängnis kam, lief die Ehe nicht so gut wie erwartet. Bald ging er erneut „auf Reise“. Als er dabei wieder einmal an meinem Garten vorbeikam, sah er ein Lagerfeuer und viele bunte Lichter, die den Garten festlich erleuchteten. Es zog ihn hinein.
Er fand Jiry und mich am Feuer sitzend vor. Jiry war wenige Wochen zuvor zu mir zurückgekehrt. Wir wollten noch einmal versuchen, zusammenzuleben. Beide Männer waren sich zwar noch nie begegnet, kannten sich aber aus meinen Erzählungen ziemlich gut.
Baro setzte sich mit ans Feuer und wir plauderten darüber, wie es ihm im Gefängnis und in der Zeit danach so ergangen war und was ich in der Zwischenzeit so gemacht hätte. Es war ein ruhiges, schönes Gespräch. Es gab so viel zu erzählen, dass wir bis tief in die Nacht am Feuer saßen. Baro hatte keine Bleibe. Klar wollte er bei mir schlafen, denn er kannte ja sein Recht auf meine offene Tür. Weil ich aber langsam sehr müde wurde, musste ich nun eine Lösung finden, wie ich meine beiden Männer gut ins Bett bringen könnte, ... was auf Anhieb nicht einfach erschien. Doch dann machte ich

es schließlich so, wie ich es immer mache, direkt, offen und transparent für alle Beteiligten. Ich überlegte, wo das breiteste Bett im Haus war und schlug den Männern vor, dass wir alle drei zusammen schlafen gehen könnten, damit sich keiner alleine oder ausgeschlossen fühlen müsse. Das taten wir dann auch und schliefen alle drei ziemlich schlecht. Am Morgen frühstückten wir lange und plauderten wieder nett. Weil es den Männern dann aber doch langsam zu viel wurde mit dem Reden und Reden und Reden, nahm Jiry seine Gitarre und fing an zu singen. Ich trommelte dazu. Baro probierte alle Instrumente aus, die noch im Zimmer standen und unterstütze den gemeinsamen Rhythmus. Jetzt fanden die Männer leicht ihren gemeinsamen Weg, denn beide sind hinsichtlich selbst gemachter Musik wirklich sehr begabt. Jiry, der hochbegabte Musiker, führt auf jedem Instrument so gut, dass dabei kein „Gemurkse“ entsteht und auch weniger Begabte wie ich gut mitspielen können. Da wurden wir alle sehr glücklich und spielten, lachten und sangen den ganzen Tag. Zwischendurch aßen wir Pizza, Kuchen und andere Leckereien. Dann kam der Abend und die Nacht und wir mussten mal wieder ins Bett. Jiry traf jetzt die Entscheidung, denn er wolle nicht noch einmal so schlecht schlafen wie in der Nacht zuvor. Baro und ich sollten doch gerne woanders schlafen, meinte er. Und das taten wir dann auch. Morgens bereitete ich ein schönes Frühstück zu, während Baro Jiry sehr freundlich weckte, damit er sich nicht DRAUSSEN fühlte. Danach machten wir wieder den ganzen Tag Musik. Drei Tage und drei Nächte verbrachten wir so und waren glücklich. Ich befand mich in einem „seligen Rausch“.

Die Revolution war da!

Ich hatte es geschafft! Die vielen Jahre mühevoller Kleinarbeit an meinem EROS, meiner großartigen Person, meinem kosmischen Geist und meinem liebenswerten Körper hatten sich endlich gelohnt.
Ein gewalttätiger Steinzeitpatriarch und ein drogenabhängiger Egozentriker hatten sich in bindungswillige Liebhaber mit Sozialverhalten verwandelt und machten mit MIR gemeinsame Sache. Es war die Versöhnung der Kulturen und Auflösung patriarchaler Machtergreifung! Einzug der sozialen Idee in das territoriale Denken über Sex! Friede zwischen den Geschlechtern! Friede zwischen den Menschen! Revolution ist gelebte Utopie! Gelungen! Ich war sehr, sehr zufrieden!

Natürlich zog ich meinem Drachen gleich hübsche Kleidung an und steckte ihm jeden Morgen eine frische Blume hinters Ohr. Stolz war er, und brav, seine Pranken liebevoll über dem glücklichen Schoß gefaltet, blieb er die ganze Zeit auf dem Sofa sitzen und schaute uns zu. Mit verliebten Augen folgte er dem Muskelspiel der Männer, wenn sie auf die Trommeln schlugen. Sobald er einen freundlichen Blick der Musikanten erhaschte, schürzte er sein Maul und sandte ein charmantes Küsschen zurück. Da stand nun ein Lächeln und Singen im Raum, als wären meine Engel wieder zurückgekommen und wünschten mir Glück.

So war es aber nicht, denn am vierten Tag ergab sich für mich die Gelegenheit, die Revolution zurück in den Alltag zu tragen. Das multikulturelle Zentrum, in dem ich schon einige Jahre lang mitgearbeitet hatte, veranstaltete eine Party, bei der ich mich zum Thekendienst und zum Aufräumen eingetragen hatte. Weil ich meinen Männern vorleben wollte, dass es unter Revolutionären fleißig und zuverlässig zugehen müsse,

brach ich gegen Abend freudig zu meinem Dienst auf. Beim Rausgehen verkündete ich, dass ich erst sehr spät in der Nacht nach Hause käme, die Männer sollten deshalb schon ohne mich schlafen gehen.
In heiterem Vertrauen verrichtete ich meinen Dienst und tanzte zwischendurch glückselig. Niemandem verriet ich mein Geheimnis, dass ich „auf Hochzeit" war.
Als ich nachts zurück ins Haus kam, glitt ich leise zu Baro ins Bett, um ihn nicht zu wecken. In der Vereinbarung, die ich mit Jiry zuvor getroffen hatte, hatte der Gast das „Nachtrecht" bekommen, denn Jiry selbst hatte das Vergnügen ja öfter.

Als Baro morgens aufstand und sein T-Shirt wechselte, sah ich in seiner Armbeuge viele blaue Punkte, die ich für ein Tattoo hielt. Ich hatte es vorher nicht bemerkt und fragte harmlos, was es denn bedeuten solle? Baro antwortete unfreundlich: „Das weißt Du doch!" „Weiß ich nicht", sagte ich. Baro schaute mir jetzt ins Gesicht und sagte mit langsamen, aber deutlichen Worten: „Das sind Einstiche! Als Du gestern weg warst, sind Jiry und ich nach Saarbrücken gefahren und haben uns Heroin besorgt. Dann haben wir hier eine gute Party gemacht."

Das Scheißpatriarchat hatte gewonnen! Baro zog sich in Ruhe fertig an. Ich auch. Wir gingen zusammen die Treppen hinunter. Bevor man bei Jirys Zimmer ankommt, muss man an der Haustür vorbei. Als wir an der Tür angekommen waren, öffnete ich sie und sagte zu Baro: „Geh weg und lass dich hier nie wieder blicken." Er ging. Ich glaube nicht, dass es ihm leid tat.
Natürlich hätte ich Jiry gleich mit hinauswerfen müssen, aber zwei auf einmal schaffte ich einfach nicht. Ich musste ja zuerst die Revolution, mein liebstes Kind, begraben. Das war sehr schwer. Später ging Jiry ganz von selbst, wie immer.

Anstelle einer Grabrede möchte ich Dir, zum Abschied von der Revolution, noch die Geschichte vom Kinderkreuzzug fertig erzählen.

Verrat an Kindern ist keine romantische Geschichte

Du weißt ja, dass mich die Geschichte vom Kinderkreuzzug wie eine große Hoffnung durch mein ganzes Leben begleitet hatte. Den christlichen Hintergrund hatte ich schnell vergessen. In mir hütete ich nur das Bild der Kinder, die sich fest an den Händen halten, während sie in einem langen Zug einem „schönen Ziel" entgegengehen. Weg von den Eltern, weil es besser wäre, ohne sie zu leben, so dachte ich. Ich war nicht einsam, wenn ich dieses Bild sah, denn ich war MITTENDRIN.
In den letzten Jahren hatte sich das Bild aus meinem Leben geschlichen. Ich glaubte nicht mehr an die Revolution und kann trotzdem irgendwie leben. Das ist auch nicht schlecht.

Vor ein paar Monaten sah ich dann im Fernsehen einen Bericht: „Der Kinderkreuzzug". Es hat ihn also tatsächlich gegeben? In freudiger Erwartung schaute ich mir die Sendung an.
Nun erfuhr ich, dass der Kinderkreuzzug ein furchtbar tragisches Ereignis gewesen war, denn ein christlicher Spinner, ein größenwahnsinniges, narzisstisches Arschloch, hatte eine große Gruppe von Kindern aller Altersgruppen um sich versammelt, die bereit waren, ihm zu folgen. Es mag schon sein, dass einige ihre „schlechte Eltern"

verlassen wollten, denn so ohne Weiteres mag ein Kind nicht in die unbekannte Ferne ziehen. Andere hatten vielleicht gar keine Eltern mehr oder sie wurden sogar von ihnen weggeschickt. Jedenfalls erzählte dieses Arschloch den Kindern von Jesus Christus, der sie alle so lieb hätte und dem es gerade schlechtgehen würde. Kriege gäbe es seinetwegen, weit weg in einem fremden Land. Und weil die Liebe alles ist im Leben, und weil sie Kraft gibt, Mut und Lebensfreude, wäre es an der Zeit, dass auch Kinder in den Krieg zögen, um den lieben Jesus wieder frohzumachen. Ob sie denn mitmachen wollten, den heiligen Mann zu retten, den, der sie schon jetzt über alles lieben würde, und der sogar die Macht hätte, über den Tod hinaus für Kinder zu sorgen? Er würde Kinder nämlich in den Himmel bringen, falls etwas Dummes passieren würde, was im Leben schon mal vorkommen kann.
Das wussten die Kinder schon, denn sie waren an Leid gewöhnt. Sie hatten nichts zu verlieren, dachten sie. Also hofften sie.
Das Arschloch führte die Kinder über die Alpen, wo sie nach und nach alle an Hunger und an Kälte starben. Sie werden sich dabei fest an den Händen gehalten haben. Dem Jesus war‘s egal, aber offensichtlich wurde der christliche Spinner für seine Taten berühmt. Wie sonst hätte diese schlimme Geschichte nach Jahrhunderten auch noch in mein Kinderleben dringen können? Stinksauer schaltete ich den Fernseher aus.

Ja, es sind die Ideale, die edlen, die unangreifbar reinen Gedanken, die wie schöne Masken über den Drachen hängen. Mich hat die narzisstische Inszenierung meiner Eltern über die Alpen gejagt. Ich war ein Drachenkind, das man vor irgendeinem Höhenflug unten bei den Menschen vergessen hatte, ohne dass der Verlust überhaupt bemerkt worden wäre. Lange liebte ich die Drachen unter den Menschen am meisten, weil sie mir Heimatgefühle bereiteten. Und natürlich fand ich mein Drachengewand auch ziemlich gut. Ach, und wie hätte ich jemals aufhören können, meine Mutter zu lieben?
Es dauerte wirklich lange, bis ich geliebte Menschen unmaskiert ertragen konnte. Weil ich doch sonst nichts hatte. Wie ich dachte.
Doch an dem Tag, als ich die Revolution begrub, war ich durchaus nicht am Ende. Das Leben kam und tröstete mich. Es wohnte schon viel länger in mir als ich dachte. Mach einfach weiter, sagte es nur und streichelte mich. Da setzte ich allmorgendlich einen Fuß vor den anderen, immer geradeaus. Und es ging weiter. Das Leben hat immer recht.

Verratene Kinder lieben auch, anders eben

Ein paar Jahre später kam Jiry wieder zurück in mein Leben und in mein Herz, wie immer.
Das Haus teilen wir nicht mehr. Er würde mich über alles lieben, meine Art, mein Wesen und wie ich das Leben meistere, sagt er. Besonders mein Mut und meine innere Größe gefielen ihm sehr. Aber weil er sich neben mir oft klein fühle, wolle er doch meistens das Weite suchen, wo er ungestört er selbst sein könne.
Auch wenn ich den letzten Satz tieftraurig und völlig unnötig finde, so nehme ich ihn trotzdem hin. Weil daran nichts zu ändern ist.
Täglich danke ich Jiry für alles, was er mir TROTZDEM gibt. Es ist nicht wenig. Er gibt, was er kann. Nach mehr als zwanzig Jahren hüpft mein Herz noch immer, sobald er bei mir auftaucht. Weil ich ihn liebe.

Auch Baro besucht mich noch treu alle paar Jahre. Weil er ein höflicher Freund ist, erspart er es mir, den Niedergang seines Lebens aus der Nähe miterleben zu müssen. Er wurde unter einem schwarzen Stern geboren, wo das Glück nur selten hinkommt. Das hat er sich nicht ausgesucht. Wenn wir uns zufällig auf der Straße begegnen, senken wir die Augen und winken uns mit unseren Seelen zu. Dann verliert der schwarze Stern seine schmerzhaften Grenzen.

Nun, mein lieber Freund, sind wir am Ende des langen Weges angekommen. Lass mich noch einmal schlafen, bevor wir uns trennen.

Bis bald.

Nelly

Brief - Oktober 2010

Lieber Freund!

Heute Morgen bin ich sehr glücklich erwacht. Vor sechs Jahren haben wir uns kennengelernt. Ich habe DICH als ein großartiges Angebot vom Leben verstanden und werde Dich niemals vergessen! Nur dadurch, dass es Dich gibt, den klugen Mann mit dem treffsicheren Blick eines Adlers und der Empathie eines großherzigen Menschen, habe ich es geschafft, den langen Weg zu Ende zu gehen. Möge die Vergangenheit in Frieden ruhen, damit wir FREI werden für alles, was kommt. Das Leben ist schön.

Kehren wir zum Abschied zur allerersten Erinnerung in meinem Leben zurück, die so wach in mir blieb, als wäre es gestern passiert.

Schloss Hirrlingen, um 1950

Ja, es war genau in diesem Hof. Hinten, bei der Wäscheleine, dort, wo die Sonne hinscheint, befand sich ein kleiner Sandkasten. Die Kinder, die Du siehst, wohnten mit ihren Familien in einer Ecke des Schlosshofs in Holzbaracken. Sie waren „Flüchtlingskinder". Unerwünschte Fremde in einem schwäbischen Dorf. Im Schloss selbst wohnten, gut angesehen, der Arzt und der Lehrer mit ihren Familien. Sie sollten es „besser" haben als ANDERE, so mögen die Flüchtlinge zu Recht vermutet haben.

Und ich war drei Jahre alt. Ich hatte es nicht besser als ANDERE. Einsam war ich und voller Sehnsucht danach, mit anderen Kindern zu spielen, gleich zu sein wie sie. Mitmachen dürfen. Ich kannte die fremden Kinder nicht, denn sie durften die „Bessergestellten“ nicht besuchen und wir sie auch nicht. Doch, wie du Dich sicher erinnerst, war ich kein folgsames Kind.

Eines Tages hörte ich die Geräusche der spielenden Kinder und brach auf. Um von unserer Wohnung in den Hof zu gelangen, musste ich eine mir damals endlos erscheinende, steinerne Wendeltreppe nach unten gehen. Hier fängt meine Erinnerung an.
Ich bin noch ganz klein, umgeben von riesigen grauen Steinen, die Kälte abstrahlen wie Eisblöcke. Sie riechen nach Keller und Angst und tun manchmal sehr weh. Ich werde wohl des Öfteren hinuntergefallen sein. Ich wusste genau, dass ich nicht zu den Kindern durfte, doch das Leben rief mich laut. Also kletterte ich unbeirrbar die vielen steinernen Kreise hinunter, bis ich endlich in den Hof hinaustreten konnte. Da sah ich die Kinder im Sandkasten spielen. Die Sonne schien hell auf den Platz. Ganz langsam ging ich auf die Gruppe zu. Als ich aus dem Schatten der kalten Mauern in die wärmende Sonne gelangt war, spürte ich ihre Strahlen wie eine liebevolle Hand in meinem Rücken. Ein ganz besonderes Glücksgefühl breitete sich in mir aus, an das ich mich bis heute erinnere. Gleich, gleich würde ich bei den Kindern angelangt sein und ... mitspielen!
Wärme, Sonne und Glück geleiteten mich zum Sandkasten. Ob ich mitmachen dürfe, fragte ich sie fröhlich. „Ja“, sagten die Kinder. „Dann mach jetzt mal die Augen zu und den Mund ganz weit auf!“ Das tat ich freudig. Die Kinder stopften mir einen dicken Löffel mit Sand in den Mund und lachten böse.

Und was tust Du?